A-742

DOCUMENTS HISTORIQUES

PUBLIÉS PAR

LA SOCIÉTÉ DE L'ÉCOLE DES CHARTES

IMPRIMERIE GOUVERNEUR, G. DAUPELEY A NOGENT-LE-ROTROU.

DOCUMENTS HISTORIQUES

PUBLIÉS PAR LA SOCIÉTÉ DE L'ÉCOLE DES CHARTES

CARTULAIRE

DE

L'ABBAYE DE CONQUES

EN ROUERGUE

PUBLIÉ PAR

GUSTAVE DESJARDINS

PARIS

ALPHONSE PICARD

LIBRAIRE DE LA SOCIÉTÉ DE L'ÉCOLE DES CHARTES

RUE BONAPARTE, 82

1879

AVERTISSEMENT.

La Société des lettres, sciences et arts de l'Aveyron, à laquelle appartient le cartulaire de Conques, ayant exigé la réintégration du manuscrit aussitôt après le délai nécessaire à l'exécution de la copie, il n'a pas été possible de collationner les épreuves sur l'original.

Le fac-similé annoncé à la note 4 de la page xiij n'a pu être placé en tête du volume : un accident a détruit le cliché photographique alors que le cartulaire n'était plus à Paris.

Afin de réduire le présent ouvrage à un seul volume, on a supprimé les sommaires et les annotations qui devaient accompagner les documents. Les uns et les autres ont été groupés suivant l'ordre topographique dans l'*État des domaines de l'abbaye* qui suit l'*Introduction*.

On trouvera la traduction des noms de lieux du cartulaire à la table générale. Ils sont indiqués dans ce répertoire au cas de déclinaison où ils se trouvent dans les documents.

Le lecteur voudra bien ne pas s'en tenir aux indications chronologiques données en tête des chartes. La rédaction de la table a amené des rapprochements qui ont permis de mieux préciser les dates. Il conviendra de recourir à la *Table de concordance* insérée à la page 422, qui renvoie à l'*Index chronologique*. Signalons trois erreurs dans ce dernier : la charte 77 (*n° d'ordre* 327) n'est pas de 1055 ou environ, mais de 1075 ou environ; — la charte 140 (*n° d'ordre* 427) n'est pas du xi° siècle, mais du x°; — la charte 531 (*n° d'ordre* 542) n'est pas de 1139, mais de 1189; il en résulte que la charte 532 doit être datée non pas : avant 1139, mais : avant 1189.

ADDITIONS, CORRECTIONS ET SUPPRESSIONS.

Page xiij, lignes 1 à 5. *On me signale, au dernier moment, un manuscrit de la bibliothèque de Schelestadt, composé de plusieurs fascicules écrits à diverses époques, qui contiendrait un texte des* Miracles de sainte Foi *et de la* Translation *en prose de ses reliques antérieur au XVIe siècle. Je me propose d'aller l'étudier prochainement sur place et de faire connaître le résultat de cet examen aux lecteurs de la Bibliothèque de l'École des chartes.*

P. xxvj, note 7. *Ces mots :* Le nom de colon, *etc. ont été transposés : ils se rapportent à la note 1.*

P. xxxij. *La bulle d'Urbain II, dont il est parlé à la ligne 13 et qui est déposée aux archives de l'Aveyron, n'est pas un original, mais une copie figurée, exécutée au XIIe siècle.*

P. xxxix, ligne 19, *au lieu de* Adraldus, *lisez* Madraldus.

P. xlij, — 6, — 1084, — 1004.
— — 22, — Arnaldus II, — Araldus II.

P. lxiv, ligne 1, *avant* Le Caylaret *mettez :* Dans la commune de Saint-Christophe.

— ligne 33, *voyez à la table générale l'explication de :* in pago Bicelmensi.

P. lxx, ligne 1, *après* Velheriis *ajoutez :* Vilhiès, lieu disparu dans la commune d'Espeyrac.

P. lxxxiv, ligne 25, *au lieu de* n° 158, *lisez* n° 159.

P. cj, ligne 16, *ajoutez :* Le prieuré de Pallas fut uni à l'abbaye de Valmagne qui dut payer à celle de Conques une pension de 200 livres.

ADDITIONS, CORRECTIONS ET SUPPRESSIONS.

Le pape Urbain V disposa de cette pension en faveur du collège des Douze Médecins qu'il fonda à Montpellier en 1369, et donna en échange au monastère de Conques le prieuré de Saint-Romain de Vabres. (*Archives de la Lozère*, G. 1011.) C'est sans doute Saint-Rome-de-Tarn, voir page lxxxiv.

P. 38, ligne 16, *au lieu de* Ripa Oltis, *lisez* ripa Oltis.
   53, — 3, — idovico, — idcirco.
   76, — 7, — fides, — Fides.
   79, *rapprochez la note des souscriptions du n° 138.*
   80, ligne 1, *au lieu de* strata, *lisez* Strata.
   86, — 35, — Tendonus, — Teudonus.
   87, — 34, *après* fiderit, *ajoutez* : vel adfirmare rogavit. Rodulfus abba recognovi.
  142, ligne 12, *au lieu de* Adaldus, *lisez* Addraldus.
  159, — 10, — Sotolo, — sotolo.
  165, — 21, — Dedet, — Deusdet.
  175, — 12, — Bozaria, — bezaria.
  209, — 17, — caudela, — candela.
  225, — 31, — quantum, — quartum.
  226, — 3, — de Cano, — decano.
  245, — 1, — Bozols, — Bolzols.
  246, — 7, — Arbaldo, — Arlaldo.
  255, — 4, — viam, — iram.
  330, — 18, *effacez la virgule entre* quatuordecim *et* porcos.
  331, — 12, *au lieu de* Erin, *lisez* Erm.
  344, — 24, — Cyriani, — Cypriani.
  353, — 17, — Thalamo, — thalamo.
  358, — 31, — p..cto, — per czo.
  359, — 4, — idem, — idem.
  368, lignes 24 et 29, *au lieu de* Bonforo *et* Bonforno, *lisez* Horsam.
  370, ligne 12, vicario *est pour* vicecomitibus.
  — — 23, Montonii *est pour* Moritonii.
  388, — 9, *au lieu de* Ventiaro, *lisez* Ventairo.
  509, *ajoutez suivant l'ordre alphabétique* : S. Léons, voy. Castries.
  511, — — Tapie (la), voy. Lastapias.

TABLE

DES

DIVISIONS DE L'OUVRAGE.

	Pages
INTRODUCTION	j
Origine de l'abbaye de Conques.	iij
État de l'abbaye au ixe siècle	vj
Sainte Foi d'Agen à Conques	vij

  Translation des reliques de saint Vincent de Saragosse à Castres, vij. — *Translation des reliques de sainte Foi d'Agen à Conques,* ix. — *Livre des miracles de sainte Foi,* xj. — *Culte de sainte Foi,* xiij.

Développement de l'abbaye	xv
Conques et Figeac	xvj
Description du cartulaire de Conques.	xxiij
Particularités notables.	xxiv

  État social, xxiv. — *Monnaie, cens, mesures,* xxvij. — *Régime intérieur de l'abbaye,* xxvij. — *Justice de l'abbé,* xxviij. — *Privilèges de l'abbaye,* xxviij. — *Mense abbatiale et conventuelle,* xxix. — *Règle de S. Benoît,* xxix. — *Enfants donnés,* xxx. — *Églises,* xxx. — *Pèlerinages,* xxxj. — *Dévotion à saint Pierre,* xxxj. — *Bulle de Pascal II,* xxxj. — *Chartes romanes,* xxxij. — *L'église abbatiale de Conques, type du style roman languedocien,* xxxij.

Divisions territoriales du Rouergue aux ixe-xie siècles.	xxxiv
Chronologie des abbés de Conques du viiie au xiie siècle	xxxix

ÉTAT DES DOMAINES DE L'ABBAYE DE CONQUES . . xlvj
   I. ROUERGUE . . . . xlvj
     § 1. — Environs de Conques . . . . xlvj
     Cantons de Conques, lxvj; — *Aubin*, lvj; — *Rignac*, lxj; — *Marcillac*, lxiv; — *Estaing*, lxviij; — *Entraygues*, lxix.
     § 2. — Département de l'Aveyron (suite) . . . . lxxij
     Cantons d'Asprières, lxxij; — *Bosouls*, lxxiv; — *Campagnac*, lxxv; — *Cassagnes-Begonhès*, lxxv; — *Espalion*, lxxvj; — *La Guiole*, lxxvj; — *Laissac*, lxxvj; — *Millau*, lxxvij; — *Montbasens*, lxxvij; — *Mur-de-Barres*, lxxviij; — *Naucelle*, lxxx; — *Peyrcleau*, lxxx; — *Pont-de-Salars*, lxxxj; — *Rieupeyroux*, lxxxj; — *Saint-Amans*, lxxxj; — *Saint-Beauzély*, lxxxij; — *Saint-Chély*, lxxxij; — *Sainte-Geneviève*, lxxxiij; — *Saint-Geniez*, lxxxiv; — *Saint-Rome-de-Tarn*, lxxxiv; — *Salles-Curan*, lxxxiv; — *Séverac-le-Château*, lxxxiv; — *Villeneuve*, lxxxv.
     Chartes communes à des localités situées dans divers cantons de l'Aveyron, lxxxv.

   II. PROVINCES AU NORD ET A L'OUEST DU ROUERGUE . . . . lxxxvij
   Auvergne . . . . lxxxvij
   Départements du Cantal, lxxxvij; — *du Puy-de-Dôme*, xcij.
   Limousin, *département de la Corrèze* . . . . xciij
   Quercy . . . . xciij
   Départements du Lot, xciij; — *de Tarn-et-Garonne*, xciv.
   Périgord, Guyenne et Gascogne xcv
   Départements de la Dordogne, xcv; — *de la Gironde*, xcvj; — *de Lot-et-Garonne*, xcvij; — *des Basses-Pyrénées*, xcvij.

   III. LANGUEDOC . . . . xcvitj
     § 1. — Partie orientale du Languedoc . . . . xcvitj
     Départements de la Haute-Loire, xcviij; — *de la Lozère*, xcviij; — *de l'Ardèche*, xcix; — *du Gard*, xcix; — *de l'Hérault*, c; — *de l'Aude*, cj; — *du Tarn*, ciij.
     § 2. — Ancien diocèse de Toulouse civ
     Départements de la Haute-Garonne, cv; — *du Gers*, cvij; — *du Tarn*, cvij; — *de Tarn-et-Garonne*, cvij.

   IV. PROVINCES DIVERSES cix
   Roussillon, *département des Pyrénées-Orientales* cix
   Provence cix
   Département de Vaucluse, cix; — *des Basses-Alpes*, cx.
   Dauphiné cx
   Départements de la Drôme, cx; — *des Basses-Alpes*, cx.
   Forez, *département de la Loire* cx

Bourgogne. . . . . cxj
Départements de la Côte-d'Or, cxj; — de la Haute-Saône, cxj.
Champagne, *département de Seine-et-Marne* . . . . cxij
Savoie et Pays de Genève. cxiv
Alsace cxiv

V. Étranger.

Angleterre. cxv
Espagne. . . . . cxvj
Aragon, cxvj; — Catalogne, cxvij; — Navarre, cxvij; — Minorque, cxix.
Italie. cxix
Domaines dont la situation est inconnue cxx
Rôles. cxx

CARTULAIRE DE CONQUES 1

INDEX CHRONOLOGIQUE DES DOCUMENTS 415

TABLE DE CONCORDANCE ENTRE LES NUMÉROS DES CHARTES DANS LE CARTULAIRE ET LES NUMÉROS D'ORDRE DANS L'INDEX CHRONOLOGIQUE. . . . 422

TABLE GÉNÉRALE. 427

INTRODUCTION.

Conques est un chef-lieu de canton du département de l'Aveyron, situé à 39 kilomètres nord-ouest de Rodez, sur les confins des anciennes provinces de Rouergue, de Quercy et d'Auvergne. Le chemin qui y conduit traverse un pays accidenté et pittoresque. Après avoir longé le Crénau, qui baigne le pied du village de Salles-la-Source, célèbre par ses cascades, et arrose le vallon de Marcillac, on rencontre, entre Combret et Nauviale, une rivière dont les eaux rougeâtres descendent vers le Lot. C'est le Dourdou, que les auteurs du *Gallia Christiana* ont pris à tort pour la Dordogne[1]. Au bout de la plaine de Saint-Cyprien, se dresse une muraille de rochers qu'il franchit par une porte étroite, pour s'engager, rapide et bruyant, dans des gorges resserrées d'un aspect sinistre. A une lieue de là, les rochers s'entr'ouvrent, à droite, afin de livrer passage à un torrent[2]. Leurs parois écartées forment un immense trou, ressemblant assez à une conque. Dans cet espace est suspendue, à mi-côte, une plateforme, à laquelle on

---

1. T. I, p. 236 et 237.
2. La Louche.

grimpe par une pente presque verticale. C'est là que s'élevait l'abbaye bénédictine de Sainte-Foi de Conques.

Du monastère, il ne subsiste que quelques débris. Mais l'église est debout, à peu près intacte. C'est un beau monument de style roman languedocien, bâti dans la seconde moitié du xi° siècle [1]. Il se compose d'une nef triple de longueur médiocre, d'un chœur et d'une abside dont les proportions sont remarquables. Dans le tympan de la porte d'entrée est sculpté un grand bas-relief, admirablement conservé, qui représente le jugement dernier. Une armoire, pratiquée, au xvi° siècle, dans un entre-colonnement derrière le maître-autel, contient de nombreux et antiques reliquaires en or et en argent, couverts de pierres précieuses. Récemment on en a découvert plusieurs autres sous le maître-autel lui-même [2].

Fondé au temps de Charlemagne, le monastère de Conques a eu pendant le Moyen-Age une splendeur, attestée par ces témoins. Ses possessions s'étendaient au loin dans plusieurs diocèses de France, en Angleterre, en Italie, en Espagne. Mais la décadence paraît avoir commencé de bonne heure pour lui. Dès le xiii° siècle on voit la mense conventuelle diminuer au profit de la mense abbatiale; on en peut conclure que le nombre des moines allait décroissant. En 1424, il n'était déjà plus que de 29 [3]. D'un autre côté, les prieurés éloignés se détachèrent peu à peu de la métropole et se laissèrent absorber par les puissances ecclésiastiques ou féodales qui les entouraient [4]. L'abbaye fut transformée en chapitre séculier sous François Ier. L'abbé seul

---

1. Mérimée a décrit l'église de Conques dans les *Notes d'un voyage en Auvergne et en Limousin*. Paris, 1838, in-8°.
2. Le trésor, moins les pièces cachées dans le coffre du maître-autel, a été décrit dans un travail accompagné de planches, par M. Darcel, *Annales archéologiques*, t. XVI, XX et XXI.
3. Bibliothèque nationale. *Collection Doat* 144.
4. On trouve dans Doat 144, f° 137, une bulle de 1387, intimant aux archevêques, évêques, prélats, ducs, marquis, comtes, barons, communes, etc., de rendre les biens qu'ils avaient usurpés sur l'abbaye de Conques.

conserva jusqu'en 1790 sa grande situation. Bosc[1] nous rapporte que lorsqu'il se rendait aux Etats du Rouergue, où il siégeait au troisième rang, « il se faisait escorter par une garde de cent « et quelquefois de quatre ou cinq cents hommes de ses terres. »

Le chartrier d'un pareil établissement devait être d'une grande richesse. La Révolution l'a détruit ou dispersé. Ce qu'on en a retrouvé est réparti entre les archives de l'Aveyron et celles de la Société des lettres, sciences et arts de ce département. On y remarque des bulles, un diplôme de Pépin d'Aquitaine, un cartulaire, composé dans les premières années du XII° siècle, quelques chartes et une partie des pièces d'un procès du XVI° s. entre l'abbaye et l'évêque de Rodez. Il faut y joindre deux volumes de la collection Doat[2], dont le second surtout est intéressant parce qu'il contient des transcriptions de titres, compris entre le XII° et le XVI° siècle, malheureusement trop incomplètes pour permettre d'établir la suite des abbés. Avant d'étudier le cartulaire, qui est l'objet de la présente publication, il est nécessaire de dire quelques mots des commencements de l'abbaye et des faits les plus saillants de son histoire.

ORIGINE DE L'ABBAYE DE CONQUES.

Un diplôme de Louis le Débonnaire, daté de 819, contient les détails suivants : pendant l'invasion des Sarrasins qui dévastèrent le Rouergue, des chrétiens s'étaient réfugiés à Conques et y avaient élevé un petit oratoire, qui fut ensuite abandonné. Au temps de Charlemagne, un ermite, Dadon, le releva. Sa sainteté attira auprès de lui des prosélytes, dont le nombre fut bientôt assez considérable pour qu'on bâtit un monastère. Louis le Débonnaire prit sous sa protection le nouveau couvent, le

---

1. *Mémoires pour servir à l'histoire du Rouergue*. Rodez, 1797, 3 vol. in-8°, t. III, p. 138.
2. Doat 143 et 144.

visita, le dota et y établit, avant 801, la règle de saint Benoît[1].

Ces renseignements sont reproduits avec une variante dans un diplôme de Pépin d'Aquitaine, en 839[2]. D'après lui, ce ne sont plus les chrétiens, fuyant devant les Sarrasins, qui construisent une église, abandonnée ensuite; l'existence de la localité était antérieure à l'invasion, les infidèles la détruisirent et Dadon l'aurait relevée. Cette dernière tradition devint celle de l'abbaye, avec deux modifications nouvelles, introduites aux xe-xie siècles : on supposa que l'église était, avant sa destruction, attenante à un monastère, et l'on fit intervenir directement Charlemagne dans sa restauration.

> *Est istud monasterium*
> *Inter prærupta montium,*
> *Consistens in suspendio*
> *Quod respicit septentrio.*
> *Sed quando huc pervenimus,*
> *Placet nobis expressius*
> *A primo quidem tempore*
> *Loci situm exponere.*
> *Illic quædam ecclesia*
> *Primum fundata fuerat*
> *Quam devastavit funditus*
> *Sarracenorum impetus.*
> *Sed, evoluto tempore,*
> *Illic, vir, Dado nomine,*
> *Præclarus ipse moribus,*
> *Vivebat solitarius.*
> *Hujus precatu Carolus,*
> *Magnus rex, est submonitus*
> *Ut Conchas monasterium*
> *Repararet potissimum* [3].

A peine construite, l'abbaye de Conques fut enrichie de priviléges par Louis le Débonnaire, Pépin d'Aquitaine et Charles le Chauve. Une bulle de 1099[4] nomme ces souverains dans l'ordre

---

1. *Cartulaire*, n°s 580 et 1.
2. *Cartulaire*, n° 581.
3. Bollandistes, *Acta Sanctorum*, Octob. t. III, p. 289.
4. *Cartal.* n° 570.

suivant : Pépin, Charles, Louis : *Per præsentis privilegii paginam, apostolica auctoritate, ut quecumque hodie idem cenobium, vel ex Apostolice Sedis concessione, vel ex bone memorie regum* Pippini, Karoli *et* Ludovici *munificentia possidet, ... firma tibi tuisque successoribus et illibata permaneant.* De là à prendre Pépin et Charles pour Pépin le Bref et Charlemagne il n'y a qu'un pas, qui fut bientôt franchi. D'un autre côté, l'imagination aidant, l'établissement, réputé détruit par les Sarrasins, prit des proportions colossales, et l'on en arriva à créer de toutes pièces une légende extraordinaire, qu'on lit en tête de la chronique de Conques dans la collection Doat[1]. En voici le résumé : dès les premiers temps du christianisme, les montagnes du Rouergue auraient été une Thébaïde occidentale. Les solitaires étaient déjà si nombreux en 371, que les payens pouvaient, cette année, en massacrer un millier avec leur *archimandrite*. Ces martyrs sont remplacés par de nouveaux moines que les Francs, conduits en Aquitaine par Théodebert, exterminent, au vi⁵ siècle. Un troisième monastère sort de cette terre féconde, mais il n'est pas plus heureux : en 730, les Sarrasins n'en laissent ni une pierre debout, ni un habitant vivant. Enfin Pépin le Bref clôt cette ère de démolition et d'égorgement. Il rebâtit une quatrième abbaye. Celle-ci devient bientôt si considérable que Charlemagne, pour marquer qu'elle est le premier de tous les monastères royaux, lui envoie un reliquaire en forme d'A, première lettre de l'alphabet, etc.[2].

On essaie aujourd'hui de remettre en honneur ces fables, dont l'invraisemblance éclate à tous les yeux. Je pense qu'il est superflu d'en entreprendre la réfutation. Le récit qui nous les a conservées paraît, par la forme de la latinité, contemporain de la Renaissance. C'est à cette époque seulement qu'on l'a soudé à la chro-

---

1. Doat 143. Elle a été publiée par M. de Gaujal, *Études historiques sur le Rouergue*, 2ᵉ édit., 4 vol. in-8°.
2. Ce reliquaire, d'après le caractère de l'orfèvrerie, ne remonte pas plus haut que le xiᵉ siècle. Darcel, *Annales archéol.*, t. XX, p. 261.

nique. Cette dernière remonte à la fin du xi° siècle et présente une valeur historique sérieuse [1]. Elle fournit la liste des abbés qu'elle fait, comme le diplôme de Louis le Débonnaire, commencer seulement à Dadon, contemporain de Charlemagne.

ÉTAT DE L'ABBAYE AU IX° SIÈCLE.

La plus ancienne pièce qui concerne Conques est de 801 : c'est une donation de l'église de Saint-Martin-du-Larzac, près Millau [2]. Par testament, daté de 813, un personnage important du midi de la France, Dadila, donne le lieu de *Gressa* et des propriétés à *Vetula* en Rouergue [3]. Dans l'état des charges des monastères de France, 817, Conques est désigné parmi ceux qui sont exempts de l'impôt et du service militaire [4]. Louis le Débonnaire, en 819, lui donne : Montignac, Senergues, le Puech et Gamèle [5], Port-d'Agrez [6], Campuac, Vérières, Bournazel, Rulhe [7], Salvagnac [8] et Roussennac [9]. D'un accord, ménagé, en septembre 823, par les soins de S. Stable, évêque de Clermont, entre le chapitre de Laon (Aisne) et l'abbaye de Conques, il résulte que cette dernière avait fondé un prieuré à Molompise (Cantal) [10]. En 839, Pépin II, roi d'Aquitaine, à l'exemple de son aïeul, prit l'abbaye sous sa protection et la dota à son tour. Conques reçut de lui : Bouillac, Bournac [11], peut-être

---

1. Elle a été éditée par Dom Marlène, *Thesaurus anecdotorum*, t. III.
2. *Cartul.* n° 1.
3. Dom Vaissète, *Histoire du Languedoc*, Paris, 1730, t. II, Preuves, p. 38. Il y a dans l'Aveyron 4 Grèze (la), 6 Grèzes et 8 Grez (le). Faut-il voir *Vetula* dans Vielle, com. de Loupiac ?
4. Mabillon, *Annal. ord. S. Bened.*, t. II, p. 438.
5. Com. d'Aubin.
6. Com. de St-Parthem.
7. Com. d'Auzits.
8. Com. de Salvagnac-Saint-Loup.
9. *Cartul.*, n° 580.
10. *Cartul.*, n° 460.
11. Com. de Foissac.

Filsac[1], Les Combalous et La Capelle[2], Flagnac[3], Ambeyrac[4], Gailhac[5], Cussac[6], Sainte-Colombe (Lot), la forêt de *Panderemia* et le monastère de *Jonante*[7]. La situation du monastère et de la forêt est inconnue. *Panderemia* étant, dans le texte du diplôme, joint à Sainte-Colombe: *ecclesiam quæ dicitur Sancta Columba, una cum foreste nostra quæ nominatur Panderemia*, je conjecture qu'elle pouvait être dans le Quercy. Il n'existe plus de forêt dans ces parages.

Le diplôme du roi d'Aquitaine ajoutait à ces dons un bienfait qui faillit ruiner l'abbaye, dès le IXe siècle, et fut plus tard pour elle une cause de trouble. Pépin, trouvant le rocher de Conques trop inhospitalier, voulut attirer les moines dans un lieu plus accessible et plus agréable. A cet effet, il leur donna Figeac, en stipulant qu'on y construirait un monastère qui s'appellerait la Nouvelle-Conques. Une scission se fit parmi les religieux. Le plus grand nombre quitta le vieux couvent et Conques serait tombé dans l'abandon, sans un événement, qui se produisit vers 883, et transforma ses destinées de la manière la plus inespérée. Je veux parler de la translation des reliques de sainte Foi d'Agen.

SAINTE FOI D'AGEN A CONQUES.

1° *Translation des reliques de S. Vincent de Saragosse à Castres.* — Le transport de sainte Foi d'Agen à Conques étant lié à celui de saint Vincent de Saragosse à Castres, il est nécessaire de dire un mot de ce dernier.

D'après le témoignage d'Aimoin[8], un moine de Conques,

---

1. Com. de Saint-Julien-d'Empare, *Fiscellum*.
2. Com. de Salvagnac-Saint-Loup.
3. Plus un manse d'*Alonzinas*, disparu.
4. Com. d'Entraygues.
5. Com. du Neyrac.
6. Com. de Prulnes.
7. *Cartul.*, n° 581.
8. *Act. SS. Bened.* sæc. IV, part. I, p. 613.

Audaldus, apprit, vers 855, d'un Espagnol nommé Berta, que le corps de saint Vincent de Saragosse était demeuré à Valence et qu'il paraissait facile de s'en emparer. Audaldus eut l'idée d'enrichir son couvent de ces précieuses reliques. Il partit, arriva sans encombre à Valence, enleva les restes du martyr et reprit le chemin de la France. Il portait le corps dans un sac, afin de ne pas attirer l'attention. La nuit seulement, il rendait à ces reliques un hommage secret, en psalmodiant devant elles, à la lueur d'un cierge. Comme il séjournait à Saragosse, une femme le vit prier ainsi et le dénonça à l'évêque Sénieur. Celui-ci fit saisir le sac et arrêter le moine. Interrogé, Audaldus commença par déclarer qu'il emportait le cadavre d'un parent, pour lui donner la sépulture dans son pays. Mis à la torture, il finit par avouer que le corps était celui d'un saint, mais donnant aussitôt le change à ses bourreaux, il soutint que ce saint était un martyr du nom de Marin. On le relâcha alors, sans lui rendre les reliques. Revenu à Conques, il raconta ses aventures à ses confrères, qui ne voulurent pas y croire, le traitèrent d'imposteur et le chassèrent.

Pendant que le corps de Vincent de Saragosse se trouvait sous un nom supposé dans la patrie même du martyr, Usuard, l'auteur du martyrologe, entreprit le voyage de Valence pour chercher également les reliques de ce saint, principal patron de l'abbaye de Saint-Germain-des-Prés dont il était moine. L'évêque d'Uzès et des habitants de Viviers lui ayant dit, d'après des renseignements inexacts, que les restes sacrés avaient été transportés à Bénévent, il renonça à son projet et se borna à prendre à Cordoue des corps de martyrs de la persécution d'Abdérame. De son côté, Audaldus, renvoyé de Conques, vint demander un asile à l'abbé de Castres, Gislebert, qui le reçut, ajouta foi à ses paroles, et le mit en rapport avec Salomon, comte de Cerdagne. Celui-ci obligea l'évêque Sénieur à restituer le faux saint Marin, et le martyr de Saragosse, quittant sa propre ville natale, vint illustrer de sa présence l'abbaye de Castres. Les moines de ce monastère donnèrent, au xiiᵉ siècle, à Saint-Germain-des-Prés une partie de la mâchoire de saint Vincent.

Translation des reliques de sainte Foi d'Agen à Conques.
— Les reliques de S. Vincent de Saragosse attirèrent bientôt à Castres un immense concours de pèlerins. Le Rouergue en envoya, comme les autres pays circonvoisins, et la chronique d'Aimoin dit qu'ils furent récompensés de leur foi par des miracles éclatants. Les moines de Conques purent alors se repentir d'avoir laissé échapper un pareil trésor. Ils songèrent à le remplacer, et jetèrent les yeux sur un autre saint Vincent, dont le corps était déposé à Pompejac, dans le diocèse d'Agen. Ils l'acquirent, on ne sait de quelle manière [1].

En allant chercher ces reliques, leurs émissaires apprirent qu'une église du faubourg d'Agen conservait celles d'une jeune fille martyre, la vierge Foi, dont la mémoire était en grande vénération. L'un d'eux, Ariviscus, se fit recevoir parmi les prêtres auxquels la garde du tombeau de cette sainte était confiée. Il capta leur confiance, et profitant du désordre des fêtes des calendes de janvier, il brisa le tombeau pendant la nuit, s'empara du corps de sainte Foi et l'emporta à Conques.

Les Bollandistes ont publié deux récits de la translation de ces reliques, l'un en vers, l'autre en prose [2]. Le P. Ghesquier, rédacteur de la notice de sainte Foi, remarque que le récit en prose mentionne la construction d'une église à Conques par l'abbé Etienne Iᵉʳ, évêque de Clermont, et un prodige qui aurait empêché le transport des reliques dans la basilique nouvelle. Il pense que cet événement a pu se passer vers 937. Il ajoute que le monument, bâti par Etienne, fut remplacé, vers 1035, par l'église qui existe encore aujourd'hui. Comme le narrateur en prose ne parle pas de cette dernière, son récit serait nécessairement antérieur à la construction de 1035 et se placerait entre cette date et 937.

---

1. Bolland. *Acta Sanct.* Jun., t. II, p. 163, et Octob., t. III, p. 278.
2. *Act. Sanct.* Octob. t. III, p. 289 et 294.

Le P. Ghesquier passe ensuite à l'examen du poème et note qu'aucune allusion n'y est faite à la tentative infructueuse de l'abbé Etienne pour placer les reliques dans l'église élevée par lui. Il en conclut que ce récit en vers est antérieur à 937.

Toute cette argumentation est seulement spécieuse. Si, sans se préoccuper de la circonstance relevée par les Bollandistes, on examine la version en prose, on se convainc qu'elle n'est qu'une amplification en périodes cicéroniennes du poème. Sur le vol des reliques elle ne fournit pas un détail de plus que ce dernier. Elle est écrite dans ce latin de la Renaissance si facilement reconnaissable, émaillé, comme le français de Ronsard, d'expressions grecques, et qui témoigne d'une érudition fort au-dessus de la portée d'un moine de la fin du xe siècle[1]. Il saute aux yeux qu'elle n'a pu être écrite qu'au XVIe siècle. Quant à la mention du transport des reliques fait par Etienne, qui a frappé le P. Ghesquier, l'auteur du récit en prose a dû l'emprunter à un passage tronqué et obscur de la chronique de Conques[2] : *hic denique ecclesiam de Roffiaco, cum suis pertinentiis et plures villas in pago Arvernico beatæ Fidi concessit; atque ejusdem gloriosæ virginis et martyris..... auctor extitit, ubi quoque partem ipsius capitis venerabiliter reposuit, multaque alia beneficia, ut legitur, monasterio suo contulit.* On voit qu'il manque un mot. Dom Martène propose *translationis* qui ne va point avec la phrase complémentaire : *ubi quoque*, etc. Le rédacteur des actes de la translation a comblé la lacune par *ecclesiæ*. *Capsæ* ou *statuæ* me paraîtrait encore meilleur. Je ne doute pas en effet qu'il ne s'agisse ici de la statue de sainte Foi, conservée dans le trésor, et qui a bien le caractère d'une œuvre d'orfèvrerie du xe siècle.

La forme du poème donne à penser qu'il a été composé au xe

---

1. *Librarios* philochristos... themata *recte vivendi...* sophismatis stemate... colcumata *exercendo... septentrionale* clima... *litterarum* anaglypha... pollandrum *sacræ virginis...* chaire *stella,* etc., etc.
2. On verra plus loin que cette chronique a été écrite vers l'an 1100.

ou plutôt au commencement du xi° siècle. L'époque que son auteur assigne à l'arrivée de sainte Foi à Conques n'est pas exacte. Elle aurait eu lieu, d'après lui, *sub Carolo minore*, que les Bollandistes traduisent par Charles le Gros. Mais le cartulaire tranche la question sans objection possible. Dans le préambule d'une charte datée ainsi : *Actum die martis, III kalendas augusti, anno IIII, regnante Karlomanno rege*, on lit : *Locum sanctum sancte Dei ecclesiæ, Conchas monasterii, qui est constructus in pago Rutenico super fluvium Dordonis, fundatus in honore sancti Salvatoris, ejusdemque sanctæ hac perpetuæ virginis Mariæ, et sancti Petri, regni cœlestis clavigeri, hubi sanctus Vincentius et sancta Fides tumulati quiescunt...* La translation était donc un fait accompli le 30 juillet 883. Comme elle est postérieure au transport du corps de saint Vincent de Saragosse à Castres, qui fut effectué en 863, on peut dire qu'en 883 la présence des reliques de sainte Foi à Conques était toute récente. Elle n'est pas mentionnée dans une donation faite à l'abbaye par Bernard II Plantevelue, comte d'Auvergne, donation dont la date est incertaine, mais qui paraît peu antérieure à 878[1].

Livre des miracles de sainte Foi. — Ainsi qu'on vient de le voir par la charte du 30 juillet 883, l'abbaye de Conques avait été placée sous l'invocation du Sauveur, et après lui, les deux principaux patrons étaient Notre-Dame et saint Pierre. On leur adjoignit saint Vincent et sainte Foi. Saint Vincent est d'abord nommé le premier, puis il cède le pas à sainte Foi qui finit par attirer seule les regards. Pendant quelque temps encore on dit : *l'abbaye de Saint-Sauveur et de Sainte-Foi de Conques;* à la fin du Moyen-Age, elle n'est plus connue que sous le vocable de *Sainte-Foi*. C'est au xi° siècle que la dévotion à la vierge d'Agen atteint son plus haut période. Il nous en reste un monument curieux dans le *Livre des Miracles* de sainte Foi.

1. *Cartul.*, n° 153.

Tel qu'il nous a été transmis, cet ouvrage a subi de nombreux remaniements, interpolations et additions. Cependant par la comparaison avec les chartes qui nomment plusieurs des personnages désignés dans les récits de miracles, on peut constater que le fond, sinon la forme, du texte remonte au temps du roi Robert. Je signalerai ces rapprochements dans l'analyse des pièces du cartulaire.

La première édition du *Livre des Miracles* fut donnée par le P. Labbe[1]. Le texte est divisé en chapitres de proportions différentes. Mabillon[2] y ajouta, d'après un manuscrit de Chartres, un prologue qui contient une dédicace, adressée à Fulbert, évêque de Chartres de 1007 à 1029, par Bernard, écolâtre d'Angers. — A la fin du siècle dernier, les Bollandistes[3] publièrent une seconde édition conforme à un manuscrit du Vatican. Les récits y sont groupés en trois livres, encadrés entre un prologue et un épilogue. Elle présente un plus grand nombre de miracles que le texte du P. Labbe[4].

Le caractère général du style est tellement semblable à celui de la version en prose de la translation de sainte Foi, dont j'ai parlé plus haut, que, à première vue, on serait tenté de l'attribuer au même auteur. Cependant, on pêche çà et là, noyés dans ces flots de latinité classique, quelques mots barbares, épaves d'un texte plus ancien. On a vu que dans le préambule, l'écrivain se nomme. En poursuivant la lecture, on rencontre ces mots[5] : *cujus mentionem si in præsenti epistola non fecerim*, qui ne répondent guère à la division actuelle du récit en livres et en chapitres. Les Bollandistes relèvent en outre les expressions suivantes : *nostrum monasterium, nostro in vico*, etc., et remarquent que c'est là le langage d'un moine

---

1. *Nova bibliotheca manuscriptorum*, t. II, p. 531.
2. *Annal. Bened.*, t. IV, p. 703.
3. *Acta Sanct.* Octob., t. III, p. 287.
4. Les PP. Labbe, Ghesquier et Mabillon citent quatre manuscrits des *Miracles de sainte Foi*. Il en existait un cinquième plus développé encore que celui des Bollandistes (Dom Vaissète, *Hist. du Languedoc*, t. II, Preuves, p. 6).
5. Texte des Bollandistes, Livre I, ch. II.

de Conques et non d'un écolâtre d'Angers. De ce qui précède on doit conclure que l'ouvrage en question est un monument hybride, formé de vieilles légendes, de lettres de Bernard à l'évêque Fulbert, amalgamées par un moine de Conques, au xvie siècle, et mises sous l'étiquette de l'écolâtre du xie.

Culte de sainte Foi. — Quoi qu'il en soit de son authenticité, le *Livre des Miracles* peut servir à nous faire une idée du culte qui était rendu à sainte Foi et du concours de pèlerins que la présence de ses reliques attirait à Conques. L'imagination populaire se la représentait, d'après des récits d'apparitions, sous la figure d'une vierge adolescente, admirablement belle, à l'aspect angélique, la tête couronnée de perles. L'une de ces visions donnait sur son costume des détails circonstanciés : elle avait une robe dont l'étoffe, très-ample, tissue d'or, et brodée de couleurs variées, formait une multitude de plis autour de son corps ; les manches pendaient jusqu'à terre. Quand on entrait dans l'église de l'abbaye, on voyait au milieu du chœur, entourée de cierges innombrables brûlant jour et nuit, sa statue en or, étincelante de pierreries, ornée du diadème et assise sur un siège royal.

Dans certaines occasions solennelles, les moines allaient au loin offrir ses reliques à la vénération des populations. Le *Livre des Miracles* nous les montre trônant aux synodes diocésains dans la plaine de Saint-Félix[1], parmi celles des saints patrons du Rouergue qui leur rendent hommage[2]. Elles furent promenées à Molompise (Cantal), dans une procession mémorable, au son des trompettes, comme l'arche d'alliance. L'empressement des populations à les posséder fut tel que les moines, dans la crainte de se voir enlever ce trésor, durent s'armer d'une bulle pour résister aux injonctions quelquefois violentes qui leur étaient faites de les porter hors du monastère[3].

---

1. Près de Rodez. Edit. du P. Labbe, ch. viii.
2. S. Marius, sollicité d'une guérison, renvoie le malade à sainte Foi. Ibid., chap. ix.
3. *Cartul.*, n° 570.

DÉVELOPPEMENT DE L'ABBAYE.

Après la fondation de Figeac en 839, on ne trouve dans le cartulaire, pour toute la seconde moitié du IX⁰ siècle, que deux donations : l'une de l'église de La Bessenoits[1] près de Conques, l'autre d'une métairie à Bauton[2]. A peine les reliques de sainte Foi sont-elles déposées dans l'église du monastère que les dons affluent de nouveau. Ils viennent des populations environnantes. Cependant on est étonné de rencontrer déjà, en 928, dans le cartulaire, une charte, datée de Gap et contenant l'offrande d'une vigne à Jarjayes (Hautes-Alpes). Comme, avant la fin du x⁰ siècle, l'influence de l'abbaye ne paraît pas avoir dépassé l'Auvergne, le Rouergue et le Quercy, ce fait paraîtrait inexplicable, si l'on ne lisait dans une autre pièce provenant du même pays : *est autem locus iste in episcopatu Gapecensi, in Romano itinere.* C'est en se rendant au tombeau des Apôtres que les moines envoyèrent des pèlerins à sainte Foi ; car cet hommage lointain s'adresse déjà exclusivement à elle : *dono ad ecclesiam sancta Fides de Conchas pro luminaria vel sacrificium offerendo*, etc. De Gap, l'influence de Conques s'étendit plus tard dans cette région au Comtat-Venaissin, au Tricastin, aux comtés d'Orange et de Sisteron.

L'abbaye prenait pied, avant 1010, dans le diocèse d'Agde. A la fin du x⁰ siècle, la comtesse de Toulouse, Arsinde, était venue à Conques et, en reconnaissance de grâces obtenues, avait déposé ses bracelets aux pieds de la statue de sainte Foi. Ses vassaux suivirent son exemple ; au XII⁰ siècle, l'abbé, dans l'ancien diocèse de Toulouse, comptait plus de trente églises sous sa dépendance. Pendant le règne de Robert, les moines de Conques s'établirent encore dans le Vivarais et le

---

1. Com. de Firmy. *Cartul.*, n° 212.
2. Com. de Séverac-le-Château. *Cartul.*, n° 153.

comté de Narbonne. Du temps d'Henri Ier, leurs possessions gagnèrent le Limousin, l'Albigeois, et descendirent au midi jusqu'à Minorque. Mais c'est à l'abbé Etienne II qu'il était réservé de voir le plus beau triomphe de sainte Foi. Sous son gouvernement, les diocésains d'Agen qui avaient été dépouillés, on sait comment, par Ariviscus des reliques de leur compatriote, vinrent eux-mêmes la vénérer chez ses ravisseurs et appeler les moines de Conques dans l'Agenais. A la même époque, on donnait à ces derniers des églises dans le Bordelais, dans le diocèse de Dax et en Navarre [1].

Sainte Foi s'en alla combattre contre les Maures sous la bannière des rois d'Aragon. L'évêque de Pampelune était alors Pierre d'Audouque (Tarn). Il avait été dès son enfance donné à l'abbaye par ses parents [2]. D'après ses conseils sans doute, Sanche Ramirez, au siège de Barbastro, promit, s'il prenait la ville, d'en livrer la plus grande mosquée aux moines de Conques pour y établir un prieuré. Victorieux, il tint parole, et confiant dans l'intercession de sainte Foi, il fit un vœu semblable en marchant contre Saragosse et Lérida [3]. Parmi les possessions de notre abbaye en Espagne, il faut citer l'église de Roncevaux qu'elle reçut, entre 1100 et 1114, de Sanche, comte de Erro.

Sous le successeur d'Etienne, Bégon III, Conques devint propriétaire dans le diocèse de Genève et en Alsace. Robert Fitz-Walter qui, en revenant de Rome, avait été délivré de captivité par l'intercession de sainte Foi, lui donna un prieuré en Angleterre dans le Norfolk. Le récit qu'il fit du miracle, dont il avait été l'objet, attira des Normands à Conques. Gautier Giffard, comte de Longueville, y vint, après 1107, avec une nombreuse suite de seigneurs. Presque en même temps, les comtes de Saulx-Tavannes en Bourgogne et les comtes de Blois et de Champagne enrichirent l'abbaye de leurs libéralités. Plus tard, je ne saurais

---

1. Voir plus bas l'état des domaines de Conques.
2. *Cartul.*, n° 482.
3. *Gallia christiana*, t. I, Instr., p. 54.

dire à quelle époque, un diocésain de Verceil fondait un prieuré à Cavagnolo qui est, depuis le xv⁰ siècle, dans le diocèse de Casal-Montferrat[1].

Mais pour se rendre entièrement compte du retentissement qu'eut ce pèlerinage, il faudrait joindre à cet aperçu des propriétés de Conques une liste des innombrables églises qui furent mises, en France et à l'étranger, sous l'invocation de sainte Foi. Quelques-unes des plus considérables sont indiquées par les Bollandistes. Il est désirable que ce catalogue soit complété par les Prémontrés, que l'évêque de Rodez a appelés à relever l'antique monastère du Rouergue et qui ont entrepris d'écrire l'histoire de la dévotion à sainte Foi.

CONQUES ET FIGEAC.

Nous avons vu que Pépin d'Aquitaine avait fondé à Figeac une succursale de Conques. Le diplôme de ce roi stipulait que, du vivant de l'abbé Elie ou de son successeur, les deux maisons demeureraient sous un gouvernement commun, mais qu'ensuite les moines de Figeac pourraient se donner un abbé spécial[2].

Usèrent-ils de cette faculté? On n'en saurait douter; car, vers 972, un testament de Raymond Ier, comte de Rouergue et marquis de Gothie, et une bulle de Benoît VI, cités par dom Vaissète[3], désignent un abbé de Figeac, Castlo, qui ne se trouve pas dans le catalogue des abbés de Conques. Quelques années après, cependant, les deux monastères étaient réunis; de quelle manière? on l'ignore. Mais il est certain qu'Adalgerius, vers 1019, et Lautardus, au commencement du règne de Henri Ier, les régirent tous les deux ensemble[4]. La chronique de Figeac prétend qu'Adalgerius acheta cette double dignité abbatiale à prix d'argent, et

---

1. Voir plus loin l'état des domaines.
2. *Cartul.*, n° 581.
3. *Hist. du Languedoc*, t. II. Preuves, p. 107.
4. Chroniques de Conques et de Figeac.

elle insinue que Lautardus pourrait bien avoir été empoisonné à Conques, où il mourut. Quoi qu'il en soit, les religieux de Figeac refusèrent de reconnaître l'autorité d'Odolric, qui fut, après Lautardus, élu abbé de Conques. Odolric invoqua le secours du bras séculier. A sa demande, Bégon de Calmont soumit Figeac à Conques, et décida qu'à l'avenir les supérieurs de Figeac seraient nommés par l'abbé de Conques, avec l'agrément des seigneurs de Calmont[1].

Pour échapper au joug de sa rivale, Figeac alla se mettre dans l'obédience de l'abbaye de Cluny, où Hugues de Calmont, père de Bégon, avait pris le froc. Cluny avait alors pour abbé un autre Hugues, qui fut mis au rang des saints. Ce dernier ne s'empressa pas d'accueillir une recrue que lui amenait le dépit. Hugues de Calmont triompha des scrupules de l'abbé de Cluny; mais il mourut peu après, et saint Hugues hésita de nouveau. Sur ces entrefaites, par un revirement inexpliqué, peut-être pour satisfaire aux dernières volontés de son père, Bégon, prenant parti pour Figeac, transporta lui-même, en 1074, à l'abbé de Cluny les droits qu'il avait précédemment assurés à l'abbé de Conques[2].

Odolric était mort; son successeur, Etienne II, présent au concile convoqué à Rome en 1076 pour juger l'empereur d'Allemagne, soumit le différend à Grégoire VII[3]. Le pape, par une bulle datée de 1084, fit droit à sa requête et affirma la suprématie de Conques. Pour le bien de la paix, il consentit à ce que les deux abbés restassent en fonctions, leur vie durant; seulement, après leur mort, le survivant devait réunir dans sa main le gouvernement des deux maisons.

Ce fut Etienne qui disparut le premier. Conques alors refusa de s'incliner devant Ayrald, abbé de Figeac, et au mépris de la sentence pontificale élut Bégon III. Ayrald protesta au concile de Clermont, en 1095. Les moines de Conques, pour se défendre, ne

---

1. *Gallia christ.*, t. I, instr. p. 52, xi.
2. *Gallia christ.*, t. I, instr. p. 44, xxxvi et xxxvii.
3. *Cart.*, n° 53.

craignirent pas de produire la bulle de Grégoire VII. A la lecture de ce document, le concile déposa Bégon et obligea Conques à obéir à l'abbé de Figeac. « Il y eut alors, dit une bulle d'Ur-« bain II, une telle discorde que le temporel des deux maisons fut « compromis et le salut des âmes en péril. »

A ce moment, l'abbé de Cluny intervint dans le différend. La bulle de Grégoire VII, en établissant les droits d'Ayrald à la succession d'Etienne, rattachait néanmoins Figeac à Conques, et par conséquent enlevait à Cluny les droits que ce chef d'ordre tenait de Bégon de Calmont. Le supérieur de l'abbaye bourguignonne prétendit que la bulle invoquée par les adversaires de Figeac avait été expédiée subrepticement, et n'était pas conforme au jugement rendu par le pape. L'affaire fut portée devant le concile de Nîmes, qui, en 1097, imposa un terme aux débats, en séparant Figeac de Conques et en donnant à chacune de ces maisons le droit d'avoir un abbé indépendant, comme l'avait voulu Pépin d'Aquitaine[1].

Il est probable que les défenseurs de l'abbaye rouergate ne produisirent jamais au cours du procès le diplôme de 839, qui ne leur aurait pas permis de prétendre que la volonté du fondateur avait soumis Figeac à Conques comme les membres à la tête : *ut sicut præcepta regalia monstrabant, perpetuo abbati Conchensi esset subditum et serviret sicut membra capiti*[2].

De leur côté, les moines de Figeac, qui avaient le bon droit pour eux, le soutinrent par des moyens peu louables. Nous avons un de leurs factums, et il faut convenir qu'il ne respecte guère la vérité. C'est une chronique de leur couvent[3]. Elle s'arrête justement à l'abbé Ayrald que le concile de Clermont plaça, en 1095, à la tête des deux maisons et que Conques ne voulut pas reconnaître. Dans ce document, on démêle à toutes les lignes la préoccupation de la résistance aux prétentions de la maison ennemie. Conques, ainsi que nous l'avons vu, faisait, au XI° siècle,

---

1. *Gallia christ.*, t. 1, p. 241.
2. *Cartul.*, n° 53.
3. Baluze, *Miscellanea*, t. IV, p. 1. Lucæ, 1761-1764.

remonter son origine à un ermitage contemporain de Charlemagne. Figeac se dit établi par Pépin le Bref. La fondation, attribuée à Pépin d'Aquitaine, n'aurait été qu'une restauration, à la suite d'une invasion des barbares. Quels barbares? on l'ignore. Il est vrai que les Sarrasins franchirent les Pyrénées, en 793, mais on sait qu'ils ne dépassèrent point les bornes de la Septimanie. La même chronique veut que presque tous les abbés de Figeac, à ces époques reculées, aient été sacrés par les Souverains Pontifes. L'indépendance ne suffit plus à son auteur, c'est la suprématie qu'il veut pour sa maison. Suivant lui, au IX° siècle, Conques était dans l'obédience de cette dernière. On aurait fait alors deux croix de dimensions différentes, la plus petite pour Conques, la plus grande pour Figeac, supérieure en dignité. On serait même allé plus loin : Conques, pour une offense envers l'abbé de Figeac, aurait été réduit à l'état de prieuré, et par punition, mis sous la férule d'un jardinier de Figeac. Toutes ces assertions ne s'appuient d'ailleurs sur aucun document. Il résulte du diplôme de Pépin d'Aquitaine que Figeac, fondé en 839, fut peuplé par une colonie de Conques. Quatre seulement des abbés que la chronique de Figeac énumère sont nommés dans les actes authentiques du temps : Castlo, abbé spécial de cette maison [1], Adalgerius et Lautardus, abbés communs aux deux monastères, Ayrald qui clôt la liste à la fin du XI° siècle [2].

J'ai parlé plus haut d'une chronique de Conques [3]. Ce document ne va pas plus loin que Bégon, contemporain d'Ayrald. Il a donc été rédigé à la même époque, et sans aucun doute dans le même but. Cependant la forme en est plus calme et le fond plus sérieux. Presque tous les faits qui y sont rapportés trouvent leur justification dans le cartulaire. Tous les abbés énumérés sont cités dans des chartes, à l'exception de deux, *Argofredus*, entre 819 et 823, et S. Géraud, vers 930. Une seule des assertions de cette

---

1. Dom Vaissète, *Histoire du Languedoc*, t. II. Preuves, p. 107.
2. Chroniques de Figeac et de Conques.
3. Dom Martène, *Thesaurus anecdotorum*, t. III.

chronique paraît sujette à caution. Elle prétend que les archives de l'abbaye contenaient des priviléges de Charles le Chauve et de Charles le Simple, confirmant les droits de Conques sur Figeac. Comme ces actes royaux auraient été absolument contraires au diplôme de Pépin d'Aquitaine, dont on connaît la teneur, il faut croire qu'ils avaient été obtenus subrepticement, s'ils n'étaient même entièrement supposés.

La cause des deux monastères est évoquée de nouveau au xviiiᵉ siècle, cette fois devant le tribunal de l'histoire. Mabillon se prononce d'abord avec une grande sûreté de critique. Sans aller au fond du débat, il juge sommairement la chronique de Figeac et déclare que la fondation de cette abbaye doit être attribuée à Pépin d'Aquitaine et non à Pépin le Bref[1]. Pour Conques, il entre dans plus de détails, et démontre, par une citation du diplôme de Louis le Débonnaire, que l'origine de ce monastère était contemporaine de Charlemagne[2].

Après qu'il a ainsi tranché cette double question, ce n'est pas sans étonnement qu'on le voit ensuite infirmer son premier jugement[3]. Le chapitre qui avait succédé à l'abbaye de Figeac n'avait pas abandonné les prétentions de sa devancière et s'était empressé d'envoyer au savant bénédictin des documents, accompagnés sans doute des plus vives sollicitations. Mabillon, non sans embarras, dit qu'il a entre les mains une copie, écrite au xiᵉ siècle à la vérité, d'un diplôme de Pépin le Bref, fixant à 752 la fondation de Figeac. Comme ce diplôme fait mention de la donation à cette abbaye du « couvent des ermites de Conques, » le voilà obligé, pour accorder des documents contradictoires, de revenir sur son excellente dissertation et d'expliquer, en dépit du texte formel, que les premiers fondateurs de ce dernier furent, avant Dadon, les chrétiens qui avaient cherché dans ce lieu reculé un abri contre la fureur des Sarrasins. Ne croyez pas cependant

---

1. *Annal. ordin. S. Bened.*, t. I, p. 358.
2. T. II, p. 401.
3. T. II, p. 402.

qu'il regarde comme parfaitement sincère l'acte de Pépin le Bref. Il reconnaît qu'il contient des interpolations manifestes; mais il lui paraît devoir faire autorité sur le point de l'établissement de Figeac. Singulier raisonnement! Ne fallait-il pas conclure, au contraire, que, le reste du document étant altéré, le passage relatif à la fondation, objet du litige, devait être considéré au moins comme suspect? Remarquez d'ailleurs la date de la copie : elle est du xie siècle, c'est-à-dire qu'elle a été faite à l'époque du procès entre les deux abbayes, autre motif grave d'être en défiance.

Mabillon est d'autant moins excusable de s'être laissé prendre à ces inventions, qu'il publie, dans le même volume [1], un document dont il résulte clairement que Figeac n'existait pas encore au commencement du ixe siècle ; je veux parler de l'état des charges des monastères de France, dressé en 817, dans lequel Conques est désigné avec les abbayes d'Aniane, de Saint-Gilles, de Psalmodi, de Moissac, de Saint-Antonin, etc. Figeac n'est pas mentionné. Il est vrai que la chronique a imaginé fort à propos des barbares pour renverser ce dernier monastère de fond en comble, avant 822. Mabillon pourtant n'a pas été jusqu'à croire à cette invasion qui, épargnant tous les couvents voisins, se serait attaquée au seul Figeac.

Les auteurs du *Gallia christiana*, malgré l'autorité de Mabillon, répugnent à admettre les documents de Figeac. Mais ils n'ont pas le courage de les réfuter ouvertement, ils se contentent, en puisant dans les mémoires qu'on leur a adressés, de se laver les mains des inexactitudes qu'ils renferment. « Je ne dis « pas, » écrit le rédacteur de la notice de l'abbaye de Figeac, « ce « que je pense, mais j'expose de bonne foi ce que je lis dans les « titres de ce monastère [2] ; » et plus loin : « tous les documents « produits par Figeac ne me semblent pas exempts d'altéra-

---

1. T. II, p. 438.
2. T. I, p. 171.

« tions¹. » Il relève les difficultés qu'ils présentent et leur oppose les pièces venant de Conques avec une préférence peu dissimulée pour elles. Mais cela ne l'empêche pas d'insérer, parmi les preuves, deux bulles qui déshonorent le premier volume du *Gallia christiana*².

L'une, mise sous le nom d'Etienne II, expose le voyage fait par ce pape en Quercy pour consacrer l'édifice bâti par les ordres de Pépin le Bref, la confirmation de l'union à Figeac du monastère de Gaillac et de l'ermitage de Conques, et les étonnants priviléges accordés à la nouvelle abbaye. Certainement Etienne n'a pas béni, en 755, une maison qui date seulement de 839, et son pouvoir n'a pas été jusqu'à lui adjoindre des couvents qu'on ne songeait pas encore à fonder. Il suffit d'ailleurs de lire le texte de cet acte, pour être convaincu de sa fausseté.

L'autre bulle, attribuée à Pascal I⁻, est tout à fait divertissante. Elle a pour objet la reconstruction de l'abbaye, après l'invasion des barbares dont j'ai déjà parlé. Tous ses habitants ont été massacrés ; seul, un clerc, élevé dans la maison, a survécu. Il est fait abbé par le pape, qui l'envoie pour relever le monastère ruiné. Plus soucieux de leur trésor et de leurs archives que de leur propre existence, les moines les avaient mis en sûreté dans le château de Capdenac qui leur appartenait. Le pape invita Guillaume et Girbert, « chevaliers, seigneurs de ce lieu, » à réintégrer l'abbaye dans toutes ses possessions... Est-il besoin de pousser plus loin cette analyse? Le faussaire du xi° siècle ignorait que la France du ix° ne ressemblait pas à celle qu'il avait sous les yeux ; qu'il n'y avait pas encore de chevaliers en 822; que Capdenac était le siège d'une vicairie au temps des Carlovingiens, et que le règne de la féodalité n'était pas encore venu.

Dom Vaissète, dans l'*Histoire du Languedoc*, publiée en 1761, ne s'en est pas laissé imposer par les défenseurs de l'anti-

---

1. T. 1, *Instr.*, p. 43.
2. T. 1, *Instr.*, p. 43, xxxiv et xxxv.

quité de Figeac. Sans avoir égard aux tergiversations de Mabillon, ni à la faiblesse des auteurs du *Gallia christiana*, il établit nettement que le diplôme de Pépin le Bref est controuvé, et que la fondation de Figeac date seulement de Pépin d'Aquitaine[1].

L'abbaye de Conques, transformée, depuis le XVIᵉ siècle, en chapitre séculier, pouvait faire rentrer dans le néant les prétentions de Figeac à cette haute antiquité, en exhibant le diplôme de ce dernier roi. Mais il est à remarquer que ce document a été laissé dans l'ombre, au XVIIIᵉ comme au XIᵉ siècle, par ceux qui le détenaient. On ne le trouve pas dans la collection Doat. Le chapitre n'a sans doute pas voulu, en le produisant au grand jour de l'histoire, infliger un démenti aux moines ses prédécesseurs. Bosc, ci-devant chanoine de Conques, l'a édité dans les *Mémoires pour servir à l'histoire du Rouergue*[2]. L'original, dont l'authenticité est inattaquable, est conservé aux archives de la Société des lettres, sciences et arts de l'Aveyron.

DESCRIPTION DU CARTULAIRE DE CONQUES.

La même Société des lettres, sciences et arts de l'Aveyron possède dans ses archives le cartulaire de l'abbaye de Conques. Dans ce manuscrit sont copiées 546 chartes, parfaitement sincères, comprises entre les années 801 et 1189, sans compter 11 pièces, transcrites après coup dans les marges et dans les intervalles, et 10 autres sur les gardes.

Il est de format in-8°, contient 267 feuillets en vélin, et se divise pour l'œil en trois parties. La première comprend 17 cahiers, de 8 feuilles chacun[3]. Les pages, réglées et encadrées de traits à la pointe, ont 22 lignes. L'écriture, qui paraît des premières années du XIIᵉ siècle, est fort belle[4]; les mots sont bien

---

1. T. I, Notes, p. 740.
2. T. III, p. 153.
3. A l'exception du 5ᵉ qui n'en a que 7.
4. Voir le *fac-simile* en tête du volume.

espacés, les lettres initiales coloriées d'un vermillon très-vif. Les plus récentes des pièces nomment l'abbé Bégon, mort avant 1110. — Les 13 cahiers suivants, également de 8 feuilles chacun [1] (f⁰ˢ CXXXVII à CCXXXVII), sont d'une écriture plus serrée, bonne encore, avec 28 lignes à la page; le rouge des initiales est moins fin; la main est certainement aussi de la première moitié du XII⁰ siècle; les actes copiés ne descendent pas plus bas que l'époque où vivait Etienne, prédécesseur immédiat de Bégon. — Le reste du manuscrit [2] présente les écritures et les encres les plus diverses. Jusqu'au feuillet CCLI, on ne rencontre pas un document qui soit postérieur à 1110. Dans les pages qui terminent le volume, se trouve une pièce de 1189. C'est à cette époque que le cartulaire a été clos.

En résumé, il a dû être fait au commencement du XII⁰ siècle, à l'exception des 4 derniers cahiers qui sont cependant antérieurs au XIII⁰. Quant à la méthode adoptée pour la transcription des documents, le copiste semble avoir eu le projet de les ranger par ordre de lieux. Mais le premier classement ayant sans doute été mal exécuté, il a fallu insérer les pièces oubliées, au fur et à mesure qu'on les découvrait. Les bulles des papes, à l'exception d'un acte d'Honorius III, copié en marge du feuillet XXIV, et les diplômes des souverains de la France, octroyés à l'abbaye, n'ont pas été transcrits dans le cartulaire. Sa reliure date du XVI⁰ siècle, car quelques notes, écrites, vers 1550, sur le bord du feuillet CXIII v⁰, ont été rognées. Une main de cette époque a donné au manuscrit ce titre prétentieux : *Liber Mirabilis*[3].

PARTICULARITÉS NOTABLES.

Etat social. — Si l'on compare l'état social résultant de l'examen des chartes du cartulaire de Conques à celui qui est

---

1. A l'exception du 13⁰, le 30⁰ de tout le manuscrit, qui a seulement 7 feuillets.
2. Il forme 4 cahiers ayant, le 1ᵉʳ et le 2⁰, 8; le 3⁰, 6, et le dernier, 7 feuillets.
3. Les chartes ont été numérotées au XVII⁰ siècle d'une manière très-fautive.

décrit dans l'introduction au cartulaire de Saint-Père de Chartres, on ne constate pas de différences appréciables. Au IXe siècle, le pouvoir central est représenté dans le Rouergue par un officier qui a le titre de comte. L'état a un domaine que le comte administre. Nous voyons celui-ci disposer en faveur de l'abbaye du terrain, appartenant au fisc, sur lequel les moines élevèrent leurs premiers bâtiments[1]. — Le comté était divisé en un grand nombre de circonscriptions à la tête desquelles était placé un vicaire qui rendait la justice entouré des hommes les plus considérables de la région, *boni homines*[2]. — Dans les contrats, on invoque la loi romaine[3] et l'on paraît compter sur une autorité publique pour les faire exécuter. Cependant la sécurité n'est pas fort assurée : une charte de 801 contient la donation d'un donjon servant de refuge *contra gentes nefandas,* dit le texte[4]. — Outre ces représentants locaux, nous savons que le souverain donnait des commissions extraordinaires à de grands personnages. Un acte de 823 montre l'un de ces *missi dominici*, exerçant au nom de l'empereur les fonctions d'arbitre entre l'abbaye de Conques et le chapitre de N.-D. de Laon qui possédait des terres en Auvergne, provenant probablement du partage des contrées du midi fait entre les Francs mérovingiens, et tenues à titre de bénéfice par Bertrand, avoué de N.-D. de Laon[5]. — Si nous passons à la condition des personnes, nous trouvons des hommes libres, des esclaves qui se divisent en serfs de corps et serfs de la glèbe. Le cartulaire mentionne en effet la donation de plusieurs individus avec leur famille et le service qu'ils doivent[6], et d'autre part les tenanciers qui vivent sur les propriétés sont presque toujours cédés avec elle. — On remarque des domaines considérables dont le chef-lieu a le titre de *villa*, avec maison de maître, *casa*

---

1. *Cartulaire*, n° 581.
2. N°s 155, 293.
3. N° 1.
4. Ibid.
5. N° 460.
6. N°s 16, 538, 539, 550.

dominicaria, et toutes les dépendances : pressoir, moulin, etc. La villa se subdivise en manses, tenus par des serfs ou des fermiers[1]. Les propriétaires de ces domaines sont les seigneurs futurs. Il y a aussi un grand nombre d'hommes libres ayant des possessions moins étendues. Ils ne tarderont pas à échanger leur indépendance contre la protection de plus puissants et à se mettre *dans leur garde*[2].

C'est au temps du roi Robert que cette transformation se consomme. A cette époque, on sent à la rédaction des actes que les contractants ne comptent plus sur une autorité qui fasse respecter leurs stipulations. Ils en sont réduits à menacer de la justice divine ceux qui violeraient le droit[3]. Le désordre est arrivé à ce point qu'on trafique des abus et injustices. On ne craint pas de mentionner ouvertement dans les ventes ou les donations *tortos et malos usus, ... quod juste vel injuste habebam vel requirebam*[4]. Les comtes se sont rendus propriétaires de leurs comtés et des revenus qui en dépendent. Les vicaires les imitent. L'un d'eux exerce, au XIe siècle, dans le nord et l'ouest du Rouergue, un pouvoir supérieur à celui des comtes eux-mêmes. C'est le seigneur de Calmont d'Olt, près d'Espalion, dont le château en ruines domine encore la vallée du Lot[5]. Il n'est plus question alors de vigueries que pour régler les redevances dues à ceux qui se sont partagé les dépouilles de ces anciennes juridictions[6].

Cependant les mœurs réagissent avec succès contre le droit du plus fort. Sous leur influence, l'esclavage disparaît, et quand il subsiste, s'adoucit. Le cartulaire contient une charte d'affranchissement de serfs, très-remarquable. Le latin est plein de fautes grossières, il est vrai, mais la barbarie de la forme n'en fait que mieux ressortir la grandeur de l'idée chrétienne[7]. Pierre et Ger-

---

1. N° 460.
2. N°ˢ 147, 194, 440.
3. Voir à la table le mot *Excommunication*.
4. N°ˢ 20, 43, 204, 394.
5. *Gall. christ.*, t. I, Instr. p. 52 et 44.
6. Voir à la table les mots : *Vigueries féodales*.
7. N° 85. Le nom de *colon* ne se trouve pas dans le cartulaire.

bert, seigneurs des environs de Clairvaux, non loin de Conques, par des motifs exclusivement empruntés aux préceptes évangéliques, donnent la liberté à Géraud, à sa femme, à ses fils et filles, à ses sœurs Ildegarde et Ingelberge, avec l'entière disposition de leurs biens. L'insertion de cet acte dans le cartulaire dit assez qu'il est dû à l'influence de l'abbaye.

D'un autre côté, les moines ouvrent des refuges aux opprimés de la tyrannie féodale en fondant des bourgs francs dits *salvae terrae, salvetats,* sauvetés en l'honneur de sainte Foi [1].

Monnaie, cens, mesures. — Au IX° et au X° siècle, les monnaies le plus souvent nommées dans les transactions sont d'abord celle de Limoges, puis celle de Rodez; en troisième lieu vient celle du Puy. Plus tard, nous trouvons les sous et deniers de Béziers, Carcassonne, Cahors et Maguelonne. La monnaie de Toulouse porte le nom du comte qui la fit frapper : *solidi, denarii Raimondenses* [2].

Parmi les mesures, une seule est désignée par un nom de localité : la mesure de Villeneuve [3].

Les cens à payer sont innombrables. Il n'en est point cependant qui n'aient déjà été signalés et expliqués dans le glossaire de Du Cange. Les termes de paiement ne sont pas moins multipliés. On trouvera l'énumération des uns et des autres à la table sous les rubriques : *Droits divers* et *Termes de paiement.*

Régime intérieur de l'abbaye. — Le cartulaire ne donne qu'une idée incomplète de la constitution intérieure du monastère de Conques. Les dignités et charges désignées dans les titres sont celles de : abbé, prévôt, doyen, sacristain, gardien de l'église, cellerier, préposé au vestiaire et au mobilier, portier de l'abbaye, portier des pauvres [4]. Une pancarte, rédigée au XVI° siècle, mentionne de plus l'ouvrier.

---

1. N°ˢ 61, 75, 76, 481, 498, 538, 544, 547.
2. Voir à la table le mot *Monnaies.*
3. Idem, *Mesures.*
4. N°ˢ 177 et 306.

Il n'est pas possible d'établir la liste complète des prieurés dépendant de Conques. Le cartulaire s'arrête au xii° siècle et ne les contient, par conséquent, pas tous ; et d'un autre côté, lorsque la pancarte dont je viens de parler fut dressée, plusieurs des églises que l'abbaye possédait étaient déjà ou détruites ou passées en d'autres mains. Dans l'état des domaines, j'ai noté tous les prieurés dont l'indication se trouve soit dans le cartulaire, soit dans les copies de la collection Doat, soit dans la pancarte[1].

Il ne paraît pas que des laïques se soient jamais ingérés dans le gouvernement du monastère de Conques. On ne peut signaler qu'une irrégularité, au x° siècle, irrégularité qui dura, il est vrai, plus de cinquante ans. L'abbé Étienne, fils de Robert, vicomte d'Auvergne, devient évêque de Clermont, vers 937, sans cesser d'être abbé[2]. Il s'adjoint un abbé *secundum regulam*, Hugues, qui réside dans le couvent et l'administre. Vers 958, paraît, à côté de ces deux abbés, un troisième personnage nommé Bégon qui, à partir de 961, prend le titre d'évêque et figure sur les dyptiques du diocèse de Clermont. Étienne, Bégon et Hugues sont nommés ensemble dans les chartes jusqu'en 984. Étienne et Hugues disparaissent à cette époque. Quant à Bégon, il continue à gouverner de loin le monastère, avec un coadjuteur, jusqu'en 1010.

Justice de l'abbé. — Dès la fin du x° siècle, on constate l'existence d'une justice de l'abbé que celui-ci exerce devant la porte de l'église de Conques, avec le concours d'assesseurs qualifiés de *boni homines*[3].

Priviléges de l'abbaye. — Pépin d'Aquitaine exempta l'abbaye de la juridiction des comtes de Rouergue[4]. Les papes la rendirent de même indépendante de l'évêque de Rodez, et la prirent sous leur protection spéciale. Cette dernière faveur ne fut

---

1. Voir plus bas, p. XLVI.
2. *Gallia christiana.* T. II. Diocèse de Clermont. Voyez aussi dans l'index chronologique à la fin de ce volume les chartes comprises entre les numéros d'ordre 51 et 183.
3. N°⁵ 175, 193.
4. N° 581.

pas sans inconvénients pour le monastère, qui se vit fréquemment enlever ses meilleurs prieurés par décision pontificale, pour des cardinaux et autres personnages de la cour romaine[1]. L'abus devint tel que les moines durent demander à Innocent IV un bref, qui leur donnât le droit de refuser les pensionnaires, imposés même par l'autorité apostolique ou par celle des légats, à moins d'un ordre exprès et spécial du pape[2].

Menses abbatiale et conventuelle. — On ne saurait dire si, dès les premiers temps, il existait une distinction entre la mense de l'abbé et la mense conventuelle. Quelques donations anciennes ne portent, il est vrai, que le nom de l'abbé. Cependant il ne paraît pas douteux qu'il figurait alors comme représentant de toute la maison. Au XIIe siècle, on trouve un rôle de la mense conventuelle, *communia monachorum*[3]. Une bulle de 1243 spécifie les biens qui devront entretenir : le cellier, la paneterie, l'ouvrerie ou fabrique, l'ameublement, l'infirmerie, la maison des hôtes, les anniversaires et jusqu'à l'office de la barbe et de la tonsure[4]. Au XIIIe siècle, la mense abbatiale fut constituée ou augmentée par diverses bulles citées plus loin dans l'état des domaines.

Souvent les donateurs affectaient eux-mêmes leur offrande à une destination marquée : vestiaire, luminaire, sacrifice de la messe, sacristie, etc.

Règle de saint Benoît. — La règle de saint Benoît n'était pas observée à Conques dans toute sa rigueur. On constate des exceptions nombreuses au vœu de pauvreté. Il est souvent convenu dans les actes que telle propriété, donnée au monastère, demeurera entre les mains d'un moine désigné, qui en touchera les revenus[5]; quelquefois on ajoute qu'il pourra transmettre cet

---

1. N° 558, et Doat 144, f°° 84 et 271.
2. Doat 244, f° 25.
3. N° 478.
4. Doat 144, f° 20.
5. Entre autres n° 107.

usufruit à un successeur choisi par lui[1]. Des parents, dont les fils entrent au monastère, stipulent, en versant la dot du novice, qu'il sera convenablement entretenu de tout et aura même une bonne mule[2].

L'usage de donner l'habit monacal sur le lit de mort aux hommes et aux femmes, ainsi que la sépulture dans le cimetière de l'abbaye, est rappelé dans un grand nombre de contrats.

Enfants donnés. — Il est question aussi d'enfants donnés au monastère, avec l'intention d'en faire des moines[3], quelquefois seulement pour les élever et les instruire[4]. L'un de ces enfants, Pierre d'Audouque[5], joua un rôle important dans les événements qui se produisirent en Navarre et en Languedoc, à la fin du xie siècle et au commencement du xiie. Nommé évêque de Pampelune, il exerça une grande influence à la cour des rois de Navarre et d'Aragon[6]. Il assista aux conciles qui se tinrent, à cette époque, dans le midi de la France, notamment à Toulouse, où il périt dans une sédition, en 1114[7]. Si l'on en croit une notice contemporaine de sa mort, à laquelle sont joints des vers, assez difficiles à comprendre par suite d'une transcription inintelligente[8], c'était un prélat lettré. Il donna ou fit donner à l'abbaye de Conques plusieurs prieurés en Navarre.

Églises. — Les églises paraissent avoir été la propriété de ceux qui les faisaient bâtir sur leur terrain. Ils en touchaient les revenus et entretenaient le prêtre chargé de les desservir. C'est ce qui résulte de l'abandon, fait à l'abbaye par les donateurs, des droits sur le baptême, les pénitences, la sépulture, les offrandes de l'autel, etc.[9]. De là découlent les droits de patronage et

---

1. N° 246.
2. N°° 31, 569, et Doat 143, f° 287.
3. N°° 287, 492, 511, 569, et Doat 143, f° 257.
4. N° 500.
5. N° 482.
6. Voyez plus haut, p. xv.
7. Dom Vaissète. *Hist. du Languedoc*, t. II, p. 636.
8. Doat 143, f° 177.
9. Voir ces mots à la table.

autres exercés par les seigneurs. Au xi⁰ siècle, les biens affectés à la dotation de l'église prennent le nom de fief : *fevum ecclesiasticum, fevum presbyterale*.

Un acte curieux nous montre un prêtre du diocèse d'Albi achetant une église, afin de vivre de ses revenus, et se mettant avec elle dans la juridiction de l'abbaye[1].

Pèlerinages. — On a vu plus haut le tableau des progrès du pèlerinage de Sainte-Foi. Ce n'est pas le seul dont il soit parlé dans le cartulaire. Il y est souvent question de voyages au tombeau des Apôtres et en Terre-Sainte. Roc Amadour est également mentionné. Un récit de 1060[2] nous représente le fils d'Harold, roi d'Angleterre, allant de sanctuaire en sanctuaire dans le monde entier. A partir de la fin du xi⁰ siècle, on note un grand nombre d'emprunts faits sur gages auxquels les dépenses nécessitées par les croisades ne sont sans doute pas étrangères[3].

Dévotion à saint Pierre. — Le culte de saint Pierre avait précédé à Conques celui de sainte Foi et se perpétua après la translation des reliques de la martyre d'Agen. Le côté droit de l'église était dédié au prince des apôtres[4]. Des donations sont faites pour l'entretien d'un luminaire perpétuel devant son autel et la célébration de messes quotidiennes en son honneur[5].

Bulle de Pascal II. — Une bulle de Pascal II (1099 à 1110), reproduite par les Bollandistes[6], accorde aux moines l'autorisation de nommer sainte Foi au canon de la messe. Il est certain que Pascal a donné à l'abbaye de Conques des témoignages d'une bienveillance toute spéciale. Sur le socle d'un bas-relief, formé de débris de plusieurs pièces d'orfèvrerie, on lit un fragment

---

1. N° 57.
2. N° 15.
3. Voyez à la table le mot *Pignus*.
4. D'après le *Livre des Miracles*, la nef principale était consacrée au Saint-Sauveur et le côté gauche à Notre-Dame. Les reliques de sainte Foi étaient exposées au milieu du chœur.
5. N° 91, entre autres. Voyez à la table le mot *S. Petrus*.
6. *Acta Sancl.* Octob. T. III, p. 282.

d'inscription qui prouve que le trésor lui était redevable de reliques insignes. Malgré cela, cette bulle me paraît suspecte. Sa teneur, j'en conviens, ne s'écarte pas des formules des petites bulles de Pascal II ; il n'y manque que l'année de l'indiction. Mais, dans un procès du xvi⁰ siècle, les moines ont présenté comme l'original de ce document une grossière contrefaçon, dont la fausseté saute aux yeux les moins exercés. Ils y ont joint une copie, homologuée au parlement de Toulouse, de ce même original supposé, que le greffier a pris pour l'acte authentique. Et qu'on ne dise pas qu'ils ont fait cette production fallacieuse pour ne pas s'exposer à perdre le vrai titre, car je répondrais qu'ils n'ont pas craint de se dessaisir d'une grande bulle d'Urbain II, qui n'avait pas moins d'importance pour le soutien de leurs privilèges[1]. — Sincère ou fausse, la décision de Pascal II ressortit son double effet dans le cours des siècles; les Bollandistes citent un grand nombre de missels, peu anciens à la vérité, de divers diocèses, dans lesquels le canon de la messe porte le nom de sainte Foi[2].

Chartes romanes. — Le cartulaire contient plusieurs chartes en langue d'oc [3]. Je signalerai parmi elles un certain nombre de pièces plus anciennes dont le texte en latin barbare, mêlé d'expressions romanes, est curieux[4].

L'église abbatiale de Conques, type du style roman languedocien. — Dans le remarquable cours d'archéologie qu'il professe à l'École des Chartes, M. Quicherat constate que du style auvergnat, caractérisé par une voûte centrale en berceau, contrebutée par les voûtes des bas-côtés à la hauteur de la nef du milieu, est dérivé le style languedocien. Dans cette seconde branche, le bas-côté est divisé en deux étages : une nef et au-dessus une tribune dont la voûte sert de soutien au vaisseau

1. Archives de l'Aveyron. *Évêché de Rodez.*
2. N° 570, même fonds.
3. N°ˢ 531, 546, 566, 573, etc.
4. N°ˢ 501, 563, etc. On relève un mot roman dans une pièce de 801 : *decurrit deves Andate*, n° 1.

principal. M. Quicherat cite, parmi les monuments les plus complets de cette école d'architecture romane, Sainte-Foi de Conques et Saint-Sernin de Toulouse.

L'abbaye de Conques, bâtie sur les confins de l'Auvergne où elle possédait de nombreuses terres, a été, au x⁰ siècle, administrée par des évêques de Clermont. En partie peuplée de moines originaires de cette province, il est très-naturel de supposer qu'elle aura subi l'influence des idées et des goûts qui y avaient cours. L'église de Conques a donc pu être construite par un architecte auvergnat qui, faisant faire à l'art roman un pas considérable, a produit dans cet édifice un type nouveau.

Mais, objectera-t-on, n'est-ce point Saint-Sernin de Toulouse qui a servi de modèle à Sainte-Foi de Conques? C'est une question de dates. Urbain II, en 1095, consacra l'église, encore inachevée de Saint-Sernin, qui avait été commencée vers 1060[1]. D'après le chronographe de l'abbaye rouergate, celle de Conques était à peu près terminée, au moment où l'on posait la première pierre de Saint-Sernin. *Odolricus... basilicam ex maxima parte consummavit..., corpus beatæ Fidis de veteri ecclesia in novam basilicam transtulit, ac etiam monasterium in ea forma in qua est ad honorem Dei et beatæ Fidis fecisse creditur, tempore Henrici, Francorum [regis]...* Odolric, est cité pour la dernière fois dans une pièce de 1065. J'ai démontré plus haut que l'auteur anonyme écrivait à la fin du xi⁰ siècle. On ne saurait lui refuser créance, quand il parle d'événements récents qu'il a vus ou appris de témoins oculaires, surtout si l'abbaye de Figeac n'est pas en question. Il ajoute que Bégon III, qui gouvernait Conques au moment où il composait sa chronique, a fait bâtir le cloître qui s'appuyait sur le bas-côté méridional de la nef. C'est une preuve de plus que l'église était alors achevée. Le cloître est détruit et il n'en reste que quelques débris recueillis par le curé; il abritait le tombeau de son fonda-

---

1. *Hist. du Lang.*, t. II, p. 175 et 265.

teur, demeuré intact contre le mur de l'église, avec une inscription qu'on lira plus bas.

La comparaison de Sainte-Foi et de Saint-Sernin fait ressortir dans le monument de Toulouse une hardiesse, un ensemble, une sûreté d'exécution qu'on est loin de trouver dans celui de Conques. Ce dernier, parmi des beautés de premier ordre, porte la trace de quelques gaucheries, qui trahissent des tâtonnements et une certaine inexpérience. Saint-Sernin, c'est Sainte-Foi perfectionné.

Au XI° siècle, les relations entre Conques et le pays toulousain étaient devenues fréquentes. Durand, évêque de Toulouse, et son successeur Isarn firent à l'abbaye d'importantes donations. Le cartulaire nous montre les moines bâtissant, dans les lieux où ils vont s'établir, des églises, des couvents, des bourgs de sauveté, des ports, etc.[1]. Un document nous a conservé les noms de trois de ces moines architectes : Amancius donne deux manses dans le Bazadois à condition que Deusdet, moine, ou Pierre, ou Odolric y construira une église en l'honneur de sainte Foi[2]. Ainsi le culte de cette sainte a porté avec lui le style né à Conques dans les contrées où il s'est propagé, et nous saisissons sur le fait la formation et le développement d'un mode d'architecture romane, très-répandu dans le midi de la France. M. Viollet Le Duc l'a retrouvé en Navarre où, d'après le cartulaire, les moines de Conques firent de nombreuses constructions. A ce titre, l'église de Sainte-Foi, fort intéressante déjà en elle-même, mériterait l'honneur d'une monographie détaillée.

DIVISIONS TERRITORIALES DU ROUERGUE AUX IX°-XI° SIÈCLES.

On relève dans le cartulaire de Conques des indications sur un assez grand nombre de circonscriptions territoriales à l'époque carlovingienne. Elles sont énumérées ci-dessous, avec quelques

---

1. Voir ces mots à la table.
2. N° 50.

additions fournies par des chartes des ix° et x° siècles que j'ai publiées, en 1863, dans la *Bibliothèque de l'Ecole des Chartes*[1] :

*[2]*Ministerium Amiliavense*, Millau, en 912 et 920.

Aïce Arisito, vicaria Arisdensis, en 976 et vers 1000; le chef-lieu en était sans doute dans la ville qui fut le siège de l'évêché d'*Arisitum*, situé sur le plateau du Larzac, en partie dans l'arrondissement de Millau et dans celui du Vigan (Gard).

Vicaria Arjacensis, Arjac, commune de Saint-Cyprien, en 968. Le cartulaire relate un plaid à Arjac[3].

**Ministerium Aureliacense*, Orlhaguet, commune de Sainte-Geneviève, en 877.

Ministerium Balciacense, Balzac, en 918, 927 et 948.

Aïce, vicaria Barrensis, au xi° siècle, pays de Barrez, canton actuel de Mur-de-Barrez; cette vicairie est encore nommée dans un titre de 1060 à 1065.

Ministerium, pagus, vicaria Bedenensis, Beteniensis, Betonensis, Betonica, Bethonice, pays de Bedène ou Viadène, canton de Saint-Amans-des-Cots, au ix° siècle, nommé encore dans une pièce du temps de Henri I.

Vicaria Brobtaato, Brogmacensis, x° siècle, Brommat.

Grafla Cabniacensis, en 956, *vicaria de Cabdenago, Cabtinacensis, Captinacensis, in pago Rutenico*, Capdenac (Lot), x° siècle, nommé encore en 1061-1065.

Aïce, ministerium Calvomontense, Calmont d'Olt, 883, nommé encore sous Henri I.

**Ministerium Canaviliense*, en 924, inconnu, paraît avoir été dans les environs de Saint-Rome-de-Tarn; *Planos Campos* et *Linares*, qui sont dits *in ministerio Canaviliensi*, peuvent être Plescamps, commune de Viala-du-Tarn, et Linars, commune de Truel, qui ne sont pas éloignés l'un de l'autre.

1. *Évêques de Rodez aux* ix°, x° *et* xii° *siècles.*
2. Les noms de vicairies empruntées au travail précité sont marqués d'un astérisque. Ceux qui n'ont pas ce signe sont tirés du cartulaire. La table générale renvoie aux chartes qui les citent. — 3. N° 293.

Ministerium Candadense ou *Condadense*, 948, Candas, Candadès, commune de Montjaux.

Ministerium Carladense, Carlatense, placé à la fois *in pago Arvernico* et *in pago Rutenico*, x⁰ siècle, Carlat (Cantal).

*Ministerium Catulense, peut-être Caylus (Tarn-et-Garonne), x⁰ siècle; la *villa de Montemiralio* placée dans cette vicairie n'a pas son équivalent dans le Rouergue.

Ministerium, vicaria Dunensis, ix⁰, x⁰, xi⁰ siècle, Le Dunet, commune de Viviez.

Aice, ministerium, vicaria Ferrariensis, x⁰ et xi⁰ siècle, La Ferrairie, commune de Conques.

Vicaria Flaidnago, x⁰, xi⁰ siècle, Flagnac.

Vicaria Goliniacensis, Golignac, xi⁰ siècle.

Vicaria Laiciazensis, Laissac, xi⁰ siècle.

Vicaria Luganiensis, Lugan, commune de Villeneuve, 1031-1065.

*Vicaria Lymancionensis, Lemençon, commune d'Aguessac, 937.

*Ministerium Mauriacense, Mauriac, commune de Saint-Léons, 920.

Vicaria Maurontensis, Mauron, commune de Maleville, 966.

Aice, ministerium, vicaria Montiniacensis, Montignac, commune de Conques, ix⁰, x⁰, xi⁰ siècle.

Vicaria Neiracensis, Le Neyrac, 959.

Vicaria de Nova Villa, Nauviale, fin du x⁰ siècle.

*Ministerium Petrelense ou *Petrolense*, Peyreleau, en 922 et 924.

Aice, vicaria Rocenacensis ou *Roceznacensis*, Roussennac, x⁰ siècle.

Ministerium, vicaria Rutenulensis, Rodelle, ix⁰ et x⁰ siècle.

Ministerium, vicaria Rutinacensis ou *Rutiniacensis*, Rignac, x⁰ et xi⁰ siècle.

*Ministerium sancti Georgii, Saint-Georges dit de Lavencas, canton de Millau, 924.

Vicaria sancti Gervasii, Saint-Gervais, commune de Saint-Symphorien, 932.

Vicaria Serniacensis, peut-être Senergues, x° et xi° siècle.

Vicaria Severiacensis, Séverac-le-Château, ix° et x° siècle.

*Ministerium de Vallesergа, La Roque-Valzergues, commune de Saint-Saturnin, 909.

Je mentionne seulement pour mémoire les vicairies citées par le baron de Gaujal dans les *Etudes historiques sur le Rouergue*[1], sans indication de dates ni de sources : *Bruscensis*, Brusques; — *Camarensis*, Camarès, à moins que ce ne soit Hamarus, château dans la commune de Flavin; — *Curiensis*, dans la région de Vabres; — *Nantensis*, Nant; — *Regoniensis*, dans les environs de Salmiech; — *Sanctus Anianus*, dans la vallée du Lot; — Saint-Antonin (Tarn-et-Garonne); — *Ranaveliensis; — Lugamensis* pour *Luganiensis*. Lugan; — *Serviacensis* pour *Serniacensis*. — Quant à *Germanensis*, c'est *Serniacensis* défiguré; ce qui le prouve, c'est que M. de Gaujal indique, comme étant dans cette *vicaria Germanensis*, le lieu de *Liciongas*, que le cartulaire de Conques met *in vicaria Serniacensi*. — Bosc nomme encore Ayssène et Najac, mais dans une énumération des juridictions royales et féodales d'une époque relativement récente.

Le *pagus Rutenicus*, autant qu'on en peut juger, d'après les renseignements fournis par le cartulaire et les chartes du chapitre de Rodez, avait à très-peu près la même étendue que l'ancienne province de Rouergue. A l'ouest, Capdenac en faisait partie. Au nord, ses limites étaient incertaines. Nous voyons quelques localités dites tantôt *in pago Rutenico*, tantôt *in pago Arvernico*. Le Carladez était à cheval sur les deux *pagi*.

Dans le principe, il y a eu sans doute une différence entre le

---

1. 2° édition, t. I, p. 489.

ministerium, la *vicaria* et l'*aïce*. Le *ministerium* paraît avoir eu la circonscription la plus étendue ; elle comprenait la *vicaria* et l'*aïce*. Ainsi la *vicaria Arpajonensis*, Arpajon (Cantal), est placée *in ministerio Carladense*[1] ; de même l'*aïce Ruilhia*, Rulhe, comm. d'Auzits, est indiqué comme étant *in ministerio Serniacense*[2]. Ailleurs c'est une *vicaria* qui est mise dans l'*aïce*[3]. L'*aïce* ne dut pas être d'abord l'équivalent de la *vicaria*, car Rulhe n'a jamais été une *vicaria*. Dans presque tous les autres cas, cependant, *ministerium, vicaria, aïce* paraissent synonymes.

Il résulte de plusieurs exemples assez caractéristiques que les limites de quelques-unes au moins de ces circonscriptions et leurs chefs-lieux n'avaient rien de fixe. On remarque fréquemment que les mêmes localités sont placées tantôt dans l'une, tantôt dans l'autre. Ainsi Conques est mis dans la *vicaria Dunensis* et dans la *vicaria Ferrariensis*. D'un autre côté, La Ferrairie est aux portes mêmes de Montignac, autre chef-lieu de vicairie ; les deux localités se trouvent à une très-faible distance de Conques. De plus, la *vicaria Montiniacensis* semble se confondre avec la *vicaria Serniacensis*, dont le chef-lieu indéterminé est peut-être Senergues, commune limitrophe de Conques. On pourrait croire à la rigueur que le chef-lieu de la circonscription a été transporté successivement de La Ferrairie à Montignac et de Montignac à Senergues ; la supposition tombe devant ce fait que les trois vicairies sont nommées dans des documents contemporains.

Ces divisions ont répondu à une juridiction réelle jusqu'au temps du roi Robert ; on trouve des plaids devant le vicaire à la fin du xe siècle. Elles se conservent à titre de souvenir pendant le xie ; et même au xiie, le mot *vicaria* ayant disparu, on dit encore *in Rotinacense, in Serniacense*, etc. De nombreuses

1. N° 6.
2. N° 250.
3. N° 325.

chartes prouvent que, au milieu du xi° siècle, leur constitution était devenue tout-à-fait féodale[1]. Il est à remarquer que, au chef-lieu d'un grand nombre de ces vicairies, on trouve des restes de châteaux-forts souvent considérables.

Parmi les *ministeria*, il en est un qui est qualifié de *pagus* en 876[2]. Il était divisé lui-même en vicairies, du moins on en cite une : *vicaria Aureliacensis in pago Bedenense*, Orlhaguet, dans le pays de Bédène. Plusieurs localités dans le canton de Saint-Amans-des-Cots sont encore aujourd'hui dites en Bédène ou Viadène.

Le diplôme de Louis le Débonnaire cite un petit pays qui ne fut jamais ni *ministerium*, ni *vicaria*, ni aïce : c'est le *Cicerniacum* (*cicer* pois, *ers* en roman), pays des Ers. On trouve encore aujourd'hui Saint-Geniez-des-Ers, dans la commune de Vérières, canton d'Estaing.

CHRONOLOGIE DES ABBÉS DE CONQUES DU VIII° AU XII° SIÈCLE.

I. DADON. — Il vivait au viii° siècle. Voir dans le cartulaire les n°˚ 580 et 581.

II. ADRALDUS. — Abbé en 801, n° 1 ; et en 819, n° 580.

Argofredus. — Nommé seulement dans la chronique de Conques.

III. ANASTASE. — 823, n° 460.

IV. ÉLIE. — 838, n° 581. C'est lui qui bâtit Figeac.

Blandin. — Désigné par Aimoin dans le récit de la translation des reliques de saint Vincent de Saragosse. Son existence paraît problématique. A l'époque où Aimoin place cet abbé, les chartes du cartulaire indiquent un autre titulaire qui suit.

V. BÉGON I. — Vivait en 852, n° 212, et vers 878, n° 153.

Gibert. — Mentionné seulement dans la chronique de Conques.

Étienne. — Ici la chronique nomme un abbé Étienne qui,

---

1. Voir la table au mot *Viguerie*.
2. N° 580.

d'après les faits qu'elle cite elle-même, n'est autre qu'Etienne Ier, évêque de Clermont, qu'on trouvera plus bas.

VI. FROTAIRE. — 887, n° 108.

VII. ARLALDUS I OU AIRALDUS. — 900, n° 251 ; et 903, janvier, n° 112. La chronique intervertit l'ordre de succession de Frotaire et d'Arlaldus. Elle fait de même pour Jean qu'elle place ici et qui doit venir après Raoul.

S. Géraud. — C'est à tort que le *Gallia christiana* fait de saint Géraud d'Aurillac un abbé de Conques, d'après la Chronique. Voici les termes employés par ce document : *sub eodem tempore, Guillelmus dux Aquitanorum Cluniacense fundavit cœnobium ; ejusdem etiam ducis tempore, dominus Geraldus vir egregiæ sanctitatis et nobilitatis claruit.* On voit que l'auteur cite simplement ici deux faits contemporains de l'abbé Raoul.

VIII. RAOUL. — Arlaldus mort, les moines lui donnèrent immédiatement pour successeur Raoul qui, dans le même mois de janvier 903, accorda en prestaire à Eldebert et consorts la terre d'Estaing, n° 177. La dernière charte qui le nomme est du mois d'avril 930, n° 6.

Frédolon. — D'après la chronique, Frédolon aurait été abbé après lui. Le cartulaire contient une charte dans laquelle figure Frédolon avec le titre d'abbé, mais il n'est pas dit que ce fût de Conques. On le trouve au catalogue des abbés de Vabres. Il n'était pas frère de Raoul, comme on pourrait le croire. La mère de ces deux abbés s'appelait Sénégonde, mais la comparaison des nos 5 et 7 prouve que la Sénégonde, mère de Frédolon, n'était pas la même que la Sénégonde, mère de Raoul.

Guibert. — Pour prouver qu'un abbé du nom de Guibert a succédé à Raoul et Frédolon, la chronique cite des acquisitions qu'il faut rapporter à un autre Guibert, de beaucoup postérieur.

IX. JEAN. — Il était prévôt de l'abbaye en 914, n° 222, et abbé en 933, n° 91. Il est vrai qu'une charte prestaire de la xe année de Charles le Simple lui donnerait déjà ce titre, n° 306.

Mais il y a évidemment ici une erreur de date, qui est sans doute le fait du copiste. Si l'on compare les signatures de ce document à celles de la prestaire de 903, passée par Raoul, on voit que les dignitaires de l'abbaye sont différents. Or il est bien difficile qu'ils aient tous disparu de 903 à 908. La première de ces pièces désigne parmi les témoins, en 903, Adraldus, Rotgarius, Widbaldus, enfants, Astarius, adolescent. Ils ont grandi quand on rédige la seconde, et sont devenus Astarius, prévôt; Guitbaldus, gardien de l'église; Adraldus, portier du couvent; Rodgerius, portier des pauvres. Astarius, prévôt, est souvent mentionné dans les chartes, un peu avant et après 930. Le scribe qui a écrit la seconde prestaire est Hictor, clerc, rédacteur de plusieurs actes à cette dernière époque. C'est donc entre 933 et 937 que je crois devoir placer la seconde prestaire portant le nom de Jean. Il est cité pour la dernière fois à une date précise, en 935, n° 200.

X. Etienne I, Bégon II et Hugues. — Après lui, Etienne gouverne l'abbaye de 942, n° 145, à 984, n° 123[1]. Il était en même temps évêque de Clermont. En 958, les documents portent *Stephanus episcopus et Bego et Hugo abba*, n° 292. Une charte de 961 donne à Bégon le titre d'évêque, n° 340. Il était sans doute le coadjuteur d'Etienne[2], auquel il succéda sur le siège de Clermont. Hugues était le véritable abbé; un document de 962 l'appelle *abbas secundum regulam*, n° 302. Etienne et Hugues sont nommés pour la dernière fois en 984, n° 123. C'est par suite d'une inadvertance que le *Gallia christiana*[3] donne Etienne comme ayant souscrit une pièce de 1059. C'est de l'un de ses successeurs à l'évêché de Clermont, Etienne V de Polignac, qu'il s'agit, n° 523.

XI. Bégon II et Arlaldus II. — Bégon partage ensuite l'administration de l'abbaye avec Arlald II, qui vit sous Hugues Capet, n°s 170, 338.

1. Le *Gallia christiana* ne le fait vivre que jusqu'en 970.
2. C'est à tort que le *Gallia christiana* place Hugues après Bégon II.
3. T. II, p. 257.

XII. Bégon II et Girbert. — Après Arlaldus II, on associe Girbert à Bégon, de 996 à 1004, n° 125. La chronique dit que Girbert mourut dans un pèlerinage à Jérusalem.

Nepos. — Ce même document, après avoir nommé Girbert, ajoute : *cui successit abbas nepos.* On en a fait l'abbé *Nepos.* Le cartulaire cite, dès 1084, n° 313, Arlaldus qui suit. Il était peut-être neveu de Girbert.

XIII. Bégon II et Arlaldus III. — Bégon ne mourut que vers l'an 1010. Il figure encore avec Arlaldus III dans une charte d'environ 1007, n° 421. Arlaldus III fut sans doute, comme Hugues, Arlaldus II et Girbert, l'abbé selon la règle, n°⁵ 163, 286.

XIV. Airadus. — On pourrait croire que le nom d'Airadus est une variante d'Arlaldus, si l'on ne lisait dans une charte ces mots : *Arlaldus, abbas; decaniæ curam gerens Airadus,* n° 325, qui démontrent qu'Airadus, doyen du temps d'Arlaldus, devint abbé après sa mort, n°⁵ 102, 160, 177, 205, etc.

Il est impossible de dire combien de temps vécurent Arlaldus et Airadus. Il est probable que ni l'un ni l'autre ne conserva longtemps la dignité d'abbé. Les actes, peu nombreux, qui les mentionnent, sont rédigés par des clercs dont on trouve déjà les signatures au bas de documents de l'époque de Hugues Capet. Arnaldus II et Airadus manquent dans le catalogue du *Gallia christiana.*

XV. Adalgerius. — Doyen du temps d'Airadus, n° 244, il lui succéda. La chronique veut qu'il soit devenu archevêque de Narbonne. Mais on ne le trouve pas dans le catalogue des prélats qui ont gouverné cette métropole. Il n'est désigné que dans quatre actes sous le règne de Robert, n°⁵ 80, 181, 209.

Odolric de Maleville. — Le chronographe place, entre Adalgerius et Lautard, Odolric de Maleville. S'il ne s'agissait d'une époque très-rapprochée de celle où vivait cet auteur, qui écrivait à la fin du xi⁵ siècle, je croirais à une confusion avec Odolric qui suit Lautard. En tous cas, le cartulaire ne contient rien qui permette d'établir une distinction entre les deux Odolric.

XVI. LAUTARD. — Lautard ne fit que passer. Le cartulaire ne contient qu'une pièce non datée qui le nomme. Avant d'avoir le gouvernement de Conques il était abbé de *Vincellis*, dit la chronique. Dom Martène corrige et met *Juncellis*, Joncels. Le cartulaire ne contient qu'une charte au nom de Lautard, n° 264. Je l'ai placée vers 1025; la chronique de Figeac fait vivre Lautard sous Henri Ier.

Guillaume. — La chronique de Figeac place ici un abbé Guillaume qui aurait gouverné à la fois Conques et Figeac. Elle l'accuse de simonie. Ni le cartulaire ni la chronique de Conques ne contient son nom [1].

XVII. ODOLRIC. — Dans l'impossibilité de distinguer dans les documents le problématique Odolric de Maleville de l'autre, j'ai réuni après Lautard toutes les pièces où se trouve le nom d'Odolric [2]. D'après la chronique, le second Odolric bâtit l'église actuelle et le monastère.

XVIII. ETIENNE II. — La chronique dit qu'Etienne fut élu du vivant d'Odolric. Le fait est confirmé par le cartulaire : le n° 350 contient les noms des deux abbés vers 1065. Dans la suite, on ne trouve plus que le nom d'Etienne. Ce fut lui qui soutint le poids du procès contre Figeac. Nous avons vu qu'il assista au concile de Rome de 1076.

---

1. Après Guillaume, les auteurs du *Gallia christiana* nomment Airardus. Déjà abbé de Figeac, il devait, d'après la décision de Grégoire VII, gouverner Conques, s'il survivait à Étienne II. Ce n'est donc qu'après ce dernier qu'il y aurait lieu de l'insérer dans le catalogue des abbés de Conques. Envoyé en possession par le concile de Clermont en 1095, il ne fut pas reconnu par les moines rouergats.
2. Voir l'index chronologique, n°° d'ordre 267 à 377. Si l'on adoptait le système des chroniqueurs de Conques et de Figeac, Odolric de Maleville, qui aurait vécu sous Robert, serait désigné dans la charte 285 ; — l'acte qui nomme Lautard (n° 81) serait reporté aux premières années du règne d'Henri Ier et descendrait dans l'index chronologique du 264e au 271e rang ; — toutes les pièces mentionnant Odolric, abbé, et datées des règnes d'Henri Ier et de Philippe Ier, seraient relatives à Odolric II ; quant aux titres contenant le nom d'Odolric, sans autre indication chronologique (voir l'index, n°° 291-321), l'attribution à Odolric I ou à Odolric II demeurerait indécise.

XIX. Bégon III de Mouret[1]. — Elu en violation de la bulle de Grégoire VII, en 1087, n° 61, il fut déposé par le concile de Clermont en 1095, et rétabli par le concile de Nîmes en 1097. Il clôt la chronique de Conques. Le chronographe, son contemporain, dit de lui : *Bego venerabilis, qui claustrum construxit, multas reliquias in auro posuit, textus evangeliorum fieri fecit*. On remarque dans le trésor de Conques un bas-relief (*Ann. arch.* t. **XX**, p. 219) surmonté d'un petit fronton étranger à la composition primitive. Il est facile de voir que le socle ne lui appartient pas davantage. Ces retranchements opérés, on retrouve dans la plaque du milieu, représentant le crucifiement, avec ces mots : *me fieri jussit Bego, clemens cui Dominus sit*, l'un des plats de la reliure de l'évangéliaire de l'abbé Bégon III. Le trésor de Conques possède en outre un petit édicule, en forme de lanterne, sur lequel on déchiffre cette indication incomplète : ..... *abbas sanctorum Bego partes*... Peut-être Bégon III a-t-il commencé le cartulaire. Le cloître qu'il avait fait bâtir n'existe plus ; mais son tombeau se voit encore contre le mur de la nef du sud. Il porte cette inscription :

Illic est abbas situs
Divina lege peritus,
Vir Domino gratus,
De nomine Bego vocatus.
Hoc peragens claustrum
Quod versus tendit ad austrum,
Sollerti cura cessit, et altera plura.
Hic est laudandus per secula.
Vir venerandus vivat in eternum
Regem laudando supernum.

XX. Boniface. — Une charte le mentionne en juillet 1107, n° 485. C'est peut-être lui qui avait rédigé la pièce n° 481. On ne saurait dire jusqu'à quelle époque il a vécu. Les documents qui le concernent sont rares, et datés vaguement des règnes de Henri,

---

1. Doat 143, f° 258.

roi d'Angleterre de 1100 à 1135, et de Louis, roi de France de 1108 à 1137. Il est fort probable que le cartulaire a été, de son temps, conduit jusqu'au 30ᵐᵉ cahier inclusivement.

Les chartes postérieures à Boniface sont trop peu nombreuses pour permettre d'établir la suite complète de ses successeurs jusqu'à la fin du xııᵉ siècle. Le *Gallia christiana* indique, après lui, Gaucelin, qui est sans doute le même que Gaucelm, abbé vers 1190 ; — en 1154, Eudes ; en 1165, Hugues II ; et en 1175, Olric, qui n'ont laissé aucune trace dans le cartulaire. Ce manuscrit nomme Isarn, de 1160 ou environ à 1179, n° 573 ; puis Gualbert, 1183, nᵒˢ 574 et 559. Gualbert manque dans le catalogue dressé par les Bénédictins. Le *Gallia christiana* place, en 1179, un Guillaume d'après le cartulaire de Conques. La charte qu'il cite n'est pas dans ce manuscrit. Je l'ai retrouvée en original et la publie sous le n° 574. Cette pièce contient seulement une initiale G. Il s'agit évidemment ici de Gualbert. *Guiraudus, Geraldus* ou *Geraudus* qui suit dans le *Gallia christiana* ne paraît pas avoir existé plus que Guillaume. Après Gualbert, le cartulaire mentionne encore, en 1189, Bernard et Gaucelme, n° 531 ; et, à une date incertaine, sans doute postérieure, V..? n° 554.

ÉTAT

DES DOMAINES DE L'ABBAYE DE CONQUES

I.

ROUERGUE [1].

§ 1. — ENVIRONS DE CONQUES.

L'abbaye de Conques possédait presque toute la contrée du Rouergue qui s'étendait autour d'elle dans un rayon de cinq lieues et notamment une grande partie du territoire du canton actuel de Conques et des cantons limitrophes d'Aubin, de Rignac, de Marcillac, d'Estaing et d'Entraygues.

Canton de Conques. — La pancarte du monastère, au XVIe siècle, énumère, comme appartenant à l'abbaye, dans le territoire du canton actuel de Conques, neuf prieurés : N.-D. du château de Conques, N.-D. de la ville de Conques, N.-D. de Grandvabre, Sainte-Madeleine de Lunel, Saint-Léonard de Monediers, Saint-Cyprien, Saint-Félix de Lunel, Saint-Marcel, Saint-Martin de Senergues; — un hôpital : Naurac; — une cure : Montignac, — et deux châtellenies : Lunel et Sagnes. Monediers était sur les bords du ruisseau de ce nom, à environ trois kilomètres N.-O. de Grandvabre. Il a disparu, ainsi que Naurac, qui paraît avoir

---

[1]. Pour les noms de lieux du Rouergue je me suis aidé de l'excellent *Dictionnaire des lieux habités du département de l'Aveyron*, in-8°, publié en 1868 par M. Dardé, chef de division à la préfecture. M. Affre, archiviste du département, a apporté à mes recherches le concours le plus empressé et le plus utile.

été situé dans la paroisse de Saint-Marcel, commune de Conques. Le cartulaire nomme un prieuré de plus que la pancarte, celui de Pomiès.

Tous les titres de propriété, baux, terriers, etc., ayant été détruits, on ne saurait dire comment il faut partager entre ces divers établissements les domaines dont le cartulaire contient la donation. On ne peut que les énumérer, en les rangeant sous la rubrique des communes actuelles. Cette observation s'applique à tous les biens de l'abbaye relevés dans le présent état.

Conques. — Le lieu de Conques appartenait au domaine royal. Donné à l'abbé Dadon par le comte de Rouergue, Gibert, au temps de Charlemagne, il fut par Pépin d'Aquitaine, en 839, n° 581, mis directement sous la main royale. Le *Livre des Miracles* parle du château de Conques, dans lequel existait une chapelle sous le vocable de Notre-Dame, *Doat* 144, f° 4, bulle d'Honorius III, en 1225. — Avant 1189, Hector, Guillaume et ses frères, avec leur mère Aldenoïs, donnent une maison à Conques pour la dot de leur frère Raymond qui se fait moine, n° 477. — A la fin du xii° siècle, Vedian, pour être reçu moine, donne une maison sur la place du Marché; Pierre de Marcous et Hugues Rosselz, autorisés de leurs femmes, abandonnent les droits qu'ils ont sur cette maison, moyennant 30 sous que les moines paient à chacun d'eux, n° 532. En 1189, 17 septembre, l'abbé Gaucelme approuve un arrangement conclu entre l'abbé Bernard et Pierre Deusdet Atrasaih, en vertu duquel celui-ci avait acquis la maison donnée par Vedian pour 34 marcs d'argent, dont il avait reçu 14 en espèces et 18 à prendre sur Bernard Sojornat, qui les avait empruntés sur gage à l'abbaye, n° 531, charte en langue romane. — Sur le péage de Conques, deux parts égales appartenaient à B. Frotart et aux enfants d'Émeric de l'Herm. Elles étaient engagées à l'abbé Isarn pour 8 marcs d'argent. Vers 1160, G. Ortolas obtint de B. Frotart et de Guillaume de Conques, tous deux tuteurs des enfants d'Émeric de l'Herm, la cession de ces deux parts et les racheta à l'abbé, sous la caution de B. Frotart, Guillaume de Conques, Hugues de Conques et Guaris Ucguers, n° 573, charte en langue romane.

Cabessière. — 1087-1101, vente par Austrin de Mouret et sa femme Richarde du manse de Cabessière et de la viguerie de Recoulez à l'abbé Bégon III, son frère, pour 110 sous de Cahors, *Doat* 143, f° 258.

Montignac. — Chef-lieu d'une vicairie carlovingienne. L'église, consacrée à saint Christophe, fut donnée à l'abbaye par Louis le Débonnaire, n° 580. — Dans la paroisse de Montignac, une localité, disparue aujourd'hui, confinant à Cabessière et à Recoulez, portait le nom d'*Andiliagum* ou *Audiliagum*. Au xi° siècle, Odimbellus et Rajenus, son frère, y donnèrent deux manses et un capmas à un lieu dit la Bessière, n° 190. — Gerbert, surnommé Richard, abandonna le droit qu'il avait sur ces manses moyennant un dédommagement en argent, en bois et en vignes, à l'exception de ce qui revenait à la sergenterie, xi° siècle, *Doat* 143, f° 251.

L'Oule. — xi° siècle, manses donnés par Gui de *Culeto* et Guillaume Belhomme, n° 367.

Le Poujol. — Vers 996-1004, vente d'un capmas par Arlandus, pour 25 sous, n° 258. L'abbaye entrera en jouissance après sa mort.

Le Puech. — 1065-1087, Adalaiz, pour exécuter la dernière volonté de ses fils, Guillaume et Raimond, morts dans un pèlerinage au Saint-Sépulcre, qu'ils avaient fait en compagnie de Guibert de Vic (Lot), Aicard de Cormouls, Gauzfred de Montarnal et Guillaume Pons, donne le manse du Puech, n° 195. — Acte semblable est fait à la même date par Robert Cornu, frère de Guillaume et de Raimond, n° 295. — 1087-1107, Guillaume de Montmurat (Lot), qui avait usurpé le manse du Puech, le rend, n° 459.

Recoulez. — 1087-1107, manse donné par Hugues et Austrin de Mouret, n° 371.

Le Soulié. — xii° siècle, constitution sur la terre du Soulié par Bernard Arnalz d'un douaire à sa fille Ugua, en la mariant à Bernard de Laumière, avec cette clause que la propriété reviendra à l'abbaye, si Ugua meurt sans enfants, n° 517.

La Teulière. — 887, Sigaud et sa femme Aiga donnent un manse et un capmas, à La Teulière, un moulin sur la Louche, et un manse, à La Brousse, n° 108.

Ourtoules, le Puech, le Soulié. — 1031-1065, vignes et prés avec l'apendarie du Puech, donnés par Pierre et son frère Frotard, n° 278. Cette charte est répétée sous le n° 358.

GRANDVABRE. — Ce lieu appartenait déjà à l'abbaye au temps de Dadon, premier abbé, qui vivait sous Charlemagne, n° 580.

Augiols. — Sous le roi Robert, Eblon, prêtre, et son frère Idon donnent des vignes et un capmas, n°ˢ 239 et 241. — Plus tard, 1065-1087, Pierre Rosat donne le manse même d'Augiols et le cens foncier, qu'il avait reçu de Pierre de Beaufort et qui se trouvait grevé de 12 deniers envers Raimond Frotard. Si les moines ne peuvent jouir paisiblement de ce manse, il leur assure en échange, sous la garantie de Bernard du Couderc, le manse de Countensou, n° 240.

Le Bac. — 959, Étienne I, évêque, Bégon II et Hugues, abbés, donnent en prestaire le lieu du Bac à Gauzfred, Gariberge et Ingelbert, moyennant le quart et la dîme, n° 405. — Sous Robert, Gauzberga donne un aleu, au Bac, n° 202.

Frayssinhes. — 930, Niguarius, moine, donne, leur vie durant, à Bernard et à son fils Boniface, le manse de Frayssinhes, du revenu duquel ils lui paieront la moitié, à condition qu'ils se chargent de Raynaud, fils d'Amalvinus. A leur mort, le manse appartiendra à l'abbaye, n° 291.

Countensou. — Vers 1060, Bérenger du Couderc abandonne ses droits sur le manse de Countensou, n° 540.

La Roque. — Dans une localité dite *Claugianicas* qui, d'après le n° 198, paraît se confondre avec La Roque, Niwarius, en 910, donne une vigne, n° 144 ; — le même, en 928, devenu moine, donne un manse, dont il se réserve l'usufruit, n° 143. —

En 942, les exécuteurs testamentaires de Gauzfredus donnent un capmas, sous cette condition que Gairard, moine, et Seguin Abon, tous deux prêtres, en auront l'usufruit. A leur mort, les moines choisiront un prêtre du monastère qui leur succédera dans cet usufruit et ainsi à perpétuité, n° 145. — Giraud, prêtre, donne un capmas, dont l'usufruit lui restera et passera successivement à son frère Jean et à son neveu Teutgaire, n° 198.

Tirondels. — xi° siècle, Rigaud, pour la sépulture de ses frères Hector, clerc, et Frotard, donne un manse à Tirondels et un capmas à Majorac, commune de Pruines, n° 362.

Noailhac (dans la commune de), *Bercan.* — L'abbé Girbert achète, 997-1004, à Grimald, prêtre, et à Deusdet, frère de Grimald, l'aleu de Bercan, pour 210 sous de Limoges, n°s 106 et 95. Deusdet, qui avait constitué sur cette terre le douaire d'Aldiarde, sa femme, lui donne en échange des vignes à La Bessayrie et des maisons et dépendances dans un lieu appelé *Calvolo*, disparu. — L'abbaye, vers la même époque, augmente cette propriété d'un pré que lui vendent les mêmes Grimald et Deusdet, pour une selle neuve de Limoges, n° 402 (le nom du lieu est oublié dans la charte); et de divers prés, terres, vignes, capmas, etc., achetés à Deusdet, n° 99; à Gauchert ou Gauzbert, clerc, et Aganus, n°s 98 et 104, à Addon et Guidburgis, sa femme, n° 96; à Bernard, n° 97. — A ces contrats d'acquisition sont annexées des ventes de vignes faites à un tiers, Guidon, prêtre, par Aldegarde, Deusdet, son fils, et Uxende, sa fille, en 957 (n° 100), 961 (n° 105), 964 (n° 103) et sous le roi Lotaire, 955-985 (n° 101). — Plus tard, au commencement du xi° siècle, Aimon laisse par testament des maisons avec une vigne, n° 245. — Vers 1012, l'abbé Airadus achète des vignes et des terres à Bernard, qui, dans le cas où la propriété vendue serait contestée, offre un dédommagement dans le manse de La Coste, commune de Firmy, n° 102.

Berthols et *Praissac.* — 997-1004, maison à Praissac; donateur : Raoul, n° 179. — Géraud et ses frères donnent, sous le règne de Henri I, un manse à Praissac et un autre à Berthols, à la condition que les moines accorderont la sépulture à leur mère Aldiarde, ou si elle mourait en pèlerinage à Rome ou ailleurs, à l'un d'eux, n° 183.

Merlet. — 950, Ingelradus donne à sa femme, à sa mère, à son fils et à ses filles, une vigne qui, après leur mort, passera à l'abbaye, n° 216.

SAINT-CYPRIEN. — 883, Bernard et sa femme Adaltrude donnent les églises de Saint-Cyprien, Saint-Jean et Saint-Amans dans la *villa de Vernedutio* (dont le nom se retrouve dans celui d'un écart de la commune actuelle de Saint-Cyprien : le Verdus), avec des manses à Plagnols, commune de Nauviale, à *Lonnico*, lieu disparu aux environs d'Espalion, et à *Baladitiago*, qu'on trouve aussi dans le cartulaire sous la forme *Bassiago*, et qui peut être Barriac, commune de Bozouls, n° 4. — 933 ou 934, l'abbé Jean acquiert par un échange un manse au Verdus et à La Lande, n° 185. — En 934 ou 935, Niguarius, moine, donne un manse, dont il se réserve l'usufruit et après lui à son frère Benjamin, n° 432. Le lieu n'est pas nommé dans la charte, mais le nom du tenancier Ingelgarius, qui se retrouve dans une autre pièce relative à Saint-Cyprien où il est question de Benjamin, ne laisse pas de doute. — 946 et 953, Étienne I, évêque de Clermont, abbé, par deux accords faits avec Benjamin, moine, le même que le précédent, lui abandonne l'usufruit de deux manses à Saint-Cyprien et d'un manse *in Grandi Serra*, lieu disparu, voisin de Saint-Cyprien, à la condition qu'après sa mort il laissera à l'abbaye un manse à La Lande, commune de Saint-Cyprien, et un autre à Frayssinhes, commune de Grandvabre, n°s 186 et 292. — L'abbé Étienne II, 1065-1087, obtient de Bernard Iratus, de Campion et de Deusdet Lupus, la cession des droits qu'ils avaient sur l'église de Saint-Cyprien et le fief en dépendant, n°s 474, 508 et 509; et Bégon III, abbé de 1087 à 1107, achète une autre part de ces droits à Campion et Hugues Guirbert, n° 510. — L'église de Saint-Cyprien fut réunie à la mense abbatiale en 1294, *Doat* 144, f° 65.

Arjac. — Chef-lieu d'une vicairie carlovingienne. Au xi° siècle, Rigaud d'Arjac donne, après sa mort, dans le cas où ses fils Pierre et Bernard mourraient sans enfants, et sous la condition que son fils Hector, moine, les aura dans son obédience : une partie de l'église d'Arjac et du fief en dépendant, avec des bois, terres, vignes et capmas à Cabassoles, la Daze, etc., n° 416. — Vers 1170, Pierre d'Arjac et ses fils vendent à l'abbé Gaucelme une partie de la dîme pour 3 marcs d'argent et lui empruntent 5 marcs en lui laissant le reste en gage, n°˚ 541 et 543.

Le Douzou. — Il existait sur le bord du Douzou un manse de ce nom qui fut donné, en 964, par Bernard, l'usufruit excepté sa vie durant, n° 422. — Vers 1012, l'abbé Airadus acheta de Nizezius un capmas, au même lieu, pour 10 sous de Rodez, n° 249.

L'Herm. — 1065-1087, Stéphanie de Sagnes et son fils Rigaud donnent une part de la dîme, pour avoir la sépulture dans l'abbaye et l'habit monacal au lit de mort, n° 471.

Palayret. — Manse; donateurs, à la fin du x° siècle : Salluste et Jean, sous Hugues Capet, n° 206.

La Redondette. — 914, deux manses; donateur : Séguin. Le tenancier devra, outre certaines redevances, faire un présent à l'abbaye, lors de l'anniversaire de la mort de Séguin, et lire la charte de donation au chapitre, n° 222. — xii° siècle, Huczens de La Redondette engage à Garnier, moine, le manse de *Gaucelmeng*, disparu, avec les droits de viguerie et de dîme. La propriété appartiendra à l'abbaye, si son fils Hector meurt sans enfants, n° 494.

La Salle. — xi°-xii° siècle, énumération des droits de viguerie que possède Raymond de La Salle, n° 518.

Sagnes. — La collection Doat 143, f° 287, contient le bornage d'une terre sur les bords du Dourdou, vers Sagnes, et la donation de la propriété ainsi délimitée à l'abbaye par Déodat de Mirabel, en 1167, à condition que l'habit monacal lui sera donné ainsi qu'à sa femme, au lit de mort, et que, si l'un de ses fils a la vocation, il sera reçu moine. — Sagnes était, dès le xiii° siècle, le chef-lieu d'une châtellenie dépendant de Conques, *Doat* 144, f° 288.

La Serre. — 903, l'abbé Arlaldus I commence par acheter une pièce de vigne et une pièce de terre à Auger pour 13 sous, n° 112. — Ce noyau de domaine s'augmente successivement, en 943, de plusieurs arpents de vigne, achetés par le moine Gauzbert à Dominique, n° 113 ; — en 945, d'une pièce de vigne, donnée à Grimard, prévôt, par son ami Deusdet, n° 114 ; — en 945, d'un capmas donné par Adalgrimus, l'usufruit étant réservé à Guibert (le revenu, après sa mort, devait être spécialement affecté à la Sainte-Croix et à Saint-Clément, des chapelles de l'abbaye apparemment), n° 110 ; — en 961, d'un capmas légué par Guibert, moine et prêtre, n° 340, qui l'avait reçu lui-même par testament, en 942, de Gauzfred, n° 246 ; — en 962, d'un capmas venant d'Archambaud, n° 424 ; — en 974, d'une vigne venant d'Étienne, n° 297 ; — la même année, d'un champ vendu par Odalgude, n° 223 ; — enfin, en 984, d'un manse donné par Deusdet, n° 111. Cette dernière donation est accompagnée de celle d'un autre manse dit *Eulense* ou *Julense* ou *Vilense*, dont on ne peut déterminer la situation. — A ces diverses pièces sont annexées : la vente d'une terre, faite de 955 à 986, à Guibert, prêtre, n° 303 ; et la donation, en 944, d'une terre par Austorgius à Aubert, n° 235. — La propriété de La Serre donna lieu, en 964, à un procès entre l'abbé et Deusdet, jugé devant la porte du monastère. La sentence fut favorable à l'abbaye, n° 193.

Solinhac. — Capmas, donné par Bégon, au temps du roi Robert, n° 264.

Védeilles. — Védeilles vient à l'abbaye par deux donations du moine Astier, en 924 et 933. Ce domaine est affecté spécialement à l'autel de Saint-Pierre, envers lequel le donateur avait une dévotion particulière, car il stipule qu'un luminaire sera entretenu toutes les nuits en l'honneur de cet apôtre, qu'à l'anniversaire du jour où il mourra on dira la messe de saint Pierre, et que le tenancier de Védeilles lira la charte de donation, tous les ans, au chapitre, le jour de la fête de ce saint et fera un présent aux moines, nos 92 et 91. — Ce manse était, au temps de Hugues Capet, en la possession de Deusdet, qui en abandonna à l'abbaye, pour la sépulture de son frère Bernard, une moitié après sa mort et l'autre après la mort de sa mère, n° 93. — Hugues et son frère Frotard, qui avaient Védeilles en commende, ainsi que la moitié du manse de L'Herm, les rendirent à l'abbaye, sous le règne de Henri I, n° 94.

Saint-Félix de Lunel. — Le quart de l'église est donné, de 1087 à 1107, par Hector de Panat, n° 476. — Une contestation, élevée, en 1243, entre Gui de Seveyrac et l'abbaye, nous apprend que le même Hector de Panat avait en outre donné les manses du Bouissou, aux Mazières, et de La Prade. L'abbé Vesian obtint de Gui de Seveyrac qu'il reconnût cette donation, en lui abandonnant les droits de l'abbaye sur les manses de Riach et de Longueviale, commune de Senergues, et le droit du prieur de Campagnac sur un pré à Espeyrac. *Doat* 144, f° 16. — En 1284, le prieuré de Saint-Félix des Mazières (le nom de Saint-Félix de Lunel ne lui a sans doute été donné que postérieurement) fut réuni à la mense abbatiale, *Doat* 144, fos 55 et 57.

Albespeyres. — xie siècle, manse; donateurs : Géraud et sa femme Odda, n° 234.

Lunel. — L'abbé y possédait un château-fort, à la garde duquel devaient concourir les hommes de Montignac, *Doat* 144, f° 145. Les religieux de Saint-Saturnin près Rodez y prétendaient un droit de juridiction, ainsi que sur une portion de la paroisse de Senergues, *Doat* 144, f° 68.

Polissal. — Capmas, 955-985; donateur : Deusdet, qui se réserve l'usufruit, n° 308.

Senergues. — *Cerniangis*, dans le diplôme de Louis le Débonnaire, désigne sans doute Senergues, n° 580. — Faut-il traduire par Senergues le vocable *Serniago*, dans une pièce de 970, et le nom de *Serniacensis* qui désigne le chef-lieu d'une vicairie carlovingienne ? *Serniago* est dit *in vicaria Montiniacensi*, dont la circonscription paraît se confondre avec celle de la *vicaria Serniacensis*. A *Serniago*, Rainaud donne un capmas, n° 324.

— L'église de Senergues fut unie à la mense abbatiale en 1436, *Doat* 144, f° 203.

Anglars. — L'abbaye y possédait un manse qu'elle échangea, en 960, avec Bernard, contre un autre manse dont la situation n'est pas indiquée, n° 323.

La Garrigue. — La collection Doat 144, f° 32, contient un hommage rendu, en 1253, à l'abbé, pour le territoire de La Garrigue, par Bernard, fils d'Hector de Panat.

Madrières. — 1087-1107, Richarde, femme de Bernard du Couderc, donne pour sa sépulture un demi-manse et une carrière, n° 515.

Pomiès. — Chef-lieu au xiii° siècle d'une châtellenie relevant de Conques, *Doat* 144, f° 288. — Sous l'abbé Odolric, Hugues, prêtre, donne à l'abbaye deux manses à La Bessière. Aussitôt, l'abbaye accorde en fief ces deux manses à Géraud, frère de Hugues, à la condition que Géraud cédera les *parragines* de Pomiès. On appelle aujourd'hui *parra* la pièce de terre la plus rapprochée de la maison et qui, recevant les eaux ménagères, est plus fertile. En même temps, Hugues confirme à l'abbaye le don de l'église de Pomiès et de deux vignes, que Salluste, son oncle, et un autre Salluste, son neveu, lui avaient apportées en se faisant moines, et il lui promet tous ses autres biens après sa mort, n° 31.

Taulan. — 964, manse; donateur : Gauzbert, qui se réserve l'usufruit, n° 427.

Les domaines qui suivent, situés certainement dans le voisinage de Conques, paraissent avoir changé de nom ou disparu. *Bonimont*, dont la moitié fut achetée, de 997 à 1004, par l'abbé Girbert à Frotard et à sa femme Odda, n°ˢ 158 et 438. Au xi° siècle, Hugues, fils d'Aribert, tenait cette terre en fief. Il l'échangea, pour sa vie durant et celle de son fils, contre l'apendarie de Cerles, commune de Firmy, n°ˢ 150 et 439. *Bonimont* est peut-être devenu Calmont, commune de Noailhac. — *Ciciago* ou *Siciago* était *in vicaria Serniacense*. Hodimbellus, en 961, y légua trois manses et une apendarie, n° 89, et Géraud, à la fin du x° siècle, y donna deux manses et une apendarie, n° 90. — *Licionicas, Licongas, in vicaria Serniacense*. Est-ce Lissorgues, commune de Noailhac, ou Lissalinie, commune de Saint-Félix de Lunel ? Arlald II, vers 987, y acquit un aleu de Gauzfred, n° 170. La propriété s'augmenta par des achats successifs faits, de 997 à 1012 environ : à Humbert, n° 169 ; à Aimeldis, n° 414 ; à Amblard, n°ˢ 333 et 313 ; à Bernard, n° 390 ; et à Blandin, n° 408. — *Maurazils*, manse ; donateurs : Pons et sa femme Ermengarde, sous le roi Robert, n° 119. Est-ce la Maurélie, commune de Noailhac ?

Canton d'Aubin. — Prieurés au xvi° siècle : Saint-Amans de La Bessenoits, Saint-Saturnin de Firmy, Saint-Martin de Flagnac, Saint-Adrien de Livinhac-le-Haut et Saint-Martin de Viviez.

ALMONT. — Chef-lieu d'une châtellenie dépendant de Conques, *Doat* 144, f° 288. — L'église de Saint-Julien, deux manses et une apendarie furent légués, en 976, par Iscafredus, n° 21. — L'abbé Girbert y acheta à Hugues, de 996 à 1004, un capmas, n° 201.

Ginouillac. — Capmas, acheté, en 965, à Adaldus, n° 162. — Autre capmas et vignes donnés, en 969, par Abon, qui se réserve l'usufruit, n° 210. — Vignes achetées, au commencement du xi° siècle, à Rainaud, n°ˢ 154 et 163.

Mazac. — Fin du xi° siècle, aleu, donné par Gui, après sa mort ; sa vie durant, il paiera un droit d'investiture aux moines, n° 312. Il y a un autre Mazac dans la commune de Saint-Parthem, peu éloignée d'Almont.

Mazerac. — xi° siècle, manse ; donatrice : Godlia, n° 378.

Planèze. — Au commencement du xi° siècle, l'abbé Airadus achète à Hector le domaine de Planèze, n° 244. — Sous le règne de Henri I, Rigaud y donne la moitié du bois, n° 225.

Hugues, sous le roi Robert, lègue des manses à *Aqua-Frigida*, lieu disparu, sur les bords du ruisseau de Planèze, et dans le voisinage, à Poujol, Praissac, La Castanie, La Grèze, n°° 165, 166, 167 et 247; le cours d'eau s'appelait alors *Limio*. On voit dans la carte de Cassini, sur le ruisseau de Planèze, un moulin nommé Limon.

Vernhols. — Guirbert de Vilscamps donne 12 deniers sur le manse de Vernhols, xii° siècle, n° 552.

AUBIN. — D'après le *Livre des Miracles*, il y avait, à Aubin, un château-fort, dont le seigneur persécutait les moines de Conques.

Escabrins. — Vers 1007, l'abbaye acquit de Géraud et de sa femme Raingarde, par voie d'échange, un manse à Escabrins, n° 421.

Fontaynou. — xi° siècle, aleu; donateur : Archambaud, n° 134.

Fromentel. — Aleu, acquis de Géraud, sous le roi Robert, n° 139.

Négrin. — 962, quatre manses et deux apendaries; donateur : Humbert, n° 243.

Le Puech et *Gamèle.* — Le diplôme de Louis le Débonnaire, n° 580, mentionne une église de *Garcangas* donnée en même temps que la *curtis Gamaleria*. Des titres du xi° siècle disent l'église *de Podio de Garcangas* ou de *Guarcag*. *Gamaleria* pourrait être Gamèle. En ce cas *Podium de Garcangas* serait le Puech. La viguerie de cette dernière localité fut donnée par l'abbé Odolric à Pierre et à Frotard, n°° 279 et 359.

Cransac. — 901, manse; donatrice : Avierne, n° 357.

La Bessière. — 1087-1107, dîme des manses; donateur : Hector Bernard, n° 492. — Vignes, achetées, vers 1012, à Aldiarde, n° 337.

DECAZEVILLE (dans la commune de), *Bourran.* — Vignes, léguées, en 960, par Adalgrimus, n° 218.

Valayssac. — x° siècle, vigne; donatrice : Marie, n° 146. — Géraud donne, sous l'abbé Odolric, l'aleu de Valayssac, après sa mort et celle de sa femme, de ses enfants et petits-enfants. Ils le tiendront en fief de l'abbaye, moyennant une redevance de 12 deniers, n° 147.

Firmy. — Sous l'abbé Odolric, Hector d'Auzitz donne l'église de Firmy, n° 452.

Le Bac. — Aleu donné, sous Hugues Capet, par Gonbert, qui se réserve l'usufruit, n° 407.

La Bessenoits. — Église de Saint-Amans, donnée, vers 917, par Gairald. Le moine Guillaume aura l'usufruit sa vie durant et fera, chaque année, une charité à l'abbaye, n° 22. Le cartulaire dit seulement La Besse et ajoute *super alveum Dordonis*. Or, La Bessenoits est assez loin du Dourdou. On ne peut douter cependant qu'il ne s'agisse de La Bessenoits ; le prieuré de ce nom était encore, au xvi° siècle, sous le vocable de Saint-Amans.

La Calmette. — Terre acquise, au xi° siècle, d'Aimeldis par voie d'échange, n° 415.

Centrès. — Terres, vignes, bois, achetés, de 997 à 1004 : à Agenus, n° 148 ; à Arlandus, n° 150 ; à Frotard, n° 199 ; à Raingarde, n° 149. — La même Raingarde vendit, vers 1012, un manse, pour 160 sous de Limoges, n° 224.

Cerles. — x°-xi° siècle, manse ; donateurs : Guillaume et Bernard, son frère, n° 268. La même pièce contient en outre donation d'un bois à La Rivière, commune de Conques.

Combrens. — 996-1004, bois et terre achetés à Odalric, n° 207.

La Coste. — 900, manse ; donateur : Hector, n° 251.

Flaujac. — Oddoin et sa femme Vierne donnent, sous le règne de Robert, un manse et un capmas, à Flaujac, en échange de trois autres manses ; ils y ajoutent des vignes à un lieu dit *Palnense* ou *Palvense*, qui ne se retrouve pas, n° 269. Il devait être dans le voisinage, car il est placé dans la vicairie de Dunet par une pièce d'environ 991, qui contient donation de la moitié du bois de *Palrensse* par Hector, n° 338.

La Garrigue. — 996-1004, vignes achetées à Raingarde, n° 317. — Capmas, vignes, pré, etc., donnés, au xi° siècle, par Austrin et sa femme Raingarde, n° 135. — Garnier et ses frères donnent des manses à La Garrigue, Lacan, La Peyre, Le Casal, tous dans la commune actuelle de Firmy, au xi° siècle, n° 254.

Mascles. — Sous le règne de Robert, Pierre Deusdet et Matfredus donnent des manses et parties de manses à Mascles, Cerles, peut-être Aynes, commune de Noailhac, n° 433.

La Rouquette. — 966, capmas; donateur : Guitbert, moine, n° 132.

Vialarels. — Le *Livre des Miracles* raconte un prodige dont un mulet fut l'objet dans une localité dite *Villaris*, située à 6000 pas de l'abbaye. Les Bollandistes pensent qu'il s'agit de Villecomtal. *Villaris* ou *Vilaro*, souvent nommé dans le cartulaire, n'est pas Villecomtal, mais Vialarels, distant de Conques de 10 kilomètres. — Le manse de Vialarels avait été donné au moine Niguarius par le moine Benjamin. Adalgrimus, Gauzfred et Guillaume firent opposition à cette donation, le 2 janvier 934, et furent déboutés par sentence d'Amelius, vicaire. La vicairie n'est pas nommée. L'incertitude des circonscriptions des vicairies voisines de Dunet, Flagnac, Arjac, Montignac, La Ferrairie, Senergues, ne permet pas de réparer cette omission, n° 155. — Gautier, en 974, donne une vigne à Vialarels, n° 156. — Sous Robert, Gauzbert y vend un aleu, n° 335.

FLAGNAC. — Chef-lieu d'une vicairie carlovingienne. Trois églises existaient en ce lieu, en 839. Le diplôme de Pépin d'Aquitaine, n° 581, en nomme deux : Saint-Jean et Saint-Martin. Ce roi donne de plus le manse d'*Alonzinas*, qui est peut-être la même localité que *Alzes*. Cette dernière était, au xi° siècle, entre les mains d'Hugues de Merle, qui la donna à l'abbaye, *Doat* 143, f° 256. *Alonzinas* paraît avoir disparu[1]. — Hector Rigaud donne, au xii° siècle, le pré de l'église de

---

1. *Alzes* pourrait aussi être Alzernes, commune de Marcillac.

Flagnac, qu'il a engagé pour 4 sous, et la moitié de la dîme de Planèze, commune d'Almont, n° 562.

Agnac. — Par testament, Aigana donne à son fils une vigne et un capmas, à Agnac, avec cette clause que, s'il meurt, sa sœur héritera, et qu'après le décès de celle-ci, la propriété appartiendra à l'abbaye, xi° siècle, n° 298.

Les Angles. — 899, manse légué par Hugues, n° 409.

Livinhac-le-Haut. — 924, Sénégonde donne, après la mort de son fils Fredolon, abbé de Vabres, l'église Saint-Adrien de Livinhac avec toutes ses dépendances, n° 5.

Marcenac. — Manse; donateur : Eustorge de Marmiesse, commune d'Asprières, xi° siècle, *Doat* 143, f° 256.

Mespoulès. — 980, manse; donateurs : Odalric et sa femme Avierne, n° 152.

Le Payssi. — Sous Robert, deux manses; donateurs : Gueris et sa femme Odda, n° 304. — Hector de Montmurat (Lot) donne des cens au Payssi, à Perols, La Lande, etc., n° 468.

Saint-Parthem (dans la commune de), *Agrès.* — Pièce de terre, vendue, en 968, par Bernard, n° 288.

La Besse. — Manse donné, en 852, par Cautela, n° 212.

La Faux. — Vigne, maison, etc., achetées, vers 1012, à Ramnulfus, n° 253.

Murat. — 900, Akapit donne un aleu, à Ginouillac, en échange d'une vigne, à Murat, qui fera retour à l'abbaye après sa mort et celle de Geniez, son fils, n° 161. — Bernard, prêtre, vend, de 997 à 1004, une propriété sise à Murat, n° 127.

Port-d'Agrès. — Donné à l'abbaye par Louis le Débonnaire, n° 580.

Saint-Santin. — Église donnée, sous Robert, par Pons, avec des propriétés sur les bords de la Trueyre, arrondissement d'Espalion, n° 34.

Pigagnol. — L'abbé de Conques Arlaldus III échange, vers 1010, avec Adraldus, abbé d'Aurillac, un aleu à Monloubou [1],

---

1. Carte de Cassini.

non loin d'Arpajon (Cantal), contre des propriétés à Alteyrac, près Montmurat (Lot), et à Pigagnol, n° 286.

Viviez (dans la commune de), *Dunet*. — Siège d'une vicairie carlovingienne. L'abbaye y achète deux maisons, vers 1012, à Ragambert, n° 339.

Granier. — 903, vigne; donateur : Rainus, n° 343. — 981, vigne; donateur : Dotrandus, n° 211. — Ava donne un manse, sous Robert, pour la sépulture de son mari, n° 296.

Penpaou. — xi° siècle, capmas; donateur : Géraud, n° 425.

En 1474, l'abbé de Conques céda au seigneur de Montarnal, commune de Decazeville, ses droits sur le domaine de Laubarède, qui pouvait être, soit dans la commune de Viviez, soit dans celle de Firmy, *Doat* 144, f° 264.

Le cartulaire mentionne un lieu dit *Alta Becia*, qui ne se retrouve pas, mais qui devait être sur la rive gauche du Dourdou, probablement dans le canton d'Aubin, car il est placé à la fois *in vicaria Serniacensi* et *in vicaria Dunensi*. Les moines l'acquirent par voie d'échange, en 984, de Girard, n° 123. Deusdet, prêtre, y donna, de 996 à 1004, un demi-manse, n° 260; et l'autre moitié de ce manse fut, à la même époque, achetée à Gauzbert, clerc, pour 26 sous de Limoges, n° 331. — Le cartulaire met dans la vicairie de Dunet, c'est-à-dire à peu près dans le canton actuel d'Aubin, le lieu de *Bedled*, dont on ne retrouve pas l'équivalent. L'abbaye y acheta, vers 1012, un manse à Adalgis, pour 40 sous, n° 178. — *Gaugolengas*, qu'on aurait pu prendre pour Galgan, si le cartulaire ne donnait le nom latin de ce dernier, *Galganium*, était aussi dans la même vicairie. Un manse y fut donné, de 1010 à 1053, par Hugues, comte de Rouergue, n° 233.

Canton de Rignac. — Prieuré au xvi° siècle : Saint-Sébastien de Bournazel. — Cure : Saint-Pierre de Rignac.

Rignac. — Alquier de Mélagues avait eu l'intention de donner l'église Saint-Pierre de Rignac à l'abbaye. Les seigneurs de

Belcastel s'y opposèrent. Alquier transporta alors la propriété à l'église cathédrale de Rodez, en 1051. L'abbé Odolric réclama. Pierre, évêque de Rodez, intervint, et les seigneurs de Belcastel se montrèrent plus conciliants. Rignac retourna aux moines de Conques. Géraud et Humbert de Belcastel, non contents d'accorder leur autorisation, abandonnèrent des droits qu'ils possédaient sur l'église, et Géraud confirma la cession d'un manse aux Fabries et d'un autre à L'Abadie, commune d'Escandolières, que Humbert, son frère, avait faite. Deusdet de Panat y ajouta un manse à Combret, commune de Nauviale, nᵒˢ 571, 2 et 3. — Après 1107, Bernard Martin donna le droit qu'il avait sur l'étang et les moulins de Rignac, nᵒ 512.

Les Fabries. — La cession des Fabries par Humbert de Belcastel, dont il est parlé plus haut, avait eu lieu sous le règne de Henri I; le donateur gardait l'usufruit et demandait en retour la sépulture dans l'abbaye. Si ses hommes ne portent pas son corps à Conques, cette omission n'empêchera pas les moines d'entrer en possession des manses donnés, nᵒ 401. — Dans la charte de confirmation relative à l'église de Rignac et aux Fabries, nᵒ 3, il est dit que si l'abbaye ne peut demeurer en tranquille possession de ce dernier manse, les moines auront en échange *Andoercs*, qui devait être dans le voisinage. Au xiᵉ siècle, le prieur de Sainte-Foi de Peyrolières (Haute-Garonne), poursuivi pour le paiement d'une mule qu'il avait donnée à l'évêque de Toulouse, emprunta 70 sous de Maguelonne ou de Cahors à Gérard Négrier, et lui remit, à titre de gage, le manse d'*Andoercs*. Malgré la distance qui existe entre Sainte-Foi de Peyrolières et Rignac, on ne peut douter que cet *Andoercs* ne soit le même que le précédent, car les garants de l'emprunt furent Hector d'Auzits et Géraud de Belcastel, qui se fit fort d'obtenir aussi la caution de son neveu Humbert, lorsqu'il reviendrait de Jérusalem, nᵒ 513. — Au xiiᵉ siècle, Azémar, sacristain [1], racheta la dîme du manse en question, qui

---

1. De quelle église ? On ne peut le savoir. Il n'était évidemment pas sacristain de l'abbaye, puisqu'il n'était pas moine.

était, dit la charte n° 534, en gage pour 50 sous de Cahors, et la remit au monastère, à la condition qu'il aurait l'habit monacal, à l'article de la mort.

Anglars (dans la commune d'), *Aubinhac*. — 975, manse légué par Hectorienne, n° 423. — xi° siècle, vigne donnée par Frodbert, n° 380.

Auzits (dans la commune d'), *Centrès*. — 997-1004, manse; donateur : Odilon, n° 141. — Sous Robert, autre manse; donateur : Garnier, fils de Giroard, qui donne en même temps un manse au Caylaret, commune de Saint-Christophe, n° 142.

L'Hôpital. — Bégon de Conques, prieur de Pomiès, donne à son frère F. le manse du Jouanenc, commune de Cassagnes-Comtaux, en échange du manse de l'Hôpital, xii° siècle, n° 542.

Mas de Padelle. — Maison et jardin; donateur : Étienne, en 904, n° 116. — Pièce de terre, achetée, vers 956, à Bernard pour 2 sous, n° 117.

Notre-Dame de Haute-Serre. — 996-1031, manse, acheté à Raimond, n° 28.

Rulhe. — L'église de Rulhe fut donnée par Louis le Débonnaire, n° 580. — Dans cette localité, Hugues, abbé, acheta, en 974, un capmas à Deusdedit, n° 250.

En 923, Eldigarde légua un manse *in loco qui dicitur Urcivallis*. La carte de Cassini indique non loin d'Auzits un Orcival, aujourd'hui disparu, n° 121.

Bournazel. — Louis le Débonnaire donna deux églises à Bournazel, n° 580.

Cassagnes-Comtaux (dans la commune de), *Singlandes*. — 1031-1065, manse; donateurs : Raimond et son frère Hugues, n° 448.

Ecandolières (dans la commune d'), *Les Molières*. — 1001, capmas; donateurs : Odilon et son frère Juéry, tous deux prêtres, n° 257. — En 1002, l'abbé Girbert augmente cette propriété par l'achat d'un aleu, fait à un autre Odilon et à sa femme Adalendis, n° 125.

Le Caylaret. — On a vu plus haut que l'abbaye possédait plusieurs manses au lieu dit *Ciciago*. Elle en échangea trois, en 984, avec Géraud, pour un autre au Caylaret, n° 88. Il est probable que Géraud en rendit plus tard au moins deux. (Voyez canton de Conques, *in fine*.)

En 961, Étienne I, évêque, Bégon II et Hugues, abbés, échangent avec Rigaud et sa femme Odda le manse de Kaymard, commune de Pruines, et le capmas de La Coste contre un manse à *Illa Vedruna*, n° 232. Il n'y a plus aujourd'hui dans l'Aveyron qu'une localité du nom de la Bédrune, dans la commune de Montsalès. La carte de Cassini indique un Bédrunes, disparu, non loin de Belcastel. C'est peut-être de ce dernier qu'il s'agissait.

Canton de Marcillac. — Prieurés nommés dans la pancarte du xvi° siècle : Notre-Dame de Balzac, Saint-Pierre de Clairvaux, Saint-Martin de Nauviale uni à la collégiale de Séverac-le-Château. — Cure : Marciliac.

Marcillac (dans la commune de), *Addy*. — xi° siècle, vigne; donateur : Gauzbert, diacre, n° 191.

Balzac. — Manse donné, sous le règne de Robert, par Bernard et sa femme Bertilde, n° 173. — 1087-1107, Adémar Deusdet donne des maisons, des jardins, une vigne et la moitié de la dîme, n° 84.

Clairvaux. — Tandis qu'il allait de pèlerinage en pèlerinage *per universum mundum*, Alboin, fils d'Harold, dernier roi saxon d'Angleterre, passant par le Rouergue, trouva sur sa route un prieuré abandonné et tombant en ruines, à Bonneval, entre les châteaux de Panat et Cassagnes. Il s'adressa aux seigneurs de ces deux forteresses et leur demanda de le relever. Ceux-ci allèrent avec leur hôte devant l'évêque et le comte de Rodez et d'un commun accord on chargea Alboin de chercher des moines. Il s'adressa à l'abbé de Brantôme qui, trouvant le prieuré trop éloigné du Périgord, l'échangea avec les moines de Conques contre une villa dite *Combariacus, in pago Bicel-*

mensi, probablement en Périgord ou en Limousin, et une bonne mule. L'abbé de Conques devait de plus payer un marc d'or chaque année au pape. Le cartulaire, n⁰ˢ 14 et 15, contient de ces circonstances deux récits fort curieux, dont l'un, le n° 15, a été publié dans le *Gallia Christiana*, t. I, p. 49. Une particularité à noter, c'est le don par les hommes d'armes de Panat et de Cassagnes de la dîme de la valeur de leurs armures, chevaux, mulets et mules. Après la fondation de l'abbaye cistercienne de Bonneval, le prieuré dont il est ici question prit le nom de Clairvaux. — Peu après, 1065-1087, Arnauld Rodoard abandonna aux moines de Conques les droits qu'il pouvait avoir à Clairvaux, n° 204.

Bouviala. — 937, manse; donateur : Adraldus, n° 182.

La Burguière. — xi° siècle, manse; donatrice : Ingelgarde, n° 400.

Daumenque. — Vente faite à un tiers, Gairard, par le prêtre Norbert, en 927, d'une terre, n° 231.

La Garrigue. — La collection Doat 144, f° 64, contient un hommage rendu à l'abbaye par Hector de Panat, en 1293, pour La Garrigue, Calmont, commune de Noailhac, et *Breucasser* qui a disparu.

De 1031 à 1065, Aimon de Combrouse donna un manse à Canseries, lieu disparu aujourd'hui, mais que la carte de Cassini indique dans le voisinage de Clairvaux. Il y ajouta un demi-manse à un Viala, Vialaret ou Vialarels, qu'il est difficile de déterminer, n° 428.

Il faut peut-être voir dans Montalègre ou Le Montfranc le lieu dit *Mons Gomaldus, in ministerio Balciacense*, où l'abbaye acheta, en 918, un manse à Odalric, n° 230.

MOURET (dans la commune de), *Les Boutets*. — 997-1004, aleu, acheté à Gairoard; la même pièce contient vente d'un autre aleu, à un Selves ou La Selve, dont on ne peut fixer la position, n° 168.

Mousset. — On ne peut dire comment le lieu de Mousset est

advenu à l'abbaye. Le cartulaire contient seulement la vente faite à des tiers, Austrin et Vidramnus, par Abolenus et Geniez, en 908, de cinq manses, dont l'un vaut 300 sous et les quatre autres ensemble 350 sous, n°s 124 et 128.

Rayneldès. — Manse, donné, sous Robert, par Bonpar de Rayneldès, n° 429.

NAUVIALE. — Église, donnée, de 1061 à 1108, par Pons de Combret et Deusdet, son fils, n°s 462 et 463. — Au xii° siècle, Aldoin de Paris, commune d'Auzits, fait l'abandon des droits qu'il avait sur cette église, n° 536. — Le prieuré de Nauviale fut, au commencement du xv° siècle, uni à la collégiale de Séverac-le-Château. Conques reçut d'Amaury, seigneur de Sévérac, un dédommagement en rentes, *Doat* 144, f° 176.

Le Bosc. — Manse, donné, de 1085 à 1087, par Pierre Arnaud, pour sa sépulture dans l'abbaye, n° 450.

Monredon. — Dans un plaid, à Arjac, en 958, Gauzfred, prêtre, réclame au moine Audry des vignes et terres à Monredon et à *Fasiacum* qui devait être voisin. Il perd son procès et, quelques jours après, il vient devant l'autel de l'église de Saint-Cyprien reconnaître le droit de l'abbaye, n° 293.

Ségonzac. — 956, Hector donne une terre dont Guibert, moine, et Gauzfred conserveront l'usufruit, leur vie durant, n° 436.

PRUINES (dans la commune de), *Cussac*. — La villa de Cussac fut donnée à l'abbaye par Pépin d'Aquitaine, n° 581.

La Garriguette. — Vignes achetées, au commencement du xi° siècle, à Hugues, n° 122; à Agena, n° 388; à Raingarde, n° 174. — Sous le roi Robert, Nizezius vendit une terre, n° 328, et donna ensuite pour sa sépulture à l'abbaye, s'il mourait en Rouergue, des vignes, terres et bois, en en gardant l'usufruit, n° 294. — Vers le même temps, Bernard donna des vignes et un manse, n° 403.

Kaymard. — Guillaume et sa femme Ada, en 911, donnent la villa de Kaymard, l'usufruit réservé leur vie durant. Ils paieront un cens annuel d'un muid de vin au moine Adraldus, qui, après leur mort, leur succédera dans cet usufruit, n° 107.

Majorac. — Astier, prévôt, donne, en 933, un manse à son ami l'abbé Raoul, n° 157.

Les Pistes. — Vigne, vendue, vers 1012, par Bernard, n° 238.

Poujols. — Au commencement du xi° siècle, l'abbaye achète des vignes, une terre et un chambon à Rainon, n° 316 ; Juéry, n° 160 ; Bernard, n°s 420 et 318. — Sous l'abbé Odolric, Bernard de Mouret y donne des vignes, n° 299.

Sorp. — Aldebert donne après sa mort, celle de sa femme, de ses fils et de sa fille, un aleu, 955-985. L'abbaye, leur vie durant, recevra un droit d'investiture de trois setiers de vin et froment, n° 227. — Hector, prêtre, donne, de 1065 à 1087, une apendarie à Sorb, le bois de La Fage et un manse à *Graisagum* qui devait être voisin, n° 404.

Il est possible que Mas-Berthès soit la même localité que *Mainbertum, in vicaria Serniaçensi*. L'abbaye y possédait des capmas, terres et vignes, donnés avec La Borie, commune de Muret, et La Calmette, par Rigaud, au moment où il partait en pèlerinage pour le tombeau des Apôtres, n° 171 ; par Rainon, n° 172 ; et par Adalaïs et ses fils, n° 217.

Salles-la-Source. — 910, Sénégonde et l'abbé Raoul, son fils, donnent, après leur mort, Salles-la-Source avec l'église de Lescure, canton de La Salvetat, et une église de *Vardis*, qui est peut-être Bardels, commune de Muret, n° 7.

Cadayrac. — 935, vigne, donnée par Archantrude, n° 200. — 1087-1107, capmas, donné par Bernard Deusdet, n° 530.

Cormouls. — 948, manse, donné par Asqualdus, qui garde l'usufruit, sa vie durant, n° 413.

Souyri. — 1087-1107, manse de Durantesc, donné par Hugua, femme de Hugues Humbert, et ses fils, n° 511.

Vers 1012, l'abbé Airadus acheta des vignes, terres, bois à Étienne, dans un lieu dit *Aurias Cumbas,* qui pourrait être un territoire sans habitation, sis entre Onet-le-Château et Salles et appelé aujourd'hui La Combe d'Auribal, n° 205.

Dans le canton de Marcillac, Arnaud d'Abirag donne, au temps de l'abbé Odolric, le manse du Bosc, à Nauviale, et celui de La Martinesque, à Muret, n°449 ; — Arlenus au xi° siècle, le manse de Vernet, à Nauviale, et des vignes, à Poujols, commune de Pruines, n° 118 ; — Gauzberga, en 1002, des terres et vignes dont elle garde l'usufruit, sa vie durant, à La Carrière, commune de Mouret, et aux Planhes, commune de Pruines, n°314. — Le n° 567 mentionne la donation par Bernard Eudes, au xii° siècle, d'une partie d'apendarie et d'un cens dans un lieu de *Graisago*, qui ne devait pas être loin de Sorp et de La Fage, car le manse de *Graisago* avait été donné avec des vignes à Sorp et un bois à La Fage, de 1065 à 1087, par Humbert Sigerius et le prêtre Hector, son frère, *Doat* 143, f° 252 ; après la mort de Humbert, Hector s'était fait moine et avait donné de plus un bois, de 1087 à 1107, *Doat* 143, f° 253.

Canton d'Estaing. — Prieurés au xvi° siècle : Saint-Pierre de Campuac et Saint-Védard de Coubisou.

ESTAING. — Cette localité appartenait à l'abbaye dès le ix° siècle ; car déjà, en 903, le manse d'Estaing est donné en prestaire par l'abbé Raoul à Eldebert, Eldefred et Ragambert, qualifiés de *fideles abbatiæ*, n° 177. — Une trentaine d'années après, nouvelle prestaire en faveur d'Aldefred, n° 306. — A la fin du x° siècle, un autre Aldefred, prêtre, donne un capmas, l'usufruit excepté, dans un lieu dit *Estanieto*, qui ne devait pas être éloigné d'Estaing, car il est situé, comme ce dernier, dans la vicairie de Rodelle, n° 248.

Annat. — Champ, donné, au xi° siècle, par Odda, n° 266.

CAMPUAC. — Église donnée par Louis le Débonnaire, n° 580, unie à la menso abbatiale en 1436, *Doat* 144, f° 203.

COUBISOU. — En vertu de la bulle d'Alexandre V, qui avait réservé au pape la nomination des bénéfices possédés par des cardinaux, Jean XXIII, en 1410, donna à Jean, cardinal prêtre du titre de Sainte-Croix, le prieuré de Coubisou, après la mort de Pierre de Saint-Ange, cardinal, *Doat* 144, f° 146.

Déda, au x° siècle, légua l'église d'*Alans* avec un manse. On ne retrouve plus de localité de ce nom dans le Rouergue. Mais la carte de Cassini indique, non loin de Coubisou, un Alans qui pourrait être celui du cartulaire, n° 480.

Le Neyrac (dans la commune de), *Gailhac*. — Donné par Pépin d'Aquitaine, n° 581.

Vérières. — C'est à Vérières ou aux environs que devait se trouver l'église de Saint-Sauveur des Ers, qui fut donnée par Louis le Débonnaire, n° 580.

Villecomtal (dans la commune de), *Malbosc*. — 1061-1065, manse; donateurs : Humbert de Belcastel et sa femme Richeldis, n°s 280 et 376.

Les Vignes. — Manses, donnés, au x° siècle, par Odda, n° 437.

Canton d'Entraygues. — Prieurés nommés dans la pancarte du XVI° siècle : Saint-Pierre d'Espeyrac, uni à la collégiale de Séverac-le-Château, et Saint-Martin de Golignac.

Entraygues (dans la commune d'), *Ambeyrac*. — Villa, donnée par Pépin d'Aquitaine, n° 581.

Bouyssols. — Vignes, données, en 902, par Guibald, n° 352.

Méjanasserre. — 1087-1107, Robert Cornu donne le droit de corvée sur le manse de Méjanasserre, *Doat* 143, f° 255.

Enguialès (dans la commune d'), *Condat*. — Vers 1007, l'abbé Arlaldus III donna à Bernard de Najas la commende de la terre de Condat, n° 237. — L'abbaye tenait cette terre de Rollande, qui lui avait vendu, peu auparavant sans doute, trois manses et un capmas, n° 255.

Espeyrac. — Le prieuré d'Espeyrac fut réuni à la mense abbatiale en 1311, *Doat* 144, f° 73. — En 1323, Guillaume, abbé de Conques, protestait contre la collation de ce prieuré, faite par le pape Jean XXII à Raimond *de Velheriis*, et obtenait seulement que ses droits seraient réservés à la mort du titulaire, *Doat* 144, f° 84. — En 1424, Espeyrac fut, avec Nauvialo, uni à la collégiale de Séverac-le-Château.

Cantagrel. — Vignes et bois, achetés, de 997 à 1004, à Alfred, n° 336.

La Pomarède. — Bernard Bégon et ses fils donnent, de 1087 à 1107, une partie de la dîme de La Pomarède, et d'un Cayla, aujourd'hui disparu, aux environs de Golignac, n° 549.

Golignac. — 1061-1065, Gerbert, archidiacre d'Entraygues, donne la moitié de l'église de Golignac, trois manses à La Valette, et le clos de Belloc, n° 443. L'autre moitié fut donnée le 5 janvier 1097 par Richard, vicomte de Carlat, de Lodève et de Millau, premier comte de Rodez, n° 527.

La Bessière. — Géraud, curé de Castaillac, donne un manse à La Bessière, au xi° siècle, n° 215. C'est probablement de lui qu'il est question dans le récit du miracle qu'on lit dans le chapitre I°' de l'édition du P. Labbe et qui fournit des détails très-curieux sur les mœurs barbares de cette époque et sur le culte de sainte Foi.

La Castanie. — Manse donné, sous Robert, par Girbert et ses frères, avec d'autres manses *in Prato Melio*, *in Necterio Vilaro*, et une vigne *in Rogerio* qu'on ne retrouve plus, n° 180.

C'est aux environs de Golignac qu'il faut placer les lieux disparus suivants : *Canolio*, manse, que Sicart de Golignac engage à l'abbaye, de 1087 à 1107, pour 80 sous de Maguelonne, n° 507 ; — *Cromarigo*, où Géraud, curé de Castaillac, donne, sous Robert, des vignes, n° 419 ; — et *Castlaro*, Cayla?, manse que Gisla, abbesse d'un monastère qui n'est pas nommé, donne sous Henri I, n° 355.

Certaines chartes copiées, soit dans le cartulaire, soit dans la collection Doat, concernent à la fois plusieurs localités de la région qui vient d'être passée en revue : n° 184, testament du moine Benjamin, au x° siècle (voir à la table générale la traduction des noms de lieux); — n° 265, donation par Hector, sous Robert, de vignes au Granier, commune de Viviez, pour le vin de la messe, d'un manse à Fonteilles, commune de Firmy, et d'un autre au Prat, peut-être commune de Naussac du canton d'Asprières; — n° 302, l'abbé Bégon II, qui devint évêque de Clermont, acquit de l'abbaye Alans, près de Coubisou, en lui cédant en échange un manse à Agrés, commune de Saint-Parthem, un second à La Coste, commune de Nauviale et un autre à Taulan, commune de Muret ou de Senergues, ou à La Teule, commune de Saint-Félix de Lunel; — n° 546, commencement du xii° siècle, règlement des censives que Bernard, viguier, et le moine préposé à l'église de Combret ont le droit de lever sur plusieurs localités aux environs de Conques, charte romane; — *Doat* 143, f° 253, énumération de biens engagés à l'abbaye pour de l'argent : dîme de Mazerac, commune d'Aubin; cens du manse du Pouget, commune de Saint-Cyprien ou de Pruines; quart des Bordes, commune de Senergues; manse de Pressouyres, commune de Conques, etc.; — f° 255, donation à l'abbé Odolric, par Humbert Adalgerius, des vigueries du Bex, commune de Grandvabre, de Sorp, commune de Pruines, et de *Veselo*, d'un manse à *Andaliagum* près Cabessière, commune de Conques, de cens à Almont, à La Carrière, commune de Saint-Cyprien, à La Fon, commune de Saint-Santin?, à la Martinesque?, commune de Mouret, au Montet, commune d'Aubin, à un lieu dit le Cros et dans plusieurs autres endroits qu'on ne retrouve pas, tels que les manses *Guitbaldenc*, *Guitbertenc*, et *Maurin*. Il convient de rapprocher du *Veselo* de cette pièce l'achat de la moitié d'un domaine à *Veselo* ou *Vaselo*, qui est qualifié à la fois de *vinea* et de *villa*, mais qui doit plutôt être une *villa*, à cause du prix élevé de la cession : elle est achetée à Hector, fils de Géraud, pour 730 sous de Limoges, vers 1019, n° 181 du cartulaire.

Hugues, abbé de Conques, inféoda, en 1262, à D. Mancip,

seigneur de Bournazel, les domaines de Blauzac, commune de Clairvaux, du Cayrou, commune de Bournazel, de Bourrel, commune de Cassagnes-Comtaux, du Causonnel, commune de Rignac, et quelques autres qu'on ne retrouve pas, *Doat* 143, f° 34. — Le même volume de la collection Doat contient plusieurs hommages faits à l'abbé de Conques par les seigneurs de Bournazel, aux XIII° et XIV° siècles. On y relève, en outre des noms de lieux qui précèdent, ceux du Cabrol, commune d'Escandolières, de La Caze, commune de Nauviale, des Garrigues, commune de Saint-Just, etc. — En 1265, Hélie et R., fils de Hugues du Périé (il y a plusieurs Périé dans les cantons autour de Conques), rend hommage pour les terres de Planèzes, commune de Mouret, de Falguières et du Mas, commune de Saint-Cyprien, du Bac, commune de Firmy ou de Grandvabre, du Périé, de Vernhols, commune d'Almont et de *Hucbal?*, *Doat* 144, f° 40. — En 1276, Paulinha rend hommage pour plusieurs des terres ci-dessus et de plus pour Segonzac, commune de Nauviale, Alzernes, commune de Marcillac, et le vieux château de Conques, *Doat* 144, f° 48.

§ 2. — DÉPARTEMENT DE L'AVEYRON (SUITE).

Canton d'Asprières. — Prieurés au XVI° siècle : Saint-Martin et Saint-Jean de Claunhac.

ASPRIÈRES. — Villa, donnée, en 966, par Frotard, clerc, n° 330.

Les Arbres. — Église Notre-Dame et domaine, donnés, en 902, par Richarde, n° 24.

Savignac. — Donné par Louis le Débonnaire, n° 580.

BOUILLAC. — Villa, donnée par Pépin d'Aquitaine, n° 581.

FOISSAC (dans la commune de), *Bournac.* — Villa, donnée aussi par Pépin d'Aquitaine, n° 581. Il existe deux autres Bournac dans les communes de Livinhac, canton d'Aubin, et de Cassagnes-Comtaux, canton de Rignac.

Le Couderc. — Hugues Deusdet, au xɪɪ° siècle, donne huit deniers de Rodez sur le manse du Couderc, sa vie durant, et le manse après sa mort, n° 275.

Loupiac (dans la commune de), *Ceryesses*. — Bernard d'Auberoque donne à l'abbaye son fils Bernard et lègue un manse, deux capmas et un clos, xɪ°-xɪɪ° siècle, *Doat* 143, f° 257.

Saint-Julien-d'Empare (dans la commune de), *Cenrau*. — xɪ° siècle, Hector, fils de Deusdet, et son frère Bernard, confirment la donation d'un manse, que leur mère Hectoria avait faite, pour la sépulture de leur père, n° 315.

Filsac. — Donné par Pépin d'Aquitaine, si l'on peut traduire *Fiscellum* par Filsac, n° 581.

Salles-Courbatiés (dans la commune de), *Claunhac*. — Agilenus et son frère Audouin donnent, en 956, l'église de Saint-Martin et Saint-Jean et la villa de Claunhac, n° 25. — Sous le roi Robert, Bégon et ses frères donnent un manse et un capmas, à Claunhac, et un manse, à La Conque, commune de Pruines, canton de Marcillac, n° 164. — Bernard Aicfredus donne, sous l'abbé Odolric, tout ce qu'il possédait en revenus et en propriétés à Claunhac, n° 26. — Deusdet Téroadel, de 1087 à 1107, donne son fils Pierre à Pierre Arnaud, moine, pour qu'il soit élevé jusqu'à l'âge de dix ans, moyennant l'abandon d'un setier sur chaque muid dans cinq condamines, et de la propriété d'une des condamines après les dix ans écoulés, n° 500. — Bernard engage la sergenterie de Claunhac pour 100 sous, xɪɪ° siècle, n° 499. — L'abbaye devait avoir à Claunhac une grange considérable. Un rôle de redevances à prélever sur un grand nombre de localités du Rouergue et du Quercy contient fréquemment cette mention : à porter à Claunhac (n° 87).

Salvagnac-Saint-Loup. — Louis le Débonnaire donna le domaine de Salvagnac, n° 580. — Pépin d'Aquitaine y ajouta une église, à *Columbangas*, avec deux autres sous les vocables de saint Étienne et de saint Loup. Il s'agit probablement de la paroisse de Saint-Loup et des localités actuelles de La Capelle et des Combalous, n° 581. — Sous l'abbé Odolric, Ingelbert Bonius donna une vigne, dans la paroisse de Saint-Loup, n° 334.

SONNAC (dans la commune de), *Le Cayrou*. — Manse et vigne; donateur : Quilemnus, à la fin du x° siècle, n° 126.

La Gaillourdie. — Hugues, évêque de Rodez, donne, en 1179, un hôpital situé dans le manse de La Gaillourdie, sur la route de Roc-Amadour, n° 574.

La Soularie. — Vignes, données, de 1061 à 1065, par Arnaud et Hugues, son frère, n° 267.

Canton de Bozouls. — Prieuré au xvi° siècle : Sainte-Foi de Trébosc.

BOZOULS. — Faut-il voir Bozouls dans le manse de *Bolzols*, donné, au xi° siècle, par Aldegerius, dans la villa de *Venriagus*, qui pourrait être alors La Veyrie, commune de Rodelle? Sinon, je ne sais où placer ces deux localités, n° 310.

Barriac et Vaissettes. — Pons, abbé d'un monastère qui n'est pas nommé, donne, de 955 à 985, quatre manses, à Vaissettes, et six manses, dans deux lieux dits Barriac, n° 189.

Gaillac. — Abon, neveu de Benjamin, donne, en 964, deux manses, à Gaillac, et un, à La Bessière, commune de Rodelle ou de Gabriac, n° 226.

Seveyrac. — Ardingus donne, en 914, quatre manses, à Seveyrac, un, à Crespiac, trois, à Barriac. Ardingus les conservera, sa vie durant, ainsi que son fils, en faisant annuellement aux moines trois charités, n° 220.

Sous le règne de Robert, Rigaud donne un manse, à Floirac, commune d'Onet-le-Château, un autre, à Barriac, commune de Bozouls. Il en réserve pour lui l'usufruit, sa vie durant, et pour son frère Guillaume la faculté de les racheter moyennant 200 sous. Il y ajoute des terres dites *limagnes*, au lieu de *Bargas*, dont il est difficile de déterminer la situation, n° 197. — Le n° 300 est le testament du même Rigaud, qui renouvelle la donation ci-dessus et partage le reste de ses propriétés entre ses parents et amis.

Rodelle (dans la commune de), *Maymac*. — Manse donné, sous Henri I*er*, par Pierre, n° 219.

Mayrinhac. — Manse, donné, à la fin du x*e* siècle, par Eudes, n° 140.

Montrozier (dans la commune de), *Trébosc*. — Église, donnée, avec neuf manses et huit apendaries, en 1051, par Hugues, comte de Rouergue, et sa mère Richarde, n° 8. — A la même époque, Bérenger et sa femme Stéphanie, qui possédaient un fief de l'église, tenu par le prêtre Étienne, en font l'abandon, n° 9. — Le n° 456 contient un état des revenus de l'église de Trébosc. — Il paraît que les possesseurs de la viguerie de Marcillac y prétendaient un droit, qui est l'objet d'une sentence d'arbitrage, insérée sous le n° 566, en langue romane, fin du xii° siècle.

Canton de Campagnac. — Prieurés au xvi° siècle : Campagnac, annexe de Perse, et Saint-Jean de La Roque-Valzergues. — Cure : Saint-Saturnin.

Campagnac. — L'abbé Odolric et Bertrand, prieur, donnent à Aldebert le Sarrasin la viguerie et un manse *de Petra*, disparu, et reçoivent en échange une maison, la dîme, le quart et le droit d'albergue, à Campagnac, n° 188. — Plus tard, Rainaud le Sarrasin rend cette viguerie avec d'autres droits, moyennant certains avantages, non spécifiés en détail, pour son fils, n° 187.

Saint-Saturnin. — Begon de Calmont et sa femme Florence donnent, de 1099 à 1107, l'église de Saint-Saturnin et la chapelle du château de La Roque-Valzergues, n° 556.

Canton de Cassagnes-Begonhès. — Prieuré au xvi° siècle : Notre-Dame d'Aures, commune d'Arvieu.

Calmont (dans la commune de), *Malecan*. — 937-954, manse et capmas; donateurs : Begon et Austorgius, n° 406.

Sainte-Juliette. — Église et dépendances, xi°-xii siècles;

donateurs : Bernard Hugues et consorts. La charte, incomplète, est en latin mêlé de roman, n° 563.

Canton d'Espalion. — Prieuré au xvi° siècle : Saint-Sauveur de Perses. Ce prieuré avait deux annexes : Campagnac et Trélans, cette dernière dans le diocèse de Mende. — Cure : Flaujac, dépendant du prieuré de Coubisou.

Espalion. — Bernard, fils de Laigarde, donne, sous Robert, huit manses, à Espalion, deux, au Pouget, trois, à Cantaloube, commune de Prades d'Aubrac, etc., n° 138.

Perses. — Hugues de Calmont, en 1060, donne le monastère de Perses, avec le tonlieu du pont d'Espalion et divers droits sur des localités dont les noms sont traduits à la table générale, n° 572. Il résulte de cette pièce que Perses était un centre d'habitation important et ancien ; un des quartiers de cette petite ville y est appelé le *vieux bourg*, *in burgo vetulo de Persia*. Aujourd'hui la vie s'est retirée de Perses pour se concentrer autour du pont dont il vient d'être question. De Perses, il ne reste qu'une église isolée, remontant aux premières années du xi° siècle et fort curieuse. M. Mérimée en a publié une description détaillée dans les *Notes d'un voyage en Auvergne.*

Gabriac (dans la commune de), *Le Jalous.* — Vers 1019, aleu, composé sans doute de plusieurs manses, acheté à Grimard et consorts, n° 209.

Canton de La Guiole. — La Guiole (dans la commune de), *Falgayrolles.* — Sous Henri Ier, Deusdet donne un manse, à Falgayrolles, qui était alors dans la paroisse de Cassuéjouls, n° 273.

Canton de Laissac. — Prieuré au xvi° siècle : Sainte-Foi de Coussergues.

Coussergues (dans la commune de), *Versièges.*— Austorge, fils d'Amblard, donne, au xi° siècle, un manse, à *Barciangas*, qui est peut-être Versièges, n° 282.

SÉVERAC-L'ÉGLISE. — Richard, vicomte de Millau, donne la moitié de l'église et une villa *de Puditio*, qui a disparu, n° 30.

Il existait, dans la vicairie de Laissac, une villa de *Mascles*, qui a disparu. Elle fut donnée, de 1060 à 1065, par Nichilfora et sa femme Bérengère, à condition qu'ils seraient enterrés dans l'église Sainte-Foi de Trébosc, n° 455.

Canton de Millau. — MILLAU. — Le n° 16 qui concerne l'église de Salars contient donation, par Hugues, vicomte de Millau, à la fin du xi° siècle, d'une part du droit de péage de Millau et d'un homme, avec les maisons qu'il tient et le service qu'il doit.

Saint-Martin du Larzac. — 801, Leutade donne le domaine de Pris avec le donjon qui servait de refuge en cas d'attaque, n° 1. — L'église, sous le vocable de saint Martin, fut cédée, l'an 1100, par Pierre Virgile et son frère Raimond, avec des manses à La Rouquette, commune de Vezins, à La Ville, commune de Ségur, et au Cayrou, peut-être commune de Flavin, pour 400 sous de Maguelonne, n° 469. Saint-Martin fut, au commencement du xv° siècle, uni au chapitre de Rodez[1].

Canton de Montbazens. — GALGAN (dans la commune de), *Le Pouget.* — Manse, donné, de 1065 à 1087, par Stéphanie, femme de Frotard de Conques, n° 451.

MALEVILLE. — Église, donnée, de 1087 à 1107, par Raimon Odolric de Maleville, n° 444. — 1099-1144, Étienne de Maleville exempte de sa juridiction le territoire qui environne l'église à une distance de 30 pas, et donne le manse du Cassan, commune de Privezac, et des terres, à La Vernhole, commune de La Bastide-l'Évêque, n° 560. — xii° siècle, Hugues de La Roque donne

---

1. M. Bion de Marlavagne, ancien archiviste de l'Aveyron, m'a fourni des renseignements sur cette localité de Pris, aujourd'hui disparue.

le manse du Cassan et la dîme de Mauron et de Maleville, n° 551.

Mauron. — 962, Frotard, clerc, donne la villa de Mauron, composée de douze manses, plus un manse, à Lestrap, un, à *Blosse Monte*, disparu, un, à Tinteynau, commune de Rignac, un, au Pouget, commune de Galgan, un, à Mazières, commune de La Capelle-Bleys. Il se réserve l'usufruit, sa vie durant, n° 85.

Privezac (dans la commune de), *Montagnac.* — Dîme, donnée, au xii° siècle, par Hugues de Labro, commune de Lugan, pour qu'on le reçoive moine, ou un de ses fils à sa place, *Doat* 143, f° 258.

Roussennac. — Église, donnée par Louis le Débonnaire, n° 580.

Valzergues (dans la commune de), *Mespoulières.* — 963, Sénégonde donne quatre manses et une apendarie, l'usufruit réservé sa vie durant, n° 151.

Vaureilles. — Testament d'Odalrio, au x° siècle : il distribue ses propriétés à ses parents et amis et donne à l'abbaye le manse du Cayrou et un bois, à La Pradelle, commune de Rignac, n° 370.

Canton de Mur-de-Barrez. — Prieurés au xvi° siècle : Saint-Martin d'Albinhac, Sainte-Geneviève de Bars, Saint-Saturnin de Brommat, Saint-Martin de Bromme et Saint-Blaise de Valon.

Mur-de-Barrez. — Deux chartes, datées toutes deux d'octobre 984, contiennent donation de deux manses différents par Matfredus. Dans le n° 259, il est dit clerc ; dans l'autre, n° 332, cette qualité n'est pas indiquée. S'agit-il de deux personnages ou d'un seul ?

Bromme. — Manses, donnés, au commencement du xi° siècle, par Bernard et sa femme Ermengarde, n° 40; par le prêtre Deusdet, qui tenait sa propriété de la libéralité de Girbert, vicomte de Carlat, n° 41 ; par Agnès, veuve de Girbert, vicomte de Carlat, n° 384. — Sous l'abbé Odolric, Austorgius de *Maur-*

serias donne le manse de *Majaneg*, n° 361. — Au xii° siècle, Hugues, comte de Rodez, préside à un accord pour le partage des droits entre le viguier de Bromme et le prieur d'Orlhaguet, n° 491.

Marcillac. — Villa, vendue à l'abbé Odolric par Géraud de *Bruisago*, peut-être Broussiés, commune de Brommat, pour 130 sous de Rodez, n° 256.

La Vaysse. — 919, manse; donateurs : Odda et son fils Raymond, n° 322.

BROMMAT. — Église avec ses dépendances, donnée, de 1065 à 1087, par Aimoin, Pétronille, sa femme, et Bonpar, leur fils, n° 42.

Albinhac. — Église de Saint-Martin avec ses dépendances, donnée, de 955 à 986, par Ava, qui se réserve l'usufruit sa vie durant, n°⁸ 35 et 36. — Albinhac fut uni à la mense abbatiale en 1436, *Doat* 144, f° 203.

La Roquette. — Étienne de Vigouroux donne, de 1031 à 1065, pour la dot de l'un de ses fils, soit Boniface, soit Godefroy, que le monastère devra recevoir moine, la villa de La Roquette. S'ils meurent tous deux, la propriété restera à l'abbaye, n° 133.

Rueyre. — Guillaume de La Guiole rend hommage pour le manse de Telhet, disparu, dans la paroisse de Rueyre, 1309, *Doat* 144, f° 108.

Sinhalac. — 1087-1107, Pierre de Mels et ses frères abandonnent tous les droits qu'ils tenaient du vicomte de Carlat sur l'église et ses dépendances, n° 545.

LACROIX (dans la commune de), *Bars.* — Le prieuré de Bars fut uni à la mense abbatiale en 1311, *Doat* 144, f° 73.

Valon. — Le cartulaire ne cite pas le nom de ce prieuré.

TAUSSAC (dans la commune de), *Le Cros.* — 964, quatre manses et une apendarie, donnés par Bernard, à condition que Bergaudus, sa vie durant, les aura dans son obédience et en touchera les revenus pour la mense conventuelle, n° 434.

THÉRONDELS (dans la commune de), *Frons.* — L'abbaye possédait cette villa dès le ix° siècle, car en 906, l'abbé Raoul la donne en prestaire à Gauzbert, Uldegarde, sa femme, et Rodac, leur fils, qui en toucheront le revenu leur vie durant, y compris quatre livres de cire dues par le prieuré de Saint-Martin de Vigouroux, n° 321. — 955-986, Matfredus, clerc, sans doute le donateur d'un manse à Mur-de-Barrez, cité plus haut, donne un manse, à Frons, n° 341. — En 906, Frons est placé dans la vicairie de Barrez, *in pago Rutenico,* n° 321, et sous Lothaire dans le *ministerium* de Carlat, *in pago Arvernico,* n° 341. — A la fin du x° siècle, Bernard et ses fils avaient usurpé la moitié de la villa, dont la propriété fut reconnue à l'abbaye par sentence de la justice de l'abbé, n° 155.

C'est sans doute dans le canton actuel de Mur-de-Barrez qu'était placé le manse de *Illos Ermos,* donné, en 916, par Sulpice et Teudburge, sa femme. D'après la charte n° 262, il aurait été à la fois *in pago Rutenico* et dans le *ministerium* de Carlat.

Canton de Naucelle. — CENTRÈS (dans la commune de), *Montalrat.* — Aleu, vendu, de 997 à 1031, par Guillaume, n° 203.

SAINT-JUST (dans la commune de), *La Fabrie.* — Mention de la donation au xii° siècle, par Pierre Eudes, d'une pièce de terre et d'un cens, n° 568.

Castelpers. — Le chapitre XII du *Livre des Miracles,* édition du P. Labbe, contient une description très-curieuse du château de Castelpers, possédé alors par Amblard, du pays environnant, du climat, etc.

Canton de Peyreleau. — VEYREAU (dans la commune de), *Bré.* — Vignes, vendues par Hugues, de 996 à 1004, pour 110 sous de Limoges, n° 397.

Canton de Pont-de-Salars. — Prieuré au xvi° siècle : Sainte-Foi de Prades.

Pont-de-Salars et Arques. — 1070-1087, Hugues, vicomte de Gévaudan et de Millau, donne les églises de Saint-Martin de Salars et de Notre-Dame d'Arques, avec vingt manses situés entre Salars et Millau, plus des droits sur le marché de Millau et un serf dans cette ville, n° 16.

Flavin (dans la commune de), *Hamarus*. — Raimond Jean donne, en 1075, après sa mort, s'il n'a pas d'enfants, les droits qu'il possède dans le ressort du château de Hamarus. Sa vie durant, il paiera à l'abbaye trois marcs d'or, et ses enfants après lui, s'il en a, feront de même, n° 221.

Prades. — 1032-1059, Étienne, sa femme Richarde et ses neveux, donnent la vieille église, le marché, le fief ecclésiastique, c'est-à-dire les droits de sépulture, de baptême, de pénitence et d'offrande, l'usufruit étant réservé à Rigaud, prêtre, n°s 461, 10, 11 et 12. Ces quatre chartes présentent toutes des variantes. L'une d'elles, le n° 10, contient en outre la donation du manse de La Garrigue, commune de Flavin. — 1108-1137, Hector de Camboulas et consorts consentent à l'établissement d'une sauveté à Prades, n° 544, charte en langue romane.

Courbines. — Vigne, donnée, au xi° siècle, par Évrard et sa femme Ava, qui s'en réservent l'usufruit, leur vie durant, n° 418.

Canton de Rieupeyroux. — Prieuré au xvi° siècle : Saint-Martin de Prévinquières. Le prieur de Prévinquières est nommé seulement dans un rôle de la paneterie du xii° siècle. Il devait six setiers et une mine de grain, n° 564.

Canton de Saint-Amans. — Prieuré au xvi° siècle : Saint-Clair de Campouriez.

Campouriez. — Gérard donne la villa de La Vernhe et des vignes, à Bezombe et à Isagues, commune de Montézic, à son fils Gislandus et, si ce dernier meurt, à Austrin, à la condition que, dans les deux ans qui suivront sa mort, 300 sous seront payés par égales parts aux églises de Conques, de Notre-Dame de Rodez et de Saint-Amans de Rodez. Si cette clause n'était pas exécutée, ces trois églises se partageraient les susdites propriétés, n° 192.

FLORENTIN (dans la commune de), *Les Oules*. — Manse, donné, sous Robert, par Eudes et Adalsaz, sa femme, n° 385. Il y a aussi un hameau nommé Les Oules dans la commune de Loupiac, canton d'Asprières.

Passelac. — Bertrand Bonpar, sous Henri I, donne un manse à la condition que Géraud, moine préposé au prieuré de Campouriez, l'aura dans son obédience, n° 410.

Traversac. — 959, manse; donateur : Hugues, n° 109.

MONTEZIC (dans la commune de), *Séligues*. — 932, vigne, achetée, pour 60 sous, à Austrin et à sa femme Guadburge, n° 208.

Canton de Saint-Beauzély. — L'abbé Étienne donne à Isambert, prêtre, et à Audbert, lévite, en 948, la jouissance de l'église de Saint-Étienne de *Guarzangas vel de Figairolos*, moyennant la cession de vignes, à *Trescanes, Cadinario* et *Francelia*. Le tout est situé *in ministerio Candadese* ou *Condadense*. Si le *ministerium* est Candas, commune de Montjaux, *Figairolos* pourrait être Pégayrolles, lieu marqué sur la carte de Cassini, dans le territoire de la commune actuelle de Castelnau de Pégayrolles. L'église aurait disparu. *Trescanes, Cadinario* et *Francelia* paraissent des noms de quartiers, n° 29.

Canton de Saint-Chély. — SAINT-CHÉLY (dans la commune de), *Aubrac*. — Dans les premières années du xii° siècle, Adalard, qui venait d'élever l'hôpital d'Aubrac, le lègue, ainsi que toutes ses dépendances, après sa mort, à l'abbé Boniface, qui lui donne le manse de Malesagne, commune des Ternes (Cantal), pour y établir une sauveté en l'honneur de sainte Foi, n° 498. Il est probable que, incertain alors de l'avenir de sa fondation, Adalard avait eu la pensée de charger de l'hôpital d'Aubrac les moines de Conques, qui, par le don de Malesagne, lui fournissaient le moyen d'en augmenter les revenus. Plus tard sans doute, lorsque l'ordre des hospitaliers d'Aubrac fut établi, il fit avec Conques de nouvelles conventions, qui ne sont pas connues.

Canton de Sainte-Geneviève. — Prieurés au XVI° siècle : Sainte-Foi de Lacalm et Saint-Étienne d'Orlhaguet.

SAINTE-GENEVIÈVE (dans la commune de), *Orlhaguet*. — Donation, 1060-1065, de deux églises, l'une en l'honneur de saint Amans, l'autre en l'honneur de saint Étienne, par Géraud et Pons de Turlande, n° 37. — Cette donation n'était qu'une vente déguisée, car un rôle des redevances attachées à la viguerie, qui suit, indique que Géraud de Turlande a reçu 100 sous du Puy, et sa femme 40, pour l'église de Saint-Amans. Rigaud de Turlande abandonne tout ce qui lui appartenait dans le fief dépendant de l'église, n° 38. — A la même époque, Bernard de Mels et Rigaud, son frère, donnent un fief relevant de l'église, n° 39.

LACALM. — Le *Livre des Miracles* rapporte la guérison miraculeuse d'un cheval appartenant à un homme d'armes du château de *Murmonte*, en Auvergne. La carte de Cassini indique, près d'Espinasse (Cantal), un Miermont dont les seigneurs, au XI° et au XII° siècle, firent à l'abbaye des donations importantes. Rigaud de Miermont et Étienne, son frère, offrirent à Sainte-Foi quatre manses situés à Lacalm que la charte appelle *Bella Calme*. Géraud Aquilon y ajouta la viguerie; Stéphanie, femme de Rigaud *del Belteiresco*, abandonna une partie des droits qu'elle avait sur deux de ces manses, et plus tard Itier de Miermont fit présent du droit d'albergue, n°⁸ 553 et 554.

Canton de Saint-Geniez. — POMAYROLS. — Église, donnée, sous Robert, par Hugues de Calmont et sa femme Foi, n° 82.

Rouveret. — Mention de la donation, au xi° siècle, d'une vigne par Didier de Rouveret.

Canton de Saint-Rome de Tarn. — Prieuré : Saint-Rome de Tarn. Il n'est pas fait mention de ce prieuré dans le cartulaire.

Canton de Salles-Curan. — ALRANCE (dans la commune d'), *Lacan.* — Roland, sous le règne de Robert, donne une vigne à *Canuas* ou plutôt *Cannas,* situé, dit la charte n° 214, *ad sancta Maria ad Sarcelz.* Ce doit être La Capelle Farcel, jadis sous l'invocation de Notre-Dame. *Cannas* serait alors Lacan. — Humbert et consorts, au xi° siècle, donnent trois manses et deux apendaries à Lacan et une apendarie à Frayssinous, n° 213.

VILLEFRANCHE-DE-PANAT (dans la commune de), *La Besse.* — Raimond et sa femme Aldiarde donnent, de 1061 à 1065, l'église de La Besse sur l'Alrance, avec cinq manses, le cimetière, le bourg et divers droits. Guirfred et son frère Guagon y ajoutent la dîme, n° 13.

Canton de Séverac-le-Château. — SÉVERAC (dans la commune de), *Bauton.* — Bernard, comte d'Auvergne, donne, avant 876, la villa de Bauton, en se réservant l'usufruit sur lequel il paiera la dîme chaque année. Le domaine de Bauton, enclos de murs, paraît avoir traversé les siècles presque sans modification, n° 158. La charte dont il s'agit est datée ainsi : *anno septimo regnante Karolo rege Francorum et Longobardorum.* Dom Vaissète pense qu'il s'agit de Charles le Gros et fixe l'année à 883. Il remarque d'ailleurs que, d'après tous les autres documents, Carloman était à cette époque reconnu roi dans l'Aquitaine. Deux motifs me paraissent empêcher d'adopter la date de 883 : 1° Bernard ne prend que le titre de comte; or, depuis 876, il était devenu marquis de Gothie; il se serait donc intitulé, en 883, comte et marquis; 2° un acte du 30 juillet 883, daté précisément du règne de Carloman, constate la présence de sainte Foi et de saint Vincent à Conques. La charte de Bernard, qui est du 21 juillet, n'en fait pas mention. Il en faudrait conclure que les reliques ont été apportées du 21 au 30 juillet 883. Or, on sait que la translation de sainte Foi a eu lieu au mois de janvier. Il y a là un fait difficile à expliquer.

La Panouse (dans la commune de), *Tantayrôu*. — 955-985, deux manses; donateurs : Aldegarde et ses fils, n° 228.

Canton de Villeneuve. — Villeneuve (dans la commune de), *Lombregot*. — Une femme du nom de Guarangarde se donne en garde, au XI° siècle, à l'abbaye avec ce qu'elle possède à Lombregot et à La Gayrie, n° 194.

La Capelle-Balaguier. — 1032-1060, Avierne donne son fils Raymond à l'abbaye, avec la part d'héritage qui lui revient : un manse à Balaguier, un capmas à Ardenne, un manse à *Raciono* disparu, et un manse à *Motigas*, en Quercy, n° 287. — Faut-il rapprocher de *Raciono* le manse de *Oracione*, donné, de 930 à 935, par Féraud et sa femme Ermengarde, n° 115? Je n'ai pu trouver la situation de ce dernier.

Chartes communes à des localités situées dans divers cantons de l'Aveyron. — Le *Livre des Miracles* consacre un chapitre à Austrin de Conques et à Avierne, sa femme, qui méritent, d'après le cartulaire, d'être rangés parmi les plus généreux bienfaiteurs de l'abbaye. Sous le roi Robert, Austrin seul, par testament, donne l'église de Girmou, commune de Firmy, des manses à Palayret, commune de Saint-Cyprien, à *Serniag*, peut-être Senergues, à Impers, commune de Vérières, des propriétés, fiefs et droits, à Ruau, commune de Firmy, ou Roux, commune de Saint-Parthem, à Noux, commune d'Almont, à Centrès et au Bac, commune de Firmy, des commendes au Caylaret, commune de Saint-Christophe, à La Serre, commune de Saint-

Cyprien, à *Bonimont*, peut-être Calmont, et à Bercan, commune de Noailhac, à *Licongas*, à Sagnes, commune de Saint-Cyprien, à Rulhe, commune d'Auzits, à La Roquette, commune de Firmy, à Védeilles, commune de Saint-Cyprien, n° 23. — Dans un autre testament, fait à la même époque, il y ajoute un aleu aux Cans, commune de Vérières, et un manse à Najas, commune d'Espalion, n° 366. — Un troisième acte contient de plus la donation d'un manse à Saint-Juéry d'Authun, commune de Saint-Amans, et d'un cheval ferré, n° 196. — Sous le règne d'Henri I, Austrin et sa femme Avierne donnent en outre le tiers de l'église de Roussi, commune d'Enguialès, la commende de Bouviala, commune de Saint-Cyprien, des manses à Vaurs, commune de Saint-Hippolyte, et à La Roque, commune de Firmy, un aleu à Almont, avec plusieurs autres propriétés et droits dans des localités qui paraissent avoir disparu, autour de Conques et sur les bords du Lot, n° 32. — Dans une dernière pièce, Austrin se dit fils de Gaucelme, et renouvelant la cession de plusieurs des biens indiqués ci-dessus, donne en sus des cens, à Meillac, commune de Saint-Félix de Lunel, à Pomiès, commune de Senergues, à Espeyrac, à Pressouyres, commune de Conques, etc., n° 131. — La fille d'Austrin, Pétronille, sous le règne de Philippe, abandonne sa part de l'église de Roussi, un aleu à Centrès, commune de Firmy, en demandant la sépulture à Conques, si elle meurt sur la rive gauche du Lot, n° 33.

Frotard de Conques, qui devait être un parent d'Austrin, car il est nommé dans le testament de ce dernier, n° 23, lègue, au xi° siècle, des propriétés dans la plupart des endroits cités dans les chartes d'Austrin, et de plus à *Salciono*, qui peut être Lo Salt, commune de Firmy. Il laisse à différents légataires Les Homs, commune de Saint-Christophe, et d'autres biens, n° 290. — Le n° 301 est un autre testament du même. — C'est sans doute sa femme qui fit la donation, relevée plus haut sous la rubrique de la commune de Galgan, n° 451.

En donnant par testament l'église de Firmy, xi° siècle, Hector d'Auzitz rendit à l'abbaye toutes les commendes qu'il tenait d'elle à *Bonimont,* à Vialarels, commune de Firmy, à Ségonzac, commune de Nauviale, à Solville, commune de La Bastide-l'Évêque, à Cormouls, commune de Salles-la-Source, et y joignit un manse à Pruines, deux manses à Blauzac, commune de Clairvaux, et plusieurs qu'on ne retrouve pas, *Ermainal* entre autres, n° 452. — Il faut rapprocher de ce testament la donation qu'avait faite le même Hector du manse d'*Ermanialdo,* dont il se réservait l'usufruit, sa vie durant, n° 129.

Frotard de Cornus donne la villa des Enfruts, commune de La Couvertoirade, l'apendarie des Menudes, commune de Cornus, des maisons à Saint-Amans de Boisse, sur la Dourbie, près de Millau (cette église est encore indiquée sur la carte des districts publiée en 1790), n° 399. La villa des Enfruts devait payer pour chaque cabane deux fromages. Cette région fournit aujourd'hui le laitage de brebis à la célèbre fabrication de Roquefort.

II.

PROVINCES AU NORD ET A L'OUEST DU ROUERGUE[1].

AUVERGNE.

L'abbaye de Conques, d'après la pancarte, ne possédait plus au XVI° siècle, en Auvergne, qu'un prieuré, celui de Molompise, et trois cures : Rofflac, Saint-Mamet-la-Salvetat et Sansac de Marmiesse. Le prieuré de Molompise avait pour annexes : Bes-

---

1. Je ne puis assez remercier ici notre confrère, M. Chassaing, juge au tribunal du Puy, qui m'a prêté le concours le plus empressé et le plus précieux. J'ai aussi usé largement de la bienveillance et de l'érudition de MM. Cohendy, archiviste du Puy-de-Dôme, Rivain, archiviste de la Haute-Vienne, Lacombe, archiviste de la Corrèze, Combarieu, archiviste du Lot, Lacabane et Bertrandy-Lacabane, Villepelet, archiviste de la Dordogne, Tholin, archiviste de Lot-et-Garonne, Tartière, archiviste des Landes, et Gouget, archiviste de la Gironde.

senoitz, Tanavelle, Ussel et La Vastrie. Le tout était compris dans le diocèse de Saint-Flour.

Département du Cantal. — ARPAJON (dans la commune d'), *Montal*. — A la fin du xie siècle, Bernard de Montal donna toute la terre qu'Étienne Arnaud tenait de lui. Le texte ne dit pas en quel endroit ; il est probable que c'était à Montal même, n° 305.

CÉZENS (dans la commune de), *Trelis*. — A. de Brezons donne à l'abbaye son fils Élie, ou l'enfant dont sa femme est grosse, s'il est mâle, ou quelque autre de ses fils, pour qu'il devienne moine. A cette occasion, il conclut un arrangement avec l'abbé Boniface, au sujet d'un emprunt de 200 sous de Maguelonne et de 230 sous du Puy, cède la moitié de la dime qu'il tenait de Pierre Armand, et stipule que ses héritiers donneront annuellement 30 sous du Puy, pour faire une chapelle à Trélis, pendant tout le temps que durera sa construction. Quand son fils entrera dans le monastère, il aura un trousseau complet, une bonne mule et tout le mobilier nécessaire, n° 569.

GLENAT (dans la commune de), *Les Recoules-Basses*. — Vigne nommée *Darna*, donnée en 918, par Bernard, probablement vicomte de Carlat, n° 391.

MOLOMPISE. — L'abbaye avait déjà un prieuré en 823 à Molompise. Un différend s'éleva à propos de quelques manses entre l'abbé Anastase et Bertrand, avoué de l'église N.-D. de Laon pour les propriétés que celle-ci possédait en Auvergne. Par l'entremise de S. Stable, évêque de Clermont, nommé arbitre par l'empereur, il intervint entre les deux parties un accord, en vertu duquel Bertrand céda à Anastase les manses de N.-D. de Laon, à Molompise, et reçut en échange des terres à Orsonnette, commune de Saint-Germain-Lembron, et une vigne dans la vallée de Lembron, avec d'autres vignes à Anzat-le-Luat et Périers, près Issoire, n° 460. — Hicterius vend, vers 1019, la viguerie pour 160 sous ; il se réserve seulement un droit d'albergue et de corvée pour le château d'Aurouze, et abandonne, après sa mort ou en cas qu'il se fasse moine, la dime d'Auliade, n° 394. — Le n° 307 contient le rôle des cens perçus par l'abbaye sur les propriétés dépendant de Molompise, fin du xi° siècle.

Montsalvy (dans la commune de), *Pouxines*. — Étienne Rostang donne les manses, la villa et le territoire de Pouxines, de 1087 à 1107, pour qu'ils le reçoivent moine, si telle est sa volonté, et qu'ils lui donnent la sépulture, ainsi qu'à sa mère et à sa femme, *Doat* 143, f° 254.

Neuvéglise (dans la commune de), *Cordesses*. — Manse donné, au xi° siècle, par Rigaud Ermenric, qui se réserve l'usufruit, sa vie durant. Ce dernier confie la charte de donation au prêtre Francherius, qui devra la remettre aux moines, après sa mort, n° 364.

Paulhac (dans la commune de), *La Salesse*. — Manse donné au xi° siècle par Gofaldus, n° 261.

Reilhac (dans la commune de), *Broussette*. — Deusdet, fils de Bernard du Couderc, lègue à l'abbaye de Conques tout son bien, à l'exception du manse de Broussette, que Bernard avait donné à Saint-Géraud d'Aurillac, xi° siècle. Il y a un Broussette près de Conques, mais il est plus probable qu'il s'agit de celui de la commune de Reilhac, n° 281.

Roffiac. — Vers 953, église donnée par Étienne, abbé de Conques et évêque de Clermont, n° 47.

Saint-Mamet-la-Salvetat. — Deux églises, consacrées à saint Mamet et à saint Jean, données par Pierre et Étienne de Calmont, sous le roi Robert, avec plusieurs condamines et cinq manses, à Saint-Mamet, un manse à Montreisse et un autre dans un lieu de Roussi, qui paraît avoir disparu, n° 80. — Eustorge de Marcenat approuve la donation, faite par Pierre et Étienne de Calmont, donation qui n'était sans doute qu'une vente déguisée, car Eustorge dit : *quod Petrus et Stephanus de Calmonte donaverunt et vendiderunt*. Cette confirmation lui est payée 300 sous de Limoges, n° 81. — Le même renouvelle cette confirmation et consent à ce que Girbert de *Fillinas* passe dans la dépendance de l'abbaye avec la maison cons-

truite par lui. Il reçoit en dédommagement un *airal*, n° 83.
— Sous le n° 533 se trouve un rôle des dépendances de Saint-Mamet et des censives qui lui sont dues par Étienne du Mas et Bernard, tenanciers du fief, xii° siècle.

Saint-Santin de Maurs (dans la commune de), *Aurières*. — Église donnée, à la fin du x° siècle, par Aicio et Grimard, frères, n° 48.

Salins (environs de). — Manse *de Tornis, in vicaria Salensi*, donné, sous le roi Robert, par Aribert et sa femme Girberge, n° 353.

Sansac. — 930, Bernard, probablement vicomte de Carlat, donne l'église de Sansac avec la villa de Sansac, les serfs qui l'habitent et le manse de La Brousse; une villa de *Roaria* et de *Montemejano*, toutes deux *in ministerio Acteracense, in pago Artintia* (le *pagus Artintia* est l'Artense, plateau qui s'étend sur les confins du Cantal, du Puy-de-Dôme et de la Corrèze, mais ni les *villæ* ni le *ministerium* n'ont pu y être retrouvés); la villa de Vixouse et les manses de Marfons, commune de Polminhac; la villa de *Granigusas*, dans le Carladez, disparue, et la vigne de *Darna*, aux Recoules-Basses, mentionnée plus haut sous la rubrique de la commune de Glénat. Bernard se réserve l'usufruit sa vie durant, et présentera chaque année deux cierges à la messe de sainte Foi, n° 6.

Tanavelle. — Église donnée, en 1058, par Robert II d'Auvergne, comte de Rouergue, et sa mère Philippe, n° 46. — Les susdits donateurs stipulent, en 1059, que Géraud de *Rosiaco*, probablement pour *Roflaco*, Rofflac, aura un denier sur chaque saisie, *pro defensione hujus elemosine*, n° 523. — Robert de Chastel-sur-Murat donne, 1061-1065, tout ce qu'il possède à Tanavelle, à Laga, avec l'église de Valuéjols, n° 43. — Les fils de Robert de Chastel confirment, 1060-1065, la précédente donation, et reçoivent en récompense la fraternité du monastère, la mule de leur père, mort moine, et une somme d'argent qui n'est pas spécifiée, n° 284. — Nouvelle confirmation où la somme se trouve indiquée : 150 sous du Puy et un mulet pour Tanavelle, et 150 sous pour Laga, n° 356. — En 1065, Dalmace donne quatre manses, la viguerie, les vassaux, la dîme des saisies et arrestations et la moitié de la dîme des animaux, n° 350.

TOURNEMIRE (environs de). — Rigaud de Tournemire, sous Robert, donne le manse *del Cher*, qui ne se retrouve plus. Il était sans doute situé dans le voisinage de Tournemire, n° 276.

USSEL. — Étienne, prévôt de Brezons, et son frère Eustorge, sous le roi Robert, cèdent des cens, moyennant 150 sous et deux selles, n° 285. — Accord, incomplet, entre les précédents et l'abbé Odolric au sujet desdits cens, n° 441.

VALUÉJOLS. — Robert, fils de Robert de Chastel-sur-Murat, 1060-1065, donne sa part de l'église de Valuéjols, divers droits à Nouviale, des cens sur les manses de Béliany, de La Chaumette, tous deux commune de Paulhac, et la propriété d'un manse dans la villa *Lairicii*, qui paraît avoir disparu, n° 44. — Étienne, fils de Robert de Chastel-sur-Murat, donne, en 1081, la moitié de l'église de Valuéjols avec sa part de divers manses, n° 45. — Robert, fils de Robert Isalgarus, donne, de 1065 à 1087, des droits sur une métairie dans la villa *Deuslet*, sur la villa de Jarri, commune de Paulhac, sur le manse de Fripés, sur la villa de Brajac, et sur la villa de *Ribetas*, n° 396.

VIELLEVIE (dans la commune de), *Le Pont*. — Manse et cens, donnés, en 1218, par Pons de Viellevie, pour avoir l'habit monacal à son lit de mort et la sépulture à Conques, n° 557.

Le Port de Blanadet. — Durand Hector, son fils et ses frères, donnent, en 1183, le passage franc dans le port de Blanadet, sur le Lot, aux moines et à leurs serviteurs, à condition de recevoir l'habit monacal à leur lit de mort, n° 559.

Puech-Mège. — 997-1031, capmas donné par Gauzfred, n° 354.

Sous le n° 525 sont comprises sept donations, faites au pricuré de Molompise, au XII° siècle, par Arnaud de Faydit, Hugues de

Castelnau, Robert de Félines, Géraud de Ribes, Reveire de Massiac, Bernard de La Roche, les seigneurs d'Aurouze, etc., de propriétés et droits divers dans les territoires des communes actuelles de Molompise, Massiac, Ussel et Tanavelle.

En 1270, l'abbaye donne, en échange de biens qui ne sont pas désignés, des propriétés à Cassaniouze, Le Fraysse, Marcolès et Sénezergues, *Doat*, 144 f° 44. A Sénezergues, il s'agit de l'*affarium de Lyeubet*, dont il faut peut-être rapprocher le manse de *Launbet*, n° 368, que lègue Amelius, en recevant sur le lit de mort l'habit monacal, au xi° siècle.

Les localités suivantes étaient probablement situées dans le Cantal, sur les confins du Rouergue : *Calmelio Caldo*, manse, *in pago Arvernico*, donné au xi° siècle par Gualdrada, veuve de Guillaume de La Roche (il y a une localité du nom de La Roche, dans la commune de Molompise), n° 176 ; — La Garrigue, manse donné, sous Robert, par Begon et Frotard *de Castro Castlucio*. M. de Barrau pense qu'il s'agit ici de seigneurs de Caylus dans le Tarn-et-Garonne, mais il y avait, dans le Carladez, un château de Caylus, dont la carte de Cassini indique les ruines, et qui avait précisément à côté de lui un La Garrigue qui pourrait être le nôtre, n° 130. — De 997 à 1004, Giraud vend un capmas, dont le nom n'est pas indiqué, mais comme il est dit voisin d'une terre de Saint-Géraud d'Aurillac, on peut le supposer dans le Cantal, n° 342.

Département du Puy-de-Dôme. — Roberte, au xi° siècle, donne après sa mort un manse, à *Pineto, in episcopatu Arverniæ*. Les Pinet sont nombreux dans le Puy-de-Dôme, et la charte ne fournit aucun renseignement qui permette de faire un choix entre eux, n° 363.

Raimond et sa sœur Alberade donnent, au xi° siècle, un capmas, à Vallières, *in parrochia Sancti Desiderii*. S'agit-il de la paroisse de Saint-Dier ou de celle de Saint-Diéry ? On ne trouve plus de Vallières ni dans l'une ni dans l'autre, n° 3.4. *Le Livre des Miracles*[1] raconte un prodige dont un seigneur de Vallières aurait été l'objet.

LIMOUSIN.

La pancarte place par erreur, dans l'ancien diocèse de Limoges, le prieuré de Sainte-Foi du Chastang, qui, au xvi° siècle, était dans celui de Tulle.

Département de la Corrèze. — LE CHASTANG. — Adémar *de Molsedone*, au milieu du xi° siècle, donne le manse de Chastang. — Dans les premières années du xii° siècle, Hugues *de Molsedone* y ajoute le bois *della Plania* n° 495.

BILLAC. — Raimond, vicomte de Turenne, donne, pour le luminaire, trois borderies à *Abeliac*, qui doit être Billac, xi° siècle, n° 524. Il faut rapprocher de ces donations un miracle arrivé au château de Turenne, du temps d'Ébale, père de Raimond[2], et un autre par lequel un innocent fut délivré de la cruauté d'Adémar de *Avalena*[3].

QUERCY.

Au xvi° siècle, l'abbaye ne possédait plus en Quercy que le prieuré de Saint-Jean-Froid. Mais à l'époque où fut copié le cartulaire, elle avait dans ce pays un assez grand nombre de propriétés, dont, pour la plupart, la situation est difficile à fixer.

Département du Lot. — LA BASTIDE-DU-VERT (dans la commune de), *La Mouline*. — Frotard, sous le roi Robert, donne un manse à *Molinas, in vicaria Sancti Martini,* n° 236. Il y a sur la carte de Cassini une ruine du nom de Saint-Martin, non

---

1. Édition des Bollandistes, livre III.
2. *Livre des Miracles.* Édit. de Labbe, c. xiv.
3. Ibid., c. x.

loin de laquelle est un hameau de La Mouline. C'est peut-être la vicairie de Saint-Martin et le lieu de *Molinas*.

GUIRANDE. — Capmas donné, sous le roi Robert, par Gauzfred, n° 387.

MONTLAUZUN (aux environs de). — Remi de Montlauzun et Bernard de Puy La Roque donnent, au XI° siècle, des manses à *Broca*, n° 320.

MONTMURAT (aux environs de). — Géraud de Montmurat donne des cens sur le manse de *Vulpilarias*, XI° siècle, n° 271.

SAINT-CÉRÉ (près de), *Corn*. — Manse donné, vers 1007, par Géraud, n° 325.

SAINT-FÉLIX (dans la commune de), *Le Batut*. — Pierre de Felzins donne, au XI° siècle, un capmas au Batut, près Saint-Jean-Froid (carte de Cassini), n° 270.

Le cartulaire contient l'acte suivant passé entre des tiers : vente, sous Robert, par Rainaud à Deusdet et Juéry, d'une vigne et d'une terre, sises à *Lacunas, in vicaria Sancti Aviti*, n° 229. On ne retrou pas *Lacunas*. Il y a plusieurs Saint-Avit dans le Quercy, peut-être s'agit-il ici de celui qui est dans la commune de Salviac ?

Département de Tarn-et-Garonne. — MONTAIGU DE QUERCY (dans la commune de), *Aurignac*. — Églises et dépendances partagées, vers 961, par Raymond I, comte de Rouergue et marquis de Gothie, entre les abbayes de Figeac et de Conques[1].

MONTFERMIER (dans la commune de). — La carte de Cassini indique un lieu de Montaudou qui doit être *Monte Aldone* où Gauzbert et ses frères donnèrent une église et fondèrent une sauveté en l'honneur de sainte Foi, sous Henri I, n° 27.

MONTPEZAT. — Le *Livre des Miracles* rapporte une guérison et une délivrance miraculeuse dont Raimond, fils de Bernard, seigneur de Montpezat, est l'objet. Dans ce récit figurent les

---

1. Dom Vaissète. *Hist. du Languedoc*, t. II. Preuves, p. 107.

évêques de Périgueux et de Cahors. — Il faut sans doute cher cher non loin de Montpezat une église d'*Asellac*, qui paraît avoir disparu, et qui fut donnée par Raimond Bernard de *La Peniza*, au XII° siècle. Étienne de Montpezat, Arnal de Rouzet, commune de Fauroux, et Arnal de Granel, commune de Vazerac, ont signé l'acte de donation, n° 535.

Le cartulaire indique comme étant dans le Quercy les lieux de : *Dagminianis*, où Doitrand et sa femme Bersoaizis donnent, au XI° siècle, une propriété (le nom d'Arnal de Saint-Front cité dans l'acte fait penser au voisinage du Périgord), n° 120; — *Solarius, in vicaria Saddiriaco* où Bernard Eudes et son frère Arnaud donnent un manse, au XI° siècle. Il y a un Sadillac en Périgord, mais la charte dit positivement *in pago Caturcino*, n° 347; — *Tortorel*, où l'abbé Girbert, de 996 à 1004, achète deux manses à Bernard et consorts, n° 417.

PÉRIGORD, GUYENNE ET GASCOGNE.

D'après la pancarte du XVI° siècle, l'abbaye de Conques possédait dans le diocèse de Bordeaux, l'église de *Marestangh*; — dans le diocèse de Bazas, l'église de Lesclottes; — dans le diocèse d'Agen, le prieuré de Saint-Martin de Pineuil et son annexe l'église de N.-D. de La Bastide de Sainte-Foi sur la Dordogne, et le prieuré de Sainte-Foi des Cailles; — dans le diocèse de Périgueux, le prieuré *de Podio Palenoso*, lieu disparu, dans la paroisse de Saint-Pierre de Carsac, et les églises de Carsac, annexe de ce prieuré, et de Saint-Jean du Canet.

Département de la Dordogne. — Le *Livre des Miracles* parle du château de Montagrier en Périgord, dans lequel habitait un chevalier du nom d'Élie. Sa femme, jusque-là stérile, était devenue, par l'intercession de la vierge d'Agen, mère de deux garçons qu'il appelait les fils de sainte Foi.

LE CANET. — Église donnée, de 1074 à 1081, par Guillaume Grimoard et consorts, n° 54.

CARSAC. — Église donnée, de 1074 à 1085, par Guillaume de Leyssac ou Lissac, n° 55.

Dans la paroisse de Saint-Pierre de Carsac, Évrard, seigneur du château de Pellegrue, donna, de 1061 à 1108, le manse de *Podio Palenoso*, disparu, n°⁸ 56 et 242. Carsac, dans cette pièce, est appelé Carcenac. On ne peut douter que Carsac et Carcenac ne soient la même localité, car la pancarte du xvi° siècle dit : *Podio Palenoso in parrochia beati Petri de Carcenago, nunc vocati beati Petri de Quersaco*.

SAINT-MARCORG. — Guillaume de Saint-Marcorg, à la fin du xi° siècle, donne un manse à *Las Landas*, dans la paroisse de Saint-Marcorg, n° 382.

Département de la Gironde. — SAINTE-FOI-LA-GRANDE. — Falcon de La Barde donne, en 1076, le manse de Vinairols, avec un port sur la Dordogne et une partie des droits sur les navires chargés de sel, à condition que les moines bâtiront une église. Il vend une terre voisine, moyennant 35 sous de Poitiers, une mule pour faire le pèlerinage de Rome et le paiement annuel du quart des revenus. Le nom de Vinairols se retrouve dans celui d'un ruisseau, le Venayrol, qui descend de Pineuil à Sainte-Foi. Le préambule contient le récit de faits miraculeux, n° 53.

SAINT-MARTIN-DE-PINEUIL. — Falcon, le même sans doute que le précédent, et consorts, donnent l'église de Saint-Martin de *Braigs*, 1074-1087. On ne retrouve plus *Braigs*; mais la désignation de la pancarte : *Sanctus Martinus de Braxis de Pinolio*, ne laisse pas de doute sur l'identification de *Braigs* avec Pineuil, n° 52. — En 1255, le prieur de Sainte-Foi, près Pineuil (prieuré qui fut plus tard uni à celui de Saint-Martin), donne à Alphonse, comte de Poitiers, un terrain pour construire une bastide, *Doat*, 144, f° 28. — Le pape Benoît XII, en 1340, rendit une sentence pour terminer un différend qui s'était élevé entre l'évêque d'Agen et l'abbé de Conques, au sujet des dîmes de ces prieurés, *Doat*, 144, f° 80.

Gaucelme de Lesparre et ses frères donnèrent, en 1107, pour établir une sauveté, le lieu de *Mansirot, inter mare et stagnum*, n° 481. C'est *Marestangh*, lieu disparu sous la mer à la pointe du Médoc. Le scribe a par erreur daté la charte de 1108. L'abbé Bégon qui y est nommé était mort dès 1107[1].

Ainer Sanche fait entre les moines de Saint-Macaire et ceux de Conques un partage de la dîme de *Monte Boario*, lieu disparu, dans la vallée du Drot, xie siècle, n° 51.

Département de Lot-et-Garonne. — Le *Livre des Miracles* cite une guérison obtenue dans le diocèse d'Agen par l'intercession de sainte Foi.

LESCLOTTES. — Amanouus, vers 1076, donne deux manses, à condition que le moine Deusdet, ou Pierre, ou Odolric, bâtira une église en l'honneur de sainte Foi, n° 50.

PENNE (dans la commune de), *Saint-Martin-des-Cailles*. — Les fils de Guillaume *Miscemalum* et la veuve de Titbald, pour l'âme de son mari, mort de mort subite, donnent, de 1065 à 1087, l'église de Saint-Martin-des-Cailles, sise entre l'église de Sainte-Foi-des-Cailles et le château de Penne, n° 49.

Faut-il voir dans *Les Allemans* de la commune de Penne l'aleu de *Alamancia*, donné à la fin du xie siècle par Amelius, *in terminio de sancto Tirsi*, n° 311?

Coculo Monte, où Richarde donna, au xie siècle, un cens afin d'obtenir la santé par l'intercession de sainte Foi, était peut-être Cocumont, n° 283.

Basses-Pyrénées. — LARTÉ, près d'Orthez. — N° 137, acte constatant la consécration par l'évêque de Dax, 1065-1087, d'une église, donnée avec de nombreuses dépendances par Garsia Marra.

---

1. Le n° 481 a été publié dans le *Gallia christiana*, t. II, Instr. p. 277.

III.

LANGUEDOC[1].

§ 1. — PARTIE ORIENTALE DU LANGUEDOC.

Département de la Haute-Loire. — La pancarte nomme dans le diocèse du Puy deux prieurés : Sainte-Foi de Bains et N.-D. du Chambon. Le cartulaire ne contient aucune indication sur ce dernier. Bains fut uni au collège des Jésuites du Puy.

BAINS. — Pons I, vicomte de Polignac, Élisabeth, sa femme, et Armand, son fils, donnent, en 1105, l'église de Bains, n° 475[2]. — Dans le n° 579, le même y ajoute la dîme du cellier de *Embaisso* qui est peut-être Beus.

On peut lire dans le *Livre des Miracles*[3] le récit d'un prodige arrivé en Velay. Un comte du Gévaudan et du Forez, Pons, y est nommé ainsi que sa femme *Theotberga*. — Les récits des cruautés exercées par les châtelains au commencement du XI° siècle, sont nombreux dans le *Livre des Miracles*. Il en est un qui se rapporte au Velay[4].

Département de la Lozère. — Le prieuré de Trélans est indiqué, au XVI° siècle, comme une annexe de celui de Perses.

MALBOUZON. — Aldebert, évêque de Mende, donna, le 23 mars

---

1. Pour le Languedoc, je dois beaucoup à MM. les archivistes des départements, dont j'ai mis les lumières et la complaisance à contribution. C'est grâce à leur concours que j'ai pu traduire avec quelque certitude les noms de lieux indiqués dans le cartulaire. J'ai été aidé pour la Haute-Loire, par M. Aymard; pour la Lozère, par M. André; pour l'Hérault, par M. de La Pijardière; pour l'Aude, par M. Mouynès; pour l'Ardèche, par M. Francisque André; pour le Tarn, par M. Jolibois. Je dois aussi des remerciments à M. de Lamothe, archiviste du Gard, et surtout à M. Baudouin, archiviste de la Haute-Garonne.
2. Cette pièce a été publiée par dom Vaissète, I, Preuves, p. 368.
3. Édit. des Bollandistes, liv. I.
4. Ibid.

1105, le manse de Boson, *mansus Bosonis*, dont on a fait Malbouzon, et un manse dit de *Petra Fissa*, qui a disparu. Tous deux étaient alors situés dans la paroisse de Prinsuéjols, n° 443.

SAINT-JULIEN DU TOURNEL (dans la commune de), *Orcières*. — Au xi° siècle, Pons Lautaldus et sa femme Poncia donnent le manse d'Orcières. Le comté de Gévaudan est appelé ici *Gabilonensis*, par erreur du scribe ou par corruption du mot *Gabalitanus*, n°° 349 et 435. — Pierre Foulques et Pons, son frère, donnent, au xi° siècle, un manse *de Fonte*, voisin du château de *Cerveira*, dans les Cévennes. Il s'agit probablement ici du château disparu de Serviès, n° 272.

Département de l'Ardèche. — Prieuré au xvi° siècle : Saint-Maurice d'Ibie.

SAINT-MAURICE D'IBIE. — Église de Saint-Christophe et Saint-Maurice, donnée, vers 1106, par Léger, évêque de Viviers, n° 479. Sur les gardes du cartulaire, ont été copiés deux actes de collation de ce prieuré en faveur de moines de Conques, l'un du 8 juin 1289, par l'abbé Odolric; l'autre du 10 mai 1431, par l'abbé Raymond.

On avait sans doute réuni à ce prieuré des vignes et un casal, donnés antérieurement par Pierre, à La Rochette, commune de Saint-André-la-Champ, et au Bancarel-sous-Autajon, commune de Beaulieu, n° 136.

Département du Gard. — NÎMES (dans la commune de). — Amalsende et ses fils donnent un manse aux Plans et une vigne à Saint-André de Costabalen, xi° siècle, n° 369.

LA BOYSSE D'AVÈZE. — Le n° 274 est un acte par lequel Adon et sa femme donnent en précaire à Garnier et à son frère Benoît une terre sise à La Boysse, *in villa Sancianis, in aice Arisito*, en 976. Cette propriété a été sans doute dans la suite vendue ou donnée à l'abbaye.

MALONS. — Église de Saint-Pierre, donnée, le 11 juillet 1120, par Bermond Pelet et sa femme Agnès, n° 503. — Les fiefs qui en dépendaient sont énumérés dans le n° 505.

MONTEILS. — Manse, donné, sous Henri I, par Roustan, n° 360. — A la fin du xi° siècle, Guillaume Arnaud, partant pour Jérusalem, cède une albergue, à Monteils, pour 100 sous, n° 514.

ROUSSON (dans la commune de), *La Gardie*. — Vignes et droits sur les vignes, à La Gardie et à Garrigues, commune de Saint-Chapt, donnés à la fin du xi° siècle par Odilon, n° 426.

SAINT-PRIVAT-DE-CHAMPCLOS (dans la commune de), *Lende*. — Vignes, données par Pons de Rivière, fin du xi° siècle, n° 383.

Gigondaz, dans la villa *Martonnag*, où Hugues de Saumanas et sa femme donnent, 1060-1107, une pièce de terre, est peut-être Gicon, dans la commune de Chusclan, n° 377.

Département de l'Hérault. — La pancarte met dans le diocèse d'Agde l'église de Saint-Sauveur et Sainte-Foi de Pallas, lieu disparu, autrefois situé sur les confins des communes de Mèze et de Loupian, et dont le nom est resté à un cours d'eau qui se jette dans l'étang de Thau.

D'après le cartulaire, Raimond III, comte de Rouergue, donna à l'abbaye, de 998 à 1010, un manse sis à Pallas, et lui en vendit un autre, pour 100 sous, n° 17. — La seigneurie de la villa de Pallas fut, en 1013, l'objet d'un différend entre Richard I, vicomte de Millau, et Sénégonde, sa femme, d'une part, et la comtesse Garsinde, sœur de Sénégonde, femme de Bernard d'Anduse, marquis, qui fut arbitré, le 28 août, devant l'église de Saint-Nazaire à Béziers, en faveur de Garsinde, n° 18. — Les biens de l'abbaye furent, peu après la donation, usurpés par Étienne Maurin, qui les restitua à l'abbé Odolric, n° 346. — Bermond d'Agde s'en empara ensuite, et commit des excès qui obligèrent l'abbé Étienne à le poursuivre devant le comte de Rouergue et la vicomtesse de Béziers. Il s'engagea alors un long procès, dont le jugement fut remis en dernier lieu à Mainfroy, évêque de Béziers, à Frotard, abbé de Saint-Pons de Tomières, et à plusieurs nobles barons qui donnèrent gain de cause à l'abbaye. Bermond refusant de se soumettre, le comte de Rouergue lui enleva le fief et fit raser ses maisons. Pierre, son fils, le 27 juin 1078, sur le conseil du comte et de la vicomtesse, reconnut les torts de son père et renonça à tous les abus, moyennant 500 sous de Béziers et la cession de la viguerie, n° 20. — Après cette satisfaction, l'abbé Étienne inféoda la viguerie de Pallas à Pierre Bermond, n° 19. — Les souverains pontifes disposèrent, au XII° siècle, du prieuré de Pallas en faveur de divers personnages de la cour romaine. Cette église se trouvait ainsi, au XIII° siècle, entre les mains de Thibaud, clerc, neveu de maître Obizio, sous-diacre et notaire apostolique. Sur la réclamation des moines de Conques, Honorius III, en 1225, décida que, après la mort de Thibaud, elle ferait retour à l'abbaye, n° 558.

Dans la commune actuelle de Florensac, la comtesse Garsinde donna, au temps de Henri I, l'église de Saint-Félix de Veyrac. L'acte a été publié par dom Vaissète[1].

Bertrand, chantre des écoles, donna, à Lodève, des maisons sur lesquelles Amaury et ses fils abandonnèrent leurs droits, et Pierre, évêque de Lodève, confirma cette donation, dans les premières années du XII° siècle, n° 493.

Dom Vaissète[2] nous apprend qu'il y avait à Lodève un autel de Sainte-Foi desservi par des moines. Où était cet autel? Ces moines venaient-ils de Conques? L'auteur ne nous fixe pas sur ces deux points.

Département de l'Aude. — Prieuré au XVI° siècle : Sainte-Foi de Licairac. — Cure : Villepinte.

ALZONNE (dans la commune d'), *Saint-Martin-le-Vieil*. — Église donnée, au temps de l'abbé Odolric, par Bergon, prêtre, par

1. *Hist. du Languedoc*, t. II, p. 188.
2. T. II, p. 401.

ses neveux et par Garsias, prêtre, n° 70. Saint-Martin est dit dans cette pièce : *de Monvila*. Parmi les témoins figure un Arsias Auriol dont le fils donna plus tard Villepinte ; j'en conclus que *Monvila* devait se trouver auprès de cette dernière localité, et est probablement identique à Saint-Martin-le-Vieil qui est voisin.

Leuc (dans la commune de), *Licairac*. — Pons, moine de Sainte-Foi, vers 1055, fait, en présence du prieur de Sainte-Marie la Grasse, de Foulques, chevalier, et de plusieurs autres, avec Pons, Bernard et consorts, co-propriétaires de Licairac, un accord en vertu duquel ceux-ci donnent à l'abbaye, contre indemnité, l'église de Sainte-Colombe et ses dépendances, n° 76. — Le même Pons, moine, à la même époque, termine par un accord un différend qu'il avait avec l'évêque de Carcassonne et obtient de lui la confirmation de la donation de l'église de Sainte-Colombe de Licairac et celle de Saint-Étienne de *Casals*, aujourd'hui métairie des Arnals, n° 77. — Le 12 février 1065, Pons Céba donne ses droits sur les deux églises précitées, n° 501, charte en latin mélangé de roman. — Pons, fils d'Isarn de Villefloure, et consorts, en 1075, abandonnent leurs droits sur les dites églises, n° 78. — Raimond Ferrachan, sa femme et ses parents, 1087-1107, font de même, n° 473, ainsi que Ermengarde, vicomtesse de Carcassonne, à la même date, n° 565.

Mas-des-Cours. — Église de Saint-Jean de Montels, donnée, en novembre 1083, par Atton Mainfroi et consorts, avec le Mas-des-Cours, n° 59 [1].

Gardie. — Église, donnée, en février 1083, par Raimond Rainon et consorts, n° 58. — Guisla et ses fils vendent, pour 10 sous, un manse entre le ruisseau de Cardil et celui de Tescou, et Durand Raimond vend, moyennant 7 sous, les

---

[1]. Par une rencontre singulière, on trouve, dans le Tarn, un Saint-Jean de Montells et des cours d'eau du même nom que ceux mentionnés dans les chartes concernant Sainte-Marie de Gardie, qui vient après Mas-des-Cours; et de plus le vicomte de Carcassonne, qui prend part à ces actes, était en même temps vicomte d'Albi.

droits qu'il avait sur cette propriété, n° 393. — Le n° 277, variante du numéro précédent, fait intervenir le mari de Guisla, et élève à 10 sous le prix, payé à Durand Raimond. Il est question dans cette pièce de *solidos quintinencos* (ailleurs on lit de *quintineæ*); c'est sans doute un droit de quint. — Atton Mainfroi donne le mas de Villar, situé dans la paroisse de Sainte-Marie de Gardie, n° 329; le n° 392 est une variante abrégée de la même donation.

VILLEPINTE. — Église, donnée, à la fin du xi° siècle, par Raimond, fils d'Auriols, n° 71.

CÉLIAN. — Vigne, donnée, à la fin du xi° siècle, par Marie, pour obtenir la santé, n° 348.

OUVEILHAN. — Vigne et maison, données, sous le règne de Robert, par Alfarigus, clerc, n° 411.

Département du Tarn. — Prieurés au xvi° siècle : Saint-Étienne de Brès, commune de Villeneuve-sur-Vère, N.-D. de Fontlabour, commune d'Albi, N.-D. des Planques, commune de Tanus, et Saint-Félix de Puy-Begon, commune de Peyroles. N.-D. des Planques est seule nommée dans le cartulaire.

TANUS (dans la commune de), *N.-D. des Planques.* — Deusdet, prêtre du diocèse d'Albi, n'ayant pas assez de son patrimoine pour vivre, achète, de 1060 à 1065, à Didon d'Audouque l'église de N.-D. de Belmont et la met en la garde de l'abbaye de Conques, n° 57. — Huga et ses fils donnent, de 1061 à 1108, à l'église N.-D. de Belmont ou des Planques, deux manses dans les paroisses d'Anglars et de Compolibat[1], n° 430. — Le n° 482 nous apprend que Didon d'Audouque avait donné à Sainte-Foi de Conques son fils unique Pierre, devenu depuis évêque de Pampelune, avec le lieu des Planques et les droits qu'il avait sur l'église. Raymond, fils de Vidian, y ajoute l'église N.-D. de Fournials. — Le n° 548 présente l'énumération des fiefs dépendant de Belmont ou des Planques.

1. Ces deux paroisses sont dans l'Aveyron.

§ 2. — ANCIEN DIOCÈSE DE TOULOUSE.

D'après la pancarte, l'abbaye de Conques possédait, au XVIᵉ siècle, dans le diocèse de Toulouse, tel qu'il était alors délimité, et dans les diocèses qui en avaient été détachés à diverses époques, les prieurés et églises dont l'énumération suit. Diocèse de Toulouse au XVIᵉ siècle : prieuré de Sainte-Foi de Castelmaurou, prieuré de Sainte-Foi de Peyrolières, à laquelle était jointe l'église de La Salvetat, près Caraman, prieuré de Sainte-Foi de Seyrac; églises de N.-D. de[1] ...?, et de Saint-Jean du Fauga, annexes du prieuré de Sainte-Foi de Licairac (diocèse de Carcassonne). — Diocèse de Montauban : églises du Born, de Bondigoux[2], du Mas Grenier (Tarn-et-Garonne), de La Madeleine de ...[3], de Saint-Pierre de Tauriac (Tarn-et-Garonne) et de Saint-Étienne de Villette (Tarn). — Diocèse de Lombez : prieuré de Saint-André de Coueilles (Haute-Garonne) uni à celui de Peyrolières. — Diocèse de Saint-Bertrand de Comminges : églises de Clarac et de Montaraut, près Salies (Haute-Garonne).

D'après le n° 454, l'abbaye de Conques possédait, au XIIᵉ siècle, trente églises dans l'ancien diocèse de Toulouse : *Afrain sive Vaurum*, Lavaur, *Agutnac* peut être Aguts (Tarn); *Belveder* peut être Belbèze (Haute-Garonne) ou Beauvais (Tarn); Le Vernet, Bondigoux, Le Born, Cassagnes près Toulouse, Castelmaurou, Cépet, Clarac, *Cotaquava* peut être Sarrecave, Orgueil (Haute-Garonne); *Julaic*, *Juleto* (il y a dans le canton de Lavaur, département du Tarn, un Jul auquel il faut peut-être rapporter soit *Julaic*, soit *Juleto*, qui dans le cartulaire

---

1. On lit dans la pancarte *Lavac*....
2. Toutes les localités qui viennent d'être nommées sont dans le département de la Haute-Garonne.
3. La pancarte porte *de Juncarelis*. Il y a une paroisse de la Madeleine dans la commune de Villemur (Haute-Garonne).

désignent deux localités différentes); *Laudel*, Mirepoix, Montégut (Haute-Garonne); *Pardinas;* Sainte-Foi de Peyrolières, Le Pin-Balma, Coueilhes (Haute-Garonne); Razengues (Gers), à moins que *Rosolengas* ne doive être identifié avec *Rodolaigas*, nommé plus bas; Sainte-Colombe, dans la commune de Bassiège,. Saint-Marcial, paroisse comprenant actuellement plusieurs communes dans le canton-nord de Toulouse, Saint-Vincent de *Salat* (il y a une rivière de Salat dans l'arrondissement de Saint-Gaudens, près de laquelle était peut-être ce Saint-Vincent), La Salvetat près Caramans, Seyrac (Haute-Garonne); Tauriac (Tarn-et-Garonne); *Teuls;* Sainte-Foi de *Tufac*. D'après d'autres pièces du cartulaire, il faut joindre à ces églises celles de Villeneuve-les-Cugneaux (Haute-Garonne), *de Monte Saint-Johannis* (est-ce Saint-Jean de l'Union dans la Haute-Garonne?), *de Rodolaigas, in vicaria Rogonnago*, dans le voisinage du Fauga, et de Saint-Martin de Goine (Gers). Le cartulaire ne fait que nommer la plupart des églises qui précèdent. Voici, rangées par départements, les chartes qui concernent l'ancien diocèse de Toulouse.

Département de la Haute-Garonne. — LE BORN. — Église donnée, de 1061 à 1065, par Pons, fils de Bernard, et consorts, n° 60. — Aleu donné, de 1096 à 1105, par Haton Isnard et Géraud de Cépet, n° 464.

CASTELMAUROU. — Établissement, en 1106, d'une sauveté en l'honneur de Dieu et de sainte Foi, par Amelius, évêque de Toulouse, et Bernard de *Quintil*, seigneur de Castelmaurou, n° 547. Dans cette pièce, il est dit que la sauveté existera dans les mêmes conditions que celle de *Casse Galater*, aujourd'hui Cassagnes, près Toulouse.

CÉPET. — Église donnée, de 1073 à 1087, par Bernard Gauzbert et consorts. Ils y ajoutent un territoire sur lequel ils abandonnent leurs droits, pour l'établissement d'une sauveté sans doute, n° 64. — Après 1112, Pierre de Saint-Cirice donne, en se faisant moine, une propriété dans la paroisse N.-D. de Cépet, n° 561.

CLARAC. — Église et territoire, donnés, de 1061 à 1065, sans doute pour y faire une sauveté, par Guillaume de *Castello Barossa*, n° 68. Il résulte de ce titre que Clarac s'appelait anciennement *Coberturas*.

COUEILLES. — Église et sauveté, 1073-1087. Atton Raymon et consorts, qui possédaient la moitié de l'église et de la villa, en font l'abandon, en présence de l'évêque et du comte de Toulouse, n° 75.

LE FAUGA. — La pêcherie du Fauga fut donnée en même temps que l'église de *Rodolaigas*, qui était située *in vicaria Rogonnago*, par Géraud et Raimond son frère, dans les premières années du xie siècle, n° 65.

LE PIN-BALMA. — Armand du Pin donne, en présence de tous les paroissiens, sa part de l'église, xie-xiie siècle, n° 504.

SAINTE-FOI DE PEYROLIÈRES. — Dodon de Samathan, de 1065 à 1087, confirme et augmente la donation que son père avait faite aux moines pour l'établissement d'une sauveté. Il constate que les moines y avaient construit un village et une église, n° 66.

SAINT-JEAN DE L'UNION. — Une église *de Monte Sancto Johanni*, donnée, de 1087 à 1105, par Eudes et consorts, est peut-être Saint-Jean de l'Union. Les moines la reconstruisirent, n° 465.

SAINT-MARTIAL, paroisse comprenant les communes de Beaupuy-de-Rouaix, Montrabe et Mondouzil. — Vente déguisée de l'église de Saint-Martial, près du cours d'eau de la Sausse, par Amalvin et consorts à Étienne de Pruines, moine, qui l'annexe au prieuré de Cassagnes qui suit, xie siècle, n° 67.

TOULOUSE (dans la banlieue de), *Cassagnes*. — Les contractants qui figurent dans l'acte relatif à l'église de Saint-Martial donnent, de 1061 à 1065, l'église de *Quintil* qu'ils ont fait transporter sur une colline, au lieu dit *Cassanic Galterii*, appelé dans le n° 454 *Casse Galater*, et dans le n° 67 *Galatea Quercu*. L'identité des donateurs, la relation qui existait entre l'église de Saint-Martial et celle dont il est ici question, le nom de *Quintil* qui figure dans la charte relative à Castelmaurou, oblige à confondre *Cassanie Galterii* avec *Galatea Quercu* et *Casse Galater*, et à fixer ce lieu aux environs de Toulouse. Autrement la présence d'un Raoul *del Casse* à la confection du n° 67 aurait pu conduire à les distinguer l'un de l'autre, et laissant *Cassanie Galterii* à Cassagnes, à placer *Galatea Quercu* et *Casse Galater* à La Casse, dans l'arrondissement de Muret.

VILLENEUVE-LÈS-CUGNEAUX. — Dodon de Samathan, de 1087 à 1107, donne le territoire de Villeneuve, n° 86.

Département du Gers. — SAINT-MARTIN DE GOINE. — Marie et son fils Raimond y donnent un manse sous le règne de Robert, n° 398.

Département du Tarn. — LAVAUR. — Guillaume, son frère Pierre, leurs fils et consorts, donnent, de 1060 à 1065, l'église de Saint-Christophe *de Afragnio sive Vauro* et un territoire dans la circonscription du château de *Vauro*, pour y faire une sauveté, n° 538. Le n° 62 contient la même donation avec des variantes[1].

Département de Tarn-et-Garonne. — TAURIAC. — Église et sauveté; donateurs, vers 1087 : Solemnia et ses fils, n° 61.

Il faut encore placer sous la rubrique de l'ancien diocèse de Toulouse, dans des localités qu'il m'est impossible de préciser : l'église de N.-D. *de Laudel* et les droits qui en dépendaient, donnés avec le curé, par Ainard *de Cuneo*, sous le roi Robert, n° 69 (il est question d'une dîme *de illo Cunco* dans la donation de Cassagnes citée plus haut; si c'était le même *Cuneo* que ce dernier, N.-D. *de Laudel* devrait être cherchée aux environs de Toulouse); — des

---

1. Le n° 539, moins le dernier paragraphe, a été publié par Dom Vaissète, t. II, Preuves, p. 249.

terres et vignes aux lieux de *Cumpradit del Traverser* et *del Malols de Pontio Radumo*, données par Arnaud Robert, Guillaume, son frère et consorts, de 1072 à 1087, n° 496, charte romane. Il y a un Malols et un Compradit dans l'Aveyron, mais la donation ayant été confirmée par l'évêque de Toulouse, il s'agit sans aucun doute de biens situés dans ce dernier diocèse.

Le *Livre des Miracles*, édité par le P. Labbe, contient quatre récits qui se rapportent au diocèse de Toulouse [1]. L'un d'eux nous apprend qu'Arsinde, comtesse de Toulouse, femme de Guillaume, fit un pèlerinage à Conques pour obtenir un fils de l'intercession de sainte Foi. Elle mit dans la suite au monde deux fils qui moururent jeunes. Pour témoigner sa reconnaissance à sainte Foi, elle avait donné à l'église du monastère des bracelets d'or enrichis de pierreries qui se voyaient dans le trésor au XI° siècle. — Un cinquième récit, publié par les Bollandistes [2], est relatif à des habitants des environs de Saint-Orens (Gers). Les moines de Conques avaient, comme on l'a vu, dans le voisinage, un prieuré à Saint-Martin de Goine.

On doit sans doute placer dans la région pyrénéenne *Esdolomadda*, où Guillaume Garsias de *Godol* et sa femme Guila donnèrent tout ce qu'ils possédaient, en se mettant eux-mêmes dans la garde de l'abbaye de Conques, seconde moitié du XI° siècle, n° 440.

Hugues de *Balnes* et sa femme Angiards donnent un manse à *Maiseras*, qui peut être l'un des Mazières voisins des Pyrénées, et un autre dans la villa d'*Atans, in comitatu Amahos*, n° 373. C'est peut-être la contrée d'Amoux en Comminges [3]. Ce pays a-t-il jamais été un comté? Il y avait bien un comté d'Amaux fort ancien, en Franche-Comté, mais l'abbaye n'a pas eu, avant le XIII° siècle du moins, de relations avec cette province, et d'ailleurs le n° 373 paraît avoir été écrit dans le midi de la France.

1. C. II, V, XIII et XVIII.
2. *Lib.* III.
3. Voir Expilly.

IV.

PROVINCES DIVERSES[1].

ROUSSILLON.

Département des Pyrénées-Orientales. — *Comté de Fenouillède.* — SOURNIA. — Vigne, donnée, à la fin du XI° siècle, par Nifredus, sa femme Engantis et leur fils Oliba, qui se réservent l'usufruit leur vie durant, n° 252.

Comté de Vallespir. — LA BASTIDE EN VALLESPIR. — Manse, donné par Bérenger-Eude de Castangers, fin du XI° siècle, n° 375. Castangers est aujourd'hui le mas Maler-Xatart, appelé ainsi du nom de ses propriétaires.

Comté de Pierrelatte. — BUSCAROS (Espagne). — Manse, donné par Guillaume Raimond au temps de l'abbé Odolric, n° 351. Buscaros est ordinairement compris dans le comté de Besalu ; mais comme il est sur l'extrême limite, il a pu, au moment où la charte a été rédigée, faire partie de celui de Pierrelatte.

PROVENCE.

Département de Vaucluse. — *Comté d'Avignon.* — AVIGNON. A la fin du XI° siècle, Bernard Vaisselleder donna une vigne, sise à Saint-Étienne-sous-Avignon, n° 345. Le territoire de Saint-Étienne fut réuni au palais des papes, en 1316.

Une autre vigne fut donnée, à la même époque, par Ragambert, dans un lieu dit *Julanius,* n° 344. A-t-on voulu mettre *Insulanus*, et s'agit-il de l'Isle ?

---

1. J'ai eu recours pour ce chapitre à l'obligeance de MM. Alart, archiviste des Pyrénées-Orientales, Duhamel, archiviste de Vaucluse, Lacroix, archiviste de la Drôme, l'abbé Ducis, archiviste de la Haute-Savoie, Guigue, archiviste du Rhône, Chaverondier, archiviste de la Loire, Long, archiviste des Hautes-Alpes, Lemaire, archiviste de Seine-et-Marne, et Lhuillier, chef de bureau à la préfecture du même département, que je prie d'agréer ici mes remerciments.

Comté d'Apt. — Rostan donna, en 1004, un manse à *Casalis* sous le château d'Auribeau, qui est peut-être Le Castellet, n° 395.

Comté d'Orange. — SÉRIGNAN. — Vigne, donnée, le 25 septembre 1003, par Arnaud et sa femme, n° 326.

Département des Basses-Alpes. — *Comté de Sisteron.* — Le moine Guillaume donna un manse dans le territoire du château de *Roca Mardune,* disparu, fin du xi° siècle, n° 327.

DAUPHINÉ.

Département de la Drôme. — *Tricastin.* — Géraud, évêque de Saint-Paul-Trois-Châteaux, donna, vers 1070, l'église de N.-D. de *Gavilans,* n° 74. *Gavilans* ou *Gavilaus* a disparu.

Département des Hautes-Alpes. — *Comté et diocèse de Gap.* — JARJAYES. — Raimbert donne, le 31 octobre 928, pour le luminaire et le service divin, une vigne, dont il se réserve l'usufruit, mais sur laquelle il donnera, chaque année, à l'abbaye 8 setiers de vin, n° 431.

VENTÉROL. — Bermond *Cota Vaira* donne un homme du nom de Humbert à Ventérol, dans l'évêché de Gap, sur le chemin de Rome, xi° siècle, n° 550.

FOREZ.

Département de la Loire. — Prieurés de Sainte-Foi du Châtelet et de Saint-Victor-sur-Loire, unis au xvi° siècle.

Les églises de Sainte-Foi du Châtelet, commune de Chamble, et de Saint-Victor-sur-Loire furent données, de 1097 à 1106, par Hugues I, archevêque de Lyon, n° 502. — Hugues Talabaz et consorts abandonnèrent, de 1121 à 1125, tous les droits qu'ils avaient sur l'église de Saint-Victor-sur-Loire et ses dépendances, n° 506.

BOURGOGNE[1].

L'abbaye de Conques avait dans le diocèse de Langres le droit de nomination à une prébende de la Sainte-Chapelle de Dijon. Voici quelle était l'origine de ce droit : Conques possédait un prieuré à Sainte-Foi de Chevigny, dans la commune actuelle du Val de Suzon (Côte-d'Or), à la tête duquel fut placé, jusqu'à la fin du XV° siècle, un moine de son obédience. En 1487, Guillaume Nachard, chanoine de la Sainte-Chapelle de Dijon, se fit nommer par le pape Innocent VIII prieur commendataire. L'abbé de Conques, Louis de Crévant, institua de son côté un prieur régulier qui, après une lutte de quelques mois avec le commendataire, finit par lui céder tous ses droits, moyennant 26 livres. Guillaume Nachard, qui n'était au fond qu'un agent de la Sainte-Chapelle de Dijon, remit à cette dernière le prieuré, sous la condition d'en conserver l'usufruit, et le pape Innocent VIII, ratifiant cet arrangement par une bulle du 22 novembre de la même année, incorpora le prieuré à la Sainte-Chapelle. Un procès surgit alors entre cette dernière et l'abbaye de Conques, et se termina par une transaction, en vertu de laquelle les deux établissements firent association de prières, se promirent l'hospitalité réciproque et s'engagèrent à célébrer solennellement chacun la fête du patron de l'autre[2]. Une prébende dite de Sainte-Foi fut créée à la Sainte-Chapelle et laissée à la nomination de l'abbé.

Département de la Côte-d'Or. — Le Val de Suzon (dans la commune de), *Sainte-Foi*. — Guy de Grancey, comte de Saulx-Tavannes, donne, en juillet 1086, les lieux de Chevigny, aujourd'hui Sainte-Foi, et de Goix. Ce dernier a disparu, son nom s'est

---

1. C'est grâce aux recherches de M. Garnier, archiviste de la Côte-d'Or, que j'ai pu reconstituer l'histoire du prieuré de Sainte-Foi de Chevigny en Bourgogne. Arch. dép. de la Côte-d'Or, G, 246.
2. Sainte Foi et saint Jean l'Évangéliste.

conservé dans celui d'une combe, n°ˢ 445 et 458. — Robert de Bourgogne, évêque de Langres, confirma cette donation, n° 446. — W., moine de Conques, en annonçant, par une lettre missive insérée au cartulaire, à l'abbé Étienne, la donation précitée, lui fait savoir qu'il est sollicité par deux abbés du voisinage, Géronte et Raoul, peut-être abbés de Flavigny et de Saint-Bénigne, de venir à leur obédience, n° 447. — En 1110, la comtesse Ligiarde, veuve de Guy, et son fils Eblon, confirment la donation faite par le père de ce dernier, n° 488. — Odon de Vantoux, à la même époque, donne un manse à Goix, n° 489. — Mainfroy cède la vieille église abandonnée de Goix, n° 490. — Gui, comte de Saulx-Tavannes, et son frère Ebale reconnaissent, 1163-1179, que la seigneurie de Chevigny appartient à l'abbaye, à l'exception de la haute justice, de la mairie, du manse du maire, de la garde du lieu et de la famille d'un homme du nom de Gui, n° 539. — R. de Verrey donne, au xii° siècle, un des trois hébergements, auxquels il avait droit avec une suite de trois chevaliers, à Chevigny, et un terrain autour de l'église de *Rore,* ancien nom probablement du Val de Suzon, n° 483.

Département de la Haute-Saône. — Broye-les-Loups (dans la commune de), *Verfontaine.* — Hosfridus de Beaumont-sur-Vingeanne donne, vers 1090, le lieu de Verfontaine et la forêt de *Vava,* sans doute l'un des cantons de la forêt d'Autrey, n° 484.

CHAMPAGNE.

Département de Seine-et-Marne. — Dans le diocèse de Meaux, prieuré de Sainte-Foi de Coulommiers-en-Brie.

Thibaut III, comte de Blois, fils d'Eudes, vint en pèlerinage à Sainte-Foi de Conques, et donna l'église de Coulommiers à l'abbaye. Revenu en Champagne, il révoqua cette donation et substitua les moines de Rebais à ceux de Conques. Ceux-ci réclamèrent et un procès s'engagea. Henri, fils de Thibaut, en partant pour la croisade, enjoignit à Adèle, sa femme, fille de Guillaume, roi d'Angleterre, et de Mathilde, de le terminer. Adèle soumit l'affaire à une réunion d'évêques et de seigneurs qui donnèrent satisfaction aux moines de Conques, le 28 janvier 1101, n° 470 [1].

Le 5 juillet 1107, après la mort de Henri, Adèle confirma, en l'augmentant, la concession faite d'abord par Thibaut, n° 485. Dans le tome II des *Documents historiques inédits* publiés par Champollion-Figeac [2], on lit une charte, datée de la même année et du même jour, qui amplifie encore cette donation et note que ces additions furent faites par Adèle, lors de la consécration de l'église. Cette charte est reproduite d'après une pièce tirée des archives du prieuré de Coulommiers. La copie insérée dans le cartulaire a été faite sur l'original emporté à Conques par l'abbé Boniface. Il est évident que la consécration n'avait pas eu lieu à ce moment, puisque le texte de Conques n'y fait aucune allusion. Le duplicata venant de Coulommiers a donc été interpolé. On s'en convainc, en jetant les yeux sur une autre pièce, émanée de Thibaut IV, en 1132, et publiée plus loin dans le même volume, p. 14, où l'on retrouve l'une des deux phrases, insérées après coup dans le titre provenant des archives du prieuré [3].

---

1. On trouve cet acte publié dans le *Gallia Christiana*, t. I, *Instrumenta*, p. 53.
2. Paris, 1843, in-4°. Texte des Documents, p. 5.
3. La première interpolation se place à la ligne 23, après les mots *possessum est : « Dono et illos septem hospites in Franca villa* (Francheville, Seine-et-Marne) *quos prius habuit Willelmus Normandus magister filii mei; et in dedicatione ecclesiæ, auxi alios tres hospites, cum omni consuetudine in eadem villa et XL solidos omni anno de censu Lavenne* (peut-être pour *avenœ*) *et XX de censu pontis Trelaci. »*
Voici le texte correspondant de la charte de Thibaut IV : « *Concedo preterea illos septem hospites in Franca Villa, quos prius habuit Willelmus Normandus, magister fratris mei, et tres alios hospites, quos in dedicatione predicte ecclesie, mater mea auxit, cum omni consuetudine in eadem villa, et XL solidos, singulis annis, de censu Lavenne.* » On voit qu'à part la dernière phrase relative au péage du pont de Troyes, il est identique.
Seconde interpolation, ligne 30, après les mots *ad victum illorum committo* : « *Ita tamen ut Ratnaldus partem suam quamdiu vixerit teneat; post mortem vero ejus, omni contrarietate ablata et omni impedimento, ad monachos*

Gérard de La Tour donne, vers la même époque, un verger voisin du monastère de Sainte-Foi de Coulommiers, n° 487. Pour arrondir leur propriété, les moines se firent céder par le même Gérard de La Tour et Robert, son frère, un aleu à Saints et achetèrent le bois de *Tremlet*, probablement sur le territoire de Coulommiers. Adèle confirma ces acquisitions vers 1108, n° 486.

Le volume des *Documents inédits* cité plus haut contient en outre trois chartes d'Henri, comte de Champagne, de 1152, 1154 et 1172, et une quatrième de Marie, sa veuve, 1189, relatives au prieuré de Sainte-Foi de Coulommiers[1].

SAVOIE ET PAYS DE GENÈVE.

Au XIe siècle, Guillaume de Genève donna, en s'en réservant l'usufruit, à l'abbaye de Conques, tout ce qu'il possédait à Cormières, commune de Ville-la-Grand, Paconiage, commune de Juvigny, et Romagny, commune d'Annemosse (Haute-Savoie), ainsi qu'à Meinier (canton de Genève), n° 289.

ALSACE.

D'après la pancarte, dans le diocèse de Strasbourg, l'abbaye possédait, à Schélestadt, sous le vocable du Saint-Sépulcre et de saint Jean ou de sainte Foi, un bénéfice, qualifié de prévôté.

---

redeat. Insuper concedo predictis monachis in supradicta ecclesia et in ecclesia de Senz, jus patronatus, ut authoritatem habeant in prenominatis ecclesiis sacerdotes instituendi, et episcopo, in cujus diocesi constructe sunt, presentandi. »

Le texte de la charte de Thibaut IV n'est pas le même ici : « *concedo*, dit-il, *et eis quoddam meum feodum in terra de Sauzi* (c'est Senz ou Saints) *cum fevalibus meis, Girardo videlicet et Roberto de Turre, et filiis eorum qui eamdem terram de matre mea tenentes, ducti amore Dei et matris meæ beate Fidi concesserunt.* » Cette dernière donation, approuvée par Adèle, est insérée dans le cartulaire sous le n° 486.

1. *Texte des Documents*, p. 34-41 et 42.

L'église de Schélestadt et un domaine composé de terres, vignes, bois, avec les serfs des deux sexes et tous les droits seigneuriaux, furent donnés, le 23 juillet 1095, par Othon de Hohenstaufen, évêque de Strasbourg, Frédéric, duc de Souabe, Louis et Gautier, tous quatre frères, pour accomplir la volonté de leur mère, qui avait commencé la construction d'une église en l'honneur du Saint-Sépulcre et de sainte Foi, n° 575.

V.

ÉTRANGER.

ANGLETERRE [1].

Comté de Norfolk. — D'après la pancarte, dans le diocèse de Norwich : églises de Horsham et de *Rodeham*.

Le *Monasticon Anglicanum* [2] contient le récit d'un vœu, fait à sainte Foi par Robert Fitz-Walter, qui, pour l'accomplir, donna à l'abbaye de Conques, de 1087 à 1107, l'église de Horsham avec ses dépendances. L'acte de donation était sans doute copié sous le n° 516, mais le texte, d'ailleurs incomplet, a été effacé. Dans l'état actuel, on lit, au lieu de Horsham, *Bonforno*, mais il devait y avoir Horsham. — Dans les premières années du XII° siècle, Gautier Gifard, comte de Longueville, se rend à Conques avec sa mère Agnès et une nombreuse suite de seigneurs Normands, le vendredi de la deuxième semaine de Carême, et donne la dîme de Taverham, n° 497. — Henri I, roi d'Angleterre, concède l'établissement d'une foire annuelle qui durera trois jours : la veille, le jour et le lendemain de

---

1. M. Léopold Delisle, membre de l'Institut, a bien voulu m'aider pour les chartes de provenance anglaise et normande.
2. Nouv. édition, t. III, p. 636.

la fête de sainte Foi, de 1108 à 1119, n° 520. — Le même approuve la donation des églises, terres et dîmes, que Robert Fitz-Walter et Sibille, sa femme, avaient faite à l'abbaye, n° 519[1]. — Herbert, évêque de Norwick, accorde, 1094-1119, 40 jours d'indulgence à quiconque visitera l'église, à la fête de sainte Foi, n° 521. — Ebrard, évêque de Norwick, après 1121, y ajoute 40 jours d'indulgence, pour le jour de la fête de la translation des reliques de la sainte, n° 522. — Les archives de l'Aveyron possèdent un *vidimus* par Roger, évêque de Norwick, en 1276, de la charte d'Ébrard qui précède, et d'une décision de l'évêque Guillaume, accordant 40 jours d'indulgence aux visiteurs de l'église du prieuré, de la veille de la fête de sainte Foi à la Toussaint.

ESPAGNE[2].

La pancarte fournit les indications suivantes : dans le diocèse de Vich d'Osona, église de Tagamanent ; — dans le diocèse de Pampelune, prieurés de Caparroso, de Garituain et *Barciagua*, de Murillo el Cuende, et de Roncesvalles (Roncevaux). — Le même document met à tort dans le diocèse de Pampelune l'église de Sainte-Foi de Barbastro, qui était dans celui de Basbastro.

Aragon. — BARBASTRO. — Dom Sanche, roi d'Aragon, d'après une charte publiée dans le *Gallia Christiana*[3], faisant le siège de Barbastro, avait promis, s'il prenait la ville, de donner à l'abbaye de Conques une mosquée pour en faire une église en l'honneur de

---

1. Le texte porte à la 2ᵉ ligne *vicario* au lieu de *vicecomitibus*. Il contient des termes en langue anglaise, dont Du Cange fournit l'explication dans le glossaire de la basse latinité.
2. Sur l'indication de notre confrère, M. Raymond, archiviste des Basses-Pyrénées, je me suis adressé, pour l'Espagne, à Don Juan Itturralde y Suit, membre correspondant de l'Académie de Pampelune, qui a résolu toutes les difficultés que je lui ai soumises avec un empressement et une compétence auxquels je me fais un devoir de rendre ici hommage.
3. T. 1, Instr., p. 54.

sainte Foi. Son fils Dom Pèdre la remet entre les mains des moines, de 1101 à 1104, n° 466.

Catalogne. — TAGAMANENT. — L'église de Tagamanent était tombée en décadence, par suite de la simonie de ceux qui en étaient chargés. En octobre 1099, Foulques, évêque de Barcelone et vicomte de Cardonne, y appela des moines de Sainte-Foi et y établit un prieuré sous la dépendance de l'abbé de Conques, n° 467.

Navarre. — GARITUAIN. — Pierre d'Audouque, évêque de Pampelune, donne, en mai 1086, les églises de Garituain, n° 72. — La ville de Garituain avait été, de 1076 à 1080, affranchie par une charte curieuse de Sanche Ramirez, roi de Navarre et d'Aragon. Cette pièce est signée de Garsias, auquel Sanche avait laissé un semblant de royauté à Pampelune, n° 578.

CAPARROSO, MURILLO EL CUENDE, GARITUAIN et *Barciagua*. — Églises, données, en 1092, par Pierre d'Audouque, évêque de Pampelune, n° 577. *Barciagua*, qui était une annexe de Garituain, a disparu.

RONCESVALLES (Roncevaux). — Église donnée, de 1100 à 1114, par Sanche, comte de Erro, n° 472.

Sanche Ramirez donna, vers 1092, son palais à *Galiton*, et décida que l'église paroissiale de ce lieu serait reconstruite. *Galiton* a disparu, n° 576.

Le n° 453 se rattache au rôle joué par l'abbaye de Conques en Navarre. Il constate que Pierre d'Audouque, voulant partir pour Jérusalem, avait confié une somme d'argent à l'abbé B., sans doute Boniface. Ce dépôt était sorti des mains de ce dernier pour passer entre celles d'un moine et de son frère qui paraissent en avoir abusé, car l'évêque de Pampelune les fit excommunier par le pape Pascal II. Plus tard, ils en restituèrent une partie et furent absous. Au concile de Toulouse, probablement celui de 1118, Guillaume-Gaston, successeur de Pierre, réclama la somme à l'abbé, qui prouva qu'il ne devait rien. Néanmoins, Boniface, étant venu, vers 1120, à Pampelune pour une consécration (la pièce ne dit pas de quel édifice il s'agissait), se vit de nouveau interpeller sur le même fait par l'évêque Sanche III. Mais sur les explications qu'il donna, Sanche lui-même reconnut que Boniface n'avait aucun tort, et l'acte inséré au cartulaire fut dressé pour décharger l'abbé de toute responsabilité.

Les prieurés que l'abbaye de Conques possédait en Navarre étaient trop éloignés pour que son autorité sur eux fût efficace. Aussi, dès le XIII° siècle, voyons-nous les rois d'Aragon reprendre une partie de leurs biens, et les évêques d'Espagne nommer les prieurs. En 1242, Guillaume, abbé de Conques, trouvant ainsi établi, sans sa participation, un prieur à Caparroso, est réduit à réclamer de lui le serment d'obéissance, *Doat* 144, f° 6.

En 1312, Hugues, abbé de Conques et chapelain du pape, fit la visite de Caparroso et de Murillo el Cuende et constata que les prébendiers vivaient avec des femmes. Il réforma l'abus, mais à peine fut-il parti que les prébendiers retombèrent dans leur faute. Lors d'une seconde visite, en 1316, Hugues priva les coupables de leurs bénéfices jusqu'à ce qu'ils se fussent séparés de leurs concubines. En même temps, il infligea une pénitence à un vicaire qui s'était laissé instituer par l'évêque de Pampelune, *Doat* 144, f°ˢ 77 et 79.

Le pape aussi, de son côté, nommait directement à ces prieurés. En 1484, la reine Catherine de Navarre en appelait à l'autorité de l'abbé de Conques, pour l'aider à évincer un Aragonais qui voulait s'introduire à Caparroso par l'influence de la cour de Rome, *Doat* 144, f° 271.

On trouve dans la collection Doat 144, f° 285, une lettre adressée, en 1542, à l'abbé de Conques par un de ses agents nommé Turbide ou Iturbide, qui fournit des renseignements sur la valeur et l'état des prieurés d'Espagne. Barbastro valait 1000 ducats; Roncevaux, 3000[1]; Murillo el Cuende, 100; Garituain et *Barciagua*, 20. « Il n'y a quasi personne qui sache ici que ces bénéfices soient à la collation de M. l'abbé de Conques et

---

[1]. Il dit du prieuré de Roncevaux : que le pape le donnait, ou l'empereur pour lui.

ceux qui le savent aiment plutôt aller au pape à cause de la distance qu'il y a de la maison de Conques à la Navarre. »

Il y a en Navarre, au nord de Pampelune, une localité d'Ozliz, dont le nom est semblable à celui d'une église et d'un domaine, donnés, au temps du roi Robert, par Ebon, fils de Raoul, n° 73. A cette époque, Ermengaud, comte d'Urgel, léguait, d'après Marca, cité par Mabillon, à Sainte-Foi de Conques, *gradales duos de argento*. L'abbaye avait donc dès lors des relations avec le nord de l'Espagne. Quoi qu'il en soit, si l'Ozliz du cartulaire est le même que celui qui est situé en Navarre, il faut croire qu'il sortit des mains des moines de Conques, puisqu'il n'est pas compris dans la liste des prieurés du diocèse de Pampelune[1].

Minorque. — Un pèlerin venu du comté de Minorque donna, en novembre 1065, des vignes dans le voisinage de Minorque même, n° 389. Je me suis vainement adressé à Minorque pour avoir des renseignements sur les noms de lieux cités dans la pièce.

ITALIE.

Diocèse de Forli. — La pancarte indique, comme appartenant à l'abbaye de Conques, un prieuré de Saint-Victor ou Saint-Siméon *de Currelis* ou *Turretis*, sur lequel il m'a été impossible de trouver aucun renseignement. Il est probable qu'il s'agit là d'une de ces églises que l'éloignement avait fait perdre de vue aux abbés et dont le nom a été estropié par les scribes du moyen âge, de manière à devenir méconnaissable.

Diocèse de Casal. — D'après la pancarte, Conques possédait, dans le diocèse de Verceil, un prieuré qu'elle dénomme ainsi : *prioratus Sanctæ Fidis de Visterno seu Cavancholio* ou *Cavanholio*. Visterno était un château très-ancien, situé dans la commune de Cavagnolo, sur la rive droite du Pô. Cavagnolo fait partie, depuis le xv° siècle, du diocèse de Casal-Montferrat,

---

1. Voir une autre propriété, sise en Espagne, sous la rubrique *Roussillon*.

formé d'une fraction de celui de Verceil. Près du château de Visterno, se trouvait un prieuré de Bénédictins qui avait sainte Foi pour patronne. L'église subsiste encore; elle a donné son nom à un quartier de Cavagnolo. Le prieuré était, au xviii⁰ siècle, uni à la mense épiscopale[1].

Domaines dont la situation est inconnue. — De 930 à 935, Anastase donne un manse dans le val *Sinay*, situé dans le territoire de Montbrison, compris lui-même *in comitatu in Sestergo*, n° 319. Quel est ce comté? Où faut-il chercher ce Montbrison? A l'époque où la charte a été rédigée, l'abbaye n'avait de possessions qu'en Rouergue, en Quercy, en Auvergne et en Provence, sur la rive gauche du Rhône, *in Romano itinere*. S'agirait-il du comté de Sisteron?

Dans plusieurs chartes, les noms de lieux ne sont pas indiqués : n° 365, Girard ou Gairard donne une vigne, en février 985; — n° 412, Ictor, en janvier 1008, vend un manse et un bois; — n° 309, Guigue Guarin et sa femme Florence donnent un manse, au temps de l'abbé Odolric; — n° 379, Arnaud, clerc, donne une vigne, xi⁰ siècle.

Rôles. — Au xii⁰ siècle, les moines firent dresser l'état des revenus qu'ils avaient à percevoir dans les diverses contrées où ils avaient des biens, n⁰ˢ 87, 372, 386, 457, 529. — Le cartulaire contient en outre le rôle de la mense conventuelle et des propriétés qui lui étaient affectées, n° 478; — celui du blé pour la paneterie, n⁰ˢ 555, et 564; — des poules, n° 528, — et du miel dû à l'abbaye, n° 537. On trouvera la traduction des noms de lieux que ces rôles contiennent à la table générale.

---

1. Giovanni Morlondo. *Monumenta Aquensia*, Pars II, Taurini, 1790. — Je dois ces renseignements à la bienveillance de Mgr l'archevêque de Verceil et à l'érudition de M. le chanoine Pierre Canetti, archiviste du chapitre métropolitain de Verceil.

CARTULAIRE

DE L'ABBAYE DE CONQUES

EN ROUERGUE.

---

1. CARTA DE ECCLESIA DE PRIS.

801, février.

In nomine Domini hac Dei nostri. Locum sacrum qui situs est in pago Rutenico, in honore et reverentia domini et salvatoris nostri Jhesu Christi, ex reliquiis ejus diligatus seu et sanctæ Mariæ matris ejus et ex reliquias beati Petri principis apostolorum, cui vocabulum est Concas, et sociis eorum qui in eodem domicilio conectuntur, ubi modo est venerabilis vir Madraldus abba et in regimine ejus congregatio monachorum, degentes sub regula beati Benedicti qui Deo sedule famulare videntur. Propter hanc reverentia sanctitatis, ego Leutadus, seu devocione omnipotentis Domini ut exinde mercis michi adcrescat et veniam delictorum adipisci merear, hanc cartolam donationis ad ipsum monasterium seu ad ipsos servientes Deo conscribere et firmare fatio, hoc est infra pago Rutenis civitate, in valle Tarnis, in locis vel villis nuncopantibus ubi vocabulum est Priscio, casa dominicale cum superiores et subteriores vel cum appendicibus suis, cum curtis et ortibus vel et alios mansos, quantos in ipsa villa habet, tam de alode quam de adtracto aut de comparatum vel de qualibet ingenio nobis advenit et in presenti die visus sum possidere, totum in integrum vobis, reliquie sanctorum, seu abbati vel servientes Deo dono. Similiter et Prisciculas vel Sordingas ipsos mansos simili modo vobis dono; similiter et ipsa rocca Priscio ubi nos et parentes nostri per gentes nefandas incastellare consuevimus, ipsos mansos cum ipsa rocca, sicut superius scriptum est, totos in integrum, similiter cum omnes adjacentias earum, quantum ad ipsos aspicit et ego per ipsos mansos visus sum possidere, cum terras et vineas, cum pratis et pascuis, silvis, garricis, aquis aquarum vel decursibus, quantum ad ipsos mansos pertinit. Ista omnia, sicut supra nominata sunt, pater meus et mater mea extra hereditatem ulla sororum meorum ad jure propietario michi dederunt, et ego similiter totum et abintegrum vobis, sancti Dei, vel servis domni Salvatoris dono vel posteris servientibus ibidem, ut vobis in omnibus proficiat in augmentum. Ipsi mansi hæc fines habent : de parte orientale subjungit ad terra Voronatense et Crescellense, et de meridie subjungit ad terra Andadense, de alio vero latere de parte orientale subjungit ad ipso rivo qui dicitur Merdolone qui decurrit deves Andate et ad ipsa terra Buxadese pervenit usque ad fluvium Tarnis, de ambos lateres vero ipsas fines perveniunt usque ad fluvium Tarnis. Similiter et de mancipiis dono vobis Ariberto et Remelde et filio suo Froderamno et filio suo Gairaldo, istos mancipius vero superius nominatos, quæ michi pater meus et mater mea absque hereditate fratrorum vel heredum meorum in integrum donaverunt, per cartolam donationis tam istos quam illos qui de ipsos nati vel procreati fuerint. Et in alia quod nos conscribere in ipsa donatione rogavimus, tam mansos quam terras et vineas vel mancipiis, quantum ipsa donatio loquid, totum in integrum tibi, domine Jhesu, vel servientibus tuis in hunc monasterio Concas, secundum quod lex romana docet *de post mortem causa donationis*, ut dum vivo de istam rem superius nominata quem ego in te, domine Jhesu Christe, conscribere rogavi usum et fructum michi reservo; post obitum vero meum quando Domino placuerit, omnes res istas terris et mancipiis, sicut superius scriptum est, quem tibi donavi, domine Jhesu Christe, vel adservientibus tuis in Concas ad te perveniant, namnon ad alios heredes neque ad sorores meas. Non est necesse minime pœna conscribere, sed pro totius rei firmitatis michi complacuit ut, si ego forsitan inmuta voluntate aut alii heredes mei vel ulla admissa persona qui contra donationem istam ire aut agere voluerit, ei non liceat, sed componat ad partibus domni Salvatoris vel servientibus ibi in ipso monasterio Concas auri libra una et hoc quod repetit vindicare non valeat; et in antea omni tempore firma et inconvulsa permaneat, gestis vero municipalibus, stebulatione quoque pro omni firmitate subnixa.

Facta donatio in mense febroario, anno xx regnante domno nostro Klodohic rege Aquitanorum. — Signum: Leutadus qui has in domni Salvatori in Concas cartolam donationis conscrivere rogavit. S. [M]adraldo qui hanc donatione consensit. S. Achiramno. S. Bertefredo. S. Quandilo. S. Berteranno. S. Boboni. S. Gulfedeo. S. Qualdeberto.

2. CARTA DE ECCLESIA DE REGNIAGO.
1061-1065.

Cognitum et auditum est a vicinis nostris quod Alcherius de Mellanca venit Concas cum Stephano monacho et fecit convenientiam et insuper donum dedit ad alodum æcclesiam de Regniago sancto Salvatori et sanctæ Fidei et monachis Conchensibus. Quod cum fecisset, fecit eis etiam convenientiam ut absque calumnia de convenientia seniores de Bello Castello contra monachos ipsos tacere faceret. Sed cum hoc facere Alcherius non posset, venit ad domnum Petrum Rutenensem episcopum et convenientiam quam sancto Salvatori et sanctæ Fidei fecerat, propter contrarietatem seniorum de Bello Castello, accepta pecunia ab ipso episcopo, transtulit ad sanctam Mariam Rotenensem in manu jamdicti episcopi[1], calumniantibus eisdem Conchacensibus monachis qui donum prius ab ipso Alcherio acceperant. Cujus rei testes Airradus monachus, Deusdet sacer-

---

1. Les Archives de l'Aveyron possèdent la donation de Rignac à l'église de Rodez. Sa date est d'avril 1051. Elle est faite à la condition que l'évêque de Rodez palera à l'église de Lodève 70 sous Raimondencs, pour dire des messes après la mort d'Alchier, et 20 sous aux moines de S. Sauveur de Lodève. Le donateur laisse au fils de Richard, vicomte, et à Abon, ses neveux, la faculté de reprendre le bien, si l'évêque de Rodez venait à l'aliéner ou à l'inféoder. G. *Chapitre de Rodez.*

dos, Kamnulphus laïcus et alii quamplures qui hoc audierunt. Postea ego Petrus episcopus, timens Dei juditium, cognovi quod rectum est, et archidiaconi et canonici nostri, et donamus et absolvimus sancto Salvatori de Conchas et sanctæ Fidei et abbati Odolrico et monachis ejusdem loci ipsam ecclesiam jamdictam ad alodum, sicut seniores de Bello Castello donant et firmant [1].

3. ITEM DE EADEM.

1061-1065, juin.

In Dei nomine, ego Geraldus de Bello Castello et Umbertus frater meus, et Bernardus et Frotardus nepotes nostri, et omnes infantes nostri videlicet Odolricus et Geraldus frater ejus et Petrus et Hugo et omnes infantes nostri tam majores quam minores, cedimus et donamus sancto Salvatori de Conchas et sancte Fidei et abbati Odolrico et monachis ejusdem loci ecclesiam de Regniaco cum omnibus ad se pertinentibus ad alodum et fevum, sicut nos habuimus et tenuimus et homines nostri per nos, hoc est totum phevum presbyterale et proferentiam de tota parrochia de annona et de vino, et totam profertam quæ ad altarios venerit. Donamus etiam totam sepulturam et tricenarium et penitentias et guadios et babtisterium et totam villam quæ hodie est et postea hedificata fuerit. Donamus etiam et vicariam de ipsa villa, in tali ratione ut monachi habeant duas partes de justicia et terciam partem aliam nos habebimus de manu illorum. Similiter et de hominibus de ipsa villa, si prælium duo juraverint, erunt due partes ad sanctos et tercia nostra. Si de foris parrochia venerint homines et ibi juraverint, justicia de ipsis nostra erit sine parte monachorum. Et si nos habitum monachi voluerimus accipere, in nostra voluntate erit quod dare voluerimus. Donamus etiam et firmamus hoc quod ab hac die donaverimus et nos et infantes nostri et alii homines cum consilio nostro. Si vero ullus abbas aut rector monasterii de hoc dono quod hic scriptum est ad phevum aut ad alodum donaverit, veniant infantes nostri et

---

1. Une main postérieure a ajouté : « S. Odilonis archidiaconi. S. Gerberti archidiaconi. S. Deusdet sacriste. »

ipsam partem tultam vel usurpatam accipiant et dividant inter se. — Testes autem et adfirmatores hujus descriptionis sunt hii : S. Geraldi et filiorum ejus. S. Umberti. S. Bernardi et Frotardi. S. Odolrici et Geraldi, fratrum eorum. S. Bernardi Rigualdi. S. Raimundi. S. Ectoris. S. Hescafredi. S. Ramnulfi.

Hec carta scripta est in mense junio, feria II, regnante Philippo, Francorum rege. — Ugo scripsit.

Et in Fabregas donavit Umbertus uno manso ad alode domino Deo et sancti Salvatoris et sanctæ Fidis et sancti Petri de Regniago, pro anima sua. — Et in alio loco quæ vocatur Combret, donavit Deusde de Panat uno manso domino Deo et sancti Salvatoris et sanctæ Fidis, pro anima sua et pro filio suo Jordano quem misit monacho. — Et alio maso donavit Umbertus in illa Abadia ad alode domino Deo et sancti Salvatoris et sanctæ Fidis et sancti Petri de Regniago. — Et si homo Fabregas amparava in inscambio Andoerchs.

4. DE ECCLESIA SANCTI CIPRIANI.

883, 30 juillet.

In conscribendis autem donationibus hic ordo servandus est ut donatio prius nomen contineat donatoris, deinde res quæ donatur, deinde cui donatur. Quamobrem ego igitur, in Dei nomen, Bernardus cedo vel dono ad locum sanctum sancte Dei æcclesie Conchas monasterii qui est constructus in pago Rutenico super fluvium Dordonis, fundatus in honore sancti Salvatoris ejusdemque sanctæ hac perpetuæ virginis Mariæ et sancti Petri regni cœlestis clavigeri, hubi sanctus Vincentius et sanctæ Fides tumulati quiescunt, aliquid de res proprietatis meæ, in pago prænominato, in aice Montiniacensæ, villa Verneducio, cum mansis, vineis, campis et pratis, condaminis et omnibus ajacentiis hac pertinentiis suis, cum æcclesia quæ ibidem constructa est in honore sancti Amancii cum domibus, hortis et adjacentiis earum; et alia condamina quæ est in aro Sagniæ; similiter in ipso aice, in villa Planiolas, casa dominicaria cum vineis, mansis hubi Anserannus et Arlabertus vel Leutfredus visi sunt manere, cum domibus, edificiis et omnibus ajacenciis suis; similiter in ipsa vicaria campum juris mei qui vocatur Corbaricius; et in aice Calvomontense, in villa Lonnico, mansos v cum omnibus ajacentiis hac pertinentiis eorum; et in vicaria Rutenulense, in villa Baladitiago, mansum ubi Ingilbertus visus est manere, cum ipsa pistoria et cambone ad ipsa piscatoria aderente. Hæc omnia superius nominata cedo vel dono ad prefatum locum et monachis ibidem Deo servientibus, ubi Gibertus abba præesse videtur, ita ut ab odierno diæ et deincebs rectores ipsius æcclesiæ habeant potestatem ex prædictis rebus abendi et possidendi et quicquid juste voluerint faciendi. Sane si quis eo contra hanc donationem vel cessionem, quam pro animæ meæ et uxoris meæ condam Abaltrudis, spontanea voluntate, sollempniter a præfatum locum ejus servientibus condonavi, aliquam calumniam vel repeticionem injustam incoare temptaverit, componat partibus monaste tantum et alium tantum quantum ipsa res melioratas valere potuerint, præsens vero donatio vel cessio ista inviolabilem omni *tempore* obtineat firmitatem stipulatione subnixa.

Actum die martis, III kalendas augusti, anno IIII regnante Karlomanno rege, in eodem Conchensi monasterio feliciter.— S. Bernardi qui hanc donationem vel cessionem scribere vel adfirmare rogavit. S. Gairardo. S. Rainaldi. S. Ingilelmo. S. Widbert. S. item alium Gairardo. S. Dadone. S. Dadone. — In Christi nomine, Widmarus rogitus scripsit.

5. CARTA DE ÆCCLESIA LEVINIAGO.

924, mars.

Antiqua ratio deposcit et lex auctoritas declarat ut qualis cunque homo res suas in alteriis personas transferre voluerit profiteatur rem tantum cessisse, quare cessio sola sufficit sine gestorum alegegatione in omnibus obtineat firmitatem. Quamobrem ego igitur, in Dei nomen, Senegundis venit michi in animo vel bene volentie meæ quæ circe partibus Fredolone filio meo abba cedere vel condonare voluerit, quod ita et fecit. Propterea cedo tibi curte mea cujus vocabulum est Leviniago cum casa dominicaria, cum æcclesia qui est fundata in honore Dei et sancti

Adriani, seu et cum ipsas villas ibidem pertinentes : Prolus in integrum, Mesyoleso in integrum, Idocius in integrum, Brancolus in integrum, Ermitos in integrum, Saucarias in integrum, manso ad illo Porto in integrum, Vuorgius in integrum, Noatagio in integrum, Mercoriolo in integrum, quantumcunque in ista curte seut in istas villas seut et mansis visa sum habere vel possidere, totum et abintegrum tibi dono vel cedo, cum domnibus, edificiis seut et vineis, cum terris cultis et incultis, cum pratis, pascuis, silvis, garicis, aquis aquarumve decursibus, exeo vel regresso, quæsitum vel adinquirendum est, omnia et ex omnia tibi dono vel cedo; in eadem vero rationem, ut dum ego vivo, fructuarium michi reservo, et post obitum quoque discessum meum, cum Dominus voluerit, in tua jure permaneat potestas ad faciendum, dum vivis, vendere neque alienare non te permittas, et post obitum quoque discessum tuum, cum Dominus voluerit, dominus noster Jhesus Christus et sanctus Salvator, cujus altarius dedicatus est in monasterio quæ vocatur Concas, ista cessione teneat et possideat ad stipendia monachorum fratrum, pro anima meæ que mihi Dominus veniam nobis parare dignetur vel pro anima filio meo Fredolone et pro anima genitori meo Warmario et genitrice mea Folcradanæ vel pro anima viro meo Amblardo sive Jorio et pro animas filiorum meorum Stephano, Bernardo, Adalgario sive Jorio. Et si fuerit abba aut ulla potestas tirannica qui in potestate laïcorum donare vel cedere voluerit, potestatem non habeo, sed omnibus diebus vite meæ usque ad consummationem sæculi ad stipendia monachorum perdurare faciat. De repeticione vero dico, quod fuerit minime credo, quod si ego mutato more aut voluntate mea, aut ulli de heredibus vel propinquis meis ullus veniens homo aut ulla anima vel subrogata persona qui contra carta cessionis aliquid facere vel quietare presumpserit, oc ei non liceat vindicare, sed insuper componat vobis tantum et alium tantum quantum ipsas res eo tempore melioratas valere potuerint in duplum sit vobis rediturus et coactus exolvat et quod petit non vindicet.

Sed presens facta carta cessione ista, in mense martio, anno XXVI regnante Karlo rege. — S. Senegundis qui carta cessione ista scribere vel adfirmare rogavit. S. Aicfredo. S. Berengario.

S. Bonefatio. S. Bernardo. S. Ectore. S. Geroardo. S. alio Aicfredo.— In Christi nomine, Rodgarius levita rogitus scripsit.

6. ECCLESIA DE SANCIAGO.

930, avril.

Locum sacrum sanctæ Dei æcclesiæ qui est situs in pago Rutenico super alveum Dordonis et est fundatus in honore domini nostri Jhesu Cristi seu sanctæ Mariæ virginis et sancti Petri principis apostolorum necnon et clavigeri, ubi sanctus Vincentius et sancta Fides tumulati consistunt, cujus vocabulum est Concas, ubi Rodulfus abba preesse videtur cum cuncta congregatione ibidem Deo famulantes. Quamobrem ego enim, in Dei nomen, Bernardus cedo ad jam dicto monasterio vel ad ipso abbate nec non ad ipsos Deo servientes, cedo res meas quæ michi justissime debitum est et in perpetuum cessum permaneat, hoc est, in pago Arvernio, in ministerio Cartladense, hoc est æcclesia mea cujus vocabulum est Sanciacus, qui est fundata in honore sanctæ Mariæ virginis, cum ipsa curte vel cum ipsa villa quæ ibi aspicit vel cum ipsis servis quæ ibi visi sunt manere cum filiis et filiabus suis, cum curtes et ortos, cum eos et regressos, cum terras cultas et incultas, cum pratis, silvis et garricis, aquis aquarum vie decursibus, vel cum ipsis farinariis vel quantumcumque ad ipsa curte aspicit vel aspicere videtur, quiistum vel quicquid adinquirendum est vel quantumcunque in ipso aro visus sum abere vel possidere, totum et ab integrum cedo ad ipsa jam dicta casa Dei vel ad ipsos Dei servientes. Similiter in alio loco, in pago Artintia, in ministerio Acteracense, cedo villa mea quæ vocatur Roaria qui michi justissime per parentorum et per quistum obvenit, cum ipsis servis qui ibi visi sunt manere cum filiis et filiabus suis, cum curtes et ortos, cum exeos et regressos vel quantumcunque in ipsa villa visus sum habere vel possidere, totum et abintegrum cedo ad ipsa jam dicta casa Dei vel ab ipso abbate necnon ad ipsos Deo servientes. Similiter in ipso ministerio, cedo villa mea quæ vocatur Monte Meiano qui michi justissime per conquistum obvenit cum curtes et ortos, cum exeos et regressos, cum terras cultas et incultas vel quantumcunque in ipsa villa vel in ipso aro visus sum habere vel possidere totum et ab integrum cedo ad ipsa jam dicta casa Dei vel ad ipsos Deo servientes; similiter in alio loco, in pago Arvernico, in ministerio Cartladense, in vicaria Arpajonense, hoc est villa mea que vocatur Vidditiosa qui michi justissime per parentorum et per conquistum michi obvenit. Similiter in ipso aice, cedo mansos meos quæ vocatur Maurifontes, cum curtes et ortos, exeos et regressos, cum terras cultas et incultas, cum omnibus ajacentiis suis vel quantumcunque in ipso aice visus sum habere vel possidere per hereditatem et per conquistum totum et abintegrum cedo ad ipsa jamdicta casa Dei vel ad ipsos Deo servientes. Similiter in alio loco, in ministerio Cartladense, dono villa mea quæ vocatur Granigusas qui michi justissime per conquistum obvenit; similiter in ipso aice, in villa quæ vocatur Brucia, mansum meum qui michi justissime per conquistum obvenit; similiter in pago Arvernico, in aro que vocatur Rocolas, oc est vinea mea quæ vocatur Darna, et habet ipsa vinea fines vel confrontationes : de superiore latus strata puplica, de imo latus vinea sancti Santini et Eliani et Matfredi, de alio latus vinea Bernardo et de subteriore terra sancti Salvatoris, quantum infra istas fines concludit, totum et ab integrum cedo ad ipsa jamdicta casa Dei vel ad ipso rectore seu ad ipsos Deo servientes. Istas res jam dictas et superius nominatas cedo ad ipsa jam dicta casa Dei vel ad ipso rectore seu ad ipsos Deo servientes, pro anime meæ remedium vel pro anime genitoris mei Gariberti et genitrice mea Bertillæ, ut Deus omnipotens ad juditium nobis veniam concedere dignetur. Eadem vero ratione cedo cessione ista ut, dum ego vivo, usum fructum michi reservo et per singulos annos ad ipsa casa Dei ad missam sanctæ Fidis duas persolvo ceras; post quoque vero discessum meum, ad ipsa casa Dei vel ad ipsos Deo servientes remaneat cessio ista, sine ullo contradicente sane. De repetitione vero minime credo ; quod si ego ipse, inmutata voluntate mea, aut ullus eres meus vel propincuus qui contra anc carta cessione ista ire aut ulla calumnia generare presumpserit, nullatenus vindicet, sed insuper componat ad ipsa casa Dei vel ad ipso rectore necnon ad ipsos Deo servientes tantum et alium tantum quantum ipsas res superius nominatas eo tempore melioratas valere potuerint in duplum sit redditurus, et quod petit non vindicet, sed presens cessio ista inviolabilem omnique tempore obtineat firmitatem.

Facta carta cessione ista, die jovis, in mense aprilis, anno primo regnante Rodulfo rege. — S. Bernardo qui carta cessione ista fieri vel adfirmare rogavit. S. Girberto. S. Radramno. S. Bernardo. S. Girberto. S. Radramno levita. S. Guarnario. S. Giraldo. S. Rigualdo. S. Raimundo. S. Austorgio. S. Deodone. S. Eralio. S. Austorgio. S. Ricardo. — In Dei nomen, Adraldus rogitus scripsit.

7. CARTA DE SALIS.
910, 16 mars.

Lex Romanorum inprimis censuit hoc decretum ut, si aliqui essent qui de facultatibus suis ecclesiis aut monasteriis, pro remedio animarum suarum seu parentum, aliquas darent, fuisset eis libera potestas concessa, in tantum ut data notarentur in kartis atque sic obnixe ac perpetualiter permanerent cum testimonio ac designatione nobiliorum virorum. Idcirco ego Senegunda et filius meus Rodulfus abba, pro remedio animarum nostrarum seu parentum nostrorum, altari sancti Salvatori monasterio Concacensi hunc honorem damus, post obitum nostrum, quem de Ricardo de Super Undas ac de Bernardo de Malverio suo fratri ccc solidos empsimus. Ergo ut sit notus hic honor monachis sancti Salvatoris atque divisus, designamus ipsum notando in karta hac talibus designationibus : designatur vero sicut currit ergo quidam rivus qui vocatur de Valle usque ad fontem de Ceresin in imo latere usque ad superiorem terminum que in vertice montis sistitur ac descendit usque in aqua quæ vocatur Cronauro, ex alio vero latere currit rivus alius qui vocatur de Aliz, in latere tertio extenditur via publica desuper rupes. Sursum vero in medio plano damus unum boscum. Ergo hæc omnia damus ego et filius meus, post nostrum discessum, altaris monasterii sancti Salvatoris Conchacensis, ut monachi omnia quæ infra isto terminos supradictos continetur teneant et possideant absque ulla contradictio, simul cum terris cultis et incultis, cum aquis et molendinis, cum vineis. Necnon etiam damus ecclesiam nostram quæ vocatur de Vardes totam cum omnibus quæ videntur nobis ibi haberi. Similiter damus aliam nostram æcclesiam de Lescura totam. Si quis vero hanc cartam præsumpserit contradicere, excommunicatur, maledicitur simulque sit dampnatus cum Juda traditore et cum diabolo hic et in perpetuum, nisi resipuerit et ad emendationem venerit.

Hæc carta regnante Carolo rege xii anno, et scripta die veneris, luna prima, mense marcii.— Scripsit Benedictus. — S. Senegunde et Rodulfi filio suo. S. Richardo. S. Bernardi. S. Richardi. S. Bonushomo.

8. CARTA DE ÆCCLESIA DE TRIBONS.
1051, janvier.

Moris fuit antiquitus inclitorum regum atque nobilium virorum et huc usque servatur ex hoc quæ jure hereditario possidere videntur precipuis monasteriis sive ceteris locis inpertire, quatinus hi qui obsequium ibi omnipotenti Deo exibere videntur suorum inopia propagare possit et aliorum necessitates relevare, propter metum gehenne et propter redemptionem suarum animarum et propter premium vitæ eterne percipiendum, quorum monimenta certo indagine memoriæ tradatur, ut quod propter enormitatem peccaminum et corruptibilis vitæ transitariarum rerum voluptates ad liquidum explere non sufficiunt, assiduitate orationis fidelium adimpleatur, ut quemadmodum laus jugiter Christo impenditur ita revera ante conspectum divine clementiæ eorum memoria recensetur, denique quales se prestiterint qualesque se exibuerint ex eorum factis certa opinione claret. Idcirco ego Hugo Rutenensium comes et mater mea Ricardis commitissa donamus nos ad locum sacrum qui est situs in pago Rutenico, et est consecratus in honore et reverentia domini et salvatoris nostri Jhesu Christi et sanctæ Marie matris ejus et beati Petri principis apostolorum, in quo beatissima virgo et martir requiescit necnon et beatissimus martir Vincentius vel aliorum sanctorum continentur reliquiæ, cujus vocabulum est Conchas, ubi nunc venerabilis vir Odolricus abba præesse videtur et sub cujus regimine Aimiricus reverentissimus decanus et cuncta congregatio monachorum degens Deo sedule ac regule egregii patris Benedicti famulare videtur, propter reverentiam sanctitatis illius loci et pro animabus nostris et pro anima Raiemundi commitis ut exinde nobis merces adcrescat, donamus ecclesiam nostram quæ Tribonum dicitur omnipotenti Deo et sanctæ Fidis, et monachis ejusdem loci ad alodem; et sita ipsa ecclesia in pago Rutenico, super fluvium Avarionis, cum novem mansos et octo apendarias in ipso alode, et cum boscos et aquis et piscatoriis et pratis et pascuis et cum terras cultas et incultas et cum quantum ad ipsum alodem pertinet vel pertinere videtur et cum totum censum et servicium illius loci et cum totos fevoalios, sine ullo contradicente. Ista omnia, sicut supra nominata sunt, totum et ab integrum dono vel cedo sancti Salvatoris Conchas monasterii et sancte Fidis, et monachis vel posteris ibidem Deo servientibus; teneant vel possideant jure perpetuo, in tali convenientia ut, si ullus homo aut femina istum alodem de communia monachorum tulerit, veniant infantes Hugoni commitis, aut si illi mortui fuerint, unus de propinquis suis veniat et accipiat ipsum alodem in tali ratione ut, si fieri potest, faciat eum tenere in communia monachorum Conchacensis monasterii. Vetamus autem ut ullus homo aut femina in ipsum jamdictum alodem guardam nec commandam neque nullam tultam non habeat, nisi solus Deus et beatissima virgo Fides et monachi Conchacensis monasterii. Quod si aliquis fecerit, fiat excommunicatus et anatematizatus et a consortio omnium electorum segregatus, et in infernum sepultus.

Facta conscriptio hujus cartule anno millesimo quinquagesimo primo incarnationis Domini, indicione II, luna XXVIII, X kalendas februarii, feria VII¹, regnante Ehenrico rege. — S. Ricardis commitisse quæ carta ista scribere vel firmare rogavit. S. Rodberti commitis. S. Fidei commitisse. S. Berta commitisse. S. Berengarii vici commiti. S. Bernardi archidiaconi et fratrum ejus.

9. ITEM DE EADEM.
1032-1060, avril.

Ego Berengerius et uxor mea Stephana donamus sancto Sal-

---

1. Ces diverses indications chronologiques ne concordent pas entre elles.

vatori de Conchas et sanctæ Fidei, et Odolrico abbate et monachis ejusdem loca totum illum fevum quem Stephanus presbyter tenet de nos de ecclesia de Trebonos, ut Deus et sancta Fides et monachis de Conchas ad honorem habeant et teneant. Et si abbas aut ullus rector de Conchas ad fevum donaverint, veniat unus de propinquis nostris et donet super altare sancti Salvatoris de Conchas solidos v de Rutenis et sibi retineat. Si quis nos, inmutatas voluntates nostras, aut ullus de heredibus vel propinquis nostris qui contra hanc cartam donationem vel venditionem istam ulla calumnia generare præsumpserit, hoc ei non liceat facere, sed faciat quod lex est.

Facta carta donatione et venditione ista in mense aprilis, feria vii, regnante Ehenrico rege. — S. Berengario et uxoris suæ Stephaniæ qui carta donatione vel venditione ista scribere vel adfirmare rogavit. S. Petroni. S. Hugoni. S. Ademari. S. Odoni.

10. DE ÆCCLESIA DE PRADIS.
1031-1060, juillet.

Loco sacro qui est consecratus in honore domini nostri Jhesu Christi, hubi sancta Fides et sanctus Vincentius tumulati consistunt. Ego, in Dei nomine, Stephanus et uxor mea Richardis et nepotes mei Berengarius, Hugo, Oddo et Petrus cedimus et donamus sancto Salvatori de Conchas et sancta Fide ad alodem æcclesiam nostram de Pradas quæ vocatur antiqua, pro anima patris mei Stephani et pro anima matris meæ Aimerudis et pro anima fratris mei Oddoni, Berengerio, Richardo, Nizezio, Petroni, et pro anima Stephano nepote mei, cum illos campos ecclesiasticos quos Nizezius visus est tenere et cum pratos et hortos et mansiones de ipsas ecclesias et quartam partem de sepulturam de ipsos homines et illas feminas quæ de aliis parrochiis pro amore Dei et sancta Fide ad istam æcclesiam venerint. Et in ipso loco, dono sancti Salvatori et sancta Fide illum pratem dominicalem. Et in alio loco, manso de Garriga hubi Aldebaldus visus est manere dono sancti Salvatori et sancta Fide. Omnia hæc suprascripta donamus sancti Salvatori et sancta Fide de Conchas et ad monachos ejusdem loci, pro animabus nostris et parentum nostrorum; in tali convenientia ut, si hullus rector monasterii de convenientia monachorum tulerit, veniat unus de propinquis nostris et donet sancti Salvatoris quinque solidos et habeat sibi, in tali convenientia ut tres vices post ipsum alodem reddat, et si amplius tultum fuerit, sibi quietum teneat.

Facta carta ista in mense julio, sub die sabbato, regnante Ehenrico rege. — S. Stephano et uxore sua Richardis et nepote suo Berengario qui carta ista scribere rogaverunt. S. Bernardo. S. Petroni. S. Raimundo.

11. ITEM DE EADEM.

1031-1059, octobre.

Loco sacro qui est consecratus in honore domini nostri Jhesu Christi, ubi sancta Fides et sanctus Vincentius tumulati consistunt. Ego, in Dei nomine, Stephanus et uxor mea Ricardis et nepotes mei Berengarius, Hugo, Petrus et Oddo, cedimus et donamus sancti Salvatori de Concas et sancta Fide ad alodem illam æcclesiam nostram de Prades quæ vocatur antiqua, cum mercatum et cum illos campos ecclesiasticos quos Nizezius visus est tenere et cum pratos et ortos et sepulturam et babtisterium et penitentiam de illos homines qui de aliis parrochiis pro amore Dei et sancta Fide ad istam ecclesiam venerint. Omnia hæc supra scripta donamus sancto Salvatori et sancta Fide de Conchas et ad monachos ejusdem loci, pro animabus nostris et parentum nostrorum; in tali convenientia ut, si ullus rector monasterii de comunia monachorum tulerit, veniat unus de propinquis nostris et donet sancto Salvatori quinque solidos et habeat sibi, in tali convenientia ut tres vices post hæc ipsum alodem reddat, et si amplius tultum fuerit, sibi quiætum teneat.

Facta carta ista in mense octobrio, sub die mercoris, regnante Ehenrico rege. — S. Stephano et uxore sua Richardis qui carta ista scribere rogaverunt. S. Raimundo. S. Bernardo. S. Bertrando. S. Petroni. S. Berengario.

Ista donatione facio pro anima patris mei Stephani et anima matris meæ Ermerugis.

12. ITEM DE EADEM.

1031-1059, octobre.

Locum sacrum qui est consecratus in honore domini nostri Jhesu Christi, ubi sancta Fides et sanctus Vincentius tumulati consistunt. Ego, in Dei nomine, Stephanus et uxor mea Richardis et nepotes mei Berengarius, Hugo, Petrus et Oddo, cedimus et donamus sancti Salvatoris de Conchas et sancta Fide ad alodem illam ecclesiam nostram de Pradas quæ vocatur antiqua, cum mercatum et cum illos campos æcclesiasticos quos Nizezius visus est tenere et cum pratos et ortos et illa medietate de totum fevum quæ Rainaldus presbyter tenet et serviet ad nos, hoc est sepulturam et babtisterium et penitentiam et offerentium. Omnia hæc supra scripta donamus, post mortem Rainaldum presbyterum, sancti Salvatori et sanctæ Fides de Conchas et ad monachos ejusdem loci, pro animabus nostris et parentum nostrorum; in tali convenientia ut, si ullus rector monasterii de communia monachorum tulerit, veniat unus de propinquis nostris et donet sancti Salvatori v solidos et abeat sibi, in tali convenientia ut tres vices post hæc ipsum alodem reddat, et si amplius tultum fuerit, sibi quietum teneat.

Facta carta ista in mense octobrio, sub die mercoris, regnante Ehenrico rege. — S. Stephano et uxore sua Ricardis, et Berengario et Hugoni et Petroni et Oddo qui carta ista scribere vel firmare rogaverunt. S. Raimundo. S. Bernardo. S. Bertrando. S. Petroni. S. Berengario.

13. ÆCCLESIA DE BECIA.

1061-1065, juillet.

Loco sacro sanctæ Dei æcclesiæ Conchacensis monasterii qui est situs in pago Rotenico, super alveum Dordonis, et est consecratus in honore et reverentia domini nostri Jhesu Christi et salvatoris Dei et sanctæ Mariæ matris ejus et beati Petri principis apostolorum, in quo beatissima virgo et martir Fides requiescit necnon et beatissimus martir Vincentius vel aliorum sanctorum continentur reliquiæ. Idcirco ego Ralemundus et uxor mea Aldiardis donamus nos ad locum supradictum, ubi nunc venerabilis vir Odolricus abba præesse videtur sub cujus regimine cuncta cogregatio monachorum degens Deo sedulæ ac regulæ egregii patris Benedicti famulare videtur, propter reverentiam sanctitatis illius loci et pro animabus nostris seu parentum nostrorum, ut exinde nobis merces adcrescat, donamus æcclesiam nostram quæ Bezcia vocatur sancto Salvatori et sancta Fidi et monachis ejusdem supradicti loci ad alodem. Et est ipsa ecclesia sita in pago Rutenico super fluvium quod dicitur Alsanzca. Donamus etiam in ipsa æcclesia x solidos de mudda et quinque mansos ad alodum, et in manso qui est juxta æcclesia duos receptos, et totum cimiterium foris parrochiæ, et totum burgum qui ibi est et erit et quantum infra burgum est et fuerit. Ego itaque Guirfredus et frater meus Guago donamus decimum de istis quinque mansis supra scriptis de toto burgo qui est et qui erit totum et ab integrum sancto Salvatori et sanctæ Fidei et monachis ibidem morantibus, pro animabus nostris et parentum nostrorum. Ista omnia, sicut supra nominata sunt, totum et abintegrum cedimus vel donamus sancto Salvatori et sanctæ Fidei et mochis ejusdem loci, ut ipsi teneant et possideant jure perpetuo, in tali convenientia ut, si quis istum alodum de communia monachorum tulerit, veniat Raimundus aut unus ex filiis suis vel propinquis et tamdiu illum teneant ut, si fieri potest, faciant eum tenere in communia monachorum monasterii Conchacensis.

Facta carta donatione ista in mense julio, feria vii, regnante Philippo rege. — S. Raiemundi et uxoris ejus Aldiardis qui hanc cartam vel donationem istam scribere vel firmare rogaverint. S. Guirfredi. S. Guagonis. S. Rainonis. S. Hugonis. S. Amblardi. S. Froterii. — Bertrandus monachus scripsit.

14. CARTA DE MONASTERIO SANCTI PETRI DE CLARA VALLE.

1062.

A primeva catholicæ fidei religione, æcclesiæ Christi atque monasteria a reverentissimis viris construuntur ac de suis prediis vel honoribus ditantur. Tandem vero propagante iniquitate et refrigerante multorum caritate, neglectui habentur et, quod pejus, o formidabile dictu, destruuntur. Sed opere precium est ut boni bona amplificent, digni digna exaltent, religiosi religiosa excolant et ornent; quare quæ seminaverit homo hæc et metet, si seminaverit in benedictionibus, de benedictionibus metet vitam eternam. Antiquis enim diebus fuit fundatum quoddam monasterium in honore sancti Petri apostoli inter castra Panatensium et Cassaniensium, sed supercrescente zizania confractum atque destructum diebus multis in magna egestatæ permansit. Dum enim sedet in tristicia et non est qui consoletur, accidit ut transmearet in has partes, causa peregrinationis, quidam nobilis homo qui dicitur Albodenus, satus prosapia regum, veniens a finibus terre Anglorum, peragrans atque circumiens sancta loca pro remedio animæ suæ. Dum enim est susceptus in hospicio in supradicto castro, devenit ad jam dictum monasterium, quod olim pululante radice iniquitatis fuerat dissipatum, prostravit se in oratione, rogans dominatorem omnium pro suis suorumque flagiciis. Cum vero surrexisset ab oratione, sublevans oculos, vidit locum idoneum de montibus circumquaque septum, de vineis uberrimum, de pratis atque irriguis aliquid ornatum. Dum vidit et prospexit talia, revolvit in animo quo pacto, quo ingenio, qua ratione, quo modo reedificaretur. Ascendit in suum hospicium meditans die ac nocte quo inicio inciperet. Dum in dubio est animus ejus et dum impellitur huc atque illuc, cum omni humilitate alloquitur seniores ut quod confractum fuerat consolidarent, scilicet ut monasterium istut reedificarent. Ut autem audierunt monita, Deo opitulante, corde perceperunt, palam exclamantes dignum esse et justum. Consenserunt ætiam dictum ejus, et factum principes arborum castrorum sive submilitones, pauperes, divites, nobiles, ignobiles sed et mulieres et ad plenum laudaverunt. Ceperunt siquidem perquirere quisnam valeret ibidem Deo servientium ad cultum pietatis et religionis mentes instruere. Tum predictus vir Albodenus, dominum Amblardum Brantosmi monasterii abbatem adjudicans idoneum esse ad tale honus suscipiendum, ipsum enim solum in hac regione noverat, quia cum eo aliquantisper hospitandi gratia commoratus fuerat, cui seniores assenserunt cum convenientiis interjectis. Perpendens itaque jam dictus abbas Amblardus viarum difficultates et spatia itineris

2

prolixa nichilque sibi proficuum esse, inito cum suis monachis consilio simul et cum Albodeno, timens ne grave facinus super hoc incurreret, decrevit comcambiare hunc locum cum Odolrico Conchacesis monasterii abbate, quod ita et fecit et litteris firmavit. Igitur communi decreto consilio, peticionibus eorum consensit Odolricus abbas et monachi Conchacences et constituerunt eis mutua vicisitudine villam suam quam in pago Bicelmense possident quæ vocatur Combariacus. Abbas vero Amblardus, revolvens animo quid sibi melius esset, elegit magis cambiationem argento habere quam in prediis, et accepit a monachis Conchacensibus solidos nonaginta et mulam obtimam, acceperuntque sui reliquias quas adtulerant et pallia et sacerdotalia vestimenta ac libros et cum suis omnibus abscesserunt, relinquentes ibi abbati Odolrico cyrographum absolutionis. Tunc supradicti seniores et Rotbertus comes et uxor sua Berta ac Petrus episcopus, concordante favore populi, donaverunt et cum adstipulatione subnixa firmaverunt suprascriptam ecclesiam sancti Petri inter castra Panatentium et Cassaniensium ad alodem sancti Salvatori de Conchas et sancto Petro de Roma, in tali ratione ut omni tempore abbas de Conchas et monachi ejusdem monasterii, ubi sancta Fides corpore quiescit, sub suo regimine de manu papæ Romani habeant, et in memoria census per singulos annos sancte Petro Romæ apostolo unum manconem auri persolvant. Placuit hæc ratio Hugoni Cassaniensis et fratri ejus Rigaldo, et dederunt illic similiter omnia quæ ibi possidebant cum fevolibus et vicariam, nichil in suo jure retinentes, pro remedio animarum suarum et parentum suorum. Seniores vero Panatensium dederunt decimam de ipso manso et sepulturam et proferentias et totum usum quod ibi habebant. Milites etiam amborum castrorum dederunt et statuerunt corpora sua ad sepeliendum illic et nobiles feminæ similiter. Dederunt et sua sponte decimas de precio equorum, mulorum mularumque, cassium atque loricarum. Firmaverunt etiam et statuerunt hæc omnia quæ hic sunt scripta jurejurando seniores amborum castrorum, et omnes milites juraverunt similiter, et constituerunt ut filii eorum simili modo jurent aut in vitas patrum aut post mortem illorum. Si enim non juraverint filii eorum, non habeant partem in hereditate patrum suorum, excepto uno manso. Et hoc juraverunt ut, in jam dicto monasterio nec in ipso burgo nec in mansionibus que fuerint illic factæ, hominem illic non assalient nec feminam per iram nec per mortem nec per captionem, nec suam substantiam illis tollant, nec faciant injuriam ad homines egredientes et regredientes a mercato nec feminas suo sciente; et juraverunt ut adjutores sint, quando monachi eos commonuerint, de omni honore istius loci, si ibi aliquis male voluerit tractare vel facere.

Actum est hoc anno ab incarnatione Domini millesimo sexagesimo secundo, a passione millesimo vicesimo VIIII, residente in cathedra papa Romano Alexandro, regnante Phylippo rege Francorum. — S. Petri episcopi. S. Berte comitisse. S. Deusdet Pana. S. Hugonis Cassaniensis et fratris ejus Rigaldi. S. Rodoardi. S. Guarnerii. S. Poncii. S. Petri. S. Hugonis monachi. — Deusdet monachus scripsit.

15. ITEM DE EODEM.
1060, 17 novembre.

Igitur Alboynus Anglorum terræ urbis Lundena hortus fuit. Pater ejus Heroldus rex fuit Anglorum terre, mater ejus nomine Alvena. Alboynus, homo nobilis et fidelissimus christianus, pergit in peregrinatione in universum mundum propter amorem domino Deo et sancta Maria matris Domini et sancto Petro et omnes apostolos Domini. Tunc venit in Galliis in comitatu de Ruthenico, et post hæc advenit in unum vicum dispersum atque confractum qui fuit ab holim locus dedicatus in honore Domini et sancti Petri. Prosternens se in hoc loco, adoravit Dominum et, completa oratione, assumpsit in montem ad castello qui dicitur Panade et mansit ibi tres dies, et admonuit seniores de Panado et duos fratres Hugone atque Rigualdo, seniores de castello Cassanias, et Guarnerio fevoale illorum, et ait ad illos : « fratres karissimi, in ista vestra valle fuit ab holim ecclesia instructa atque delicata in honore sancti Petri apostoli et est dispersa. Reedificate illa in honore Domino et sancti Sepulchri et sancti Petri et sancti Thome apostoli et sancti Sicharii innocentis. » At illi dixerunt : « frater peregrinus, volumus ædificare monasterium de monachos in amore quem tu dicis, si ad episcopum Petrum et a comitissa Richarda placet. » Tunc venerunt ante episcopum atque comitissam et dixerunt qui supra scriptum est. Responderunt illi : « sic fiat. » Tunc venit episcopus Petrus ad edificationem in illo loco et amonuit istos seniores supra scriptos : « audite, fratres, voluistis ædificare in istum locum monasterio in honore Domini et sanctæ Marie et sancti Petri et sancti Thome apostoli, illum mansum in qua æcclesia est cum fevales meos et cum meum drictum alodem in tale ratione qua dicitis. » Dixerunt duo fratres Hugo atque Rigualdus : « nos donamus et imitamus ista æcclesia cum cimitherio et mansum in qua ecclesia est totum et ab integrum ad alodo cum dricto nostro a domino Deo et sancti Sepulchri et sancti Petri et sancti Thome apostoli et sancti Sicharii martyris, pro redemptione anima patre nostro Raimundo et matre nostra Richelda et pro peccata nostra redemptione, et iterum donamus corpora nostra ad sepeliendum et munera nostra quæ ad obitum mortis ad elemosina nostra pertineat, et decimam de illum precium quæ nos prendiderimus de equis nostris, et de lorichas et de mulas atque mulos et de caballarios de nostro castello; sepultura de corpora illorum donamus. » Et caballarii de elemosina illorum et de sepultura fecerunt similiter. Et seniores de Panado decimam quæ habebant in illum mansum et sepultura et drictum de illorum vigerios totum et ab integrum donaverunt; et iterum isti seniores sepulturam de illorum corpora et de elemosina quæ ad obitum mortis pertineat, et decimam de equis illorum et de lorichas et de mulos atque mulas de illum pretium quem prendiderunt donaverunt ad locum, et caballarii de Panado fecerunt similiter. Tunc venerunt in ecclesia sancti Desiderii Deusdet de Panado et Ictor et Hugo et Berengerius et Geraldus et duo fratres seniores de Cassanias Hugo atque Rigaldus, et caballarii de istos castellos juraverunt ita : « de ista hora in antea nos, in illa ecclesia qui supra scriptum est de sancto Petro apostolo nec in cimiterio, nec in illas mansiones quæ per manu Alboyno nec per monachos de illo loco factas erint vel acceptadas fuerint, nec in marcado, homines nec feminas non aucirem nec membra illorum no lor tolrem, nec pro redemptione non destrengerem, sine grado Alboyne aut monachos de isto loco, nostro sciente. Et si homines vel feminas forfacturas faciunt ad illo loco vel ad alla honore vel ad allos mercatores que veniant ad regrediant ad illum mercatum, erimus adjutorio domino Deo et sancto Petro sine inganno, per quantas vices nos commonuerit Alboynus aut monachi de illo loco. Si o tenrem et o atendrem cum in ista carta scriptum est, nostro sciente, per istos sanctos. »

Ista ecclesia dedicata est et donus iste firmatus est xv kalendas decembris, die lunis, luna xxii, anno ab incarnatione Domini mille lx, a passione millesimo xxviii, regnante papa Romano Nicholai, regnante Philippo rege Francorum[1].

16. CARTA DE ÆCCLESIA DE SALARS.
1070 — environ 1090, janvier.

In nomine summe et individue Trinitatis, ego Hugo vicecomes dono domino Deo et sanctæ Fidi de Conchis et abbati Stephano et monachis qui nunc sunt ibi vel futuri sunt, pro remedio animæ meæ æcclesiam meam de Salars quæ est consecrata in honore sancti Martini, quantum ego in dominium habeo aut aliquis de manu mea habet. Et do similiter æcclesiam sancte Mariæ de Archas, sicut ego melius habeo aut ullus homo per me. Dono etiam quinque mansos in Frontinies, videlicet in Podio Guarnal unum, in la Vileta alium, in Frontinio i, in la Rocheta i, in la Ceparleira i, in Angles i, in Joz ii, in Genesta ii, in Molæzes ii, in Vellag i, in Boschet i, in las Combetas i, in Castrias iiii, in Plano Podio i. Dono similiter in villa Ameliavensi Durantum Petitum et domos ipsius et servicium et omnia quæ de me tenet, et in ipso Ameliavo partem quam habeo in ledda. Hoc totum supra scriptum dono domino Deo, sancto Salvatori et sanctæ Fidi, in tali ratione ut, si aliquis de parentibus meis aut de meis hominibus aliquam calumpniam fecerit, non habeat partem in hereditate mea et insuper iram omnipotentis Dei incurrat.

Facta carta ista die dominica in mense januario, regnante Philippo rege. — S. Hugonis vicecomitis qui hanc donationem fecit et manu sua firmavit. S. Rixendis matris suæ. S. Poncii Ruthenensium episcopi. S. Aldeberti de Malvas. S. Bermundi, S. Aigfredi. S. Odolrici. S. Rigualdi. S. Petri. S. Bernardi Berengerii.

1. Il n'y a pas accord entre ces indications chronologiques.

17. DE ÆCCLESIA DE PALATIO.

998-1010, février.

Locum sacrum sanctæ Dei ecclesie quæ est consecratus in onore domini nostri Jhesu Christi et sancti Salvatoris Conchas monasterii, ubi sancta Fides tumulata consistit. Quamobrem ego, in Dei nomine, Raimundus comes, filius Berteldis, cedo vel dono sancti Salvatoris et sanctæ Fide illo alode meo de Palaiz, post mortem meam, totum et ab integrum cum campos, cum vineas, cum boscos, cum piscatorias, cum salinas, cum terras cultas et incultas. Et habet ipse alodus in se fines : de imo latus terra Guarnerii de Lopianis, de alio latus terra Matfredo episcopo, de tertio latus terra Bernardo filio Almerado. Quantum infra istas fines aspicit vel aspicere videtur, totum et abintegrum dono sancti Salvatoris et sanctæ Fide post mortem meam. Et relinquo semper sancti Salvatoris et sanctæ Fide, in ipso Palaizo, alio manso vendidi vobis, ubi Bonefacius visus fuit manere, et accepi ego Raimundus de vos precium hoc sunt silidi c pro isto manso. Isto alode supra scripto dono sancti Salvatoris et sancte Fide totum et abintegrum, pro anima mea post mortem meam, in communia. Et istos duos mansos supra scriptos ubi Bernardus et Bonefacius visi fuerunt manere relinquo semper in communia sancti Salvatoris et sanctæ Fide. Si quis ego, inmutata voluntate mea, aut ullus de heredibus vel propinquis meis qui contra hanc carta donatione et venditione ista ulla calumpnia generare voluerit, hoc ei non liceat facere, sed faciat quod lex est.

Facta carta donatione et venditione ista mense februario, feria III, regnante Rodberto rege.—S. Raimundo comite qui carta donatione ista scribere vel adfirmare rogavit. S. Petro. S. Stephano. S. Geraldo. S. Bernardo. — Oddo monacus scripsit.

18. ITEM DE EADEM.

1013, 28 août.

Noticia wirpicionis vel excusationis sive securitatis, quorum præsentia qualiter vel quibus præsentibus bonis hominibus qui subtus scripturi vel sigua facturi sunt, ubi tenentur inserte;

ubi venit homo nomine Richardus per vocem uxoris suæ
Senegundis, die lunis feria II, in Biterris civitatæ ad æcclesia sancti Nazarii sedis Biterrense, vite domno Bernardo
marchione et domna Guarsinde comitissa, Stephano abbate,
Gualcarone abbate, Rodlando, Stephano, Ricuino, Alchario,
Sicardo, Volverando, et in præsentia aliorum bonorum hominum
qui hibidem erant, in eorum præsentia venit supra nominatus
Richardus et proclamavit et querelavit se per vocem uxoris suæ
Senegundis : « audite me querelantem et proclamantem de femina
nomine Garsindis comitissa quæ tulit ad Senegundis uxori meæ
villa quæ vocatur Palaiz, cum suis terminis teneret malum ordine. » Et ipsa Garsindis comitissa in suum responsum stetit et
dixit : « ego Garsindis de hanc causa quæ superius resonat, unde
Richardus et conjux ejus me interpellant, non tulit ad illos ipsum
alodem, sed pater meus domnus Villelmus vicecomes donavit
michi cum sua propria voluntate, et habeo testes idoneos. » Cum
audissent ipsi nobilissimi homines ipsam responsionem de Garsinde supra scripta, interrogaverunt Ricardum per vocem uxoris
sue Senegundis si abent cartam aut ullum indicium veritatis de
hanc causa interpellationis. Et ipse Ricardus respondit et dixit :
« nos non habemus cartam nec nullum alium juditium, nisi tantum fors quantum Willelmus vicecomes divisit ipsum alodem
suprascriptum as Senegundi uxori meæ, quando perexit in servitio
domino Deo et sancto Petro apostolo. » Tunc seniores supra
scripti cum aliis atque aliis bonis hominibus hæc audientes ipsam
responsionem de Ricardo supra scripto, concordaverunt inter se
quod fecissent inter eos pacem vel placitum mutuum atque paci-
ficum, et convenerunt aput Garsindis comitissa quod donasset
solidatas ducentas as Senegundis supra scripta et ad Ricardum
virum ejus et sic fecit; et dixerunt et convenerunt quod ipsa Senegundis supra scripta et vir suus Ricardus fecissent a Garsinde
comitissa, filia Villelmo vicecomite, cartam wirpicionis vel exvacuacionis sive securitatis de jam dictum alodem supra scriptum,
quod i!a et fecerunt. Tunc ipse Ricardus hoc consilium audivit
per se et per vocem Senegundis uxori suæ stetitque coram eis
dicens : « Guirpimus nos et exvacuamus et securitatem facimus
tibi, domina Garsinde comitissa, de ipsum alodem supra scriptum

quæ nos tibi antea contrapellabamus, ut de ista ora in antea nec ego nec Senegundis supra scripta nec vir meus Richardus, nec nullus de heredibus nostris, nec homo nec femina, nec ulla amissa vel subrogata persona tibi inquietare neque interpellare non valeamus, nec hodie nec post hodie, neque per legem neque per justiciam, neque per vim neque per nullum ingenium, neque ante comite neque vicecomite, neque in placito majore vel minore, neque ante nulla potestate neque ante judice, neque per diem neque per noctem, nec inquietare neque interpellare tibi non valeat; et quicumque hoc facere voluerit in primis iram Dei omnipotentis incurrat et cum Juda traditore perpetuis ignis sit concremandus, et in die judicii nunquam sit solutus; et insuper quod petit adquirere non valeat, sed componat tibi istum alodem supra scriptum duplum et melioratum; et in antea hæc wirpitio vel exvacuatio sive securitas ista firma et stabilis permaneat omnique tempore. »

Facta carta wirpitionis vel exvacuacionis sive securitatis anno trabeationis dominice millesimo xiii, sub die v kalendas augusti, regnante Rodberto rege anno xviii[1]. — S. Senegundis et vir meus Richardus qui hanc carta wirpitionis vel exvacuationis sive securitatis scribere jussimus et manibus nostris firmavimus et testes firmare rogavimus. S. Rodlandus. S. Bernardus. S. Ermengaudus. S. Arnaldus. S. Petroni. S. Warnario. S. Rainulfo. S. Bernardus. S. Garsindis comitissa qui voluit et consentit. — In Christi nomine, Ainardus canonicus scripsit in die et anno quod supra.

19. DE EADEM.

1065 — environ 1090, 7 juillet.

In nomine Domini. Ego Stephanus abbas Conchacensis cum consensu fratrum dono Petro Bermundo in villa de Palatio talem vicariam, scilicet medietatem de placitis et de vesticionibus illorum hominum qui sunt de illius vicaria. De placitis vero et de justiciis et vesticionibus illorum hominum qui non sunt de illius

---

1. Le mois de juillet 1013 correspond rigoureusement à la dix-septième et non à la dix-huitième année du règne de Robert qui monta sur le trône le 24 octobre 996.

vicaria, hoc est de clericis et de hominibus propriis monachorum et de illis qui stabunt in dominicis mansionibus eorum vel in cimiterio et in illis locis qui transacto tempore fuerunt sanctæ Fidi in dominio sine vicaria, nichil illi dono. Dono ergo illia pendariam quæ est vicarialis et medietatem de auseddaz et medietatem de furno, excepto fornatico de pane monachorum, et de agnis et de spatulis, et in uno quoque vicariali manso unum receptum cum IIII militibus et uno serviente et locale ad habitandum in ecclesiam et stratam, sicut ego et Sigerius Salomon in præsentia illius terminavimus. Hæc vero in tali convenientia illi dono ut nulli possit dare nec inpignorare nec commutare nec vendere nisi monachis sanctæ Fidei de Conchas, et si mortuus fuerit sine filio vel filias legitimo de uxore vel ejus filii vel filiæ legitimi sine filiis legitimis de uxore mortui fuerint, totum sanctæ Fidi et monachis de Conchas remaneat in dominio. Per hanc ergo prenominatam vicariam quam de manu mea accipit est meus homo et jurat michi fidelitatem, et facit firmitatem per suam fidem quod placitos et convenientias quas michi facit firmiter teneat et contra cunctos qui predictum honorem de villa de Palatio inquietare vel perturbare voluerint, excepto solo corpore patris sui, michi secundum suum posse adjutorium faciat. Similiter si filii vel filie ejus legitime nati de uxore vel filii vel filie filiorum illorum nati legitime prædictam vicariam habere voluerint, eam de manu Conchacensis abbatis accipiant, et quos placitos et fidelitates vel firmitates ipse Petrus Bermundus michi facit tales ipsi abbati grates faciant.

Facta carta donationis nonas julii, regnante Phylippo rege.— S. domni Stephani abbatis qui hanc donationem dedit et firmare rogavit. S. Bernardi monachi. S. Bertrandi monachi. S. Sigerii Salomonis. S. Petri Geraldi. S. Petri Arnaldi. S. Bego monachi. — Stephanus monachus scripsit.

20. ITEM DE PALACIO.
1078, 27 juin.

Anno ab incarnatione Domini millesimo septuagesimo octavo, Stephanus abba Conchacensium venit in partibus Gothiæ, et fecit querimoniam Raimundi Ruthenensium comiti et Biterrensium vice comitisse Hermengardi de malis usis et consuetudinibus quas Bermundus Agathensis habebat vel requirebat in honore sancti Salvatoris et sanctæ Fidis qui vocatur Palacium. Propter hanc causam prædictus abbas et Bermundus multos placitos habuerunt, sed nullam concordiam facere potuerunt. Ad ultimum in juditio Matfredi Biterrensis episcopi et Frotardi abbatis Sancti Poncii et Guitardi Lupi aliorumque nobilium virorum venerunt ; et Bermundus facere noluit quod judicaverunt. Quamobrem supradictus comes, cognita injusticia quam Bermundus faciebat, cuncta ei abstulit quæ in supra scripto honore possidebat, mansiones illius destruxit et de omni honore abbati potestatem dedit. Ego vero Petrus, illius Bermundi filius, in justiciam quam pater meus faciebat recognoscens honoremque ex toto perdere metuens, cum consilio comitis et vicecomitissimæ meorumque amicorum, quod pater meus injuste possederat dereliqui et hanc cartam taliter scribere jussi : Ego Petrus Bermundus dimitto et perpetualiter derelinquo sancto Salvatori de Conchas et sanctæ Fidi et abbati Stephano cunctisque suis successoribus illos malos usus et apprehensiones et tortos quos pater meus habuit vel aliquis homo per illum in villa de Palatio et in cunctis finibus et terminis ejus. Similiter dimitto et perpetualiter derelinquo medietatem de ausedaz, et medietatem de placitis et de justiciis, et medietatem de vesticionibus, et medietatem de spatulis et de agnis, et totum molendinum, et mansiones et curtes, et ingressus et exitus, et medietatem de furno et insuper fornaticum de pane monachorum. Per hanc vero dimissionem sive guirpicionem accipio de abbate quingentos solidos Biterrenses, et in supra scripto honore de Palacio nichil retineo vel in cunctis finibus et terminis ejus, præter talem vicariam qualem de manu prænominati abbatis Stephani accipio, scilicet medietatem aliam de placitis et de vesticionibus hominum illorum qui stabunt in vicariam meam. De placitis vero et justiciis et vesticionibus illorum hominum qui non sunt de mea vicaria, hoc est de clericis et de hominibus propriis monacorum, et de illis qui stabunt in dominicis mansionibus eorum et in cimiterio et in illis locis qui, transbacto tempore, sine vicario fuerunt sanctæ Fidi in dominio, nullam partem habebo. Accipio igitur de manu prædicti abbatis illam apendariam quæ est vicarialis et alia medietatem de ausedaz et de furno, et aliam medietatem de agnis et de spatulis, et in unoquoque vicariale manso unum receptum cum quatuor militibus et unc serviente. Hæc omnia supra scripta non possum dare nec inpignorare nec commutare nec vendere, nisi monachis sanctæ Fidis de Conchas. Similiter ipsi monachi hanc guirpicionem quam illis facio nec poterunt dare nec inpignorare nec vendere nisi filiis meis filiisque filiorum meorum[1] . . . . sine filiis legitimis de uxore mortui fuerint, totum sancte Fidi remaneat in dominio. Per hanc ergo prenominatam vicariam quam de manu abbatis accipio sum homo illius et juro illi fidelitatem et facio illi firmitatem per meam fidem quod placitos et guirpiciones et convenientias quas illi facio firmiter teneam et contra cunctos qui predictum honorem de Palatio inquietare vel perturbare voluerint illi secundum meum posse adjutorium faciam. Similiter si filius meus natus legitime de uxore predictam vicariam habere voluerint, eam de manu Conchacensis abbatis accipiant, et quos placitos prenominato abbati facio tales suis successoribus gratis faciant. Quod si ullus homo vel femina seu aliquis de progeniæ mea hanc guirpicionem vel dimissionem repetere aut perturbare vel infringere voluerit, non valeat vindicare quod requirit, sed insuper v libras auri purissimi componat et deincebs firma et stabilis hæc donatio vel guirpicio permaneat.

Scripta vel firmata dimissio vel guirpicio ista v kalendas julii, feria v, regnante Phylippo Francorum rege. — S. Petri Bermundi qui hanc cartam firmavit vel firmare rogavit. S. Rajembaldi monachi, prioris sancti Andreæ. S. Sigerii Salomonis. S. Poncii Guarnerii. S. Deusdet Adaolfi. S. Willelmi Salomonis. S. Poncii de Cellis. S. Begonis de Conchas. S. Begoni de Combred. S. Petri Geraldi. S. Rollandi. — Durandus scripsit.

21. ECCLESIA DE ALTOMONTE.

976, août.

Locum sacrum sancta Dei ecclesia qui est constructus super

---

1. Le copiste a passé ici quelques mots. Une main du xiiie siècle les a ajoutés en marge : « natis legitime de uxore. Quod si... »

alveum Dordonis in honore domini nostri Jhesu Christi vocabulo Conchas hubi sancta Fides vel sanctus Vincencentius tumulati consistunt. Venerunt Iscafredus et Frotardus, Odalricus et Abo, elemosinarii Umberti, donaverunt pro anima ejus ad ipsa casa Dei ecclesia de Alto Monte qui est constructa in honore sancti Juliani cum quantum ad ipsa ecclesia aspicit, cum manso uno et duas apendarias, cum boscos et vineas, cum terras cultas et incultas, et quantum ibi aspicit vel aspicere videtur, totum et ab integrum donamus ad ipsa casa Dei. Et est ipse alode in vicaria Dunense, in loco que vocatur Alto Monte; et habet in se fines vel confrontaciones de tres partes gutta decurrente, de quarto latus terra Adraldo. Quantum infra istas fines concluditur totum et ab integrum donamus ad ipsa casa Dei jam supra dicta ut post hunc diem teneant monachi ibidem Deo servientes, sine ullo contradicente in omnibus sane. Si quis nos, immutatas voluntates nostras, aut ullus de heredibus vel propinquis nostris aut ullus homo, per ullo quoque ingenio, qui contra carta donatione ista ulla calumpnia generare presumpserit, oc ei non liceat facere, sed faciat sicut lex est.

Facta carta donatione ista sub die marcis, in mense augusto, anno XXII regnante Lotario rege. — S. Escafredo et Frotardo, Odalrico et Abono qui carta donatione ista scribere vel adfirmare rogaverunt. S. Hictorio. S. Odilono. S. Deusdet. S. Reimundo. S. Bernardo. — In Dei nomine, Rodbertus rogatus scripsit.

22. ÆCCLESIA DE BECIA.

904-930.

Locum sacrum qui vocatur Conchas qui est consecratus in honore domini et salvatoris nostri Jhesu Christi seu et sancte Marie genitricis Dei et sancti Petri clavigeri, hubi sanctus Vincentius et sanctissima virgo Fides tumulati consistunt, qui super alveum Dordoni, hubi Rodulfus abba preesse videtur cum monachos ibidem Deo famulantibus. Ego igitur, in Dei nomen, Gairaldus cedo vel dono ad ipsa casa Dei suisque servientibus aliquid de rebus proprietatis meæ, pro anime meæ remedium et pro anima genitore meo Adalardo vel pro anima genitrice meæ Gisaltrude vel pro fratribus meis ut pius Dominus ad judicium veniam retribuere dignetur, hoc sunt ipsas res qui michi ex origine parentorum meorum obvenit, qui sunt in pago Ruthenico, super alveum Dordonis, in villa quæ vocatur Becia, mansos quatuor cum ipsa æcclesia quæ est fundata in honore sancti Amancii, cum ipso manso qui est de ipsa æcclesia, et cum ipso caput manso qui est in Vassiliaco. Hista omnia supernominata cedo vel dono ad ipsa casa Dei suisque servientibus, ea vero racione ut, dum Villelmus monachus vivit, usum fructumque habeat, et per singulos annos ad ipsos monachos pro nobis karitatem faciat. Post illius quoque discessum, ipsa villa vel ipsa ecclesia sint ad luminaria Deo concinenda constituta in honore sancti Salvatoris et sancti Vincentii seu et sanctæ Fidis pro animæ nostræ remedium.

23. ÆCCLESIA DE GERMOLIO.
1010-1053.

Breve memoriale quæ Austrinus de Conchas fieri rogavit. In primis dono illa tercia mea parte de ecclesia de Germolio sancti Salvatoris de Conchas et sancta Fide ad alode, et dono sancti Salvatoris et sancta Fide illum meum mansum de Jermolio et illum meum mansum de Palaired cum porcos, cum moltones et cum agnos, cum terras et incultas, quantum aspicit vel aspicere videtur. Et illa mea parte de Rou dono sancti Salvatoris et sancta Fide cum porcos, cum moltones et agnos. Et illum meum alodem del Bag similiter dono sancti Salvatoris et sancta Fide cum porcos, cum moltrones et agnos. Et illum meum mansum de Serniag dono sancti Salvatoris et sancta Fide cum porcos, cum multones et agnos, totum et abintegrum quantum aspicit vel aspicere videtur. Et in ipso Serniag dono illum meum clausum sancti Salvatoris et sancta Fide. Et illum meum mansum de Pers dono similiter sancti Salvatoris et sancta Fide cum porcum, cum moltonem et agnum, cum terras cultas et incultas, quantum aspicit vel aspicere videtur, et unum receptum cum decem caballarios. Et illum meum fevum de Nocium laxo sancti Salvatoris et sancta Fide. Et illum meum alodem que habeo in Sentres et tota commanda et boscos et pratos et vincas, quantum aspicit vel aspicere

videtur, totum et ab integrum dono sancti Salvatoris et sancta
Fide. Et illas meas commandas quæ abeo in Castlaro, et in La
Serra, et in Bonimont, et in Vercalmo, et in Licongas, et totas
illas que abeo in Sanias, et in Roilaa, et in La Roqueta, et in
Vidilias, laxo sancti Salvatoris et sancta Fide, in tale ratione quæ
jam nullus consanguineus meus nec nullus homo non forcet ad
monachos de Conchas nec tollat. Ubicunque ego Austrinus fuero
mortuus, semper habeant sancti de Conchas et monachi istum
alodem et istum fevum et istas commandas totum et abintegrum
pro anima mea.

S. Austrino qui carta ista scribere vel firmare rogavit. S. Hugo
comite. S. Stephano de Calmonte et fratres suos. S. Hugoni de
Conchas et Deusdet et Frotardo et Geraldo. S. Deusdet de
Panad et Petroni, Giraldo et Petroni, et Deusdet. — Augerius
monacus scripsit.

24. ÆCCLESIA DE ALTIS ARBORIBUS.

902, juin.

Locum sacrum sanctæ Dei æcclesiæ qui est situs in pago
Ruthenico super alveum Dordonis, et est fundatus in honore
domini nostri Jhesu Christi seu sancte Marie virginis et sancti
Petri principis apostolorum necnon et clavigeri, ubi sanctus Vincentius et sancta Fides tumulati consistunt. Quamobrem ego, in
Dei nomine, Ricardis femina cedo vel dono ad præfato monasterio
cujus vocabulum est Conchas, ubi Arlaldus abba præesse videtur
cum cuncta congregatione ibidem Deo famulantes, cedo vel dono
alodem meum, oc est illa ecclesia de Altos Arbores qui est consecrata in honore sancte Marie, quantum in illa curte de Altos
Arbores visa sum habere vel possidere, cum mansos, cum villas,
cum vineas, cum pratis, cum ipso boscos, cum farinariis, cum
terras cultas et incultas vel cum omnibus ajacentiis suis, vel
quantum ad ipsum alodem aspicit vel aspicere videtur, quistum
vel adinquirendum est, totum et abintegrum cedo vel dono ad
ipsa jam dicta casa Dei vel ad ipso rectore nec non ad ipsos Deo
servientes, excepto duos mansos de Las Soz et vineas de Bruno
Issarto quæ laxo ad sorrore mea Allingardis. Et hoc laxo pro

anima mea et pro peccatis meis et pro anima Hictore patre meo et pro anima Hictore filio meo et pro anima Umberto seniore meo et pro anima Raimundo seniore meo et pro anima Isalgaro seniore meo, in tale racione ut, si ullus homo de commuia tulerit, veniat Hictor filius meus et donet ad ipsos sanctos XII denarios et teneat, ita ut post hanc diem, teneatis, possideatis et quicquid facere volueritis faciatis.

Facta carta cessione ista die lunis, in mense junio, anno IIII regnante Karolo rege. — S. Ricardis femina qui carta cessione ista scribere vel adfirmare rogaverit. S. Sigerio. S. Odalrico. S. Stephano. S. Rainono. S. Aldegerio. — In Dei nomine, Adalgerius rogatus scripsit.

25. ÆCCLESIA CLAUGINIACO.

956, février.

Legum decrevit auctoritas et racio jure exposcit inter reliquas scripturas sola tantummodo cessio justorum in perpetuum plenissimam obtineat firmitatem. Quamobrem ego, in Dei nomine, Agilenus et frater suus Alduinus, pro animas nostras remedium et pro animas de amicis nostris tam vivis quam defunctis, cedimus ad sancti Salvatoris et sancta Fide Conchas monasterii, in opus monachorum, villa quæ nobis per conquistum obvenit, qui est in pago Ruthenico, in grafla Cabniacense, villa cujus vocabulum est Clauginiaco, cum ipsa ecclesia in honore sancti Martini et sancti Johannis, quantumcumque in ipsos alodos visus sum habere, donamus ad ipsa casa Dei jam dicta, exceptis illos mansos duos quæ dono Grimardo, in ea racione quamdiu vivit tenead atque possideat, post suum obitum ad ipsos sanctos Dei remaneat. In ipsos mansos ubi Benedictus et Gairaldus visi sunt manere, quistum vel adinquirendum est, totum et abintegrum cedimus ad sancti Salvatoris et sancta Fide Conchas monasterii vel ad suos servientes quæ ibidem serviunt nocte hac die, in talis racione, si quis ullus abbas aut ullus homo qui ad illos monachos quæ ibidem serviunt transferre voluerit, hoc ei non liceat facere, et si hoc facere voluerit, Deum contrarium habeat et cum Datan et Abiron in infernum participator sit, et si hoc non dimiserit, parenti propinqui illorum recipiant, cum superius est dictum, sic faciant firmatum. Quod si nos ipsi donatores, inmutata more voluntate, aut ullus homo vel subrogata persona qui contra carta cessione ista ullumque tempus ire aut inquietare voluerit, hoc liceat vindicare quod petit, sed insuper componat ad œcclesia jam superius nominata vel ad ipsos servientes qui ibidem serviunt tantum et alium tantum quantum ipsas res jam superius nominatas eodem tempore melioratas convaluerint in duplum sit vobis redditurus, et hoc quod petit non vindicet, sed carta cessio ista omnique tempore firma et bene stabilis permaneat cum stibulatione subnixa.

Facta carta cessione ista sub die sabbato, in mense febroario, anno II quod Lotarius rex cepit regnare. — S. Alduino qui carta cessione ista fieri vel adfirmare rogavit. S. Adalgrimo. S. Austrico. S. Dodono. S. Aldegario. S. Odalrico. S. Hictore. S. Ratario. — Teutbertus me scripsit.

26. ITEM DE EADEM.

Avant 1031 — après 1062.

Ego Bernardus Aicfredus guirpio sancti Salvatoris et sancte Fidis et Odolrico abbate et omnibus monachis cenobii Conchacensis conveniæntia de ecclesia de Clauniago, et vicaria, et pignoras, et beneficium de fevo ecclesiastico, hoc est mansum unum, et una vinea, et ortum de porta vicarii, et scarimentum de tercia parte sepulture quod pertinet ad presbyterum, et quantum pertinet ad ipsum fevum cum ipsa vicaria, et mansum æcclesiasticum ubi Geraldus visus est manere et appendariam de fabro Viventio, et receptos de mansos, exceptis tales quales Augbertus habuit, et vineam de furno, et una medalata de vinea quem tenet Boca Moza, et pascarium de porcos meos, et vinales de Bernardo de Roca, et una denariata de vinea quem misit Oddo monacus patri meo in pignora, et pratum de pignora de Bernardo de Cruce, et una semodiata de terra de mansum Bernardo Grimaldo. Quantum superius scriptum est totum abintegro guirpio et laxo sancti Salvatoris et sanctæ Fidis et omnibus monachis Conchacensis, et insuper guirpio appendaria Amelesca. Ego Bernardus suprascriptus habeo in convenia ad abbatem et ad omnes monachos ut claudam hostium de mea mansione quod aperit in prato, et alium hostium claudam de mansione de ecclesia, et tol'am cambram de locum in quo est, et claudam fenestra de ipsa mansione, et de uno quoque hostio de cellariis meis dabo sestarium unum de avena et vesticionem et venda. Et de hoc dedi fidedictorem Girberto de Cabdenago, et Girbertus dedit Umbertum de Bello Castello domno abbate et monachis.

27. ÆCCLESIA DE MONTE ALDONE.
1031-1060, décembre.

Loco sacrum sancte Dei æcclesiæ Conchacensis cenobii qui est situs in pago Ruthenico super alveum Dordonis, et est consecratus in honore domini nostri Jhesu Christi seu sanctæ Dei genitricis Mariæ et sancti Petri principis apostolorum, ubi sanctissima virgo et martir Fides necnon et sanctus Vincentius Agennensium martir tumulati consistunt. Ego, in Christi nomine, Gauzbertus et fratres mei Raimundus et Barnardus et Poncius cedimus et donamus ad jam dictum locum et ad altare sancti Salvatoris eidem loci et ad sanctissimam matrem Fidem et ad reliquias sanctorum quæ ibi a fidelibus venerantur et ad monachos ejusdem loci, donamus devote ecclesiam nostram quæ vocatur Monte Aldone, quæ sita est in pago Caturcinio, qua nos, jubente patre nostro Gauzberto, edificare mandavimus in illo alode quæ vocatur Nogareda, cum omni decimatione quæ ad illam æcclesiam pertinebat unde ista mutata fuit. Donamus etiam et babtisterium et sepulturam hujus æcclesiæ et justiciam et censum et usum de villa et de mansiones quæ ibi sunt et quæ pro amore sanctæ Fidis ibi edificate fuerint. Donamus et mercatum et licitum usum et vicariam et justiciam mercati. Istam æcclesiam jamdictam et omnia supra scripta cedimus et donamus ad ipsa casa Dei de Conchas, absque ulla calumnia et inquietudine propinquorum nostrorum, et pro anima patris nostri Gauzberti et pro animabus nostris et parentum nostrorum, ut post hunc diem habeatis et teneatis, in tali convenientia ut, si ullus rector æcclesiæ præfati monasterii aut ulla admissa persona de communia monachorum tulerit, veniat unus de propinquis nostris et accipiat ipsam æcclesiam et reddat sancto Salvatori de Conchas, et si amplius tulta fuerit, usque tercia monachis restituat.

Facta carta ista in mense decembrio, feria v, regnante Ehenrico rege. — S. Gauzberto qui carta ista scribere vel firmare rogavit. S, Raimundi. S. Bernardi. S. Pontii. S. Bernardi. S. Arnaldi. S. Willelmi. S. Bernardi. S. Gauzberti. S. Rainaldo. S. Gauzfredo. S. Siguino. — Geraldus monachus scripsit.

28. ÆCCLESIA DE ALTA SERRA.
996-1031, décembre.

Domino magnifico emptore. Ego, in Dei nomine, Raimundus et uxor mea nomine Languarda constat nos vendidisse sancti Salvatoris et sanctæ Fide et ad ipso monachos Conchas monasterii, hoc est alodus noster quæ nobis per conquistum obvenit, hoc est illa quarta parte de illa ecclesia de Alta Serra. Et dedi ego Raimudus ad uxorem meam Languarda in concambio duos mansos in Merledo, et uno manso in illas Martres, et in alio manso in monte Ermeneldo, et in ipso concambio in tale ratione quem si Raimundus aut uxor sua aut dictores non faciunt tenere ista ecclesia sancti Salvatoris et sancta Fide et ad monachos, istum concambium que superius est nominatus sancti Salvatoris et sanctæ Fide remaneat, sine ullo contradicente, in comunia. Et accepimus ego Raimundus et uxor mea in precio de ipsos monacos sancti Salvatoris et sancte Fide, sicut inter nos et illos bene complacuit, hoc sunt solidos CLX de ipsa quarta parte de æcclesia de Alta Serra. Monachi sancti Salvatoris et sanctæ Fide faciatis quicquid facere volueritis in omnibus sane, et præsens carta venditio ista firma et stabilis permaneat.

Facta carta venditione ista in mense decembrio, feria septima, regnante Rodberto rege. — S. Raimundo et uxore sua Langardis qui carta vendicione ista scribere vel adfirmare rogaverunt. S. Odilono. S. Petronio filio ipso Odilono. S. Odilono. S. Arnaldo. S. Amblardo. — Oddo monachus rogatus scripsit.

29. ECCLESIA DE GUARZANGUAS.
918, janvier.

Placuit adque convenit inter Audberto levita et Isamberto

sacerdote et ex altera parte Stephano abbate et Grimardo preposito et cuncta congregacio sancti Salvatoris vel sancta Fide ut inter se terras vel vineas vel ipsa ecclesia de Guarzanguas quæ est fundata in honore sancti Stephani beneficiare debuissent, quod ita vero et fecerunt. Dedit itaque Audbertus vel Isambertus illas terras et illas vineas quæ Audbertus comparavit de illa congregatione sancti Salvatori. Et sunt ipsas terras et ipsas vineas in pago Rothinico, in ministerio Candadense, in aro de Trescanes vel de Cadinario vel de Francelia. Quantum cumque in istos locos comparavit de illa congregatione sancti Salvatori totum vobis dono in pro illa ecclesia, cum ipso ecclesiastico, quæ est fundata in honore sancti Stephani, cum ipsas vineas, cum ipsos boscos, cum ipsas terras totum vobis beneficiamus; et est ipsa æcclesia et ipsas res in pago Rotinico in ministerio Condadense, in aro de Guarzarguas vel de Figairolos; in ea vero racione quamdiu Autbertus vivit illas res quæ Audbertus comparavit teneat, et post suum dicessum sancti Salvatori remaneat, et illa ecclesia cum ipso æcclesiastico, cum ipsos mansos, cum ipsas vineas, cum ipsos boscos Autbertus et Isambertus pariter teneant, et qualis parem suum supervixerit ad illum remaneat, et post illorum discessum sancti Salvatoris remaneat, sine ullo contradicente. In ea vero racione per singulos annos XII denariadas de cera persolvant.

Facta est beneficiaria illa in mense janoarii, sub die feria VI, anno XII quod Lodoicus rex cepit regnare. — S. Audberto vel Isamberto qui carta beneficiaria ista scribere vel adfirmare rogaverunt. S. Gonberto. S. Arleno. S. Gilaberto. S. Rainaldo. S. Guidone. — Hugbaldus scripsit.

30. DE ÆCCLESIA SEVERIAGO.

996-1031, juillet.

Locum sacrum sancti Salvatoris et sanctæ Fide Conchas monasterii. Quamobrem ego, in Dei nomine, Ricardus vice comes cedo vel dono ille alode meo, illa mea medietate de illa ecclesia de Seveirago, et illa mea villa de Puditlo quæ de Petrono et Stephano conquistavi, totum et ab integrum cedo et dono sancti

Salvatoris et sancta Fidæ pro anima mea ; et est ipse alode in pago Ruthenico, in vicaria Laiciazense; quantum infra istum alodem concluditur totum dono sancti Salvatoris et sanctæ Fidæ. Si quis ego, inmutata voluntate mea, aut ullus de heredibus vel propinquis meis qui contra hanc cartam donatione ista ullam calumpniam generare voluerit, hoc ei non liceat facere, sed faciat quod lex est.

Facta carta donatione ista in mense julio, feria III, regnante Rodberto rege. — S. Ricardo vicecomite. S. Hæctore. S. Raimundo. — Oddo scripsit.

31. ÆCCLESIA DE POMARIO.

1031-1062.

Ego Hugo sacerdos et Geraldus frater meus donamus sancto Salvatori et sanctæ Fidei et abbati Odolrico duos mansos in illa Beciaria ad alodum qui nobis per originem parentorum venerant. Post hæc concordavimus concambium cum ipso abbate inter nos, et dedimus ego et ipse abba istos duos mansos Geraldo fratri meo ad feuvum in concambio per parragines de Pomario. Propterea ego Hugo sacerdos, cum consilio fratris mei Geraldi, omnem meam partem de illo honore quem habeo dimitto et dono sancto Salvatori et sanctæ Fidei de Corchas et abbati Odalrico et monachis, hoc est ecclesia de Pomario cum ipso fevo et vinea de Blos Monte et vinea de Roca Cava per quam Saluster avunculus meus et alter Saluster nepus meus monachi missi fuerunt in Conchas. Dono etiam in vita et in morte mea omnem substanciam quam habeo et in antea adquisiero. Hæc concordia et placitum facta sunt coram abbate Odalrico, presentibus Ademaro monacho et Hugone de Conchas et fratrem ejus et Umberto et ipse fratre meo Geraldo.

32. ÆCCLESIA DE SANCTO JORIO.

1031-1060, septembre.

Dum fragilitas humani generis pertimescit ultimum vite subitaneum transposicionum instantis venturum diem, oportet ut non inveniat unumquemquæ imperitum ne sine alico boni operis fructum migret de sæculo, sed dum in suo jure et potestate consistit, præparet sibi viam salutis per quam valeat ad æternam beatitudinem pervenire. Quamobrem ego, in Dei nomine, Austrinus et uxor mea nomine Avierna et filii mei Bernardus et Arnaldus cedimus et donamus sancto Salvatori et sanctæ Fidei et sancto Vincentio et sanctis reliquiis quæ ibidem conditæ videntur et monachi ibidem Deo famulantibus in monasterio Conchas, ubi Odolricus abbas præesse videtur, aliquid de rebus proprietatis nostræ quæ nobis justissime per originem parentorum obveniunt, et sunt citas in pago Ruthenico, in ministeri Calvomontense, in villa Najacio, hi sunt vi mansi cum boscos et vineas et porcos et multones et cum quantum ad ipsos mansos aspicere videtur et cum.... de civada. Et in alio loco, in vicaria Betonense, donamus illum mansum de Pers, ubi Salomon visus est manere, cum quantum ad ipsum mansum pertinere videtur; et in alio loco ad æcclesiam sancti Jorii mansum I per quæm ego dedi Geraldo Trencardo ad fevum concambium vineas de Botongle. Et donamus terciam partem de ecclesia de Rossino et de totum ipsum alodem et mansum de Mejanas Mansiones et manso de Fumoso et partem nostram de aqua Olte et de Nociolo et Plana Roca et totum alodem quantum ibi visi sumus abere totum donamus. Et donamus comandam de Balvilar, solidos II, et partem nostram de manso de Beceria et de Andaliaco. Totum alodem istum suprascriptum cedimus et donamus sancti Salvatori de Conchas et sancte Fidei et monachos ejusdem loci. Et post mortem filiorum meorum Bernardi et Arnaldi, dono sancti Salvatori et sanctæ Fidei ad alodem terciam partem de ecclesia de Jermolio alodem et fevum, et similiter mansum Aimoni, et mansum in Palairedo, et II..... in Ruvo, et alium in Roga, et alium in Noicio, et alium in Vaure, et alodem de Altomonte qui est in pago Arvernico, et in ipso Altomonte dono semper XII denarios et omni tempore per vesticione. Sane si quis ego, inmutata voluntate mea, aut ullus de heredibus aut propinquis parentibus contra hanc cartam donationis ullam calumpniam movere voluerint, hæc eis non liceat sed faciant quod lex est.

Facta carta ista donationis feria II, in mense septembrio,

regnante Enhenrico rege. — S. Austrino qui cartam istam scribere jussit. S. Bernardi. S. Frotardi. S. Geraldi. S. Petri Hugoni. S. Frotardi. — Odalricus monacus scripsit.

33. ÆCCLESIA DE ROSSINO.
1060-1108, mai.

In nomine Domini. Ego Petronilla filia Austrini dono sancti Salvatori de Conchas et sanctæ Fidis et ad monachos ejusdem loci illum meum alodem de Rossino, hoc est totam partem meam de ipsa ecclesia de Rossinno, decimum et proferentium et sepultura et muda de presbyteros; et in alio loco, en Sentres, dono ad alodem similiter meam partem de pratum meum, pro anima mea et parentum meorum et pro anima senioris mei, in tali convenientia ut, si ullas abbas de comunia tulerit, veniant infantes filiorum meorum et donent super altare sancti Salvatoris xii denarios et teneant ipsum alodem. Et si ego moriero in ista parte quæ est contra Conchas de Ripa Oltis, sepeliant me ad ipsas Conchas.

Facta carta in mense madio, feria v, regnante Philippo rege. — S. Petronilla qui cartam istam scribere rogavit. S. Hictoris de Aucaliago. S. Frotardi. S. Hugoni. S. Airadi. S. Bernardi Frotardi. — Petrus monachus scripsit.

34. ÆCCLESIA DE SANCTO SENTINO.
996-1031, décembre.

Locum sacrum sanctæ Dei æcclesiæ qui est constructus in honore domini nostri Jhesu Christi et sancti Salvatoris Conchas monasterii ubi sancta Fides tumula consistit. Quamobrem ego, in Dei nomine, Poncius et uxor mea Berteldis cedimus et donamus sancti Salvatoris et sanctæ Fidis illo alode nostro hoc est illa æcclesia sancti Sentini cum omnibus adjacentiis suis, cum molendinis, cum pratis, cum apendarias, cum terras cultas et incultas, quantum ad ipsam ecclesiam pertinet totum et ab integrum ego Pontius et uxor mea Berteldis donamus sancti Salvatoris et sanctæ Fidis. Et in ipso loco manso uno ubi Geraldus mansit donamus sancti Salvatoris et sanctæ Fidis similiter, et in alio loco in illo Castlaro manso uno ubi Adalbertus visus est manere, et in Pleus similiter uno manso ubi Geraldus visus est manere, et in Corbiliaco manso uno ubi Geraldus visus est manere, et in Verniago manso uno, et in Gordado mansos duos, et in illo Gruos, in Pannicio, in aqua Triodoro donamus similiter sancti Salvatoris et sanctæ Fidis. Totum istum alodem suprascriptum dono ego Pontius et uxor mea Berteldis donamus sancti Salvatoris et sanctæ Fidis. Et si ipsum alodem supra scriptum homo fuerit qui tollere voluerit sancti Salvatoris et Fidis et ab ipso monachos, tenuissent ipsi monachi illa medietate de Pannizio usque ego Poncius fecissem tenere aut emendare ipsum alodem supra scriptum.

Facta carta donatione ista in mense decembrio, feria tercia, regnante Rodberto rege. — S. Pontii et uxoris suæ Berteldis qui carta donatione ista scribere vel affirmare rogaverunt. S. Bernardi. S. Pontii. S. Aboni. S. Bonafossi.

35. ÆCCLESIA DE ALBINIACO.

955-986.

Legum decrevit auctoritas et racio exposcit ut, inter reliquas scripturas, aligationes sola tantum cessumque in perpetuum plenissimam obtineat firmitatem. Ab oc igitur ego enim, in Dei nomen, Ava cedo ad sancti Salvatoris et sancta Fide vel aliorum sanctorum Conchas monasterii, in opus monachorum, villa quæ mihi per conquistum obvenit, qui est in pago Ruthenico, in vicaria Brobtaato, cujus vocabulum est Albiniaco, cum ipsa æcclesia qui est fundata in onore sancti Martini, cum quantum ab ipsa æcclesia vel ab ipsa villa aspicit vel aspicere videtur, quistum vel adinquirendum est, totum et abintegrum cedo ad ipsa casa Dei Conchas monasterii vel ad suos servientes qui ibidem serviunt nocte ac die, pro anima Jorio jugale meo et pro anima mea Avane ; in ea vero ratione, quam ego vivit, teneat et possideat et usum fructuarium recipiat, et abba et illi servientes qui ibidem serviunt semper recipiant uno manso vestidura, illo manso ubi Girardus visus est abbere vel possidere. Et si ullus abba aud ullus homo qui ad illos monachos qui ibidem serviunt transtolere voluerit, hoc ei non liceat, et si hoc facere voluerit, Deum contrarium abeat, et cum Datan et Abiron in infernum participator sit.

36. ITEM DE EADEM.

955-986, mai.

Locum sacrum sancta Dei ecclesia qui est constructus in honore domini nostri Jhesu Christi, hubi sancta Fides et sanctus Vincentius tumulati consistunt. Ego enim, in Dei nomen, Ava femina cedo ad ipsa casa Dei jam supradicta illa æcclesia mea de Albiniago qui est fundata in onore sancti Martini cum sex mansos et quatuor appendarias, cum quantum ad ipsa ecclesia vel ad ipsos mansos et ad ipsas appendarias aspicit vel aspicere videtur, quistum vel adinquirendum est, totum et abintegrum cedo vel relinquo ad ipsa casa Dei vel ad ejusdem rectores, pro anima Jorii et pro anima Avane, sine ullo contradicente in omnibus sane. Si quis ego, inmutata voluntate mea, aut ullus de heredibus vel propinquis meis aut ulla amissa persona qui contra carta donatione ista ulla calumpnia generare presumpserit, hoc ei non liceat facere, sed faciat sicut lex est.

Facta carta donatione ista diæ sabbato, in mense madio, regnante Lotario rege. — S. Avane qui carta donatione ista scribere vel adfirmare rogavit. S. Bernardo. S. Salustrone. S. Umberto. S. Abono. S. Hictorio. — In Dei nomine, Rodbertus rogatus scripsit.

37. ÆCCLESIA DE AURELIACO.

1060-1062, avril.

Lex Romanorum in primis censuit hoc decretum ut, si aliquis esset qui de facultatibus suis æcclesiis aut monasteriis pro remedio animarum suarum seu parentum aliquas darent, fuisset eis libera potestas concessa in tantum ut data notarentur in cartis atque sic obnixe atque perpetualiter permanerent cum testimonio ac designatione nobiliorum virorum. Idcirco nos videlicet ego Geraldus et frater meus Poncius de Turlanda donamus ecclesias nostras de Aureliaco que sunt consecratæ, una in honore sancti Stephani et altera in honore sancti Amantii, totum integre quantum ad nos pertinet et quantum ad ipsas æcclesias respicere videtur. Donamus etiam similiter fevum sacerdotum et fevos aliorum fevoalium. Sicut in hac carta supra scriptum est, ita cedimus et donamus sancti Salvatori de Conchas et sancte Fidei virgini et abbati Odolrico et Ademaro priore et aliis monachis ejusdem loci præsentibus et futuris, pro animabus nostris et parentum nostrorum, ut monachi hæc omnia suprascripta teneant ac possideant absque ulla contradictione.

Facta carta ista in mense aprilio, vii feria, regnante rege Francorum Philippo. — S. Geraldo et fratris ejus Pontii qui cartam istam scribere vel firmare jusserunt. S. Bertrandi. S. Hugoni. S. Heliæ. — Bertrandus monachus scripsit.

38. ITEM DE EADEM.

1060-1062.

Breve de Aureliageto. Ego Geraldus de Turlanda dono sancto Salvatori et sanctæ Fidi de Conchas et Odolrico abbati et monachis ibidem Deo servientibus illum alodem meum de Aureliageto, hoc est æcclesia sancti Amancii ; et dedit michi abbas centum solidos Pogesos, et uxor mea habuit xl pro isto alodo. Et ego Rigaldus de Turlanda dono sancto Salvatori et sanctæ Fidei et monachis, pro anima mea, medietatem de fevo de ipsa ecclesia; et dono similiter apendariam Godinescam, et donad de censum : viiii denarios Pogesos et ad calendas duos membros, i sestarium de vino, i sestarium de civada et i panem, et a messiones i medium molton escortgatum et i ses de vino; in alia apendaria in Vallencca, de censum iiii denarios Pogesos et i membrum et i emina de vino et i emina de civada et panem medium, a meios i carteiram de mol et eminam de vino; et mediam apendariam de Mosqeto, iiii denarios e medalla et i membrum et una emina de vino et i emina de civada, a meios i carteiram de mol et i emina de vino; et alia apendaria Arnvairencca, iiii denarios Pogesos; et alia apendaria en Gelrandencca, viiii denarios Pogesos, et a calendas ii membros et i panem et i sesta de vino. Alia apendaria de Raisanges, dedit Rigualdus ad ecclesia sancti Amancii unum mansum de Perario, et dona de censum ɪɪ solidos Pogesos, et a calendas ɪɪɪɪ membros et ɪɪ sesta de vino et duos de civada et ɪɪ panes, et a meisos ɪ mol ses la pel et ɪɪ sesta de vino, hoc per pratum de Espeirato ; hoc totum et abintegrum dedit Rigaldus sancto Salvatori et sanctæ Fidei et monachis pro anima sua. De isto supradicto honore manso habet Geraldus proprium : a meisos ɪ sesta de sigile et ɪ de vino et lastairadas et las eminadas et una dinairada de carne, et a calendas ɪ sesta de vino et panem et carnem. Et in supradictas apendarias habet Geraldus et Johannes in unaquæque unam eminam de sigile et unam de vino, et a calendas ɪ emina de vino et panem et carnem. Istam vicariam habent de sancta Fide et de abbate et de monachis. Ego Geraldus et Deusdet frater meus . . . . [1] re sancto Salvatori et sanctæ Fidei, et mansum Eralleccum, quantum habeo totum et ab integrum Jono sancto Salvatori et sanctæ Fidei ego et Willelmus frater meus.

39. ITEM DE EADEM.
Avant 1031 — après 1062.

Ego Bernardus de Amelz dono sancto Salvatori et sanctæ Fidei de Conchas et abbati Odolrico et ceteris monachis ibidem Deo servientibus, et Rigualdus frater meus similiter, illum fevum quem Gerbertus Rigualdus tenebat in ecclesia de Aureliaco et in ipsa villa. Similiter et ego Gerbertus Rigualdus et filii mei Deusdet et Willelmus donamus omnia superius scripta. Donamus etiam ego Bernardus de Amelz et Rigualdus frater meus illum fevum sacerdotalem de æcclesia ipsa sancto Salvatori et sanctæ Fidei de Conchas. Et si ibi monacus fuero aut sepultus fuero in ipso monasterio ego Bernardus, donamus ego et frater meus totum et abintegrum quantum in ipsa villa tenebamus et habebamus.

40. DE BROGMO.
Avant 997-1004, juin.

Locum sacrum sancte Dei æcclesiæ qui est situs in pago Ruthe-

1. Le copiste, en tournant la page, paraît avoir oublié quelques lignes.

nico, in vicaria Feirracense, quæ est fundatus super alveum Dordonis in honore domini nostri Jhesu Christi et sancta Maria et sancti Petri principis apostolorum, ubi sanctus Vincentius et sancta Fides tumulati consistunt, ubi domnus Girbertus abba rector præesse videtur cum cuncta congregatione ibidem Deo famulantes. Quamobrem ego, in Dei nomine, Bernardus et uxor mea Ermengarda cedimus vel donamus ad præphato monasterio, cujus vocabulum est Conchas, illo manso meo de Brogmo ubi Bonus Filius visus est manere. Et in alio loco, in Monte Pascentio, cedo vel dono illo manso meo ubi Martinus visus est manere. Et quamdiu vivit, mater de muliere mea teneat, et vesticionem per singulos annos III denarios sancti Salvatoris et sancta Fide donet, et post mortem suam sancti Salvatoris et sancta Fide remaneat, sine ullo contradicente in omnibus sane. Si quis ego, inmutata voluntate mea, vel ullus de heredibus vel propinquis meis aut ulla amissa persona aut ullus homo per ullo quoque ingenio qui contra carta donatione ista ire aut egere vel inquietare voluerit, faciat exinde quod lex est.

Facta carta donatione ista sub die lunis, in mense junio, regnante Rodberto rege. — S. Bernardo et uxore sua Ermengarda qui carta donatione ista scribere vel adfirmare rogaverunt. S. Ramnulpho. S. Amilio. S. Bernardo. S. Deusdet. S. Alduino. — Oddo monachus scripsit.

41. [DE BROGMO.]
997-1031, mars.

Locum sacrum sancta Dei ecclesia qui est consecratus in honore domini nostri Jhesu Christi Conchas monasterii, ubi sancta Fides tumulata consistit. Ego enim, in Dei nomine, Deusde sacerdos cedo vel dono sancti Salvatoris et sanctæ Fide illo alode meo qui est in Brogmo, quem Girbertus vicecomes michi dedit, ubi Aldebaldus visus est manere, pro anima mea et pro anima Girberti vicecomiti et uxore sua Agnes et filios suos Geraldo et Bernardo et Girberto, quantum ad ipsum mansum aspicit vel aspicere videtur totum et ab integrum dono sancti Salvatoris et sanctæ Fide, sine ullo contradicente in omnibus sane.

Facta donatione ista in mense martio, feria II, regnante Rodberto rege. — S. Deusdet qui carta donatione ista scribere vel adfirmare rogavit. S. Agnes et filios suos.

42. ÆCCLESIA DE BROGMADO.
1065 — environ 1090, mars.

In nomine domini nostri Jhesu Christi. Ego Aimoinus et filius meus Bonuspar et uxor mea Petronilla nos pariter donamus sancto Salvatori et sanctæ Fidi de Conchas et abbati Stephano suisque successoribus et monachis tam presentibus quam futuris, illam nostram ecclesiam quam vocatur Brogmad cum fevo presbyterali, hoc est totum proferentium et sepulturam et oblationem et illam partem decimarum quæ ad fevum presbyteralem pertinet et cætera omnia quæ ad prædictum fevum pertinent. Et similiter damus mansum Ariberti qui est in villa de Bosquet cum eis quæ ad ipsum mansum pertinent; et damus illam apendariam quam Deusdet tenuit quæ vocatur apendaria de furno cum omnibus ad ipsam pertinentibus; insuper damus domum nostram quæ vocatur Caminata; damus etiam pratum de Vallato in Josum usque super aquam sicut ipsemet terminat, abbate prædicto præsente et multis aliis hominibus. Quod si aliquis heredum meorum hanc donationem voluerit infringere aut inquietare, non hoc valeat vindicare quod requirit, sed insuper iram omnipotentis Dei incurrat et sit in anatema cum Juda traditore, sidque exheredatus de omni honore meo, et insuper componat pro inquietatione quinque libras auri purissimi, et deincebs hæc donatio firma et stabilis permaneat.

Facta donatione ista VII idus aprilis, feria III, regnante Phylippo Francorum rege. — S. Aimoini, Bonipari, Petronilla qui hanc donationem fecerunt. S. Bernardi de Muro. S. Geraldi de Muro. S. Girberti de Vig. . S. Rigualdi de Vig. . S. Petri de Vig. . S. Petri Longi. — Bego monachus scripsit.

43. DE TARAVELLA.
1061 — après 1062, 1er juillet.

In nomine Domini. Ego Rodbertus de Castello dono et cedo et perpetuum derelinquo vicariam et malos husus et consuetudines et cætera omnia quæ juste vel injuste habeo vel habere debeo vel aliquis habet de me vel habere debet in villa Tanavellæ sancto Salvatori et sanctæ Fidei et abbati Odolrico et Ademaro priori et monachis præsentibus et futuris monasterio Conchacensis. Dono etiam similiter in Lautgaudo II mansos ad alodium cum omni usu et servitio michi pertinenti ; et in ipso Latguado dono similiter de viginti mansis et de quatuor apendariis, de una quæque mansione quæ in ipsis factæ fuerint, I denarium et sepulturam et oblationem et babtisterium et justiciam presbyteri et cætera quæ ad æcclesiam de Avalujulo pertinent, ita ad æcclesiam de Tanavella in re cumparabiliter permaneant ; et per hoc donum a suprascriptis monachis accipio CL solidos et mulum optimum. Et per alios CL solidos, dono equidem II mansos in Camboneto cum omni usu et servicio michi pertinenti, sed redimere debent monachi de X solidis ; et in Corvaireta et in Bretas III mansos et V apendarias, similiter alodum cum omni usu et servicio mihi pertinenti, et unam de istis apendariis rediment de viginti solidis ; mitto ætiam æcclesiam de Avalujulo et quantum ad ipsam æcclesiam pertinet, et omnes ecclesiasticos honores quos habeo in convenientia abbati Odolrico et Ademaro priori et successoribus eorum ; et dono semper in vesticionem unum pratum juxta supradictam æcclesiam quæ vocatur de Ramigesco totum in integrum ; dono itaquæ eis ut redimant omnes pignoras quæ sunt in prædicto honore, donec ego redimere possim aut aliquis filiorum meorum. Promitto et reddo in manibus jamdicti abbatis et monachorum ejus me monachum et Willelmum filium meum fore, et manumitto filiis meis, si voluntas fuerit, eis habitum monachi accipere, ut in sepe dicto cenobio accipiant cum ea quibus eis placuerit dare. Quod si quis parentum vel heredum meorum contra hanc donationem vel convenientiam vel manumissionem venerit ad inrumpendum, non hoc valeat vindicare quod requirit, sed nunc et in perpetuum firmiter inconcussa et inviolata permaneat.

Scripta autem vel firmata hec donatio vel convenientia seu manumissio kalendas julii, feria VII, regnante Phylippo rege. — S. Rodberti qui hanc donationem vel convenientiam seu manumissionem fecit vel firmare rogavit.

44. ÆCCLESIA DE AVALOJULO.

1060, après 1062.

In nomine Patris et Filii et Spiritus Sancti. Ego Rotbertus filius Rotberti de Castello dono sancti Salvatori sanctæque Fidei et abbati Odolrico et monachis tam præsentibus quam futuris monasterii Conchacensis partem æcclesiæ de Avalujul quæ mæ contingit, ita sicut habeo vel habere debeo vel aliquis pro me. Dono etiam medietatem decimi et proferencii et sepulture de Nova Villa. Et dono similiter unum mansum quem Bertrandus Longus tenet in villa Lairicii, quantum in ipsum juste vel injuste habeo vel habere debeo; et in mansum Belliagano, quatuor solidos ; et in Calmeta, v solidos. Hoc totum supra scriptum dono sancti Salvatori et sancte Fidei et habitatoribus monasterii prædicti. Mitto etiam et confirmo in convenientiam supradicto abbati et monachis qui in prædicto loco sunt et erunt omnem partem meæ hereditatis, ut ab hac die non donem nec vendam nec impignorem ulli sancto nec ulli homini nec femine nisi sancto Salvatori et sancte Fidei et monachis præsentibus et futuris jam dicti cenobii. Promitto me et reddo monachum futurum fore cum omni parte hereditatis meæ.

Facta sunt hæc vel confirmata tempore Phylippi regis Francorum. — S. Rotberti filii Rotberti qui hanc donationem vel confirmationem fecit et testibus firmare jussit. S. Geraldi. S. Odilonis. S. Bertrandi. S. Hæctoris monachi. S. Petri monachi. S. Willelmi monacho.

45. ITEM DE EADEM.

1081, 9 février.

In nomine summæ et individue Trinitatis. Sub hera millesima vicesima prima[1], ego Stephanus cujusdam filius Rotberti de Cas-

---

1. Il y a ici une erreur, c'est sans doute 1081 qu'on a voulu écrire. A la fin de la pièce on indique le règne du roi Philippe qui ne commença qu'en 1060. L'abbé Etienne qui est mentionné dans cette charte vécut de 1065 à environ 1090.

tello, ob remedium animæ meæ parentumque meorum, memedipsum in monachum dono domino Deo et sancto Salvatori sanctæque Fidei et abbati Stephano cunctisque monachis tam præsentibus quam et futuris monasterii Conchacensis, cum medietatæ æcclesiæ sancti Saturnini de Avalojulo cum omnibus pertinentiis suis, videlicet medietatem tocius decimi et proferentii et sepulturæ et oblationis, et domos, curtes, pratos, ortos, terras cultas vel incultas, aquas vel reductibus earum, exitus vel regressus viarum, et reliqua omnia quæ ad ipsam ecclesiam vel ad villam prænominatam pertinent vel pertinere videntur, ita sicut ego Stephanus habeo vel pater meus melius habuit vel tenuit, cum omnibus pheusalibus et servientibus qui per me aut de me habebant aliquid in æcclesia vel villa supradicta; et dono similiter duas medietates cum omnibus appendiciis suis de duobus mansis ad alodium, unus vocatur Mansus Major, alter de Arbore sancti Juliani; dono ætiam medietatem de quattuor appendariis in ipsa villa quæ respiciunt ad prædictam ecclesiam, similiter cum omnibus adjacentiis suis ad alodium. Dono siquidem et confirmo omnes donationes et convenientias quas pater meus et omnes fratres mei vel sorores et ego prius supra dicto monasterio concessimus vel firmavimus. Si quis parentum aut heredum meorum hanc donationem temptaverit infringere, exheredito de illa partæ meæ hereditatis quæ illi per partem attingerit, et illis adfirmo et condono qui hanc donationem integram illibatamque observaverint. Quicumque homo vel quæcumque femina hanc conscriptionem venerit ad inrumpendum inprimis iram Dei omnipotentis et ejus genitricis Marie et gloriosissime virginis Fidis et omnium sanctorum Dei incurrat, et dampnatus cum Datan et Abiron et cum Juda traditore per eterna sæcula in inferno permaneat, nisi resipuerit et ad emendationem congruam venerit; et hæc donatio firma et stabilis omni tempore permaneat, et dampni reus quadruplicatum secundum leges in judicio componat.

Facta donatione ista v idus februarii, feria v, Phylippo Francorum rege regnante. — S. Stephani qui hanc donationem fecit et testibus firmare jussit. S. Rotberti de Castel. S. Geraldi Guinaberti. S. Stephani de Rūf. S. Rigualdi. S. Rotberti comitis. S. Amplardi Contoris. — Durantus levita rogatus scripsit.

46. ÆCCLESIA DE TANAVELLA.

1058.

A primevo nempe exordio orthodoxæ Christi æcclesiæ, ab ejus catholicis primis fidelibus nutu Dei ipsa crescente, primitus templa divino cultui mancipata ad honorem summi regis Jhesu Christi constituta sunt. Post hæc vero, a sanctorum patrum studiis et quibusque probabilibus et primoribus viris mos inolevit ut per orbem terrarum multiplices fundarentur basilicæ quas propriis rebus ditarent, in quibus saluti animarum consulerent et dignas laudes creatori Deo referrent. Hoc ergo pulcrum et salutare exemplum tocius christianitatis filii sibi ad consuetudinem assumentes et usque in hodiernum diem hanc observantes, diatim templa Deo edificare non cessant, diatim ea multiplicibus honoribus, id est prædiis, palliis, gemmis preciosis et omni pulchritudine auri atque argenti decorare et sublimare non desistunt, adeo ut ecclesiasticus ordo clericorum vel monachorum ibidem omnipotenti patre famulantium sibi in omnibus sufficiat. Præterea notum sit omnibus in Christo tam futurorum quam præsentium fidelium personis qualiter ego Rotbertus Rotenensis urbis comes, cum dilecta matre nomine Phylippia, quandam ecclesiam quatuor mansorum fundo præditam, quæ sita est in comitatu Arvernico, in villa quæ nuncupatur Tanavella, cum omnibus appendiciis utilitatibus suis, ad monasterium quod dicitur Conchacense, ubi maxima virgo et martir Fides ab Agenno urbe illuc translata cum beato martyre Vincentio quiescit et ubi Odolricus abbas preesse videtur, dedimus et concedimus, tali videlicet ratione ut, quamdiu in hac carne manentes, oratio pro nostra salute ibi agatur, et post obitum nostrum memoria animarum nostrarum perpetualiter a congregatione præfati monasterii habeatur. Ad illam autem donationem confirmandam conscribi fecimus hanc testificationis cartulam, ut nulla posteritas generationis nostræ aliquam donationem vel hereditatem ulterius in supradicta ecclesia possideat. Ut autem hæc donationis cartula fixa et stabilis perpetuo permaneat, sub testibus veridicis consignare eam jussimus quorum nomina cum signis subscripta adesse cernuntur. Si quis vero adversus hunc librum testimonii, absit quod, venerit aut eum infrangere vel inquietare temptaverit aut ullo modo perficere valeat, omnis catholicus fidelis interdicat et tale nefas fieri pro salute animæ suæ prohibeat, ne id membrum diaboli hoc nefande scelus perpetrare præsumat.

Texta est ergo hæc donationis karta anno dominicæ incarnationis millesimo quinquagesimo octavo, regnante Ehenrico rege. — S. Rotberti atque Phylippiæ matris ejus qui hanc donationem fieri jusserunt et firmaverunt et testes firmare rogaverunt. S. Willelmi comitis.

47. ÆCCLESIA DE RUFIACO.
Vers 940-vers 942.

Omnipotentis Dei amplissima misericordia in his mortalibus consulit ut ex perituris non peritura et ex labentibus non labentia adquirere possent homines moribundi. Quapropter ego Stephanus, gratia Dei Arvernensium episcopus, cedo domino Deo salvatori nostro et beate Fidei virginis et martiris suæ aliquid ex rebus proprietatis meæ, pro redemptione anime meæ, ut pius et misericors Dominus aliquid de immanitate peccatorum meorum relaxare dignetur. Hæc sunt res quas cedo : ecclesiam de Rufiaco, cum omnibus ad ipsam ecclesiam pertinentibus et quæ ego tenere et possidere videor. Hanc autem donationem facio in tali racione ut ab hodierno die teneant et possideant habitatores loci supra dicti sine ullo contradicente. Si quis aut hanc donationem destruere voluerit, iram Dei omnipotentis et omnium sanctorum incurrat, nisi ad satisfacionem et emendationem veniat.

48. ÆCCLESIA DELL' ARERIIS.
987-993, mai.

Locum sacrum sanctæ Dei æcclesiæ qui est situs in pago Ruthenico super alveum Dordonis, et est fundatus in honore domini nostri Jhesu Christi seu sanctæ Mariæ virginis et sancti Petri principis apostolorum, ubi sanctus Vincentius et sancta Fides tumulati consistunt. Nos enim fratres Aicio et Grimardus

Radulfus qui fuerunt filii Rigualdi et Clericiane nos enim cedimus vel donamus illa æcclesia dell' Arerias, tres partes, cum terras et mansis et vineis, cum boscos, et quantum ad æcclesiam aspicit vel aspicere videretur. Illas tres partes cedimus vel donamus in Conchas monasterii sancti Salvatoris et sancta Fidei martiris, pro animas nostras et pro animas patrem et matrem nostram et pro animas omnium fidelium defunctorum, in tale racione que, si ullus homo tollere voluerit de communia, veniant monachi de Aureliaco et donent quatuor denarios et accipiant illam ecclesiam. In tale ratione donamus ecclesiam nostram sancti Salvatoris et sancta Fide vel ad ejusdem rectores, ut post hodiernum diem teneatis, possideatis sane sine ullo contradicente. Si quis nos, inmutatas voluntates nostras, aut ullus de heredibus nostris aut ullus de propinquis nostris aut ulla amissa persona qui contra carta donatione ista ire aut egere aut inquietare voluerit, hoc eis non liceat facere, sed faciunt quod lex est, et insuper componat c libras argenti.

Facta donatione ista in die sabbato, in mense madio, Deo regnante et rege sperante. — S. Aicio. S. Grimardo. S. Rodulfo. S. Francone. S. Bernardo. S. Rigaldo de Ussello, S. Girberto. S. alio Grimardo. — Saluster rogatus scripsit.

49. ÆCCLESIA DE CALLIA.
1065-1087.

In nomine sanctæ et individuæ Trinitatis. Nos tres fratres, Bertrannus, Gosbertus Willelmus, filii ut dicitur Willelmi Miscemalum, damus æcclesiam nostram in honore sancti Martini, sitam in episcopatu Agennensi, quæ est fundata inter castrum Penna et æcclesiam sanctæ Fidis quæ dicitur Callia, sancto Salvatori et sanctæ Fidi de Conchis, et abbati Stephano et monachis presentibus et futuris, ad alodum, scilicet totum phevum presbyterale, sicuti unquam melius quispiam presbyter tenuit; et si quid de phevo a æcclesiæ supra dictæ defraudatum est potestate vel fraude alicujus personæ, convenimus ut facimus tenere monachis sanctæ Fidis, sine ulla controversia, quantum ipsi perciperint vel aliquis juste eis testificatus fuerit, ob remedium animarum nostrarum et patris et matris nostræ. Ego vero Titbaldi uxor et infantes mei, mariti mei absolutione peccatorum qui morte subitanea necatus est, similiter dono supra dictam ecclesiam sancto Salvatori et sanctæ Fidei.

S. Willelmi Raimundi. S. Arnaldi Bernardi. S. Rotberti Podii. — Durannus scripsit.

50. ÆCCLESIA DE ESCOLT.
Vers 1076.

In nomine Domini. Ego Amancuus, pro salute animæ meæ et pro salute parentum meorum tam vivorum quam et defunctorum, do sancti Salvatoris de Conchas et sanctæ Fidis duos mansos de terra in Escolt, et hoc in episcopatu Basatensi, cum quarto et decima tota quæ de alios tres mansos totam decimam, per talem convenientiam ut Deusdet monacus aut Petrus aut Odolricus faciant unam æcclesiam ibi in honore sanctæ Fidis, pro anima mea et pro animabus parentum meorum. Similiter et dono eis omnem ecclesiam. Similiter et dono eis omnem justiciam de ipsa ecclesia et de hominibus quos aggregare ibi potuerint, sine ullo parente vel herede contradicente. Et si, quod absit, advenerit aliquis abbas aut monacus qui hanc honorem vellet auferre de tabula sanctæ Fidis, veniat filius vel filia aut quilibet qui honorem meum tenuerit et mittat super altare sancti Salvatoris et sanctæ Fidis xii denarios Lemovicanos et vindicor sibi honore. Si quis autem, post meum discessum, filius aut parens hoc donum et hanc affirmationem contra dicere voluerit, quæ recte possidet perdat, et insuper ipse et sibi consentientes cum Dathan et Abiron, cum Juda proditore, Anna et Kaifa atque Pilato æterno damnatione accipiant. Amen.

S. Amancuus. S. Willelmi Aicart. S. Aner Sancii. S. Aiquelmaner. S. Fulcherii.

51. DE MONTE BOARIO.
Fin du xi° siècle.

Ego Ainor Sancius facio convenientiam cum Deusdet monacho

et filius meus Boso de illa decima de Monte Boario usque in rivo decurrente in Drot, ut habeant monachi sancti Macharii medietatem de decima et monachi sanctæ Fidis aliam medietatem. Similiter dividant proferentias de altario et de cimiterio. Et monachi sanctæ Fidis debent michi ostendere et Bosoni unum locum ubi faciant unam mansionem monachi sancti Macharii in qua congregant partem suæ decime. Et si monachi sancti Macharii alicubi potuerint invenire in his finibus ad emendum de decimario, monachi sanctæ Fide reddant medietatem precii et accipiant medietatem comparationis. Similiter et si monachi sanctæ Fide aliquid comparaverint, monachi sancti Macharii reddant medietatem et accipiant medietatem. Si quis hoc contradicere voluerit, anathema sit, fiat, fiat.

52. ÆCCLESIA DE BRAIGS.

1074-1087, avril.

In nomine summe et individue Trinitatis. Ego Falcho et uxor mea Florentia et infantes nostri, ego vero Austria et infantes mei, ego vero Fulco et uxor mea et infantes nostri, ego quidem Hugo frater ei, ego autem Ademarus de Sablonag, ego quippe Ebrardus d'Espainols et fratres mei damus sancto Salvatori et sanctæ Fidi de Conchis, et abbati Stephano et monachis præsentibus et futuris æcclesiam sancti Martini de Braigs ad alodum, scilicet totum phevum presbyterale, sicuti unquam melius habuit presbyter. Hoc donum, sicuti nos facimus, laudat domnus episcopus Agennensis et Amancus ejus archidiaconus et cæteri sui clerici. Si qua vero persona huic donationi in aliqua re contraria extiterit, non habeat potestatem et insuper iram omnipotentis Dei incurrat.

Scripta est hæc donatio in mensæ aprilis, domno papa Gregorio presidente et Phylippo Francorum rege regnante. — S. Willelmi Gardone. S. Grimoardi de Pigon. S. Willelmi Grimoardi. — Durannus scripsit.

53. ÆCCLESIA DE VINAIROLS.
1076.

Omnipotentis Dei largissima pietas pro terrenis cælestia, pro perituris æterna commutata et pro parvis centuplicata redonat. Idevico ego Falco de Barta, ob hoc quod in tempore avorum meorum in quodam loco mei honoris olim sanctæ Fidis ecclesia in honore fuerat et, sicut superstes adhuc narrant, tanta virtus inibi operabatur ut etiam navis per se sola sine gubernatore peregrinos ad eadem ecclesiam venientes, causa orandi recuperandæque sanitatis adventaret et transmearet, cum monachis sanctæ Fidis de Conchis concordavi, et quia uxor mea primitus hoc noluit, perculsa divinitus multa febre et allopitio recognita, quamvis esset suum sponsalicium, me ut darem impulit. Erat enim tunc supradictus locus spinis ita et silvestris frondibus obsitus ut pocius esset habitacio ferarum et latronorum quam bonorum virorum. Qua de re compulsus, metuendo Dei judicio, cupidusque futura melioratione loci, tali modo dicendo facio donum. Ego Falco et uxor mea Florencia et infantes nostri damus sancto Salvatori et sanctæ Fidi de Conchis nostrum mansum de Vinairols, in tali convenientia ut monachi sanctæ Fidis faciant ibi ecclesiam. Et si ibi mercatum factum fuerit, retineo mallevantiam usque ad xv dies; et si non reddidero usque ad xv dies, non amplius michi credat ipse cui fraudem dixero. Et si homines istius mansi vel villæ per monachum non se justificaverint, retineo justiciam, ita ut gaddium et quicquid de placito ville habere potero fideliter monachis sanctæ Fidis reddam. Dono similiter sanctæ Fidi de Conchis portum Dordoniæ qui est juxta mansum suprascriptum totum quod ego habeo, sicut Bonafossus per me tenet. Et si navis salinaria ibi advenerit, retineo medietatem debiti quod ibi simul missuri sumus concorditer ego et monachus sanctæ Fidis. Et dono similiter ut in Dordonia inter me et monachos sanctæ Fidis faciamus scavam: et si ego non dedero medietatem operis scavæ sanctæ Fidis monachis, si ipsi eam sine me fecerint, sit monachis in dominio. Dono similiter sanctæ Fidi illam meam terram quæ est juxta locum de Vinairols ad faciendum, ita ut reddant michi quartam partem fructus; et accipio de Poncio monacho propter hujus terræ faciendam xxxv solidos de denariis Pictavinos et unam mulam ad prestandum Rome. Dono etiam similiter paxeriam meam, ita ut monachi faciant eam, et michi reddant terciam partem.

S. Falconis. S. Augerii de Gorzon. S. Grimoardi de Picon. S. Ademari de Sablonag. S. Geraldi de Gardona. S. Willelmi de Poig. S. Poncii monachi, sacristæ altaris sanctæ Fidis. S. Poncii Rutenensis presulis, in cujus præsentia hanc facio scribere cartam, eo tempore quo papa Gregorius VII convocavit Romæ magnum sinodum episcoporum et abbatum adversus Hæenrici regis placitum, et quo tempore Stephanus abbas Conchensis Figiaci monasterium ab eodem papa impetravit, asserentibus omnibus qui erant in palacio, ut sicut præcepta regalia monstrabant, perpetuo abbati Conchensi esset subditum et serviret sicut membra capiti. — Durantus levita scripsit.

54. ÆCCLESIA DE CANNETO.
1074-1081, avril.

In nomine Patris et Filii et Spiritu Sancti. Ego Willelmus Grimoardi et frater meus Arnaldus, ego Arnaldus Vicarii, ego Geraldus Ropedadges et uxor mea donamus sancto Salvatori et sanctæ Fidi de Conchis æcclesiam sancti Jhoannis de Canneto ad alodum, scilicet totum phevum presbyterale, sicuti melius presbyter tenuit vel visus est tenere, et tantum spacium terræ circa æcclesiam quantum ostendimus. Si qua vero persona huic donacione in aliqua re contraria extiterit, non habeat potestatem et insuper iram omnipotentis Dei incurrat. Hoc donum, sicuti nos facimus, laudant dompnus Willelmus Petragoricensis episcopus et ejus archipresbyter Geraldus et cæteri sui clerici sanctæ Fidi de Conchis et abbati Stephano et monachis præsentibus et futuris.

Scripta est hæc donatio in mense aprili, feria III, regnante Phylippo rege Francorum rege et domno Gregorio papa. — S. Falchoni de Barta. S. Aimerici Montis Revelli.—S. Ademari de Sablonag. — Durannus scripsit.

55. ÆCCLESIA DE GARZAGO[1].
1074-1085, avril.

In nomine Patris et Filii et Spiritus Sancti. Ego Willelmus de

---

1. Une main postérieure a ajouté en marge : « nunc de Podio l'alenoso. »

Liciago et uxor mea et infantes nostri, ego vero Willelmus Gonbaldi, cum consensu et voluntate seniorum nostrorum Augerii, Galterii, Bonifacii et aliorum, ecclesiam sancti Petri de Garzag damus sancto Salvatori et sanctæ Fidi de Conchis, et abbati Stephano et monachis præsentibus et futuris, scilicet totum phevum presbyterale et omnia quæ ad istius æcclesiæ pertinent vel pertinere videntur. Si qua persona huic donationi in aliqua re contraria extiterit, non habeat potestatem et insuper viam omnipotentis Dei incurrat.

Scripta fuit hæc donatio in mense aprili, domno papa Gregorio presidente et Phylippo Francorum rege regnantæ. — S. Petri de Valle Beona. S. Techberti. S. Geraldi Rosselli Petragoricensis æcclesiæ archidiaconi. — Durannus scripsit.

56. A DE PODIO PALENOSO.

1061-1108, 30 juin.

In conscribendis donationibus primitus intromittendi sunt heredes nominatim, deinde hereditas quæ donatur, postremo sancti quorum intercessionibus datores cupiunt se adjuvari. Quocirca ego Ebrardus de Castello Pelagrua vocato et uxor mea nomine Taris et infantes nostri, metuentes gehennæ supplicium et misericordis Dei expectantes remedium, donamus, pro animabus nostris et parentum nostrorum, illum mansum nostrum de Podio Palenoso cum terras cultas et incultas, cedimus et donamus et firmamus ad jamdicto altare sancti Salvatoris de Conchas et sanctæ Fidei virginis et ceteris sanctis quorum reliquiæ ibi venerari videntur. Donamus etiam ad ipsum locum quantum nos et consanguinei nostri ibi accrescere voluerimus et quantum ipsi monachi cum nostro consilio ibi adquirere potuerint de hodie in antea. Hoc totum, sicut scriptum est, donamus sancto Salvatori de Conchis et sanctæ Fidei virginis et sanctis ejusdem loci, et abbatibus et monachis ibidem habitantibus qui præsentes sunt et futuri, ita ut ab hac die licitum et quietum habeant, teneant et possideant in omnibus sane. Est igitur isto alodus in pago Petragorico, in parrochia æcclesiæ sancti Petri apostoli de Carcennago.

Scripta est hæc carta ultimo mensis junii die, feria III, regnante Phylippo Francorum rege. — S. Ebrardi et uxoris ejus filiorumque illorum qui cartam istam firmaverunt et firmare fecerunt. S. Theiferii. S. Arnulfi. S. Bernardi. S. Raterii. S. Audgerii. — Johannes monachus scripsit.

57. ÆCCLESIA DE BELLOMONTE.
1060-1065, juillet.

Corrupto natale nostri generis, imminente quoque periculo mortis quod contraxerat ausu illicite temeritatis, humanum omnino genus diversis subjacuit casibus. Tandem, quum labor improbus omnia vincit, commiserante divina clementia quæ cunctorum letatur proventu et gratia, quibus mens fuit sanior ac sentencia inventa est via qua redeatur ad patriam, bonorum videlicet operum exsecutionibus ad cujus cultum solus homo est factus. Nunc autem, quum obtenebramur prioris mortis caligine, est anticipandum summa ope, priusquam veniat interitus carnis, interior homo divinis adjutus armis ut invigilet ad arcem summæ beatitudinis. Majorum quidem semita nobis est indicium ad boni operis incitamentum. Statutum quippe lege tenemus quod rerum omnium Domino decimas dare debemus, et quia in cunctis offendimus est enitendum ut modis omnibus faciem Dei præveniamus. Rem ergo hujuscemodi majores nostri præmeditantes, quod liberaliter uti videbantur ac sub propria dictione, videlicet paternos reditus, maternas pecunias, avitas largiones et quicquid undecunque adquisitu vel emptione possidebant, domino Deo secundum proprium velle tradere disposuerunt. Talium denique dispositione ac instinctu promotus, ego Deusdet, presbyter Albiensis diocesis, Deo servire disposui. Profecto intelligens quam non est in alio aliquo salus, et quia forte non sufficiebat paterna hereditas, lite inpediente parentum, secundum ingenii mei possibilitatem, multa prece, interdum munere, adquisivi æcclesiam ad serviendum Deo quæ vocatur Bellus Mons, et est consecrata in honore Dei genitricis Mariæ. Sub tali itaque tenore adeptus sum ut nullus mortalium aliquid census vel vindicare quicquam præsumat, nisi locus cui ego sponte dedero. Quod si quis temerarius vel male suasus præsumpserit, procul dubio anathema sit. Et ut melius ille prædictus locus tueatur ac sub tutela religionis habeatur et Deo inibi serviatur, dono eum Deo et sancto Salvatori in loco qui dicitur Conchas, ubi et sancta Fides venerabiliter requiescit. Trado eum ita sicut tenere et habere visus sum ac habiturus, scilicet cum omnibus rebus quas Deus michi habere deincebs permiserit. Nullus enim est ibi vicarius, nullus habens fevum vel alodum vel aliquid quod dicere possit suum, vel proprium vel commendaticum. Dono etiam cum ipsa æcclesia quatuos mansos ibidem adjacentes et terras et vineas et boscos et aquas et prata et omnia quæ adquisivi de Didone de Andoca et de nepotibus ejus, videlicet Petro et Amblardo et Willelmo Ramundetanus et fratribus ejus, et de Ricardo Raimundo et de Frotardo Armando et de Arnaldo Bernardo et de Deusdet Amalvino et de alio Arnaldo Bernardo et de Deusdet Guirberto. Hæc enim omnia superius præscripta dono Deo et altari sancti Salvatoris de Conchas et sanctæ Fidis virginis et martyris, et in præsentia domni Odolrici abbatis ejusdem loci ac ceterorum fratrum ibidem servientium. Nunc ergo volo ut provideat domnus abba quod mittat custodes ac provisores.

Facta autem carta ista in mense julio, regnante Phylippo Francorum rege. — S. Didoni. S. Petri. S. Amblardi. S. Willelmi. S. Richardi. S. Froterii. S. Arnaldi. S. Deusdet. S. Bernardi. — Johannes rogatus scripsit.

58. ÆCCLESIA DE GARBDO.

1083, février.

In nomine summo et individue Trinitatis. Ego Raimundus Raini et uxor mea et infantes nostri, et ego Bernardus frater ejus et uxor mea et infantes nostri damus sancto Salvatori et sanctæ Fidi de Conchis æcclesiam sanctæ Mariæ quæ dicitur Garbdis ad alodum, et in circuitu ipsius æcclesiæ quantum terminamus, scilicet ad partem orientis cruce, ad partem meridiei strata publica, ad partem occidentis rivo Tesconis; et ultra hos fines cambonem de Pont Vilares, et mediatatem decimi de molendinis Willelmengs, et de honore molendariorum qui ad nos pertinet. Ego vero Gisla et filii mei et Bernardus vir meus damus similiter sancto Salvatori et sanctæ Fidi de Conchis medietatem supradicti honoris, et ultra supra scriptos fines damus similiter pratum quod est inter strata et Garbdilia. Ego Rigualdus Ermengaudi et Bernardus frater meus damus fevum supradictæ æcclesiæ sancto Salvatori et sanctæ Fidi sicuti umquam melius presbyter tenuit. Ego vero Atto Saixeti et mulier mea et infantes nostri damus similiter quartam partem decimi parrochiæ supradictæ æcclesiæ. Ego vero Gonbertus et uxor mea et Sicherius et infantes nostri damus similiter vigariam supradicti honoris sancto Salvatoris et sanctæ Fidi. Si vero huic donationi aliqua persona in aliqua re contraria extiterit, non habeat potestatem, victus hac cartæ auctoritate.

S. Raimundi Raini et uxori ejus. S. Bernardi Raini et uxori ejus. S. Guisla et infantes mei et Bernardi Roselli. S. Atto Saixeti et uxor mea et infantes mei. S. Gonberti et uxor ejus. S. Sicherii. — Facta carta ista in mense febroarii, sub die feria VI, anno ab incarnatione Domini millesimo LXXXIII, a passione millesimo L, regnante Phylippo rege.

59. ÆCCLESIA DE MONTEILZ.

1083, novembre.

In nomine summe et individue Trinitatis. Ego Atto Matfredus et uxor mea Vierna et infantes nostri, ego vero Geraldus Amelius et uxor mea et infantes nostri, ego Bernardus Atto, nos omnes donamus domino Deo et sancto Salvatori et sanctæ Fidi de Conchis, et abbati Stephano et monachis præsentibus et futuris æcclesiam nostram sancti Johannis de Monteilz ad alodum, totum phevum presbyterale, et circa æcclesiam quantum signis ostendimus et terminare jussimus, sicut Gosbertus presbyter melius tenuit aut aliqua persona de manu ejus. Ego autem Atto Saxeti et uxor mea et infantes nostri, ego vero Amelius Baldini et uxor mea et infantes nostri, ego vero Durantus Raimudi et uxor mea et infantes nostri, ego quidem Amelius Mancipi et uxor mea Garsendis et infantes sui, ego vero Guitardus Ebrini, ego Geraldus Jatberti, nos omnes donatores totum quantum habuimus in phevo supradicte æcclesiæ, in sepultura, in recepto, in offerendis, damus similiter domino Deo et sanctæ Fidi de Conchis, et monachis præsentibus et futuris, pro remedio animarum nostrarum. Ego vero Bernardus et frater meus Willelmus et infantes nostri dimittimus et laxamus supradictæ æcclesiæ mansum de Corta Coxa, quia injuste ei ablatus fuerat, et propter hoc accipimus de monachis sanctæ Fidis XIII solidos. Si vero huic donationi aliqua persona in aliqua re contraria extiterit, non habeat potestatem, victus hac cartæ auctoritatæ.

S. Atto Matfredi. S. Geraldus Amelii. S. Atto Saxeti. S. Rigualdi Ermengaudi. S. Raimudi Hugonis. S. Deusdet Dominici presbyteris. — Facta carta ista in mense novimbri, sub die feria III, anno ab incarnatione Domini mille LXXXIII, a passione L, regnante Phylippo rege.

60. ÆCCLESIA DE BORNO.
1061-1065, mai.

Cum sit dubium quo fine quisque rapiatur ab hoc sæculo, oportet, dum adhuc vivit, ut de suis rebus vel prædis, testamentoria auctoritate, sanctis sacrisque donet locis, quatinus sancti ipsius loci aput Deum intercedant pro suis facinoribus. Idcirco autem nos pertimescentes involvi nostrorum facinorum honeribus atque consanguineorum nostrorum, donamus et cedimus, pro animarum nostrarum remediis, sancto Salvatori de Conchas et sanctæ virginis Fidei aliisque sanctis in eodem loco quiescentibus, et abbati Odolrico et monachis ejusdem loci æcclesiam quæ est in alodo nostro qui vocatur Bornum, et cum omni alodo nostro qui vocatur Bornum, et cum omni alodo nostro de ipso Borno, totum integriter donamus ad sanctos jam dicti loci et ad monachos jam dictos. Sumus enim donatores et testamenti hujus firmatores ego Poncius filius Bernardi et Atto filius Hugoni et filii Bernardi Arnaldi, qui hanc cartam et alodum qui in ea scriptus est firmamus et donamus. Nos vero Arnaldus et Bernardus filii Hescafridi donamus et firmamus similiter. Igitur ergo Bernardus filius Frodoloni similiter cedo et dono et filii mei ipsam terram quæ est de manso vicarialo usque in Lobaria, sicut usque hodie habere et tenere visi sumus ita donamus et firmamus. Retinemus autem in hac dono convenientiam, sicut sumus omnes donatores, ut, si ullus abbas aut rector monasterii de comunia de Conchas tulerit, veniat unus plus propinquus noster consanguineus et faciat recuperare in monasterio usque tercio. Quod si denuo tultum fuerit, donet quinque solidos super altare sancti Salvatoris et sibi retineat. Est autem iste alodus in pago Tolosano prope castrum de Vilamur.

Facta carta ista in mense madio, feria vii, regnante Phylippo rege. — S. Poncii. S. Attonis. S. Barnardi. S. Durtrandi. S. Attonis. — Bego monachus scripsit.

61. ÆCCLESIA DE TAURIACO.

Vers 1087, novembre.

In nomine domini nostri Jhesu Christi. Ego Solempnia et filii mei Grimaldus, Droitandus et Raimundus et Geraldus, pro redemptione animarum nostrarum, domino Deo et sancto Salvatori et sanctæ Fidi de Conchis, et abbati Begoni et monachis qui in eodem Conconsi monasterio sunt et futuri sunt concedimus et donamus ecclesiam nostram quæ vocatur Tauriacus ad alodium, et totum decimum et presbyterum et ejus servicium, et totam salvetatem sicut Arnulfus monachus et Poncius Raino nobis præsentibus determinaverunt. Hoc totum suprascriptum donamus sancto Salvatori et sanctæ Fidi sine ulla retinentia. Et ego Solempnia in eadem salvetate accipio de manu prædicti abbatis duas mansiones, unam quamque octo brachiorum longitudinis et quatuor latitudinis.

Scripta carta ista mense novimbri, feria vii, regnante Phylippo Francorum rege. — S. Solempnie et filiorum ejus qui hanc donationem fecerunt. S. Isarni episcopi Tolosani. S. Willelmi comitis. S. Poncii Rainoni. S. Hugoni Chiadgerii. S. Attonis Jhoannis. — Bego scripsit.

62. ÆCCLESIA DE AFRAGNIO.

1061-1065, avril.

A primo nempe exordio catholicæ Christi æcclesiæ a fidelibus de propriis facultatibus ac donationibus ditantur, et personam donatoris deinde res quæ donantur oportat subtitulari. Idcirco ego Willelmus et frater meus Petrus et filii nostri Raimundus et Hysarnus et Guilabertus et Bernardus et Petrus et Hugo cedimus et donamus sancto Salvatori de Conchas et sanctæ Fidei, et monachis ibidem Deo servientibus tam præsentibus quam et futuris illam nostram æcclesiam quæ vocatur Afragnio, quæ olim consecrata est in honore sancti Christofori, cum toto alode quæ ad ipsam æcclesiam pertinet. Est enim ipsa æcclesia in pago Tolosano. Istam ecclesiam supra scriptam, sicut jam supradictum est, cedimus et donamus sanctis et monachis de Conchas sine ullo contradicente. Si vero ullus abba de Conchas de comunia monachorum tulerit, veniat unus de plus propinquis nostris et recuperare faciat in monasterio usque tercio ipsum alodem. Quod si denuo de communia exierit, retineat sibi et donet super altare sancti Salvatoris solidos x de Raimondencos.

Facta carta ista in mense aprilio, feria III, regnante Philippo Francorum rege. — S. Willelmi qui cartam istam scribere et firmare rogavit. S. Petri præpositi fratris ejus. S. Bernardi. S. Willelmi. S. Geraldi.

Ego Willelmus et uxor mea Berta et filii nostri Raimundus et Isarnus et Guilabertus et Bernardus et Petrus donamus et absolvimus filios et filias Grimaldi sancti Salvatoris de Conchas et sanctæ Fidis, et abbati Odolrico et monachis qui sunt et qui erunt. — Ego Atto Geraldus et Berengers et Raimundus et Willelmus Bernardus et Bernardus Malamosca donamus et laudamus istum alodem suprascriptum.

63. ÆCCLESIA DE CASSANIE GALTERIO.

1061-1065, août.

In conscribendis donationibus hic ordo servandus est ut prius nominetur nomen donatoris deinde res quæ donantur. Quamobrem, in Dei nomine, pro animas nostras et parentum nostrorum, ego Gauzbertus et filii mei Petrus et Geraldus et Bernardus, et nepotes mei Amalvinus et Petrus et Bernardus et Geraldus et Raimudus, donamus ad alodem sancto Salvatori de Conchas et sanctæ Fidi virginis et martiris, et abbati Odolrico et monachis qui modo ibi habitant et postmodum habitaturi sunt, donamus illis ecclesiam nostram de Quintilio quam nos ipsi mutare fecimus ad Cassiano Galterio. Donamus et ipsum montem ubi ipsa ecclesia mutata videtur, sicut ego Gauzbertus et nepus meus Amalvinus et Salomon qui vicarius ejusdem loci fuerat, sed ipse sua voluntate, sanctæ Fidei vicariam donavit. Sicut nos per terminos monstravimus et cruces mittere mandavimus, quantum infra istos terminos esse videntur totum integriter donamus, sine ulla reteguda, ad sancto et ad monachos de jamdicto monasterio Conchas, hoc est totum decimum et vicariam et justiciam et quartum, et villam quæ modo ibi est et in antea edificata fuerit. Et per ipsum decimum quem infra terminos istos laxamus, retinemus ego Gauzbertus et filii mei et nepotes mei illum decimum de illo Cuneo ubi Archembaldus visus est manere. Quantum autem extra istos terminos in tota parrochia est, de totum donamus similiter totum decimum, excepto medietatem de vino et de annona ; et ipsam medietatem quam retinemus deforas terminos jam dictos habebimus et tenebimus de manu abbatis de Conchas ad fevum. Hoc namque donum in tali convenientia datum est ut, si ullus abbas de hoc aliquid a fevum donaverit, propinqui nostri in monasterio usque tercio recuperare faciant. Si autem amplius donatum fuerit, propinquii nostri sibi retineant.

 Facta carta ista in mense augusto, feria III, regnante Phylippo rege. — S. Gauzberti et filiorum ejus. S. Amalvini et fratrum ejus. Isti omnes cartam istam scribere et firmare jusserunt. — Geraldus monachus scripsit.

64. ÆCCLESIA DE CEPEDO.
1073-1087, jeudi saint.

In nomine Patris et Filii et Spiritus Sancti. Ego Bernardus Gauzbertus et uxor mea Ricxendis et infantes sui scilicet Raimundus et Willelmus, et ego Geraldus et Pontius frater meus de Ceped, et ego Poncius Willelmus et uxor mea Adalburgis, ego vero Raimundus Gaurazes et uxor mea Majentia et filii nostri, ego vero Richeldis et filii mei Bernardus, Raimundus et Willelmus, ego autem Bernardus Amelius et uxor mea, ego quidem Poncius Gairaldus, nos omnes damus sancto Salvatori de Conchis et sanctæ Fidi virgini et martiri æcclesiam nostram de Cepad, scilicet totum ecclesiasticum et totum decimum et omnes consuetudines quæ adversus æcclesiæ pertinent et circa æcclesiam nostram in alodum quantum spacii Stephano monacho sanctæ Fidis determinavimus. Ego vero Raimundus et Willelmus frater meus, et ego Unzandus, istius honoris servientes, damus similiter quicquid juste et injuste habebamus pro redemptione animarum nostrarum. Si vero, inmutata voluntate, nos aut aliqui parentum nostrorum hoc donum usurpare aut calumpniare præsumpserit, nulla sit licentia, sed insuper quod lex jubet faciamus et honorem monachis sanctæ Fidis, sicut supra scriptum est, quiete tenere faciamus.

Facta carta ista feria v cæne Domini, regnante Phylippo Francorum rege. — S. Raimundi et Bernardi et Poncii qui hanc cartam scribere jusserunt. S. Raimundi Oddonis. S. Bernardi Berengerii. S. Willelmi comitis. S. Isarni episcopi.

65. ÆCCLESIA DE RODOLAIGAS.

997-1010, mai.

Locum sacrum sanctæ Dei æcclesiæ qui est situs in pago Ruthenico super fluvium Dordonis, et est fundatus in honore domini nostri Jhesu Christi et sanctæ Mariæ et sancti Petri, ubi sancta Fides et sanctus Vincentius tumulati consistunt, ubi Bego abba præesse videtur cum cuncta congregatione sancti Salvatoris ibidem Deo famulantes, cujus vocabulum est Conchas. Quamobrem ego, in Dei nomine, Geraldus et frater meus Raimundus cedimus vel donamus ad ipsa casa Dei vel ad ipsos Deo servientes, cessumque in perpetuum esse volumus, hoc est in pago Tolosano, in vicaria Rogonnago, vel in termino Rodolaigas, uno casalo cum ipsa vinea quæ est de ipso casalo, et fines habet in se: de totas partes adjacit ab ipsos donatores, ubi Geraldus visus est manere; et in alio loco, terra nostra Volvena, fines habet in se: de duos latus terra ad ipsos donatores vel ad ipso fisco usque in strata publica, de quarto loco usque in media gutta; et in alio loco, condaminas de Bellos Campos, et fines habent in se: de duas partes ad ipsos donatores usque ad media spissa quæ descendit in Garonna, de tercia parte terra Satgario, de quarta parte usque in medium flumen; et in alio loco, piscatoria nostra in loco quæ vocatur Falgaria. Quantum infra istas fines quæ supra nominavimus quistum vel adinquirendum est, totum et abintegrum cedimus vel donamus sancti Salvatoris et sanctæ Fidæ, pro anima genitori nostro et genitrice nostra et animas nostras, ut Deus omnipotens ad judicium veniam concedere dignetur. Si quis nos, inmutatas voluntates nostras, aut ullus de propinquis vel de heredibus nostris aut nullus homo aut nulla femina qui contra carta donatione ista nullam calumpniam agere voluerit, hoc Dei licentiam non habeat faciendum et ista donatio firma permaneat.

Facta carta donatione ista die sabbato, in mense madio, regnante Rodberto rege. — S. Geraldo et Ramundo qui carta ista scriberæ vel adfirmare rogaverunt. S. Arnaldo. S. Benedicto. S. Heliano. S. Lupo. S. Guidono. — In Dei nomine, Adalgerius scripsit.

66. ÆCCLESIA DE PERAIROLS.

1065-1087, 22 avril.

Nobiliorum virorum et amicorum Dei qui rebus et prædiis suis æcclesias Dei ubi corpora beatorum martirum requiescunt hereditaverunt exemplo ego Dodo de Samathan provocatus precipue, sperans ab eo retribucionem vitæ eternæ occipere qui dixit fidelibus suis : « date et dabitur vobis », adt augeo donum quod pater meus Helias fecit Salvatoris et sanctæ Fidis de Conchis. Pater meus namque dedit sancto Salvatori et sancte Fidi alodem suum de Perairols, scilicet domos et ortos et villam qui edificaturi erant inibi supervenientes homines, (nam tunc nulla ibi erat habitacio hominum, excepto latronorum in silvis latencium), et justiciam et vicariam et omne servicium ville ; et de omni alode qui foris villam est qui pertinet ad Perairols retinuit medietatem in dominio et medietatem sanctæ Fidi dedit. Ego vero Dodo filius ejus, quia jam virtutibus sanctæ Fidis et magno labore monachorum constructa est ibi ecclesia et villa admodum hedificata, et quod fuit prius incultum est cultum et gratia Dei ad habitandum aptissimum, ut melior et firmior tradicio et helemosina patris mei, totum quod ipse et ego retinuimus, scilicet medietatem supradicti alodis et omne servicium et omne redditum quam juste et injuste requirebam, totum et ab integrum quod habui usque nunc et visus sum habere cedo et dono sancto Salvatori et sanctæ Fidi de Conchis, et abbati Stephano suisque successoribus et monachis tam presentibus quam futuris, in presentia monachorum qui tunc fuerunt in capitulo Concharum quando fuit facta hæc donatio, et in præsentia meorum nobilium virorum quos hæc adfirmare subterius rogabo. Quod si aliquis heredum meorum hanc donationem voluerit infringere aut inquietare, non hoc valeat vindicare quod requirit, sed insuper iram Dei omnipotentis incurrat et sit anathema cum Juda traditore, sitque exheredatus de omni honore meo et super componat pro inquietacione quinque libras auri purissimi, et deinceps hec donatio firma et stabilis permaneat.

Facta carta donatione ista x kalendas madii, feria IV, regnante Phylippo Francorum rege. — S. Dodoni. S. Willelmi de Spaun. S. abbati de Lambers. S. Oddoni de Lanues. S. Oddoni de Soler. S. Willelmi Garmundi. — Durantus scripsit.

67. ÆCCLESIA BEATI MARCIALIS.

Fin du xie siècle.

Testamentum et brevo memoriale de æcclesia beati Marcialis que est in comitatu Tolosano, cominus fluvium quod vulgariter dicitur Saucia, quam Stephanus Pruinensis monachus adquisivit ad altare beatæ Fidis de Galatea Quercu, hoc est totam ecclesiam et ecclesiasticum totum et terciam partem decimarum de pane et vino, et totam decimam de lino et lana et de carnali, et sepulturam totam et primicias et babtisterium et omnia quæ æcclesie beati Marcialis atinent, oc totum et abintegrum donavit Amalvinus et Raimundus Hugo cum fratribus suis, et Petrus Gauzbertus cum cæteris suis fratribus, sine ullo censu et sine ullo servicio, adquisito altare beate Fidis de Galatea Quercu et Stephano Pruinensi qui in illo temporis erat obediencialis ipsius cellule, atestantibus et confirmantibus omnibus militibus ipsius castri et cunctis hominibus ipsius ville, et omne quod presbyter atque Willelmus Stephanus ibi tenuerunt unquam et alter ab eis. Et postea venit Petrus Gauzbertus et filius suus Willelmus donavit illam partem quæ retinuit a domino Deo et sanctæ Fidis et ad abbates et ad monachos in præsentia Petro Raimundo de Sancti Genesii et Radulfo del Casse.

68. ÆCCLESIA DE CLARACO.
1061-1065.

In Dei nomine. Ego Arnaldus cognomine Willelmus de Castello Barossa dono sancti Salvatori de Conchas et sanctæ Fidi virgini et abbati Odolrico et monachis ejusdem loci, dono ecclesiam meam de Claraco quæ dudum vocata est Coberturas, ego et uxor mea et infantes mei donamus istam ecclesiam ad supradictos sanctos cum fevo presbyterale et cum toto decimo et cum sepultura et totum quod ad altare pertinere debet. Donamus etiam totum alodem que in circuitu æcclesie est in dominium ad ipsos monachos et justiciam sicut infra terminos continetur quos cruces demonstrant, excepta medietate de mercato quod factum fuerit sicut constitutum est in sabbatis. Damus etiam habitantibus in eadem villa pascua ad pecora pascenda et ligna silvæ quæ illis necessaria fuerint sine ullo censu. Hanc ecclesiam, sicut suprascriptum est, et totum alodem donamus et firmamus ad jam dictos sanctos et ad monachos, pro animas nostras et parentum nostrorum, ut Deus omnipotens per intercessionem gloriosissime virginis Fidei mesereatur nobis in hoc sæculo et in futuro et absolvat omnia peccata nostra. Amen.

Facta carta ista in mense junio, feria VII, regnante Phylippo Francorum rege. — Est autem ista ecclesia consecrata in honore sanctæ Fidei et est sita in pago Conveniense.

69. ÆCCLESIA DE LAUDEL.
Avant 1031-1065.

Ego Ainardus de Cuneo et filii mei Arnaldus et Gauzfredus et

Willelmus donamus sancto Salvatori de Conchas et sanctæ Fidei, et abbati Odolrico et monachis æcclesiam sanctæ Mariæ de Laudel ad alode in dominio, sepulturam et offerentia et quantum ad ecclesiam pertinet et medietatem decimi et medietatem de justicia de nostris hominibus et totam justiciam de illis qui venerint et decimum de quista et quatuor denarios de unaquæque mansione per singulos annos. Donamus etiam Garsiam presbyterum et suum in dominio casalum. Hoc totum et ab integrum damus sancto Salvatori de Conchas et sanctæ Fidei, sine ullo contradicente. Donat etiam unusquisque homo qui alodem habet in villa de terra in dominio quantum duo boves arare possunt in die.

70. ÆCCLESIA DE MONVILA.
Avant 1031-1065.

In conscribendis donationibus hic ordo servandus est ut prius nominetur nomen donatoris, deinde res que donantur. Quamobrem ego Bergonius presbyter et nepus meus Sancius et Arsias Auriolus et nepus meus Fortus et Garsias presbyter donamus sancto Salvatori de Conchas et sanctæ Fidi, et abbati Odolrico et monachis qui ibi sunt et furi sunt illam ecclesiam nostram de sancti Martini de Monvila ad alodum, in tali convenientia ut teneamus medietatem de æcclesia ipsa de manu abbatis et monachis, et aliam medietatem teneant monachi in dominio, et medietatem de decimum similiter et medietatem de totas res quod ad altare pertinet, et salvetatem totam teneant monachi in dominio.

S. Bergoni presbytero. S. Sancio. S. Arsia Auriol. S. Forto. S. Garsia presbytero. S. Bernardo. S. Arseng. S. Arnaldo Bernardo. S. Willelmo Bernardo.

71. ÆCCLESIA DE VILLA PINCTA.
Fin du xi° siècle.

Ego Raimundus filius Aurioli dono sancto Salvatori de Conchas et sancte Fidei meam ecclesiam quæ vocatur Villa Pincta ad alodem, que est in pago Oxiacense, ut post hunc diem habeant monachi de Conchas et teneant, pro anima mea et parentum meorum. — Geraldus monachus scripsit.

72. ÆCCLESIÆ DE GARITOANG.
1086.

Quoniam fuit auditum nec non et quam visum mortuis testibus res vertit in contrarium, placuit pluribus et sapientioribus ut res gestas litteris denotarent et sic suorum actuum memoriam posteris suis traderent. Quapropter ego Petrus, etsi indignus, Pampilonensium episcopus, hanc cartam rogavi scribi et propria manu firmavi. Notum sit omnibus tam presentibus quam futuris. Quod ego Petrus predictus donavi, cum consilio clericorum meorum et cum assensu et laudatione regis Sancii, æcclesias de Garitoang cum omnibus decimis earum et primiciis et cum honore ad eas pertinente et quicquid est juris earum, sancto Salvatori de Conchis et sanctæ Fidei, et monachis ipsius monasterii tam presentibus quam futuris, et in salinis que propiores sunt de quarta parte ... porcionis meæ quartam partem. Quas æcclæsiis ita ab omni jugo decrevi esse liberas et injenuas, ut qui ibi manerent sub omni quiete Deo servire possent. Hac vero de causa donavi eis et concessi quartam partem ex decimis istarum ecclesiarum quæ erat juris mei. Si qua vero persona hanc donationem legaliter factam destruere conando temptaverit, sciat quod periculum anime suæ incurrerit, et donatio ista firma et stabilis in perpetuum permanebit. Qui autem obstiterit temptanti destruere erit dignus eterna retribucione.

Facta donacio ista erat cxxiv, in mense madio, octabarum pentecostes, regnante predicto rege in Pampilona et in Aragona, anno secundo quo capta est Toleto ab Adefonso rege, episcopo Garsia in Iaka, episcopo Sancio in Nagera. — S. Fortunio Ennecones in Fanes. S. Lopegarzez in Uno Castello, et S. Fortunio Sanz in Huart. S. Petri episcopi qui cartam istam scribere fecit. S. Sancii. S. abbatis sancti Salvatoris Regimundi. S. abbatis sancti Johannis Aimerichi. S. abbatis Iranensis Belasci. S. archidiaconi Symeonis. S. archidiaconi Petri. S. abbate Marze.

73. ÆCCLESIA DE OZLIZ.
996-1031, février.

Locum sacrum sanctæ Dei æcclesiæ quæ est consecratus in

honore domini nostri Jhesu Christi Conchas monasterii, ubi sancta Fides tumulata consistit. Ego enim, in Dei nomine, Ebo filius Radulfi cedo vel dono sancti Salvatoris et sanctæ Fide illo alode meo de Ozliz, hoc est ecclesia cum mansos, cum boscos, cum vineas, cum terras cultas et incultas, cum servos et ancillas, totum et ab integrum quantum ab ipsum alodem pertinet, totum et ab integrum dono sancti Salvatori et sanctæ Fide, sine ullo contradicente in omnibus sane, pro anima mea, in tale ratione ut, quamdiu ego vivo, teneam, et omnibus annis quamdiu ego vivo, octo mancusios de aurum sanctæ Fide per censum ego reddebo, et post mortem meam sancti Salvatoris et sanctæ Fide totum remaneat. Si quis ego, inmutata voluntate mea, aut ullus de heredibus vel propinquis meis qui contra donatione ista ulla calumpnia generare voluerit, hoc ei non liceat facere, sed faciat quod lex est.

Facta carta donatione ista in mense februario, feria IIII, regnante Rodberto rege. — S. Eboni qui carta donatione ista scribere vel adfirmare rogavit. S. Ardrari. S. Rodgerii. S. Rainbod. S. Geraldi. S. Jacob. S. Aimerichi. — Oddo monachus rogatus scripsit.

74. ÆCCLESIA DE GAVILANS.
Vers 1070.

Noticia donacionis æcclesiæ sanctæ Mariæ in loco qui dicitur Gavilans cum omnibus appendiciis suis, quæ est sita in honore alodis sancti Pauli episcopi et confessoris Tricastinæ urbis, quam ego Geraldus, gratia Dei ejusdem civitatis episcopus, cum conscientia canonicorum nostre sedis, dono monachis sancti Salvatoris atque sanctæ Fidi virginis, et famulis ejus Rodberto ac Sigaldo, ut habeant potestatem inde edificandi, meliorandi, vestiendi, tenendi, possidendi; et postquam æcclesia consecrata fuerit, per unum quemque annum ad omnium sanctorum, reddant viginti et quatuor panes et duos porcos precii quatuor solidorum et unius asini quargaturam de vino et unum quartale de melle.

Facta donatio ista in mense marcio, in die cœnæ Domini, feria V, luna XIII, regnante domino nostro Jhesu Christo. —

Sane si quis ego aut ullus de successoribus nostris qui hanc donationem rumpere voluerit, non valeat, sed sit excommunicatus auctoritate Dei et beati Petri apostoli omniumque sanctorum, donec ad satisfactionem veniant congregationi monachorum sancti Salvatoris et sancte Fidis pretestante virginis. — S. Ego Geraldus episcopus, qui hoc testamentum donationis cum conscientia canonichorum scribere feci, manu propria firmo. Poncius archidiaconus firmat. Petrus sacrestanus firmat. Leodegarius firmat. Aldebertius firmat. Durantus firmat. Petrus firmat. Et alius Petrus firmat. — Durantus scripsit.

75. ÆCCLESIA DE QUOLIAS.

1073-1087.

In nomine domini nostri Jhesu Christi. Ego Atto Raimundus et Petrus Raimundus donamus sancto Salvatori de Conchis et sanctæ Fidi, et abbati Stephano et monachis qui in eodem Conchensi monasterio sunt et futuri sunt medietatem de æcclesia sancti Andreæ de Quolias, totam illam medietatem de altario et de decimis et de primiciis et do cimiteriis et de oblationibus, hoc totum damus ad alodium quantum ad nos pertinet, pro amore Dei et pro anima Raimundi Attonis et Argentellæ et Ati Raimundi et Bernardi et Petri et ceteris parentibus nostris ut monachi sanctæ Fidis medietatem illius æcclesiæ faciant et ea secundum posse illius decantent, si pro excomunicatione episcoporum non remanet. Ut hoc donum sit firmum et stabile, fidem fecit Ademaro monacho sanctæ Fidis Raimundus, Arnaldus et Willelmus et abbas sancti Fregiulfi. Et qui hoc donum destruere voluerit habeat partem cum Datan et Abiron in infernum. Amen. Ad istam ecclesiam decantandam si monachus sanctæ Fidis ibi non manserit, debent monachi sancte Fidis presbyterum unde voluerint adducere et donatoribus suprascriptis et aliis parrochianis demonstrare, et illi debent eum recipere et pro alico malos ingenio non debent eum refutare ; et si eum pro malo ingenio refutaverint, monachi sanctæ Fidis non debent pro illis dimittere. Similiter ego Ato Raimundus et Bernardus et Petrus medietatem de ipsa villa de Quolias donamus sanctæ Fidi de Conchis ad alodium, sicut nos ibi eam habemus et sicut ibi cruces fixe sunt, preter molinum de intus vallato et de vallato inforas. De toto illo honore medietatem quam ibi habemus vel homo vel femina per nos ibi habet donamus totam medietatem de servicio et de censo et de justicia, ut monachi sanctæ Fidis ibi constituant salvetatem. Et si aliquis homo eandem salvetatem fregerit, non perdant per hoc monachi sancte Fidis istum donum et acaptamentum. Et si sancta Fides alodium ibi acaptaverit per convenientiam de salvedad, sit in ipsa convenientia et ibi mittant cruces. Si vero monachi sanctæ Fidis donatoribus istis forfactum fecerint vel donatores monachis, per laudem bonorum virorum sibi invicem emendent, sed nullus alio legem donet.

S. donatoris Attonis et Bernardi et Petri. S. Willelmi Tolosani comitis. S. Isarni episcopi Tolosani. S. Dodonis de Samatan. S. Ademari monachi sanctæ Fidis. — De medietate istius ecclesiæ quam donatores suprascripti sibi retinuerunt postea sanctæ Fidi quartam partem dederunt in manu Ademari monachi sanctæ Fidis. — Bego scripsit.

76. ÆCCLESIA DE LICHAIRAGO ET DE SANCTA COLUMBA.

Vers 1055.

Hic carta quam ego Poncius sanctæ Fidis monachus et ego Poncius Bernardi et Isarnus frater meus, et ego Rodgerius et et Sicfredus et Amelius fratres mei simul in unum fieri et scribi mandavimus de ipsa concordia et de ipso honore nostro de Lichairaco de quo multis diebus contenderamus. Venimus nos supra scripti ad placitum in villa supra scripta in presentia domni prioris Donati sanctæ Marie Crasse suorumque aliorum monachorum scilicet Benedicti et Petri Sagmari et in presentia Fulconis militis et Ysarni et Raimundi Bernardi et Raimundi Poncii, in istorum et aliorum presentia nos præscripti concordavimus de ipso honore jamdicto tali modo :

In Dei nomine. Ego Poncius Bernardi et Ysarnus frater meus, et ego Rodgerius et Sicfredus et Amelius simul in unum dimittibus et perpetua stabilitate relinquimus domino Deo et sanctæ Fidi, et abbati suo et ejus monachis præsentibus et futuris ipsum montem et ipsum locum in quo ipsa æcclesia fundata est, quantum ipse cruces que in circuitus ipsius montis fixe sunt concludunt. Et dimittimus et relinquimus sanctæ Fidi ipsam ecclesiam quæ in ipso monte sita est. Et similiter relinquimus æcclesiasticum et totum honorem quæ ad ipsam ecclesiam pertinet de sancta Columba, hoc est decimas et primicias et honorem sacerdotalem. Similiter quoque relinquimus et dimittimus sanctæ Fidi ipsos campos et terras quas Aimo olim laboravit et laborare fecit in suo dominio et decimas quæ sunt et ubi sunt : unus campus vocatur Centulio, alius Rochasmir, alius ad Longeiras, alius campus sanctæ Mariæ, alius ad Combariclara, alius ad clausum de Moreir. Et unum ortum dimittimus qui affrontat de altano in vinea, de meridie in ipsa hereditate, de circi in terra de Belon, de aquilone in ipsa hereditate. Iterum relinquimus et dimittimus sanctæ Fidi tres aripentos de vineis; et sunt in terminio de sancta Columba in ipsa sua comba. Istas terras supra nominatas et ipsas vineas jam dictas, cum illarum affrontacionibus et limitibus earum et fundis et usibus et exitibus et reditibus earum, sine ulla reservatione, sicut relinquimus et dimittimus Deo et sancte Fidi. Aliæ divisiones terrarum et vinearum sic Aimo et Xairicus invicem diviserunt, sic firme et stabiles et inconcusse in perpetuum stent in terminio de Lichairaco. Alias terras de quibus agrarium debet exire dividimus per medietatem, excepto illas quas, tu, Poncius monachus, dimisisti nobis, et sicut supra scriptum est, sic nos omnes prædicti relinquimus et dimittimus domino Deo et sanctæ Fidi in perpetuum habendum, sine ulla adversitate. Quod nec nos nec ullus homo nec femina nec ullus heres noster jam amplius possit hoc interpellare neque disrumpere, sed ista dimissio et ista carta firma et stabilis omni tempore permaneat. Ego autem Poncius monachus sanctæ Fidis dimitto et relinquo vobis, tibi Poncio Bernardi et Ysarni fratri tuo, et tibi Rotgerio, et tibi Sicfredo et Amelio, dimitto quidem vobis ipsam vineam quam Guitardus tenet et laborat, et ipsam vineam Bernardi Poncii fabri, et ipsam medaliatam de vinea quam tenet Petrus Juliani. In ipsa autem salvetate, infra ipsas cruces, dono ego Poncius monachus tibi Poncio Bernardi et fratri tuo Ysarno locum ad faciendam mansionem de sex brachiatis longitudinis et latitudinis ex omnibus partibus inter domum et inter ipsam curtem, cum exitu et reditu, in tali conventu ut donetis sanctæ Fidi per singulos annos unam libram de cera. Et iterum dono tibi Rodgerio et Sicfredo et Amelio, juxta ipsum locum de Poncio Bernardi, locum ad faciendam domum de sex braciatis longitudinis et latitudinis ex omnibus partibus inter domum et curtem, et donetis sanctæ Fidi unam libram de cera per singulos annos. Et sicut supra scriptum est, sic nos omnes jam dicti fieri fecimus et firmavimus et perpetuo laudavimus.

77. ÆCCLESIA DE LICHAIRAGO ET ÆCCLESIA DE CASALIS.

Vers 1055, 6 février.

Notum sit omnibus fidelibus sanctæ Dei æcclesiæ tam præsentibus quam futuris quam ego Petrus, gratia Dei episcopus Carcasone et canonici sancti Nazarii ejusdem sedis interpellabamus æcclesiam de Lichairag et æcclesiam de Casals quas Poncius monachus dederit sanctæ Fidis monasterio. Multis igitur contencionibus et placitis inter nos et ipsum Poncium monachum transactis, tandem placuit nobis facere placitum cum sancta Fidæ et cum abbati et monachis ipsius. Igitur ego jamdictus Petrus episcopus et ego Sicfredus archidiaconus cum cæteris sancti Nazarii canonicis quorum hæc nomina sunt, scilicet : Willelmus Bernardi prior et Poncius Belli, Petrus Gondonnari, Sicfredus de Benna, Bernardus de Fontiano, Bernardus Adalberti, Raimundus Udalgerii, Bernardus Amelii, Adalbertus magister, Stephanus, Poncius Mir, Amelius, Arbertus, Arnaldus, Raimundus, nos omnes guarpimus et donamus simul quoque derelinquimus sanctæ Fidi de Conchas ipsam æcclesiam de Lichairaco quam vocant sanctam Columbam, cum primiciis et decimis et panatas et cum alodio, sicut ad ipsam æcclesiam pertinent et pertinere debent. Similiter quoque garpimus et derelinquimus sanctæ Fidi de Conchas ipsam æcclesiam de Casalo quam dicunt sanctum Stephanum, cum primiciis et decimis et panatis et cum alodio, sicut ad ipsam ecclesiam pertinent et pertinere debent. In tali conventu donamus istas æcclesias sanctæ Fidi ut inter ambas donent vIII denarios de sinodo per unum quemque annum. Et propter hanc guarpicionem et evacuationem qua nos evacuamus de istis jam dictis æcclesiis, sicut supra scriptum est, in potestate Stephani abbatis et prioris sui et in potestate ceterorum fidelium fratrum sanctæ Fidis cenobio comanentium tam præsentium quam et futurorum, propter istam donationem recepimus ab eis centum octoginta quatuor solidos denariorum exibilium et percurribilium publice monetæ Carcasonæ, quos ipsi nobis dederunt et nos manibus recepimus. Et de isto precio aput nos quicquam non remansit, et est manifestum. Sane fieri, quod minime credimus esse venturum, si nos jamdicti guarpitores aut successores nostri vel aliqua subrogata persona contra istam evacuacionem ad inrumpendum venerint, non hoc valeant adquirere quod male præsumpserit repetere, sed in duplo componant quod tollere voluerint et insuper xx libras auri donent, et sic ista carta evacuationis et guarpicionis firma et stabilis et inconcussa omni tempore permaneat.

Facta carta donationis hujus viii idus febroarii, iii feria, regnante domino nostro Jhesu Christo. — S. domni præsulis Petri. S. Sicfredi archidiaconi qui vice Petri episcopi et canonicorum ejus hanc cartam fieri præcepit, et ipsi eam firmaverunt et laudaverunt. — Osmundus scripsit die et anno quo supra.

78. ITEM DE EADEM.

1075.

In Christi nomine. Hæc est carta guarpitoria qua evacuavit et guarpivit Poncius prolis Isarni de villa Fluirans et Raimundus filius ejus et uxor sua et filii sui, id est Bernardus et Hermengandus, de ipsis æcclesiis de Lecheirag et de Casalo. Supradictus autem Poncius et supradictus filius ejus et uxor sua et filii sui supradicti dimiserunt et evacuaverunt preveiril et æcclesiasticum prædictarum ecclesiarum, cum ipsis terris et vineis et primiciis, et evacuaverunt cimiterium et offerendas et medietatem de ipso declmo ad ipsas æcclesias pertinente, propter amorem Dei et propter remedium animarum eorum, ut Deus suam misericordiam illis faciat in vita et in morte. Hanc vero evacuationem fecerunt prædictus Poncius et prædictus filius ejus et uxor sua ac filii præscripti sancto Salvatori et sanctæ Fidi cujus corpus humanatum est in locum qui vocatur Conchas, et abbati cunctisque monachis loco præscripto pertinentibus, in tali conventu ut, de ista die in antea, neque abbas neque monachi de prædicto loco sanctæ Fidis valeant donare neque inpignorare neque ullo modo mutare ad damnum sancti Salvatoris et sanctæ Fidis prædictam evacuationem et guarpicionem. Si autem aliquis homo vel femina, quacumque condicione sit, transire voluerit et fecerit, ex parte Dei omnipotentis et sanctæ Mariæ ejus matris omniumque simul sanctorum sit excommunicatus et anathematizatus, et cum Datan et Abiron quos vivos terra obsorbuit sit damnatus, et cum Juda traditore deputatus, usque ad emendationem et satisfactionem veniat. Affrontaciones vero prædictarum ecclesiarum sunt : de oriente in terminio de villa Fluirans, de meridie in villas quæ vocantur Ulmeiras et Herpez, de occiduo autem in villa que vocatur Leuch, de aquilone vero in villas quæ vocantur Cavanags et Vilaldriz et Vila Mauri. Propter istam evacuationem acceperunt Poncius præscriptus ac filius ejus et uxor ejus et filii sui de communia sanctæ Fidis octuaginta solidos de denariis Carcasonæ.

Facta carta ista evacuacionis anno millesimo ab incarnatione Christi septuagesimo v, regnante Phylippo rege. — S. Poncii prolis Isarni. S. Raimundi Poncii et uxoris ejus. S. Bernardi Raimundi. S. Hermengaudi Raimundi, qui istam cartam evacuacionis scribi jusserunt, firmaverunt et testibus firmare rogaverunt. S. Ricardi. S. Poncii Eblonis. S. Petri Eblonis. S. Bernardi Ramnulfi. S. Raimundi Sicfredi. S. Austendi Arnaldi. S. Willelmi Arnaldi. — S. Petri qui istam cartam evacuationis cum litteris supra scriptis et rasis rogatus scripsit sub die et anno quo supra.

79. ÆCCLESIA DE CASTANIO.

Av. 1031-1065.

Quoniam omnis christiana religio sacra loca propter diversitates facinorum ditare conatur quatinus aput judicem justum misericordius remuneretur, ego Ademarus de Molsedone, sciens quandoque me interesse ante conspectum hujus judicis, volo prius dona largire fidelibus obsidibus ut ipsi me suis presentari audeant obtutibus. Nullum equidem puto tam familiarem quam Spiritum Sanctum pro nobis interpellantem. Idcirco fideliter credo ubi idem patratur non desit Patris majestas virtusque ac Filii. Et ideo causa remedii, volo locum Concacense ditare quod est consecratum in honore majestatis trine, ubi et beatissima virgo requiescit fides, de meis quisdam prediis. Et ut clarius indicet pagina, audiat qui vult professionis dona. Ego Ademarus de Molsedone dono sancto Salvatori et sancte Fidei de Conchis et abbati Odalrico et monachis illum meum mansum de Castanio, cum terris et silvis et pratis et aquis, et vicariam et commandam, pro remedio anime et parentum meorum. Et Petrus Bernardus et frater suus Ademarus et uxor sua Aiteldis donant similiter quantum in supradicto mansum abent sancto Salvatori et sancte Fidei de Conchas, et abbati Odolrico et monachis ibidem Deo servientibus.

S. Ebbali vicecomiti, et Bosoni, et Arcambaldi, et Bernardi, qui supra dictum mansum sancte Salvatori et sanctæ Fidei de Conchas ad alodum donaverunt. S. Fareldis quæ similiter donum fecit.

80. DE ÆCCLESIA SANCTI MAMETI ET SANCTI JOHANNIS.
Vers 1019, juillet.

In conscribendis igitur donationibus hic ordu servandus est ut donatio prius nomen contineat donatoris deinde res quæ donatur et cui donatur. Quamobrem ego, in Dei nomen, Petrus et frater meus Stephanus cedimus et donamus ad locum sanctæ Dei æcclesiæ Conchacensis monasterii, qui est constructus in pago Ruthenico super fluvium Dordonis, et est consecratus in honore sancti Salvatoris ejusdemque genitricis semperque virginis Mariæ sanctique apostoli Petri, ubi sanctus Vincentius martir gloriosaque virgo et martir preclara Fides tumulati quiescunt, aliquid de res proprietatis nostræ in pago Arvernico, hoc est æcclesiæ nostræ quæ site sunt in fundo juris nostri, ex quibus superior consecrata est in honore sancti Mamotis et subterior in honore sancti Johannis, et cum tres condaminis in dominio, et quarta, cum fevale, et cum pratum in dominio, et cum quinque mansos qui sunt in eadem villa cum omnibus adjacentiis ac pertinentiis suis, ex quibus duo sunt in dominio et tres cum fevale. Donant etiam censum isti quinque mansi unusquisque de sigile sextarium I et de civada sextarium I et unam gallinam. Donamus etiam illum mansum de Monte Rixano qui debet censum in dominio denarios VIII, de sigile sextarium I et de civada sextarium I et I gallinam. Et in alio loco, donamus illum mansum de Rosino qui debet cesum in dominio denarios VI et de sigile sextarium I et de civada sextarium I et I gallinam. Hæc omnia superius nominata cedimus et donamus Deo et ad prephatum ejus altare et sanctis jamdictis, et monachis ibidem Deo servientibus, ubi Adalgerius nomen abbatis censetur, ita ut ab hac die et deinceps habeant potestate ex predictis rebus habendi et possidendi et quicquid in opus sanctorum juste voluerint faciendi. Presens vero donatio vel cessio ista inviolabilem omni tempore obtineat firmitatem.

Hactum die mercoris, V nonas julii, tempore quo Francorum regnum titulo reges Rotberti sublimari videtur. — S. Petri et Stephani qui hanc donationem scribere vel firmare rogavit. S. Gerberti. S. Eustorgii. S. Hugoni. S. Stephani. S. Geraldi.

81. ITEM DE EADEM[1].

Vers 1025.

In Dei nomine, ego Austorgius et uxor mea Richeldis et filii mei Petrus et Gerbertus illas duas partes de ecclesia sancti Mameti quas Petrus et Stephanus de Calmonte sancto Salvatori et sanctæ Fidi donaverunt et vendiderunt, nos similiter quantum ad ipsas duas partes æcclesiæ aspicit vel aspicere videtur, donamus et guarpicionem facimus ad ipso altare sancti Salvatori de Conchas et sanctæ Fidei Virgini, et Leutardo abbati et Aimerico decano et cæteris monachis ibidem Deo servientibus, pro animabus nostris et parentum nostrorum. Et recepimus ab ipsis monachis in precium solidos trecentos de Lemovicas in tali convenientia

---

1. En marge on lit ce fragment: « Manso de Colz: III solidos et IIII franzescos de sigile. El mas de Riallag: lo quart el censum XX denarios. Et el mas de Jols III..... »

ut, si ullus abba aut rector jamdicti monasterii de comunia monachorum tulerit, ego aut unus de propinquis nostris accipiamus ipsam ecclesiam, et tamdiu teneamus illam usque in comunia monachorum recuperare possit, et postea sine ulla redemptione ad ipsum monasterium reddatur, salva nostra convenientia.

S. Eustorgii qui hanc cartam scribere rogavit. S. Petri. S. Girberti. S. Stephani. S. Hugoni. S. Ebrardi. S. Stephani. S. Bernardi. — Johannes monacus scripsit.

82. ÆCCLESIA DE POMAIROL.
Av. 1031-1065, mars.

Locum sacrum sanctæ Dei æcclesiæ, qui est consecratus in honore nostri Salvatoris, ubi sanctissima virgo Fides tumulata quiescit, Conchas monasterii. Ego, in Dei nomine, Hugo de Calmonte uxorque mea Fides damus ecclesiam de Pomairol domini Salvatori sanctissimeque Fidis ad alode. Et in ipsa ecclesia damus hoc censum, id est tres modios et IIII sestarios de vino, et de unaqueque mansione terre tenus stante unum denarium, de aliis vero mansionibus quæ in solario constructe erunt duos denarios.

Facta carta donatione ista in præsentia domni Odolrici abbatis, feria III, in mense marcio, regnante Ehenrico rege. — S. Hugoni qui carta donatione ista scribere vel adfirmare rogavit. S. Schiroli. S. Aldeberto. — Hector conscripsit monacus.

83. ITEM DE ÆCCLESIA SANCTO MAMETO.
Av. 1031-1065.

Eustorgius de Marcennago dimisit et absolvit sancto Salvatori de Conchas et sanctæ Fidei, et Odolrico abbati et monachis ejusdem loci ecclesiam de sancto Mameto et de sancto Johannæ, et mansos et terras et condaminas et pratum et mansiones et casalos et ortos, et mansionem quem Girbertus de Fillinas ibi fecit, sicut Hugo de Calmonte et uxor sua Ingelberga habuerunt et tenuerunt. Fecerunt ergo talem placitum inter se Odolricus abba et ipse Eustorgius : accepit Girbertus de Fillinas ipsam mansionem quam fecerat de manu abbatis et fuit suus homo; abbas vero Odolricus dedit Eustorgio airalum juxta mansionem Girberti de Fillinas. Hoc namque factum est præsentibus nobilibus viris scilicet Hæctore monacho, et Barnardo de Albaroca, et Bernardo Rigualdo, et Petro Rosado, et Stephano de Manso, et Oddone, et Dominico. — Hector monacus scripsit.

84. ÆCCLESIA DE BALCIAGO.
1087-1108.

Ego Ademarus Deusdet dono medietatem de decimum de fevo sacerdotale de ecclesia de Balciag quæ parco cum Ugone et fratribus suis, et dono etiam vinea mea de Pinconesca ad alode. Dono etiam unam mansionem que tenet Deusdet de Costa Roia cum servicio, et aliam mansionem cum orto (debet censum tres denarios), et aliam mansionem et orto que tenet Willelmus et donat censum tres denarios. Hoc totum et ab integrum dono sancti Salvatoris et sanctæ Fidis de Concas et abbatem Begonem et ad monachis [1].

85. DE MAURONTO.
962, juin.

Locum sacrum sanctæ Dei æcclesiæ qui est situs in pago Rutenico, in vicaria Farranicense, super alveum Dordonis, quæ est fundatus in honore domini nostri Jhesu Christi seu sanctæ Mariæ virginis et sancti Petri principis apostolorum necnon et clavigeri, ubi sanctus Vincencius et sancta Fides tumulati consistunt. Quamobrem ego, in Dei nomine, Frotardus clericus cedo ad præphato monasterio cujus vocabulum est Conchas, ubi Stephanus episcopus et Hugo abba preesse videtur cum cuncta congregatione ibidem Deo famulantes, cedo vel dono Frotardus, pro anima mea et pro anima genitori meo Hictore et genetrice mea Senegundis et fratres meos et propinquis meis villa mea in Mauronto, xii mansos, totum et ab integrum, questum vel adinqui-

---

1. Avant le n° 85, on lit en haut de la page ce fragment: «Feria ii, regnante Rodberto rege. — S. Bernardo qui carta donactone ista scribere vel affirmare rogavit. S. Bernardi. S. Doitrando. S. Hugono. S. Bernardo Stephano. »

rendum est, et in alio loco in Blosse Monte et ad illa strata mansos duos, et in Tintinnario manso uno, et in Pojeto manso uno, et in Mazerias manso uno, quantum de Rodgerio conquistavit ad ipsa casa Dei in comunia remaneat, in ea vero racione, quamdiu ego vivo, husum et fructum michi reservo, et post hobitum meum ad ipsa casa Dei remaneat. Et si ullus abba aut ullus rector æcclesiæ de communia abstrahere voluerit, veniat unus de plus propinquis Frotardo, donet trecenti solidos et ipsa terra tota recipiat.

Facta carta donatione ista die lunis, in mense junio, anno octavo regnante Lotario rege. — S. Frotardo qui carta donatione ista scribere vel adfirmare rogavit. S. Guitardo. S. Guidone. S. Girardo. S. Aldegerio. S. Bernardo. — In Dei nomine, Rodbertus rogatus scripsit.

86. ÆCCLESIA DE VILLA NOVA.
1087-1108, mars.

In nomine sanctæ et individue Trinitatis. Ego Dodo de Samatano dono sancti Salvatori de Conchas et sanctæ Fidei, et abbati Begoni et monachis qui in eodem Conchensi monasterio sunt et futuri sunt illum meum alodium et territorium de Vila Nova. Et est ipse alodus in comitatu Tolosano, in silva de Boccona, et habet fines et terminos : ex uno latere sicut gutta de Bello Loco descendit in Cizeira et Cizeria descendit in Saldrima et sicut ipsa Saldrima se conjungit in alio rivulo quæ vocatur Sicig, et ex alio latere sicut ipse Sicig ascendit usque ad alodium de Sabonerias. Quantum infra istos terminos et fines habeo vel possideo aut aliquis homo vel femina habet per me totum et abintegrum dono et derelinquo sanctæ Fidi et suis monachis, pro salute animæ meæ, ita ut ab hac die, absque ulla inquietudine vel contrarietatæ, habeant, teneant et possideant. Quos si aliquis homo vel femina hanc donationem infringere aut inquietare præsumpserit, non valeat vindicare quod requirit, sed insuper viam omnipotentis Dei incurrat, et hæc donatio firma et stabilis permaneat.

Scripta carta ista in mense martio, VI nonas martii, feria VI, regnante Philippo rege. — S. Dodoni de Samathano qui hoc donum fecit. S. Donati Orombelli, Bernardi Aurioli, Bernardi de Sancto Felicio. — Ego Arnaldus Ademarus hoc donum laudo et firmo et totum quod infra supra scriptos terminos et fines habeo sanctæ Fidi et suis monachis dono. — Garsia de Orgils me scripsit.

87. [DE CLAUNIACO].

Fin du xi° siècle.

Æcclesiam ipsam de Clauniago ad alode tota et ab integrum cum pratis et condaminis et boscos et vineis; et unumquisque aripendum donat per censum quatuor denarios et quatuor sextarios de civada et quatuor panes. Et Ferreiras similiter et alode de Bufamo quem Geraldus monachus conquistavit de Geraldo Moicheto. Et in ipso Clauniago : ix mansos ; et unusquisque mansus donat in augusto per censum vi denarios et i sestarium de vino et ii panes et xii ova, in kalendas iii denarios et i gallinam, et inter totos unum receptum. Illi mansi de Seroni una papada de canbe. El Godail : iii caput mansos ; et donat unusquisque vi denarios et quartum de annona. In Adisasgo : unum caput mansum ; et donat vii denarios inter multonem et agnel et ii gallinas et ii sestarios de civada et opera. In Silvaniago : vii mansos et iii apendarias ; et unusquisque mansus donat i porcum de vi denariis et ii sestarios de vino et ii sestarios de civada et ii panes et iv gallinas et i modium de frumento per porturi a Conchas et quartum ; las duas apendarias abent censum viii denarios et iv gallinas, et alia ii denarios et una gallina. In Domariesco : ii mansos ; et donat unusquisque i porcos de vi denariis ; las ii apendarias viii denarios, et isti mansi unum receptum. In Marcanguas : xiv mansos ; et donat unusquisque unum multonem et vi denarios et quartum de annona et receptum et porturi unum modium a Clauniag. In Correza : vii mansos; et unusquisque donat ii sestarios de vino et ii de civada et ii panes et iv gallinas et quartum, et inter totos carnem, et unusquisque unum modium deporturi a Clauniag. In ipsa Correza : vii appendarias. In Manluces : tres mansos ; unusquisque donat unum multonem et unum agnum et xii denarios per receptum et quattuor gallinas.

In Bel Mont : xii mansos et v apendarias; et unusquisque donat
ii sestarios de vino et ii de civada et iii panes et i denarium per
carn et iv gallinas, et porturi a Clauniag i modium et quartum.
In Mazerag : x denairadas de vinea ; donant per censum v denarios et v sestarios de civada et v panes et quartum. In ipso
Mazerag : i apendaria ; donat quartum et ii gallinas et xii denarios per receptum. In ipso loco, in Aguiranda : iv denarios et
quartum. In las Cumbas : i apendaria ; et donat quatuor denarios
et quartum. In Farugas : ii mansos cum totum et ab integrum ;
donat unusquisque in augusto i porco de xii denariis et desuper
xii denarios per receptum et i gallina et quartum, unusquisque
in kalendas xvi denarios, unusquisque e las condaminas e l prad
in dominio. In Tortorel : i manso, lo quart de l'anona et de
vino, et viii denarios et arberg per censum. El Erin : i manso;
donat xviii denarios et iv sestarios de frumento et ii de civada
et ii gallinas et quartum. El Pozatel : i manso; et donat vi
denarios per multonem et vi per spatulas et ii sestarios de
civada et ii gallinas et arberg. In Lairag : i manso ; donat
xii denarios et receptum et quartum. In Sancta Artemia :
i manso ; et donat iii denarios et receptum et quartum. In Villa
Nova : las duas partes de manso ubi Rainaldus visus est manere,
de isto manso las duas partes del quart de vino et de annona et
las duas partes de quatuor panes et de ii sestarios de civada et
de uno sestario de vino similiter et de ii gallinas similiter, et in
kalendas iv denarios et i gallina et ii fogazas similiter et opera.
Ecclesia de Mont Aldone. In Bramarigas : ii mansos ubi Donadeus
et Ebo visi sunt manere; isti mansi donant iii porcos unumquemque de vi denariis ; et iste mansus quem Ebo tenet donat i semodium de frumento et ii sestarios de vino et ii de civada et iv panes
et iv denarios per carn et i gallina et opera ; et iste quem Donadeus tenet iv sestarios de frumento et ii de civada. Lo Gleisatgues
que Stephanus Juvencius tenet donat i porcum de xii denariis et
iv sestarios de vino et iv de civada et v panes et quartum. Illa
terra que Gauzfredus Raterius tenet donat viii denarios. Ecclesia
de Rodolaiguas, si co l'alos es, totum et ab integrum. E Montubig : i casal ; casal donat ii gallos et i panem et i denarium et i sestarium de civada. Totum hoc supra scriptum debetur per censum.

88. DE CASTLARO.
984, août.

In Dei nomine. Placuit atque convenit inter Stephano episcopo et Begono et Hugono abbate cum cuncta congregationem sancti Salvatoris et sancta Fide Conchas monasterii ut inter se concambiare debuissent, quod ita et fecerunt. Inprimis dederunt Stephanus episcopus et Bego et Hugo abba illos tres mansos de Ciciago quæ de Adembello et filio suo Rainono conquistamus, ipsos mansos cum curtos et ortos, cum vineas, cum exeo et regresso, cum terras cultas et incultas, cum quantum ad ipsos mansos aspicit vel aspicere videtur, quistum vel adinquirendum est, totum et ab integrum vobis concambiamus. Pro istas res jam supradictas dederunt Geraldus et uxor sua Gilla Stephano episcopo et Begono et Hugono abbatæ illo Castlaro meo qui per hereditatem mihi obvenit, cum boscos, cum vineas, cum pratis, cum terras cultas et incultas, cum ipsas apendarias. In ipso loco uno manso ubi Dominicus visus est manere, cum quantum ad ipsum mansum aspicit vel aspicere videtur, quistum vel adinquirendum est, cum quantum ego Geraldus et uxor mea Goilla visus sum habere vel possidere, totum et ab integrum vobis concambiamus, ut post hunc diem teneatis, possideatis, faciatis quicquid facere volueritis sine ullo contradicente sane. Si quis ego, inmutata voluntate mea, aut ullus de heredibus vel propinquis nostris aut ulla amissa persona qui contra carta scambiaria ista ire aut egere vel inquietare voluerit, faciat exinde quod lex est.

Facta carta scambiaria ista in mense augusto, anno XXX, regnante Lotario rege. — S. Geraldo et uxor mea Goilla qui carta scambiaria ista scribere vel adfirmare rogaverunt. S. Deusdedit. S. Bernardo. S. Gauzfredo. S. Bonefacio. S. Gonberto. S. Arnaldo. — Benedictus scripsit.

89. DE SICIAGO.
961, 1ᵉʳ février.

Locum sacrum sancta Dei æcclesiæ, qui est constructus in honore sancti Salvatoris, ubi sanctus Vincencius et sancta Fides tumulati consistunt. Venerunt jam prædicti elemosinari. Hodimbellus Rainus et Karissima, Adalbertus et Maganfredus, nos pariter facimus carta ad ipsa casa Dei jam supradicta de III mansos. Et sunt ipsi mansi in vicaria Serniacense, in villa cujus vocabulum est Ciciago. Illos mansos quæ de Martane conquistavit, ipsos mansos cum ortos, cum curtes, cum vineas, cum pratis, cum terras cultas et incultas, cum quantum ad ipsos mansos aspicit vel aspicere videtur, quistum vel adinquirendum est, totum et ab integrum cedimus ad ipsa casa Dei, pro anima Odimbelli, sine ullo contradicente in omnibus sane. In ea vero racione, si ullus homo aut ullus abba aut ullus rector æcclesiæ donare voluerit, non habeat licenciam facere. Si hoc faciunt, veniat Rainus filius Odimbelli, donet L solidos et recipiat ipsas res quod superius loquitur, ut post hodiernum diem neque Rainus neque Karissima neque ullus filius Odimbelli neque ullus de propinquis suis aut ulla amissa persona inquietare voluerit, hoc ei non liceat facere, sed faciat quod lex est.

Facta carta donatione ista, die sabbato, kalendas februari, anno septesimo quod Loterius rex cepit regnare. — S. Rainoni et Karissima et Adalberto et Maganfredo qui donacione ista scribere vel adfirmare rogaverunt. S. Umberto. S. Rigualdo. S. Girberto. S. Girardo. — In Dei nomine, Rodbertus rogatus scripsit.

90. ITEM.

Fin du xe siècle, janvier.

Locum sacrum sanctæ Dei æcclesiæ quæ est constructus super alveum Dordonis, et est fundatus in honore domini nostri Jhesu Christi et sancti Salvatoris et sanctæ Mariæ virginis et sancti Petri apostoli, ubi sanctus Vincencius et sancta Fides tumulati consistunt. Ego enim, in Dei nomine, Geraldus cedo vel dono illos mansos meos duos cum apendaria de Ciciaco, cum quantum ad ipsos mansos aspicit vel aspicere videtur, quistum vel adinquirendum est, totum et ab integrum cedo vel dono sancti Salvatori et sancta Fide et ad ipsos monachos, ut teneant in comunia, pro anima mea et pro anima de patre meo et pro anima de matre mea ; in tale vero racione, si ullus homo tollere illos mansos voluerit de comunia, veniant unus de propinquis nostris et donent duodecim denarios sancti Salvatoris et sancta Fide sane.

Facta carta donacione ista sub die mercoris in mense januario, regnante domino Deo. — S. Giraldo qui carta donacione ista scribere vel adfirmare rogaverint. S. Bernardo. S. Petrono. S. Rigualdo. S. Arnaldo. S. Austrino. — Benedictus scripsit.

91. DE VIDILIAS.
933, décembre.

Locum sacrum sanctæ Dei æcclesiæ qui est situs in pago Ruthenico, super alveum Dordonis, et est fundatus in honore domini nostri Jhesu Christi seut sanctæ Mariæ necnon et sancti Petri clavigeri, ubi sanctus Vincencius et sancta Fides tumulati consistunt in corpore, et est juxta æcclesia quæ est fundata in honore sanctæ Mariæ et sancti Petri, ubi Johannes abba præesse videtur cum monachis suis ibidem Deo famulantes. Quamobrem ego, in Dei nomine, Astarius, prumto animo ex bona voluntate ceddo ad ipso altario sancti Petri cessumque in perpetuum esse volo, hoc est mansus meus qui michi per conquistum obvenit, ubi Gondoinus visus est manere ; et est ipse mansus in pago Ruthenico, in aice Montiniacense, in villa quæ dicitur Vidilias ; et est ipse mansus cum curte et orto, cum exeo et regresso, cum terras cultas et incultas, cum pratis, pascuis, silvis, garricis, aquis aquarum via decursibus ; quantum vel quicquid adinquirendum est, quantum ad ipse mansi aspicit vel aspicere videtur, totum et ab integrum cedo ad ipso altario Dei ; et in alio loco cedo ad ipso altario vinea mea quæ dicitur Fassiago, quantum in ipsum locum visus eum aberæ vel possidere, totum et ab integrum cedo sanctæ Mariæ et sancti Petri. Et in alio loco quæ dicitur Monte Redunde cedo ad ipso altario Dei plantatas, quantum ibi visus sum aberæ vel possidere, totum et ab integrum cedo sanctæ Marie et sancti Petri ; eadem vero racione, quamdiu Aldrigus et Gauzfredus vivunt, usum fructum recipiunt in opus sancte Mariæ et sancti Petri ; eadem vero racione, quando Astarius oxitus erit anima de corpore ipsos monachos bene reficiant illo die omnique tempore per missa sancti Petri et per singulas noctes luminaria ante ipso altare ut lucerent in luce. Ista omnia jam dicta abeat parte Johannes abba vel cuncta congregacio sancti Salvatoris vivi vel defuncti, et omni tempore qui ista carta vel ipsa terra habuerit in potestate ipsum censum solvat sanctæ Mariæ et sancti Petri, et si negligens fuerit, maneat ille ad Deum suum. Sane de repeticione vero minime credo; quod si ego ipse, inmutata voluntate mea, aut ullus de heredibus vel propinquis meis aut ulla inmissa vel subrogata persona qui contra hanc cartam ire aut ulla calumpnia inferre voluerit, hoc ei non liceat vindicare, sed insuper componat at ipso altario Dei tantum et alium tantum quantum ipsas res melioratas valere potuerint in duplum sit redditurus, et præsens cessio ista omnique tempore inviolabilem obtineat firmitatem cum stibulacione subnixa.

Facta carta cessio ista in mense decembrio, anno v regnante Rodulfo rege. — S. Astario monacho qui carta cessione ista scribere vel adfirmare rogavit.— In Dei nomine, Gymundus rogatus scripsit.

92. ITEM.

924, février.

Locum sacrum sancti Salvatoris Conchas monasterii qui est constructus in honore Domini, ubi sanctus Vincencius et sancta Fides tumulati requiescunt in corpore, ubi Rodulfus abba præesse videtur cum monachis suis ibidem Deo servientibus, et est juxta ecclesia qui est consecrata in honore sanctæ Mariæ genitricis Domini et sancti Petri qui est claviger cælestis. Hob oc igitur ego enim, in Dei nomine, Asterius, prompto animo vel bona voluntate, cedo ad ipso altario Dei cessumque in perpetuum esse volo, una pro remedio Rodulfo abbati. . . . prepositi et cuncta congregatione monachorum sancti Salvatoris Concas monasterii tam vivis quam defunctis vel pro cunctis fidelibus vivis sive defunctis, ut Dominus hac Redemptor noster remissionem concede nobis de peccatis nostris, propterea ego Asterius cedo ad ipso altario Dei vel ad ipsos sanctos, in cujus honore est consecratus, mansum meum ubi Tendonus visus est manere ; et est ipse mansus in pago Ruthenico, in aice Montiniacense, in loco que vocatur Vidilias, et est ipse mansus cum curto et orte, cum exeo et regresso, et cum plantiriis, cum pratis, pascuis, vel cum arboribus pomiferis, silvis, garricis, aquis aquarum via decursibus, quantum ad ipsum mansum aspicit vel aspicere videtur vel quantum in ipso aice visus sum aberæ vel quantum ibi adquisiturus erit, totum et ab integrum cedo ad ipso altario Dei; et in alio loco cedo ad ipso altario Dei vinea mea quem ego cum labore edificavi, et est ipsa vinea cum ipsum caput mansum, et est in loco quæ dicitur Fasiaco, et habet fines : de superiore fronte vel de duas partes terra sancti Salvatoris, de alio latus terra de Verniolas, quantum ego in ipso loco visus sum habere vel quantum ibi edificavi, ista omnia jam supradicta cedo ad ipso altario Dei, consentiente Rodulfo abbato vel cuncta congregatione sancti Salvatoris, ad sacrificium vel luminaria concinanda ; ea vero racione qui ipsum mansum velut ipsum caput mansum cum ipsa vinea vel ipsa carta habuerit in potestate per singulas noctes ante ipso altario luminaria persolvat, et per singulos annos in festivitate sancti Petri ipsa carta in capitulo legat, et ipsos monachos bene reficiat; et si negligens fuderit sancta Maria et sanctus Petrus sint illi ad condemnacione in die judicii. Sane de repetitione si quis ego, inmutata voluntate mea, aut ullus de heredibus vel propinquis meis aut ulla aposita vel subrogata persona qui contra hac carta cessione ista ulla calumpnia inferre voluerit, hoc ei non liceat facere, sed insuper componat ad ipso altario vel ei servientes auri libras III, sed insuper Deum propicium non habeat, sed sancta Maria et sanctus Petrus et omnes sancti et sanctas Dei illi sint ad condempnacione in die judicii, et in eadem damnacionem ubi Judas qui Dominum tradidit est condempnatus in ipsa dampnacione sit, et fiat anatema vivus et mortuus et quando resurgit in novissimo die et hic et in perpetuum, amen ; sed presens cessio ista a me facta firma et stabilis permaneat cum stibulacione subnixa.

Facta carta cessione ista die lunis, XIII kalendas marcii[1], anno XXVI, regnante Karlo rege. — S. Astario qui cessione ista fiderit et cuncta congregacio sancti Salvatoris Conchas monasterii.

1. Le 13 avant les calendes de mars ne tombe un lundi ni en 923, ni en 924, ni en 925.

93. ITEM.

x^e-xie siècle.

Domino magnifico emptores. Ego enim, in Dei nomen, Deusdet cedo vel dono illa medietate de illo manso de Vidilias cum ipsas vineas, cum ipsas terras, cum ipso bosco, cedo vel dono sancti Salvatoris et sancte Fide, pro sepulte fratre meo nomine Bernardo, post mortem meam, et pro anima patri meo nomine Faraldo. Et alia medietate de illo manso quæ superius est nominatus teneat mater mea, quamdiu vivit teneat, et post mortem suam remaneat sancti Salvatoris et sancta Fide, sine ullo contradicente. Et in alio loco in Nedresolucio dimitto, in tale racione sancti Salvatoris et sancte Fide quamdiu ego et mater mea Begentrudis teneamus, et si infantem legitimum ego Deusdet abuero, ille teneat et post mortem suam sancti Salvatoris et sancta Fide, pro anima Deusdet et pro anima de matre mea et de patre meo et fratres meos, totum et ab integrum sancti Salvatoris et sancta Fide remaneat. Et in alio loco, illo prato et illas vernias et illas albaredas de Pedrelciras et illa vernia de Fonte Fregia, similiter in ipsa vocacione quæ superius est nominatus, similiter dimittimus sancti Salvatoris et sancta Fide, pro animas nostras. Et in alio loco, in Sentres, illo caput manso, cum ipsas vineas, cum ipso orto, cum ipsa terra, similiter dimittimus sancti Salvatoris. Et illo prato de Roseto, cum ipsas albaretas, cum ipsas vernias, similiter dimittimus sancti Salvatoris. Et illa vinea de Sentres que tenet Raina similiter dimittimus. Et illo clauso Autbertesco similiter dimittimus. Illo manso de Alcaga illa medietato et illa vinea Vetulo toto, et illo manso de Brugairolas et illa fagia desuper Nersolio similiter remaneat sancti Salvatoris et sancta Fide, ut post hunc diem teneatis in comunia. Et si ullus homo est qui de comunia tollere voluerit siat excomunicatus et maledictus in sæcula sæculorum.

Facta carta donacione ista die mercoris, in mense Marcio, regnante domino Deo. — S. Deusdet et matre sua qui carta ista scribere vel adfirmare rogavit. S. Girardo. S. Bernardo. S. Galterio. S. Aimono. S. Ariberto. — Oddo scripsit.

84. ITEM.
1032-1060, mars.

In nomine Domini. Ego Hugo et frater meus Frotardus cedimus et donamus sancto Salvatori et sanctæ Fidi de Conchas illam nostram commandam de manso de Vidilias et usum et censum nostrum et de serviente nostro. Et donamus similiter in manso de Heremo, ubi Barnardus Flodaldus visus est manere, medietatem de omnes res de decimo, sicut Stephanus Dodo visus fuit tenere et accipere. Et donamus illis similiter de hoc usum de serviente nostro, in tali convenientia ut post hunc diem teneant et possideant ipsi monachi in comunia. Et si ullus homo aut rector ecclesie cum consilio monachorum de comunia tulerit, veniat unus de propinquis nostris et donet ad ipso altario duodecim denarios, et tenet ipsum donum.

Facta carta ista in mense marcio, feria II, regnante Ehenrico rege. — S. Ugoni. S. Frotardi. S. Deusdet. S. Bernardo. — Bego monacus scripsit.

95. DE VERMOCALMO.
997-1004, septembre.

Domino magnifico Girberto abbate emptore. Ego enim, in Dei nomen, Deusdet et uxor sua Aldiardis, juxta textum vendicionis constat nos vendidisse quod ita et vendidit, hoc est alodus noster de Vermocalmo, cum vineas, cum vernias, cum pratos, cum mansiones, cum ortos, cum trolio, cum terras cultas et incultas ; et habet fines de uno latus rivo decurrente, de alio latus terra sancti Salvatoris ; quantum de illo alode nostro aspicit vel aspicere videtur, illa tercia parte nostra totum et ab integrum vendimus sancti Salvatoris et sancta Fide, et domni Girberti abbati cum cuncta congregatione sancti Salvatoris et sancta Fide, et per hanc carta manibus vobis tradimus ; unde accepimus de vos precio, sicut inter nos et vos bene complacuit, hoc sunt solidi cv de Lemoticanos, et de ipso precio retro nos nichil remansit in debitum, ita ut ab hanc diem teneatis possideatis et quicquid facere volueritis licenciam abeatis ad faciendum sane. Si quis nos, inmutatas voluntates nostras aut ullus de heredibus vel propinquis nostris aut ulla amissa persona aut calunia ulla generare voluerit, hoc ei non liceat facere, sed insuper componat tantum et alium tantum quantum ipse alodus cum ipsas vineas et cum ipsas terras valere potuerit in duplum sit redditurus, et quod petit non vindicet, sed presens carta vendicio ista firma et stabilis permaneat cum stibulacione subnixa.

Facta vendicio ista die sabbati, in mense septembrio, regnante Rodberto rege. — S. Deusdet et uxore sua Aldiardis qui carta vendicione ista scribere vel adfirmare rogaverunt. S. Deusdet sacerdote. S. alio Deusdet. S. Bernardo. S. Gauzberto levita. S. Grimaldo sacerdote. — Saluster rogatus scripsit.

In illo concambio de illo sponsalicio de Vermcalmo que Deusdet fieri rogavit ad uxore sua Aldiardis: aripendos II de vineas in illa Bezaria, et in alio loco in Calvolo aripendo I de vinea cum mansiones, cum curte et orto et verdiario.

96. ITEM DE VERMOCALMO.
997-1004, avril.

Domino magnifico Girberto abbate emptore. Ego enim, in Dei nomine, Addone et uxor sua Guidburgis, juxta textum vendicionis, constat me vendidisse quod ita et vendimus, hoc est alodus noster de Vermocalmo, unus caput mansus, cum vineas, cum orto cum terras cultas et incultas ; et habet in se fines de uno latus terra sancti Salvatoris, et de alio latus terra Arlandi, et de alio vero latus terra Hugone, et de alio vero latus terra Ricardo, quantum intra istas fines concluditur totum et ab integrum vendo sancti Salvatoris et sanctæ Fide et a Girberto abbate, et per hanc cartam manibus nostris vobis tradimus ; unde accepimus de vos precium, sicut inter nos et vos bene complacuit, hoc sunt solidi X de Rutenis, et de ipso precio retro vos nichil remansit indebitum ; ita ut ab hac die habeatis, teneatis, possideatis, et quicquid facere volueritis licentiam habeatis ad faciendum sane. Si quis nos, inmutatas voluntates nostras, aut ullus de heredibus vel propinquis nostris aut ulla amissa persona aut calumpnia generare voluerit, hoc ei non liceat facere, sed faciat quod lex est, et quod petit non vindicet, sed presens carta vendicio ista firma et stabilis permaneat cum stibulacione subnixa.

Facta carta vendicio ista sub die lunis, in mense aprili, regnante Rodberto rege. — S. Addoni et uxore sua Guidburgis qui carta vendicione ista scribere vel adfirmare rogaverunt. S. Bernardo. S. alio Bernardo. S. Aimono. S. Aganono. — Salustrius rogatus scripsit.

97. ITEM.

997-1031, mai.

Domino magnifico emptore. Ego enim, in Dei nomen, Bernardus vendi sancti Salvatoris et sancta Fide illo alode meo de Vermcalmo, hoc est unus aripendus de vinea que michi per originem parentorum justissime obvenit; et accepi de abbate precium, hoc sunt sex solidos de Lemoticanos et denarii sex; et habet ipse alodus fines de totas partes terra sancti Salvatoris et sancte Fide.

Facta carta vendicione ista in mense madio, feria vi, regnante Rodberto rege. — S. Bernardo ad ipso venditore. S. Gualterio. S. Benedicto. S. Deusde. — Oddo monachus rogatus scripsit.

98. ITEM.

997-1001, octobre.

Domino magnifico Girberto abbate emptore. Ego enim, in Dei nomen, Gaucbertus levita, juxta textum vendicionis constat me vos vendidisse, quod ita et vendidi, hoc est alodus meus de Vermocalmo unus caput mansus, cum vernias, cum terras cultas et incultas; et abet fines: de uno latus terra Bernardi, de alio latus terra Godalbergane, et de tercio latus rivo decurrente, et de quarto latus terra Deusde; quantum ad illo alode aspicit vel aspicere videtur, totum et abintegrum vendo sancti Salvatoris et sancta Fide, et domni Girberti abbate, excepto media vernia, cum cuncta congregacione sancti Salvatoris et sanctæ Fide, et per hanc cartam manibus vobis trado; unde accepi de vos precio, sicut inter me et vos bene complacuit, hoc sunt solidi sex de

Pogesos, et de ipso precio retro nos nichil remansit in debito; ita ut ab hac die teneatis, habeatis, possideatis et quicquid facere volueritis licenciam habeatis ad faciendum sane. Si quis ego, inmutata voluntate mea, aut ullus de heredibus vel propinquis meis aut ulla amissa persona aut calumpnia generare voluerit, hoc ei non liceat facere, sed insuper componat tantum et alium tantum quantum ipse alodus valere potuerit in duplum sid redditurus et quod petit non vindicet, sed presens carta vendicio ista firma et stabilis permaneat cum stibulacione subnixa.

Facta carta vendicio ista sub die sabbati, in mense octubrio, regnante Rodberto rege. — S. Gauzberti levita qui carta vendicione ista scribere vel adfirmare rogavit. S. Deusdet. S. Agenoni. S. Deusdet sacerdote. S. Grimaldi. S. Rainoni. — Oddo monachus rogitus scripsit.

99. ITEM DE EADEM.

997-1004, mars.

Domino magnifico Girberto abbate emptore. Ego enim, in Dei nomen, Deusdet venditor, juxta textum vendicionis constat me vendidisse, quod ita et vendidi, tradidisset, quod ita et tradidi, hoc est alodus meus unus pratus, cum verniarias, cum albareddas, cum terras cultas et incultas, in loco que vocatur Vermcalmo ; et habet ipse alodus in se fines : de uno latus gutta decurrente, de alio vero latus terra sancti Salvatoris et sanctæ Fidei; quantum ad illum alodem aspicit vel aspicere videtur, totum et ab integrum vendo sancti Salvatoris et sanctæ Fide et a domno Girberto abbate cum cuncta congregacione monachorum, et per hanc cartam manibus vobis trado; unde accepi de vos precium, sicut inter me et vos bene complacuit, hoc est solidi XI de Lemoticanos, et de ipso precio retro nos nichil remansit in debitum ; ita ut post hanc diem abeatis, teneatis, possideatis et quicquid facere volueritis faciatis, sine ullo contradicente in omnibus sane. Si quis ego, inmutata voluntate mea, aut ullus de heredibus vel propinquis meis ulla calumnia generare voluerit, hoc ei non liceat facere, sed faciat quod lex est.

Facta carta vendicione ista sub die sabbato, in mense marcio, regnante Rodberto rege. — S. Deusdet qui carta vendicione ista scribere vel adfirmare rogavit. S. Aganoni. S. Aimoni. S. alio Deusdet. — Oddo monachus scripsit.

100. ITEM.

957, août.

Domino magnifico Guidone sacerdote emptore. Nos enim, in Dei nomen Aldegarda et filius meus Deusdet et filia mea Uxendis pariter venditores, juxta textum vendicionis consta nos tibi vendidissemus, quod ita et vendidimus, tradidisemus, quod ita et tradidimus, et per hunc carta tradiccionis manibus tibi tradimus, hoc est vinea nostra qui nobis justissime obvenit, illa vinea que Rodulfus plantavit in precaria dinariadas tres, et illa vinea quam Bernardus similiter plantavit dinariadas v; et sunt ipsas vineas in pago Ruthenico, in ministerio Dunense, in loco quæ dicunt Vermecalme; et ipsas vineas in se fines habent : de uno latus vinea vel terra Airado, de alio latus terra vel vineas ad ipsos venditores; quantum in ipsa carta loquitur totum tibi vindimus; et accepimus nos de te precium in presente, sicut inter te et nos bene complacuit et convenit, hoc sunt solidi xx denarii v, manifestum est quod de ipso precio nichil remansit in debito; ita ut post hodiernum diem habeas, teneas, possideas et facias exinde quicquid facere volueris, sine ullo contradicente in omnibus sane. Si quis ego, inmutatas voluntates nostras aut ullus de heredibus vel propinquis nostris aut ulla amissi apposita persona fuerit qui contra te aut contra carta vindicione ulla calumnia generare presumpserit et qui hoc infrangere voluerit, hoc ei non liceat facere, sed faciat exinde quod lex est, quodactus exsolvat, quod petit non vindicet, sed presens carta vindictione ista omnique tempore firma stabilis permaneat cum stibulacione subnixa.

Facta carta vindicione ista die marcio, in mense augusto, annos III quod Lotarius rex cœpit regnare. — S. Aldegarda. S. Deusdet. S. Uxendis qui eam firmare rogaverunt. S. Aimenrado. S. Radulfo. S. Ausberto. S. Girardo. S. Dodone. — Ragambertus scripsit.

101. ITEM DE VERMOCALMO.

955-986, mars.

Domino magnifico Guidone sacerdote emptore. Nos enim, in Dei nomen, Aldiardis et filii sui Deusdet et Uxendis pariter venditores, juxta textum vendicionis constat nos vobis vendidissemus, quod ita et vendedimus, et per hunc carta tradicionis manibus tibi tradimus, hoc est terra vel vinea nostra qui nobis justissime obvenit; et est ipsa terra et ipsa vinea in pago Rutenico, in vicaria Dunense, in loco quæ dicitur Vermecalme; et sunt aripendo duo et dimidio; et habet fines : de uno latus terra ad ipso emptore, de alio latus vinea ad ipsos vinditores, de tercio latus vinea sancti Salvatoris vel sancta Fide, de quarto latus prato Galtario; quantum istas fines loquitur totum et ab integrum tibi vendimus; et accipimus precium solidos XVII, de ipso precio non remansit in debito; quia post die abeas, teneas, possideas et facias quicquid facere volueris sine ullo contradicente in omnibus sane; et si ulla potestas inquietare voluerit, hoc ei non liceat facere, sed faciat quod lex est.

Facta carta ista die jovis, in mense marcio, regnante Lotario rege. — S. Aldialdis et filii sui Deusdet et Uxendis qui carta ista scribere vel firmare rogaverunt. S. Gauzberto. S. Bernardo. S. Aimenrado. S. Rodberto. S. Galterio. — Ragambertus scripsit.

102. ITEM.

Vers 1012, mai.

Domino magnifico emptore. Ego enim, in Dei nomen, Bernardus vendo sancti Salvatoris et sanctæ Fide, et a domino Airado abbate illo alode meo de Vermcalmo, hoc sunt vineas, cum terras cultas et incultas, quantum ego Bernardus in ipso loco habeo totum vendo sancti Salvatoris et sanctæ Fide, et a domno Airado abbate et a cuncta congregacione; et accepi de vos precium solidos XL et quatuor; et habet in se fines : de uno latus terra sancti Salvatoris et sanctæ Fide, de alio latus terra Deusdet, de tercio latus rivo decurrente, de quarto latus alio rivo de

Pedreleiras; quantum infra istas fines aspicit totum vendo sancti Salvatoris et sanctæ Fide, sine ullo contradicente in omnibus sane. Siquis ego, inmutata voluntate mea, aut ullus de heredibus vel propinquis meis ulla calumpnia inquietare voluerit, hoc ei non liceat facere, sed faciat quod lex est.

Facta carta vendicione ista in mense madio, feria VII, regnante Rodberto rege. — Et si homo est qui istum alodem contrapellaverit et ego Bernardus non gueriore ad sanctos. Illo meo manso de illa Costa, ubi Bernardus visus est manere, cum vineas, cum pratos, cum albareddas, cum trolio, cum terras cultas et incultas, totum relinquo sancti Salvatoris et sanctæ Fide, sine ullo contradicente in omnibus sane. — S. Bernardo qui carta ista scribere vel adfirmare rogavit. S. Frotardo, S. Austrino. S. alio Frotardo. S. alio Austrino. S. Deusdet. — Oddo scripsit.

103. ITEM.

964, avril.

Domino magnifico Guidone presbyter emptore. Ego enim, in nomen, Aldegarda et filii sui Deusdet et filia sua Uxendis pariter venditores, juxta textum vendicionis costa nos tibi vendidissemus, quod ita et vendedimus, et per hunc carta tradiccionis manibus tibi tradimus, hoc est vineas nostras qui nobis justissime obvenit; et sunt ipsas vineas in pago Ruthenico, in vicaria Dunense, in loco quæ dicitur Vermecalme; et sunt vineas que faciunt ipsius Guido et Garibertus et Benedictus; et ipsas vineas habent fines : de duas partes terram vel vineam ad ipsos venditores, de tercio latus vinea Airado et Guidone, de quarto latus vinea sancto Salvatore; quantum istas fines loquitur totum et ab integrum tibi vendimus; et accipimus precium solidos XIII denarios X, isto precio non remansit in debito; quare post odiernum diem abeas, teneas, possideas et facias quicquid facere volueris, sine ullo contradicente sane. De repeticione tibi dicimus et si ullus homo sed de hanc carta vendiccione ista se abstraere voluerit, hoc ei non liceat facere, sed faciat quod lex est.

Facta carta vendiccione ista die lunis, in mense aprili, annos X quod Lotarius rex cepit regnare. — S. Aldegarda et filii sui Deusdet et filia sua Uxendis qui carta vendicione ista scribere vel firmare rogaverunt. S. Bernardo. S. Geraldo. S. Ugone. S. Ingelberto. S. Aimerado. — Ragambertus scripsit.

104. ITEM.
997-1004, mai.

Domino magnifico Girberto abbate emptore. Ego enim, in Dei nomen, Gauzbertus clericus et Aganus venditores, juxta textum vendicionis constat nos vendidissemus, quod ita et vendidimus, tradidissemus, quod ita et tradidimus, hoc est vernaria nostra in loco que vocatur Vermcalme, et in ipso loco ipsa terra quæ Gauzbertus visus est abere; et habet ipsa vernaria et ipsa terra in se fines : de uno latus terra Bernardo, et de alio latus terra Deusdet, et de tercio latus gutta decurrente; quantum ad ipsa vernaria aspicit vel aspicere videtur totum et ab integrum vendimus sancti Salvatoris et sancta Fide, vel domni Girberti abbati cum cuncta congregatione sancti Salvatoris et sancta Fide, ut per hanc cartam manibus vobis tradimus; unde accepimus de vos precium, sicut inter nos et vos bene complacuit, hoc sunt solidi vii Poges que habuit Gauzbertus, et Aganus solidi ii de Pogesos, et de ipso precio retro nos nichil remansit indebitum; ut post hunc diem habeatis, teneatis, possideatis et quicquid facere volueritis licentiam habeatis ad faciendum, sine ullo contradicente in omnibus sane. Si quis nos, inmutatas voluntates nostras, aut ullus de heredibus vel propinquis nostris aut ulla amissa persona ulla calumnia generare voluerit, hoc ei non liceat facere, sed faciat quod lex est.

Facta carta vendicione ista sub die sabbato, in mense madio, regnante Rodberto rege. — S. Gauzberto clerico et Aganone qui carta vendicione ista scribere vel adfirmare rogaverunt. S. Bernardo. S. Deusdet. S. alio Bernardo. S. Arlando. S. alio Deusdet.

105. ITEM.
961, octobre.

Domino magnifico Guidone presbyter emptore. Ego enim, in Dei nomine, Aldiardis et filius suus Deusdet et filia sua Uxendis pariter vinditores, juxta textum vendicionis consta nos tibi vendidissemus quod ita et vendedimus, et per hanc carta tradiccionis manibus tibi tradimus, hoc est vinea vel terra qui nobis justissime obvenit, et est ipsa vinea vel terra qua Bernardus e Radulfus plantaverunt in precaria, et desuper dinariada de terra, et desuptus terra cum verniaria; et sunt ipsas res in pago Ruthenico, in vicaria Dunense, in loco que dicitur Vermecalme; et ipsa vinea et ipsa terra habent fines : de duos latus vinea vel terra ad ipsos venditores, de tercio latus vinea vel terra Bernardo, de quarto latus gutta decurrente; quantum istas fines loquitur tibi vendimus totum et ab integrum; et accepimus precium solidos XXXII, de isto precio non remansit indebito; ita ut post die habeas, teneas, possideas et facias quicquid facere volueris. Sane si quis nos aut ullus homo inquietare voluerit, hoc ei non liceat facere, sed faciat quod lex est.

Facta carta vendicione ista die jovis, in mense octobris, anno VII quod Lotarius rex cepit regnare. — S. Aldiardis et filii sui Deusdet et filia sua Uxendis qui carta ista scribere vel adfirmare rogaverunt. S. Aimenrado. S. Girardo. S. Bernardo. S. Gauzberto. S. Radulfo. — Ragambertus scripsit.

108. ITEM DE VERMCALMO.

997-1004, août.

Domino magnifico Girberto abbate. Ego enim, in Dei nomen, Grimaldus sacerdos venditor, juxta textum vendicionis constat me tibi vendidisse, quod ita et vendidi, tradidisset, quod ita et traddi, hoc est alodus meus de Vermcalmo, cum vineas, cum vernias, cum pratos, cum mansiones, cum ortos, cum trolio, cum terras cultas et incultas; et habet fines : de uno latus rivo decurrente, de alio latus terra sancti Salvatoris; quantum de illo meo alode aspicit vel aspicere videtur, illa tercia parte totum et ab integrum vendo sancti Salvatoris et sancta Fide, et domni Girberti abbati cum cuncta congregacione sancti Salvatoris et sancta Fide, et per hanc carta manibus vobis trado; unde accepi de vos precio, sicut inter me et vos bene complacuit, hoc sunt solidi CV de Lemoticanos, et de ipso precio retro nos nichil remansit indebitum; ita ut ab hac diem abeatis, teneatis, possideatis et quicquid facere volueritis licentiam habeatis ad faciendum. Sane si quis ego, inmutata voluntate mea, aud ullus de heredibus vel propinquis meis aut ulla amissa persona aud calumpnia ulla generare voluerit, hoc ei non liceat facere, sed insuper componat tantum et alium tantum quantum ipse alodus cum ipsas vineas et cum ipsas terras valere potuerit induplum sit rediturus, et quod petit non vindicet, sed presens carta vendicio ista firma et stabilis permaneat cum stibulacione subnixa.

Facta vendicio ista die sabbati, in mense augusto, regnante Rodberto rege. — S. Grimaldo sacerdote qui carta vendicione ista scribere vel adfirmare rogaverit. S. Deusdet. S. Deusdet sacerdoti. S. alio Deusdet. S. Bernardo. S. Gauzberto levita. — *Girbertus rogitus scripsit.*

107. DE CASMAR.

911. mars.

Locum sacrum sanctæ Dei æcclesiæ Conchas monasterio qui est in patria Ruthenica super fluvium Dordonis, et est constructa in honore domini et salvatoris nostri Jhesu Christi et sanctæ Marie et beati Petri principis apostolorum, ubi sanctus Vincentius et sanctæ Fides tumulati consistunt vel ceterorum sanctorum quorum reliquie ibidem condite sunt, ubi Rodulfus abba præesse videtur una cum monachis ibidem Deo famulantibus. Ob hoc igitur ego, in Dei nomen, Willelmus et uxor mea Ada, pro peccatis nostris minuandis seu pro genitore meo nomine Dadone et genitrice mea Rotrude et germano meo nomen Bernardo qui fuerunt condam et pro filio meo Ricardo, cedo ad ipsa casa Dei vel ad eisdem monachis aliquis de rebus nostris, oc est mansus noster qui per jure parentorum advenit. Et est ipse mansus in pago Ruthenico, in vicaria Montiniacense, in villa quæ vocatur Cassemare. Ipso manso cedimus ad ipsa casa Dei ubi Eldianus visus fuit manere; et est ipso mansus cum curti et orto, cum exeo et regresso, cum vinea, cum pratis, pascuis, silvis, garricis, rivis aquarum, terra rustica vel suburbana, quantum ad ipsum mansum aspicit vel aspicere videtur, totum et ab integrum ad ipsa casa Dei cedimus; ea vero racione ut quamdiu ego vivo usum et fructum michi reservio, et per singulos annos Adraldus monachus recipiat exinde censum modio de vino, et post obitum meum ipsum mansum Adraldus monachus teneat quamdiu vivit, et post obitum suum sine ullo contradicente ad ipsa casa Dei remaneat in sacrestia. De repeticione mimine credo; si quis nos ipsi, inmutatas voluntate nostra, aut ullus de heredibus vel propinquis nostris aut ulla apposita vel subrogata persona qui contra cessione ista ulla calumpnia generare voluerit, hoc ei non liceat facere, sed componat ad partibus monasterii tantum et alium tantum quantum ipsas res melioratas valere potuerit induplum sit rediturus, et quod petit non vindicet, sed presens cessio ista firma permaneat cum stibulacione subnixa.

Facta carta cessio ista die jovis in mense martio, anno XIII, regnante Karlo rege. — S. Willelmo. S. Ada qui cessione ista fieri vel adfirmare rogaverunt. S. Begone. S. Bernerado. S. Guirardo. S. Rodulfo. — In Dei nomine, Asterius clericus scripsit.

108. VILLA DE TEULAMENT.

887, mai.

Locum sacrum sanctæ æcclesiæ qui est constructus in honore domini nostri Jhesu Christi seu sanctæ Mariæ genitricis eidem domini nostri seu et sancti Petri principis apostolorum martirum seu et sancti Vincentii et sancte Fidis martires reliquie eorum ibi requiescunt condita sunt, ubi domnus et venerabilis abbas Frotarius una congregacionem Deo famulantium ibi præesse videtur, qui est in urbe Rutenico, in aice Ferrarias, in villa cui vocabulum est Teulamen. Quamobrem ego, in Dei nomine, Sigualdus et uxor sua Aiga ad illum locum sanctum vel ad illa congregacione monachorum qui ibidem Deo serviunt cedo vobis manso, cum curte et orto et exeo, cum terras cultas et incultas et cum ipsa vinea dominicaria, pratis, pascuis, silvis, garricis, aquis aquarum via decursibus, omnia et ex omnibus cedo vobis; et in ipsa villa cedo vobis capimanso, cum curte et orto et exeo, cum terras cultas et incultas et cum ipsa vinea dominicaria, pratis, pascuis, silvis, garricis. aquis aquarum via decursibus, omnia et ex omnibus vobis cedo; et in ipsa villa cedo vobis capimanso cum curte et orto et exeo; et in ipsa ara cedo vobis farinaria qui est constructus super Latacia; et in ipsa riparia prato dominicario per bodenas fictas totum et ab integrum vobis cedo; et in alio loco ubi vocabulum est ad illa Brucia cedo vobis manso uno ubi Bertalaicus visus est conversare, cum curte et orto et exeo, cum terras cultas et incultas, pratis, pascuis, silvis, garricis, aquis aquarum via decursibus, omnia ex omnibus vobis cedo quistum et inquirendum adinquirendum est, una pro amore Dei et pro remedii Sigualdo et Gairardo et Aigane animas eorum, ut pius et misericors dominus ut digne nos liberare de his cujus dicturus erit : « discedite a me, » et digne nos numerare cum his cujus dicturus erit : « venite benedicti patris mei, percipite regnum co vobis paratum est ab origine mundi. » Sane si quis ego, immutata voluntate mea, aut ullus de heredibus vel propinquis meis aut ulla admissa persona venire incontra cessione ista aut inquietare voluerit, non liceat vindicare sed componat vobis tantum et aliumtantum quantum ipsi mansi vel ipsa vinea eo tempore meliorati vale potuerint induplum sit rediturus, et hoc quo repetit non valeat vindicare cum stibulatione subnixa.

Facta cessio ista in mense madio, anno I regnante Oddone rege. — S. Sigualdo. S. Aigane uxore sua consenciente qui hanc cessione ista fieri vel adfirmare rogaverunt. S. Gairardo. S. Fredigo. S. Amelio. S. Fulcoino. S. Bertlando. S. Lantario. — Gontardus monachus rogitus scripsit.

109. DE TRABACIAGO.

959, mai.

Locum sacrum sancte Dei æcclesiæ qui est situs in pago Rutenico super alveum Dordonis, et est fundatus in honore domini nostri Jhesu Christi seu et gignentes eum parili est consecratus honore necnon et sancti Petri pincipis apostolorum seu et clavigeri, ubi sanctus Vincentius et sancta Fides tumulati esse videntur. Quamobrem ego, in Dei nomine, Hugo cedo vel dono a præfato monasterio cujus vocabulum est Concas, ubi Hugo abba visus est manere cum cuncta congregacione ibidem Deo famulantes, cedo mansum meum qui michi per conquistum obvenit, et in perpetuum cessum permaneat, hoc est mansus meus qui est in vicaria Neiracense, in villa quæ dicitur Trabaciago, ubi Tetbertus visus fuit manere, quantum ad ipsum mansum aspicit vel aspicere videtur, totum et ab integrum cedo vel dono ad ipsa casa Dei jam dicta vel ad ipsos servientes, specialius tamen ad sanctæ Fidis martyris, ad sacrificium offerendum vel ad luminaria concinanda, pro amore Dei vel pro anime meæ remedium, ut Deus omnipotens veniam michi parare dignetur, cedo cessione ista ad jam dicta casa Dei vel ad ipsos Deo servientes. Si quis ego ipse, immutata voluntate mea, aut ullus heres meus vel propincuus aut ulla apposita persona qui contra hanc carta cessione ista ire aut ulla calumpnia generare præsumpserit, nullatenus vindicet, sed insuper componat ad ipsa jamdicta casa Dei seu ad ipso jam dicto rectore nec non ad ipsos servientes Dei tantum et alium tantum quantum ipse alodus eo tempore meliorata valere potuerit in duplum sit redditurus, et quod petit non vindicet, sed presens cessio ista inviolabilem obtineat firmitatem.

Facta carta cessione ista die mercoris, in mense maio, anno V regnante Lotario rege. — S. Genesio qui carta ista scriberæ vel adfirmare rogaverat. S. Ava femina. S. Hugoni. S. Artmandi. S. Guitberti. S. Rotberti. S. Aigfredi. — Rotlandus rogatus scripsit.

110. DE SERRA IN MONTINIACENSE.

945, novembre.

Locum sacrum sanctæ Dei æcclesiæ qui est situs in pago Ruthenico super alveum Dordonis, et est fundatus in honore domini nostri Jhesu Christi seu et sanctæ Marie virginis et sancti Petri principis apostolorum necnon et clavigeri, ubi sanctus Vincentius et sancta Fides tumulati consistunt vel esse videntur. Quamobrum ego enim, in Dei nomen, Adalgrimus dator cedo vel dono ad præfato monasterio cujus vocabulum est Conchas, ubi Stephanus abba præesse videtur cum cuncta congregacione ibidem Deo famulantes, hoc est alodus meus unus caput mansus cum terra et vinea qui michi per conquistum advenit. Et est ipse caput mansus vel ipsa terra et ipsa vinea in pago Ruthenico, in ministerio Montiniacense, in villa cujus vocabulum est Serra, illo caput mansus ubi Sigbrandus visus fuit manere. Et habet ipse caput mansus vel ipsa terra in se fines vel confrontaciones : de superiore latus strata puplica, et de duos latus terra sancti Salvatoris, et de subteriore latus rivo decurrente ; quantum infra istas fines loqui totum et abintegrum cedo vel dono ad ipsa casa Dei vel ad ipso rectore seu ad ipsos Deo servientes, pro anima mea et pro anima Maraggardis et pro animas de cunctis consanguineis meis. In ea vero racione hoc facio : dummodo Guitbertus vivit, usum et fructum semper teneat ; et post obitum suum, sancta Cruce et sancti Clementis remaneat in dominio, sine ullo contradicente sane. Si quis ego aut ullus de heredibus vel propinquis aut ulla emissa vel subroga persona fuerit qui contra vos ulla calumpnia generare præsumpserit, hoc ei non liceat, sed componat tantum quantum et alium tantum ipsas res melioratus valere potuerint in duplum sit redditurus, sed presens donatio ista omnique tempore firma permaneat cum firmitate subnixa.

Facta cessione ista die sabbato, in mense novimbrio, anno x quod Lodovicus rex cepit regnare. — S. Adalgrimo qui donacione ista scribere vel adfirmare rogavit. S. Gualtado. S. Rainone. S. Hictore. S. Dodranno. S. Rodberto. — Teutbertus scripsit.

111. DE LA SERRA.

984, août.

Locum sacrum sanctæ Dei æcclesiæ qui est situs in pago Ruthenico super alveum Dordonis, et est fundatus in honore domini nostri Jhesu Christi seu et sancte Mariæ virginis et sancti Petri principis apostolorum necnon et clavigeri, ubi sanctus Vincentius et sancta Fides tumulati esse videntur. Ego enim, in Dei nomen, Deusdet cedo vel dono uno manso de illa Serra, et habet ipse mansus fines vel confrontaciones : de uno latus terra Girardo, et de alio latus terra Ardongio, de tercio vero latus strata publica; et in alio loco, manso meo illo ubi Ebrardus visus est manere, et est ipse mansus in pago Ruthenico in vicaria Serniacense, et habet ipse mansus fines vel confrontaciones : de tres latus terra sancti Salvatoris; et in alio loco, illo manso meo de Vilense[1], quantumcunque ad ipso manso aspicit vel aspicere videtur, quistum vel adinquirendum est, totum et ab integrum cedo vel dono ad ipsa casa Dei jam supra dicta. Illo manso de illa Serra et illo manso meo hubi Bernardus visus est manere, et illo manso meo de Eulense qui mihi per conquistum obvenerunt, ipsos mansos cum boscos, cum vineas, cum pratis, cum terras cultas et incultas, quistum vel adinquirendum est, totum et integrum cedo vel dono ad ipsa casa Dei jam supra dicta vel ejusdem rectores, ut post hunc diem teneatis, possideatis, quicquid facere volueritis, sine ullo contradicente in omnibus sane. Si quis ego, emutata voluntate mea, aut ullus de propinquis meis aut ullus de heredibus meis aut ulla amissa vel subrogata qui contra donacione ista ire aut egere aut inquietare voluerit, hoc eis non liceat facere, sed faciunt quod lex est.

Facta carta donacione ista sub die lunis, in mense augusto, anno xxx regnante Lotario rege. — S. Deusdedit qui carta donatione ista scribere vel adfirmare rogaverint. S. Bernardo. S. Guirardo. S. Arlando. S. Bonefacio. S. Gonberto. — Benedictus scripsit.

112. ITEM DE SERRA

903, janvier.

Domino magnifico Arlaldo abbate emptore, cum cuncta congregatione sancti Salvatoris Conchas monasterii emptores. Ego enim, in Dei nomen, Autgerius venditor juxta textum vendicionis constat ego Autgerius vendidit, quod ita et vendidit, tradidit, quod ita et tradidit, hoc est una peciola de vinea, et in ipso loco una peciola de terra. Et est ipse alodus in pago Ruthenico, in villa Serniacense, in aro quæ vocatur in illa Serra. Et habet ipse alodus fines vel confrontaciones : de duos latus terra Girardo, de alio latus terra sancti Salvatoris, de tercio latus

---

1. Ou Julense.

rivo decurrente. Et quantum ego ibi visus sum habere vel possidere totum et ab integrum ego Augerius cedo vel vindo sancti Salvatoris et sanctæ Fide, vel ejusdem monachos. Et in alio loco, in ipsa Serra, uno medio aripendo de terra, ego Augerius cedo vel dono ad ipsos sanctos. Et habet ipse alodus fines : de uno latus rivo decurrente, de alio latus terras sancti Salvatoris, de tercio latus terra Girardo. Quantum ego ibi visus sum habere vel possidere, totum et ab integrum cedo vel vendo sancti Salvatoris et sanctæ Fide, unde accepi de præsente, sicut inter nos et te bene complacuit atque convenit, hoc sunt solidi tredecim, et de ipso precio jam dicto manibus tibi tradimus abendi, donandi, vindendi, comutandi, dendi et faciendi, in omnibus quicquid facere volueritis faciatis in omnibus sine ullo contradicente sane. Si quis ego, emutata voluntate mea, aut homo aut ulla amissa persona qui contra vendicione ista ire aut ulla calumpnia generare præsumpserit, hoc eis non liceat facere, sed in super componat vobis tantum et alium tantum quantum ipse alodus eo tempore melioratus valere potuerit in duplum sit vobis rediturus et quod petit non vindicet, sed presens vendicio ista firma et stabilis permaneat cum stibulacione subnixa.

Facta carta vendicione ista die mercoris, in mense januario, anno v regnante Karolo rege. — S. Augerio qui carta vendicione ista scribere vel adfirmare rogaverit. S. Girardo. S. alio Girardo. S. Austrino. S. Abono. S. Deusdet. S. Aganono. — Benedictus rogatus scripsit.

113. ITEM.

913, novembre.

Domino magnifico Gauzberto monacho emptore. Ego enim, in Dei nomen, Dominica femina venditrice, consenciente viro suo nomine Leutardo, nos simul pariter venditores, juxta textum vendicionis consta nos ut tibi vendidissemus, quod ita et vendidimus, tradidissemus, quod ita et tradidimus, hoc est alodus noster tres aripendos de vinea qui nobis per conquistum obvenit. Et est ipse alodus vel ipsas vineas in pago Ruthenico, in ministerio Montlolacense, in villa cujus vocabulum est Serra. Et habet ipsa terra vel ipsa vinea in se fines vel confrontaciones : de superiore latus vinea Rainardo, et de alio latus gutta decurrente, et de tercio latus terra sancti Salvatoris, de quarto vero latus terra Gauzfredo. Quantumcumque infra istas fines concluditur totum et ab integrum nos tibi vendimus et per hanc carta vendicione ista manibus nostris nos tibi tradionis transferimus atque transfundimus; et accepimus nos de te precium de presente, sicut inter nos et te bene convenit atque complacuit, hoc est in argento aut in res conpreciatas valentes solidi vi, et de ipso precio retro te nichil remansit indebitum; ita ut post hunc diem habeas, teneas, possideas et cui volueris derelinquas et facias exinde quicquid facere volueris, sine ullo contradicente sane. Si quis nos, emutatas voluntates nostras, aut ullus de heredibus vel propinquis nostris aut ulla amissa persona fuerit... aut vendicione ista ire aut ulla calumpnia generare præsumpserit, hoc ei non liceat vindicare quod repetit, sed insuper componat tibi tantum et alium tantum quantum ipse alodus ulloque tempore melioratus valere potuerit in duplum sit tibi rediturus, et in antea non vindicet, sed præsens vendicio ista omnique tempore firma et stabilis permaneat cum omni firmitate subnixa.

Facta carta vendicione ista die lunis, in mense novimbrio, anno VIII quod Lodovicus rex cepit regnare. — S. Dominica femina vinditrice. S. Leutardo viro suo consentiente, qui carta vendicione ista scribere vel adfirmare rogaverunt. S. Bernardo. S. Benefacio. S. Rigualdo. S. Girardo. — Teutbertus scripsit.

114. ITEM DE SERRA.

945, septembre.

In Dei nomen. Cessio sola sufficit sine jestorum, tamen in omnibus plenissima obtineat firmitatem. Quamobrem ego enim, in Dei nomen, Deusdet donator cedo atque condono ad dilecto homine amico meo, nomine Grimardo, præposito, aliquis de rebus proprietatis meæ, qui michi per conquistum obvenit, hoc est alodus meus una peciola de vinea; et est ipsa vinea in pago Ruthenico, in vicaria nomine Cense, in villa cujus vocabulum est Serra; et habet ipsa vinea in se fines vel confrontaciones :

de superiore latus vinea vel terra Unilde et viro suo Adraldo, et de tercio latus terra Gonberto monacho. Quantum infra istas fines loquitur, totum et ab integrum tibi dono, ita ut post hunc diem habeas, teneas et cui volueris derelinquas, sine ullo contradicente, sane. Si quis ego aut ullus de heredibus vel propinquis meis qui contra te aut donatione ista ulla calumpnia generare præsumpserit, hoc ei non liceat vindicare quod repetit, sed insuper componat tibi tantum et alium tantum quantum ipsa vinea ulloque tempus melioratus valere potuerit in duplum sit redditurus, et quod petit non vindicet, sed præsens cessio vel donatio ista omnique tempore firma et stabilis permaneat cum omni firmitate subnixa.

Facta carta cessio vel donacio ista die venis, in mense septembrio, anno x quod Lodovicus rex cepit regnare. — S. Deusdedit donatore qui donacio ista scribere vel adfirmare rogavit, S. Rodberto. S. Rainoni. S. Girardo. S. Adraldo. — Teutbertus scripsit.

115. IN VONE.

930-935, mai.

Locum sacrum sanctæ Dei æcclesiæ qui est constructus in honore domini nostri Jhesu Christi et sancti Salvatoris, ubi sancta Fides tumulata consistit Conchas monasterii. Quamobrem ego, in Dei nomen, Feraldo et uxor sua Ermengarda cedo vel dono illo manso in Oracione, ubi Venrannus visus est manere. Quantum ad ipsum mansum aspicit vel aspicere videtur totum et abintegrum cedo sancti Salvatoris et sanctæ Fidei, sine ullo contradicente in omnibus sane. Et si ullus homo est qui contra hanc carta donacione ista ulla calumpnia generare præsumpserit, hoc ei non liceat facere, sed faciat quod lex est, componat tantum et alium tantum.

Facta carta donacione ista in mense madio, feria II, sub Radulpho rege. — S. Feraldo et uxor sua qui carta donacione ista scribere vel adfirmare rogaverunt. S. Poncio. S. Ermerardo. S. Aimonio. S. Aimo. — Donadeus rogatus scripsit.

116. DE MALA PADELLA.

904, octobre.

Locum sacrum sanctæ Dei æcclesiæ qui est situs in pago Ruthenico super alveum Dordonis, et est fundatus in honore domini nostri Jhesu Christi seu sanctæ Marie virginis et sancti Petri principis apostolorum necnon et clavigeri, ubi sanctus Vincencius et sancta Fides tumulati præesse videtur. Ego enim, in Dei nomen, Stephanus cedo vel dono illo meo alodo de Malapadella, cum ipsa mansione et cum ipso orto, quantum ibi visus sum habere vel possidere totum et abintegrum cedo vel dono sancti Salvatoris et sancta Fide, pro anime meæ; et teneant monachi in comunia. Et si ullus homo est qui donare voluerint, veniant unus de propinquis meis et donent III denariadas de cera sancti Salvatoris et sancta Fide et recipiant ipso alodem, sine ullo contradicente in omnibus sane. Si quis ego, emutata voluntate mea, aut ullus homo aut ulla persona qui contra carta donacione ista ire aut agere voluerit, hoc eis non liceat facere nec licentiam non habeant ad faciendum, sed faciant quod lex est.

Facta carta donacione ista die dominico, in mense octubrio, anno VI regnante Karolo rege. — S. Stephano qui carta donacione ista scribere vel adfirmare rogaverit. S. Giraldo. S. Autberto. S. Lautelmo. S. Austrino. S. Abono. — Benedictus scripsit.

117. DE MALA PADELLA.

955-985, mai.

Domino magnifico Stephano emptore. Nos enim, in Dei nomen, Bernardus et uxor sua Ingelberga pariter venditores, juxta textum vindiccionis consta nos tibi vendidissemus, quod ita et vendedimus, et per hunc carta tradiccionis manibus tibi tradimus, hoc est una pecia de terra qui nobis justissime obvenit; et est ipsa terra in pago Ruthenico, in ministerio Ruthinacense, in loco qui dicitur Mala Padella; et ipsa terra abet fines: do uno latus vinea ipso comparatore, de alio latus bosco ipsos venditores, de alio latus terra sanctæ Fide, de quarto latus gutta decurrente. Quantum istas fines loquitur totum et abintegrum tibi vendimus; et accepimus precium solidos duos, de ipso precio non remansit indebito; quare post die habeas, teneas et possideas et facias quicquid facere volueris, sine ullo contradicente sane; et post obitum meum sancta Fide de Conchas remaneat; et si ulla potestas inquietare voluerit, hoc ei non liceat facere, sed faciat quod lex est.

Facta carta ista die lunis, in mense madio, regnantè Lotario rege. — S. Bernardo et uxore sua Ingelberga qui carta ista scribere vel firmare rogaverunt. S. Odilone. S. Deusdet. S. Esimberto. S. Gauzfredo. S. Gauzberto. — Ragambertus scripsit.

118. DE VERNETO ET POZOLS.

Fin du xie siècle.

Breve memoratorio de res que Arlenus habet. In primis domino Deo et sancti Salvatoris et sancta Fide dono caput manso meo de Verneto quantum ibi aspicit vel aspicere videtur. Et in alio loco, in Pociolos, duos aripendos de plantarios quæ ille plantare jussit sancti Salvatoris et sanctæ Fide dimitto; illa vinea que Bernardus frater meus de me tenet cum peciola de bosco ad illo dimitto; illo caputmanso de Pociolos cum vinea vetula et bosco ad meos fratres legitimos Arlando et Bernardo et Jaudoino dimitto, exceptos illos duos aripendos quæ sancti Salvatoris et sanctæ Fide dimitto, et illa vinea et peciola de bosco que Bernardo fratre meo lano; in ea vero racione, quamdiu ego vivo, husum et fructum michi reservo. Breve memoratorio que Arlenus fieri et scribere jussit.

S. Arleno. S. Andreo. S. Stephano. S. Bernardo. S. Hugono. S. Riculfo. — In Dei nomen, Rodbertus rogatus scripsit.

119. DE MAURAZILS.

997-1030, octobre.

Locum sacrum sanctæ Dei ecclesiæ qui est contructus in honore domini nostri Jhesu Christi, ubi sancta Fides et sanctus

Vincencius tumulati consistunt. Ego enim, in Dei nomen, Poncius et uxor mea Ermengardis cedo vel dono ad ipsa casa Dei jam supradicta illo manso meo ubi Guilabertus visus est manende Maurazils, cum quantum ad ipsum mansum aspicit vel aspicere videtur, totum et abintegrum cedo ad ipsa casa Dei jam supradicta vel ad ejusdem rectores, pro anima mea et pro anima Petrone, Arimando filios meos, sine ullo contradicente in omnibus sane. Et si ullus homo est aut abba aut episcopus qui ejicere voluerit de comunia, sit excomunicatus de Patrem et Filium et Spiritum Sanctum, et habeat partem cum Datan et Abiron in infernum. Si quis ego, inmutata voluntate mea, aut ullus de heredibus vel propinquis meis aut ulla amissa persona qui contra carta donacione ista ulla calumpnia generare voluerit, hoc ei non liceat facere, sed faciat sicut lex est.

Facta carta donacione ista die jovis, in mense octubrio, regnante Rodberto rege. — S. Poncioni qui carta donacione ista scribere vel adfirmare rogavit. — In Dei nomen, Oddo scripsit.

120. DE DAGMINANIS.

Av. 1031-1065, octobre.

Sacro sancta Dei æcclesiæ Concas monasterio, ubi domnus Odalricus abbas et custus præesse videtur una cum norma monachorum. Ego igitur Doitrandus et uxor sua Bersoaizis, isti sunt donatores, consideravit casum fragilitatis humane, simulque tractans de Dei misericordia, ut pius Dominus misertus sit in die judicii, cedo, adque pro animas nostras remedio, ad supra dicta casa sancti Petri et sancta Fide rem itaque juriis meis quod insitum in pago Caturcino, ubi vocabulum est in Dagminanis. Et habet fines: de uno latus Arnal de Sancti Fronti, de alio latus terra Grimard et Doitran, desuper vinea Hugono de Vilaris, desubtis per illa strata. Quantum inter istas fines ego Doitrandus et uxor mea Bersoaizis visi sumus habere vel possidere totum et abintegrum donamus sancti Petri et sancta Fide, in tale vero racione, quamdiu vivimus, usum et fructum recipiamus et censum donet omnique anno super altario sancta Fide quatuor dinarios, et post dicessum nostrum quicqui teneat ipsum concensum donet. Si quis homo aut ullus de heredibus nostris contra carta ista ire aut inquietare aut tollere voluerit domino Deo et sancto Petro et sancta Fide, cum Datan et Abiron et cum Juda Scarioht sit particebs in infernum.

Facta carta ista in mense octubrio, feria v, domino Deo rege regnante. — S. Siguino. S. Raimundo. S. Willelmo. — Bonefacius scripsit.

121. DE URCIVAL.

923, novembre.

Locum sacrum sanctæ Dei æcclesiæ qui est situs in pago Ruthenico super alveum Dordonis, et est fundatus in honore domini nostri Jhesu Christi seu sancte Marie virginis et sancti Petri principis apostolorum necnon et clavigeri, ubi sanctus Vincencius et sancta Fides tumulati consistunt. Quamobrem nos enim, in Dei nomen, Aldoinus necnon et uxor sua Adalaicis, seu et Remigius nec non et uxor sua Aligardis, et Aichilenus seu et Josep, elimosinarii Eldigardis, pariterque cedimus ad prefato monasterio cujus vocabulum est Conchas, ubi Rodulfus abba præesse videtur cum cuncta congregacione ibidem Deo famulantes, cedimus res illius quæ illi justissime debitum est et in perpetuum cessum permaneat, hoc est mansus Eldegardis quæ ad illam justissime per conquistum obvenit, hoc est in pago Ruthenico, in ministerio Rocenacense, in loco que vocatur Urcivallis, hoc est mansus ubi Archibaldus visus fuit manere, cum curte et orto, cum exeo et regresso, cum vineis, cum pratis, pascuis, vel cum omnibus ajacenciis suis, vel quantumcumque aspicit ad ipsum mansum vel aspicere videtur, quistum vel quicquid adinquirendum est, totum et ab integrum cedimus ad ipsa jam dicta casa Dei vel ad ipsos Deo servientes, pro amore Dei, vel pro anima Hæctori genitori nostri seu et genitrice nostra Eldegardis, ut Deus omnipotens illis et nobis veniam concedere dignetur. Cedimus enim cessione ista ita ut post hodiernum diem, nec ad nos nec ad ullus de heredibus nostris nec nulla opposita vel admissa persona ipsa donacione que ad ipsa casa Dei cedimus abstrahere vel minuare voluerit, omnino non possit; et qui hoc facere presumit componat ad ipso rectore seu ad ipsos Deo servientes de ipsa casa Dei qui eo tempore præesse videntur tantum et alium tantum quantum ipsas res melioratas eo temporæ valere potuerint induplum sit rediturus, et quod petit non vindicet, sed præsens cessio ista inviolabilem omnique tempore obtineat firmitatem.

Facta carta cessione ista die sabbato, in mense novimbrio, anno xxv regnante Karolo rege. — S. Aldoino. S. Remigio. S. Aichileno. S. Josep. S. Adalaicis. S. Aligardis qui cessione ista pariter fieri vel adfirmare rogaverunt. — In Dei nomen, Hictor rogatus scripsit.

122. DE LA GARRIGA.

997-1004, mai.

Domino magnifico Girberto abbate emptore. Ego enim, in Dei nomen, Hugo et uxor mea Aldeburgis venditores, juxta textum vendicionis constat nos tibi vendidissemus, quod ita et vendidimus, tradidissemus, quod ita et tradidimus, hoc est medius aripendus noster de vinea que nobis per conquistum obvenit. Et est ipse medius aripendus in pago Ruthenico, in vicaria Serniacense, in loco quæ vocatur illa Garriga. Et habet ipsa vinea in se fines : de uno latus terra Deusdet, de alio latus terra Bernardo, et de alio latus gutta decurrente. Quantum ad ipso medio aripendo aspicit vel aspicere videtur totum et abintegrum vendimus sancti Salvatoris et sanctæ Fide, et domni Girberti abbati cum cuncta congregacione sancti Salvatoris et sanctæ Fide, ut per hanc cartam manibus vobis tradimus; unde accepimus de vos precium, sicut inter nos et vos bene complacuit hoc sunt solidi vIII de Lemovicanos, et de ipso precio retro nos nichil remansit indebito ; ita ut ab hanc diem habeatis, teneatis, possideatis et quicquid facere volueritis licenciam habeatis ad faciendum in omnibus sane. Si quis nos, inmutatas voluntates nostras, aut ullus de heredibus vel propinquis nostris aut ulla amissa persona ulla calumpnia generare voluerit, hoc ei non liceat facere, sed faciat quod lex est.

Facta carta vendicione ista sub die veneris, in mense madio, regnante Rodberto rege. — S. Hugono et uxore sua Aldeburgis qui carta vendicione ista scribere vel adfirmare rogaverunt. S. Deusdet. S. Donadeo. S. Bernardo. S. Flodaldo. S. alio Bernardo. — Salustrius rogatus scripsit.

123. DE ALTA BECIA.
934, août.

In Dei nomen. Placuit atque convenit inter Girardo et uxore sua Goilane necnon et aliquos homines Stephano episcopo et Hugono abbate et Begono... et cuncta congregacione sancti Salvatoris et sancta Fide Conchas monasterii ut inter se concambiare debuissent, quod ita et fecerunt. Inprimis dederunt Stephanus episcopus et Bego et Hugo abba et illa congregacio sancti Salvatoris et sanctæ Fide Girardo et uxore sua Goilane illo manso de Grande Sania ubi Rainaldus visus est manere; et est ipse mansus in vicaria Serniacense. Ipso manso cum curte et orto, cum vineas, cum pratis, silvis, cum exeo et regresso, cum terras cultas et incultas, cum quantum ad ipso manso aspicit vel aspicere videtur, quistum vel adinquirendum est, totum et ab integrum vobis concambiamus; et in alio loco, uno caputmanso cum duos aripendos de vineas, et est ipse caputmansus et ipsas vias in loco que dicitur Noatogio, et est ipse caputmansus et illas vineas que Deusdet filo Adalcrimo conquistamus. Pro istas res jam supradictas receperunt Stephanus episcopus et Bego et Hugo abba cum cuncta congregacione sancti Salvatoris Conchas monasterii de Girardo et uxore suo Goilane illo manso de Alta Becia ub Ragambaldus visus est manere qui mihi per hereditatem venit; et est ille mansus in vicaria Serniacense. Ipso manso cum curte et orto, cum exeo et regresso, cum boscos, cum terras cultas et incultas, cum quantum ad ipso manso aspicit vel aspicere videtur, quistum vel adinquirendum est, totum et abintegrum vobis concambiamus, ut post hunc diem teneatis, habeatis, possideatis, faciatis quicquid facere volueritis, sine ullo contradicente in omnibus sane. Si quis nos, inmutatas voluntates nostras, aut ullus de heredibus nostris vel propinquis nostris aut ulla amissa persona qui contra carta scambiaria ista ire aut egere vel inquietare voluerit, faciat exinde quod lex est.

Facta carta scamsaria ista in mense augusto, anno xxx regnante Lotario rege. — S. Grimardo et uxore sua Goilane qui carta ista scribere vel adfirmare rogaverunt. S. Deusdedit. S. Bernardo. S. Girardo. S. Gauzfredo. S. Bonefacio. S. Gonberto. S. Arnaldo. — Bernardus scripsit.

124. DE MOSSED.
908, juillet.

Domino magnifico Genesio emptore. Ego enim, in Dei nomen, Vidramnus et uxor mea Rotaiz, nos ambo pariter venditores, consta nos tibi vindidissemus, quod ita et vindedimus, hoc sunt res nostras proprias qui nobis per conquistum obvenerunt, qui sunt sitas in comitatu Ruthenico, in ministerio Rutulense, in villa cujus vocabulum est Mosseto. Propterea nos vendimus vobis in ipsa villa mansos nostros quatuor, cum curtes et ortos, campas, pratis, pascuis, vineis, exiis, agacenciis, aquis aquarum yia decursibus, cultum seu et incultum, quesit vel quicquid adinquirendum est, omnia et ex omnibus, quantumcumque ad ipsos mansos aspicit aut aspicere videtur, totum et ab integrum tibi vendimus; unde accepimus nos de te precium de presente, sicut inter nos convenit aut nobis beneplacitum fuit, hoc est in argentum et in alias res conpreciatas valentes solidos CCOL; tantum et nos pro ipsa precia istas res superius conscriptas vel denominatas in integrum nos tibi vendimus, et per hanc cartam vendiccionis manibus tibi tradimus ad jure proprium perpetualiter. Sane si quis fuerit in se in post modum, emutata voluntate nostra, aut ullus de heredibus nostris aut ulla oposita vel emissa persona qui contra te aut præsens vindiccionem istam ire aut egere aut ulla calumpnia generare præsumpserit, illut quod petit non vindicet sed insuper componat una cum fisco auri libras III et s... repeticio nullum habeat effectum, et hæc vindiccio ista a me facta omni tempore firma et stabilis permaneat stibulacione subnixa.

Facta carta vendicione ista in mense julio, anno x regnante Karolo rege Francorum et Aquitaniorum. — S. Vidramno. S. Rotaiz qui hanc vendictionem istam scribere vel adfirmare rogaverunt. S. Aigfredo. S. Guilaberto. S. Arleno. S. Abone. S. Rainone. S. Aboleno. — Garibaldus scripsit.

125. DE MOLARIAS.

1002, avril.

Domino nostro magnifico Girberto emptore abbate. Ego enim, in Dei nomen, Odilus et uxor mea Adalendis venditores, juxta textum vendiccionis constat me tibi vendidisse, quod ita et vendidimus, tradidisse, quod ita et tradidimus, hoc est alodus noster de Molarias, cum boscos, cum terras cultas et incultas, cum pratos, cum quantum in illum alodem aspicit vel aspicere videtur, totum et abintegrum vendimus sancti Salvatoris et sancta Fide, et Girberto abbate cum cuncta congregacione, et per hanc carta manibus vobis tradimus unde accepimus de vos precium, sicut inter nos et vos bene convenit, hoc sunt solidi xxx de Pogesos et x Lemovicanos, et de ipso precio retro nos nichil remansit in debitum; ita ut ab hanc diem teneatis, possidea et quicquid facere volueritis licenciam habeatis ad faciendum sane. Et habet ipse alodus in se fines : de duos latus rivo decurrente, de tercio latus terra sancti Salvatoris, de quarto latus vinea Ragamberto. Si quis nos, inmutatas voluntates nostras, aut ullus de heredibus vel propinquis nostris aut ulla amissas persona calumpnia generare præsumpserit, hoc ei non liceat facere, sed insuper componat tantum et alium tantum quantum ipsæ alodus melioratus valere potuerit in duplum sit rediturus, et quod petit non vindicet, sed præsens carta vendicio ista firma et stabilis permaneat cum stibulacione subnixa.

Facta carta vendicione ista die lunis, in mense apræ lio, anno vi regnante Rodberto rege. — S. Odilone et uxore sua Adalenda qui carta vendicione ista scribere vel adfirmare rogaverunt. S. Hæctore. S. Girberto. S. Hictore levita. S. Guidone. — Adalgerius scripsit.

126. CAIROLS.

x° siècle.

Locum sacrum sanctæ Dei æcclesiæ qui est constructus in honore domini nostri Jhesu Christi et sancti Salvatoris seu genitricis ejus et sancti Petri clavigeri, ubi sanctus Vincencius et sancta Fides gloriosissime conditi sunt, super alveum Dordonis, in loco que vocatur Conchas. Venit prædictus nomen Quilemmus et Hictor frater meus et donent unum mansum in Kairols ubi Aigbrandus mane, donet sancti Salvatoris et sancta Fide pro sepultura et pro anima Quilemmo; et habet ipse mansus fines : de uno latus terra sancti Salvatoris, de alio latus terra Hictore et Odalrico. Et in ipso loco, in Cairolos, una vinea dono sancta Fide, pro anima Quilemmo; et habet ipsa vinea fines : de uno latus terra sancti Salvatoris, de alio latus terra Hictore et terra Odalrico; et est ipse alodus in pago Ruthenico, in vicaria Dunense; in tale vero racione, et si ullus homo est qui tollere voluerit sancti Salvatoris de comunia, veniat unus de propinquis Quilemmo et donet una kandela sancti Salvatoris et recipiat ipso alode; et si ipse abba aut ullus homo aut clericus aut laicus donare vel vendere voluerit, fiat excominicatus de Patrem et Filium et Spiritum Sanctum et de sancta Maria et sancti Petri et sancta Fide sine fine in sæcula sæculorum, sane. Si quis ego, emutata voluntate mea, aut ullus de heredibus vel propinquis meis aut ulla amissa persona qui contra carta donacione ista ulla calumpnia jenerare præsumserit, hoc eis non lice facere, sed faciunt quod lex est.

Facta carta donacione ista die dominice, in mense febroario, regnante domino Deo sperante rege. — Aquilemmo et Hictore qui carta donacione ista scribere vel adfirmare rogaverunt. S. Abono. S. Adalgerio. S. Arnaldo. S. Hictore presbytero. S. Aimono. — Benedictus scripsit.

127. DE MURACIONE.

Avant 997-1004, mai.

Domino magnifico Girberto abbate emptore. Ego enim in Dei nomen, Bernardus sacerdos et frater meus Andreas et soror mea Martina venditores, juxta textum vendicionis constat nos vobis vendidisse, quod ita et vendimus, tradidisse, quod ita et tradidimus, hoc est alodus noster quæ nobis justissime per conquistum obvenit. Et est ipse alodus in pago Ruthenico, in vicaria Dunense, in loco quæ vocatur Muraclono, ubi Unaldus visus est manere, cum trolios, cum vineas, cum pratos, cum terras cultas et incultas. Et habet ipse alodus in se fines : de tres partes terra sancti Salvatoris et sanctæ Fide, et de quarto latus terra Aigfredo. Quantum infra istas fines concluditur totum et ab integrum vendimus sancti Salvatoris et sancta Fide, et a domno Girberto abbate cum cuncta congregacione monachorum ; unde accepimus de vos precium, hoc sunt solidi xxx de Lemoticanos, et retro nos nichil remansit indebitum ; et post hunc diem habeatis, teneatis, possideatis et quicquid facere volueritis faciatis in omnibus sane. Si quis ego, inmutata voluntate mea, aut ullus de heredibus vel propinquis meis qui contra hanc carta vendicione ista ulla calumpnia generare voluerit, hoc ei non liceat facere, sed faciat quod lex est.

Facta carta vendicione ista feria III, in mense madio, regnante Rodberto rege. — S. Bernardo et fratre suo Andrea et sorore sua Martina qui carta vendicione ista scribere vel adfirmare rogaverunt. S. Rainaldo. S. Gauzfredo. S. Austorgio. — Oddo rogatus scripsit.

128. IN MOSSITO UNUS MANSUS.

908, juillet.

Domino magnifico Austrino emptore. Ego enim, in Dei nomine, Abolenus venditor, consta me tibi vendidisse, quod ita et vendidit, hoc est alodus meus qui michi per comparacione advenit, qui est situs in comitatu Ruthenico, in ministerio Rutulense, in villa cujus vocabulum est Mossito. Propterea ego vindo tibi in ipsa vinea manso meo, cum curtes et ortos et campis et vineas et pomifera et omnia quantumcumque ego in ipsa villa visus sum habere vel possidere, quæsitum vel adinquirendum est, totum et ab integrum tibi vendo ; unde accipio ego de te precium de presente, sicut inter nos convenit aut nobis bene placitum fuit, hoc est in argentum aut in alodum aut in alias res conpreciatas valentes solidos ccc tantum. Et ego pro ipsa precia istas res superius conscriptas vel denominatas in integrum tibi vendo, et per hanc cartam vendiccionis manibus tibi trado ad jure proprium, ad abendi, vindendi, donandi seo liceat comutandi, ut in omnibus habeas potestatem de istas res quicquid facere volueris ad jure proprium perpetualiter. Sane si quis fuerit ipse in post modum, emutata voluntatæ mea, aut ullus de heredibus meis aut ulla oposita vel emissa persona qui contra te aut presens vendicionem istam ire aut egere aut ulla calumpnia generare presumpserit, illut quod petit non vindicet, sed insuper componat tibi una cum fisco auri libras tres, et sua repeticio nullum habeat effectum, et hæc vendicio ista a me facta omnique tempore firma et stabilis permaneat stibulacione subnixa.

Facta carta vendicionem istam in mense juli, anno x regnante Karolo rege Franchorum et Aquitanorum. — S. Albodeno qui hanc vendicionem istam scribere vel adfirmare rogavit. S. Rainone. S. Aigfredo. S. Genesio et Bernardo. S. Gunam et Guilaberto. S. Abone. — Guaribaldus rogatus scripsit.

129. DE ERMANIALDO.

Fin du xie siècle.

Ego Hæctor laxo domino Deo et sancta Fide post morte mea illo alode de Ermanialdo, hoc est unus mansus, cum vineas, cum boscos, cum terras cultas et incultas ; et in vita mea omni anno uno modio de vino de vesticionem, pro anima mea et pro anima patris mei Deusdet et pro anima Godliane matris meæ et pro animabus fratrum meorum ; in tali racione ut, si ullus homo de comunia tollere voluerit, veniat unus de nepotibus filiis sororis meæ et ponat super altare sancti Salvatoris xxx solidos de Ruthenis et habeat ipsum alodem. — S. Hæctori.

130. DELLA GARRIGA.

1032-1060, avril.

Locum sacrum sanctæ Dei æcclesiæ qui est consecratus in honore sancti Salvatoris, cujus vocabulum est Conchas, ubi sancta Fides requiescit. Quamobrem ego, in Dei nomen, Bego et frater meus Frotardus de Castro Castlucio cedimus vel donamus illum mansum nostrum de la Garriga ubi Bego visus est manere. Et ipse mansus habet censum unum multonem et unam spatulam et III sestarios de avena et duos panes et III gallinas et vestidura in dominicum et opera de uno homine. Et istum mansum supra scriptum et istum censum totum et abintegrum et quantum nobis exiit de ipso manso donamus sancti Salvatoris et sancte Fidis, pro animas nostras et pro anima patris mei et matris meæ et pro animabus parentorum meorum, in tali convenientia ut, si ullus abba aut rector monasterii voluerint de comunia tollere, ego aut unus de propinquis meis veniat et donet super altare sancti Salvatoris et sancte Fide XII denarios Lemoticanos et teneat ipsum mansum.

Facta carta donacione ista in mense aprili, in die sabbato, regnante Ehenrico rege. — S. Begoni qui carta ista vel donacione ista scribere vel adfirmare rogavit. S. Poncioni et Frotardi. S. Amelio Antoni et Stephano Siccerio.

131. DE CANUAS.
Fin du XI° siècle.

Ego, in Dei nomine, Austrinus filius Gaucelmum dono sancti Salvatoris et sancta Fide illa medietatem de Canuas, et illum mansum de Pers ubi visus est Salomon manere, et illum mansum de Najaz, et in Amarzed quatuor sestairadas de terra, et illas comandas quæ Austrinus tenet de sancti Salvatoris et de sancta Fide; jam nullus consanguineus meus non amparet. Et in tale racione laxo pro anima mea ego Austrinus filius Gaucelmi sancti Salvatoris et sanctæ Fidis: in vicaria Geraldo Bertrando, in Meliago, sex solidos ad messes et tres solidos a kalendas et duodecim gallinas et sex agnos; et in Pomario, de tres mansos duos solidos ad messes et duos a kalendas; et in ipso loco quatuor apendarias et de una quæque tres seste de civada et una gallina; et ad Espariago de una apendaria novem denarios et uno seste de civada; et in Longo Campo duos mansos et una apendaria, et exeunt duo agni et duo solidi et VI denarii a mei et a kalendas XVIII et quatuor gallinas; et de tres mansos de Ossez tres solidos a mei et XVIII a kalendas et sex gallinas et tres agnos; et in vicaria Oddoni de V mansos de Pressoiras exeunt V solidi a mei et V agni et a kalendas duo solidi et VI denarii et X gallinas.

132. DE ROQUETA.

966, janvier.

Locum sacrum sancte Dei æcclesiæ qui est situs in pago Ruthenico super alveum Dordonis, et est fundatus in honore domini nostri Jhesu Christi sancti salvatorii, est consecratus necnon et sanctæ Mariæ genitricis Dei et sancti Petri principis apostolorum seu et clavigeri, ubi sanctus Vincencius et sancta Fides tumulati esse videntur. Quamobrem ego, in Dei nomen, Guitbertus monachus cedo vel dono a prefato monastario cujus vocabulum est Conchas, ubi Stephanus episcopus et Hugo abba visus est manere cum cuncta congregacionem ibidem Deo famulantes, cedo caput mansum meum qui michi per conquistum obvenit, et in perpetuum cessum permaneat, hoc est caput mansus meus, cum mansiones, cum ipso torculario, cum casa dominicaria, cum curte et orto, cum exeo et regresso, cum vineas et vinealis, cum terras cultas et incultas; et sunt aripendi de vineas inter totos locos XVII; et est ipse alodus in vicaria Serniacense, in aro de villa quæ dicitur Serra, in loco quæ vocatur Roqueta, ubi Adabrandus visus est manere; et est ipse caput mansus cum pratis, pascuis, silvis, garricis, aquis aquarum via decursibus et cum ipso farinario. Quantum ad ipsum caput mansum aspicit vel aspicere videtur, quistum vel adinquirendum cum ipsis fondis et possessionibus, totum et abintegrum est, ego cedo vel dono ad ipsa casa Dei jamdicta vel ad ipsos servientes, tamen ad sanctam Fidem martirem, pro amorem Dei vel pro anime meæ remedium, ut Deus omnipotens veniam nobis parare dignetur, ego Gitbertus indignus peccator cedo cessione ista ad jam dicta casa Dei vel ad ipsos Deo servientes. Sane si quis ego ipse, inmutata voluntate mea, aut ullus de heredibus meis vel admissa persona qui contra hanc carta cessione ista ire aut ulla calumpnia generare præsumpserit, nullatenus non vindicet, sed insuper componat ad ipsa jamdicta casa Dei seu ad ipsos jamdictos rectores necnon ad ipsos Deo servientes, componat tantum et alium tantum quantum ipse alodus eo tempore melioratus valere potuerit in duplum sit rediturus et co petit non vindicet, sed præsens carta cessio ista omnique tempore inviolabilem obtineat firmitatem.

Facta carta cessione ista die mercoris, in mense januario, anno XII regnante Lotario rege. — S. Guitberto monacho qui carta cessione ista scriberæ vel adfirmare rogavit. S. Sigario et Umberto. S. Elisagar et Gauzfredo. S. Deusdet. — In Dei nomen, Benedictus rogatus scripsit.

133. DE ROQUETA.
Avant 1031-1065.

Decretum est et a fidelibus viris constitutum ut facinus uniuscujusque viri quod non redimitur afflicionibus saltim redimatur elemosinis. Idcirco ego Stephanus de Vigorone et uxor mea, paventes de tot flagicionum generibus quæ confitemur admisisse penitus, donamus de nostris concessis rebus monasterio de Conchas, quod consecratum est in honore nostri Redemptoris, quatenus idem Dominus adjutor noster sit et propicius, ubi beatissima virgo Fides tumulata quiescit, et ubi Odolricus, abba præest, villam que vocatur Rocheta, quantum in illam habemus vel habere videmur una cum fevalibus. Et ut hæc racio stabilitetur, firmamus donum sancti Salvatoris de Conchas et sanctæ Fidi, et abbati Odolrico et monachis ejusdem loci, in tali convenientia, ut filius noster Bonefacius sit monachus in eodem loco. Quod si ille, antequam sit monachus, mortuus fuerit, in ipsa convenientia sit monachus filius noster Gotefredus. Si vero idem mortuus fuerit, antequam sit monachus, remaneat de hinc sancto Salvatori et sanctæ Fidei. Retinemus ergo in ipsa villa, quamdiu vixerimus, ut unusquisque homo qui terram tenuerit donet nobis unum sestarium de frumento. Post mortem vero nostram, sit sancti Salvatoris et sancta Fide.

134. DE FONTANEDO IN PARROCHIA DE ASNAGO.
Fin du XI° siècle.

Ego Arcambaldus dono sancto Salvatore et sancta Fide illo alode meo de Fontanedo ubi Guilabertus visus est manere, cum censum et quartum; et donat de censum x denarios; et est ipse mansus in parrocchia de Asnago. Totum et ab integrum dono sancti Salvatoris et sancte Fidis, et ad monachos qui ibi sunt et erunt, in tali convenientia ut, si ullus homo tulerit de comunia, veniat unus de propinquis meis et donet quatuor denarios et remaneat illi. — S. Archimbaldo qui carta ista scribere rogavit.

135. VINEA DE REVEL.
Seconde moitié du xi° siècle.

Locum sacrum sanctæ Dei ecclesiæ qui est constructus super alveum Dordonis, in honore domini nostri Jhesu Christi et sancti Salvatoris, ubi sanctus Vincencius et sancta Fides tumulati consistunt. Ego igitur, in Dei nomen, Austrinus et uxor mea Rehengardis cedimus et donamus sancto Salvatori et sanctæ Fidei et monachis ibidem Deo famulantibus illum alodem nostrum de la Garriga, qui est in vicaria Dunense, hoc est illa vinea quæ dicitur Rebellis in dominio, et medietatem de decimum quem pater meus retinuit sibi, et totum meum boscum cum boscale et cum pradale usque in rivo que vocatur Peireleiras. Et in alio loco, in ipsa Garriga, dono illos casalos et boscalem ubi pater meus Bernardus visus est manere cum vinea quæ tenet Johannes de Noeiz et Frotardus, et similiter medietatem de decimum, et debet censum panes duos et duos sestarios de civada et duos denarios et una coxia de vacca; et in ipso alodio dono aliam vineam quam tenet Petrus faber, et similiter medietatem de decimum, et debet censum unum sestarium de civada et I denarium et I panem et II denariadas de carne. Dono etiam illum meum pratum de Fonte Frigida cum albaredas et vernarias, quantum ego Austrinus ibi visus sum habere, et cum illa parte de ipso prato quam tenet Bernardus Bonis, et donat per illam partem primo anno unum multonem de duos annos et in secundo anno unum agnum. Dono etiam sancti Salvatori et sanctæ Fidei et ad monachos de Conchas ut ille caput mansus, qui est in ipsa Garriga, quem tenet Bernardus Bonis, sancto Salvatori et sanctæ Fidei de Conchas et ad monachos ejusdem loci remaneat. Et si filius meus Hugo sine filiis morierit, illum alodem quem ego laxavi ei in Garriga sancto Salvatori et sanctæ Fidi de Conchas et monachis ejusdem loci remaneat. — S. Austrini qui cartam istam scribere et firmare rogavit. S. Frotardi de Conchas. S. Rigualdi et Umberti. S. Umberti et Frotardi. — Stephanus levita scripsit.

136. DE COMITATU VIVARIENSE.

997-1031, mai.

Locum sacrum sancta Dei æcclesia qui est constructus in honore domini nostri Jhesu Christi et sancti Salvatoris Conchas monasterii, ubi sancta Fides tumulata consistit. Ego, in Dei nomen, Petrus cedo vel dono illo alode meo sancti Salvatoris et sancta Fide in loco quæ vocatur illa Rocheta, hoc est una peciola de vinea, et in alio loco in ipsa Rocheta alia peciola de vinea; et est ipse alodus in comitatu de Vivarense, in vicaria Bausonenca; et habet ipse alodus in se fines : de uno latus terra sancti Andreæ, de alio latus terra ad ipso donatore, de tercio latus terra Armando. Quantum infra istas fines concluditur totum dono sancti Salvatoris et sancta Fide. Et in alio loco, in illo Bancarello, subter Altajone dono sancti Salvatoris et sancta Fide illo casalo meo cum mansione. Et si ullus homo est qui contradicere voluerit vel inquietare aut infrangere istum alodem suprascriptum, non habeat licenciam faciendi. Si quis ego, inmutata voluntate mea, aut ullus de heredibus vel propinquis meis qui contra hanc carta donacione ista ulla calumpnia generare voluerit, hoc ei non liceat facere, sed faciat quod lex est.

Facta carta donacione ista feria II, in mense madio, regnante Rodberto rege. — S. Petrono qui carta donacione ista scribere vel adfirmare rogavit. S. Folcono et Bernardo. S. Lautaldo et Cadoleno.

137. DE LARTE.

1065-1087, 3 novembre.

In nomine Patris et Filii et Spiritu Sancti, amen. Hic locus consecratur atque edificatur in honore sancti Salvatoris et sanctæ

Fidei, quem benedixit Bernardus Aquensis episcopus, quem locum vel quem honorem dedit Garsia Marra sancto Salvatori et sancte virgini Fidei, et Stephano abbati vel omni congregacioni. Hic Mons Larte ab antiquis temporibus vocatur, qui ab una parte rivuli usque ad ulteram totus est datus. Deincebs dedit multa predia : in Larta unum rusticum, in Salinis alium, in ripa fluminis alium, in Mageshe alium, in Sostum alium, in Auria Valle alium, in Ribera alium, in Scorca alium. Hoc omne G. pro redemptione sue anime vel suorum parentum tradidit III nonas novembris.

138. DE SPELEU.

997-1031, juin.

Locum sacrum sancte Dei æcclesiæ qui est consecratus in honore domini nostri Jhesu Christi et sancti Salvatoris, ubi sancta Fides et sanctus Vincencius tumulati consistunt. Quamobrem ego enim, in Dei nomen, Bernardus filius Laigardis cedo vel dono sancti Salvatoris et sanctæ Fide illo alode meo de Speleuvo pro octo mansos, cum boscos, cum pratos, cum terras cultas et incultas, quantum ad ipsum alodem aspicit vel aspicere videtur, totum dono ego Bernardus sancti Salvatoris et sancta Fidæ, pro anima mea et pro animas parentorum meorum. Et in alio loco, in villa quæ dicitur Cantaluppa, dono similiter sancti Salvatoris et sanctæ Fide illo alode meo per duos mansos. Iterum autem in alio loco, in Quinciago, dono similiter sancti Salvatoris et sanctæ Fide illa mea vinea quæ illi homines Johannes et Guilabertus tenent per medietatem. Et dono similiter sancti Salvatoris et sanctæ Fide illo bosco meo de Aspreddo. Et in illo loco, in Pogeto, dono similiter sancti Salvatoris et sancte Fide illo meo alode toto, cum vineas, cum albareddas, per tres mansos; et per censum de ipso Pojeto omnibus annis quatuor sestarios de civata et quatuor membros de porcos et quatuor sestarios de vino et duos panes et duas gallinas. Et si ullus homo istum alodem suprascriptum de comunia tollere voluerit, veniat unus de filiis meis aut de propinquis parentibus et ponat super altare sancti Salvatoris v solidos de dinarios et teneat ipsum alodem ; excepto illo Pojeto, si abbas donare voluerit ad filios meos ad feiso. Si quis ego, inmutata voluntate mea, aut ullus de filiis meis aut parentibus qui contra hanc cartam donatione ista ulla calumpnia generare voluerit, hoc ei non liceat facere, sed faciat quod lex est.

Facta carta donacione ista in mense junio, feria II, regnante Rodberto rege. — S. Bernardo qui carta donatione ista scribere vel affirmare rogavit. S. Bernardi. S. Doitrando. S. Hugono. S. Bernardo Stephano. — Petrus levita scripsit.

139. DE FRIGIDO MONTILIO.
997-1031, mars.

Locum sacrum sancte Dei æcclesiæ qui est constructus in honore domini nostri Jhesu Christi et sancti Salvatoris Conchas monasterii, ubi sancta Fides et sanctus Vincencius tumulati quiescunt. Quamobrem, in Dei nomen, ego Geraldus et frater meus Adalardus et frater meus Guitardus et mater nostra Gisaltrudis cedimus et donamus sive vendimus sancto Salvatoris et sancta Fide illo alode nostro de Frigido Montilio, hoc est ille alodus quæ comparavit Adalgerius pater noster de Hictore Cabaciano, cum vineas, cum boscos, cum terras cultas et incultas, quantum ad ipsum alodem aspicit vel aspicere videtur, totum et abintegrum istum alodem suprascriptum cedimus et vendimus ad ipsos sanctos; in tale racione ut, qualiscumque de nos morierit ante alium, unus solus totus iste alodus in comunia ad ipsos monachos de Conchas remaneat; et accepimus de ipsos monachos precium, sicut inter nos et illos bene complacuit, hoc sunt solidi xxx de Lemovicanos. Et quando mortui fuerimus, sepeliant nos ipsi monachi pro istum alodem suprascriptum, et omnibus annis, unusquisque de nos moriar, accipiant ipsi monachi vestidura unum semodium de vinum de ipsum alodem; et postea si unus de nos mortuus fuerit, totum et abintegrum remaneat in comunia. Et est ipse alodus in pago Ruthenico, in vicaria Dunense; et habet ipse alodus in se fines : de uno latus terra Adalardo, de alio latus rivo decurrente, de tertio latus alode Adalsaz. Quantum infra istas fines concluditur, totum et ab integrum remaneat sancti Salvatoris et sanctæ Fide pro animas nostras et pro anima de patre nostro Adalgerio. Et si ullus homo istum alodem suprascriptum de comunia tulerit, veniat unus de propinquis nostris et ponat super altare sancti Salvatoris duodecim denarios et teneat ipsum alodem. Si quis nos, inmutatas voluntates nostras aut ullus de heredibus vel propinquis nostris qui contra hanc cartam donacione vel vendicionem istam ulla calumpnia generare præsumpserit, hoc ei non liceat facere, sed faciat quod lex est.

Facta carta vendicione vel donatione ista in mense martio, feria II, regnante Rodberto rege. — S. Geraldo et Adalardo et Guitardo et matris illorum Gisaltrudis qui carta donacione et vendicione ista scribere vel adfirmare rogaverunt. S. Begono. S. alio Begono. S. Frotardo. S. Guitbaldo. S. Guitardo. S. Sulpicio. — Saluster rogatus scripsit.

140. DE MADRINAGO.

Seconde moitié du XI° siècle, juin.

Sacrosancta Dei æcclesia qui est constructa in honore domini nostri Jhesu Christi et sancti Salvatoris insuper alveum Dordonis, ubi sanctus Vincencius et beata Fides quiescunt, et est vocabulum nomen loci Conchas. Venit predictus vir Oddo nomen et donat uno manso in Madrinago, cum filio suo Oddono, ad casa Dei jam supradicta, cum quantum ad ipsum mansum pertingere videtur, totum ibi dono cum vineas, cum boscos, cum exeos et regressos. Et est ipse alodus in pago Ruthenico, in vicaria Rutellense, in villa quæ vocatur Madrinago, quantum ibi visus sum habere vel possidere, totum et ab integrum dono ad ipsos sanctos vel ad monachos in eodem loco manentes; in tale racione ut, si ullus homo donare voluerit ad fevum, veniat ipse Oddo ut Austrinus filius Isalgaro et donet una candela ad ipsos sanctos et teneat ipsum alodem. Si quis ego, inmutata voluntate mea, vel ullus de heredibus aut propinquis meis aut ullus homo per ullo quoque injenio qui contra carta donacione ista ulla calumpnia jenerare præsumpserit, hoc ei non liceat facere, sed faciat sicut lex est.

Facta carta donatione ista sub die sabbato, in mense junio, regnante domino Deo. — S. Oddono et uxore suo Adalsaz qui carta ista scribere vel adfirmare rogaverunt. S. Isalgaro et Bernardo. S. Abono, Guarnerio et Geraldo. — Rodbertus scripsit.

141. DE CENTERAMA.

997-1004, août.

Locum sacrum sancte Dei æcclesiæ qui est construnctus in honore domini nostri Jhesu Christi et sancta Maria vel sancti Petri principis apostolorum, ubi sanctus Vincencius et sancta Fides tumulati consistunt, in loco quæ vocatur Conchas super alveum Dordonis, ubi domnus Girbertus abba rector preesse videtur cum cuncta congregatione ibidem Deo famulantes. Quamobrem nos enim, in Dei nomen, Odilus et uxor sua Adalendis cedimus vel donamus ad prefato monasterio cujus vocabulum est Conchas illo nostro manso qui nobis per conquistum obvenit. Et est ipse mansus in pago Ruthenico, in vicaria Rutinacense, in loco quæ vocatur Centerama. Quantum ad ipso manso aspicit vel aspicere videtur, cum pratis, cum terras cultas et incultas, cum omnibus fundis possessionis, quisitum vel adinquirendum est, totum et abintegrum cedimus vel donamus ad ipsa casa Dei jam supradicta, pro anima Bernardi et pro animæ Odiloni et Adalendi uxoris suæ, ut post hunc diem habeatis, teneatis et possideatis et fructum recipiatis, sine ullo contradicente in omnibus sane. Si quis nos, inmutatas voluntates nostras, vel ullus de heredibus nostris vel de propinquis nostris aut ulla amissa persona aut ullus homo pro ullo quoque ingenio qui contra carta donacione ista ire aud agere vel inquietare voluerit, faciat exinde quod lex est. Et si episcopus vel abba aut ullus rector æcclesiæ donaverit, veniat unus de propinquis nostris et donet quatuor denariadas de cera et accipiat eum.

Facta carta donacione ista sub die sabbato, in mense augusto, regnante Rodberto rege. — S. Odilone et uxore sua Adalende qui carta ista scribere vel adfirmare rogaverunt. S. Arnaldo et Amblardo vel Odilone nepote suo. — Deusdet rogatus scripsit.

142. DE ITEM.

997-1031, mai.

Locum sacrum sanctæ Dei æcclesiæ que est consecratus in honore domini nostri Jhesu Christi et sancti Salvatoris Conchas monasterii, ubi sancta Fides tumulata quiescit. Ego enim, in Dei nomine, Garnerius filius Giroardi cedo et dono sancti Salvatoris et sanctæ Fide illo alodo meo illo manso de Castlaro, cum boscos, cum terras cultas et incultas, quantum ad ipsum mansum aspicit vel aspicere videtur, totum dono sancti Salvatoris et sanctæ Fide. Et in alio loco, dono sancti Salvatoris et sanctæ Fide illo alode meo illo manso de Centerama, cum terras cultas et incultas, totum et abintegrum dono sancti Salvatoris et sanctæ Fide. Si quis ego inmutata voluntate mea aut ullus de heredibus vel propinquis meis qui contra hanc carta donacione ista ulla calumpnia generare voluerit, hoc ei non liceat facere, sed faciat quod lex est.

Facta carta donatione ista in mense madio, feria III, regnante Rodberto rege. — S. Guarnerio qui carta donacione ista scriberæ vel adfirmare rogavit. S. Hugoni, Bernardi et Gauzfredi. — Oddo rogatus scripsit.

143. CLAUGIANICAS.

928, octobre.

Racio deposcit et virtus legum declarat sanxit auctoritas aut qualiscumque homo res suas in alteriis personis transferre voluerit profiteatur se re tantum cessisset, quia cessio sola sufficit sine gestorum adlegacione, in omnibus obtineat firmissimam firmitatem. Quamobrem ego igitur, in Dei nomen, Niguarius monachus cedo vel condono Rodulfo abbate aliquis de rebus proprietatis meæ qui michi per conquistum obvenit, hoc est mansus cum ipsa casa dominicaria, cum curto et orto, cum exeo et regresso, cum verdiario et cum ipso trolio dominico, vel cum ipsum clausum dominicarium de ipsas vineas. Et est ipsas res in pago Ruthenico, in ministerio Sernasense, in loco quæ dicitur Claugianicas. Et habent ipsas vineas fines vel confrontaciones :

de superiore latus terra Rainono, et de alio latus vinea sancte Fide martir Christi, de tercio latus per ipsa gutta qui descendit in fluvium Dordonis. Quantum infra istas fines concluditur totum et ab integrum tibi cedo vel dono; ea vero racione, quamdiu ego vivo, usum fructum possideam, et post obitum vero meum Rodulfo abbatæ remaneat, sine ullo contradicente sane. Si quis ego, inmutata voluntate mea, aut ullus de heredibus meis vel propinquis aut ulla apposita vel subrogata persona qui contra carta vel cessione ista ire aut ulla calumpnia generare præsumpserit, nullatenus vindicet, sed insuper componat tibi tantum et alium tantum quantum ipsas res eo tempore melioratas valere potuerint in duplum sit rediturus, et hoc quod petit non vindicet, set presens cessio ista omnique tempore firma et stabilis permaneat cum stibulacione subnixa.

Facta carta vel donacione ista die mercoris, in mense octubri, anno xxx regnante Karolo rege. — S. Niguario qui carta vel donacione ista scribere ved adfirmare rogavit. S. Gaucefredo, Oddono et Bernardo. S. Garifredo et Guarnario. — Hictor scripsit.

144. ITEM CLAUGIANICAS.

910, septembre.

Cum fragilitas humanum jeneris pertimescit ultimum, vita subitana transposicionum ventura oportet ut non inveniat humanum quemque imparatum, ne sine alico boni operis fructum migret de sæculo, sed dum in suo jure et potestate consistit, preparet sibi viam salutis per quam valeat ad internam beatitudinem pervenire. Quamobrem ego Niwarius cedo ad prefato monasterio, ubi Radulfus abba preesse videtur cum cuncta congregacione monachorum ibidem Deo famulantes a sancto Salvatore vel ad sanctam Fidem martirem Christi, cujus vocabulum est Conchas, qui est situs in pago Ruthenico, in vicaria Montinacense, in aro quæ vocatur Claujanicas, hoc est vinea mea qui michi per parentorum obvenit. Et habet ipsa vinea fines vel confrontaciones : de superiore latus terra Guirardo, et de alio latus terra Nivario et Gontardo, et de tercio latus strata puplica, et de subteriore latus vineas Nivario et Gontardo. Quantum infra istas fines concluditur totum et abintegrum cedo ad ipsa casa Dei jamdicta vel ad sanctam Fidem, pro remedium anime meæ seu pro anime jenitore meo Adalgrimo vel jenitrice mea Teulinde qui fuerunt condam, ut Deus omnipotens nobis veniam parare dignetur, et ut illam vocem desiderabilem mereamur audire quam justi audituri erant : « Venite, benedicti patris mei, percipite regnum quod vobis paratum est ab origine mundi. » Sane si quis ego ipse, inmutata voluntate mea, aut ullus de heredibus meis vel propinquis qui contra hanc carta cessione ista ire aut ulla calumpnia jenerare præsumpserit, nullatemus vindicet, sed insuper componat a partibus sanctæ æcclesiæ vel ad ipsos rectores seu ad servientibus tantum et alium tantum quantum ipsa vinea eo tempore meliorata valere potuerit in duplum sit rediturus, et quo petit non vindicet, set presens cessio ista inviolabilem omnique tempore obtineat firmitatem.

Facta carta cessione ista in mense septembrio, anno XII regnante Karolo rege. — S. Niguario qui cessione ista fieri vel adfirmare rogavit.

145. CLAUGIANICAS.

942, février.

Locum sacrum sancte Dei æcclesiæ qui est situs in pago Rutenico super alveum Dordonis, et est fundatus in honore domini nostri Jhesu Christi pseu sancte Marie virginis et sancti Petri principis apostolorum necnon et clavigeri, ubi sanctus Vincentius et sancta Fides esse videntur. Quamobrem ego enim, in Dei nomine, Adalgrimus et uxor sua Raggardis et Eralius presbyter, nos simul pariter elemosinarii Gauzfredi qui fuit condam, nos simul pariter cedimus vel condonamus ad præfato monasterio cujus vocabulum est Conchas, ubi Stephanus abbas preesse videtur cum cuncta congregacione ibidem Deo famulantes, propter hoc cedimus vel condonamus ad prefato monasterio necnon et Gairardo et Siguino Abono pariter sacerdotes, hoc est alodus noster hunus caput mansus, cum vinea et terras, cum omnibus ajacenciis suis quæ ad ipsos pertinet. Et est ipse caput mansus vel ipsa vinea cum ipsa terra in pago Ruthenico, in ministerio Montiniacense, in aro de Claugianicas, in loco que dicitur ad illa Roca, ubi Gairardus visus est manere. Ipso caput manso cedimus ad ipsa casa Dei jamdicta vel ad ipsos sacerdotes superius nominatos, cum curte et orto, cum exeo et regresso, cum ipsa vinea et cum peciola de prato et peciolas de terras. Quantumcumque ad ipso caput manso aspicit vel aspicere dinoscitur, quistum vel adinquirendum est, totum et abintegrum cedimus ad ipsa jamdicta casa Dei vel ad ipsos sacerdotes Gairardo et Siguino, pro anime remedium Gauzfredi et Adalgarii et Avani et Willelmi et pro anima Adalgrimo et Raggardis vel cunctis consanguineis illorum tam vivis quam et defunctis, ut Deus omnipotens veniam nobis concedere dignetur. In ea vero racione hoc facimus, quamdiu Gairardus monachus et Siguinus sacerdus vivunt, usum et fructum teneant, sine ullo contradicente sane ; et post obitum illorum eligant unum de sacerdotes qui ibi erunt in ipso monasterio, illi remaneat in ipsa racione jamdicta, et sicut fiat factum usque in finem sæculi. Et si ipse abba aut ullus rector æcclesiæ aut ullus homo ipsa terra jam superius nominata donare aut vendere voluerit, ira Dei incurrat super illum ; et si hoc præsumpserit facere, donet Adalgrimus quinquaginta solidos ad ipsos sacerdotes jamdictis et recipiat ipsa terra jamdicta et faciat quicquid voluerit ; set presens cessio ista omnique tempore firma et stabilis permaneat cum stibulacione subnixa.

Facta carta cessione ista die martis, in mense febroario, anno VI quod Lodovicus rex cepit regnare. — S. Adalgrimo et Raggardis uxore sua. S. Eralio sacerdote qui cessione ista scribere vel adfirmare rogaverunt. S. Bernone, Guitfredo, Gairardo et Bernardo vel Airado. — Teutbertus scripsit.

146. VASSELIAGO.

x° siècle.

Locum sacrum sanctæ Dei æcclesiæ qui est constructus super alveum Dordonis, et est fundatus in honore domini nostri Jhesu Christi et sancta Maria virginis et sancti Petri principis apostolorum necnon et clavigeri, ubi sanctus Vincencius et sancta Fides tumulati preesse videntur. Ego enim, in Dei nomine, Maria cedo vel dono illo alode meo de Vasseliaco uno aripendo de vinea et cum terra ausa cedo vel dono sancti Salvatoris et sancta Fide et ad ipsos monachos in comunia, pro anima meæ ; et in alio loco, in ipsos Vaseliaco, ad mansione Arlaldo, uno dimidio aripendo de vinea quæ comparavit de sancti Amancii dimitto sancti Salvatoris et sancta Fide, pro anime mea. Quantum ego, in Dei nomen, Maria, ubi visa sum habere vel possidere, totum et abintegrum cedo vel dono sancti Salvatoris et ad ipsos monachos in comunia pro anime meæ sane.

Facta carta donacione ista die sabbato, in mense febroario, regnante domino Deo. — S. Mariane et Hictore marito suo qui carta donatione ista scribere vel adfirmare rogaverunt. S. Hictore, Odono, Rainono, et Gauberto, vel Rodberto. — Benedictus scripsit.

147. ITEM.

Av. 1031-1065.

Locum sacrum sancte Dei æcclesiæ qui est constructus in honore domini nostri Jhesu Christi necnon et sanctæ Fidis et sancti Petri et sancti Vincencii aliorumque sanctorum, ubi Odolricus abba cum cuncta congregatione monasterii præesse videntur. Ego enim, in Dei nomine Geraldus et uxor sua Stephana et filius meus Hector cedimus vel donamus ad isto prefato monasterio cui vocabulum est Conchas isto alode meo de Vasiliago totum et ab integrum, quantum visus sum habere vel possidere, cum terras cultas et incultas, post mortem meam et de uxore mea Stephana et de filiis meis, et post morte filiorum de filiis meis legitimis ; in tale racione quæ ego teneam ad fevum et filius meus et filii filiorum meorum, et donent quemque annum XII denarios. Et si ullus abba aut ullus monachus de comunia tollere voluerit, veniat unus de propinquis meis et donet V solidos super altare sancti Salvatoris et teneant dehinc intea ipsum alodem.

S. Geraldo qui carta ista scribere vel firmare rogavit. S. Hectori et Adalardi.

148. SENTRES.

997-1001, mai.

Domino magnifico Girberto abbate emptore. Ego enim, in Dei nomen, Agenus venditor, juxta textum vendicionis constat me vendidisse, quod ita et vendidi, tradidit, hoc est medius aripendus de vinea in loco quæ vocatur Sentres, qui mihi per originem parentorum obvenit. Et habet ipse medius aripendus in se fines : de uno latus terra Frotardo, et de alio latus terra ad ipso venditore. Quantum ad ipso medio aripendo aspicit vel aspicere videtur, totum et abintegrum vendo sancti Salvatoris et sancta Fide et domni Girberti abbati cum cuncta congregacione sancti Salvatoris et sancta Fide, ut per hanc cartam manibus vobis trado; unde accepi de vos precium, sicut inter me et vos bene complacuit, hoc sunt solidi x de Lemovicanos medios novos et medios veteros, et de ipso precio retro nos nichil remansit indebitum; ita ut ab hanc diem teneatis, possideatis et quicquid facere volueritis licentiam habeatis ad faciendum in omnibus sane. Si quis ego, inmutata voluntate mea, aut ullus de heredibus vel propinquis meis aut ulla amissa persona ulla calumpnia generare præsumpserit, hoc ei non liceat facere, sed insuper componat tantum et alium tantum quantum ipse medius aripendus valere potuerit in duplum sit rediturus, et quo petit non vindicet, sed presens carta vendicio ista firma et stabilis permaneat cum stibulacione subnixa.

Facta carta vendicio ista sub die sabbato in mense madio, regnante Rodberto rege. — S. Aganone qui carta vendicione ista scribere vel adfirmare rogavit. S. Frotardo, Bernardo et Deusdet. S. alio Bernardo vel Aimono. — Salustrius rogitus scripsit.

149. ITEM DE SENTRES.

997-1001, mai.

Domino magnifico Girberto abbate emptore. Ego enim, in Dei nomine, Raingarda et filius meus Gualterius et alius filius meus Bernardus et filius meus Siguinus et filius Hugo venditores, juxta textum vendicionis constat nobis vendidisse, quod ita et vendimus, tradidisse, quod ita et tradimus, hoc est una pecia de bosco et una petia de terra que nobis per conquistum obvenit. Et est ipse alodus in pago Ruthenico, in vicaria Dunense, in loco que vocatur Sentris. Et habet ipse alodus in se fines : de uno latus terra ad ipsos venditores, et de alio latus terra Frotardo et Austrino, et de tercio latus terra sancti Salvatoris et sancte Fidei. Quantum infra istas fines concluditur totum et abintegrum nos vendimus sancti Salvatoris et sancte Fidei, et a domno Girberto abbate cum cuncta congregatione monachorum ; unde accepimus de vos precium, sicut inter nos et vos bene complacuit, hoc sunt solidi vIIII de Lemovicanos, et de ipso precio retro nos nichil remansit indebitum ; ita ut post hunc diem habeatis, teneatis, possideatis et quicquid facere volueritis faciatis, sine ullo contradicente in omnibus sane. Si quis nos, inmutatas voluntates nostras, aut ullus de heredibus vel propinquis nostris qui contra carta vendicione ista ire aut ulla calumpnia generare præsumpserit, hoc ei non liceat facere, sed faciat quod lex est.

Facta carta vendicione ista die marcis, in mense madi, regnante Rodberto rege. — S. Raingardis femine et filiis suis Galterio et Bernardo et Siguino et Hugono qui carta vendicione ista scribere vel adfirmare rogaverunt. S. Aimono, Bernardo, Deusdet, vel alio Bernardo. — Oddo rogatus scripsit.

150. ITEM.

997-1004, mai.

Domino magnifico Girberto abbate emptore. Ego enim, in Dei nomen, Arlandus et uxor mea Godalberga venditores, juxta textum vendicionis constat nos vendidissemus, quod ita et vendidimus, tradidissemus, quod ita et tradidimus, hoc est una sestariata de terra cum ipsa vernaria, in loco quæ vocatur Sentres. Et habet ipsa terra et ipsa vernaria in se fines et confrontaciones : de uno latus gutta decurrente, et de alio latus terra Bernardo. Quantum ad ipsa terra et ipsa vernaria aspicit vel aspicere videtur, totum et abintegrum vendimus sancti Salvatoris et sancte Fide, et domni Girberti abbati cum cuncta congregatione sancti Salvatoris et sancta Fide, ut per hanc cartam manibus vobis tradimus ; unde accepimus de vos precium, sicut inter nos et vos bene complacuit, hoc est unus bovis et denarii VII, et de ipso precio retro nos nichil remansit indebitum ; ita ut ab hanc diem habeatis, teneatis, possideatis et quicquid facere volueritis licentiam habeatis ad faciendum in omnibus sane. Si quis nos, inmutatas voluntates nostras, aut ullus de heredibus vel propinquis nostris aut ulla amissa persona ulla calumpnia jenerare voluerit, hoc ei non liceat facere, sed faciat quod lex est.

Facta carta vendicione ista sub die sabbato, in mense madio, regnante Rodberto rege. — S. Arlando et uxore sua Godalberga qui carta vendione ista scribere vel adfirmare rogaverunt. S. Bernardo et Aganone et alio Bernardo vel Grimaldo et Deusdet. — Salustrius rogatus scripsit.

151. MESPOLARIOS.

963, mars.

Locum sacrum sancta Dei æcclesiæ qui est constructus in honore domini nostri Jhesu Christi, hubi sancta Fides et sanctus Vincencius tumulati consistunt. Venit jam prædicta femina Senegundis, dedit pro anima filii sui Aldoini ad ipsa casa Dei jam supradicta quatuor mansos et una apendaria. Et sunt ipsi mansi in vicaria Roceznacense, in villa cujus vocabulum est Mespolarios ; et venerunt michi isti mansi per conquistum. Et quamdiu ego vivo, husum et fructum recipiam, et post obitum meum sancti Salvatoris remaneat ; et per singulos annos recipiant vestidura de annona quatuor sestarios. Totum quantum ad ipsos mansos pertinet totum remaneat sancti Salvatoris cum curtes et ortos, cum exeos et regressos, cum pratis et bosco ; et visus manere in ipsos mansos Gauzbertus et Jatbertus, Geraldus et Aldebertus ; in ea vero racione ut in comunia illos teneat. Et si ad ullum hominem volunt dare aut vendere, veniant fratres Aldoini et recipiant illos, sine ullo contradicente in omnibus sane, ut post hodiernum diem neque Senegundis neque ullus ex filiis suis aut ulla amissa persona inquietare voluerit, hoc ei non liceat facere, sed faciat sicut lex est.

Facta carta donacione ista die sabbato, in mense marcio, anno nono regnante Lothario rege. — S. Senegundis qui carta cessione ista scribere vel adfirmare rogavit. S. Umberto, Frotardo vel Escafredo. S. Rigualdo et Odalrico vel Abono. — In Dei nomen, Rotbertus rogitus scripsit.

152. MESPOLARIOS.

980, février.

Locum sacrum sancte Dei æcclesiæ qui est situs in pago Rutenico, in vicaria Dunense. Ego enim, in Dei nomine, Odalricus et uxor mea Avierna et filii nostri Bernardus et Frotardus cedimus vel donamus uno manso pro anima Ectore filio nostro et animabus nostris; et ipse mansus in pago Rutenico, in vicaria Dunense, in loco qui dicitur Mespolarias. Et habet ipse mansus in se fines : de tres latus terra sancti Salvatoris et sancte Fidis, de quarto vero latus rivo decurrente. Quantum infra istas fines concluditur totum et ab integrum damus sancti Salvatori de Conchis, ut post hunc diem teneant et possideant monachi ejusdem loci in communia, sine ullo contradicente, sane. Si quis nos aut ullus de heredibus vel propinquus noster aut ulla persona qui contra donatione ista ire vel inquietare voluerit, non liceat ei, sed insuper componat monachis tantum et alium tantum quantum ipse mansus melioratus valere potuerit.

Facta carta donatione ista feria II, mense febroario, anno XXXVI[1] regnante Lothario rege. — S. Odalrici et uxori ejus et filios eorum qui carta donatione ista scribere vel adfirmare rogaverunt. S. Umberto. S. Sicherio. S. Frotardo. S. Stephano. S. Genesio. — Benedictus scripsit.

153. VILLA DE BAUTONE IN SEVERIACENSE.

882, 21 juillet.

Sacrosanctæ æcclesiæ sancti Salvatoris Conchas monasterii, ubi Bego abba præesse videtur cum monachis ibidem Deo famu-

---

1. Il y a sans doute ici un X de trop; Lothaire n'a régné que trente-deux ans.

lantibus. Quamobrem ego Bernardus, gratia Dei comes, et uxor mea Hermengardis cedimus ad ipsa casa Dei qui est constructa in honore domini et salvatoris nostri Jhesu Christi seu et sancti Petri apostolorum principis ceterorumque sanctorum quorum ibi reliquiæ conditæ sunt, ubi Bego abba præesse videtur cum monachis ibidem Deo servientibus cedimus cessumque in perpetuum esse volumus, pro amore Dei vel æterna retributione, ut nobis ipse pius et misericors Dominus veniam in futurum procurare dignetur, hoc sunt res nostras proprias qui ex alode parentorum meorum justissime mihi obvenerint, qui sunt sitas in pago Rutenico, in vicaria Severiacense, hoc est villa nostra qui nominatur Bautone, cum mansis, campis, pratis, pascuis, silvis, exiis et regressis, cultum et incultum, aquis aquarumque viæ decursibus, omnia et ex omnibus, quantumcunque ad ipsa villa aspicit aut aspicere videtur, quod nostra juste cernitur et possidetur, in integrum cedimus ad ipsa predicta casa Dei suisque servientibus jure proprio ; eo videlicet modo, ut dum ego vivo, ipsas res usufructuario michi liceat possidere, et annis singulis in vestituram ipsum decimum ad ipsa casa Dei persolvam. Post obitum vero meum, quandoque Domino placuerit, ipsas res cum omni integritate ad ipsa casa Dei suisque servientibus absque ulla contradictione revertant. Et hoc placuit nobis inserere ut, si ullus rector aut abba de ipsa casa Dei de stipendia fratrum ipsas res abstraere aut beneficiare alicui voluerit, ad proprios parentes meos ipsas res revertere faciant, absque ullo homine contradicente. Et si, post hodiernum diem, ullus heres noster aut aliqua immissa persona qui contra hanc cessione ire aut agere aut inquietare presumpserit, quod petit vindicare non valeat, sed componat ad rectores ipsius monasterii tantum et alium tantum quantum ipsas res eo tempore melioratas valuerint, sed presens cessio ista a nos facta omnique tempore et stabilis valeat perdurari, stipulatione quoque pro omni firmitate subnixa.

Facta cessione ista in mense julio, xii kalendas augustas, anno vii regnante Karolo rege Francorum et Longobardorum, — Signum Bernardi gratia Dei comiti. S. Hermengardis uxore ejus qui hanc cessione fieri vel affirmare rogaverunt. Signum Deodato. Signum Rigaldo. S. Aimarico. S. Teudrico. S. Hugbaldo.

S. Bladino. S. Eralio. S. Bernardo. S. Ymmone. S. Arrado.
S. Leotardo. S. Dadone. — Hugbertus rogitus scripsit.

154. GENOLIAGO.

997-1031, mars.

Locum sacrum sanctæ Dei æcclesiæ qui est consecratus in honore domini nostri Jhesu Christi et sancti Salvatoris, ubi sancta Fides et sanctus Vincentius tumulati consistunt. Ego enim, in Dei nomen, Rainaldus et Deusdet et Geraldus filii mei cedimus et vendimus illum alodem nostrum quæ nobis per conquistum obvenit sancti Salvatoris et sanctæ Fidei, hoc sunt quinque denariatas de vineas. Et est ipse alodus in pago Ruthenico, in vicaria Flaidnago, in loco quæ vocatur Genoliago. Et accepimus de vos precium, sicut inter nos et vos bene complacuit, hoc sunt solidi VIII de Lemovicanos et modius I de vino, et retro nos nichil remansit indebitum. Et habet ipse alodus in se fines : de uno latus terra Bernardo presbytero, de alio vero latus terra ad ipso venditore, de tercio vero latus terra sancti Salvatoris et sanctæ Fidei, de quarto vero latus terra ad ipso Bernardo presbytero. Quantum ad ipsum alodem aspicit vel aspicere videtur totum cedimus vel vendimus ad ipsa casa Dei jam supradicta, sine ullo contradicente in omnibus sane. Si quis nos, inmutatas voluntates nostras, aut ullus de heredibus vel propinquis meis qui contra carta vendicione ista ulla calumpnia jenerare voluerit, hoc ei non liceat facere, sed facia quod lex præcipit.

Facta carta vendicione ista sub die mercoris, in mense martio, regnante Rodberto rege. — S. Rainaldo et filiis suis. S. Deusdet, Adalgerio, et Hictore, vel Ceraldo. — Oddo rogitus scripsit.

155. VILARO.

934, 2 janvier.

Noticiaque virpicionis vel corum roboracionis vel corum nomina subtenentur qualiter venient Adalgrimus et Gauzfredus et Willelmus, die mercoris, ante Amelio vicario. Ipsi proclamabant de Nigerio monacho quod injuste manso de Vilaro Benjamin donabat ibi. Respondebat Nivarius quod bene ordine faciebat. Ibi se recognoverunt tres fratres illi quod malo ordine Niguario et Benjamin contrapellabant. Oportum fuit Nivario et Benjamin quod virpitoria colligere debuissent, quod ita et fecerunt. His præsentibus actum fuit.

Facta carta virpitoria ista die mercoris, IV nonas januarii, anno v regnante Rodulfo rege. — S. Adalgrimus, Gauzfredo, Willelmus vel Josepone et Girfredo. — Gimundus scripsit.

156. VILARO.
974.

Locum sacrum sancta Dei æcclesia qui est constructus super alveum Dordonis in honore domini nostri Jhesu Christi et sancta Maria jenitricis Dei et sancti Petri clavigeri, ubi sancta Fides quiescit. Venit jam predictus vir nomine Galterius et Maria uxor ejus, donant aliquid de alodem suum ad locum cujus vocabulum est Conchas, unum aripendum de plantario, pro animas suas. Et est ipse alodus in pago Ruthenico, in vicaria Serniacense in loco cujus vocabulum est Vilaro. Et habet ipse alodus in se fines vel confrontaciones : de tres partes terra sancti Salvatori, de quarto latus terra ad ipsos donatores. Quautum infra istas fines concluditur, totum et ab integrum donamus ad ipsos sanctos supradictos, ut post hunc diem teneant, possideant et quicquid facere voluerint faciant, sine ullo contradicente in omnibus sane. Si quis nos, inmutatas voluntates nostras, aut ullus de heredibus vel propinquis nostris aut ullus homo pro ullo quoque ingenio qui contro carta donacione ista ulla calumpnia jenerare voluerit hoc ei non liceat facere, sec faciat sicut lex est.

Facta carta donacione ista sub die sabbato, anno XX quod Lotarius rex cepit regnare. — S. Galtario et uxore sua Maria qui carta donacione ista scribere vel adfirmare rogaverunt. S. Gauzfredo, Aigfredo, Bonefacio et Bernardo vel Amalfredo. — Rodbertus scripsit.

157. MAJORIACO.
933, décembre.

In conscribendis autem donacionibus hic ordo servando est ut donacio prius nomen contineat donatoris deinde, cui donatur, deinde res quæ donantur. Quamobrem ego igitur, in Dei nomen, Astarius præpositus cedo vel dono a dilecto amico meo nomine Rodulfo, cedo de rebus proprietatis meæ qui michi per conquistum justissime obvenit, hoc est alodus meus unus mansus, hubi Faraldus visus est manere. Et est ipse mansus in pago Ruthenico, in vicaria Ferriarense, in villa cujus vocabulum est Majoriaco. Ipso manso jam dicto cedo tibi vel dono, cum terras cultas et incultas, cum pratis, pascuis, silvis, garricis, aquis aquarum vias decursibus, quistum vel adinquirendum est, totum et abintegrum tibi cedo vel dono ; quantum ad ipso manso jam dicto aspicit vel aspicere videtur, in integrum tibi permaneat, ita ut post hunc diem habeas, teneas, possideas et cui volueris derelinquas et facias de ipso manso jamdicto quicquid facere volueris, sine ullo contradicente in omnibus sane. Si quis ego ipse in postmodum, emutata voluntate mea, aut ullus de heredibus vel propinquis meis aut ulla emissa persona fuerit qui contra te aut carta cessio vel donatione ista ire aut inquietare voluerit, hoc ei non liceat facere quod repetit, sed et componat tibi tantum et alium tantum quantum ipse mansus jamdictus ulloque tempore melioratus valere potuerit in duplum sit tibi rediturus, et in antea non vindicet, sed præsens cessio vel donatio ista omnique tempore firma et stabilis permaneat cum omni firmitate stibulacione subnixa.

Facta carta cessio vel donatio ista die mercoris, in mense decembrio, anno v regnante Rodulfo rege. — S. Astario præpoposito qui carta cessio vel donatione ista scribere vel adfirmare rogavit. S. Astario, Gauzfredo, Aldeberto, et Garnario, vel Adalardo.

158. BONIMONT.

997-1001, février.

Domino magnifico Girberto abbate emptore. Ego enim in Dei nomen, Frotardus et uxor sua Oda venditores, juxta textum vendicionis constat nos tibi vendidissemus, quod ita et vendidimus, tradidissemus, quod ita et tradidimus, hoc est alodus noster illa medietate de Boni Monto, cum vineas, cum terras, cum mansiones, cum ortos, cum terras cultas et incultas. Et habet fines : de uno latus rivum aquarum, et de alio latus terra Frotardo et Austrino, et de alios duos latus terra sancti Salvatoris et sancta Fidei. Infra istas fines, quantum ad illum alodem aspicit vel aspicere videtur, illa medietate totum et abintegrum vendimus tibi et per hanc cartam manibus vobis tradimus ; unde accepimus precium, sicut inter nos et vos bene complacuit, oc sunt solidi xv Lemovicani et xviii et demedius solidi Pogesi, et de ipso precio retro nos nichil remansit indebitum ; ita ut ab hanc diem habeatis, teneatis, possideatis, et faciatis quicquid facere volueritis licenciam habeatis ad faciendum in omnibus sane. Si quis nobis, emutata voluntate nostra, aut ullus de heredibus vel propinquis nostris aut ulla emissa persona aut calumpnia jenerare voluerit, hoc ei non liceat facere, sed faciat quod lex est.

Facta vendicio ista in mense febroario, feria iiii, sub Rodberto rege regnante. — S. Frotardi et uxor sua Oda qui carta vendicione ista scribere vel adfirmare rogaverunt. S. Bernardo, Austrino, Aganoni et alio Bernardo vel Begoni. — Donadeus scripsit.

159. ITEM.

Fin du xi° siècle.

Breve memoriale de illo avero de Boni Monto quæ laisavit Hugo filius Ariberto, et apprehensi illa appendaria de Serla in escamge a feu in vita sua et de filium suum ; et post mortem suam et filium suum sancti Salvatori remaneat ; et placitavit Armandus, et Bartholomeus sacerdos, et Seguinus de Sentres, et Bernardus Altronus.

160. POZOLS.

Vers 1012, mai.

Domino magnifico Airado abbate vel cuncta congregatione sancti Salvatoris Conchas monasterii. Nos enim, in Dei nomine, Jorius et uxor sua Lauteldis venditores juxta textum vendicionis constat nos vobis vendidissemus, quod ita et vendimus, tradidissemus, quod ita et tradimus, hoc est alodus noster qui nobis per originem parentorum obvenit. Et est ipse alodus in pago Ruthenico, in vicaria Serniacense, in loco quæ vocatur Pozols. Et habet ipse alodus fines : de una parte strata puplica, de alio latus terra ad filios Rigualdo. Quantum infra istas fines concluditur, totum et abintegrum vobis vendimus ; et accepimus de vos precium, sicut inter nos et vos bene complacuit, hoc sunt solidi xxx et retro nos nichil remansit indebitum ; et post hunc diem habeatis, teneatis, possideatis et quicquid facere volueritis faciatis, sine ullo contradicente in omnibus sane. Si quis nos, inmutatas voluntates nostras, aut ullus de heredibus vel propinquis nostris aut ullus homo per ullo quoque injenio qui contra carta vendicione ista ulla calumpnia jenerare voluerit, hoc ei non liceat facere, sed faciat sicut lex est.

Facta carta vendicione ista sub die marci, in mense madio, regnante Rodberto rege. — S. Jorio et uxore sua Lauteldis qui carta vendicione ista scribere vel adfirmare rogaverunt. S. Aldefredo, et Raimono, vel Bernardo. — Et filios Jorio ista carta firment, et si possidere possunt, quamdiu vivunt, quartum et decimum feliciter persolvant.

161. GENOLIACO.

900. avril.

Domino magnifico Akapito et filio suo Jenesio cedimus vel donamus illo alode de Jenoliaco que fuit Abono ; quamdiu vivimus, illum teneamus, et post mortem nostram sancti Salvatoris et sancte Fidei remaneat. Et contra illum alodem que superius nominat, donamus tres denariatas de vinea sancti Salvatoris vel sancta Fidei ; et est ipsa vinea in Muraciono, et per singulos annos recipiant monachi II sestarios de vino vestidura. Illo alode quæ fuit Abono, cum ipsas mansiones, cum ipsas curtes, cum ipsos ortos, cum ipsas vineas, illo alode de Muracione ego Akapitus et filius meus Jenesius, quamdiu vivimus, illum teneamus ; et post mortem nostram sancti Salvatoris et sanctæ Fidei remaneat in omnibus. Sane si ullus homo aut ullus de propinquis nostris aut ulla amissa persona qui contra carta donatione ista ire aut ajere vel inquietare voluerit, hoc eis non liceat facere, sed faciunt sicut lex est.

Facta carta donatione ista sub die veneris, in mense aprelio, anno II regnante Karolo rege. — S. Akapito et filio suo Jenesio qui carta donatione ista scribere vel adfirmare rogaverunt. S. Adalgerio, Bladino, Adreldo et Aldeberto vel Ictore. — Benedictus scripsit.

162. ITEM.

965, juin.

Domino magnifico Hugono abbate et cuncta congregacione monachorum sancti Salvatoris Conchas monasterii emptores. Ego enim, in Dei nomine, Adaldus et uxor mea Injelberga venditores, juxta textum vendicionis constat nos vobis vendidissemus, quod ita et vendidimus, tradidissemus, quod ita et tradidimus, hoc est alodus noster unus caput mansus, cum mansione et curte, cum exeo et regresso vel orto, cum vineas et trolio, qui nobis per originem parentorum obvenit. Et est ipse alodus in pago Ruthenico, in vicaria Dunense, in loco quæ vocatur Jenoliago ; et habet fines ipse alodus : de duas partes terra sancti Salvatoris, et de tercio terra Akapito, de quarto vero latus terra Abonio. Quantum ab istas fines concluditur totum et ab integrum vobis vendimus, et in alio loco una peciola de trilia, et in alio loco campo huno. Totum vendimus nos vobis, et accepimus de vos precium, sicut inter nos et vos bene complacuit, hoc sunt in res compreciatos valentes solidos C, et retro vos nichil remansit indebitum ; ut post hunc diem habeatis, teneatis, possideatis et quicquid facere volueritis faciatis, sine ullo contradicente in omnibus sane. Si quis nos, inmutatas voluntates nostras, aut ullus de heredibus vel propinquis nostris aut ullus homo per ullo quoque injenio aut ulla amissa persona qui contra carta vendicione ista ulla calumpnia jeneraro præsumpserit, hoc ei non liceat facere, sed faciat quod lex est.

Facta carta vendicione ista sub die sabbato, in mense junio, anno XI regnante Lotario rege. — S. Adraldo et uxore sua Injelberga qui carta vendicione ista scribere vel adfirmare rogaverunt. S. Acapio, Isarno, Abbono et Bladino vel Abono. — Rodbertus scripsit.

163. ITEM DE EADEM.
Vers 1007.

Domino magnifico Arlaldo abbate emptore et cuncta congregacione sancti Salvatoris et sanctæ Fide. Quamobrem ego enim, in Dei nomine, Rainaldus et filius meus Deusdet vendimus illo alode nostro sancti Salvatoris et sancta Fide quæ nobis per originem parentorum justissime obvenit, hoc est demedius aripendus et una medaliada de vinea; et accepimus precium de monachos sancti Salvatoris et sanctæ Fide, hoc sunt solidi decem et septem. Et est ipse alodus in pago Ruthenico, in vicaria Dunense, in loco quæ dicitur Jenoliago; et habet in se fines : de uno latus terra sancti Salvatoris, de alio latus strata puplica, de tercio latus terra Gislane ; quantum infra istas fines concluditur, totum sancti Salvatoris et sancte Fide vendimus. Si quis nos, inmutata voluntate nostra, aut ullus de heredibus qui contra hanc carta vendicione ista ulla calumpnia jenerare præsumpserit, hoc ei non liceat facere, sed faciat quod lex est.

Facta carta vendicione ista in mense aprili, sub die sabbato, regnante Rodberto rege. — S. Rainaldo et filio suo Deusdet qui carta vendicione ista scribere vel adfirmare rogaverunt. S. Deusdet, Adalierio et Bladino vel Bernardo seu Austorgo. — Oddo scripsit.

164. DE CLAUNIAGO ET DE GRAISAGO ET DE CONCHA.
997-1031, avril.

Locum sacrum sancta Dei æcclesia qui est situs in pago Ruthenico super alveum Dordonis, et est fundatus in honore domini nostri Jhesu Christi seu et sanctæ Mariæ virginis et sancti Petri principis apostolorum necnon et clavigeri, ubi sanctus Vincencius et sancta Fides tumulati consistunt. Quamobrem ego, in Dei nomen, Bego et fratres sui Deusdet et Hugo et Petro et Rigualdus donamus ad fratrem nostrum Aicardo unum mansum nostrum in Clauniago, et in ipso loco caput mansum in Graisiago, cum terras cultas et incultas, cum silvis, garricis, aquis, aquarum vias decursibus, totum et ab integrum donamus ad ipsa casa Dei; et in alio loco, in vicaria Serniacense, in loco que dicitur ad illa Concha, ubi Hugo visus est manere, et vineas que Deusdet tenit ad ipsa Concha. Et habet ipse alodus fines : de uno latus terra Abono, et de alio latus terra Petrono, et de duos latus terra ad ipsos donatores. Quantum infra istas fines concluditur, totum et abintegrum nos donamus ad ipsa casa Dei ; et post hunc diem habeatis, teneatis, possideatis et quicquid facere volueritis faciatis sane. Si quis nos, inmutatas voluntates nostras, aut ullus de heredibus vel propinquis nostris aut ulla amissa persona qui contra alode jam suprascripto ulla calumpnia jenerare præsumpserit, hoc ei non liceat facere, sed faciat quod lex est, sed præsens auctoritas ista firma et stabilis permaneat cum omni stibulacione subnixa.

Facta carta donacione ista sub die mercoris, in mense aprilio, regnante Rodberto rege. — S. Begono et fratres suos, qui carta ista scriberæ vel adfirmare rogaverunt. S. Deusdet, Gauzfredo, Airado et Frotardi. — Salustrius scripsit.

165. DE AQUAFRIGIDA.

XI° siècle.

Ego Hugo cedo vel dono sancti Salvatoris et sanctæ Fidis illo alode meo, post mortem meam, de Aqua Frigida, hoc est unus mansus ubi Ingelbertus visus est manere, cum vineas, cum terras cultas et incultas ; et in ipso loco, uno caput manso ubi Garifredus visus est manere, cum vineas, cum terras cultas et incultas, usque in Limione, cum ipso castlare, totum et abintegrum usque ad vineas Alneir, dono totum et abintegrum sancti Salvatoris et sanctæ Fidis post mortem meam. Et in ipsa Aqua Frigida, de illum boscadgum dono vesticione omnibus annis in vita mea, et post mortem meam sancti Salvatoris et sanctæ Fidis remaneat ; et in ipsa Aqua Frigida illo caputmanso Teudgariesco latus verdiario, cum terras cultas et incultas, et post...em meam sancti Salvatoris et sanctæ Fidis remaneat ; et in alio loco, in Prato Retundo, unum caput manso, post mortem meam sancto Salvatoris et sanctæ Fidis remaneat; et illo caputmanso meo de illa Gresa dono semper sancti Salvatoris et sancte Fidis in vita mea totum et abintegrum sine ullo contradicente.

166. ITEM.
xi° siècle.

Locum sacrum sancta Dei æcclesia quæ est consecratus in honore domini nostri Jhesu Christi et sancti Salvatoris Conchans monasterii, ubi sancta Fides et sanctus Vincencius tumulati consistunt. Quamobrem ego enim, in Dei nomen, Hugo cedo vel dono sancti Salvatoris et sanctæ Fide illo alode meo, post mortem meam de Aqua Frigia, hoc est uno manso ubi Ingelbertus visus est manere, cum vineas, cum terras cultas et incultas; et in ipso loco, uno capud manso ubi Garifredus visus fuit manere, cum vineas, cum terras cultas et incultas, usque in Limione, cum ipso castlaro totum et abintegrum usque ad vineas Elneir, dono totum et abintegrum sancti Salvatoris et sancta Fide post mortem meam. Et in alio loco, in Pojolo, illo manso Unaldesco, cum bosco, cum ipso caput manso, cum terras cultas et incultas, totum dono sancti Salvatoris et sancta Fide, post morte mea et post mortem de uxore mea. Et in alio loco, in Castaniario, illo manso Radulfesco, cum vineas, cum pratos, cum terras cultas et incultas, totum dono sancti Salvatoris et sancta Fide, post morte mea et post mortem de uxore mea. Et in ipso loco, uno caput mansum hubi Odolricus visus fuit manere, cum molinos, cum terras cultas et incultas, post morte mea et post morte de uxore mea, sancti Salvatoris et sancte Fide remaneat. Et in ipsa Aquafrigida, de illum boscadgum dono vestizone omnibus annis in vita mea, et post mortem meam sancti Salvatoris et sanctæ Fide remaneat. Et in ipsa Aquafrigida, illo caput manso Teudgairesco latus verdiario, cum terras cultas et incultas, post morte mea dono sancti Salvatoris et sancte Fide. Et in alio loco, in Prato Reddundo, unum capudmansum post morte mea sancti Salvatoris et sanctæ Fide remaneat. Et si ullus homo de comunia tollere voluerit istum alodem suprascriptum, flat excomunicatus et ad limina sanctorum sequestratus et anatematizatus et habeat partem cum Datan et Habiron et cum Juda traditore in sæcula sæculorum.

167. ITEM.

997-1031, avril.

Locum sacrum sanctæ Dei ecclesiæ qui est consecratus in honore domini nostri Jhesu Christi et sancti Salvatoris, ubi sancta Fides et sanctus Vincencius tumulati consistunt. Quamobrem ego enim, in Dei nomine, Hugo cedo vel dono ad præfato monasterio cujus vocabulum est Conchas illo alode meo que michi per originem parentorum justissime obvenit, hoc est unus mansus in Aquafrigida ubi Hugo visus est manere, cum territoriis, cum vineas v denariadas et medaliada; et in ipso loco uno caputmanso ubi Garifredus visus est manere, cum territoriis usque in Limione, cum ipso castlaro, cum vineas totas usque in vineas Elneir; et in alio loco, in Pojolo, illo manso Unaldesco; et in ipso loco, uno capud manso, cum bosco et cum terra que partit ab territorios de Parisiago; isto manso de Pojolo cum ipso caputmanso quamdiu ego vivo teneo, et post morte mea teneat uxor mea, et post morte sua sancti Salvatoris et sancta Fide remaneat; et in alio loco, in Castaniario, uno manso Radulfesco, cum ipsas vineas, cum pratos, cum terras cultas et incultas, usque in illa Francesca et usque in Villa Longa; isto manso Radulfesco de Castaniario ego ipse teneo quamdiu vixero, et post mortem meam teneat uxor mea, et quando illa mortua fuerit, sancti Salvatoris et sanctæ Fidei remaneat; et in ipso loco uno capud manso ubi Odalrigus visus est manere, cum terras, cum vineas, cum molinos, cum terras cultas et incultas; isto capud manso Odalrigesco ego Hugo quamdiu vivo teneo, et post mortem meam teneat uxor mea, et post morte sua sancti Salvatoris et sanctæ Fide remaneat; et in ipsa Aqua Frigida illum boscadgum cum terra. Dono semper investidura sancti Salvatoris et sancte Fidei pro totum istum alodem suprascriptum; et de totum istum alodem quod supra scriptus est omnibus annis quartus de ipsum quartum de istum alodem totum suprascriptum sancti Salvatoris et sanctæ Fidei fiat redditurus in comunia. Isto alodus suprascriptus in tale racione sancti Salvatoris et sancte Fidei remaneat, sicut hic est scriptus ut si homo de comunia tulerit aut abba aut rectores ipsi loci, veniat unus de propinquis meis et ponat super altare sancti Salvatoris solidos L et accipiat totum alodem.

Facta carta donatione ista in mense aprili, sub die mercoris, regnante Rodberto rege. — S. Hugone et uxore sua Stephana qui carta ista firmaverunt et scribere rogaverunt. S. Bernardo, Deusdet, Guarnerio, vel Aldejerio. — Donadeus scripsit.

168. DE BONETENCO.

997-1004, août.

Domino magnifico Girberto abbate et cuncta congregacione monachorum Conchas monasterii sancti Salvatoris emptores. Ego enim, in Dei nomen, Gairoardus et uxor mea Richeldis venditores, juxta textum vendicionis constat nos vos vendidissemus, quod ita et vendidimus, tradidissemus quod ita et tradidimus, hoc est alodus noster in villa que dicitur Silva una peciola de vinea in parranil; et in alio loco illa nostra parte de Bonetesco. Et habet in se fines vel confrontaciones : de una parte strata puplica, et de alio latus terra Oddone. Quantum infra istas fines concluditur, totum et abintegrum vobis vendimus; et accepimus de vos precium, sicut inter nos et vos bene complacuit, hoc sunt solidi XXXII, et retro vos nichil remansit indebitum ; et post hunc diem habeatis, teneatis, possideatis et quicquid facere volueritis faciatis in omnibus, sine ullo contradicente sane. Si quis, inmutatas voluntates nostras, aut ullus de heredibus vel propinquis nostris aut ullus homo pro ullo quoque injenio aut ulla amissa persona qui contra vendicione ista ulla calumpnia jenerare præsumpserit, hoc ei non liceat facere sed faciat quod lex est.

Facta carta vendicione ista sub die sabbato, in mense augusto, regnante Rodberto rege. — S. Gairoardo et uxore sua Richeldis qui carta vendicione ista scribere vel adfirmare rogaverunt. S. Bernardo, Oddane, Folrado et Geraldo. — Salustrius scripsit.

169. LICIONICAS.
x° siècle, janvier.

Locum sacrum sancte Dei æcclesiæ qui est situs in pago Ruthei nico super alveum Dordonis et est fundatus in honore dominnostri Jhesu Christi spehu sancte Mariæ virginis et sancti Petri principis apostolorum necnon et clavigeri, ubi sanctus Vincencius et sancta Fides tumulati esse videntur. Ego enim, in Dei nomine, Umbertus et mater mea Adalberga cedimus vel donamus illo alodem nostrum de Licionicas, hoc est medius aripendus de vinea, cedimus vel donamus sancti Salvatoris et sancta Fide; et in ipso loco, alio medio aripendo de vinea quæ Hugo avunculus meus michi dimisit, ego cedo vel dono sancti Salvatoris et sancta Fide; et in alio loco, de terra aussa de illa strata puplica uno aripendo de terra cedo vel dono sancti Salvatoris et sancta Fide; et habet ipsa terra fines : de uno latus rivo quæ dicitur Modrando, de alios duos latus terra Bernardo; et in alio loco, huna peciola de terra que est ad mansione Christoforo. Ego Umbertus et mater mea Adalberga cedimus vel donamus sancti Salvatoris et sancta Fide quantum ego Umbertus et mater mea Adalberga ibi visi sumus habere vel possidere totum et ab integrum cedimus vel donamus sancti Salvatoris et sancta Fide, ut post hunc diem habeatis, teneatis, possideatis et faciatis quicquid facere volueritis, sine ullo contradicente sane. Si quis nos, emutatas voluntates nostras, aut ullus de propinquis nostris aut ullus homo aut ulla amissa persona qui contra carta donacione ista ire aut agere vel inquietare voluerit, hoc eis non liceat facere, sed faciant quod lex est.

Facta carta donacione ista sub die veneris, in mense januario, regem sperante regnante domino Deo. — S. Umberto et mater mea Adalberga qui carta donacione ista scribere vel adfirmare rogaverunt. S. Girardo, et alio Gairardo, Bernardo, Rainono, vel Gauzfredo. — Benedictus scripsit.

170. ITEM.
Vers 987, juin.

Domino magnifico Arlaldo abbate cum cuncta congregacione

sancti Salvatoris Conchas monasterii emptores. Ego enim, in Dei nomen, Gauzfredus et uxor mea venditores, juxta textum vendicionis ego Gauzfredus et uxor mea vendimus, quod ita et vendidimus; tradimus, quod ita et tradidimus, hoc est alodus noster; et est ipse alodus in pago Ruthenico, in vicaria Serniacense, in aro quæ vocatur Licionicas; et habet ipse alodus fines : de duos latus terra sancti Salvatoris, de tercio latus terra Flodaldo et ad uxore sua. Quantum nobis ibi visi sumus habere vel possidere, cum ipso bosco, cum ipsa vinea, cum ipsa terra quæ ibi aspicit vel aspicere videtur, totum et abintegrum nos vobis vendimus, tradimus atque transfundimus; et accepimus de sancti Salvatoris et de sancta Fide precium, sicut inter nos et vos bene complacuit, hoc sunt solidi x, et de precio nichil remansit indebitum; ut post hunc diem teneatis, possideatis, faciatis quicquid facere volueritis in omnibus sane. Sic nos, emutatas voluntates nostras, aut ullus de propinquis nostris aut ullus homo qui contra carta vendicione ista ire aut agere vel inquietare voluerit Dei licenciam non habeat ad faciendum.

Facta carta vendicione ista sub die veneris, in mense junio, regnantem domino Deo regem sperantem. — S. Gauzfredo et uxore sua qui carta vendicione ista scribere vel adfirmare rogaverunt. S. Rainaldo, Flodaldo, et Arlando, vel Rainone. — Benedictus scripsit.

171. DE MAINBERTO.

xie siècle.

Breve que Rigaldus rogavit facere de alode suo quæ conquistavit de Stephano in Mainberto. Ego Rigualdus dono sancti Salvatoris et sancta Fide supradicto alode, cum bosco, cum albaredda, cum vineas dominicas, ego, propria mea voluntate, dono sancti Salvatoris et sancta Fide post morte mea ; et in alio loco que dicitur Leborerio ubi Geraldus visus est manere que conquistavi de Bernardo de Oneddo, cum prato dominico, cum vineas, cum albareddas, cum terras cultas et incultas, similiter dono sancti Salvatoris et sancta Fide; si de me devenerit in via sancti Petri aut ullo loco, similiter remaneat sancti Salvatoris et sancta

Fide; in talem vero racionem ut, si ullus homo est qui de comunia tollat sancti Salvatori et sancta Fide, veniat filius meus aut filii mei et ponat duas solidatas de cera super aram sancti Salvatori, et apprehendat et possideat supra memorato alode, et si infantes mei no sunt vivi veniat unus de propinquis meis, faciat et possideat similiter.

S. me ipso Rigualdi cum uxore mea et filiis meis Bernardi et Petroni. S. Bernardi nepoti mei.

Et ego ipse Rigualdus in alio loco que dicitur Calmeta medietatem de novem mansos de alode dono sancti Salvatoris et sancta Fide, post mortem uxorem meam et post mortem filiis meis. Si morierit sine filiis aut filium, et si homo erat qui tollere voluisset, unus plus propinquis de parentes meis dedisset xii denariaddas de cera super sancti Salvatori, et possedisset supradicto alode.

Petrus rogatus scripsit.

172. ITEM.

997-1031, mai.

Locum sacrum sancte Dei æcclesiæ qui est consecratus in honore domini nostri Jhesu Christi et sancti Salvatoris, ubi sanctus Vincencius et sancta Fides tumulati consistunt. Quamobrem ego enim, in Dei nomine, Rainus et item alius Rainus et Hugo et uxor sua Adaltrudis cedimus vel donamus ad prephato monasterio cujus vocabulum est Conchas illo alode nostro quæ nobis per originem parentorum obvenit justissime, hoc est unus caput mansus in loco quæ dicitur Mainberto ubi ipsi donatori visunt manere; et in alio loco in ipso vocabulo, alius caput mansus ubi ipsi donatori visunt manere, cum vineas, cum terras, cum ortos, cum terras cultas et incultas. Et est ipse alodus in pago Ruthenico, in vicaria Serniacense; et habet ipse alodus in se fines : de uno latus terra sancti Salvatoris et sancte Fide, de alio latus terra Bernardo, de tercio latus terra Begono, de quarto vero latus terra Stephano et uxore sua Aicheldis, et desubtus rivo currente. Quantum infra istas fines concluditur, totum et abintegrum donamus sancti Salvatoris et sanctæ Fide, et ad ipsos monachos in comunia, sine ullo contradicente sane. Si quis nobis, emutatas voluntates nostras, aut ullus de heredibus vel propinquis nostris aut ulla amissa persona ulla calumpnia jenerare præsumpserit, hoc ei non liceat facere, sed faciat quod lex est.

Facta carta donacione ista sub die sabbato, in mense madio, regnante Rodberto rege. — S. Rainus et item alius Rainus et uxore sua qui carta donacione ista scribere vel adfirmare rogaverunt. S. Stephano, et Widoni, vel Arnaldi. — Saluster rogatus scripsit.

173. DE BALCIAGO.
998-1031, septembre.

Locum sacrum sanctæ Dei æcclesiæ qui est consecratus in honore domini nostri Jhesu Christi et sancti Salvatoris Conchas monasterii, ubi sancta Fides tumulata consistit. Ego enim, in Dei nomine, Poncius et filius meus Bernardus et uxor mea Berteldis cedimus vel donamus sancti Salvatoris et sancta Fide illo manso nostro de Balciago, cum boscos, cum terras cultas et incultas, totum et abintegrum donamus sancti Salvatoris et sancta Fide. Si quis nos, inmutatas voluntates nostras, aut ullus de heredibus vel propinquis nostris qui contra hanc carta donacione ista ulla calumpnia jenerare presumpserit, hoc ei non liceat facere, sed faciat quod lex est.

Facta carta donacione ista in mense septembrio, feria II, regnante Rodberto rege. — S. Poncioni et uxore sua Berteldis qui carta donacione ista scribere vel adfirmare rogaverunt. S. Elsevo, et Poncio de illa Roca. — Saluster scripsit.

174. DE GARRIGA.
997-1030, octobre.

Domino magnifico emptore. Ego enim, in Dei nomen, Raingardis et filii mei Galterius et Hugo et Siguinus venditores vendimus sancti Salvatoris et sancte Fidis illo alode nostro de illa Garriga uno aripendo de vinea et una denariada ; et in ipso loco, uno aripendo de vinea que Ingelbertus tenet ; et in ipso loco, illos plantarios que Ingelbaldus tenet ; et in ipso loco, duas peciolas de pratos, cum vernias, cum albareddas ; et in ipso loco, illo bosco de ipsos comparatores; et acceperunt de ipsos monachos sancti Salvatoris et sanctæ Fide precium Raingardis et filii sui supra scripti, hoc sunt solidi sexaginta. Si quis, inmutata voluntate nostra, aut ullus de heredibus vel propinquis nostris aut ulla amissa persona qui contra hanc carta donacione ista ulla calumpnia jenerare præsumpserit, hoc ei non liceat facere, sed faciat quod lex est.

Facta carta vendicione ista in mense octobrio, feria sexta, regnante Rodberto rege.

175. FRONTIS.

997-1001, mars.

Noticia guirpicionis vel quorum roboracionis vel quorum nomina subtenentur, qualiter venient Bernardus et Deusdet et Willelmus filii sui, die veneris, ante domno Girberto abbate ipsi proclamabant de domno Girberto abbate quod injuste illa medietate de villa que vocatur Frontis apellabat nobis. Respondit Girbertus abba quod bono ordine faciebat. Ibi se recognoverunt Bernardus et Deusdet et Willelmus filii sui quod malo ordine sancti Salvatoris et sancta Fide contrapellabant et a Girberto abbate. Oportum fuit Girberto abbate quod guirpitoria colligere debuisset, quod ita et fecit. In presentia Frotardi et Austrini et Begoni et Bernardi hactum fuit.

Facta guirpitoria ista sub die veneris, in mense marcio, regnante Rodberto rege. — S. Bernardo, et Deusdet, et Willelmo filiis suis qui carta guirpicione ista scribere vel adfirmare rogaverunt. S. Frotardi, Austrini, Bernardi, et alii Bernardi, Hectori, vel Begoni. — Oddo scripsit.

176. DE CALMELIO CALDO.

Av. 1031-1065.

In nomine domini ac Dei nostri. Loco sacro sancte Dei ecclesiæ qui est situs in pago Ruthenico et qui est consecratus in honore et reverentia domini et salvatoris nostri Jhesu Christi, ubi beata virgo et martir Fides tumulata quiescit, ubi nunc venerabilis Odolricus abba præesse videtur. Ego Gualdrada, propter reverenciam loci illius sancti et propter animam Willelmi de illa Rocha viri mei et filiorum meorum Petri, Adalberti et propter animam meam, cedo et dono ad ipsum monasterium et ad monachos ejusdem loci illum meum mansum de Calmelio Caldo quem michi pater meus Aimardus dedit et fratres mei Rigualdus et Poncius; et est ipse mansus in pago Arvernico. Totum quantum ad ipsum mansum aspicit vel aspicere videtur,)tum et abintegrum dono sancto Salvatori et sanctæ Fidi. Si ego, inmutata voluntate mea, aut aliquis ex parentibus meis aut ulla amissa persona contra donationem istam aliquam calumpniam jenerare voluerit, hoc ei non liceat facere.

177. DE STANIO.

903, janvier.

In Christi nomen. Placuit atque convenit inter virum venerabilem Rodulfi. abbate seu et cuncta congregatione sancti Salvatoris Conchas monasterio ut aliquos homines fideles nostros, Eldeberto et Eldefredo seu et Ragamberto, eis de rebus nostris per prestariam aliquis concedere debuimus, quod ita et fecimus, hoc est mansum nostrum qui est in ministerio Rothenulense in loco qui dicitur Stanio ubi Rodulfus visus est manere, cum vineis, cum pratis, pascuis, silvis, garricis, aquarum via decursibus, quantum ad ipsum mansum respicit vel aspicere videtur, totum et ab integrum per prestariam vobis concedimus diebus vitæ vestre ad excolendum vel edificandum, ad quartum et decimum per singulos anno persolvendum. A partibus monasterii, diebus vite vestre nihil aliud vobis requirimus. Et si vos de ipsum mansum neglegentes fueritis, faciatis exinde sicut lex est. Et si ipse abbas vel ejus monachi se de hanc prestariam abstrahere voluerint, hoc eis non licitum est facere, sed similiter sicut lex est faciant, sed presens prestaria ista a nos facta omnique tempore firma permaneat.

Facta prestaria ista die martis in mense januario, anno v regnante Karlo rege. — S. Rodulfus abba qui hanc prestariam recognovit, et Eralius prepositus, Didimus decanus et custos æcclesie, Bego cellararius, Adraldus vestiarius, Berno monachus et levita, Willelmus portarius, Radbaldus portarius pauperum, Austrinus monachus, Basenus monachus et levita, Widmarus monachus, Niwarius monachus, Gontardus monachus, Widbertus monachus, Garibernus monachus, Wintrannus monachus, Hugo monachus, Rodgarius puer, Adraldus puer, Astarius adolescens, Widbaldus puer.

178. DE BEDLED.

Vers 1012.

Domino magnifico Airado abbate vel cuncta congregacione sancti Salvatoris Conchas monasterii. Ego enim, in Dei nomen, Adalgis femina et filii mei venditores, juxta textum vendicionis constat nos vobis vendidissemus, quod ita et vendidimus, tradidissemus, quod ita et tradidimus, hoc est alodus noster in Betledo unus mansus qui nobis per conquistum obvenit; et est ipse alodus in pago Ruthenico, in vicaria Dunense; et habet ipse mansus unum molinum, cum prato, cum bosco, cum terras cultas et incultas, totum vobis vendimus. Et habet ipse alodus in se fines : de una parte terra Hugone, de alia parte terra Abono, de tercio latus terra ad ipsos sanctos, de subteriore latus rivo decurrente. Quantum infra istas fines concluditur, totum et abintegrum vobis vendimus ; et accepimus de vos precium, sicut inter nos et vos bene complacuit, hoc sunt solidi quadraginta, et retro nos nichil remansit indebitum; et post hunc diem habeatis, teneatis, possideatis et quicquid facere volueritis faciatis in omnibus, sine ullo contradicente sano. Si quis nos, inmutatas voluntates nostras, aut ullus de heredibus vel propinquis nostris aut ullus homo per ullo quoque injenio qui contra carta vendicione ista ulla calumpnia jenerare præsumpserit, hoc ei non liceat facere, sed faciat quod lex est.

Facta carta vendicione ista sub die marci, in mense septembrio, regnante Rodberto rege. — S. Adalgis et filii et filii mei qui carta vendicione ista scribere vel adfirmare rogaverunt. S. Hugono, et Odolrico Roilio, et Adalgerio. — Saluster scripsit.

179. DE PARISAGO.

997-1004, août.

Locum sacrum sanctæ Dei æcclesiæ qui est fundatus in honore domini nostri Jhesu Christi et sancti Salvatoris ubi sanctus Vincencius et sancta Fides tumulati consistunt, ubi Bego episcopus et Girbertus abba præesse videntur. Venit jam predictus Radulfus donavit ad ipsa casa Dei jam suprascripta, pro anima Radulfo, sine ullo contradicente. Qui contra carta vel donacione ista ulla calumpnia jenerare præsumpserit, hoc ei non liceat facere.

Facta carta donacione ista in mense augusto, feria III, sub Rodberto rege regnante. — S. Radulfo qui carta donacione ista scribere vel adfirmare rogavit.

180. DE CASTANIARIO.

997-1031, juin.

Locum sacrum sanctæ Dei ecclesie qui est constructus in honore domini nostri Jhesu Christi et sancti Salvatoris Conchas monasterii, ubi sanctus Vincencius et sancta Fides tumulati consistunt. Ob hoc igitur nos enim, in Dei nomine, Girbertus et fratres mei Giraldus et Bernardus et Airadus cedimus vel donamus, prompto animo vel bona voluntate, ad ipsa casa Dei jam supradicta, hoc est alodus noster quæ nobis per originem parentorum justissimo obvenit, hoc est unus mansus in Castaniario ubi Bernardus visus est manere, cum pratis, ortis, cum quantum ad ipsum mansum aspicit vel aspicere videtur ; et in alio loco, illo manso de Pratomelio ubi Girbernus visus est manere, cum pratis, cum ortis, cum exeo et regresso, quantum ad ipsum mansum aspicit vel aspicere videtur ; et in alio loco, in Necterio Vilaro, uno manso ubi Geraldus visus est manere, cum pratis, cum exeo et regresso, quantum ad ipsum mansum aspicit vel aspicere videtur ; et in ipso loco, alio manso ubi Ermenrigus visus est manere, quantum ad ipsum mansum aspicit vel aspicere videtur, totum cedimus vel donamus ad ipsa casa Dei jam supradicta, ita ut post hunc diem habeatis, teneatis, possideatis ; et in alio loco, in Rogerio, una medietate de illa vinea, hoc sunt duas denariatas cedimus vel donamus ad ipsa casa Dei jam supradicta. Istum alodem jam supradictum cedimus vel donamus sancti Salvatoris et sanctæ Fidei, sine ullo contradicente in omnibus sane. Si quis nos, inmutatas voluntates nostras aut ullus de heredibus vel propinquis nostris qui contra carta donacione ista ulla causa aut calumpnia jenerare voluerit, hoc ei non liceat facere, sed faciat quod lex est.

Facta carta donacione ista sub die sabbato, in mense junio, regnante Rodberto rege. — S. Girberto et fratres suos qui carta donacione ista scribere vel adfirmare rogaverunt. S. Ebrardo, Amelio, Bernardo, Abono, vel Hugono. — Oddo scripsit.

181. DE VESELO.
Vers 1019, mars.

Locum domino Deo necnon et sancti Salvatoris Conchas monasterii, ubi sancta Fides tumulata consistit. Quamobrem ego, in Dei nomen, Hictor filius Geraldi non solum vendo sed et dono sancti Salvatoris et beatissime Fidis, necnon et a domno Adalgerio abbate Conchacensis cenobii, cuncteque caterve fratrum ibidem Deo famulancium tota illa mea partæ de illa vinea de Vasello que ego habeo cum Rigualdo fratre meo, totum et ab integrum illa medietate de illa mea villa sancti Salvatoris et beate Fides dimitto, pro remedium animo meæ et patris mei Geraldi et matris; accepi etenim de ipso abbate Adalgerio supra nominato monachisque suis in precio, hoc sunt solidi septingenti xxx de Lemoticanos; et ut filium meum accipiant monachum in ipso monasterio Conchas pro ipsum alodem jamdictum. Et si ullus homo ipsum alodem de comunia sancti Salvatoris et ipsius virginis Fidis, abbati monachorumque ejus cenobio Conchensis commorantibus tollere voluerit, flat excomunicatus et anathematizatus, et cum Datan et Abiron Judeque traditore in inferni barathro dimersus. Si quis igitur ego, inmutata voluntate mea, aut ullus de heredibus vel propinquis meis aut ulla amissa persona contra hanc cartam donacionomque et vendicionem istam ulla calumpnia generare voluerit, hoc ei non liceat facere.

Facta carta donacione ista in menso marcio, feria septima, regnante Rodberto rego. — Petrus monachus scripsit.

182. BALVINLAR.
937, avril.

Locum sacrum sancta Dei æcclesia qui est constructus in honore domini nostri Jhesu Christi et sancti Salvatoris seu genitricis ejus et sancti Petri clavigeri, hubi sanctus Vincencius et sancta Fides gloriosissime conditi sunt, super alveum Dordonis in loco quæ vocatur Conchas. Venit predictus homo nomen Adraldus et donat unum mansum cum mansiones, cum curtes et ortos, cum vineas et pratos, cum boscos, cum terras cultas et incultas, et quantum ibi visus sum abere vel possidere, quistum et adinquirendum est, totum et ab integrum dono sancti Salvatoris et sancti Petri vel sancta Fide, ut omni tempore illum fructum vel illum censum que de illo alode exierit vendant bajuli, et prehendant ceram et inluminent ipsos sanctos jam suprascriptos. Et est ipse alodus in pago Ruthenico, in vicaria Serniacense in loco quæ vocatur Balle Vilaro; et habet in se fines vel confrontaciones.... quistum vel ad inquirendum est. In tale racione dono istum alodem suprascriptum ad ipsos sanctos ut rimedium donent michi in die exitus mei de isto sæculo. Et si ullus abba vel ullus clericus sive laicus donare vel vendere aut inquietare præsumpserit, semper a communione privetur, et cum Datan et Abiron vel satellitibus eorum participetur; etiam dominus sanctus Salvator vel sanctus Petrus et sancta Fides eum excomunicentur et maledicant sine fine ex oc nunc et in sæcula sæculorum, sane. Si quis ego, inmutata voluntate mea, aut ullus de heredibus vel propinquis meis aut ulla amissa persona qui contra carta donacione ista ulla calumpnia jenerare præsumpserit, hoc ei non liceat facere, sed faciat sicut lex est.

Facta carta donacione ista die mercoris, in mense aprelio, anno I regnante Lodovico rege.—S. Adraldo qui carta donacione ista scribere vel adfirmare rogavit. S. Faraldo, Adraldo, Hugono, et Gauzfredo, vel Deusdet. — Rodbertus scripsit.

183. DE PARISAGO.
1031-1059, octobre.

Locum sacrum sanctæ Dei æcclesiæ qui est consecratus in

honore domini nostri Jhesu Christi et sancti Salvatoris Conchas monasterii, ubi sancta Fides tumulata consistit. Ego enim, in Dei nomen, Geraldus et fratres mei Petrus et Hugo et mater nostra Aimerudis donamus sancti Salvatoris et sancta Fide illo manso nostro de Parisago totum et abintegrum, cum boscos, cum pratos, cum terras cultas et incultas, quantum ad ipsum mansum aspicit vel aspicere videtur, pro remedium anime patris nostri Hæctori ; in tale convenientia ut sepeliant matrem nostram Aimerudis, et si illa mortua fuerit in hitinere sancti Petri seu et aliorum sanctorum, ut sepeliant hunum de filiis suis in ipsa conveniencia. Et in alio loco, donamus sancti Salvatoris et sancta Fide, et ad ipsos monachos Deo servientes illo manso nostro de Vertols, pro anima patris nostri Hæctori et pro hereditate fratris nostri Odalrigo, cum boscos, cum pratos, cum terras cultas et incultas, quantum ad ipsum mansum aspicit vel aspicere videtur, totum et ab integrum. Si quis nos, inmutata voluntate, aut ullus de heredibus vel propinquis nostris qui contra hanc carta donatione ista ulla calumpnia jenerare voluerit, hoc ei non liceat facere.

Facta carta donacione ista sub die jovis, in mense octuber, regnante Ehenrico rege. — S. Jeraldi, et Hugoni, et Petroni, vel Aimerudis, Bernardo, Deusdet, Rigualdo, Begoni. — Rodgerius scripsit.

184. DE VERNEDUCIO.
1076-1090.

Breve divisionale de illa facultate que Benjamin habet. Inprimis domino Deo et sancta Fide in opus dominico laxat mansos duos in Verneducio que de Odimbello et Adalgrimo conquistavit; et in ipso loco, ipsa vinea que de Rainone conquistavit. In alio loco, illo manso de Vilaro, illo manso de illa Landa a seniore meo Stephano episcopo dimitto, cum ipsa mansione, quantum ad ipsum mansum aspicit. Dimitto Frotardo illo manso meo de Vidilias que de Rainone conquistavit, cum quantum ad ipsum mansum aspicit vel aspicere videtur, et in ipso loco illas terras que de Rainone conquistavit et de femina Belluciane. Dimitto sancti Petri illo caput manso de Ruilla que de Frotardo conquistavit, et illa vinea que de Bertlando conquistavit ; in ea vero racione quamdiu Bertgaudus vivit teneat et inluminet sancti Petri per singulas noctes. Illo caput manso de Verneducio que de Guirardo conquistavit sancti Salvatoris et sancta Fide dimitto. Illo manso de illa Bezaria, et illo manso de Monte Caprario, et illo manso de Rosarias, et illos duos mansos de Gagiaco Abone nepote meo dimitto. In Dominico, centum modios de vino de mansione quæ est ante ecclesia et porcos decem, asinos quatuor cum quarnimento ; in Grande Vabrio illo solario cum ipsas egecenciis suis, et cum ipsas tonnas septem in ipso Sotolo et L modios de vino Stephano episcopo dimitto. Illo vino de Heremo cum ipsa tonna Begono dimitto. Illa tonna que de Guitardo comparavi cum ipso vino Frotardo dimitto. — S. Benjamin qui breve isto scribere vel adfirmare rogavit, Frotardo, Laustardo, Arlando, Donadeo.

185. ITEM.

933 ou 934, octobre.

Placuit atque convenit inter virum venerabilem Adalgrimo vel uxore sua Raggardis vel Johanne abbate ex monasterio Conchas pseu et ipsa congregacione sibi commissam ut aliquis de res illorum inter se concambiare deberent, quod ita et fecerunt. Donat jam dictus Adalgrimus vel uxor sua Raggardis ad partibus sancti Salvatoris monasterio Conchas pseu ad ipsum abbatem vel ad ipsa congregacione sibi commissam manso huno in loco que dicitur Verneducio, hubi Ingelradus et Leodoinus et Guarnarius visi sunt manere, cum ipsas mansiones vel cum ipsas vineas et cum ipsas terras. Et est mansus in pago Ruthenico, in ministerio Montiniecense; et habet ipso mansus vel ipsas vineas in se fines : de tres partes terra sancti Salvatoris, de quarto latus terra Adalgario. Et de ipso manso faciat ipse abbas vel ipsa congregacio Conchas monasterii quicquid facere voluerint. Et in ipso aice, manso huno in lo que dicitur ad illa Landa ubi Ingelbertus visus est manere, cum vineas, cum brollo, cum terras, cum pratis. Et habet ipse mansus in se fines : de tres partes terra sancti Salvatoris, de quarto vero latus terra Adalgarlo. Et de illa Landa, dummodo Benjamin vivit, usum et fructum semper recipiat ; et post hobitum Benjamin, faciat ipse abba vel cuncta congregacio Conchas monasterio quicquid facere voluerint. Donat jamdictus abbas Johannes de rebus sancti Salvatoris vel ipsa congregacio ad partibus Adalgrimo vel uxore sua Raggardis brolios cum terras. Et sunt ipsi brolii vel ipsas terras in pago Ruthenico, in ministerio Montiniecense, in aro de mansos quæ dicitur Faisiaco vel Bosco; et habent ipsi brolii vel ipsas terras fines vel confrontaciones : de superiore latus strata puplica, et de alio latus terra Rainone per gutta decurrente usque in rivo que dicitur Divisione, de tercio vero latus terra Adalgerio per gutta decurrente usque in rivo quæ dicitur Divisione, de quarto vero latus per ipso rivo quæ dicitur Divisione. Quantumcumque infra ista fines concluditur vel ad ipsos brolios vel ad ipsas terras aspicit vel aspicere videtur, donat jamdictus abbas Johannos vel ipsa congregacio ad partibus Adalgrimo vel uxore sua Raggardis.... proprio, in ea racione, sicut in alio concambio loquitur, ut exinde de ipso concambio faciat Adalgrimus et uxor sua quicquid facere volueritis. De repetitione dico quod si ullus abbas vel ipsa gregacio aut ulla emissa persona qui contra hunc concambium istum ire aut agere præsumpserit, ejus peticio nullum habeat effectum, sed insuper componat auri libras III, et hoc quod petit non vindicet; sed concambium iste firmus et incolumus permaneat cum stibulacione subnixa.

Facto concambio isto die lunis, in mense octubrio, anno V regnante Rodulfo rege. — S. Adalgrimo et Raggardis uxore sua consenciente qui concambium istum scribere vel adfirmare rogaverunt. S. Aldoino, Gauzfredo, Willelmo, Rainone. — Teutbertus levita digito scripsit.

186. ITEM DE EODEM.

946, avril.

In Dei nomine. Cessio sola sufficit sine gestorum, tamen in hominibus obtineat firmitatem. Quamobrem ego, in Dei nomine, Stephanus abba episcopus vel cuncta congregacio monachorum Conchas monasterii, nos simul pariter donatores, propter hoc cedimus atque condonamus a dilecto homine fidele nostro Benjamin monacho, propter hoc cedimus tibi aliquis de rebus proprietatis nostre qui nobis per conquistum advenit, hoc est alodus noster hunus mansus in pago Ruthenico, in vicaria Montiniecese, in villa que dicitur Verneducio, illo manso dominico sancti Salvatoris, ipso manso cedimus tibi cum curte et orto, cum exeo et regresso, cum ipsas vineas ibi in ipso loco, et cum vineas Eralio, et cum vineas Ingelgario et Injelvino et Martino et Rodberto, quantum ad ipso manso aspicit vel aspicere videtur, quistum vel adinquirendum est, totum et abintegrum tibi cedimus vel condonamus. Et in alio loco, in ipsa vicaria vel in ipso ministerio, cedimus tibi alio manso in villa Grande Serra, illo manso ubi Rodbertus visus est manere, ipso manso cedimus tibi cum curte et orto, cum exeo et regresso, cum terras cultas et incultas et cum ipsas vineas ibi pertinentes, cum campis et pratis, pascuis, silvis, garricis, aquis aquarum via decursibus, quistum vel adinquirendum est, totum et abintegrum tibi cedimus vel condonamus. Ea vero racione hoc facimus, dummodo Benjamin monachus vivit, usum et fructum de ipsos mansos superius nominatos semper recipiat; et post obitum suum pro istos mansos superius nominanatos dono vel cedo illo manso que dicitur ad illa Landa cum ipsa casa dominicaria, laxo cum curtes et ortos, cum exeos et regressos, cum vineas et campis et pratis et broliis, quantum ego in ipso loco visus est Benjamin monachus habere vel possidere, totum et abintegrum vobis cedo vel dono vel ad ipsa jam dicta casa Dei Salvatoris, vel episcopo Stephano aut abbate Conchas monasterii vel ad ipsa congregacione, sine ullo contradicente, sane. Si quis ego ipse Stephanus episcopus vel abba vel cuncta congregacio ejus Conchas monasterii sancti Salvatoris qui contra te aut donacione ista ulla calumpnia jenerare præsumpserit, hoc ei non liceat vindicare quod repetit, sed insuper componat tibi tantum et alium tantum quantum ipsas res superius nominatas ulloque tempus melioratas valere potuerint in duplum sint redituri, et in antea non vindicet, sed præsens carta donacio ista omnique tempore firma et stabilis permaneat cum omni firmitate subnixa.

Facta carta donacione ista die veneris, in mense aprilis, anno x quod Ludovicus rex cepit regnare. — S. abbato Stephano qui carta ista scribere vel adfirmare rogavit. S. Begono, Grimardo præposito, Bertgaudo sacrestano, Adalgario, Deusdet, Aldrigo, Fredgiso, Bernardo, Gairardo, Autberto, Guitberto, Adalgrimo, Guidone, Guitbaldo, Aigmaro, Remegio. — Teutbertus scripsit.

187. CAMPANIAGO.
xi* siècle.

In Christi nomine. Ego Rajenaldus cognomine Sarracenus dimitto et dono sancti Salvatoris de Conchas et sanctæ Fidei et ad monachos ejusdem loci conseccalium de Campaniago, et decimum de ordeo et de frumento, et porcum de duodecimo manso, et totum fevum et vicariam quam de ipsis monachis teneo, in tali conveniencia ut hoc quod filius meus de abbate acaptare potuerit, suo gradiente animo, quamdiu vixerit teneat, et post morte sua ad monachos remaneat in communia.

S. Geraldo, Ademaro, Hictori, Rigualdo, Amberti. — Adalgerius monachus scripsit.

188. CAMPANIAGO.
Avant 1031-1065.

Abba Odolricus et Bertrandus prior dant in villa de Campaniago Aldeberto cognomento Sarracino in uno queque manso I agnum et quatuor garbas et I receptum cum tribus hominibus per vicariam, et mansum de Petra, in tali conveniencia ut post mortem illius major filius de manu abbatis accipiat sine parte aliorum, et major filius post mortem illius majoris filii sui usque in novissimam projeniem. Et propter hoc ego Aldebertus laxo et dimitto sancto Salvatori et sanctæ Fidis et abbati Odolrico et monachis mansionem de Campaniago et statgam et decimum et quartum et quantum juste et injuste tenebam in ipsam villam, excepto hoc quod modo de abbate accipio.

189. BASSIAGO.
955-985, avril.

In conscribendis autem donacionibus hic ordo servandus est ut prius nominetur nomen donatoris deinde cui donatur postmodum res quæ donatur. Ab hoc igitur, in Dei nomine, Poncius abba dono atque cedo aliquis de alode meo ad casa Dei jamdicta sancti Salvatoris vel sancta Fide in Conchas; et est ipse alodus in pago Ruthenico, in vicaria Ruthenulense, in villa que vocatur illas Vaxietas mansos quatuor, et in illo.... illo alode que de Ariberto conquistavit, cum casa dominicaria et cum vineas; et in Baisiago et in alio Baisiago mansos VI. Quantum ad ipso alode superius nominato pertinet, totum et in integrum post obitum meum sancta Fide remaneat, pro anima mea et pro anima Rodoardo, sine ullo contradictore sane. Si quis ego aut ullus homo qui hoc infrangere aut inquietare voluerit, ei non liceat, sed qui hoc petit quod lex est quoactus exolvat, et ulla peticio non habeat effectum, sed præsens auctoritas ista omnique tempore firma sit.

Facta carta donacione ista in die lunis, in mense aprilii, anno eo tempore regnante Lothario rege. — S. Poncione abba qui hoc scribere vel adfirmare rogavit. S. Aigfredo, Girberto, Calstone, Bonefacio, Bernardo. — Ainardus scripsit.

190. DE ANDALIAGO.

Première moitié du XI° siècle.

Ego, in Dei nomen, Odembellus et frater meus Rajenus cedimus et donamus sancto Salvatori de Conchas et sancta Fide et ad monachos ejusdem loci duos mansos in Audialiago, et unum mansum et unum caput mansum in illa Beciaria, cum pratos et boscos, cum terras cultas et incultas, cum quantum ad ipsos mansos aspicit vel aspicere videtur. Habet namque ipse alodus in se fines : de uno latus rivum Lubia, in secundo latere boscum Cava Beciaria, in tercio latus cum manso de Crassiago, in quarto vero latere finitur cum Rocoleso. Et donant censum unusquisque taverna dimedium modium de sigile, et unusquisque moltonem et agnum et gallinam, et de civada sestarios duos et ad kalendas IIII denarios et IIII cereos de canbe, et hunum hominem ad opera tota septima cum suo pane. Et est ipse alodus in pago Ruthenico, in parrochia Montiniacense. Ista omnia superius nominata donamus sancto Salvatori et sancta Fide, pro animas nostras et pro anima patris nostri Poncii et omnium parentum nostrorum, in tali conveniencia ut, si ullus abba aut rector loci de comunia de Conchas tulerit, dabimus nos aut propinqui nostri super altare sancti Salvatoris v solidos de nostra moneda et retinebimus istum alodem. — S. Odimbelli et fratri sui Rainoni. S. Hugoni, Frotardi, Hectori, Hugoni, Bernardi, Amblardi. — Audgerius monachus scripsit.

191. DE AVIDDA.

Première moitié du xi° siècle.

Ego enim, in Dei nomine, Gazbertus diaconus cedo et dono illo alode nostro de Avidda sancti Salvatoris et sanctæ Fide, hoc sunt duas denariadas de vinea, in tale racione ut, quamdiu ego vivo, teneam, et omnibus annis duas denariadas de cera sancte Fide remaneat. Et habet in se fines : de una parte terra sancta Fide, et de duas partes terra Bertrando presbytero, de quarta parte terra Gauzberto. Quantum infra istas aspicit vel aspicere videtur totum sancti Salvatoris et sancte Fide post mortem meam remaneat. — S. Bernardi presbyteri, alii Bernardi, Gauzberto, Benjamin, Didoni. — Oddo scripsit.

192. VERNIAS AVIZAGO.

Vers 990.

Cessio sola sufficit sine gestorum, sed in omnibus habeat plenissimam firmitatem. Ob hoc igitur ego, in Dei nomen, Jerardus cedo vel dono ad filium meum nomen Gislando de rebus propriis meis villa que dicitur Vernias, quantum in ipsa villa visus sum habere vel possidere ; et in alia villa quæ nominant Auzago, quantum ibi visus sum habere et dono tibi vineas meas in Isagas, vinea una quem ego adquisivi ; et in alia vinea in Besumba quem ego de Oddone adquisivi ; et sunt ipsas res in pago Ruthenico, in vicaria Bethonice ; in ea vero racione, dum ego vivo, usum et fructum a me reservo, et post obitum meum ad ipso Gislando remaneat, et in tale racione ut, quamdiu Gislandus vivit, usum et fructum teneat, et si ad perfacta etate non pervenerit que legitimos infantes habeat, post obitum Gislando, ipsas res superius jam dictas Austrino et ad infantes suos succedant; et donet pro anima Jerardo et omnibus consanguineis suis et pro animabus omnium fidelium christianorum defunctorum solidos ccc, et de ipsos solidos sancti Salvatoris Conchas succedat tercia pars, et alias duas partes sanctæ Mariæ et sancti Amancii Rothenis succedat; et si hoc factum non fuerit infra II annos, ipsi sancti superius nominati inter se equaliter dividant.

Facta carta cessione ista in mense julio, sub die lunis, dominum regnantem regem sperantem. — S. Geraldo qui hoc fieri jussit. S. Cassanardo, Tetgario, Ragamberto, Conrado, Genesio, Grinberto.

193. DE LA SERRA.

964, avril.

Noticia vel guirpitoria in eorum præsentia qui nunc noticia vel guirpitiva subtus firmaverunt, qualique veniens Stephanus episcopus et Hugo abba vel cuncta congregacio monachorum sancti Salvatoris Conchas monasterio ante ecclesiam sancti Salvrtoris in Conchas monasterio ante Hictorio et Bernardo Frotardo et alio Hictorio in presencia bonorum hominum qui bibi aderant, ibi se proclamaverunt Dedet quod malo ordine tenehat alodem de illa Serra que Guirbertus tenebat malo ordine contrapellabat. Ibi se recognovit Deusdet quod ordine malo contrapellabat. Propterea facta noticia guirpitoria ista sub die veneris, in mense aprilis, anno x regnante Lothario rege. — S. Deusdet qui carta guirpitoria ista scribere vel adfirmare rogavit. S. Hictorio, Bernardo, Isalgaro, Hictorio, Raimundo.

194. DE LUBREGAD.

XI° siècle.

Ego femina nomine Guarangardis dono memetipsa in guarda sancta Fide et in badlia tota honore mea et dono sancti Salvatoris et sancte Fide illo alode meo ad Lubregaddo ad illa Gavarra, hoc est unus mansus, cum terras, cum vineas, cum pratos; et quamdiu ego vivo, donabo sancte Fide omnibus annis duos mancusos, et post mortem meam sancti Salvatoris et sancte Fide remaneat ipsa medietas de isto alode supra scripto, et filius meus Bonusfilius reddat sanctæ Fide omnibus annis totum quantum exierit de medietate de ista terra suprascripta.

195. DE PODIO.
1065-1087, 25 octobre.

In nomine domini nostri Jhesu Christi. Ego Adalaiz dono domino Deo sanctoque Salvatori, sancteque Fidei, et abbati Stephano et monachis tam presentibus quam et futuris monasterio Conchacensis illum mansum de Podio, cum sua integritate et melioracione et pertinencia, qui est in parrochia Montiniacho, qui michi advenit pro hereditate parentorum meorum, sicut Willelmus et Raimundus filii mei donaverunt et dimiserunt sancto Salvatori et sanctæ Fidei in peregrinatione sancti Sepulchri ad obitum illorum, presentibus multis nobilibus viris, scilicet Girberto de Vig et Aicardo de Cormol et Gauzfredo de Monte Arnal et Willelmo Poncio et plurimis aliis qui in eadem peregrinacione erant, pro remedio et salute anime mee et animarum eorum. Si quis parentum aut heredum meorum contra hanc donacionem vel manu missionem filiorum meorum voluerit insurgere vel, instigante diabolo et superbia sua, a monasterio predicto voluerit auferre, sit exheredatus et alienus de omni honore et hereditate mea, et insuper componat monasterio Conchacensi cui injuriam fecerit omnia tripliciter, et in antea firma et stabilis hec donacio vel manu missio permaneat omni tempore.

Facta conscripcio hec VIII kalendas novembris, regnante Philippo rege. — S. Adalaiz qui hanc donacionem vel manumissionem firmavit et testibus firmare jussit. S. Girberti, Aicardi, Gauzfredi, Willelmi, Hugonis, Austrini, Bernardi, Ottonis, Bernardi, Petri Arnal. — Durannus scripsit.

196. GERMOLIO ET PALLAIREDDO.
997-1031, mai.

Locum sacrum sancte Dei æcclesiæ que est constructus in

honore domini nostri Jhesu Christi et sancti Salvatoris, ubi sancta Fides tumulata consistit Conchas monasterii. Quamobrem ego igitur, in Dei nomine, Austrinus cedo vel dono sancti Salvatoris et sanctæ Fide illo alode meo de Germolio, hoc est unus mansus ubi Deusdet visus est manere, cum quantum ad ipsum masum aspicit vel aspicere videtur; et in alio loco, uno manso in Pallaireddo, ubi Flodaldus visus manere; et in alio loco, ad illam æcclesiam de sancti Jhori illo manso meo quæ Geraldus tenet a feuso dono ad ipso sancto Salvatori et sanctæ Fide; et in alio loco, illo manso meo in Pers ubi Salomon visus est manere dono sancti Salvatoris et sanctæ Fide, cum molinos, cum pratos, cum boscos, cum terras cultas et incultas, quantum ad ipsum mansum aspicit vel aspicere videtur, totum dono sancti Salvatoris et sancta Fide. Et si homo istum mansum de communia tollere voluerit et tulerit, donet Frotardus et filii sui duodecim denariaddas de cera sancti Salvatoris et sancta Fide et teneant ipsum mansum. Et laxo sancto Salvatoris et sancta Fide caballum meum ferradum. Si quis ego inmutata voluntate mea aut ullus de heredibus vel propinquis meis qui contra hanc carta donacione ista ulla calumpnia jenerare voluerit, hoc ei non liceat facere, sed faciat quod lex est.

Facta carta donacione ista in mense madio, feria VII, regnante Rodberto rege. — S. Austrino qui carta donacione ista scribere vel affirmare rogavit. S. Frotardo, Hugono, Girberto, Geraldo, Frotardo. — Oddo rogatus scripsit.

197. DE MANSO FLORIACO.

997-1030, septembre.

Locum sacrum sanctæ Dei æcclesiæ qui est constructus in honore domini nostri Jhesu Christi et sancti Salvatoris, ubi sancta Fide tumulata consistit, Conchas monasterii. Quamobrem ego enim, in Dei nomine, Rigualdus cedo vel dono sancti Salvatoris et sanctæ Fide illo alode meo quæ est in Floriaco, hoc est unus mansus ubi Guarinus visus est manere, cum terras cultas et incultas, cum pratos, cum boscos, totum et abintegrum. Et in alio loco, in Berriaco, dono sancti Salvatoris et sanctæ Fide illo manso meo ubi Rainaldus visus est manere, cum terras cultas et incultas, quantum ad ipsum mansum aspicit vel aspicere videtur, istum alodem supra scriptum laxo sancti Salvatoris et sanctæ Fide, post mortem meam. Et quamdiu ego vivo, teneam et omnibus annis vitæ meæ pro vestidura duodecim denarios de ipsos mansos de unumquemque, hoc sunt duo solidi, monachi sanctæ Fide accipiant. Et si frater Willelmus istum alodem post mortem meam redimere voluerit, veniat et donet sancti Salvatoris et sanctæ Fide solidis ducentis et teneat ipsum alodem. Et in alio loco, limanias meas que de Amblardo conquistavi, hoc sunt in Bargas quæ Girbertus presbyter tenet, quamdiu Girbertus vivit, teneat, et post mortem suam, sine redemptione et contradictione sancti Salvatoris et sanctæ Fide remaneat. Si quis ego, inmutata mea voluntate, aut ullus de heredibus vel propinquis meis aut ulla aposita persona qui contra hanc carta donacione ista ulla calumpnia jenerare voluerit, hoc ei non liceat facere, sed faciat quod lex est.

Facta carta donatione ista in mense septembri, feria v, regnante Rodberto rege. — S. Rigualdo qui carta donatione ista scribere vel adfirmare rogavit. S. Willelmo, Airado, alio Airado, Petrono, Bernardo. — Oddo monachus scripsit.

198. DE GLAUJANICAS.

961, juin.

Locum sacrum sancto Dei ecclesie qui est situs in pago Ruthenico super alveum Dordonis, et est fundatus in honore domini nostri Jhesu Christi pscu sancte Mariæ virginis et sancti Petri principis apostolorum necnon et clavigeri, ubi sanctus Vincencius et sancta Fides tumulati esse videntur. Ego enim, in Dei nomine, Giraldus cedo vel dono ad præfato monasterio cujus vocabulum est Conchas, ubi Stephanus episcopus et Hugo abba præcesse videntur cum cuncta congregacione ibidem Deo famulantes, hoc est unus caput mansus, cum vinea et orto et cum terras et prato et cum omnibus ajacenciis suis, qui mihi per conquistum justissimo obvenit; et est ipse caput mansus in pago Ruthenico, in ministerio Montiniccense, in aro cujus vocabulum est Claujanicas, que dicitur illa Rocha. In ea vero racione hoc facio: quamdiu Girardus presbyter vivit teneat et possideat, et post obitum meum Johannes frater meus teneat et possideat, et post obitum suum Teutgario nepote suo remaneat, et post obitum illorum sancti Salvatoris remaneat in comunia, pro anima Gauzfredi et Willelmi et Adalgrimi et Raingardane et parentes ejus et pro anima mea, ut Deus omnipotens veniam nobis ad judicium concedere dignetur.

Facta carta cessio ista die mercoris, in mense junio, anno x quod Lotharius rex cœpit regnare. — S. Girardo sacerdote qui karta cessione ista scribere vel adfirmare rogavit. S. Sigario, Umberto, Aldegario, Rigualdo, Riculfi. — Aribertus scripsit.

199. DE SENTRES.

987-1004, avril.

Domino magnifico Girberto abbate cum cuncta congregacione monachorum Conchas monasterii sancti Salvatoris et sanctæ Fidei emptores. Ego enim, in Dei nomine, Frotardus et uxor mea Odda venditores, juxta textum vendicionis constat nos vobis vendidissemus, quod ita et vendimus, tradidissemus, quod ita et tradidimus, hoc est alodus noster in loco quæ vocatur Sentres que de Gualtarium conquistavimus, sex denariatas de vinea. Et habet ipsa vinea in se fines vel confrontaciones : de uno latus terra Frotardo ad ipso venditore, et de alias tres partes terra Bernardo. Quantum infra istas fines concluditur, totum vobis vendimus ; et accepimus de vos precium, sicut inter nos et vos bene complacuit, hoc sunt solidi xx et quatuor, et de ipso precio retro vos nichil remansit indebitum ; ut post hunc diem habeatis, possideatis, quicquid facere volueritis faciatis, sine ullo contradicente in omnibus sane. Si quis nos, immutatas voluntates nostras, aut ullus de heredibus vel propinquis nostris aut ullus homo per ullo quoque injenio aut ulla amissa persona qui contra carta vendicione ista ulla calumpnia jenerare voluerit, hoc ei non liceat facere, sed faciat quod lex est.

Facta carta vendicione ista sub die sabbato, in mense aprili, regnante Rodberto rege. — S. Frotardo et uxore sua Odda.

S. Bernardo, Begono, Bernardo, Aganone, Bernardo, Frotardo.
— Oddo rogatus scripsit.

200. Vinea in Cadiraco.

935, février.

Locum sacrum sanctæ Dei æcclesiæ qui est super alveum Dordonis, et est fundata in honorem domini nostri Jhesu Christi et sancte Marie semperque virginis necnon et sancti Petri clavijeri, ubi sanctus Vincencius et sancta Fides tumulati consistunt, ubi Johannes abba vel cuncta congregacio ibidem Deo famulantes in Conchas monasterii præesse dignoscetur. Quamobrem ego igitur, in Dei nomine, Archantrudes femina donatrix cedo vel dono ad ipsa casa Dei jamdicta vel ad ipso abbate pseu et ad ipsos Deo servientes, pro anima Archantrude et pro anima de viro meo Jaudoni et filio nostro Martino qui fuerunt condam, cessumque in perpetuum esse volo, hoc est in pago Ruthenico, in vicaria Rocnacense, in villa quæ dicitur Cadeiraco, hoc est vinea mea quæ mihi justissime per conquistum obvenit. Et habet ipsa vinea fines in se : de uno latus vinea Fredolone, et de alio latus vinea sancti Salvatoris, et de superiore latus vinea Guntaldo, et de supteriore latus strata puplica. Quantum enim superius nominatum est totum cedo vel condono ad ipsa casa Dei vel ad ipsos Deo servientes, ita ut post hanc diem habeant potestatem tenendi, commutandi, vendendi, et faciant exinde in omnibus quicquid facere voluerint sane. Si quis ego ipsa in postmodum, inmutata voluntate mea, aut ullus heres meus vel propinquis qui contra hanc carta cessione ista ire aut ulla calumpnia jenerare præsumpserit, hoc ei non liceat facere, sed faciat insuper componat partibus sancti Salvatoris tantum et alium tantum quantum ipsa vinea eo tempore meliorata valere potuerit in duplum sit reditura, et quod petit non vindicet, sed præsens cessio ista inviolabilem omnique tempore obtineat firmitatem.

Facta carta cessione ista die jovis in mense februario, anno vi regnante Rodulfo rege. — S. Archantrudo qui cessione ista fieri vel adfirmare rogavit. S. Bernardo, Jaudone, Fulcuino,

Lanbrando, Costavulo. — In Dei nomine, Teutbertus presbyter digito scripsit.

201. DE ALTOMONTE.

996-1004, mars.

Domino magnifico Girberto abbate emptore. Ego enim, in Dei nomine, Hugo venditor, juxta textum vendicionis constat me tibi vendidisse, quod ita et vendidi, tradidisse, quod ita et tradidi, hoc est caput mansus meus de Alto Monto, cum boscos, cum vineas, cum terras cultas et incultas. Et habet ipse caput mansus in se fines : de duos latus terra sancti Salvatoris et de duos latus guttas decurrentes. Quantum infra istas fines continet, totum vendo sancti Salvatoris et sancte Fide, et domni Girberti abbati cum cuncta congregacione sancti Salvatoris, et per hanc cartam manibus vobis trado; unde accepi de vos precio, sicut inter me et vos bene complacuit, hoc sunt solidi XIII de Lemoticanos, et de ipso precio nos nichil remansit indebitum ; ita ut ab hanc diem teneatis, possideatis et quicquid facere volueritis faciatis in omnibus sane. Si quis ego, inmutata voluntate mea, aut ullus de heredibus vel propinquis meis aut ulla amissa persona aut ulla calumpnia jenerare voluerit, hoc ei non liceat facere, sed insuper componat tantum et alium tantum quantum ipse caput mansus, cum ipsas terras, cum ipsos boscos, valere potuerit in duplum sit reddditurus, et quod petit non vindicet, sed præsens carta vendicio ista firma et stabilis permaneat cum stibulacione subnixa.

Facta carta vendicione ista die lunis, in mense martio, regnante domino nostro Jhesu Christo. — S. Hugono qui carta vendicione ista scribere vel adfirmare rogavit. S. Stephano, Hugono, Deusdet, Hictorio, Begono. — Salustrius rogitus scripsit.

202. DEL BAG.

997-1031, septembre.

Locum sacrum sancta Dei ecclesia qui est constructus super alveum Dordonis in honore domini nostri Jhesu Christi, vocabulo Conchas, ubi sanctus Vincencius et sancta Fides tumulati consistunt. Venit Gauzberga, donavit pro anima sua ad ipsa ecclesia Dei illo alode de illo Bago que Durantus et Adalradus visi sunt manere. Et habet ipsa terra : de uno latus strata puplica, de alio latus terra Oddane, de tercio latus gutta decurrente. Quantum infra istas fines concluditur, totum et ab integrum, post obitum meum dono sancti Salvatoris et sancta Fide, pro anima mea ; quantum monachus Saluster vivit, in obedientiam teneat. Et si ullus abba aut ullus rector ecclesie qui tollere voluerit de communia, veniant filii mei aut unus de propinquis meis, et donet quatuor denarios super sancti Salvatoris ; et post obitum meum teneant monachi in comunia ibidem Deo servientes, sine ullo contradicente in omnibus sane. Si quis nos, inmutatas voluntates nostras, aut ulus de heredibus vel propinquis meis aut ullus homo per ullo quoque injenio qui contra carta donatione ista ulla calumpnia jenerare præsumpserit, hoc ei non liceat facere, sed faciat quod lex est.

Facta carta donacione ista die dominico, in mense septembrio, regnante Rodberto rege. — S. Gauzberga qui donacione ista scribere vel adfirmare rogavit. S. Begono, Deusdet, Rigualdo, Aicardi monachi. — Saluster monachus scripsit.

203.

1060-1107, octobre.

In nomine Dei Patris omnipotentis ejusque unigeniti Filii domini nostri, qui ad hoc incarnari voluit ut eos qui sub peccati jugo detinebantur in libertate filiorum adoptaret. Quatenus et ipse nobis nostra peccata relaxare dignetur, sub nostre jugo servitutis homines depressos relaxare decernimus. Ipse etenim dixit : « dimittite et dimittetur vobis ; » et apostolus : « omnes enim vos fratres estis. » Ergo, si fratres sumus, nullum ex fratribus quasi ex debito ad servicium cogere debemus. Et iterum ipsa veritas testatur : « ne vocemini magistri. » Igitur si arguit humane prelacionis arroganciam, multo magis dominacionis violentia. Unde et nos ego Petrus et Gerbertus, tam competentibus testimoniis correcti, hos servos et ancillas, videlicet

Jeraldum nomine, cum uxore et filiis et filiabus, et cum sorores ipsius Jeraldi Ildegarda et Ingelberga, cum filiis et filiabus eorum, ab omni jugo servitutis, cum omnibus rebus suis et cum liberis suis, si qui ab eis vel ab eas sunt procreandi, absolvimus; ita ut in quascunque mundi partes voluerint liberaliter pergant, nec unquam alicui ex nostro jenere vel familia pro servili condicione respondeant.

Facta carta ista in mense octobrio, feria v, regnante domino et Franchorum rege Philippo. — S. Petri et Girberti fratrum qui carta ista scribere et firmare jusserunt. S. Deusdet de Panaddo, Deusdet Hictori, Hugoni Hildegerii, fratris ejus Gerberti, Geraldi, et filii ejus Duranti. — Poncius monachus et levita scripsit.

204. DE MONASTERIO DE BONA VALLE.
1065-1087.

Sciatur ab omnibus quod Arnaldus Rodoardus dedit domino Deo et sancto Petro et sancte Fidei, et abbati Stephano et monachis sanctæ Fidei tam præsentibus quam futuris et monachis qui habitant et habitabunt in monasterio sancti Petri de Bona Valle, dicens ita : in nomine Domini, ego Arnaldus dono et relinquo domino Deo et sancto Petro et sancte Fidei, et abbati Stephano et monachis sancte Fidei quam presentibus tam futuris et monachis qui habitant et habitabunt in monasterio sancti Petri de Bona Valle omnes malos usus et convenientias et quicquid justo vel injuste habebam vel requirebam in hoc prædicto monasterio et nichil retineo ibi, nisi solum modo gaddium et penitentiam de illis hominibus qui mansos vel appendarias de parrochia mea tenuerint, hoc est unum denarium pro guaddio et medaculam pro pœnitencia ; et si uxor bubulci habitaverit in manso meo, dabit unum denarium pro se et pro illa ; hoc habebo de illis qui de aliena parrochia venerint. Si autem de parrochia de Varojol venerint manero homines ad Bonam Vallem et retinuerint mansum vel appendariam de Varojol, de istas solummodo habebo sepulturam, ita ut haberem si starent in parrochia mea. Et propterea quod hoc dedi et reliqui, dedit michi Stephanus abbas sanctæ Fidei in manso ubi Hugo manet unum modium de vino in uno quoquo anno ; et in manso ecclesiastico unum multonem et II denarios Ruthenenses, et pratale quod Raimundus Eustorgius dedit sancto Petro ; illi qui laborabunt in manso Juliani nihil dabunt mihi, quamvis fuit de parrochia mea. Si quis vir vel femina destruere vel recuperare voluerit hoc quod dedi et reliqui sanctæ Fidei de Conchis et sancto Petro et monachis, propterea quod fuerit de projenie mea, victus det eis libram auri quod calumpniavit, et nullam partem habeat in mea honore.

Durantus scripsit.

205. DE AURIAS CUMBAS.

Vers 1012, mai.

Domino magnifico Airadus abbas cum cuncta congregatione Conchas monasterii emptores. Ego enim, in Dei nomen, Stephanus et uxor sua Aicildis venditores, juxta textum vendicionis constat nos vobis vendidissemus, quod ita et vendidimus, tradidissemus, quod ita et tradidimus, hoc est alodus noster qui est in pago Ruthenico, in vicaria Serniacense in vocabulo qui dicitur Aurias Cumbas, hoc sunt vineas, terras, boscos, albareda, terras cultas et incultas ; et habet ipse alodus in se fines de totas partes terra sancti Salvatoris et sancta Fide. Quantum infra istas fines aspicit vel aspicere videtur, totum et abintegrum vendimus vobis sancti Salvatoris et sanctæ Fide, et a cuncta congregacione Conchas monasterii, et per nanc carta manibus vobis tradimus ; unde accepimus de vos precio, sicut inter nos et vos bene complacuit, hoc sunt solidi XXI de denarios Ruthenensos, et de ipso precio retro nos nichil remansit indebitum ; ita ut ab hanc diem habeatis, teneatis, possideatis et quicquid facere volueritis licentiam habeatis ad faciendum sane. Si quis nobis, inmutata voluntate nostra, aut ullus de heredibus vel propinquis nostris aut ulla amissa persona aut calumpnia ulla generare voluerit, hoc ei non liceat facere, sed faciat quod lex est.

Facta carta vendicione ista sub die sabbati, in mense madio, regnante Rodberto rege. — S. Stephano et uxore sua Aicheldis qui carta vendicione ista scribere vel adfirmare rogaverunt. S. Umberto, Guidoni, Rainoni, Hugoni, Aldebert. — Saluster rogatus scripsit.

206. DE PALLAIREDO.
x° siècle, février.

Locum sacrum sancte Dei ecclesiie qui est constructus super alveum Dordonis et est fundatus in honore domini nostri Jhesu Christi et sancti Salvatoris et Sancte Marie virginis et sancti Petri apostoli, ubi sanctus Vincentius et sancta Fides tumulati consistunt. Ego enim, in Dei nomine, Salustrius et Johannes cedimus vel donamus illo manso nostro de Pallaireddo ubi Rainaldus manet, cum ipsa Bezaria, cum quantum ad ipso manso aspicit vel aspicere videtur, quistum vel adinquirendum est, totum et abintegrum cedimus vel condonamus sancti Salvatoris et sanctæ Fide et ad ipsos monachos in comunia, pro animas nostras; in tale vero racione, si ullus homo illo manso tollere voluerit de comunia, donet hunus de propinquis nostris duodecim denarios sancti Salvatoris et sancta Fide et recipiant ipsum mansum. Si quis ego Salustrius et Johannes, emutatas voluntates nostras, aut ullus de propinquis nostris aut ulla amissa persona qui contra carta donacione ista ire aut agere vel inquietare voluerit, componat sancti Salvatoris et sancta Fide tantum et alium tantum quantum ipse mansus eo tempore valere potuerit sane.

Facta carta donacione ista sub die sabbato, in mense febroario, regnante domino Deo. — S. Salustrio et Johanno qui carta donacione ista scribere vel adfirmare rogaverunt. S. Hugono, Salustrio, Willelmo, Salustrio, Johanno, Adalardo. — Benedictus scripsit.

207. DE CUMBRES.
996-1001, mars.

Domino magnifico Girberto abbato emptore. Ego enim, in Dei nomine, Odalricus venditor, juxta textum vendicionis constat me tibi vendidisse, quod ita et vendidi, tradidisse quod ita et tradidi, hoc est boscus cum ipsa terra qui mihi per origine parentorum justissime obvenit. Et est ipse boscus cum ipsa terra in vicaria Dunense, in loco que vocatur Cumbres ; et habet in se fines : de uno latus terra Isarno, de alio latus terra Hugono, de tercio latus rivo decurrente. Quantum infra istas fines continet, totum et abintegrum vindo sancti Salvatoris et sancta Fide, et domni Girberti abbatis cum cuncta congregacione sancti Salvatoris, et per hanc carta manibus vobis trado ; unde accepi de vos precio, sicut inter me et vos bene complacuit, hoc sunt solidi XLV de Lemoticanos, et de ipso precio retro nos nichil remansit indebitum ; ita ut ab hanc diem habeatis, teneatis, possideatis et quicquid facere volueritis licentiam habeatis ad faciendum sane. Si quis ego, inmutata voluntate mea, aut ullus de heredibus vel propinquis meis aut ulla amissa persona aut ulla calumpnia generare voluerit, hoc ei non liceat facere, sed insuper componat tantum et alium tantum quantum ipse boscus cum ipsa terra valere potuerit in duplum sit redditurus et quod petit non vindicet, sed præsens carta vendicio ista firma et stabilis permaneat cum stibulacione subnixa.

Facta carta vendicio ista die veneris in mense martio, regnante domino nostro Jhesu Christo. — S. Odalrigo qui carta vendicione ista scribere vel adfirmare rogavit. S. Bernardo, Adalgerio, Frotardo, Begono, Ictore. — Oddo rogitus scripsit.

208. CARTA AUSTRINO DE SILIGAS.

932, juin.

Domino magnifico Austrino et uxore sua Guadburgis emptores. Ego enim, in Dei nomine, Guarnarius vinditor consta me vobis vendidisse, quod ita et vendidi, hoc est alodus meus Quamprius qui mihi de conquisto obvenit ; et est ipse alodus in pago Ruthenico, in vicaria sancti Gervasii, in loco quæ nuncupatur Siligas, hoc est vinea mea quem ego data habeo a medio planto ; et habet fines ipsa vinea : de tres partes terra ad ipso venditore et de quarto vero latus terra Rodberto. Quantumcumque infra istas fines in ea juxta est possessio aut postea debodinata erit ipsa vinea, quantumcumque in ea pars est quæ ad me contigit vel quantum in ea est possessio, totum et abintegrum vobis vindo ; et accipio de vos precium, sicut inter nos convenit, hoc est in argento aut in alias res compreciatas valentes solidos LX, et per hoc precio aut per hanc cartam vendicionis manibus vobis trado, transfero atque transfundo ut post hac die habeatis, teneatis, possideatis et faciatis exinde in omnibus sane quicquid facere volueritis, sine ullo contradicente in omnibus sane. Si quis ego ipse, inmutata voluntate mea, aut ullus ex heredibus meis aut ulla opposita vel subrogata persona qui contra carta vindicione ista ulla calumpnia jenerare voluerit, componat vobis auri libras III, argento pondera V, et sua peticio nichil valeat, sed præsens vendicio ista a me facta firma permaneat et inconvulsa cum omni firmitate.

Facta carta vendicione ista in mense junio, sub die sabbato, anno III quod Radulfus rex cepit regnare. — S. Warnario qui vindicione ista scribere vel adfirmare rogavit. S. Johanne, Cassanardo, Bernardo, Gauzberto, Jenesio, Atagone, Ragamberto. — Benedictus scripsit.

209. DE JAM LUCIS.

Vers 1019, mars.

Domino magnifico Adalgerius abbas et cuncta congregacio sancti Salvatoris et beatissime Fidei Conchensis cenobii emptores. Ego enim, in Dei nomine, Grimardus et Gaucelmus et Aimardus fratres mei, et uxor mea Rodberga, et filii mei Guicardus et Rodgerius et Boso et Saisinellus et Grimardus et Stephanus et Ermengarda soror eorum, nos pariter venditores, vendimus ad ipso Adalgerio abbate et ad ipsos monachos de Conchas illo alode nostro de Jamlucias totum et abintegrum, quantum nobis visus est habere et possidere, excepto illo manso que ego Grimardus dedi Guicardo filio meo ubi Leudgarius visus fuit manere. Et accepimus de ipsos monachos sancte Fidei precium, sicut inter nos et ipsos bene complacuit, hoc sunt solidi centum octuaginta ; et post hodiernum diem habeatis, teneatis, possideatis et quicquid facere volueritis faciatis, sine ullo contradicente in omnibus sane. Si quis nos, inmutatas voluntates nostras, aut ullus de heredibus vel propinquis nostris qui contra hanc carta vindicione ista ulla calumpnia generare præsumpserit, hoc ei non liceat facere, sed faciat quod lex est.

Facta carta vendicione ista in mense marcio, feria III, regnante rege Rodberto. — S. Grimardo et fratres suos et filios suos et filia qui carta vendicione ista fieri vel affirmare rogaverunt. S. Raimundo, Sicfredo, alio Sicfredo, Deusdet, Leudgardis. — Et si ullus homo istum alodem supra scriptum de comunia sancti Salvatoris et sanctæ Fidei tollere voluerit, fiat excommunicatus et anathematizatus et a limina sanctorum sequestratus, et habeat partem cum Dathan et Abiron et cum Juda proditore in inferno inferiore. Amen. — Donadeus scripsit.

210. DE GENOLIACO.
969.

Locum sacrum sancta æcclésia qui est situs super alveum Dordonis in honore domini nostri Jhesu Christi seu sancti Salvatoris, hubi sanctus Vincencius vel sancta Fides tumulati consistunt, hubi Stephanus episcopus et Hugo abba rectores esse videntur. Ego enim, in Dei nomine, Abbo cedo vel dono ad ipsa casa Dei jam supra dicta aliquis de res meas qui per hereditatem michi venerunt, hoc est caput mansus meus, cum curte et orto, cum exeo et regresso, cum tres denariatas de vinea. Et est ipse alodus in pago Ruthenico, in vicaria Dunense, in villa que vocatur Genoliaco ; et habet ipse alodus fines vel confrontaciones de totas partes terra sancti Salvatoris. Quantum infra istas fines concluditur, totum et abintegrum dono ad ipsa casa Dei jam supradicta, pro anima mea et pro anima jenitori meo Bernoni et pro anima genitrice mea Hoddane ; in ea vero racione, quamdiu ego vivo, teneam et per singulos annos donet vestidura duos sestarios de vino, et post obitum meum ad ipsa casa Dei remaneat, sine ullo contradicente in omnibus sane. Si quis ego, inmutata voluntate mea, aut ullus de heredibus vel propinquis meis aut ulla amissa persona vel ullus homo per ullo quoque injenio qui contra carta donacione ista ulla calumpnia jenerare voluerit, hoc ei non liceat facere, sed faciat quod lex est.

Facta carta donacione ista sub die sabbato, anno xv regnante Lothario rege. — S. Abono qui carta donatione ista scribere vel adfirmare rogavit. S. Regibaldo, Guinarando, Addraldo, Abbono, Accapito. — Rodbertus rogatus scripsit.

211. DEL GRANARI.
981, août.

Locum sacrum sancte Dei æcclesiæ qui est situs in pago Ruthenico super alveum Dordonis, et est fundatus in honore domini nostri Jhesu Christi seu sancte Marie virginis et sancti Petri principis apostolorum necnon et clavigeri, ubi sancta Fides et sanctus Vincencius tumulati esse videntur. Ego enim, in Dei nomine, Dotrandus cedo vel dono una vinea mea de illo Granario; et habet ipsa vinea fines et confrontaciones : de tres latus terra sancti Salvatoris, de quarto vero latus terra sanctæ Mariæ; et est ipsa vinea in pago Ruthenico, in vicaria Dunense. Quantum ad ipsa vinea aspicit vel aspicere videtur, totum et abintegrum cedo vel dono ad ipsa casa Dei jam supra dicta vel ejusdem rectores, ut post hunc diem teneatis, possideatis et faciatis quicquid facere volueritis sine ullo contradicente in omnibus sane. Si quis ego, emutata voluntate mea, aut ullus de heredibus meis aut ulla amissa persona vel subrogata qui contra carta donatione ista ire vel agere aut inquietare voluerit, hoc eis non liceat facere, sed faciunt quod lex est.

Facta carta donacione ista sub die martis, in mense augusto, anno xxvii regnante Lothario rege. — S. Dotrando qui carta donacione ista scribere vel adfirmare rogavit. S. Aldegerio, Umberto, Siguario, Stephano, Rainoni. — Benedictus rogatus scripsit.

212. DE ILLA BECIA IN DUNENSE.
852, mars.

Sacrosancte æcclesiæ sancto Salvatori et sancti Petri vel aliorum sanctorum Conchas monasterio qui est situs in patria Ruthenica super fluvium Dordonis, ubi venerabilis Bego abba præesse videtur cum monachis ibidem Deo famulantibus. Ego enim, in Dei nomen, Cautela, consentientes infantes meos Gariberto presbytero vel alios, cedimus ad ipsa ecclesia Dei aliquid de rebus propriis meis, pro animæ meæ remedium, ut ante tribunal Christi veniam merear accipere, hoc est manso meo in patria Ruthenica, in vicaria Dunense, in loco qui dicitur prope illa Becia ; ipse mansus habet fines : de uno latus rivo decurrente qui de ipsa Becia surgit, de alio latus strata puplica et descendet in ipso rivo, de tercio latus subjungit a terra de ipsa Becia, de quarto vero rivo Limione. Infra istas fines in integrum cum omni super posita cedo ad ipsa casa Dei cum suis rectoribus pro elemosina mea, et de meo jure et potestate in jure et dominacione ipsius ecclesie per hanc epistola cessionis trado atque transfundo ut faciant rectores ipsius ecclesie de jamdictas res in omnibus quicquid voluerint. De repeticione vero si ego ipse aut ullus heres meus aut ulla amissa persona qui contra hanc cessione ista fieri vel adfirmare rogavit ire aut contracausare temptaverit, componat tantum et alium tantum quantum ipsas res valet, et quod petit non vindicet, sed præsens cessio ista a me facta omni tempore firma permaneat cum stibulacione subnixa.

Facta cessione ista in mense martio, anno XII quod domnus Lotharius adsumpsit imperium. — S. Gariberto presbytero consentiente, Guarnario, Sidranno, Guarino, Gontardo, Vitale, Eldrado, Aicardo, Airado. — Rodulfus scripsit.

213. DE CANUAS.

XI° siècle.

Locum sacrum sanctæ Dei æcclesiæ qui est consecratus in honore sancti Salvatoris et sanctæ Fidi Conchas monasterii. Nos, in Dei nomine, Umbertus et Deusdet et Bernardus filius Hictoris et Aimerugis donamus et cedimus sancto Salvatori et sancte Fidi illum alodem meum de Canuas, hoc sunt tres mansi et duas appendarias, ubi Ainardus et Guibertus et Richinardus visi sunt manere, cum vineas, cum albareddas, cum boscos, cum terras cultas et incultas, quantum infra ipsos tres mansos et appendariam de Fraxinum aspicit vel aspicere videtur, totum et abintegrum cum vineas usque in Fraxinum donamus sancto

Salvatori et sanctæ Fidi, et ad monachos supradicti monasterii qui sunt et erunt. Et habent censum ipsi mansi supra nominati in dominico ad ipsos monachos III solidos de denarios Lemovicanos et octo denarios obliencos, et dimidium modium de civada ; et a calendas sestarios sex de civada et VI gallinas et III manadas de canbe, et unusquisque receptum cum tres caballarios et inter omnes unum cum decem et due appendarie dant receptum cum quatuor caballarios, et II sestarios de civada a kalendas et II gallinas. Istum alodem suprascriptum donamus sancto Salvatori et sanctæ Fidi pro anima Umberto et filii sui Hectores et pro anima Ricardis, in tali convenientia ut, si ullus abba aut ullus homo istum alodum de comunia tulerit, veniat unus de propinquis nostris et donet sancto Salvatori etsancte Fidi XII denarios et teneant ipsum alodem.

S. Umberti, et Deusdet, et Bernardi qui cartam istam scribere vel firmare rogaverunt. S. Doitrandi, Hugoni, Hectori. — Petrus monachus scripsit.

214. ITEM.
997-1031, février.

Locum sacrum sancta Dei ecclesia qui est constructus in honore domini nostri Jhesu Christi et sancte Fidei vel sancti Vincencii seu sancta Maria et beati Petri principis apostolorum, ubi sancta Fides vel sanctus Vincencius tumulati requiescunt, qui vocabulum est Concas, una cum monachis ibidem Deo famulantibus. Igitur ego, in Dei nomen, Rotlandus cedo vel dono ad supradicta casa Dei, hoc est alodus noster in Canuas duas denariadas de vineas qui michi per eruginem parentorum obvenit ; et est ipse alodus ad sancta Maria ad Sarcelz ; totum et abintegrum cedo vel dono sancti Salvatoris et sancta Fide et ad ipsos monachos. Quantum ego vivo, ipse teneo fructum, et usum sancti Salvatoris et sancta Fide reddo ; et si de me provenerit sancta Fide et sancti Salvatoris remaneat totum et abintegrum. Et si ullus homo est qui tollere voluerit de comunia, veniat frater meus vel unus de propinquis meis et donent sancti Salvatoris et sancta Fide X denarios et recipiant ipsum alodem in omnibus sane.

Facta carta donacione ista sub die sabbato, in mense febroario, regnante Rodberto rege. — S. Rotlando qui carta donatione ista scribere vel adfirmare rogavit. S. Airado, Stephano, Rainaldo, Bernardo.

215. DE BETIA IN GOLINIACENSI.
Première moitié du xi° siècle.

Locum sacrum sanctæ Dei æcclesiæ qui est consecratus in honore domini nostri Jhesu Christi et sanctæ Mariæ virginis et sancti Petri apostoli aliorumque sanctorum, ubi sancta Fides et sanctus Vincentius tumulati consistunt. Quamobrem ego enim, in Dei nomen, Geraldus sacerdos de Castaliago dono sancti Salvatoris de Conchas et sancta Fide et ad monachos ejusdem loci illo manso meo de Becia ad alode ubi Rainaldus visus est manere; et est ipse masus in vicaria Goliniacense; et habet fines : de uno latus rivo de Fontelias, et de alia parte rivo de illas Lanciarias. Quantum ad ipsum mansum aspicit vel aspicere videtur, totum dono sancti Salvatoris et sancta Fide et ad ipsos rectores hujus loci, cum vineas, cum boscos, cum pratos, cum terras cultas et incultas, pro anima mea et pro anima patris mei et matris meæ et omnes consanguineos meos. Et habet ipse masus censum : agnum in madio, et xii denarios ad messiones Lemovicanos et unum porcum de vi denariis Lemovicanis et tres sestarios de vinum, et ad kalendas iii sestarios de civada et iii sestarios de vinum et iii panes et iii espadlas et vi denarios Lemovicanos. Ista omnia superius nominata dono in tali convenientia, si ullus abba aut ulla persona hujus loci de comunia monachorum tulerit, veniat hunus de propinquis meis et donet xii denarios super altare sancti Salvatoris et teneat ipsum mansum.

S. Geraldo sacerdote qui carta ista scribere vel firmare rogavit. S. Deusdet, Begoni, Bellum hominem. — Audgerius scripsit monachus.

216. DE MERLEDO.
950, novembre.

In Dei nomen. Cessio sola sufficit sine gestorum, tamen in

omnibus obtineat firmitatem. Quamobrem ego enim, in Dei nomen, Ingelradus cedo vel dono ad dilecta sponsa mea et ad filio meo Rainaldo et matre mea nomine Rodberga aliquis de rebus nostris qui michi per conquistum obvenit, hoc est una peciola de vinea qui michi per conquistum obvenit; et est ipsa vinea in pago Ruthenico, in ministerio Montiniacense, in loco cujus vocabulum est Merledo; et habet in se vinea fines vel confrontaciones : de superiore latus terra Samuel, et latus terra Gariberno, et de tercio latus vinea sancti Salvatoris vel gutta decurrente; quantum infra istas fines concluditur, totum et abintegrum vobis cedo vel dono. In ea vero racione hoc facio, quamdiu vivit mater mea nomine Rodberga et filius meus, usum et fructum teneant, et post obitum illorum ad filias meas remaneat Martinæ et ad sorrores suas, et post obitum illorum sancti Salvatoris remaneat, sine ullo contradicente sane. Si quis ego, emutata voluntate mea, aut ullus de heredibus vel propinquis meis aut ulla amissa persona fuerit qui contra te et vos aut carta vendicione ista ire vel ulla calumnia jenerare præsumpserit, hoc ei non valeat vindicare quod repetit, sed insuper componat tantum et alium tantum quantum ipsa vinea tempore meliorata valere potuerit in duplum sit vobis redditurí, et in antea non vindicet, sed præsens omnique tempore firma et stabilis donacio ista permaneat cum stibulacione subnixa.

Facta carta cessione ista die jovis, in mense novembris, anno xv Lodovicus rex cepit regnare. — S. Ingilrado qui carta cessione ista scribere vel adfirmare rogavit. S. Deusdet, Remidio, Guarnario, Bernardo, Gariberto. — Guitbertus scripsit.

217. DE ILLA STRADA ET MAINBERTO.

xi° siècle.

In Dei nomen. Ego Adalaicis et filii mei Stephanus, Deusdet, Austrinus, Bernardus, Raimundus cedimus vel donamus sancto Salvatori de Conchas et sancta Fide, pro anima patris nostri Stephani et pro animabus nostris et omnium consanguineorum nostrorum, illum alodem nostrum qui est situs in pago Ruthenico, qui vocatur ad illa Strada, hubi Theutbertus visus est manere, cum vineas et cum quantum ad ipsum caput mansum aspicere videtur ; et in alio loco, in Mainberto, similiter donamus aliut caput mansum ubi Aigmarus visus est manere, cum vineas et cum quantum ibi aspicere videtur. Totum hoc suprascriptum donamus sancto Salvatori de Conchas et sancta Fide, et ad monachos illic Deo servientibus, sine ullo contradicente. in tali conveniencia ut, si ullus abba aut rector hujus loci de comunia monachorum tulerit, veniat unus de filiis nostris aut de filiis Bernardi et donet quinque solidatas de cera super altare sancti Salvatoris et teneat ipsum alodem.

S. Adalaicis, Deusdet, Austrino, Bernardo, Raimundo, Bernardo, Rigualdo, Petroni. — Johannes scripsit.

218. DE BORRANIO.

960, août.

Locum sacrum sancte Dei æcclesiæ qui est situs in pago Ruthenico, in vicaria Ferraricense, ubi sancta Fides vel sanctus Vincencius tumulati consistunt. Venerunt jam predicti elemosinari Aldigrimus, Addraldus et Regibaldus et Oddo et Eliseus et Alterius donaverunt, pro anima Aldigrimi, duas denariadas de vinea ; et sunt in pago Ruthenico, in vicaria Dunense, in loco qui vocatur Borranio ; et habet fines : de tres latus terra ad ipsos infantes illius, de quarto vero latus vinea Alterio. Quantum ab istas fines concluditur totum et abintegrum cedimus vel condonamus ad ipsa jamdicta casa Dei, ut post hac die teneatis vel possideatis et faciatis exinde quicquid facere volueritis, sane ; ut post hodiernum diem neque Adraldus neque Regibaldus neque Oddo neque Eliseus neque Alterius isti elemosinari neque ullus de propinquis suis vel amissa persona inquietare voluerit, hoc ei non liceat facere, sed faciant sicut lex est.

Facta carta donacione ista in mense augusto, anno VI quod Loterius rex cepit regnare. — S. Adalrado et Regibaldo et Oddono et Elisco et Alterio qui donacione ista scribere vel adfirmare rogaverunt. S. Adraldo, Regibaldo, Oddono, Elisco, Alterio.

219. MAISMAGO.

1032-1060, juin.

Locum sacrum sancte Dei æcclesiæ qui est fundatus in honore sancti Salvatoris et sanctæ Fidis, cujus vocabulum est Conchas. Quamobrem ego enim, in Dei nomen, Petrus cedo vel dono illo manso meo de Maismago ubi Galfredus visus est manere, in tali convenietia ut, si ullus abba aut ullus homo de comunia tollere voluerit, veniat unus de propinquis meis et donet super altare sancti Salvatoris xii denarios et teneat illum.

Facta carta donatione ista in mense junio, feria vii, regnante Ehenrico rege. — S. Deusdet, Aldeberto, Hugoni. — Ademarus scripsit.

220. SEVERIAGO.

914, juin.

Locum sacrum sancte Dei æcclesiæ qui est situs in pago Ruthenico super alveum Dordonis, et est constructus in honore domini nostri Jhesu Christi seu et sancte Marie virginis nec non et sancti Petri clavigeri, ubi sanctus Vincencius et sancta Fides tumulati esse videntur, ubi vir venerabilis Rodulfus abba præesse videtur cum monachis ibidem Deo famulantibus. Ego enim Ardingus, considerans pondus eterni judicii, pro peccatis meis minuandis, ut michi pius et misericors Dominus ad judicium veniam tribuere dignetur, propterea cedo ad ipsa casa Dei aliquid de rebus proprietatis meæ qui michi justissime per parentorum obvenerunt, sunt sitas in pago Ruthenico, in ministerio Rothenulense, in villa quæ dicitur Severiaco, hoc est casa mea dominicaria, cum curte et orto, cum exeo et regresso; similiter in ipsa villa mansos quatuor ubi Abbo vel Ingelradus nec non et Gairao seu et Eldebertus visi sunt manere; et in alio loco que dicitur Crispiacus manso uno ubi Garibernus visus est manere. Istos mansos superius nominatos cum curte et orto, cum exeo et regresso, cum terras cultas et incultas, cum pratis, pascuis, vel cum omnibus ajacenciis suis, vel quantumcumque in ipsas villas visus sum habere vel possidere, totum et abintegrum cedo ad ipsa casa Dei vel ad ipsos servientes Deo. Et in alio loco, in villa que dicitur Bassiago mansos tres et apendaria una ubi Isembertus et Ermenrigus vel Aigo visi sunt manere, cum curtes et ortos, cum exeos et regressos, cum pratis et pascuis, vel cum omnibus ajacenciis suis, vel quantumcumque in ipsa villa visus sum habere vel possidere, totum et abintegrum cedo ad ipsa casa Dei seu ad ipsos Deo servientes, pro remedium animæ meæ vel pro animæ Eliavi avunculi mei seu Segbaldo genitore meo et genitrice mea Gondrada nec non et Samuel fratre meo vel etiam Didimo seu et Lautardo nec non et Austrino, ut Deus omnipotens veniam nobis concedere dignetur. Eadem vero racione hoc facimus ut, quamdiu ego Ardingus et filius meus Bego vivimus, usum et fructum habeamus, et post obitum vero meum, si filius meus Bego me supervixerit, omnibus diebus vite sue per singulos annos tres caritates ad ipsos monachos persolvat, post obitum vero nostrum amborum, ad ipsa casa Dei remaneat vel ad ipso rectore seu ad ipsos servientes, sine ullo contradicente. Sane si quis ego ipse, inmutata voluntate mea, aut ullus de heredibus vel propinquis meis qui contra hanc carta cessione ista ire aut ulla calumpnia generare præsumpserit hoc ei non liceat vindicare, sed insuper componat ad ipsa casa Dei seu ad ipso rectore necnon ad ipsos servientes Deo tantum et alium tantum quantum ipsi mansi eo tempore meliorati valere potuerint in duplum sit rediturus, et quod petit non vindicet, sed præsens cessio ista inviolabilem omnique tempore obtineat firmitatem.

Facta carta cessione ista in mense junio, anno XVI regnante Carlo rege. — S. Ardingo qui cessione ista fieri vel adfirmare rogavit. S. Gonberto, Adalgario, Airado, Ebrardo, Gairardo, Olibane, Gairardo. — Adraldus scripsit.

221. DE CAMARASA.
1075, 4 mal.

In Dei nomine. Ego Ramundo Jhoannes dono domino Deo et sanctæ Fide Conchas omne meum directum quas habeo infra terminos de castro Camarasa sive in ipso castro id sunt terras et vineas et mansiones, totum meum dirctum dono ad supradictis sanctis, in tali conventum dono hæc omnia supra scripta ut ego teneam et possideam in vita mea; et mittam domino Deo et sancte Fide per unum quemque annum mancusos III; et si michi evenerit mors sine proles, remaneat ad jamdictis sanctis ad illorum plenissimum proprium; et si habeo proles legitimos, teneant et possideant in vita illius et per unumquemque annum donent ad supradictis sanctis mancusos III, et quando eis evenerit mors, sinon habent proles, remaneat sicut superius scriptum est ad jamdictis sanctis; et si habent proles, similiter teneant et possideant et donent domino Deo et sancte Fide in unumquemque annum mancusos III de auri. Et terra vinea quas habeo infra terminos de castro al entorn similiter dono domino Deo et sancte Fide, sicut jam scriptum est superius. Volo namque ut ista donatio firma permaneat omnique tempore. Quod si ego donator aut nullus homo viri vel femina qui contra hanc cartam donacionis venerit pro inrumpendum, non hoc valeat vindicare quod requirit, sed componat aut componant in duplo cum suam melioracione, et non sit dirupta.

Acta carta donatio IIII nonas madii, anno XV rex Philippi. — S. Rainoni qui ista carta donacionis rogavi scribere firmavi et ad testes firmare rogavi. S. Bernard Raimon, Bernard Borrel, Willelm Bernard castellani. — Raimundus scripsit.

222. DE REDUNDA.

914.

Locum sacrum sancti Salvatoris Conchas monasterii qui est constructus in honore Domini, ubi sanctus Vincencius et sancta Fides tumulati requiescunt in corpore, ubi Rodulfus abba præesse videtur cum monachis suis ibidem Deo servientes, et est juxta ecclesia qui est consecrata in honore sancte Marie genitricis Domini et sancti Petri qui est claviger cælestis. Ob hoc igitur ego enim, in Dei nomen, Sigoinus, prompto animo vel bona voluntate, cedo ad ipso altario Dei cessumque in perpetuum esse volo, una pro remedium anime Rodulfo abbati et Johanni præpositi et cuncta congregacione monachorum sancti Salvatoris Conchas monasterii tam vivis quam defunctis vel pro cunctis fidelibus vivis et fidelibus defunctis, ut Dominus hac redemptor noster remissionem concedat nobis de peccatis nostris, propterea ego Sigoinus cedo ad ipso altario Dei vel ad ipsos sanctos in cujus honore est consecratus, hoc sunt mansos duos ubi Ingelbertus Bertelmus visi sunt manere. Et sunt ipsi mansi in pago Ruthenico, in aice Montiniecense, in loco que vocatur Redunda ; et sunt ipsi mansi cum curtes et ortos, cum exeos et regressos, cum vineis, cum pratis, pascuis, silvis, garricis, aquis aquarum vias decursibus. Quantum ad ipsos mansos aspicit vel aspicere videtur, quistum vel adinquirendum est, totum et abintegrum cedo ad ipso altario Dei, consentiente Rodulfo abbate vel cuncta congregacione sancti Salvatoris, ad sacrificium vel ad luminaria concinanda, ea vero racione qui ipsis mansis vel ipsa carta abuerit in potestate de ipso quadragesimo usque in finem pasche ante ipso altario luminaria persolvat, et per singulos annos ipsas kalendas que Segoinus migravit a sæculo ipsa carta in capitulo legat et ipsos monachos beneficiat, et si negligens fuderit, sancta Maria et sanctus Petrus sint illi ad condempnatione in diem judicii. Sane de repeticione si quis ego, emutata voluntate mea, aut ullus de heredibus vel propinquis meis aut ulla aposita vel subrogata persona qui contra hac carta cessione ista ulla calumpnia generare voluerit, hoc ei non liceat facere, sed insuper componat ad ipso altario Dei vel ad ejus servientes auri libras III, sed insuper Deum propicium non habeat, sed sancta Maria et sanctus Petrus et omnes sancti vel omnes sanctas Dei illi sint ad condempnationem in die judicii, et in eadem dampnationem ubi Judas qui Dominum tradit est condempnatus in ipsa dampnatione sit, et fiat anatema vivus et mortuus et hic et in perpetuum, amen ; sed præsens cessio ista a me facta firma et stabilis permaneat cum stibulatione subnixa.

Facta carta cessione ista die sabbato, anno XVI regnante Karlo rege. — S. Segoino qui cessione ista fieri vel adfirmare rogavi. Rodulfus abba recognovi et cuncta congregacio sancti Salvatoris Conchas monasterii. S. Adalgario, Archiberto, Adalgrimo, Aldeborto, Rainono. — Hictor scripsit.

223. CAMPO IN VILLA DE SERRA.
974, janvier.

Domino magnifico Hugono abbate et cuncta congregacione monachorum sancti Salvatoris Conchas monasterio emptores. Ego enim, in Dei nomen, Odalgadis femina vendetrix, juxta textum vendicionis constat me vobis vendidisse, quod ita et feci, hoc est alodus meus unus campus qui michi per hereditatem obvenit ; et est ipse alodus in pago Ruthenico, in vicaria Montiniacense, in villa que vocatur Serra ; et habet ipse alodus in se fines vel confrontaciones : de duos latus terra sancti Salvatoris, de tercio latus terra Bernardo, de quarto vero latus strata puplica. Quantum infra istas fines concluditur, totum et abintegrum vobis vindo ; et accepit de vos precium, sicut inter me et vos bene complacuit, hoc est in res compreciatas valentes duos solidos et dimidium de denarios, et retro vos nichil remansit indebitum ; et post hunc diem habeatis, teneatis, possideatis, quicquid volueritis facere faciatis, sine ullo contradicente in omnibus sane. Si quis ego, emutata voluntate mea, aut ullus de heredibus vel propinquis meis, aut ullus vel ulla amissa persona qui contra carta vendicione ista ulla calumpnia jenerare præsumpserit, hoc ei non liceat facere, sed faciat quod lex est.

Facta carta donatione ista sub die veneris, in mense januario, anno XX regnante Lothario rege. — S. Odalgudis qui carta vendicione ista scribere vel adfirmare rogavit. S. Aldegerio, Ardengo, Girardo, Austrino, Gauzfredo, Aldeberto. — Rodbertus scripsit.

224. DE SENTRES.
Vers 1012, février.

Domino magnifico Airado abbate vel cuncta congregatione sancti Salvatoris et sancta Fide emptores. Nos enim, in Dei nomen, Ringarda et filii mei Gualterius et Hugo et Sigoinus venditores, juxta textum vendicionis constat nos vendidisse, quod ita et vendimus, tradidisse, quod ita et tradimus, hoc est alodus noster que nobis per eruginem parentorum justissime obvenit ;

et est ipse alodus in pago Ruthenico, in vicaria Dunense, in loco que dicitur Sentres, hoc est unus mansus cum vineas, cum boscos, cum trolio, cum mansione, cum vernias, cum albareddas, cum pratos, cum beciarias, cum terras cultas et incultas, excepto illas vineas, hoc sunt duo aripendi quæ Aggena in ipso loco habet totum et abintegrum vobis vendimus; et accepimus de vos precium, sicut inter nos et vos bene complacuit, hoc sunt solidi centum sexaginta de Lemoticanos. Et habet ipse alodus in se fines : de uno latus rivo decurrente, de alio latus terra sancti Salvatoris et sancte Fide, de tercio terra Frotardo et Austrino filios Bernardo et Aldeburgis sorore illorum, de quarto vero latus terra Aggenane. Quantum infra istas fines concluditur, totum et abintegrum vendimus sancti Salvatoris et sancte Fide, et post hunc diem habeatis, teneatis, possideatis et quicquid facere volueritis faciatis, sine ullo contradicente in omnibus sane. Si quis ego, inmutata voluntate mea, aut ullus de heredibus vel propinquis meis qui contra hanc carta vendicione ista calumpnia generare præsumpserit, hoc ei non liceat vindicare, sed faciat sicuti lex est.

Facta carta vendicione ista in mense febroario, feria IIII, regnante Rodberto rege. — S. Raingardis, et Gualterii, et Ugoni et Siguini qui carta vendicione ista scribere vel adfirmare rogaverunt. S. Villelmo, Bernardo, Austrino, Petroni, Deusdet. — Saluster scripsit.

225. DE PLANICIA DE BOSCO.
1031-1060.

Ego enim, in Dei nomen, Rigualdus cedo vel dono illo alode meo de Planeza, hoc est medietas de illum Boscum, cum terras cultas et incultas; et habet fines in se : de uno latus rivo decurrente, de alia parte rivo Limione, de alia parte terra Hictore. Quantum infra istas fines Rigualdus habet, totum et ab integrum cedo vel dono sancti Salvatoris et sanctæ Fidis, pro anima mea et pro anima Hictori patris mei et pro anima mater mea Adalguis. Et si ullus aba aut nullus monachus istum alodem tollere voluerit, veniat unus de propinquis meis et ponet super altare sancti Salvatoris duodecim denarios et teneat illum alodem.

Facta carta feria II, regnante Ehenrico rege. — S. Rigualdo, Hictore fratre suo, Hictore filio suo.

226. DE BECARIA ET GALIACO.

964, novembre.

Locum sacrum sanctæ Dei æcclesiæ qui est fundata in honore domini nostri Jhesu Christi et sancta Fide vel aliorum sanctorum, qui est fundatus super alveum Dordonis, ubi domnus Hugo abba rector præesse videtur. Ob hoc igitur ego enim, in Dei nomen, Abo cedo vel dono ad ipsa casa Dei jam supradicta illo manso meo de illa Beceira, cum Monte Caprerio et Rivopedroso, et cum illa Fabrica, et in ipso loco una apendaria ubi Guido visus est manere, et in Galiaco duos mansos; et est ipse alodus in pago Ruthenico, in vicaria Rotlinacense, cum quantum ad ipsos mansos aspicit vel aspicere videtur, quistum vel quod inquirendum est, totum et abintegrum ad ipsa casa Dei jam supradicta cedo vel dono, ita ut post ac die rectores sancta Dei æcclesiæ teneant et possideant in omnibus sane. Si quis ego, emutata voluntate mea, aut ullus de heredibus vel propinquis meis vel ulla emissa persona qui contra hanc carta donacione ista ulla calumpnia generare præsumpserit, hoc ei non liceat facere, sed faciant quod lex est.

Facta carta donacione ista sub die jovis, in mense novimbrio, anno X regnante Lothario rege. — S. Abono qui carta donacione ista scribere vel adfirmare rogavit. S. Isalgaro, Bernardo, Austrino, Sicherio, Umberto.

227. SORBOLO.

955-985, mai.

Locum sacrum sancta Dei æcclesia qui est constructus in honore domini nostri Jhesu Christi et sancti Salvatoris vel sancti Petri in loco quæ vocatur Conchas, ubi sancta Fides vel sanctus Vincencius quiescunt. Venit homo nomine Aldebertus et uxor sua Godalberga, donant ad ipso loco jam supradicto aliquid de rebus proprietatis sue, si quis ei per conquistum obvenit, hoc est hunus campus, pratus, una vernia ; et est iste alodus in pago Ruthenico, in vicaria Serniacense, in loco que vocatur Sorbolo ; et post hunc diem habeatis, teneatis, possideatis et teneatis in comunia in omnibus sane, sine ullo contradicente in omnibus sane. Et in ipso loco illo alode meo que ibi visi sumus habere vel possidere donamus ad ipsa casa Dei jamdicta, post obitum meum et uxore mea Godalberga et filiis meis Hodilono et Hugono et Aldeberto et filia mea Ulxenda ; et donent per singulos annos vestidura tres sestarios inter vinum et annona ; in tale racione, ut quamdiu vivimus, teneamus et postea remaneat ad ipsis sanctis jam supradictis, sine ullo contradicente in omnibus sane. Si quis nos, inmutatas voluntates nostras, aut ullus de heredibus vel propinquis nostris aut ullus homo per ullo quoque injenio qui contra carta donatione ista ulla calumpnia jenerare voluerit, hoc ei non liceat facere, sed faci sicut lex est.

Facta carta donatione ista sub die veneris, in mense madio, regnante Lothario rege. — S. Aldeberti et Godalberga ugxore sua qui carta donatione ista scribere vel adfirmare rogaverunt. — Rodbertus scripsit.

228. Tantarione in Severiacense.

955-985, juin.

Locum sacrum sancta Dei ecclesia qui est constructus super alveum Dordonis, in honore domini nostri Jhesu Christi et sancti Salvatoris, ubi sanctus Vincencius et sancta Fides tumulati consistunt. Venerunt namque femina nomen Aldegardis et filii ejus Deusdet et Odalricus et donaverunt aliquis de res suas sancti Salvatoris et sanctæ Fide vel ceterorum sanctorum qui ibi sunt venerati, hoc est alodus duo mansi in pago Ruthenico, in vicaria Severiacense in loco quæ dicitur Tantarione, hubi Gauzfredus visus est manere ; et cum quantum ad ipsos mansos aspicit vel aspicere videtur totum et abintegrum donamus ad ipsa casa Dei jam supradicta, pro animas nostras et pro anima Radulfi, ut post hunc diem ad ipsos sanctos Dei vel ad ipsos servitores Dei sit, sine ullo contradicente in omnibus sane. Si quis nos, inmutatas voluntates nostras aut ullus de heredibus vel propinquis nostris vel de heredibus Radulfi qui hanc cartam donatione ista inquietare voluerit vel contrariare aut contradicere, hoc ei non liceat perseverare, sed faciat sicut lex est.

Facta carta donacione ista sub die mercoris, in mense junio, regnante Lothario rege. — S. Aldegardis et filiis ejus Deusdet et Odalrico qui carta donacione ista scribere vel adfirmare rogaverunt. S. Sigerio, Umberto, Aldegerio, Stephano, Riculfo. — Rodbertus rogatus scripsit.

229. DEL LACUNAS.

996-1030, novembre.

Domino magnifico Deusdet et Jorio emptores. Ego enim, in Dei nomen, Rainaldo et uxor sua Rainildis et Arnaldo et soror sua Stephana, istis pariter vinditores, vindimus vobis una peciola de vinea et alia de terra qui per hereditatem nobis hoc venit qui est in urbe Caturcino, in vicaria sancti Aviti, in vila Lacunas; et habet fines in se : de uno latus vinea Jadgerio, et de alio latus vinea Rainaldi et de alios duos latus vias puplicas. Quantum infra istas fines concluditur vindimus vobis, sicut inter nos et vos bene complacuit, hoc sunt solidos hocto et denarios octo in per ista preciata vero, ut post hodiernum diem habeas, teneas, vel possideas, et facias exinde quicquid facere volueris. Sane si nulius homo inquietare voluerit, componat quod lex est, et in antea firma stabilis cum stipulacione subnixa.

Facta carta in mense novimbri, feria III, domino Deo regnante et Rodberto rege. — S. Jadgerio, Grimaldo, Rainaldo, Rigualdo, Grimaldo. — Et in ipso loco una peciola de vinea quæ laxavi Landrigo domino Deo et sancta Fidis, pro anima sua et pro patrem suum et matrem suam pro animas redimendas, et si nulius homo inquietare voluerit, iram omnipotentis Dei incurrat et a portas paradisi extraneus permaneat. — Arnaldus scripsit.

230. MONTE GOMALDO IN BALCIACENSE.

918, juillet.

Locum sacrum sancta Dei ecclesia qui est situs in pago Ruthenico super alveum Dordonis cujus vocabulum est Conchas, et est fundatus in honore domini nostri et sanctæ Mariæ virginis necnon et sancti Petri clavigeri, ubi sanctus Vincencius et sancta Fides tumulati consistunt, ubi Rodulfus abba præesse videtur cum cuncta congregatione ibidem Deo famulantibus. Quamobrem ego, in Dei nomen, Odalrigus et uxor mea Udalgardis pariterque cedimus ad prefato monasterio cujus vocabulum est Conchas, ubi Rodulfus abba præesse videtur cum cuncta congregatione ibidem Deo famulantibus, cedimus res nostras quæ nobis justissime per conquistum obvenerunt, et in perpetuum cessum permaneat, hoc est in pago Ruthenico, in ministerio Balciacense in villa quæ dicitur Monte Gomaldo, hoc est mansus noster que nobis per conquistum obvenit, ubi Ebrarius visus est manere, cum curte et orto, cum exeo et regresso, cum terras cultas et incultas, cum pratis, pascuis, silvis, garricis, aquis aquarum via decursibus, quistum vel quicquid adinquirendum est vel quantumcumque ibi visi sumus habere vel possidere, totum et abintegrum cedimus ad ipsa jamdicta casa Dei vel ad ipsos Deo servientes, pro anime nostre remedium vel pro anime genitoris mei Godranni, ut Deus omnipotens ad judicium veniam nobis concedere dignetur. Eadem vero racione cedimus hoc ut, quamdiu vivimus, usum fructnm habeamus et per singulos annos libra cere ad ipsa casa Dei persolvamus; post obitum vero nostrum ad ipsa jamdicta casa Dei vel ad ibidem Deo servientes remaneat, sine ullo contradicente. Sane si quis nos ipsi, inmutata voluntate nostra, aut ullus heres noster aut propincuus qui contra anc carta cessione ista ire aut ulla calumpnia jenerare præsumpserit, nullatenus vindicet, sed insuper componat ad ipsa casa Dei jamdicta seu ad ipso rectore necnon ad ipsos Deo servientes tantum et alium tantum[1] quantum ipse mansus eo tempore melioratus valere potuerit in duplum sit redditurus et quod petit non vindicet, sed præsens cessio ista inviolabilem omnique tempore obtineat firmitatem.

Facta carta cessione ista die jovis, in mense julio, anno xx regnante Karlo rege. — Signum : Odolrigo, Hudalgardis qui

---

1. Dans le cartulaire, au bas de la page, on lit, écrit de la même main que le texte : *quantum defg ghlmnopqrs.*

cessione ista pariter fleri vel adfirmare rogaverunt. S. Godalberto, Rainaldo, Rainone, Amalfredo, Aigofredo. — Airaldus scripsit.

231. IN DUNINGAS.
927, octobre.

Domino magnifico Gairardo emptore. Ego igitur, in Dei nomine, Norbertus presbyter venditor, juxta textum vendicionis consta me tibi vendidisse, quod ita sibi vindedi, tradidi, quod ita et tradedi, aliquis de res proprietatis mee, quæ michi ex erugine parentorum legitime obvenit, hoc est terra qui est in pago Ruthenico, in ministerio Balciacense, in loco quæ dicitur Duninges; et habet fines : de duos latus terra Godalberto, et de alios duos latus terra de fisco communi. Quantum istas fines concluditur, totum et abintegrum tibi vindo; unde accipio de te precium de præsente, sicut inter me et te bene fide complacuit atque convenit, valentes solidos x, et de ipso precio retro te emptore nichil remansit indebitum. Sane si quis ego ipse, inmutata volunptate mea, aut ulla amissa persona vel subrogata qui contra tæ aut contra carta vendicione ista ulla calumpnia generare præsumpserit, hoc ei non liceat vindicare, sed componat tibi tantum et alium tantum quantum ipsa terra jamdicta eo tempore meliorata valere potuerit in duplum sit tibi rediturus, coactus exolvat et quod petit non vindicet, sed præsens carta vendicio ista firma permaneat cum stibulacione subnixa.

Facta carta vendicione ista sub die lunis, in mense octubri, anno xxviiii que Karolus rex cepit regnare. — S. Nodberto presbyter qui carta vendicione ista scribere vel adfirmare rogavit. S. Adalrado, alio Adalrado, Desiderio, Ingilbado, Gairardo. — Teutbertus rogatus scripsit.

232. DE VEDRUNA.
961, mars.

In Dei nomine. Placuit atque convenit inter Stephano episcopo et Begono et Hugono abbate et cuncta congregatione sancti

Salvatoris Conchas monasterii et alichos homines Rigualdo et uxore sua Oddane ut inter se concambiare deberent, quod ita et fecerunt; dedittus Stephanus episcopus et Bego et Hugo abba et cuncta congregatio sancti Salvatoris Rigualdo et uxori suæ Oddane, illo manso de Casmaro et illo caput manso de illa Consta cum ipsas in concambio ; et incontra receperunt Stephanus et Bego et Hugo abba et cuncta congregatio sancti Salvatoris illo manso de illa Vedruna cum ipsas apendarias, cum vineas et boscos, cum terras cultas et incultas, cum quantum ad ipsum mansum aspicit vel aspicere videtur, quistum vel adinquirendum vobis in concambio donamus, ut post hunc diem teneatis, possideatis et faciatis quicquid facere volueritis sine ullo contradicente in omnibus sane. Si quis nos, mutatas voluntates nostras, aut ullus de heredibus vel propinquis nostris aut ulla amissa persona qui contra carta scambiaria ista ulla calumpnia generare præsumpserit, hoc ei non liceat facere, sed faciat sicut lex est.

Facta carta scambaria ista in mense martio, anno septimo regnante Lothario rege. — S. Rigualdo et uxore sua Oddane qui carta scambiaria ista scribere ved adfirmare rogaverunt. S. Girardo, Bernardo, Rainone, Bernardo, Ugberto. — Rodbertus scripsit.

233. GAUGOLENGAS.

Première moitié du xie siècle.

Ego Hugo cedo vel dono illo manso meo de Gaujolengas ubi ego visus sum manere; et est ipse mansus in comitatu de Ruthenico, in vicaria de Dunense; et dono sancti Salvatoris de Conchas et sancta Fide et ad monachos ibidem Deo servientes, post morte mea pro anima mea. Et habet ipse mansus censum talem : a kalendas xii denarios et iiii sestarios de civada, et in madio xii denarios pro receptum et septem derios per multonem, et in augusto viii denarios pro porcum. Ista omnia superius nominata dono domino Deo et sancti Salvatoris de Conchas et sancta Fide et ad monacos ejusdem loci, pro anima mea, post morte mea, in tale racione ut, si ullus homo tulerit de monasterio, donet Hugo comes x solidos de Lemovicanos super altare sancti Salvatoris et teneat ipsum mansum. — S. Hugoni qui carta ista scribere vel firmare rogavit.

234. DE ALBAS PETRAS.
XI° siècle.

Locum sacrum sancte Dei æcclesiæ, qui est constructus in honore domini nostri Jhesu Christi, ubi sancta Fides tumulata consistit, Conchas monasterii. Ego, in Dei nomen, Geraldus et uxor mea Odda cedimus et donamus illo alode nostro de Albas Petras, hoc est uno manso ubi Teutbertus visus est manere, istum alodem ego Geraldus et uxor mea Odda donamus sancti Salvatoris et sanctæ Fide ad sepultura nostra, ut siamus ambo sepeliti pro istum alodem ego Girardus et uxor mea Odda. Et habet ipse alodus in se fines : de uno latus terra Rigualdo, de alio latus terra Poncioni, de tercio latus terra sancti Salvatoris et sanctæ Fide. Totum et abintegrum donamus sancti Salvatoris et sanctæ Fide, et in tale racione ut, si homo de comunia tollere voluerit, veniat hunus de propinquis nostris et ponat super altare sancti Salvatoris duodecim denarios, et teneat ipsum alodem.

S. Oddane, Bernardo, Genesio, Frotardo, Bernardo.

235. DE SERRA.
944, juin.

In nomine Domini. Cessio sola sufficit sine gestorum, tamen in omnibus plenissimam obtineat firmitatem. Quamobrem ego igitur, in Dei nomen, Austorgius et uxor mea Aiglenda cedimus vel condonamus ad alico homine nomen Autberto aliquis de rebus proprietatis nostre qui nobis per conquistum obvenit, hoc est terra qui est in pago Ruthenico, in ministerio Montiniacense, in aro que dicitur Serra ; et habet ipsa terra fines vel confrontationes : de uno latus terra sancti Salvatoris, et de subteriore latus rivo decurrento, et de duos latus terra vel vinea Girberto monacho ; quantum infra istas fines concluditur, totum et ab integrum tibi cedimus vel condonamus, sine ullo contradiconte, sane. Si quis nos, emutata voluntate nostra, aut ullus de heredibus nostris vel propinquis aut ulla amissa persona qui contra carta vel cessione ista ire aut ullà calumpnia generare voluerit, nullatenus vindicet, sed insuper componat tibi tantum et alium tantum quantum ipsa terra eo tempore meliorata valere potuerit in duplum sit tibi rediturus, et hoc quod petit non vindicet, sed presens cessio ista omnique tempore firma et stabilis permaneat cum stibulacione subnixa.

Facta carta cessione ista die lunis, in mense junio, anno VIII quod Lodovicus rex cepit regnare. — S. Austorgio et uxore sua Aiglenda consentiente qui carta vel cessione ista scribere vel adfirmare rogaverunt. S. Airaldo, Girardo, Gauzfredo, Arlando, Deusdet. — Guitbertus scripsit.

236. MOLINAS IN VICARIA SANCTI MARTINI.
997-1031, juillet.

Locum sacrum sancte Dei æcclesiæ qui est situs in pago Ruthenico super alveum Dordonis, et est fundatus in honore domini nostri Jhesu Christi seu sancte Marie et sancti Petri clavigeri, ubi sanctus Vincencius et sancta Fides tumulati consistunt. Quamobrem ego, in Dei nomine, Frotardus cedo vel dono aliquis de rebus proprietatis mee unum mansum, ubi Benedictus manet, cum curte et orto, cum exeo et regresso, cum vineas et boscos, cum terras cultas et incultas. Quantum ad ipsum mansum aspicit vel aspicere videtur, totum et abintegrum dono ad ipsa casa Dei jam supradicta. Et est ipse alodus in vicaria sancti Martini, in loco qui dicitur Molinas. Et post suum dissessum alios duos mansos quæ ipse Frotardus tenet in ipsa villa donat ad ipsos sanctos jam supradictos, pro anima sua, sine ullo contradicente in omnibus sane. Si quis ego, inmutata voluntate mea, aut ullus homo per ullo quoque injenio qui contra carta ista donacione ulla calumpnia jenerare præsumpserit, hoc ei non liceat facere, sed faciat quod lex est.

Facta carta ista sub die sabbato, in mense julio, regnante Rodberio rege. — S. Frotardo qui carta donacione ista scribere vel adfirmare rogavit. S. Donrdeo, Rainaldo, Andreo, Arnaldo, Stephano. — Oddo scripsit.

237. COMMANDA DE CONDADES.

Vers 1007.

Breve commemoratorio quem dominus Arlaldus abbas et Geraldus decanus fieri rogaverunt. Illam terram de Condadense que est sancti Salvatoris et sancta Fide de Conchas mittimus in comanda Bernardo de Naiago et filio suo Umberto, et donamus eis illum feusum quem tenuit Matfredus de Bonna, et de ipsum feusum retinemus in opus nostrum quemque mansum medietatem de vesticione, et de ipsa comunia nostra concedimus eis de unumquemque mansum unum sestarium de civada et una gallina; in tali racione ut ipsi nullum alium censum mittant nec aliis facere permittant, et ipsam suam comandam in comuniam monachorum firmam stabilemque faciant stare contra omnes adversantes.

238. DE PISTAS.

Vers 1012, avril.

Domino magnifico Airado abbate emptore. Ego enim, in Dei nomine, Bernardus, juxta textum vendicionis constat me vobis vendidisse, quod ita et vendidit, hoc est alodus meus illa mea vinea de Pistas, cum terras cultas et incultas quæ michi per originem parentorum obvenit; et habet ipse alodus in se fines : de duas partes terra sancti Salvatoris et sancta Fidei, et de alio latus terra Bernardo. Quantum ad ipsum alodem aspicit vel aspicere videtur, totum et abintegrum vendo sancti Salvatoris et sancta Fide et domni Airadi abbati et cuncta congregatione sancti Salvatoris et sanctæ Fidei, et per hanc cartam manibus meis vobis trado; unde accepi de vos precium, sicut inter me et vos bene complacuit, hoc sunt solidi IIII de Ruthenis, et de ipso precio retro nos nichil remasit indebitum, ita ut ab hac diem teneatis, possideatis et quicquid facere volueritis licentiam habeatis ad faciendum sane. Si quis ego, inmutata voluntate mea, aut ullus de heredibus vel propinquis meis aut ulla amissa persona aut calumpnia jenerare præsumpserit, hoc ei non liceat facere, sed faciat quod lex est.

Facta carta vendicione ista sub die sabbati, in mense aprilio, regnante Rodberto rege. — S. Bernardo qui carta vendicione ista scribere vel adfirmare rogavit. S. Deusdet, alio Bernardo, Deusdet, Blandino, alio Deusdet. — Salustrius scripsit.

239. DE AUGIOLS.

xi° siècle.

Locum sacrum sancte Dei æcclesiæ qui est constructus in honore domini nostri Jhesu Christi et sancti Salvatoris Conchas monasterii, ubi sancta Fides tumulata consistit. Ego enim, in Dei nomine, Eblo sacerdos cedo vel dono illo alode meo sancti Salvatoris et sancte Fide quæ est in Augiols pro remedium anime meæ, hoc est unus caput mansus ubi Ido visus est manere, cum vineas vi dinairaddas que michi per eruginem parentorum et per conquistum justissime obvenit; et habet ipse caput masus supra scriptus in se fines : de uno latus terra et vineas Doitrando et de vos, et de duos latus vineas Rainguis et filiis suis, et de quarto latus terra sancti Stephani et strata puplica; et istas meas vineas suprascriptas habent in se fines : de uno latus vinea ipsi sancti Stephani, et de alio latus vinea Flamidiane et a filiis suis, et tercio latus terminum cum bosco, et de quarto latus ad ipsa Flamidiane; et in alio loco et in ipso vocabulo, una dinariadda de vinea quæ michi per eruginem parentorum obvenit, et habet fines : de uno latus terra ipsi sancti Stephani, et de alio latus vineas Aboni et Rodlandi, et de tercio latus vinea Rainguis, et de quarto latus vineas sancti Johanni. Quantum infra istas fines aspicit vel aspicere videtur, cum mansiones, cum trolio, cum tonnas, cum cubas, cum ortos, cum terras cultas et incultas, totum et abintegrum sancti Salvatoris et sancte Fide dono, sine ullo contradicente in omnibus sanc. Si quis ego, inmutata voluntate mea, aut ullus de consanguineis meis vel propinquis qui contra hanc carta donacione ista ulla calumpnia generare voluerit, hoc ei non liceat facere, sed faciat quod lex est.

S. Ebloni qui carta donacione ista scribere vel adfirmare rogavit. S. Idoni, Aboni, Rodlandi, Ingelberto Unrando.

240. [DE AUJOLS.]

1065-1087.

Ego Petrus Rosatus dono sancti Salvatoris de Conchis et sanctæ Fidi et abbati Stephano et monachis qui nunc sunt et futuri sunt illum mansum de Aujols, quartum et decimum et censum de phevale totum et abintegrum. Et donat iste mansus receptum ad messes cum quatuor caballariis et quatuor denarios, similiter alium receptum et IIII denarios a kalendas et unum agnum. Et habemus censum alodarium Bernardus filius meus et ego, quem donavit nobis Petrus de Bello Forte, totum et abintegrum, et debemus redimere de XII solidos de Ragemundo Frotardo. Et illum censum dono similiter ut redimant de duodecim solidis supra dictis. Et dono similiter vesticionem de manso. Hoc totum supra scriptum dono ego Petrus Rosatus et faciam tenere sanctis et monachis in vita mea absque ulla calumpnia, et post mortem meam præcipio illi cui dimitto honorem meum, ut faciat tenere sicut superius scriptum est. Quod si ego in vita mea, aut ipse post mortem meam, non possum facere tenere, dono in concambio unum ex mansis meis de Contencions, quemcumque monachi melius elegerint, cum pratis et vineis et boscis et terris cultis et incultis, quem mansum teneo de Bernardo de Coderco; et ipse Bernardus faciat tenere cum ad sanctos, et servicium quem debuerat habere de ipso manso habeat de illo manso de Aujols in concambio. Ista laudo et dono ego Petrus Rosatus Bernardo de Coderco et fratribus suis, et placuit eis.

S. Petrone Rosano. S. Rigualdo de Coderco et Bernardo filio suo.

241. ITEM.

997-1031, mars.

Locum sacrum sancte Dei æcclesiæ qui est consecratus in honore Domini nostri Jhesu Christi et sancti Salvatoris, ubi sancta Fides et sanctus Vincentius aliique sancti tumulati consistunt. Quamobrem ego enim, in Dei nomine, Ido cedo vel dono sancti Salvatoris et sanctæ Fide illo alode meo de Aujolis, hoc sunt vineas illa medietate quæ habeo cum Eblono fratre meo, in tale racione ut quamdiu vivo teneo, et post mortem meam sancti Salvatoris et sancte Fide remaneat de Conchas.

Facta carta donacione ista in mense martio, feria IIII, regnate Rodberto rege. — S. Idoni qui carta donacione ista scribere vel adfirmare rogavit. S. Ebloni, Indrando, Rodberto, Ingelberto. — Oddo monachus scripsit.

242. DE PODIO PALENOSO.

1061-1108, 30 juin.

In conscribendis donacionibus primitus intromittendi sunt heredes nominatim, deinde hereditas quæ donatur, postremo sancti quorum intercessionibus datores cupiunt se adjuvari. Quocirca ego Ebrardus de castello Pelagrua vocato et uxor mea nomine Taris et infantes nostri, metuentes gehenne supplicium et misericordias Dei expectantes remedium, donamus, pro animabus nostris et parentorum nostrorum, illum mansum nostrum de Podio Palenoso, cum terras cultas et incultas, cedimus et firmamus ad jamdicto altare sancti Salvatoris de Conchas et sancte Fidei virginis et ceteris sanctis quorum reliquiæ ibi venerari videntur. Donamus ætiam ad ipsum locum quantum nos et consanguinei nostri ibi accrescere voluerimus et quantum ipsi monachi cum nostro consilio adquirere potuerint de hodie in antea. Hoc totum, sicut suprascriptum est, donamus sancto Salvatori de Conchas et sancte Fidei virginis et sanctis ejusdem loci et abbatibus et monachis ibidem habitantibus quæ presentes sunt et futuri, ita ut ab hac die licitum et quietum habeant, teneant et possideant in omnibus sane. Est igitur iste alodus in pago Petragorico, in parochia æcclesiæ sancti Petri de Carcennago.

Scripta est hæc carta ultimo mensis junii die, feria IIII, regnante Franchorum rege Philippo. — S. Ebrardi et uxoris ejus filiorumque illorum qui cartam istam firmaverunt et firmare fecerunt. S. Teiferii, Arnulfi, Bernardi, Raterii, Autgerii. — — Johannes monachus scripsit.

243. DE NIGRINIO.
962, juillet.

Locum sacrum sancte Dei æcclesiæ, qui est fundatus in honore domini nostri Jhesu Christi et sancti Salvatoris, hubi sancta Fides et sanctus Vincencius tumulati consistunt, hubi Stephanus episcopus et Hugo abba præesse videntur. Venit ja Umbertus et donavit ad ipsa casa Dei vel ad ipsos servientes in Nigrinio quatuor mansos et duas apendarias, pro anima Havanæ uxore sua, cum quantum ad ipsos mansos aspicit vel aspicere videtur, quistum vel quod adinquirendum est, totum et abintegrum cedo ad ipsa casa Dei jam supradicta, pro anima Avane, sine ullo contradicente, sane. Si quis ego, emutata voluntate mea, aut ullus de heredibus vel propinquis meis qui contra carta donatione ista ulla calumpnia jenerare præsumpserit, hoc ei non liceat facere, sed faciad sicut lex est.

Facta carta donacione ista die martis, in mense julio, anno octavo regnante Lothario rege. — S. Umberto qui carta donacione ista scribere vel adfirmare rogavit. S. Austrino, Odon, Bernardo, Girberto. — Rodbertus scripsit.

244. DE PLANEZA.
Vers 1012, décembre.

Domino magnifico Airado abbate et Adalgerio decano vel cuncta congregacione sancti Salvatori Conchas monasterii emptores. Ego igitur, in Dei nomen, Hictor venditor, juxta textum vendicionis constat mihi et uxori meæ et filiis meis vobis vendidisse, quod ita et vendidimus, tradidisse, quod ita et tradimus, hoc est alodus noster que nobis per eruginem parentorum justissime obvenit; et est ipse alodus in pago Ruthenico, in vicaria Dunense, in loco quæ vocatur Planeza. Illo alode nostro toto quæ hic abemus, excepta illa partæ quæ Autbertus tenet, totum et abintegrum vobis vendimus; et accepimus de vos precium, hoc sunt solidi ducentis de Ruthenensos; pro isto precio vel pro ista carta de manus nostras in manus vestras tradimus, transferimus atque transfundimus, et habeatis, teneatis, possideatis, quicquid facere volueritis faciatis in omnibus sane. Si quis nos, inmutatas voluntates nostras, aut ullus de heredibus vel propinquis nostris qui contra hanc carta vendicione ista ulla calumpnia jenerare voluerit, hoc ei non liceat facere, sed faciat quod lex est.

Facta carta vendicione ista in mense decembrio, feria v, regnante Rodberto rege. — S. Hictore et uxore sua et filiis suis qui carta vendicione ista scriberæ vel adfirmare rogaverunt. S. Odalrigo Ruilio, Rigualdo, Umberto fratre suo, Hugono. — In tale racione que Hictor illos tres mansos de Prunairolas habeat queritos sancti Salvatoris et sanctæ Fide usque ad missa sancti Juliani; et si a missa sancti Juliani non habet Hictor quæritum ipsum alodem, teneant sancti et ipsi monachi in comunia omni tempore ipsum alodem. — Salustrius scripsit.

245. IN PEIRIDERIAS.

Première moitié du xie siècle.

Breve commemoratorio que Aimus fleri jussit : imprimis laxo domino Deo et sancta Fide unum aripendum de vinea in Peiriderias, pro anima mea, et quartum in ipso loco ; et laxo ad alio Aimono et Ragambaldo tercia parte, pro anima mea ; et laxo Austrino de Castello quartum de demedio aripendo que Isimberga visa est matenere; et laxo mansiones meas in Vercalmo Bligerio ad fratre meo, si de me provenerit, pro anima mea, et de vinea aripendo et demidium, quantum vivit, teneat et post obitum suum sancti Salvatoris et sancte Fide remaneat ; in tale racione, si ullus homo tollere voluerit, non habeat licentiam ad facere, et habeat participacionem cum Dathan et Abiron.

Facto breve isto quæ Aimus fleri jussit in die veneris. — S. Bernardo de illa Garriga, alio Bernardo, Austrino. — Salustrius rogatus scripsit.

246. DELLA SERRA.

912, février.

Locum sacrum sancte Dei æcclesiæ qui est situs in pago Ruthenico super alveum Dordonis, et est fundatus in honore domini nostri Jhesu Christi pseu sanctæ Mariæ virginis et sancti Petri principis apostolorum necnon et clavigeri, ubi sanctus Vincencius et sancta Fides tumulati esse videntur. Quamobrem ego enim, in Dei nomen, Adalgrimus et uxor sua Raiggardis et Eralius presbyter, nos simul pariter elemosinari Gauzfredi qui fuit condam, nos simul pariter cedimus vel condonamus ad præfato monasterio cujus vocabulum est Conchas, ubi Stephanus abba præesse videtur cum cuncta congregacione ibidem Deo famulantes, propter hoc cedimus vel condonamus ad præfato monasterio necnon et Girberto sacerdote, hoc est alodus noster hunus caput mansus, cum vinea, cum omnibus ajacensiis suis quæ ad ipso pertinet; et est ipse caput mansus vel ipsa vinea in pago Ruthenico, in ministerio Montiniecense, in villa cujus vocabulum est Serra; illo caput manso ubi Geiraldus visus est manere; et habet ipse caput mansus vel ipsa vinea in se fines vel confrontaciones : de superiore latus strata puplica, et de alio latus terra sancti Salvatoris, et de alio latus vinea Bernardo, et de subteriore latus vinea Bernardo. Quantumcumque infra istas fines concluditur, totum et abintegrum cedimus vel condonamus ad ipsa jamdicta casa Dei vel Guitberto sacerdote, pro anime remedium Gauzfredi et Adalgarii et Avani et Willelmi et pro anima Adalgrimo et Raggardis vel cunctis consanguineis illorum tam vivis quam defunctis, ut Deus omnipotens veniam nobis ad judicium concedere dignetur, propter hoc cedimus cessionne ista ad ipsa casa Dei vel Guidberto sacerdote. In ea vero racione hoc facimus, quamdiu Guitbertus monachus vivit, usum et fructum teneat, sine ullo contradicente, sane; et post obitum suum eligat unum de sacerdotes qui hibi erit in ipso monasterio, illi remaneat in ipsa racione jamdicta, et sic fiat factum usque in finem sæculi. Et si ipse abba aut ullus rector æcclesiæ aut ullus homo ipsa terra jam superius nominata donare aut vendere voluerit, ira Dei incurrat; et si hoc præsumpserit facere, donet Adalgrimus quinquaginta solidos ad ipsos sacerdotes jamdictis, et recipiat ipsa terra jam dicta et faciat quicquid voluerit; sed præsens cessio ista omnique tempore firma et stabilis permaneat cum stibulacione subnixa.

Facta carta cessione ista die lunis, in mense febroario, anno vi quod Lodovicus rex regnare cœpit. — S. Adalgrimo, Raggardis uxore sua, Eralio sacerdote qui cessione ista scribere vel adfirmare rogaverunt. S. Bernone, Guitfredo, Gairardo, Bernardo, Airado. — Teutbertus scripsit.

247. DE AQUA FRIGIDA ET PARISAGO.
Seconde moitié du xi° siècle.

In Christi nomen. Incipit brevus quæ Hugo fieri jussit quod ore suo docuit et ligua reformavit. Dimitto sancti Salvatoris et sancte Fides aliquid de rebus proprietatis meæ, hoc est alodus meus qui per eruginem parentorum obvenit, et est ipse alodus in Aqua Frigida, ille mansus ubi Hugo filius Jatbaldo visus est manere, et est ipse mansus cum terras quinque denariatas et medaliada ; et in ipso loco, alio caput manso ubi Garifredus visus est manere, cum terraturiis usque in Limione, ab ipso Castlaro et ipsas vineas, quantum ad ipso aspicit, usque in vineas Elner; et in ipso loco, illo loco qui fuit abatutus per illa guerra usque in Limione ; et in Pojolo illo manso Unaldesco et alio capud manso cum bosco que partit ab teraturiis de Parisago, isto manso et isto caput manso, dumdiu vivit mulier mea, teneat, post morte sua sancti Salvatoris et sancte Fide remaneat, pro anima patris mei Remigio et pro anima matris meæ Aiganæ et pro fratres meos Ictore et Guilaberto et pro anima mea et pro anima filio meo Remigio.

S. Hugono qui breve isto scribere vel adfirmare rogavit. — Isto alode superius nominato dimitto sancti Salvatoris et sanctæ Fides. Si ullum jam mochi donaverint a fevo, veniant duo propinqui mei, et mitant duos solidos super altare sancti Salvatoris — (Stephanus) — et teneant — (scripsit) — illos alodes.

248. DE ESTANIETO.
Fin du x° siècle.

In Christi nomine, cessio sola sufficit sine gestorum, ut in perpetuum in hominibus plenissimam habeat firmitatem. Quamobrem ego igitur, in Dei nomine, Aldefredus sacerdos cedo vel dono ad alicos homines nomine Austrino et ad filio suo nomine Isalgaro de res meas proprias qui michi per conquistum obvenerunt, et sunt ipsas res in comitatu de Ruthenico, in vicaria Ruthelensæ, in loco quæ dicitur Estanieto, cedo vobis caput manso ubi Johannes visus est manere, quantum in ipsum locum habuit, vineis, pratis, terras, broliis, quantum ad ipsum locum pertinet, quistum vel adinquirendum est, totum et abintegrum vobis cedo, in ejus racionem, dum ego vivi, usum et fructum teneat, et accipiatis per singulos annos investidura de vino sestarios IIII, et post obitum meum vobis remaneat sine ullo contradicente, et si vos ambo mortui fueritis, sancti Salvatoris remaneat in Conchas sane.

Facta cessio ista die jovis, in mense decimbrio, in anno Deo regnantem rege sperantem. — S. Aldefredo sacerdote qui cessione ista scribere vel adfirmare rogavit. S. Casanardo, Abono, Odalrico, Genesio, Ragamberto, Guirimberto, Guitardo. — Bernardus scripsit.

249. DE DUCIONE.

Vers 1012.

Domino magnifico Airado abbate. Nos enim, in Dei nomen, Nizezius et uxor sua Stephana nos pariter venditores, juxta textum vendicionis constat nos tibi vendidissemus, quod ita et vendimus, hoc est vinea mea unus aripendus, et una peciola de terra, cum bosco, que nobis per vendicionem obvenit; et est in pago Ruthenico, in vicaria Serniacense, in loco quæ vocatur Duizon; et habet ipse alodus in se fines : de una parte alodus Gozlane et Hictore filio suo, de alia parte gutta decurrente, de tercio latus via publica. Quantum infra istas fines concluditur, totum et abintegrum vobis vendimus; et accepimus precium, sicut inter nos et vos bene complacuit, hoc sunt solidi X de Ruthenensos, et de ipso precio retro nos nichil remansit indebitum ; ut post hunc diem habeatis, teneatis, possideatis, quicquid facere volueritis faciatis in omnibus sane. Si quis nos, inmutatas voluntates nostras, aut ullus de heredibus vel propinquis nostris aut ulla amissa persona qui contra carta vendicione ista ulla calumpnia generare voluerit, hoc ei non liceat facere, sed faciat quod lex est.

Facta carta vendicione ista sub die feria II, regnante Rodberto rege. — S. Nizezio et uxore sua Stephana qui carta vendicione ista scribere vel adfirmare rogaverunt. — Salustrius scripsit. — S. Begono, Bernardo, alio Bernardo, Begono.

250. DE RUILIA.
974, octobre.

Domino magnifico Hugo abbate vel cuncta congregacione monachorum Conchas monasterii emptores. Nos enim, in Dei nomen Deusdedit et uxor mea Godlia, constat nos vobis vendidissemus, quod ita et fecimus, hoc est alodus noster unus capud mansus, cum vineas et terras, cum albareddas, qui nobis per conquistum obvenit; et est ipse alodus in pago Ruthenico, in ministerio Serniacense, in aice Ruilia; et habet ipse mansus in se fines vel confrontaciones : de duos latus terra sancti Salvatoris, de tercio latus terra ad filia Archimbaldo, de quarto vero latus rivo decurrente. Quantum in ipso loco visus sum habere vel possidere, totum et abintegrum nobis vendimus; unde accepimus de vos precium, sicut inter nos et vos bene complacuit atque convenit, hoc sunt in argento solidi quadraginta; pro isto precio vel pro ista carta de manus nostras in manus vestras tradimus, transferimus atque transfundimus ad habendi, vendendi, donandi, sive omnibus commutandi, ut post hunc diem habeatis, teneatis, possideatis et faciatis exinde quicquid volueritis in omnibus sane. Sicut nos, inmutatas voluntates nostras, aut ullus de heredibus vel propinquis qui contra carta vendicione ista ire aut agere vel inquietare voluerint, faciant exinde quod lex est.

Facta carta vendicione ista die jovis, in mense octubrio, anno XX regnante Lothario rege. — S. Deusdedit et uxore sua Godlia qui carta vendicione ista scribere vel adfirmare rogaverunt. S. Girberto, Lautardo, Arlando, Girardo, Rainono. — Benedictus scripsit.

251. DELLA COSTA.
900, mars.

Locum sacrum sancte Dei ecclesie qui est situs super alveum

Dordonis, et est fundatus in honore domini Salvatoris nostri Jhesu Christi seu sanctæ Mariæ virginis et sancti Petri principis apostolorum necnon et clavigeri ubi sanctus Vincencius et sancta Fides tumulati consistunt. Quamobrem ego enim, in Dei nomen, Hictor cedo vel dono ad præfato monasterio cujus vocabulum est Conchas, ubi Airaldus abba præesse videtur cum cuncta congregatione ibidem Deo famulantes, cedo uno manso quæ michi per origine parentorum justissime obvenit, hoc est, in pago Ruthenico, in vicaria Dunense, illo manso que vocatur Consta ubi Latgerius visus fuit manere. Quantum ad ipsum mansum aspicit vel aspicere videtur, totum et abintegrum cedo vel dono ad ipsa jamdicta casa Dei vel ad ipsos Deo servientes, ut post hunc diem habeatis, teneatis, possideatis et quicquid justissime facere volueritis faciatis, sine ullo contradicente in omnibus sane. Et si quis abba vel ullus rector ejusdem æcclesiæ eum donare vel alienare voluerit, veniat ipse Hictor vel unus de propinquis suis et donet una caudela que valeat IIII denarios sancti Salvatoris et sancta Fide. Si quis ego, inmutata voluntate mea, aut ullus de heredibus vel propinquis meis aut ulla aposita vel subrogata persona qui contra cessione ista ulla calumpnia jenerare voluerit, hoc ei non liceat facere, sed componat ad partibus monasterii tantum vel alium tantum quantum ipse mansus eo tempore melioratus valere potuerit in duplum sit redditurus et quod petit non vindicet, set presens cessio ista firmaneat permaneat cum stibulatione subnixa.

Facta cessio ista die sabbato, in mense martio, anno II regnante Karolo rege. — S. Hictore qui cessione ista scribere vel adfirmare rogavit. S. Sigerio, Hugono, Rainono, Isarno, Bernono. — Adalgerius scripsit.

252. DE JORNIANTE.
Fin du xi° siècle.

Ego Nifredus et uxor mea Engantis et filius noster Oliba donamus sancti Salvatoris et sancte Fide, hoc est una vinea una mediata ; et est ipse alodus in villa de Jorniante, in comitatu Fenolieddo ; et quamdiu et uxor mea et filii mei vivimus, reddimus precium de ipso vino de vinea sancte Fide aut in auro aut in argento aut in linteis.

S. Nifredo, Oliba, Engantis.

253. DE LA FAGIA.
Vers 1012.

Domino magnifico Airadus abbas cum cuncta congregatione sancti Salvatoris Conchas monasterii emptores. Nos enim, in Dei nomen, Rannulfus et filius meus Rodbertus, venditores, juxta textum vendicionis constat nos vobis vendidisse, quod ita et vendimus, tradidisse, quod ita et tradimus, hoc est alodus noster que est in pago Ruthenico, in vicaria Serniacense, in loco que dicitur illa Fagia, hoc est vinea, cum mansione, cum orto, cum boscos, cum beciarias, cum verniarias, cum terras cultas et incultas ; et habet ipse alodus in se fines : de duos latus terra sancti Petri, et de tercio latus terra Deusde a filio Dacone, et de quarto vero latus terra ad uxore Nizezio. Quantum infra istas fines concluditur, totum et abintegrum vendimus sancti Salvatoris et sanctæ Fidis et a cuncta congregacione Conchas monasterii, et per hanc cartam manibus vobis tradimus ; ude et accepimus de vos precium, sicut inter nos et vos bene complacuit, hoc sunt solidi vii de dinarios Ruthenesos, et de ipso precio retro vos nichil remansit indebitum ; et ab hac diem habeatis, teneatis, possideatis et quicquid facere volueritis licentiam habeatis ad faciendum sane. Si quis nobis, emutata voluntate nostra, aut ullus de heredibus vel propinquis nostris aut ulla amissa persona aut calumpnia generare præsumpserit, hoc ei non liceat facere, sed faciat quod lex est.

Facta carta vendicione ista in mense junio, feria v, sub Rodberto rege regnate. — S. Ramnulfo et filio suo Rodberto qui carta vendicione ista scribere vel adfirmare rogaverunt. S. Girardi, Hugoni Rainoni. — Donadeus scripsit.

254. DEL PERERIO, E DE LA GARRIGA, E DEL CASAL.
xie siècle.

Loco sacro sanctæ Dei æcclesiæ qui est consecratus in honore domini et Salvatoris nostri Jhesu Christi, ubi beatissima virgo requiescit Fides quique vocatur Conchas. Ego Garmerius et fratres mei Odoinus et Bego donamus supra dicto loco et monachis ibidem Deo servientibus illum mansum nostrum del Casal ad alodum, et donat : unum agnum et in augusto unum porcum de sex denarios, et a kalendas x denarios et duos sestarias de civada et vesticionem; et in alio loco ad Garrigam unum mansum de Perario, et donat : unum agnum et a kalendas duas spatulas et duos panes et duos sestarios de civada et receptum cum quinque caballarios et vიი denarios et vesticionem. Totum istum supradictum alodem donamus sancti Salvatori et sancta Fidei de Conchis et monachis qui ibi sunt et futuri sunt. In alio loco donamus similiter illum mansum de Calm ad alodum, et donat vიი denarios in augusto et vesticionem. S. Guarmerii et fratrum ejus.

255. DE CONDADO.

997-1030, octobre.

Locum sacrum sanctæ Dei æcclesiæ qui est constructus in honore domini nostri Jhesu Christi et sancti Salvatoris ubi sancta Fides et sanctus Vincencius tumulati consistunt. Quamobrem ego enim, in Dei nomen, Rodlendis cedo et vendo sancti Salvatoris et sancte Fide illo alode meo de Condado quæ michi per conquistum obvenit, hoc sunt mansi tres et unus caput mansus, cum pratis, cum vineas, cum boscos, cum terras cultas et incultas. Quantum ad ipsum alodem pertinet, totum et abintegrum vendo sancti Salvatoris et sanctæ Fide; et accepi precium de monachos sancti Salvatoris et sancte Fide, hoc sunt solidi centum.

Facta carta feria იიიი, in mense octobri, regnante Rodberto rege. — Et si ullus homo istum alodem de comunia tolere voluerit, veniat unus de propinquis meis et ponat super altare sancti Salvatoris denarios იიიი et accipiat ipsum alodem. — S. Rodlendis qui carta donatione ista scribere vel adfirmare rogavit. S. Bernoinis filia Rodlendis, Ajalberto marito Bornoinis, Johanni. — Oddo monacus rogatus scripsit.

256. MARCILIACUS.

1061-1065, avril.

In conscribendis donacionibus iste ordo servandus est, ut prius intimetur nomen donatoris, deinde res quæ ab ipso donatur. Quamobrem ego Geraldus de Bruisago et filius meus Deusdet donamus sancto Salvatori de Conchas et sancte Fidei virginis et monachis ibidem Deo servientibus illum nostrum alodum et villam quæ vocatur Marciliacus, cum quantum intra fines istius alodi concluditur; et accepimus ab abbate Odolrico et ab ipsis monachis solidos centum triginta de denarios Raimundencos, et similiter hunc ipsum alodem pro animabus nostris et parentum nostrorum. Est autem ipsa villa in pago Ruthenico, in parrochia de Brogme, et in vicaria de Barrense; et debet censum : solidos xii de denarios Pojesos et sex multones et sex agnos, et quartum in dominio, et vesticionem in dominio, et vicariam quæ de patre meo Deusdet acaptavit Petrus de Trunnago, cum convenientia quod ipsam vicariam non donet nec vendat nec ipse nec filii sui nec filii eorum, nisi ad patrem meum aut ad ipsos cui pater meus aut ego donaverimus, quicquid autem in ipsa villa juste possidet ipse aut filii sui per manus abbatis de Conchas et monachis ejusdem loci accipiant. Si autem abbas de Conchas hunc alodum vendiderit aut donaverit, nisi per concambium valentem de terra, donent filii mei c solidos Raimundencos et accipiant ipsum alodem.

S. Geraldi et filii ejus Deusdet qui cartam istam scribere et firmare jusserunt, in mense aprilio, regnante Philippo rege. — S. Arleni, Bernardi Begoni. — Poncius scripsit.

257. MOLARIAS.

1001, février.

Locum sacrum sanctæ Dei æcclesiæ Conchas monasterio qui est in pago Ruthenico super fluvium Dordonis, et est constructus in honore domini et Salvatoris nostri Jhesu Christi et sanctæ Mariæ et beati Petri principis apostolorum, ubi sanctus Vincentius et sancta Fides tumulati consistunt. Quamobrem ego igitur, in Dei nomen, Odilus presbyter et frater meus Jorius presbyter cedimus vel donamus de res proprietatis nostre que nobis per originem parentorum obvenit, hoc est unus caput mansus ubi visi sumus manere cum vineas, cum pratis, cum vernarias, cum silvis, garricis, cum terras cultas et incultas, cum quantum in ipsum locum visi sumus habere vel possidere, totum et abintegrum ad ipsa casa Dei cedimus vel condonamus; et est ipse alodus in vicaria Ruthiniacense, in loco quæ vocatur Molarias. Et si ullus homo aut ulla amissa persona alodem istum de comunia tollere voluerit, licentiam non habeat ad faciendum, et sit excomunicatus ex Patrem et Filium et Spiritum Sanctum et sancta Maria matrem· Domini et sancti Petri et sancta Fide et aliorum sanctorum, et permaneat cum Dathan et Abiron in infernum. Si quis nos ipsi, inmutata voluntate nostra, aut ullus de heredibus vel propinquis nostris aut ulla amissa persona qui contra cessione ista ulla calumpnia jenerare presumpserit, hoc ei non liceat facere, sed componat ad partibus monasterii tantum vel alium tantum quantum ipse alodus eo tempore melioratus valere potuerit in duplum sit rediturus, et quod petit non vindicet, sed præsens cessio ista firma permaneat cum stibulatione subnixa.

Facta carta donatione ista die veneris, in mense febroario, anno v regnante Rodberto rege. — S. Odilone presbytero et Jorio presbytero qui carta ista scribere vel adfirmare rogaverunt. S. Hictore, Ragamberto, Rainulfo, Guidono, Rainono. — Adalgerius scripsit.

258. DE POZOLS.

Vers 996-1004, avril.

Domino magnifico Girberto abbate et cuncta congregacione monachorum sancti Salvatoris et sanctæ Fidei vel aliorum sanctorum Conchas monasterio emptores. Ego enim, in Dei nomen, Arlandus venditor, juxta textum vendicionis constat me vobis vendidisse, quod ita et feci, hoc est alodus meus unus caput mansus ubi Girbertus visus est manere cum curte et orto, cum exeo et regresso, cum vinea quæ michi per hereditatem obvenit et in ipso loco de ipsa vinea quæ ibi respicit, laxo post mortem meam sancti Salvatoris et sancte Fide vel aliorum sanctorum. Et est ipse alodus in pago Ruthenico, in vicaria Montiniecense, in loco que vocatur Poziolos; et habet ipse alodus in se fines vel confrontaciones : de tres partes terra ad ipso venditore, de quarto vero latus terra Rainoni et Anestasiane. Quantum infra istas fines concluditur, totum et abintegrum vobis vindo et dono; et accepi de vos precium, sicut inter me et vos bene convenit, hoc sunt solidi xx et v ; et retro vos nichil remansit indebitum ; et post hunc diem habeatis, teneatis, possideatis, et quicquid facere volueritis faciatis, sine ullo contradicente, in omnibus sane. Si quis ego, inmutata voluntate mea, aut ullus de heredibus vel propinquis meis aut ullus homo per ullo quoque injenio vel ulla amissa persona qui contra carta vendicione vel donatione ista ulla calumpnia jenerare voluerit, hoc ei non liceat facere, sed faciat quod lex est.

Facta carta vendicione vel donatione ista sub die sabbato, in mense aprili, regnante Rodberto rege. — S. Arlando qui carta vendicione vel donatione ista scribere vel adfirmare rogavit. S. Rainoni, Guitbaldi, Jorio, Rainoni, Odalrigo. — Oddo scripsit.

259. DE MURO IN BARRES.

981, octobre.

Locum sacrum sancte Dei æcclesiæ qui est fundatus in honore domini nostri Jhesu Christi et sancte Fide vel aliorum sanctorum, qui est fundatus super fluvium Dordonis, ubi domnus Hugo abba rector præesse videtur. Ab hac igitur die, ego enim Matfredus clericus cedo vel dono ad ipsa casa Dei jam supra dicta illo manso meo de Muro ubi Arnulfus visus est manere, et est ipse mansus in vicaria de Barrense, cum quantum ad ipso manso aspicit vel aspicere videtur, quistum vel quod ad inquirendum est, totum et abintegrum cedo vel dono ad ipsa casa Dei jam supra dicta ; in ea vero racione, quamdiu vivo, teneam vel fructum recipiam, et per singulos annos accipiant monachi sancte Fide quatuor sestarios de annona, et post mortem meam sancti Salvatoris vel sanctæ Fidæ ad eosdem rectores permaneat sine ullo contradicente in omnibus sane; in tali vero racione ut, si ullus abba aut ullus rector ejusdem monasterii donare aut vendere voluerit, veniat unus de propinquis meis et donet ad ipsa casa Dei v solidos et teneat mansum illum. Si quis ego, inmutata voluntate mea, aut ullus de heredibus vel propinquis meis qui contra carta ista ire aut agere vel inquietare voluerit, hoc ei non liceat facere, sed faciat quod lex est.

Facta carta ista in mense octubrio, sub die veneris, anno xxx quod Lotarius rex cepit regnare. — S. Matfredo clerico qui carta ista scribere vel adfirmare rogavit. S. Josep, Guidoni, Godbrandi, Matfredi, Stephani. — Benedictus scripsit.

260. DE ALTA BECIA.
Vers 996-1004, septembre.

Locum sacrum sancta Dei æcclesia qui est constructus in honore domini nostri Jhesu Christi et sancta Maria vel sancti Petri principis apostolorum, ubi sanctus Vincentius vel sancta Fides tumulati consistunt, in loco qui vocatur Conchas, super alveum Dordonis, ubi domnus Girbertus abba rector præesse videtur cum cuncta congregatione ibidem Deo famulantes. Quamobrem ego, in Dei nomen, Deusdet sacerdos cedo vel dono a prefato monasterio cujus vocabulum est Conchas illa mea parte que michi per hereditatem obvenit, et est ipse medius mansus meus in pago Ruthenico, in vicaria Dunense, in loco quæ vocatur Altabecia illo medio manso meo, cum terras cultas et incultas. Quantum ego sum visus habere vel possidere totum et abintegrum cedo vel dono ad ipsa casa Dei jam supradicta, pro anima mea et pro anima Bernardo sacerdote, ut post hunc diem habeatis, teneatis, possideatis et fructum recipiatis, sine ullo contradicente in omnibus sane. Si quis ego, inmutata voluntate mea, aut ullus de heredibus vel propinquis meis aut ulla amissa persona aut ullus homo per ullo quoque injenio qui contra carta donacione ista ire aut agere vel inquietare voluerit, faciat exinde quod lex est.

Facta carta donacione sub die sabbato, in mense septimbro, regnante Rodberto rege. — S. Deusdet sacerdote qui carta donacione ista scribere vel adfirmare rogavit. S. Gauzberto levita, Deusdet, Grimaldo sacerdote, alio Deusdet, Bernardo. — Salustrius scripsit.

261. IN VILA SALEXE.
xi° siècle.

Sacrosanctæ Dei æcclesiæ Conchanensis monasterii quod est dedicatum in honore beate Fidei virginis aut aliorum sanctorum. Ego enim, in Dei nomine, Golfaldus cedo aliquid ex rebus proprietatis meæ quæ michi ex hereditate parentorum obvenerunt. Sunt autem ipsas res sitas in comitatu Alvenico, in vicaria Planicie, hoc est mansum in villa que dicitur Salexe. Quantum ad ipsum mansum aspicit vel aspicere videtur, totum et abintegrum cedo domino Deo et beate Fidei virginis sive martiris, ita ut rectores loci teneant et possideant, sine ullo contradicente sane. Si quis cartam istam inquietare voluerit, non liceat et vindicare quod cupit, sed cum Dathan et Habiron in infernum demergatur et cum Juda traditore particebs sit in infernum. — S. Golfaldi qui carta ista scribere rogavit. S. Emoni, Albuini, Bertranni clerici, Stephani clerici, Rodberti, Aboni.

262. DE ILLOS ERMOS.
916, février.

In honore et reverentia Domini hac Dei nostri. Locum sacrum qui situs est in pago Ruthenico in honore et reverentia domini et Salvatoris nostri Jhesu Christi, ex reliquiis ejus deligatis, seu et sanctæ Marie matris ejus et ex reliquiis beati Petri principis apostolorum, ubi sanctus Vincentius et sancta Fides tumulati requiescunt, cui vocabulum est Conchas, et sociis eorum qui in eodem domicilio conectuntur, qui est situs in pago Ruthenico, in ministerio Ferriacense, super fluvium Dordone, ubi Rodulfus abba preesse videtur una cum monachis ibidem Deo servientes. Igitur ego Sulpicius et conjux mea Teudburgis, propter animas nostras et propter filium nostrum Deusdet, cogitamus de Dei misericordia, ut pius Dominus veniam et indulgentiam nobis dignare dignetur, cedimus ad ipsa casa Dei vel ad ipso abbate seu ad ipsa congregacione mansum unum qui nobis de hereditate vel per comparacione seu per atractum scripturarum legibus obvenit; et est ipse mansus in pago Ruthenico, in ministerio Catlatense, in villare quæ dicitur ad illos Ermos, ubi Bernardus visus est manere cum curte et orto, cum exeo et regresso, cum terras cultas et incultas, quistum vel adinquirendum est, quantumcumque ad ipsum mansum aspicit vel aspicere videtur, totum et abintegrum cedimus ad ipsa casa Dei vel ad ipso monasterio. Licentiam vero nec potestatem non habeant nec abbas nec ulli monachi nec vindere nec concambiare nec beneficiare nec in feo donare, sed volumus ut semper omnique tempore sit in opus sancti Salvatoris vel sancte Fidis seu sancti Vincentii ad luminaria faciendam, et quicquid seniorum sacrestanus fuerit, ipsum mansum habeat in potestatæ ad hoc opus faciendum sane. De repeticione dico, si quis nos, emutata voluntate nostra, aut ullus de heredes vel propinquis nostris aut ulla amissa vel subrogata persona qui contra nos aut contra carta vel cessione ista aut agere vel inquitare voluerit, ei non liceat vindicare, sed insuper componat ad ipsa casa Dei vel ad ipso abbate seu ad ipsa congregatione tantum et alium tantum quantum ipse mansus vel ipsa terra ulloque tempore meliorata valere potuerit in duplum sit redditurus, et hoc quod petit non vindicet, sed presens carta vel cessio ista firma et stabilis permaneat cum stibulatione subnixa.

Facta carta vel cessione ista die mercoris, in mense februario, anno XVIII regnate Karolo rege. — S. Sulpicio, Teudburgis uxore sua consentiente qui carta vel cessione ista scribere vel adfirmare rogaverunt. S. Aldebaldo, Ricardo, Guitbaldo, Gadoni, Junan. — Sigmarus scripsit.

263. DE MONTE AIRADIO.

997-1031, avril.

Locum sacrum sancte Dei æcclesiæ que est consecratus in honore domini nostri Jhesu Christi et sancti Salvatoris Conchas monasterii, ubi sancta Fides tumulata consistit. Ego enim, in Dei nomine, Willelmus vendo sancti Salvatoris et sanctæ Fide illo alode meo de Monte Airado, illa tercia parte que ego habeo, cum vineas, cum campos, cum terras cultas et incultas. Quantum infra ista fines concluditur, totum vendo sancti Salvatoris et sancta Fide ; et accepi de ipsos monachos preciom, hoc sunt solidi xv. Et si ullus homo est qui contra hanc carta vendicione ista ulla calumpnia jenerare voluerit, hoc ei non liceat facere, sed faciat quod lex est.

Facta carta vendicione ista in mense aprili, regnante Rodberto rege. — S. Willelmo qui carta vendicione ista scribere vel adfirmare rogavit. S. Bernardo Geraldo, Rodberto.

264. SOLLINAGO.
997-1031, avril.

Locum sacrum sancte Dei æcclesiæ qui est constructus in honore domini nostri Jhesu Christi et sancti Salvatoris, ubi sancta Fides tumulata consistit, Conchas monasterii. Quamobrem ego enim, in Dei nomine, Bego cedo vel dono illo caput manso meo de Sollinago ubi Jhoannes visus est manere. Quantum ad ipsum caput mansum aspicit vel aspicere videtur, totum et abintegrum cedo vel dono sancti Salvatoris et sanctæ Fide, sine ullo contradicente in omnibus sane. Et si ullus homo est qui contra hanc carta donatione ista ulla calumnia jenerare voluerit, hoc ei non liceat facere, sed faciat quod lex est.

Facta carta donatione ista feria II, in mense aprili, regnante Rodberto rege. — S. Begoni qui carta donacione ista scribere vel adfirmare rogavit. S. Raimundo, Rodulfo, Bernardo.— Oddo scripsit.

265. DE FONTANILIAS ET GRANARIO.
996-1030, décembre.

Locum sacrum sancte Dei æcclesiæ qui est consecratus in honore domini nostri Jhesu Christi et sancti Salvatoris, Conchas monasterii, ubi sancta Fides tumulata consistit. Ego igitur, in Dei nomen, Hictor cedo vel dono illo alode meo de illo Prato sancti Salvatoris et sancte Fide, ubi Teudbaldus visus est mare, hoc est uno manso totum et abintegrum, in tale racione ut, si homo de comunia tollere voluerit, faciant illum tenere in comunia Hictor et Rigualdus filii Jeraldum, et si tenere facere non potucrint in comunia teneant ipsum alodem, illo alode meo de Fontanilias, hoc est manso uno ubi Gilabertus et Aldebertus visi sunt manere, cum vineas, cum boscos, cum terras cultas et incultas, totum dono ego Hictor sancti Salvatoris et sancta Fide ; et si homo tollere voluerit de comunia, veniant filii mei et donent duodecim denarios sancti Salvatoris et sancta Fide et teneant ipsum alodem. Et in alio loco, in illo Granario, dono ego Hictor sancti Salvatoris et sancta Fide illo alode meo quæ Rainus tenet, hoc sunt duas denariadas de vineas, in tale racione ut teneant monachi ipsas vineas in comunia, ad missas cantare ; et si homo tollere voluerit et de sacrificium veniant filii mei et de comunia teneant ipsum donent sancti Salvatoris et sancte Fide duodecim denarios et alodem.

Facta carta donacione ista in mense decembrio, feria III, regnante Rodberto rege. — S. Ictore qui carta donatione ista scribere vel adfirmare rogavit. S. Ictore filio Geraldo, Rigualdo filio Geraldo, Ictore filio Umberto Petroni, Rigualdi fratri Petroni. — Oddo monachus scripsit.

266. DE ALNADDO.
XIe siècle.

Ego Odda cedo vel dono sancti Salvatoris et sanctæ Fidei illo alode meo que est in villa quæ vocatur Alnaddo, hoc est unus campus ; et habet in se fines : de uno latus terra Odilone, et de alio latus uno prato, et de tercio latus strata puplica, et de quarto latus terra ad ipsa Odilone ; quantum infra istas fines concluditur, aspicit vel aspicere videtur, totum dono ad ipsa casa Dei pro anima.

267. DE SOLARIO ET CUMBA VIGANA.
1061-1065, juin.

Ego Petrus Arnaldus et Hugo frater meus donamus sancto Salvatori de Conchas et sanctæ Fide et abbati Odalrico et ad monachos ejusdem loci illas vineas nostras de Solario, et boscum et albaredda de Cumba Vigana ad alode ; et est in vicaria Cabtinacensis.

Facta carta ista in mense junio, regnante Philippo rege. — S. Petri qui cartam istam scribere rogavit. S. Hugoni fratri suo, Petri, Rigualdi.

268. DE SERLA.
Fin du xe — Commencement du xie siècle.

Locum sacrum sanctæ Dei æcclesiæ qui est constructus in honore domini nostri Jhesu Christi, ubi sancta Fides tumulata consistit, Conchas monasterii. Ego enim, in Dei nomen, Willelmus et frater meus Bernardus cedimus et donamus illo alode nostro in Ser.a uno manso ubi Aldegerius visus est manere, cum terras cultas et incultas, cum pratos, cum albareddas, cum vernias, cum boscos, quantum ad ipsum mansum aspicit vel aspicere videtur, totum et abintegrum nos donamus sancto Salvatoris et sancte Fide. Et in alio loco, in illa Ribaria, illo bosco nostro que nos habemus donamus sancto Salvatori et sancte Fide, pro sepultura et pro animas nostras ; et habet in se fines : de uno latus terra sancti Saturnini, de alio vero latus strata puplica, de tercio vero latus terra de infantes Austrino; quantum infra istas fines concluditur, totum et abintegrum donamus sancti Salvatoris et sancte Fide.

S. Bernardo et Willelmo qui carta donatione ista scribere vel adfirmare rogaverunt. S. Austrino, Petrono, Deusdet, Gauzberto. — Saluster scripsit.

269. DE FLAVIAGO.
997-1031, février.

Locum sacrum sancta Dei æcclesiæ qui est situs in pago Ruthenico super alveum Dordonis, et est fundatus in honore domini nostri Jhesu Christi seu sancte Marie virginis et sancti Petri apostoli, ubi sanctus Vincentius et sancta Fides tumulati consistunt. Quamobrem nos enim Oddoinus et uxor mea Vierna cedimus vel donamus illo alode nostro que est in pago Ruthenico, in vicaria Dunense, in loco que vocatur Flaviaco, hoc est unus mansus et unus caput mansus per tres mansos ubi Aldebrandus et Garibertus visus est manere ; et habet in se fines ipse alodus terra sancti Salvatoris et sancte Fide, et de alio latus terra

Petroni, et de tercio vero latus rivo decurrente, et de quarto vero latus terra sancti Salvatoris et sancte Fide ; quantum ad istum mansum et ad istum caput mansum aspicit vel aspicere videtur, totum et abintegrum donamus sancti Salvatori et sanctæ Fide. Et in alio loco quæ dicitur Palnense, illas vineas que tenet Aldebertus et alius Aldebertus frater suus et Arnaldus et Dominica, hoc sunt duas masadas ; et habent in se fines : de totas partes terras et vineas ad ipsos donatores ; quantum infra istas fines concluditur, totum et abintegrum donamus sancti Salvatori et sancta Fide, cum filio nostro Deusdet, sine ullo contradicente in omnibus sane. Si quis nos, inmutatas voluntates nostras, aut ullus de heredibus vel propinquis nostris qui contra carta donatione ista ulla calumpnia jenerare voluerit, hoc ei non liceat facere, sed faciat quod lex est.

Facta carta donacione ista in mense febroario, feria III, regnante Rodberto rege. — S. Oddoinus et uxor mea Vierna qui carta donatione ista scribere vel adfirmare rogaverunt. S. Foramun, Guarmerio, Odoino, Bernardo, Hictore.— Saluster rogatus scripsit.

270. DE BATUDO.

xi° siècle.

In conscribendis donationibus hic ordo servandus est, ut prius nominetur nomen donatoris deinde res que donantur. Quamobrem ego Petrus de Felizinio dono sancto Salvatoris et sancte Fidi de Conchas et abbate Odolrico et ad monachos illud caput mansum meum de Batudo ad alode ubi Jeraldus visus est manere, cum quartum et censum, cum boscos et vineas et pratos ; et in ipso loco illum mansum de Batudo ubi Frautyaldus visus est manere ; hoc totum et abintegrum dono domino Deo, ut supra dixi, et sancte Fidi, in tali convenientia ut, si ullus abba aut rector monasterii de comunia tulerit, veniat unus de plus propinquis meis et teneat ipsum alodem usque in comunia monachorum restituat. Iste ergo laudus supra scriptus est in vicaria Captinacensis.

S. Petro qui cartam istam scribere vel firmare rogavit. S. Bernardo, Willelmo, Aimirico, Geraldo.

271. DE VULPILARIAS.
Milieu du xi° siècle.

Ego Geraldus de Monte Mirato dono sancto Salvatori et sancte Fidei de Conchas in manso de Vulpilarias ubi Deusdet visus est manere quatuor sestarios de sigile de taverna et duas gallinas et sedecim garbas et medietatem de vesticione. Istum ergo mansum tenet Petrus de Bello Forte.

S. Geraldo. — Hector monachus scripsit.

272. DE FONTE IN CEVENNA.
xi° siècle.

In Dei nomine. Ego Petrus Fulco et Poncius frater meus donamus sancto Salvatori de Conchas et sancte Fidei et abbati Odolrico et monachis illum mansum nostrum de Fonte ubi Johannes visus est manere ; et donat quartum in dominio et porcum de duodecim denarios et I receptum ; et est iste mansus in comitatu Gavalitano, in Cevena, juxta castrum de Cervaria.

273. FALGAIROLAS IN PARROCHIA DE CASSOJOL.
1032-1060, juin.

Locum sacrum sancte Dei æccclesiæ qui est consecratus in honore domini nostri Jhesu Christi et sancte Mariæ et sancti Petri vel aliorum sanctorum, ubi sanctus Vincentius et sancta Fides tumulati consistunt, vocitatum Conchas. Quamobrem ego enim, in Dei nomen, Deusdet filius Odolrici et Belliendis cedo vel dono ad ipsa casa Dei vel ad monachos ibidem Deo servientibus unum mansum de alodum in villa quæ dicitur Falgairolas quæ michi per conquistum patris mei advenit, ubi Hugo visus est manere ; et habet censum X et VIII denario Raimundencos et unum multonem et unum agnum et unum receptum et quartum ; et habet fines : de uno latus terra Berengarii filii Oddoni, de alio latus terra Deusdet, de tercio latus terra Arberto. Et dono in tali convenientia ut, si ullus abba de comunia tulerit, veniat unus de propinquis meis et donet super altare sanctæ Fidis V solidos de Pojesos et retineat ipsum mansum.

Facta carta donatione ista mense junio, feria III, regnante

Ehenrico rege. — S. Deusdet qui carta ista scribere rogavit.
S. Bernardo, Petroni, Beatrici. — Ademarus monachus scripsit.

274. DE BOXIA.
976, octobre.

In Dei nomen placuit atque convenit Addoni et uxore sua ut ad alicos homines nomine Guarmerio et fratri suo Benedicti aliquid de res nostras per precariam illorum cedimus, hoc est terra ad plantare et excolere, et est in aice Arisito, in villa que dicitur Sancianis, in loco que dicitur ad illa Boxia, hoc sunt de plantada dinariadas quatuor; ipsa plantacio post hunc diem habeant, teneant, usurpent husum et fructum, et nullus homo nullam partem diebus vite illorum amplius non requiratur, nisi solum quartum et decimum fideliter persolvant; quale primus migravit a seculo pars sua ad alium remaneat, sane; et hanc precaria ista firma et stabilis permaneat.

Facta die martio, in mense octubri, anno XXII regnante Lotherio rege. — S. Addoni et uxore sua qui hoc fieri jusserunt. S. Rigualdo, Bernardo, Johanne, Martino, Andraldo. — Gaucelmus scripsit.

275. FOISSAGO IN CODERC.
Seconde moitié du XI° siècle.

In Dei nomen. Hugo Deusdet dono vel cedo sancti Salvatoris et sancte Fidis illo manso meo de Foisago quæ vocantur ad Coderc ubi Lautardus visus est manere; et in vita mea dono de ipso manso octo denarios Ruthenensos, et post mortem meam laxo totum et abintegrum, pro anima mea, et in tale convenientia ut, si ullus homo tollere voluerit de comunia, veniat unus de propinquis meis et donet super altare sancti Salvatoris duodecim denariadas de cera et teneat ipsum alodem.

S. Hugoni, Deusdet, Umberti. — Geraldus scripsit.

276. DEL CHER.
1031-1060, 30 décembre.

Locum sacrum sanctæ Dei ecclesiæ qui est situs in pago Ruthenico, super alveum Dordonis, et est fundatus in honore domini nostri Jhesu Christi seu sancte Marie virginis et sancti Petri principis apostolorum necnon et clavigeri, ubi sanctus Vincentius et sancta Fides tumulati consistunt. Quamobrem ego in Dei nomine, Rigualdus de Tornamira cedo ad prefatum monasterium cujus vocabulum est Conchas, ubi domnus Odolricus abba præesse videtur cum cuncta congregatione ibidem Deo famulante, mansum unum qui est in pago Arvernico, in loco que vocatur Cheir, in quo Garnerius manere videtur. Et ipse mansus habet censum, hoc est : ad festivitatem sancti Juliani pro sex denarios de sigilo sestarios III, pro alios sex denarios de civada sestarios XII ; et ad festivitatem sancti Andreæ denarios XII ; in pascha multonem I ; intrante quadragesimum duas gallinas. Hoc totum et abintegrum dono ad jam dictum monasterium ad alode, pro amore Dei, ut Deus omnipotens michi veniam concedere dignetur, ita ut post hodiernum diem neque ad ullum de heredibus meis revertatur. Et si ego aut aliquis de heredibus meis aut ulla amissa persona istam donationem infringere voluerit vel minuare, omnino non possit ; et si aliquis præsumpserit, componat ad predictum locum et ad servientes illius loci ipsum alodum duplum et melioratum ; et ista donatio firma et stabilis permaneat omni tempore.

Facta carta istius donationis III kalendas januarii, regnante Ehenrico rege. — S. Rigualdi qui istam donationem fieri jussit et firmavit et testes firmare rogavit. S. Geraldi, Willemi Armandi, Ainardi de Peirola qui est vicarius ipsius mansi. — Geravus presbyter rogatus scripsit.

Ego Petrus de Perugol dono sanctæ Fidei de Conchas VI denarios in mansum del Cheir in quo Johannes visus est manere, et in alio loco dono similiter II denarios in una appendaria juxta Her.

277. DE GARBDIS.

XI° siècle.

Ego Guisla et filii mei et maritus meus Bernardus damus sancto Salvatori et sancte Fidi de Conchis, pro redemptione animarum nostrarum et parentum nostrorum, illum nostrum alodum, scilicet mansum qui est supra æcclesiam sanctæ Mariæ de Garbdis, cum phevalibus et vicariis, totum et abintegrum, sicut habemus et visi sumus habere, qui terminatur : ex una parte rivo Tesconis, et ex alia rivo Garbdiliæ, ex alia vero parte mansi Rigualdi Hermengandi, et ex alia alodi sanctæ Fidis. Accipimus vero propter hoc donum x solidos Quintinencos de Poncio monacho. Si vir aut femina ex progenie nostra hoc donum usurpare aut infringere voluerit, sit exheredatus de honore nostro, et insuper pro eo quod intepellaverit det altari sanctæ Fidis de Conchis tres libras auri et postea sit firma et stabilis hæc donacio.

S. Attoni Saisset, Rigualdi Ermengaudi, Willelmi, et Hugoni fratri Guislane.

Cujus supradicti honoris phevum cum phevalie meo ego Durantus Raimundus et uxor mea et filii nostri damus sancto Salvatori de Conchis et sanctæ Fidei virginis, pro redemptione animarum nostrarum et parentum nostrorum ; et insuper accepimus x solidos de Poncio monacho. Si vir aut femina ex projenie nostra hoc donum usurpare aut infringere voluerit, sit exheredatus de omni honore nostro, et insuper pro eo quod interpellaverit del altari sancte Fidis de Conchis duas libras auri.

S. Bernardi Raimundi, Amelii Mancipi, et uxore sua, et filio suo Amelio, et aliis fratribus.

278.
Av. 1031-1065.

Ego Petrus et Frotardus frater meus guirpemus et domus sancto Salvatori et sanctæ Fidei de Conchas, et Odalrico abbate et monachis que sunt et quæ ibi erunt illum quartum de vineas Durantum Girardum, et illa vinea Johannenca quæ Juduanus habet in pignora pro tres solidos, et quartum de vineas de Aurnant, et quantum de vineas de Ortalos, et stadga de Solario, et quinta apendaria de Podio ubi est ortus et pratum.

279. DE GARCANGAS.
Av. 1031-1065.

Ego Odolricus abba et Hector monachus dedimus vicariam de

Podio de Garcangas et cellaria de annona et de vino, excepto furto et bauzia, Petroni et Frotardo, vidente Bernardo preposito, et Geraldo Deusdet, et Aimerico de Cano, et Ademaro monacho.

280. DE MALBOSCO.
1031-1065.

Ego Umbertus de Bello Castello et uxor mea Ricardis donamus sancto Salvatori et sancte Fidei de Conchas illum mansum de Malbosc ad alode et quantum pertinet ad ipsum mansum.

281. DE BROCETA.
xi° siècle.

Breve que Deusdet filius Bernardo de Coderco fieri jussit. Ego Deusdet laxo sancti Salvatoris et sanctæ Fide, post mortem meam et post morte de fratre meo et post morte de infantes meos, si frater meus infantem legitimum non habuerit, totum et abintegrum sancti Salvatoris et sanctæ Fide remaneat totus alodus meus in comunia, quia sic divisit pater meus Bernardus totum alodum suum ut, si infantes sui infantem legitimum non habuissent, totum sancto Salvatori et sancte Fide remansisset, excepto illo manso de Broceta que ipse Bernardus laxavit sancti Petri et sancti Geraldi in Aureliaco.

282. DE BARCIANGAS.
xi° siècle.

Ego Austorgius filius Amblardi et Adalaiz cedo vel dono sancti Salvatoris et sancte Fide Conchas monasterii illo alode uno manso de Barciangias, cum vestione, cum censo, hoc sunt : duo solidi pro vendemia et uno porco de duodecim denarios et uno multono et agno pro duodecim denarios et duos sestarios de civada et emina de tritico et ii solidos pro vacas et vi denarios pro vicaria et uno recepto per calendas cum decem caballerios. Istum supra dictum alodem dono vel cedo sancti Salvatoris et sanctæ Fidæ, cum pratos, cum terras cultas et incultas, quantum infra ipsum alodem aspicere videtur, pro anima mea et anima patris mei et matris meæ, in tali racione ut in comunia teneatur, et si ullus homo de comunia tulerit, amatema sit, amen.

S. Gualterio, Almerado. — Geraldus monachus scripsit.

283. DE COCULO MONTE.
xi° siècle.

Breve remoratorio quæ facit Ricarda sancti Salvatoris et sancta Fide de illa honore quæ vocatur Acoculo Monte illum censum que debet, hoc est tres solidos et dimidium de vinum et dimedium modium de civata et v de tritico. Facio carta Deo et sancti Salvatoris et sancta Fide, pro redemptione animæ suæ et pro redemptione anima patris sui; preco sancta Fide et congregatione sua ut orent pro Ricarda quæ Dominus donet sanitatem.

S. Arnal, Raimun, Willelmi, qualiter visores sunt Bernardus monachus et Rodbertus.

284.
1060 — 1065.

In nomine summe et individue Trinitatis. Ego Rodbertus et fratres mei Odilo et Willelmus, Bertrandus et Stephanus, et sorrores nostre Garifolla et Petronilla, nos pariter filii et filiæ Rodberti cujusdam prenominati de Castello omnes honores et convenientias et manu missionem quos dedit et fecit et manu misit pater noster Rodbertus damus et concedimus et perpetualiter confirmamus domino Deo et sancto Salvatori sanctæque Fidei; et abbati Odalrico et monachis presentibus et futuris cenobii Conchacensis, ita sicut resonat in testamento et in prescripcione patris nostri; et per hoc accipimus fraternitatem et societatem jam dicti cenobii et mulam patris nostri jam monachum facti et defuncti et solidos denariorum ab abbate et a monachis predictis. Quod si quis ex nobis voluerit se monachum facere, non habeat licentiam alicubi nec in alio alico monasterio mittere nec aliquid dare aut vendere vel in pignorare de omni honore ecclesiastico quem nobis dimisit pater noster, nisi predicto monasterio et habitatoribus ejus. Si quis nostri vel parentum nostrorum contra hanc donationem vel confirmationem voluerit inrumpere vel infringere, non hoc valeat facere, sed insuper exheredatus et alienatus sit suæ sortis, et ejus pars sit his qui hanc confirmationem vel donationem incontaminatam et inviolatam observaverint.

Data vel confirmata sunt hæc vel conscripta tempore Philippi regis Franchorum. — S. Rodberti, Odilonis, Willelmi, Bertrandi, Stephani, Garifolle, Petronille, qui omnes pariter hanc donationem et confirmationem fecerunt et firmaverunt.

285. DE USSELLO.

Vers 1031, janvier.

Ego Stephanus propositus de Bresonz et Eustorgius frater ejus cedimus et donamus sancto Salvatori et sancte Fidis in monasterio de Conchas, in villa de Ussello, VI porchos unumquemque de duodecim denarios et VI multones et XII solidos quæ habemus per vacas, et totum quod in ipsa villa tenemus juste aut injuste, totum relinquimus et laxamus; et accepimus ab Odolrico abbate centum quinquaginta solidos et duas sellas.

Facta carta ista in mense januario, feria III, regnate Rodberto rege. — S. Stephano et Ustorgio qui carta ista scribere vel firmare rogaverunt. — Odo monachus scripsit.

286. DE ALTERIACO.

Vers 1010 février.

In Dei nomen. Cessio sola sufficit sine gestorum tamen plenissimam optineat firmitatem. Quamobrem ego enim, in Dei nomen, Adraldus abba cum suis monachis et Arlaldus abba cum monachis sancti Salvatoris et sancta Fide quod inter se concambiarent, quod ita et fecerunt. Dedit Adraldus abba cum ipsos monachos illo alode de Alteriaco, cum ipsas vineas, cum ipsa terra, cum ipsas cumbas, cum ipsas tonnas, cum ipsa mansione, in concambio sancti Salvatoris et sancta Fide et ad ipsos monachos; et in alio loco, illo capud manso nomine de Picanolo, cum ipsa vinea et cum ipsas cubas, similiter vobis cedimus vel concambiamus; et si ullus homo est qui illo alode que superius est nominatus, veniat ille abba de sancti Petri et sancti Geraldi, si tollere voluerit de comunia illo alode et donent viginti solidos sancti Salvatoris et sancta Fide et recipiat ipso alodem quæ superius est nominatus. Insuper hoc quod superius et nominatus ille alodus, dedit Arlaldus abba cum monachos sancti Salvatoris et sancta Fide illo ade de Monte Lobono, cum ipsos boscos, cum ipsos pratos, cum ipsas terras, cum quantum ad ipso alode aspicit vel aspicere videtur, totum et abintegrum nos vobis cedimus vel concambiamus, ut post hunc diem teneatis, possideatis et faciatis quicquid facere volueritis in omnibus sane. Si quis nos, emutatas voluntates nostras, aut ullus omo qui contra carta scambiaria ista ire aut agere vel inquietare voluerit, hoc eis non liceat facere, sed faciunt quod lex est.

Facta carta scambiaria ista sub die mercoris, in mense febroario, regnante Rodberto rege.

287. DE MOTIGAS.

1032, — 1060, mai.

Locum sacrum sanctæ Dei ecclesiæ qui est consecratus in honore domini nostri Jhesu Christi et sancti Salvatoris Conchas monasterii, ubi sancta Fides tumulata consistit. Ego enim, in Dei nomen, Avierna cedo vel dono filium meum Raimundum sancti Salvatoris et sanctæ Fidis, cum ipso alode suo, hoc sunt duas denariatas de vinea et una medallata ; et est ipse alodus in pago Caturcinio, in loco quæ vocatur Motigas ; totum et ab integrum cum mansione et orto, ego Avierna et filius meus Raimundus damus sancti Salvatoris et sanctæ Fidis ; abet ipse alodus in se fines : de uno latus terra hoc est vinea Rainoni, de alio latus vinea Geraldi, de tercio latus alodi sancti Saturnini. Et in alio loco, illo manso de illa Blacaria similiter ego Raimundus filius Aviernæ dono sancti Salvatoris et sanctæ Fidæ, ubi Deusdet visus est manere, cum bosco, cum prato, cum terras cultas et incultas ; et habet in se fines : de uno latus parrochia de Hols, de alio latus sancti Salvatoris[1], de tercio latus terra Odolrici de

---

1. Dans une seconde copie de cette charte insérée dans le cartulaire après le n° 297 (voir plus bas), on a ajouté ici : *de Fiaco*.

Cajarco, de quarto latus alodi sancti Saturnini. Et in alio loco, illo caput manso de Ardenna ubi Guisla visa est manere, totum et abintegrum ego Avierna et filius meus Raimundus cedimus et donamus sancti Salvatoris et sanctæ Fidæ. Et in alio loco, illo manso de Raciono ubi Deusdet visus est manere donamus similiter sancti Salvatoris et sanctæ Fidis totum et abintegrum.

Facta carta donatione ista in mense januario, feria III, regnante Ehenrico rege. — S. Avierna et filio suo Raimundo qui carta ista scribere vel adfirmare rogaverunt. — S. Geraldo, Hugono, Stephano, alio Geraldo filio Raingardis, Raimundi fratre suo[1], Odolrico et fratre suo Rainone.

288. DE AGREZ.
968, mai.

Domino magnifico Hugoni abbate emptore vel cuncta congregatione monachorum Conchas monasterii. Ego, in Dei nomine, Bernardus et uxor mea Riclendis pariter venditores, juxta textum vendicionis consta nos vobis vendidissemus, quod ita et vendidimus, tradidissemus, quod ita et tradidimus, hoc est alodus noster una peciola de terra qui nobis per conquistum obvenit; et est ipse alodus in pago Ruthenico, in vicaria Ariacense, in loco quæ vocatur Agrez; et habet ipsa terra in se fines vel confrontaciones : de superiore latus strata puplica, et de tres partes terra sancti Salvatoris. Quantum in ipsum locum visi sumus habere vel possidere, totum et abintegrum vobis vendimus; et accepimus precium de præsente, sicut inter nos et vos bene complacuit atque convenit, sunt de vino modios tres, et de ipso precio retro vos nichil remansit indebitum, ut post hunc diem habeatis, teneatis, possideatis, et quicquid facere volueritis faciatis, sine ullo contradicente in omnibus sane. Si quis nos, inmutatas voluntates nostras, aut ullus de heredibus vel propinquis nostris aut ulla amissa persona qui contra carta vendicione ista ulla calumnia jenerare presumpserit, hoc ei non liceat facere, sed faciat quod lex est.

---

1. Dans la même copie, au lieu de *Raimundi fratre suo*, on lit : *Raimundo, Bernardo fratre suo*. A la fin, est ajoutée cette mention : *Bego scripsit*.

Facta carta vendicione ista sub die sabbato, in mense madio, anno mmx¹ regnante Lothario rege. — S. Bernardo et uxore sua Riclendis qui carta vendicione ista scribere vel adfirmare rogaverunt. — S. In Dei nomen, Abbo scripsit.

289. DE VILLAS MAISNEIRS ET PACUNIAGO ET CORNERIAS ET REMANERIAS.

xi° siècle.

Ego Willelmus Genevensis per advocatum meum Toronbertum loco sancto Salvatori de Conchas, ubi sancta virgo et martir Fides tumulata quiescit, cedo et dono omne meum alodum et omnes res meas usque ad exquisitum, omne quod habeo et ad me pervenire debet ; qui alodus sive res sunt site in pago Genavensi in villa Maisneirs et in villa Pacuniago et Cornerias et Romanerias et in aliis locis, quantum habeo et ex hac die adquirere potero in pratis, in silvis, in vineis, in campis, in aquis aquarumque decursibus ; ita ut ego, quamdiu voluero, de sancta Fide usum et fructum teneam, et post hoc monachis sanctæ Fidis remaneat sine ullo contredicente in omnibus sane. Si qua vero persona hoc donum inquietare voluerit vel usurpare vel sibi vindicare aliquo modo temptaverit, non liceat, sed iram omnipotentis Dei et sancte ejus virginis Fidis super se cognoscat esse venturam.

S. Willelmi qui hanc cartam scribere jussit et advocato suo Toronberto adfirmare rogavit. S. advocati Toronberti, Odolrici, Witberti.

290. DE LIZONICAS ET DE SALCIONO.

xi° siècle.

Breve memoriale sive divisionale de omnias res quem dominus donavit Frotardum. Illo manso que est in Lizonicas ubi Bernardus visus est manere illa medietate sancti Salvatori et sancta Fidei remaneat ; et illo manso quæ est in villa quæ vocant Sal-

---

1. Sans doute pour xiiii.

ciono ubi Maciagaldus visus est manere; et alio manso que est in illa Garriga quæ Hictor laboravit que Companius donabit michi Deusdedit remaneat, et post suum discessum sancti Salvatori et sancta Fidei fiat, pro anima mea. Et illo alode meo et illum feuvum meum totum et abintegrum ad infantes meos remaneat ab uxore mea, si virum non prendet; et si virum aprehendet, ab conquistum suum et ab sponsalicium suum remaneat; et si de unum dissessit, ad alios remaneat, sed infantum legitimum non habet. Et si uxor mea virum accepit, mea bailia Leutardo a fratre meo et Austrino remaneat; et illos duos mansos qui sunt in villa quæ vocant Noicio. Et alio manso que est in loco que vocant Olmos Austrinum remaneat, pro suum alodem de Quartilangas. Et si unus de infantis meis non habet infantem legitimum, illa mea parte de Rusinio sancti Salvatori et sancta Fidei remanea pro anima mea.

291. DE FRAXINIAS.
930, 22 avril.

In nomine domini nostri Jhesu Christi. Incipit conventiaria quæ Niguarius monachus fecit ad amicos suos nomen Bernardo et filio suo nomen Bonefacio de ipso manso que est in vicaria Serniacense, in loco quæ vocatur Fraxinias, in ipso manso ubi Guandalfredus visus est manere; et habet ipse mansus fines vel confrontaciones : de tres partes terra sancti Salvatoris, et de quarto latus terra Gualtario; in ea vero racione, quamdiu Niguarius monachus vivit, medietatem de ipso manso recipiat per singulos annos, et Bernardus et filio suo nomen Bonefacio aliam medietatem, in ea vero racione, quamdiu Bernardus et filius suus Bonefacius vivunt, ipsum filium Amalvini nomen Rainaldo in suas manes teneantur; do ipso manso post obitum illorum ad ipsa ecclesia sancti Salvatoris, Conchas monasterio remaneat, sine ullo contradicente in omnibus sane.

Facta conventiaria ista in mense aprili, sub feria v, x kalendas mai, anno I quod Karolus rex obiit a sæculo et Rodulfus rex cepit regnare. — S. Niguario monacho qui conventiaria ista scribere vel adfirmare rogavit. S. Sigbaldo, Hugono, Guarnario, Gislando. — Gimundus scripsit.

292. ITEM.

958, septembre.

In Dei nomen. Placuit atque convenit inter virum venerabilem domno Stephano episcopo et Begono seu Hugono abba vel cuncta cogregacione monachorum ejus Conchas monasterii, donavit episcopus et Bego seu Ugo abba vel cuncta congregacione monachorum ejus Conchas monasterio ad alico homine Benjamin manso uno in Verneduce; et est ipse mansus in pago Ruthenico, in vicaria Serniacense, ubi Ermengaudus visus est manere; quantum ad istum mansum questum vel adinquirendum est, totum et abintegrum in concambio tibi dono, ita ut hunc diem habeas, teneas et cui volueris derelinquas. Et incontra recepit Stephanus episcopus et Bego et Hugo abba vel cuncta congregatione monachorum ejus Conchas monasterii et receperunt de Benjamin manso uno qui est in pago Ruthenico, in vicaria Serniace, in loco quæ dicitur Fraxinias, manso illo ubi Aldegarius visus est manere, cum curte et orto, cum exeo et regresso, quantumcumque aspicit vel aspicere videtur, totum et abintegrum in concambio vobis dono, ut post hunc habeatis, teneatis, possideatis et faciatis quecumque volueris sine ullo contradicente sane. Si quis ego, emutata voluntate mea, aut ullus de heredibus vel propinquis meis aut ulla emissa vel sub rogata persona qui contra te aud concambiaria ista ire aut ulla calumpnia jenerare præsumpserit, hoc ei non liceat vindicare quod repetit, sed insuper componat tibi tantum et alium tantum quantum ipse alodus jamdictus ulloque tempore melioratus valere potuerit in duplum sit tibi rediturus et quod petit non vindicet, sed carta concambiaria ista omnique tempore firma et stabilis permaneat cum firmitate subnixa.

Facta carta concambiaria ista die mercoris, in mense septembris, anno IIII quod Lotarius rex cepit regnare. — S. Stephano episcopo, Begono, Hugono abba, S. Bergaudo, Grimardo, Girberno, Lodlando, Adalgerio, Gimundo, Ebrardo, Radulfo, Dominico, Giraldo, Rodberto, Aboni. — Giraldus scripsit.

293. DE FAISAG.
958, février.

Noticia vel guirpitoria in eorum præsentia qui hunc noticia vel guirpitoria subter firmaverunt, qualiterque veniens alicus homo nomen Gauzfredus presbyter, die sabbato, in medio mense januario, in villa Arsiaco ante Bernardo et Gualtado et Hictore. Et proclamat ipse Gauzfredus de Aldrico monacho quod male ordine requirebat Aldricus monachus illas vineas cum ipsas terras et cum ipsos brolios de Monte Redundo, et illa vinea de Faisiaco cum ipsa mansione. Et ipse Aldricus monachus in suis responsis dixit quod bone ordine requirebat hæc omnia jam superius nominatas, quare per donatione de magistro meo Astarii michi procedit in vita mea. Et ibi interrogaverunt Aldrico monacho Bernardus et Gualtadus et Hictor quod, si requirebat ipsas vineas vel ipsas terras cum ipsos brolios de Monte Redundo et de illa vinea de Faisiaco cum ipsa mansione, quod bone ordine requirebat ipsas res jam superius nominatas. Et venerunt ipsi homines jam superius nominati Bernardus et Gualtadus et Hictor et ipse Aldricus monachus, die lunis, ad ecclesiam sancti Cipriani ante cornu altaris, et ibi se guirpivit Gauzfredus presbyter de ipsas vineas de Monte Redundo et de ipsas terras et de ipsos brolios et de illa vinea de Faisiaco contra Aldrico monacho, et ibi aconsiliaverunt Bernardus et Gualtadus et Hictor et Eralius presbyter Aldrico monacho, ut exinde noticia vel guirpitoria colligere debuisset, quod ita et fecit. Et manibus suis Gauzfredus firmavit Aldrico ipsas res jam superius nominatas super sanctis, his presentibus bonis hominibus auctum fuit.

Facta noticia ista die mercoris, in mense febroario, anno III quod Lotharius rex cepit regnare. — S. Gauzfredo presbytero qui noticia vel gurpitoria ista scribere vel adfirmare rogavit, Gairardo, Ingilgado, Rainaldo, alio Rainaldo, Addraldo. — Teutbertus scripsit.

294. GARRIGA IN CERNIACENSE.
Vers 990-995, septembre.

Locum sacrum sanctæ Dei æcclesiæ qui est constructus vel

consecratus in honore domini nostri Jhesu Christi et sancti Salvatoris seu matris ejus Mariæ necnon et sancti Petri clavigeri, hubi sancta Fides vel sanctus Vincentius tumulati consistunt, super alveum Dordonis, in loco cujus vocabulum est Conchas. Venit predictus vir nomine Nizezius et donat aliquid de rebus proprietatis suæ, pro remedium anime suæ et propter quod donet illi Dominus vitam eternam, hoc est alodus meus qui michi per eruginem parentorum obvenit, duo aripendi et demedius de vinea, et in ipso loco alias duas peciolas de vinea et terras cultas et incultas et boscos et verniarias ; et est ipse alodus in pago Ruthenico, in vicaria Serniacense, in loco quæ vocatur Garriga ; et habet in se fines vel confrontaciones : de duas partes terra Goiglone et filiis ejus, de alio latus terra sancti Salvatoris, de quarto vero latus strata puplica vel terra et vineas ad ipso donatore et descendet Divisio de una parte. Quantum infra istas fines concluditur, totum et abintegrum cedo ad ipsa casa Dei jamdicta, in tale vero racione ut, dum ego vivo, usum et fructum habeam ; et dono semper vestidura una peciola de vinea que est ad crucem et teneant eam. Et si ego mortuus fuero in Ruthenico, veniant monachi et sepeliant me propter ipsum alodem. Et si ullus homo donaverit eum a fevo, veniat filius meus et donet IIII denarios ad sanctos et teneat ipsum alodem ; et si ille mortuus fuerit, veniant nepotes vel ullus de plus propinquis meis et faciant similiter in omnibus sane. Si quis ego, inmutata voluntate mea, aut ullus de heredibus meis qui contra carta hac ulla calumpnia jenerare præsumpserit, hoc ei non liceat facere, sed faciat sicut lex est, sed cum Datan et Abiron habeat participacionem in infernum.

Facta carta ista sub die lunis in mense septembris, regnante Hugono rege. — S. Nizezio qui carta donacione ista scriberæ vel adfirmare rogavit. S. Bernardo, Adalrando, Arlan.

295. DE MANSO DE PODIO.
1065-1087, 4 mai.

In nomine domini nostri Jhesu Christi. Ego Rodbertus Cornutus dono et guirpio domino Deo sanctoque Salvatori sanctæque Fidei et abbati Stephano et monachis tam presentibus quam et futuris monasterio Conchacensis illum mansum de Podio, cum sua integritate et melioracione et pertinentia, qui est in parrochia Montiniaco, qui michi advenit pro hereditate parentorum meorum, sicut Raimundus [et Willelmus fratres][1] mei donavit et dimisit sancto Salvatori et sanctæ Fidei in peregrinatione sancti Sepulchri ad obitum suum, presentibus multis nobilibus viris, scilicet Girberto de Vig et Aicardo de Cormol et Gauzfredo de Monte Arnaldo et Willelmo Poncio et plurimis aliis qui in eadem peregrinatione erant pro remedio et salute anime meæ et animarum parentorum meorum. Si quis parentum aut heredum meorum contra hanc donationem vel manumissionem meam voluerit insurgere vel, instigante diabolo et superbia sua, a monasterio prædicto voluerit auferre, sit exheredatus et alienus de omni honore et hereditate mea et insuper componat monasterio Conchacensi cui injuriam fecerit omnia tripliciter et in antea firma et stabilis hec donatio vel manumissio permanea omni tempore.

Facta conscripcio hæc IIII nonas madi, regnante Phylippo rege. — S. Rotberti Cornuti qui hanc donationem vel manumissionem firmavit et testibus firmare jussit. S. Hugonis de Cassanias, Austrini de Moret, Bernardi Rigualdi, Ottonis Bernardi, Bernardi Arnaldi, Petri Arnaldi. — Durannus scripsit.

296. DE GRANARIO.
997-1030, septembre.

Locum sacrum sanctæ Dei æcclesiæ qui est constructus in honore domini nostri Jhesu Christi sancti Salvatoris, ubi sancta Fides et sanctus Vincentius tumulati consistunt. Quamobrem ego, in Dei nomen, Ava cedo ad ipso loco Conchas illo manso meo de Granario ubi Ricardus visus est manere, dono sancti Salvatoris et sancta Fide, pro sepultura Deusdet a marito meo; et est ipse alodus in pago Ruthenico, in vicaria Dunense; et habet in se fines de totas partes terra sancti Salvatoris et sancta Fide. Quantum infra istas fines aspicit vel aspicere videtur, totum

---

1. Ces trois mots ont été ajoutés par une main du xviie siècle.

dono sancti Salvatoris et sancte Fidei, et quicquid facere habitatores sancte Fidei voluerint faciant in omnibus sane.

Facta carta donacione ista sub die marcis, in mense septembri, regnante Rodberto rege. — S. Avane qui carta donatione ista scribere vel adfirmare rogavit.

297. DELLA SERRA.
974, mars.

Locum sacrum sanctæ Dei æcclesiæ qui est situs in pago Ruthenico, super alveum Dordonis, et est fundatus in honore domini nostri Jhesu Christi speu sanctæ Marie virginis et sancti Petri principis apostolorum necnon et clavigeri, ubi sanctus Vicencius et sancta Fides tumulati esse videntur. Ego enim, in Dei nomen, Stephanus et uxor mea cedo vel dono una peciola de vinea sancti Salvatoris et sancta Fide et ad aliorum sanctorum; et est ipsa vinea in pago Ruthenico, in vicaria Serniacense, in villa quæ dicitur in illa Serra. Quantum ego ibi visi sumus habere vel possidere, totum et abintegre cedo vel dono ad ipsa casa Dei jam supra dicta vel ejusdem rectores, ut post hunc diem teneas, possideas et in communia teneatis sine ulla contradicente in omnibus sane. Si quis ego, emutata voluntate mea, aut ullus de propinquis meis aut ulla amissa persona qui contra carta donaticne ista ire aut agere vel inquietare voluerit, de parte sancti Salvatoris et sanctæ Fidei et ad aliorum sanctorum fiant excomunicati et maledicti usque in infernum inferiori, et quod petit non vindicet.

Facta carta donatione ista die mercoris, in mense martio, anno vicesimo regnante Lothario rege. — S. Stephano et huxore sua qui carta donatione ista scribere vel adfirmare rogaverunt. S. Ardengo, Hugono, Austrino, Abono, Bernardo. — Benedictus scripsit[1].

298. DE ALTOMONTE.
xi° siècle.

Breve memoratorio quam facit Aigana in sua firmitate. In

---

[1]. A la suite de cette pièce, sous le titre : *De Motigas et de Blacaria*, se trouve une seconde copie de la charte publiée plus haut sous le n° 287.

primis dimitto Matfredo seniore meo manso ubi Rainaldus manet; et ad ipso supradicto seniore meo dimitto in Altomonte quantum habeo sive in vineis quam in boscis, nisi una vinea quam dimitto sancti Petri propter sepulturam; et ad filia mea quam habui de seniore meo, post mortem seniori meo, quantum dimitto ei in Altomonte ad ipsa remaneat, et si ipsa infantes habuerit ad ipsos remaneat, et si ipsa infantes non habet, ad fratrem meum Genesium et ad filium meum remaneat; et dimitto ad filium meum una vinea cum caput manso qui est in Ainago, et ipsa vinea cum caput manso Matefredus edificet usque dum filius exeat de bajolia, et si ipse filius primus morierit ante suam sororem, ad sororem remaneat, et post mortem sorori, sancti Salvatori remaneat ad Conchas.

S. Rigbal, Adalgrim, Aldegario, Hugoni, Genesio qui ipsum firmare rogaverunt.

299. DE POZOLS.
Av. 1031-1065.

Ego Bernardus de Moreto dono domino Deo et sancte Fidis vineas meas de Pozols quas tenet Deusdet Capcrivelz et totum alodem meum quem habeo in Pazols, scilicet vineas et terras et torcularia, propter anime meæ remedium, in præsentia domni Odolrici abbatis, cum filio meo Begoni.

300. DE BERRIAGO.
XI° siècle.

Breve divisionale quomodo divisit Rigualdus alodem suum inter Deum et homines. In primis dimitto domino Deo et sancti Salvatori et sancta Fide uno manso in Berriago ubi Rainaldus manet, et in Floriago uno ubi Guarinus manet, et in Bargas illas limanias que de Amblardo conquistavi que ille mihi laxavi dimitto Guirberto sacerdote quamdiu vivit, et post obitum ejus, sancti Salvatori et sancta Fide remaneat. Et si homo est que ad illa memoria sanctorum contrapellare voluerit, in ira Dei incurrat et omnium sanctorum. Et illa ecclesia de Pairado dimitto Arado filio Guidoni, in tale convenientia que illa donet a fevo Guitberto sacerdote. Et illa ecclesia de Ranliago tota, sicut ego de Bernardo vicecomito integra mente acaptavi, dimitto ad fratre meo Guillelmi. Et illo fevo de Calmonte que de Norberto et Raimundo abui Willelmi ad fratre meo dimitto ad fratre meo Willelmi, in tale convenientia que illa donet a fevo Airado a nepote meo. Et ad illa Menagia illos tres mansos dimitto Airadi filio Guidoni. Et illas meas vineas de Bancarel dimitto Airado ad filio Guidoni, extra clauso dominicario que ille acapted a fevo de Agnes et de filios suos. Et partem meam de Tremolias que de Aimerigo conquistavi Geraldo Tafinero dimitto totum et abintegrum. Et in Bars illas meas vineas que de Guillelmo conquistavi dimitto Guirberto sacerdoti et ad fratre suo Geraldi; et in Gersilva mansos duos similiter. Et in Bancarello clauso meo dominico dimitto Guirberto sacerdote et uno manso in Casternago ubi Amadeus manet. Et in Essendolutio illa vinea que mihi Bernardus laxavi Guirberto sacerdote dimitto. Et in ipsa villa partem meam que de Salomone conquistavi Petrone a nepote meo remaneat. Et uno manso Agol Airado dimitto a nepote meo ad Estrun; et uno caput manso ad redemptionem de quadraginta solidos Pogesos. Et ad Aimono nepote meo laxo uno manso in la Vernia ubi Geraldus manet, et partem meam del mas Johanne della Vernia, et manso meo de Berriago ubi Stephanus manet. In Guttalada uno manso ubi Geraldus manet laxo Villelmi meo fratri et Airado nepote meo que illi cum bono dividunt inter se. Et partem meam de illo manso de Brogmeto dono Airado a nepote meo ad redemptionem per x solidos Lemotganos. Et partem meam de illo manso de la Boisola dimitto Gotbrando ad nepote meo.

S. Rigualdo qui hoc fieri jussit, Deusdet, Willelmi, Aicardo.

301. DE SALCIONO.

xi° siècle.

Breve que Frotardus fieri rogavit. In primis post mortem meam laxo sancti Salvatoris et sancta Fide illo alode meo de Salciono ubi Maclagaldus visus est manere. Et in alio loco post mortem meam laxo sancti Salvatoris et sancto Fide illo alode meo de Alteaga post mortem Deusdet. Illo alode meo alio toto et feuso meo toto ad uxorem meam et ad filios meos remaneat, si maritum non prendet; si provenit de filios meos et illi infantem legitimum non habuerint de uxore, totus alodus meus ad filias meas remaneat; et post mortem de filias meas, si infantem legitimum non habuerint, Austrino nepote meo remaneat; et si Austrinus infantem legitimum non habuerit de uxore; sancti Salvatoris et sanctæ Fide ille alodus meus de Rusino remaneat; et si de Austrino provenit et infantem legitimum non habuerit de uxore, ille alodus meus de Germolio ad filios Bernardo de Garriga remaneat; et si de filios Bernardo provenit et infantem legitimum non habuerint, sancti Salvatoris et sanctæ Fidæ remaneat ; et si de me provenit, illo medietate de illo Bago sancti Salvatoris et sancta Fide remaneat.

302. DE AGRITIS.

962, août.

In Dei nomen. Placuit atque convenit inter Begono abbate necnon et alicos homines Stephano episcopo et Hugono qui est abbas secundum regulam et cuncta congregacione sancti Salvatoris et sancta Fide Conchas monasterii ut inter se concambiare debuissent, quod ita et fecerunt. In primis dedit Bego abbas Stephano episcopo et Hugo et ad illa congregatione caput manso uno ubi Adalrandus manet; et est ipse caput mansus in vicaria de Cabdenago, in loco que nominatur Agritis; et amplius tantum de vineas ut inter totum valeat solidos cc ; et in alio loco, in comitatu Rutenico, manso uno que nominant Taolam, cum quanto inde procedit, sicut adinquirendum est; et in alio loco que nominant ad illa Consta, in vicaria Serniacense, caput mansos duos ubi Girardus et Genesius visi sunt manere, cum ipsas vineas et quanto ibi visus sum habere, totum vobis concambio pro illas res quæ ego recepit de vobis quæ nominant Alanis, ut exinde faciatis quicquid facere volueritis sano.

Factum concambium istum feria II, in mense agusto, anno VIII regnante Lotherio rege. — S. Begono qui scribere vel firmare rogavit. S. Stephano, Ricardis, Giraldo, Arnaldo, Froterio, Guitardo, Isalgaro.

303. DE SERRA.
955-985, mai.

Domino magnifico Guitberto sacerdote emptore. Nos enim, in Dei nomen, Ingilberga et vir suus Amblardus consentiens venditores, juxta textum vendicionis constat nos tibi vendidimus, quod ita et vendimus, tradidissemus, quod ita et tradimus, hoc est terra nostra qui mihi per originem parentorum obvenit; et est ipsa terra in pago Rutenico, in ministerio Montiniacense, in villa que vocatur Serra; et habet ipsa terra fines vel confrontaciones : de suporiore latus strata puplica, et de alio latus terra ad ipsos venditores, et de tercio latus vinea Odalgude, et de supteriore latus vinea ad ipso eptore et Rotberto. Quantum infra istas fines concluditur, totum et abintegrum tibi vendimus; hunde accipimus de te precium de presente, sicut inter nos et te bene complacuit atque convenit, hoc sunt solidi quatuor et dimidius, et de ipso precio retro te nichil remansit indebitum; et pro ipso precio manibus nostras tibi tradimus habendi, vindendi, donandi, commutandi, cedendi et faciendi in omnibus quicquid facere volueris, sine ullo contradicente, sane. Si quis nos, emutatas voluntates nostras, aut ullus de heredibus vel propinquis nostris aut ulla amissa persona fuerit qui contra carta vel vendicione ista ire aut ulla calumpnia jenerare presumpserit nullatenus vindicet, sed insuper componat tibi tantum et alium tantum quantum ipsa terra eo tempore meliorata valere potuerit in duplum sit tibi redditurus, et quod petit non vindicet, sed presens vendicio ista omnique tempore firma et stabilis permaneat cum stibulatione subnixa.

Facta carta vendicione ista die jovis in mense madio, regnante Lothario rage. — S. Ingelbergane et viro suo Amblardo consentiente qui vendicione ista scribere vel adfirmare rogaverunt. S. Rainus, Deusdet, Gaucelmo, Gauzfredo. — Rodbertus scripsit.

304. DE PERCI.
997-1031, avril.

Donatione quæ Gueris fecit et uxor sua Odda sancti Salvatoris et sancta Fide de suo alode, hoc est duos mansos ubi Rotbertus et Johannes visi sunt manere; est ipse alodus Attoers, in villa que dicitur Perci; quantum ad ipsos duos mansos aspicit vel aspicere videtur, totum et abintegrum cedimus et donamus sancti Salvatoris et sancta Fide pro animas nostras, sine ullo contradicente in omnibus sane.

Facta carta donatione ista in mense apreli, feria III, regnante Rodberto rege. — S. Gueris et uxor sua Odda. S. Teudbal, Umberto, Walterio. — Donadeus rogatus scripsit.

305.

XIe siècle.

Ego Bernardus de Monte Alto dono sancte Fidi de Conchis illam meam terram quam tenet Stephanus Arnaldus de me, totum quantum habet vel tenet de me.

306. DE STAGNIO.

Vers 929, janvier.

In Christi nomen placuit atque convenit inter virum venerabile Johannæ abbatæ seu cuncta congregatione sancti Salvatoris Conchas monasterio ut ad alico homine nostro nomen Aldefredis eis de rebus nostris per prestariam aliquis concedere debuimus, quod ita et fecimus, hoc est mansus noster qui est in ministerio Rotenulense, in loco que dicitur Stagnio ubi Martinus visus est manere, cum vineis, cum pratis, pascuis, silvis, garricis, aquis aquarum vias decursibus, quantum ad ipso manso aspicit vel aspicere videtur, totum et ab integrum per prestarium tibi concedimus diebus vite tue ad excolendo vel edificando, per solvendum per singulos annos ad partibus monasterii quatuor denairatas de cera ad ecclesiam Dei, diebus vite tuæ; nichil aliut tibi requirimus. Et si de ipsum mansum negligens fueris, facias exinde sicut lex est. Et si ipse abba vel ejus monachi sed hanc prestariam abstradere voluerint, hoc eis non licitum est facere, set similiter sicut lex est faciant, sed presens prestaria iste a me facta omnique tempore firma permaneat.

Facta prestaria ista die sabbato, in mense januario, anno x[1] regnante Karlo rege. — S. Johanne abba, hanc prestariam recognovit, Astario preposito, Amalvino decano. Niguarius sacrestanus, Guitbaldus custus æcclesiæ, Bename cellarius, Adraldus portarius, Rodgerius porterius pauperum, Sigmarus monachus, Guitmarus monachus, Guitbertus monachus, Stabiles monachus, Grimardus puer, Begone puer, Adraldo, Autbertus puer, Eldricus puer. — Hictor clericus scripsit.

307. DE MOLENDINO PISCINO.

xie siècle.

Breve de Molendino Pisino. Ille mansus de Ramerio habet censum solidos II de Podio, et de civada sestarium I, et manducare duobus vicibus in anno et I gallina. Et de alio manso Stephano sextarios octo de vino et de civada sestarium I et I gallina. Et de alio manso Geraldi presbyteri de vino sestarios octo et de civada sestarium I et I gallina ; et sunt appendarias XXVI, et de unaquœque de vino sestarios quatuor et de civada emina I et gallina I. Et in Laco appendarias V, et debent inter totas denarios XX et eminas V de civada et gallinas V. Et in Barro et in Petra Fixa sunt mansi VII, et habent censum inter totos solidos X et dimidium ; et in Petra Fixa appendarias II a feuso de duobus vicariis. Et in Olliado mansos novem, et habent censum solidos VIII ; et apendarias V et I dimidia, et habent censum solidos IIII et denarios VIII et de unum quemque mansum de civada sestarium unum.

308. DE FOLISSARTO.

955-985, octobre.

Locum sacrum sancte Dei æcclesiæ qui vocatur Conchas monasterii, qui est constructus in honore domini nostri Jhesu Christi seu et sancte Marie genitricis Dei et sancti Petri clavigeri, hubi sanctus Vincentius et sancta Fides tumulati consistunt, qui est super alveum Dordonis, hubi Stephanus episcopus et

---

1. Le copiste a oublié ici plusieurs chiffres romains.

Hugo abba preesse videntur, cum monachis ibidem Deo famulantibus. Ego igitur, in Dei nomen, Deusdet cedo vel dono ad monasterio jamdicto aliquid de rebus proprietatis mee qui per hereditatem michi obvenit, hoc sunt caput mansi mei de Fol Issarto, cum vineas et ortos, cum terras cultas et incultas, cum quantum ad ipsos caput mansos aspicit vel aspicere videtur, quistum vel adinquirendum est, et quantum Adalgrimus pater meus visus fuit habere vel possidere, totum et abintegrum cedo vel dono ab ipsa casa Dei jam supradicta, pro anime meæ et pro anima jenitori meo Adalgrimo et jenitrice mea Raggardis; in ea vero racione, quamdiu vivit, teneat et possideat et husum et fructum et per singulos annos recipiant monachi vestiduram in dominico in comunia huno semodio de vino, et post obitum meum sancti Salvatoris et sancte Fide vel aliorum sanctorum remaneat in comunia, sine ullo contradicente in omnibus sane. Si quis ego, inmutata voluntate mea, aut ullus de herebus vel propinquis meis aut ullus homo qui contra carta donatione ista ulla calumpia jenerare presumpserit, hoc ei non liceat facere, sed faciat quod lex est.

Facta carta donatione ista feria vii, in mense octubri, regnante Lothario rege. — S. Deusdet donatore qui carta donatione ista scribere vel adfirmare rogavit. S. Gualtado, Gaulterio, Bernardo, Hugono, Gauzfredo. — Rodbertus scripsit.

309.

Av. 1031-1065.

In conscribendis donationibus hic ordo servandus est ut prius nominetur nomen donatoris, deinde res quæ donantur. Quamobrem ego Guigo Guarinus et uxor mea Florentia damus sancto Salvatori et sanctæ Fidei de Conchas et abbati Odolrico et monachis illum mansum nostrum quem tenet Ingelbertus; et donat unum multonem et unum agnum et v ausos et unum dimidium de lana et unum porcum de duos solidos et unum sestarium de ordeo et tria semodia de sauma, per censum unum dimedium modium inter sigile et civata, per receptum iiii sestarios de civada et i de sigila, per censum v solidos et dimidium, per receptum v solidos et mediam carnem de una vaca.

310. BOZOLS.

Fin du xi° siècle.

Ego Aldegerius et filius meus Petrus damus sancto Salvatori de Conchis et sancte Fidis virginis mansum unum qui dicitur Bolzols in villa que nominatur Venriagus, alodum et fevum totum et abintegrum.

311. DE ALAMANCIA.

Fin du xi° siècle.

Breve de illo alode de Alamancia que est in terminio de sancto Tirsi que Amelius donavit sancta Fide : et debet censum octo denarios; et post morte Amelio et uxore sua et filium suum Raimundo, sit sancta Fide.

312. DE MAZAGO.

Fin du xi° siècle.

Locum sacrum sancte Dei ecclesie qui est constructus super alveum Dordonis, et est fundatus in honore domini nostri Jhesu Christi seu sancte Mariæ virginis necnon et clavigeri, ubi sancta Fides et sanctus Vincencius tumulati consistunt. Ego enim, in Dei nomen, Guido cedo vel dono illo alode meo de Mazago sancti Salvatoris et sancta Fide, excepto medietate de illo bosco, cedo vel dono sancti Salvatoris et santa Fide, pro anima mea, ut Deus omnipotens fiat michi in adjutorium; in tale vero racione, quamdiu ego viro, teneo et recipient ipsi monachi vestidura per singulos annos inter annona et vino uno modio, et post mortem meam illo alode meo de Mazago cum ipsas terras, cum ipsas vineas, cum ipsos pratos, cum ipsa mediate de bosco, cedo vel dono sancti Salvatoris et sancta Fide vel ad ipsos monachos in comunia. Et si ullus homo tellere voluerit illo alodem quæ superius est nominatus de comunia, veniat unus de propinquis meis, aut ulla amissa persona aut ullus homo qui contra carte donatione ista ire aut agere aut tollere voluerit sancti Salvatoris et sancta Fide et ad ipsos monachos, fiat excomunicatus et maledictus de Patrem et Filium et Spiritum sanctum.

Facta carta donatione ista sub die dominico, in mense febroario, regnante domino Deo regem sperantem. — S. Guidonem qui carta donatione ista scribere vel adfirmare rogavit. S. Hugono, Deusdet Guidonem, Hugono, alio Hugono. — Benedictus scripsit.

313. DE LICIONICAS.
1004, août.

Domino magnifico Arbaldo abbate cum suis monachis emptores. Ego enim, in Dei nomen, Amblardus et filius suus Bernardus et soror sua venditores, juxta textum vendicionis constat nos quod ita et vendimus, hoc est una vinea medius aripendus; et accepimus de illas tres partes precium solidos octo; et est ipsa vinea in pago Ruthenico, in aro quæ dicitur in Licionicas. Et in ipso loco, illa vinea que habeo de vobis illas tres partes cedo ad vos vel vindo vobis, in tale convenientia de hodie a v annos que teneas illas tres partes de illa vinea; et accepimus de vos precium solidos x, et si a v annos non habueris illos x solidos teneant monachi illum alodem. Et in ipso loco illo bosco meo extra et illum que comparavi de Saiseto vobis vindo atque trado; et accepi de vos precium solidos IIII, et de ipso precio nichil remansit indebitum, et pro ipso precio manibus trado habendi, donandi et faciendi in omnibus quicquid facere volueris, sine ullo contradicente in omnibus sane. Si quis nos, emutatas voluntates nostras, aut ullus homo aut ulla amissa persona qui contra carta vendicione ista ire aut agere vel inquietare voluerit, hoc ei non liceat facere et quod petit non vindicet, sed presens vindicio ista a me facta firma et stabilis permaneat cum stibulatione subnixa.

Facta carta vendicione ista, die mercoris, in mense agusto, anno VIII regnante Rodberto rege. — S. Amblardo qui vendicione ista scribere vel adfirmare rogaverit. S. Deusdet, Bernardo, Flodaldo, Aimono, Hugono. — Girbertus scripsit.

314. DE CROSA CARRIA.
1002, mars.

Locum sacrum sanctæ Dei æcclesiæ qui est situs in pago Ruthenico super alveum Dordonis, et est fundatus in honore domini nostri Jhesu Christi seu et sanctæ Mariæ virginis et sancti Petri principis apostolorum necnon et clavigeri, ubi sanctus Vincentius et sancta Fides tumulati consistunt. Quamobrem ego enim, in Dei nomen, Gauzberga donatrix cedo vel dono ad prephato monasterio cujus vocabulum est Conchas, ubi Girbertus abba preesse videtur, cum cuncta congregatione ibidem Deo famulantes, hoc est alodus meus de Crossa Carraria ubi Rainaldus visus est manere ; et habet ipse alodus in se fines vel confrontaciones : de uno latus trata puplica, de alio latus terra Hugone, de tercio latus terra ad ipsa donatrice ; et de illo manso de Planias una pecia de terra, cum ipsas vineas, cum nogarios que in ipso alode de Crossa Carraria. Quantum infra istas fines concluditur, totum et abintegrum cedo vel ad ipsos rectores seu ad ipsos Deo servientes, pro anima mea et pro anima filio meo Aicardo. In ea vera racione hoc facio, dummodo ego vivit, usum et fructum teneam, et post mortem meam sancti Salvatoris et sanctæ Fide remaneat, sine ullo contradicente sane. Quisque anno, sestarios III de vinum de vestitura sancti Salvatoris et sancta Fide in comunia dimitto. Si quis ego aut ullus de heredibus vel propinquis meis aut ulla amissa subrogata persona fuerit qui contra vos ulla calumpnia jenerare presumpserit, hoc ei non liceat facere, sed faciat quod lex est.

Facta cessione ista die lunis, in mense martio, anno VI regnante Rodberto rege. — S. Gauzberga femina qui carta donatione ista scribere vel adfirmare rogavit. S. Deusdet, Gonbrando, Hugono, Deusdet, Autgerio. — Adalgerius scripsit.

315. CENTRAMA.

1031-1060, août.

Ego Hictor filius Deusdet et frater meus Bernardus cedimus et donamus sancto Salvatori de Conchas et sancte Fidei mansum nostrum qui vocatur Centrama ad alodem, illum quem mater nostra Hæcteria ad ipsos monachos donaverat pro sepultura patris nostri Deusdet. Donamus et firmamus ipsum mansum, cum totum censum et vicariam et cum quantum intra fines ejus concluditur, ad ipsos jamdictos sanctos et ad abbate Odolricum et ad monachos ejusdem loci, sine ullo contradicente; et est mansus ipse in pago Ruthenico; in tali convenientia ut, si ullus abba aut rector monasterii tollere de comunia monachorum, potestatem non habeat, et si hoc factum fuerit, veniat unus de propinquis nostris et donet super altare sancti Salvatoris solidos II de Lemovicanos et teneat ipsum alodem.

Facta carta ista prima die augusti, regnante Ehenrico rege. — S. Hectori qui hanc donationem scribere et firmare rogavit. S. Bernardi fratris ejus, Hectori Amblard, Deusdet. — Geravus scripsit.

316. DE POZOLS.
996-1001, juillet.

Domino magnifico Girberto abbate emptore. Ego enim, in Dei nomen, Rainus venditor, juxta textum venditionis constat me vendidisse, quod ita et vendidi, tradidisse, quod ita et tradidi, hoc est unus aripendus meus in Pozols, cum ipso bosco quæ per eruginem parentorum obvenit mihi; et est ipse meus aripendus cum ipso bosco in vicaria Serniacense in loco quæ vocatur Pozols, quantumcumque ad ipso aripendo aspicit vel aspicere videtur, totum et abintegrum vendo sancti Salvatoris et sancta Fidæ et domni Girberti abbati cum cuncta congregatione sancti Salvatoris et sancta Fide, et per hanc carta manibus vobis trado; unde accepi de vos precio, sicut inter me et vos bene complacuit, hoc sunt solidos XXX de Rodenesos, et de ipso precio retro nos nichil remansit indebitum, ita ut ab hanc diem habeatis, teneatis, possideatis et quicquid facere volueritis licentiam habeatis ad faciendum sane. Si quis ego, immutata voluntate mea, aut ullus de heredibus vel propinquis meis aut ulla amissa aut ulla calumpnia jenerare voluerit, hoc ei non liceat facere, sed insuper componat tantum et alium tantum quantum ipse meus alodus cum ipso bosco valere potuerit in duplum sit redditurus et quod petit non vindicet, sed presens carta vendicio ista firma et stabilis permaneat cum stibulatione subnixa.

Facta carta vendicione ista die lunis, in mane julio, regnante Rodberto rege. — S. Rainone qui carta vendicione ista scribere vel adfirmare rogavit. S. Jorioni, Bernardo, Stephano, Guitbaldo. — Salustrius scripsit.

317. [IN ILLA GARRIGA.]
996-1004, mai.

Domino magnifico Girberto abbate emptore. Ego enim, in Dei nomen, Raingardis femina et filius meus Agenus venditores, juxta textum vendicionis constat nos vendidissemus, quod ita et vendidimus, tradidissemus, quod ita et tradidimus, hoc sunt v dinariatas de vinea quæ nobis per originem parentorum obvenit; et est ipsa vinea in loco quæ vocatur illa Garriga; et habet ipsa vinea in se fines : de totas partes terra ad ipsos venditores, quantum ad ipsa vinea aspicit vel aspicere videtur, totum et abintegrum vendimus sancti Salvatoris et sancta Fidæ, ut per hanc cartam manibus vobis tradimus; unde accepimus de vos precium, sicut inter nos et vos bene complacuit, hoc sunt solidi xII de Lemoticanos, et de ipso precio retro nos nichil remansit indebito; ita ut ab hanc diem, habeatis, teneatis, possideatis et quicquid facere volueritis licentiam habeatis ad faciendum in omnibus sane. Si quis nos, inmutatas voluntates nostras, aut ullus de heredibus vel propinquis meis aut ulla amissa persona aut ulla calumpnia jenerare voluerit, hoc ei non liceat facere, sed insuper componat tantum et alium tantum quantum ipsa vinea valere potuerit in duplum sit rediturus et quod petit non vindicet, set presens carta venditio ista firma et stabilis permaneat cum stibulatione subnixa.

Facta carta venditione ista in die veneris, in mense madio, regnante Rodberto rege. — S. Raingardis femina et filio suo Aganone qui carta vendicione scribere vel adfirmare rogaverunt. S. Frotardo, Austrino, Bernardo, alio Bernardo, Deusdet. — Salustrius scripsit.

318. DE POZOLS.
997-1031, juillet.

Locum sacrum sancta Dei æcclesia qui est constructus in honore domini nostri Jhesu Christi et sancti Salvatoris in loco cujus vocabulum est Conchas, et est consecratus in honore domini et Salvatoris nostri vel sanctæ Mariæ et sancti Petri vel aliorum sanctorum. Venit prædictus vir nomen Bernardus et vendidit aliquid de alodem suum ad monachos cui nomen Girbertus et ad alios monachos ibidem Deo servientes, qui michi per eruginem parentorum obvenit ; et est ipse alodus in pago Ruthenico, in vicaria Serniacense, in loco quæ vocatur Pozols : huno cambono ; et habet ipse alodus in se fines vel confrontaciones : de uno latus rivo decurrente, de tercio latus terra ad ipso venditore. Quantum infra istas fines concluditur, totum et abintegrum vobis vindo, et accepi de vos precium, sicut inter me et vos bene complacuit, hoc sunt solidi v, et retro nos nichil remansit indebitum ; et post hunc diem habeatis, teneatis, possideatis, quicquid facere volueritis faciatis ; et in ipso loco huno molendino cum ipso prato et cambono I, cum ipsas vernias et albaredda. Quantum ibi visus sum habere vel possidere, totum et abintegrum dono ad ipsos sanctos, in tale racione ut quamdiu vivo teneam, et post obitum meum ad ipsos sanctos remaneat in omnibus sane. Si quis ego, immutata voluntate mea, aut ullus de heredibus vel propinquis meis aut ulla amissa persona qui contra carta vendicione ista ulla calumpnia jenerare voluerit, oc ei non liceat facere, sed faciat sicut lex est, et cum Datan et Abiron abeat participationem in infernum.

Facta carta vendicione ista sub die marcis, in mense julio, regnante Rodberto rege. — S. qui carta vendicione ista scribere vel adfirmare rogavit. S. Umberto, Rainono, Jorio, Ugberto, Gauzfredo. — Rodbertus scripsit.

319. [DE MONTE BRUSONE.]
996-1030, 27 novembre.

Locum sacrum sancte Dei ecclesiæ qui est constructus in honore domini nostri Jhesu Christi et sancti Salvatoris, ubi sancta Fides tumulata consistit, Conchas monasterii. Quamobrem ego, in Dei nomen, Anestasius et huxor mea Arentrude cedimus vel donamus illo manso nostro ubi Asterius visus est manere, et est in comitatu in Sestergo, in valle quæ vocatur Sinay, quæ est in territorio que vocatur Monte Brusone; cedimus vel donamus sancti Salvatoris et sanctæ Fidis, sine ullo contradicente. Quantum ad ipsum mansum aspicit vel aspicere videtur, cum terras cultas et incultas, et in antea ista carta vel donatio ista firma et stabilis permaneat omni tempore. Et si ullus homo est qui ista donatio contrariare voluerit vel substantia de ipso manso abstulerit, excommunicatus permaneat ex parte Domini et sancta Fide vel aliorum sanctorum et de ipsos monachos Conchacensis ceno-... et illos homines qui, pro amore Domini et sancte Fidis, illa ... ntia de illo ipso manso preparare voluerint, absoluti et ...ncti permaneant.

Facta carta donatione ista feria III, in mense novimbri, v kalendas decimbris, sub Rodulfo rege regnante. — S. Anestasius et uxor sua Arentrude qui carta donatione ista scribere fecit vel firmare rogaverunt. S. Francone, Willelmo, Marcello, Josfredo, Poncius, Marinus. — Geraldus scripsit.

320. DE BROCA.
xie siècle.

Ego Remigius de Monte Lauduno et gener meus Bernardus de Roca damus sancto Salvatori et sancto Fidei de Conchas illum alodem nostrum de Broca; et sunt mansi et III apendarias, et dabit unusquisque mansus VIII denarios, et dabit una apendaria IIII denarios et unaquæque ex aliis II; et hoc in tali convenientia ut, si aliquis homo inpignoraverit, veniat Remigius aut unus de propinquis ejus parentibus et ponat super altare sancti Salvatoris VI denarios, et teneat donec ad sanctos fiat recuperatum. Totum et abintegrum donamus, excepto bosco et frauces quæ in ipso sunt.

S. Remigius qui carta ista scribere jussit. S. Poncio filio ejus, Willelmo, Aicelena. — Raino scripsit.

321. VILLA DE FRONTIS IN BARRES.
906, mars.

Placuit atque convenit in virum venerabile Rodulfo abbate seu et cuncta congregatione monachorum sancti Salvatoris Conchas monasterio ut ad alico homine nomen Gauzberto et uxoris suæ Udalgardis et filium suum Rodac ut eis per pestaria aliquis de res nostras concedere volumus, quod ita et fecimus, hoc est villa nostra cui vocabulum est Frontis; et est ipsa villa in patria Rothenica, in aice Barrense. Quantum ad ipsa villa aspicit vel aspicere videtur, per prestariam vobis concedimus diebus vite nostre, ut usum et fructum habeatis una cum censum, hoc est libras quatuor de cera, per singulos annos a partibus monasterii sancti Martini; et quantum ibidem adquirere poterimus in ipso aice, cum ipsas res que de vobis per prestariam habemus, post obitum nostrum sine ulla retardacione abintegrum permaneat ad ipsa Dei que vocatur Conchas. Et si ipse abba aut ullus rector æcclesiæ vel ipsi monachi se de hanc prestaria abstraere voluerint, faciant exinde sicut lex docet et postea non vindicent, et nos eadem modo similiter.

Facta prestaria ista die sabbato, in mense martio, anno VIII regnante Karolo rege. — S. Rodulpho abba hanc prestariam a me facta recognovit et omnes monachos ejusdem monasterii.

322. DE VAISA IN BARRES.
919, avril.

Locum sacrum sancte Dei æcclesiæ quæ est fundata in honore sancti Salvatoris in monasterio Conchas. Ob hoc igitur, in Dei nomen, Odda et Regemundus filius suus damus ad ipsa æcclesia sancti Salvatori mansos duos in vicaria Barres : manso in villa quæ dicitur Vaxa, manso ubi Gairardus visus est manere, et alio manso ubi Constantius visus est manere. Hoc donavimus pro anima Fredoloni et filio suo Bernardi, ut pius Dominus prestet illis indulgentiam de peccatis eorum minuandis; istos mansos jam superius nominatos cedimus ad ipsa sancta Dei ecclesia sancti Salvatori, de presente donamus ad serviendum ibidem vel ad ipsos servientes Deo ibidem famulantes qui ibi sunt vel futuri erunt, id est habendi et possidendum sive in usus propriis detinendis, in ejus racione nec vindicare nec aliejenare non possunt, nec ad ullum hominem dare non possunt, nisi ad ipsos clericos qui ad ipsa sancta Dei æcclesia serviunt, et si hoc fecerunt ad ipsos proprios parentes revertat. Sane si quis nos ipsi, immutata voluntate nostra, aut ullus de heredibus nostris vel ulla emissa persona qui contra hanc donatione inquietare voluerit, hoc ei non liceat vindicare quod petit, et beati Salvatorii metuens perorrescat, directa vero donatio ista firma permaneat cum stibulatione subnixa.

Facta carta donatione ista die lunis, in mense aprili, anno XXI regnante Karlo rege. — S. Oddane, Raimundo filio suo qui hanc carta donatione ista scribere et firmare rogaverunt. S. Hugono, Guarnario, Anjalberto, Jorio, Maganfredo. — Leudgarius scripsit.

323.
960, mai.

In Dei nomen. Placuit atque convenit inter virum venerabilem Stephano episcopo seu Hugoni abbati et cuncta congregatione monachorum qui sunt in Conchas monasterii, et Bernardo et uxore sua Adalaizcis quo inter se concambiare debuissent, quod ita et fecerunt. Dedit itaque Bernardus et uxor sua Adalaizcis a partibus Dominum omnipotentem et sanctis qui sunt in Conchas monasterio haliquid de alodem nostrum, hunum mansum hubi Andraldus visus est manere, quantum quistum vel adinquirendum est, totum et abintegrum vobis donamus in concambio, pro illo manso quæ de vos accepimus in Anglaris, ut post hac die habeatis, teneatis, possideatis et faciatis exinde quicquid facere volueritis, sine ullo contradicente in omnibus sane. Si quis, emutata voluntate nostra, aut ullus de heredibus nostris aut ulla emissa vel subrogata persona fuerit qui contra concambiara ista ulla columpnia inquietare voluerit, hoc ei non liceat facere, sed faciat exinde quod lex est.

Facta carta concambiaria ista die veneris, in mense madio, anno VI quod Lotharius rex cepit regnare. — Bernardo et uxore sua Adalaizcis qui carta concambiaria ista scribere vel adfirmare rogaverunt.

324. DE SERNIAGO.
970, février.

Locum sacrum sancta Dei æcclesia qui est constructus super

alveum Dordonis, in honore domini nostri Jhesu Christi seu sancti Salvatoris Conchas monasterii, ubi sancta Fides vel sanctus Vincentius tumulati consistunt, unde domnus Stephanus episcopus et Hugo abba rectores esse videntur. Ego enim Rainaldus cedo vel dono ad ipsa casa Dei aliquis de rebus proprietatis meæ qui michi per conquistum obvenit, hoc est unus caput mansus, cum mansione et orto et vinea, quantum ibi visus sum habere vel possidere totum et abintegrum ibi dono vel cedo. Et est ipse alodus in pago Ruthenico, in vicaria Montiniacense, in loco quæ vocatur Serniago ; et habet ipse alodus in se fines vel confrontaciones : de duas partes terra sancti Salvatoris, et de alias duas strata puplica ; quantum infra istas fines concluditur, totum et abintegrum cedo vel dono ad ipsa casa Dei jam supradicta, pro remedium anime meæ, sine ullo contradicente in omnibus sane. Si quis ego, inmutata voluntate mea, aut ullus de heredibus vel propinquis meis qui contra anc cartam ulla calumpnia jenerare presumpserit, hoc ei non liceat facere, sed faciat sicut lex est.

Facta carta donatione ista sub die lunis in mense febroario, anno XVI regnante Lotario rege. — S. Rainaldo qui carta donatione ista scribere vel adfirmare rogavit. S. Ragambaldo, Aldebaldo Arlando, Bernardo, Gualtado. — Rodbertus scripsit.

325. DE CORNO.

Vers 1007, mars.

Locum venerabile sancti Salvatoris et sancte Fide ceterorumque sanctorum qui requiescunt in Conchas, unde domnus Arlaldus abbas præesse videtur, decaniem curam gerit Airadus, ceteri fratres in officiis sibi commissis peragunt. Quamobrem ego enim, in Dei nomen, Geraldus donationem facio ad supra dicta aula Dei de rebus propriis meis qui per concambium michi advenit, quo ex Begoni episcopi concambiavi. Et est ipse mansus in aice Gorceso, in vicaria de sancte Speria, in villa que nominant Corno, illo manso ubi Montrandus visus fuit mancre ; et est ipse mansus cum curte et orto, cum pratis, pascuis, cum farinario et vernias ; cum quantum ad ipsum mansum aspicit vel aspicere videtur, totum dono Deo et sancte Fide, cum consilio Begoni episcopi, pro anima mea, ut post hunc diem rectores loci illius faciant quicquid facere voluerint sane, sine ullo contradicente. Si quis ego ipse, immutata voluntate mea, aut ullus de heredibus meis qui contra ista ajere aut inquietare voluerit, inprimis viam Dei incurrat et sua petio vacua permaneat.

Facta carta ista in mense martio, sub feria IIII, regnante Rodberto rege. — S. Geraldo qui carta ista scribere vel firmare rogavit. S. Begoni episcopi, Hugoni, Stephano, Petroni. — Guarnerius scripsit.

326. DE SIRRIANO.
1003, 25 septembre.

Auctoritas etenim jubet ecclesiastica et lex precit romana ut, quicumque rem suam in qualicumque potestate terras fundere voluerit, per paginem testamenti eam infundat, ut prolixis temporibus secura et quieta permaneat potestatem. Quapropterea ego Arnaldus et uxor mea juxta nos pariter dona ad opus Dei vel ad ipsa æcclesia qui est consecrata in honore sanctæ Fidis semodiata de vinea culta ; et est in comitatu Arausico, in terminio de villa quem nuncupatat Sirriano; consortes : per uno fronte Archimbaldus et dextros XVI, et de alio fronte Lautardus et dextros XVI, per uno latus Aldoardus et dextros XX et I, et de alio latus via puplica et dextros XX et I, hac si quis et alii sunt consortes, quantum infra istos consortes concludunt, totum et abintegrum ad ipsa æcclesia super scripta vel ad ipsos canonicis qui ibidem deserviunt die noctuque, et pro eo quod Deus omnipotens ad diem judicii mercis hac mercis adcrescat nobis, et per oratione sacerdotum veniam parare dignetur, et illa voce mereamur audire quam Dominus erit dicturus : « Venite, benedicti patris mei, percipite regnum quod vobis paratum est ab origine mundi ». Sane si quis ego, si advenerit ullus homo ut ullus de heredibus meis qui contra donatione vel elemosinaria ista ire, agere, temptare vel inrumpere voluerit, non liceat vindicare quod repetit, sed conponat in vinculo auri libras V, et in antea donatio ista firma permaneat omnique tempore ante omnes preses pro omne firmitate subnixa cum stipulatione.

Facta donatione ista in civitate Arausiæ, vi kalendas octobris, anni dominice sunt mille ni, indicione ii. — Signum : Arnaldus qui donatione ista scribere jussit et testes firmare rogare manu sua propria rogavit. S. Archimbaldo, Aldoardo, Rainardo, Warnerio, Durando. — Venerannus scripsit.

327. ROCA MARDUNE.
Fin du xi° siècle.

Ego frater Willelmus cedo et dono unum mansum in comitatu Sestairone, in castello que vocatur Roca Mardune, ad sancti Salvatori et sancta Fide, in presentia Radulfi et in presentia Pontioni. Et est census de illo manso : xii denarios ad missa sancti Juliani; espallas ii, a nativitate Domini, de dinarios vi, panes ii, vinum i sestarium, civada sestarium i ; ad pascha, moltonem i de dinarios viii, de vinum quarta parte, de annona tascha.

328. AD ILLA GARRIGA.
996-1031, octobre.

Locum sacrum sancte Dei æcclesiæ qui est consecratus in honore domini nostri Jhesu Christi et sancte Fidei. Quamobrem ego Nizezius et uxor sua Stephana vendimus sancti Salvatoris et sancta Fide illo alode nostro que nobis per eruginem parentorum justissime obvenit ; et est ipse alodus in pago Ruthenico, in vicaria Serniacense, in loco que dicitur ad illa Garriga ; hoc est una peciola de terra ; et habet in se fines de uno latus terra ad ipso venditore, de alio latus rivo decurrente, de tercio vero latus terra sancti Salvatoris. Quantum infra istas fines concluditur, totum et abintegrum vendo ego Nizezius et uxor mea sancti Salvatoris et sanctæ Fidæ ; precium hoc est solidis octo quatuor de Lemoticanos et quatuor de Otonencos. Et fuit iste alodus sponsalicus ad uxore Nizezio ad ipso venditore, et dedit ad illa in concambio unum aripendum in ipsa Garriga de vinea.

Facta carta vendicione ista sub feria iiii, in mense octobrio, regnante Rodberto rege. — S. Nizezio et uxore sua Stephana qui carta ista scribere vel firmare rogaverunt. S. Gauzfredo, Begono, Airado. — Oddo monachus scripsit.

329. DE VILARS.

1060-1108.

Ego Atto Matfredus et uxor mea et filii nostri damus sancto Salvatori et sancte Fide de Conchis illum nostrum mansum de Vilars qui est in parrochia sanctæ Mariæ de Garbdis totum et abintegrum, alodum et phevum et vicariam, sicuti melius habuimus et visi sumus habere. Fines vero istius mansi terminantur : ex una parte usque in stratam puplicam, et ex alia parte rivum Lauconis, et ex alia parte desuper aliam stratam publicam et usque ad fontem Mercadieram, et ex alia parte desubtus usque in Perario et ad illas Foveas. Quantum infra istas fines concluditur, totum et abintegrum donamus domino Deo et sanctæ Fidi. Et quantum de supradicto manso remanserit extra fines istos, similiter damus ubi in qualicunque loco fuerit, sicut terminavimus et terminare fecimus, videntibus fevalibus nostris, Duranno et Amelio, et pro hoc alium fevum a nobis accipientibus et hoc donum auctorizantibus et laudantibus. Si vir aut femina ex projenie nostra hoc donum usurpare aut infringe voluerit, det altari sancte Fidis de Conchis tres libras auri, et postea sit firma et stabilis hæc donatio.

S. Atto Matfredi et uxori ejus. S. Geraldo Ameli, Duranno Raimundi, Amelii Mancipio, Ameli filiaster ejus, Atto Saisset, Rigualdi Hermengaudi, Petri Bego. — Regnante Philippo rege. — Durannus scripsit.

330. DE ASPERARIAS.

966, novembre.

Locum sacrum sancte Dei æcclesiæ qui est situs in pago Ruthenico, in vicaria Ferrairense que est fundatus super alveum Dordonis in honore domini nostri Jhesu Christi et sancta Maria et sancti Petri principis apostolorum, hubi sanctus Vincentius et sancta Fides tumulati consistunt, unde domnus Stephanus episcopus et Hugo abba rectores preesse videntur cum cuncta congregatione ibidem Deo famulantes. Quamobrem ego enim, in Dei nomen, Frotardus clericus cedo vel dono ad prephato monasterio cujus vocabulum est Conchas villa mea qui michi per hereditatem obvenit ; et est ipsa villa mea in pago Ruthenico, in vicaria Maurotense, in loco quæ vocatur Asperarias. Illos mansos duodecim que ego Frotardus visus sum habere vel possidere, ipsos mansos, cum terras cultas et incultas, cum pratos et boscos, cum exeos et regressos, cum aquis aquarum, cum quantum ad ipso mansos aspicit vel aspicere videtur, quistum vel adinquirendum est, totum et ab integrum cedo vel dono ad ipsa casa Dei jam supra dicta, pro anima mea et pro anima jenitore meo Hictore et jenetrice mea Senegundis et fratres meos et propinquis meis, ut post hunc diem habeatis, teneatis, possideatis et fructum fructuarium recipiatis, sine ullo contradicente in omnibus sane. Si quis ego, inmutata voluntate mea, vel ullus de heredibus et propinquis meis aut ulla amissa persona vel ullus homo per ullo quoque injenio qui contra carta donatione ista ire aut agere vel inquietare voluerit, faciat exinde quod lex est.

Facta carta donatione ista sub die mercoris, in mense novimbrio, anno XII regnante Lothario rege. — S. Frotardo qui carta donatione ista scribere vel firmare rogavit. S. Umberto, Escafredo, Odalrico, Abono, Sigerio. — Rodbertus scripsit.

331. DE ALTA BETIA.

997-1004, août.

Domino magnifico Girberto abbate emptore. Ego enim, in Dei nomen, Gauzbertus levita venditor, juxta textum vendicionis constat me vendidisse, quod ita et vendidi, tradidisse, quod ita et tradidi, hoc est medius mansus meus in pago Ruthenico, in vicaria Dunense, in villa quæ vocatur Altabetia, ubi Arlaldus visus est manere, cum medios boscos, cum medias vernias, cum medias terras cultas et incultas, cum quantumcumque ad ipso medio manso aspicit vel aspicere videtur, totum et abintegrum vendo sancti Salvatoris et sancta Fide et domni Girberti abbati cum cuncta congregatione sancti Salvatoris et sancta Fide, et per hac carta manibus vobis trado; unde accepi de vos precio, sicut inter me et vos bene complacuit, hoc sunt solidi xx et vɪ de Lemoticanos, et de ipso precio retro nos nichil remansit indebitum; ita ut ab hanc diem habeatis, teneatis, possideatis et quicquid facere volueritis licentiam habeatis ad faciendum sane. Si quis ego, inmutata voluntate mea, aut ullus de heredibus vel propinquis meis aut ulla amissa persona aut ulla calumpnia jenerare voluerit, hoc ei non liceat facere, sed insuper componat tantum et alium tantum quantum ipse medius mansus cum ipsa media terra valere potuerit in duplum sit rediturus et quod fecit non vindicet, set presens carta vendicio ista firma et stabilis permaneat cum stibulatione subnixa.

Facta carta vendicione ista sub die sabbati, in mense augusti, regnante Rodberto rege. — S. Gauzberto levita qui carta venditione ista scribere vel adfirmare rogavit. S. Gauzberto, Deusdet presbytero, alio Deusdet, Hictore, Guitbaldo. — Oddo scripsit.

332. DE MURO.

984, octobre.

Locum sacrum sancte Dei æcclesiæ qui est situs in pago Ruthenico super alveum Dordonis, et est fundatus in honore domini nostri Jhesu Christi pseu sancte Mariæ virginis et sancti Petri principis apostolorum necnon et clavigeri, ubi sanctus Vincentius et sancta Fides tumulati preesse videntur. Ego enim, in Dei nomen, Matfredus cedo vel dono illo manso meo in Muro ubi Injœlradus visus est manere, qui mihi per hereditatem obvenit; et habet ipse mansus in se fines vel confrontaciones : de duas partes terra ad ipso venditore, de tercio vero latus terra Bernardo; et est ipse mansus cum curto et orto et cum cunctis edificiis, cum pratis, cum pascuis, aspicit vel aspicere videtur, quistum vel adinquirendum est, totum et abintegrum cedo vel dono ad ipsa casa Dei jam supradicta vel ejusdem Deo servientes, ut post hunc diem teneatis, possideatis et in comunia teneatis, sine ullo contradicente in omnibus sane. Si ego, inmutata voluntate mea, aut ullus de propinquis meis aut ulla amissa persona fuerit qui contra carta donatione ista ire aut agere vel inquietare voluerit, hoc eis non liceat facere, sed faciat quod lex est.

Facta carta donatione ista die mercoris in mense octubrio,

anno xxx regnante Lothario rege. — S. Matfredo qui carta donatione ista scribere vel adfirmare rogavit. S. Arnoldo, Stephano, Hugono, Raimundo. — Benedictus scripsit.

333. DE LICIONICAS.
997-1004, avril.

Domino magnifico Girberto abbate emptore. Ego enim, in Dei nomen, Amblardus venditor, juxta textum venditionis constat me vendidisse, quod ita et vendidi, tradidisse, quod ita et tradidi, hoc est medius aripendus meus de vinea que michi per conquistum obvenit; et est ipse medius aripendus in pago Ruthenico, in vicaria Serniacense, in villa quæ vocatur Licionicas; quantumcumque ad ipso medio aripendo aspicit vel aspicere videtur, totum et abintegrum vendo sancti Salvatoris et sancta Fide et domni Girberti abbatæ cum cuncta congregatione sancti Salvatoris et sancta Fide, ut per hanc cartam manibus vobis trado; unde accepi de vos precium sicut inter me et vos bene complacuit, hoc sunt solidi xx et III Ruthenensi, et de ipso precio retro nos nichil remansit indebito, ita ut ab hanc diem habeatis, teneatis, possideatis et quidquid facere volueritis licentiam habeatis ad faciendum in omnibus sane. Si quis ego ipse, inmutata voluntate mea, aut ullus de heredibus vel propinquis meis aut ulla amissa persona ulla calumpnia jenerare voluerit, hoc ei non liceat facere, sed insuper componat tantum et alium tantum quantum ipse medius aripendus valere potuerit in duplum sit redditurus et quod petit non vindicet, sed presens carta vendicio ista firma et stabilis permaneat cum stibulatione subnixa.

Facta carta venditione ista in die veneris, in mense aprili, regnante Rodberto rege. — S. Amblardo qui carta donatione ista scribere vel adfirmare rogavit. S. Girardi, alio Girardi, Bernardi, alio Bernardi, Aimoni. — Oddo monachus scripsit.

334. DE ROSARIO.
1031-1060.

Loco sacro Conchacensis monasterii qui est consecratus in honore domini et salvatoris nostri Jhesu Christi, ubi beatissima virgo requiescit Fides, in quo Odolricus abba preesse videtur. Ego Ingelbertus Bonius et filius meus Deusdet domus unam dinariadam de vinea in Rosario que vocatur ad Faurgas, subtus Garabotesca, in parrochia de ecclesia sancti Lupi ad alodem; et donat ipsa vinea quartum et sestarium I de civada et dinarium I; et alium alodem quem habeo dono similiter sancti Salvatori et sancta Fidi, si filius meus Deusdet sine filiis obierit de uxore.

Facta carta ista feria VI, regnante Ehenrico rege. — S. Ingelberti et Deus[det] qui cartam istam scribere juserunt.

335. DE VILARO.
996-1031.

Locum sacrum sanctæ Dei æcclesiæ qui est constructus in loco que vocatur Conchas in honore domini nostri Jhesu Christi vel sancta Maria matris ejus et sancti Petri, hubi sanctus Vincencius et sancta Fides tumulati jacent. Venit predictus vir nomen Gauzbertus et filius ejus Guarnerius et vendiderunt suum alodem ad ipsos monachos de Concas; et est ipse alodus in pago Ruthenico, in vicaria Serniacense, in loco que vocatur Vilaro; et accepit de vos precium, sicut inter nos et vos bene complacuit, hoc sunt solidi V et hunus sestarius de vino et nichil retro vos remansit indebitum; et post hunc diem habeatis, teneatis, possideatis in omnibus sane. Si quis nos, inmutata voluntate nostra, aut ullus de heredibus vel propinquis meis aut ulla amissa persona qui contra carta venditione ista ulla calumpnia jenerare voluerit, hoc ei non liceat facere, sed faciat sicut lex est, et cum Datan et Abiron habeat participationem in infernum.

Facta carta venditione ista sub die sahbato, regnante Rodberto rege. — Signum : Gauzberto et filio ejus Guarnerio qui carta venditione ista scribere vel adfirmare rogavit. Signum : Bernardo, Rainaldo, alio Rainaldo. — Rodbertus scripsit.

336. DE CANTAGREL.
997-1001, juin.

Domino magnifico Girberto abbate emptore. Ego enim, in Dei nomen, Aldefredus et uxor mea Gauzberga venditores, juxta textum vendicionis constat vobis vendidisse, quod ita et vendimus, tradidisse, quod ita et tradimus, hoc sunt vineas tres aripendi, cum bosco quæ nobis per origine parentorum obvenit; et est ipse alodus in pago Ruthenico, in vicaria Serniacense, in loco quæ vocatur Cantagrelo; et habet ipse alodus in se fines: de uno latus terra sancti Salvatoris et sancta Fide, de alio latus terra Oddane, et de alio latus gutta decurrente. Quantum infra istas fines concluditur, totum et abintegrum nos vendimus sancti Salvatoris et sanctæ Fidei, et domno Girberto abbatæ cum cuncta congregatione monachorum; unde accepimus de vos precium, sicut inter nos et vos bene complacuit, hoc sunt solidi xx de Rodenesos, et de ipso precio retro nos nichil remansit indebito; ita ut post hunc diem habeatis, teneatis, possideatis et quicquid facere volueritis faciatis, sine ullo contradicente in omnibus sane. Si quis nos, inmutatas voluntates nostras, aut ullus de heredibus vel propinquis meis qui contra carta vendicione ista ulla calumpnia jenerare præsumpserit, hoc ei non liceat facere, sed faciat quod lex est.

Facta carta vendicione ista die veneris, in mense junio, regnante Rodberto rege. — S. Rainoni. Jorio, Bernardo, Begoini. — Salustrius scripsit.

337. BECIARIA.

Vers 1012, novembre.

Domino magnifico Airado abbate vel cuncta congregatione sancti Salvatoris vel sancta Fidæ Conchas monasterii emptores. Ego enim, in Dei nomen, Aldiardis femina et filios meos venditores, juxta textum vendicionis constat nos vobis vendidissemus, quod ita et vendidimus, tradidissemus, quod ita et tradidimus, hoc est alodus noster qui nobis per eruginem parentorum obvenit, uno dimedio aripendo de vinea quæ Gonberga tenet a beneficio, et in ipso loco plantarios quæ Petrus et Hictor plantaverunt, in vicaria Dunense, in loco que vocatur Beciaria et in Auna; et habet ipse alodus in se fines: de uno latus terra Petroni, de alio latus terra ad filios Dodeldis, de tercio latus strata puplica, de quarto latus terra Deusdet et Bernardo et Guidone. Quantum infra istas fines concluditur, totum et abintegrum vobis vendimus Airado abbati vel cuncta congregatione sancti Salvatoris; et accepimus de vos precium, sicut inter nos et vos bene complacuit, hoc sunt solidi quindecim, et retro nos nichil remansit indebitum; ut post hunc diem habeatis, teneatis, possideatis et quicquid facere volueritis faciatis, sine ullo contradicente in omnibus sane. Si quis ego, inmutata voluntate mea, aut ullus de heredibus vel propinquis meis aut ullus homo per ullo quoque injenio qui contra carta vendicione ista ulla calumpnia generare præsumpserit, hoc ei non liceat facere, sed faciat quod lex est.

Facta carta sub die sabbato, in mense novembrio, regnante Rodberto rege. — S. Aldiardis qui carta donatione ista scribere vel adfirmare rogavit. S. Deusdet, Bernardo, Austrino, Willelmo. — Salustrius scripsit.

338. DE PALVENSSE.

989 ? février.

Locum sacrum sanctæ Dei æcclesiæ qui est constructus in honore domini et salvatoris nostri Jhesu Christi seu et sancta Maria genitricis Dei et sancti Petri clavigeri, ubi sanctus Vincentius et sancta Fides tumulati consistunt, qui est super alveum Dordonis, ubi domnus Arlaldus abba preesse videtur cum monachis ibidem Deo famulantibus. Ego enim, in Dei nomen, Hictor cedo vel dono ad ipsa casa Dei suisque servientibus aliquis de rebus proprietatis meæ, pro anima mea et pro anima Umberti patre meo, ut pius Dominus ad judicium veniam nobis tribuere dignetur, hoc est medius boscus de Palvensse qui mihi ex origine parentorum obvenit, qui est in pago Ruthenico, in vicaria que vocatur Dunense. Quantum ad ipsum boscum aspicit vel aspicere videtur, totum et abintegrum cedo vel dono ad ipsa casa Dei vel ad ipsos Deo servientibus, ita ut post diem hanc neque ego neque ullus de heredibus meis nec ulla admissa persona nec composita ipsa donatione que ad ipsa casa Dei cedimus abstraere vel minuare voluerit omnino non possit, et si hoc facere presumpserit, componat ad ipsos rectores seu ad ipsos Deo servientes de ipsa casa Dei qui eo tempore preesse videntur tantum et alium tantum quantum ipse boscus superius nominatus eo tempore melioratus valere potuerit in duplum sint redituri, et quod petit non vindicet, sed presens cessio ista inviolabile omnique temporæ obtineat firmitatem cum stibulatione subnixa.

Facta carta donatione ista die sabbato in mense februario, anno II regnante Hugono rege. — S. Hictore qui carta ista scribere vel adfirmare rogavit. S. Umberto, Ademaro, Isarno, Hictore Arnaldo, Deusdet. — Deusdet scripsit.

339. DE DUNENSE.

Vers 1012, janvier.

Domino magnifico Airado abbate cum cuncta congregatione sancti Salvatoris emptores. Ego enim, in Dei nomine, Ragambertus et uxor mea Senegundis, juxta textum vendicionis constat nos vendidissemus, quod ita et vendidimus, tradidissemus, quod ita et tradidimus, hoc est alodus noster de Dunense, duos mausos; et est ipse alodus Senegundis, cum mansiones, cum vineas, cum boscos, cum terras cultas et incultas; totum et abintegrum vendimus sancti Salvatoris et sanctæ Fidei et domni Airadi abbati et cuncta congregatione sancti Salvatori et sanctæ Fidi, et per hanc cartam manibus vobis tradimus; unde accepimus de vos precium, sicut inter nos et vos bene conplacuit, hoc sunt solidi quaranta et quinque de Ruthenis, et de ipso precio retro nos nichil remansit indebitum, ita ut ab han diem habeatis, teneatis, possideatis et quicquid facere volueritis licentiam habeatis ad faciendum sane. Si quis nos, inmutatas voluntates nostras, aut ullus de heredibus vel propinquis nostris aut ulla amissa personna aut ulla calumpnia generare voluerit, hoc ei non liceat facere, sed faciat quod lex est.

Facta carta venditione ista sub die lunis, in menso januarii, regnante Rodberto rege. — S. Ragambertus et uxor mea Senegundis qui carta vendiciono ista scribere vel adfirmare rogaverunt. S. Campioni, alio Capioni, Hictori, Ademari. — Saluster scripsit.

340. DE FERRARIENSE.

961, julu.

In nomine Domini ac Dei nostri. Locum sacrum qui est situs in pago Ruthenico, in honore et reverentia domini et salvatoris nostri Jhesu Christi et reliquiis ejus deligatis seu et sancta Maria matris ejus et ex reliquiis beati Petri principis apostolorum, ubi sanctus Vincentius et sancta Fides tumulati requiescunt, cujus vocabulum est Conchas, et sociis eorum qui in eodem domicilio conectuntur, qui est situs in pago Ruthenico, in ministerio Ferrariense, super fluvium Dordone, ubi Stephanus episcopus et Bego episcopus et Hugo abba preesse videntur, una cum monachis ibi Deo servientibus. Igitur ego, in Dei nomen, Guitbertus sacerdus cedo vel dono a supra jamdicta casa Dei vel ad rectores loci illius qui ibidem Deo deserviunt vel alios qui servituri sunt, hos est caput mansus qui michi per conquistum obvenit. Et est ipse caput mansus in pago Ruthenico, in ministerio Montiniacense, in villa cujus vocabulum est Serra; et habet ipse caput mansus fines in se vel confrontaciones: de superiore latus strata puplica, et de alio latus terra sancti Salvatoris, de tercio latus vinea Arcimbaldo, et de subteriore latus rivo currente. Quantum infra istas fines concluditur, totum et abintegrum cedo vel dono ad ipsa casa Dei jamdicta, pro anima mea et pro anima Gauzfredi et Adalgrimi et Willelmi et Raingardane, ut Deus omnipotens nobis ad judicium concedere dignetur. In eadem vero racione hoc facio, quamdiu ego vivo, teneam et possideam, et dono vestidura uno modi de vino per singulos annos. Licentiam vero nec potestatem non habeant nec ullus abba nec ulli monachi nec vendere nec concambiare nec beneficiare nec in feo donare, licentiam non habeat ad faciendum; et quicumque facere voluerit, auferet Deus partem illius de libro vite et cum Datan et Habiron in infernum inferiori participationem habeat, et si aliter fecerint, recipiat Bego in opus suum. Si quis ego, inmutata voluntate mea aut ullus de heredibus meis vel propinquis aut ullus homo per ullo quoque injenio qui contra carta donatione ista ire aut agere vel inquietare voluerit, hoc ei non liceat facere; si quis hoc facere voluerit, faciad quod lex est et hac carta firma permaneat.

Facta carta cessio ista sub die veneris, in mense junio, anno vii, regnante Loterio rege. — S. Guilberto presbytero qui carta donatione ista scribere vel adfirmare rogavit. S. Isalgado, Sigerio, Girardo, Hugoni, Salustrino, Aldegerius, Rigualdo.

341. DE FRONTIS.
955-986.

Locum sacrum sancta Dei æcclesia qui est constructa super alveum Dordonis, in honore domini nostri Jhesu Christi et sancti Salvatoris seu sancti Petri clavigeri, hubi sanctus Vincentius vel sancta Fides tumulati quiescunt. Donat predictus clericus nomine Matfredus aliquid de rebus proprietatis suæ qui ei per conquistum obvenit, et est ipse alodus in pago Arvernico, in vicaria Carllatense, in villa quæ vocatur Frontis, illo manso que ibi visus sum habere, et ad ipsum mansum aspicit vel aspicere videtur, totum et abintegrum dono ad ipsa casa Dei jam supradicta, pro anima mea; et teneant eum monachi in comunia. Et si est ullus homo qui donet eum, veniat unus de propinquis meis aut ulla amissa persona qui contra carta donatione ista ulla calumpnia jenerare voluerit, hoc ei non liceat facere, sed faciat sicut lex est.

Facta carta donatione ista sub die jovis regnante Lothario rege. — S. Matfredo clerico qui carta ista scribere vel adfirmare rogavit. S. Bernardo, Stephano, Girardo, Grimoardo. — Rodbertus scripsit.

342.
997-1004, mars.

Domino magnifico Girberto abbatæ et cuncta congregatione monachorum sancti Salvatoris e' sanctæ Fide vel aliorum sanctorum Conchas monasterii emptores. Ego enim, in Dei nomen, Giraldus et uxor mea Ingelberga et filius meus Giraldus et filiæ meæ Duranta et Girberga venditores, juxta textui vendicionis constat nos vendidisse vobis, quod ita et vendidimus, hoc est unus caput mansus, cum mansiones, cum curte et orto et trolio, cum exeo et regresso, cum vineas, hoc sunt vi dinariatas, cum terras cultas et incultas. Quantum ad ipsum alodem aspicit vel aspicere videtur, totum et abintegrum vendimus sancti Salvatoris et sancte Fide vel aliorum sanctorum et a Girberto abbatæ vel cuncta congregatione monachorum sancti Salvatoris et sancta Fide; et accepimus de vos precium sicut inter vos et nos bene complacuit, hoc sunt solidi xx et iii et retro vos nichil remansit indebitum. Et habet ipse alodus in se fines vel confrontaciones : de uno latus terra sancti Juliani, de alia parte terra sancti Petri, de tercia parte sancti Petri et sancti Jeraldi, de quarto latus strata puplica; quantum infra istas fines concluditur, totum et abintegrum vobis vendimus, ita ut post hunc diem habeatis, teneatis, possideatis quicquid facere volueritis in omnibus sane. Si quis nos, inmutatas voluntates nostras, aut ullus de heredibus nostris qui contra carta vendicione ista ulla calumpnia generare præsumpserit, hoc ei non liceat facere, sed faciat quod lex est.

Facta carta vendicione ista sub die veneris, in mense marcio, regnante Rodberto rege. — S. Giraldo qui carta vendicione ista scribere vel adfirmare rogavit. S. Girberto, Folcusio, Guarnerio, alio Guarnerio. — Oddo scripsit.

343. DE GRANARIO.

903, mai.

Locum sacrum sancte Dei ecclesiæ qui est situs in pago Ruthenico, super alveum Dordonis, et est fundatus in honore domini nostri Jhesu Christi pseu sanctæ Marie virginis et sancti Petri principis apostolorum necnon et clavigeri, ubi sanctus Vincentius et sancta Fides tumulati esse videntur. Ego enim, in Dei nomen, Rainus cedo vel dono una peciola de vinea quæ ego habeo in ipso Granario; quantumcumque ego ibi visus sum habere vel possidere, totum et abintegrum cedo vel dono ad ipsa casa Dei jam supradicta vel ejusdem rectores, ut post hunc diem habeas, tenens, possideas et faciatis quicquid facere volueritis, sine ullo contradicento in omnibus sane. Si quis ego, inmutata voluntate mea, aut ullus de propinquis meis aut ullus de heredibus meis aut ullus homo per ullo quoque injenio aut ulla amissa persona vel subrogata qui contra carta donacione ista ire aut agere vel inquietare voluerit, hoc eis non liceat facere nec licentiam non habeant ad faciendum, sed faciant quod lex est.

Facta carta donatione ista, sub die sabbato, in mense madio, anno v regnante Karlo rege. — S. Rainono qui carta donatione ista scribere vel adfirmare rogaverunt. S. Bernardo, Deusdedit, Bernardo, Gauzfredo, Deusdet. — Benedictus scripsit.

344. DE JULANIUS.

Fin du xi° siècle.

Ego Ragambertus filius Arimundum dono sancti Salvatoris de Conchas et sancta Fide et sancti Antonini duas modiadas de vineas in loco que dicitur Julanius, in comitatu de Avinione, ubi Aldabertus visus est manere; totum et abintegrum dono sic et adfirmo.

S. Petroni, Gualterio, Laufredo, Audberto de Gravison, Jadberto, Pontioni, Aldebrano, Johanne Moltono.

345. AD SANCTUM STEPHANUM.

Fin du xi° siècle.

Ego Bernardus Vaiselleder dono sancti Salvatori de Conchas et sancta Fide et ad monachos una semodiata de vinea in loco que dicitur ad sanctum Stephanum subtus Avinione que tenet ipse Aldebertus.

346. DE PALATIO.

Av. 1031-1065.

Ego Stephanus cognomine Maurinus absolvo et relinquo sancto Salvatori de Conchas et sancte Fidei, et abbati Odolrico et mochis ejusdem loci qui sunt et qui erunt, illos mansos et illas vineas et terras et fructus earum et illas convenientias et tortos quos ego razonabam me habere de abbates et de monachos in Palacio et in toto alode, et illas mansiones de Lupiano quas Rodbertus monachus acaptavit; sicuti in ista carta scriptum est, ego sic tenebo de ista hora in antea, me sciente, per fidem, sine enganno.

S. Stephano qui carta ista scribere rogavit, Rigualdi sacerdote, Bernardi, Petroni. — Johannes monachus scripsit.

347. DE SOLARIUS.

xi° siècle.

Loco sacro Conchacensi monasterio qui est consecratus in honore sancti Salvatoris, ubi beatissima requiescit Fides. Ego Bernardus Oddo et frater meus Arnaldus cedimus et donamus illum alodem nostrum qui est in pago Caturcinio, in vicaria Saddiriaco, hoc est unus mansus qui vocatur Solarius, ubi Donadeus et Gauzbertus fratres manere. Donamus istum alodem supradictum Deo et sancte Fidei et monachis ejusdem loci, in tali convenientia ut in diebus vite nostre ipsum alodem teneamus et post mortem nostram Deo et ad monachos licitum et quietum remaneat, et ab hodie per hunum quemque annum quatuor denarios Lemovicanos per censum monachi habeant et recipiant. Si nos aut ullus de heredibus nostris ad sanctos voluerit tollere, non liceat ei, set si facere voluerint, faciant quod lex est.

S. Bernardi Oddoni, Arnaldi, Gauzberti de Castello Novo, Bernardi fratris Gauzberti, Raimundi.

348. DE CILIANO.

Fin du xi° siècle.

In Jhesu Christi salvatoris nomine. Ego Maria, dum jaceo in infirmitate detenta et paveo ne repentinus mortis michi eveniat, donatrix sum domino Deo et altario sanctæ Fidis virginis sive habitatoribus ejusdem loci modiatam vineæ in comitatu Narbonnense, in terminis de villa Ciliano; et advenit michi propter alodium matris meæ. Affrontat ipsa vinea ex una parte in stagno, et de alia parte in faxias de Bernardo Willelmo. Ego jam dicta

Maria dono ipsam vineam tali tenore ad sanctam Fidem quod, si Deus reddidit michi pristinam sanitatem, propter suam virginem prænominatam, habeant illam ipsi sui habitatores in servicium domino Deo et ipsius loci.

349. DE URSARIAS.
Fin du xie siècle.

Ego Pontius Lautaldus et uxor mea Poncia damus sancto Salvatori et sancta Fide de Conchas illum mansum nostrum de Ursarias, ubi Bernardus Dodolenus visus est manere ; et habet censum unum sestarium de sigile et xviii denarios et multonem cum ausso et agnum et receptum cum iiii militibus et per sauma xviii denarios et quartum de lino ; et est ipse mansus in comitatu Gabilonensi; in tali convenientia ut, in vita nostra, xii denarii sancte Fidi dentur, et post mortem uxoris meæ sanctæ Fidi ab integro remaneat.

S. Pontioni et uxori sue qui carta ista scribere rogaverunt. S. Stephano Gaucelmo, Wil'elmo filio meo.

350. DE TANAVELLA.
Vers 1065.

In nomine summe et individue Trinitatis. Ego Dalmacius et uxor meo Aldiardis et frater meus Stephanus et filius meus Rodbertus damus sancto Salvatori et saucte Fidei Conchacensis monasterii hoc quod habemus in villam que vocatur Tanavellam, id est quatuor mansos cum decimo et vicaria et ipsos feusales que per nos tenere debent. De uno quoque manso exeunt duo solidi de vendemia et octo de multone, et in totam predictam villam totum decimum de apprehensionibus hominum et medietatem decimi de animalibus eorum. Hæc omnia superius scripta damus sancto Salvatori et sanctæ Fidis prescripti cenobii pro hereditate filii nostri Bertrandi monachi.

S. Stephani abbatis, Odolrici abbatis, Petri monachi, Begoni monachi, Deusdet de Vigorono, Petroni de Tremolias, Begoni de Cumbreto, Armando Castano, Stephani presbyteri. S. Dalmacii et Stephani fratris et uxoris sue Aldiardis et filii Rodbertis qui istam cartam firmaverunt et firmare rogaverunt. — Bertrandus monachus scripsit.

351. DE PEIRELADES.
Av. 1031-1065.

Ego Willelmus Raimundus dono sancto Salvatori de Conchas et sancte Fidei et abbati Odolrico et monachis unum mansum in comitatu de Peiralades; et donat censum unum multonem et unam pernam de porcum et tasqua de annona et quartum de vinum; in tali convenientia ut, si vult eum redimere pater suus aut fratres, ponat duas uncias de auro super altare sancti Salvatoris, et si hoc facere noluerint, teneant eum monachi ad alodum usque dent II uncias de auro. Et est iste mansus supradictus in villa de Boscairon.

S. Raimun Adalbertus de Vilarnol.

352. DE BOZIOLO.
902, mai.

Locum sacrum sancte Dei ecclesie qui est situs in pago Ruthenico, super alveum Dordonis, et est fundatus in honore domini nostri Jhesu Christi pseu sancte Marie virginis et sancti Petri principis apostolorum necnon et clavigeri, ubi sanctis Vincencius et sancta Fides tumulati esse videntur. Ego enim, in Dei nomen, Guitbaldus cedo vel dono illo alode meo que ego habeo in Boziolo, illa vinea mea tres dinariatas de vinea et una medaliata cedo vel dono sancta Fide, in emenda de illo malo quem ego habeo sancta Fide facto, omnique tempore ille alodus semper sit sancta Fide in ad luminaria; et habet ipse alodus fines : de uno latus terra sancti Salvatoris, de alio latus rivo decurrente; quantumcumque ad ipsa vinea aspicit vel aspicere videtur totum et abintegrum cedo vel dono sanctæ Fide in ad luminaria, sine ullo contradicente sane.

Facta carta donatione ista sub die lunis, in mense madio, anno IIII regnante Karolo rege. — S. Guitbaldo qui carta donatione ista scribere vel adfirmare rogavit. S. Arlando, Bernardo, Amalfredo, Gauzfredo, Stephano. — Benedictus scripsit.

353. DE TORNIS.
997-1031, mai.

Locum sacrum sancta Dei æcclesia qui est constructus in honore domini nostri Jhesu Christi et sancti Salvatoris vel sancti Petri, in loco quæ vocatur Conchas, ubi sancta Fides vel sanctus Vincentius requiescunt. Venit homo nom Aribertus et uxor suo Girberga, donant ad ipso loco jam supradicto aliquid de rebus proprietatis sue qui eis per originem parentorum obvenit, hoc est unus mansus in Tornis, et est ipse alodus in pago Alvernico, in vicaria Salensis ; et post hunc diem habeatis, teneatis, possideatis in comunia in omnibus sane, sine ullo contradicente. Et si est nullus homo qui tollere voluerit de comunia, veniat ullus de filios et donet sancti Salvatori et sancta Fide una candela de unum denarium. Si quis nos, inmutatas voluntates nostras aut ullus de heredibus vel propinquis nostris aut ullus homo per ullo quoque injenio qui contra carta donatione ista ulla calumpnia generare præsumpserit, hoc ei non liceat facere, sed faciat sicut lex est.

Facta carta donatione ista sub die lunis, in mense madio, regnante Rodberto rege. — S. Ariberto et Girberga sorore sua qui carta donatione ista scribere vel adfirmare rogaverunt. S. Bernardo, Gualterio, Ariberto. — Salustrius scripsit.

354. DE POJOLO MEJANO.
997-1031, mai.

Domino magnifico emptore. Ego enim, in Dei nomen, Gauzfredus donator dono sancta Fide uno meo caput manso que est in Pojolo Mejano, cum boscos, cum terras, cum vineas ; quantum ad illum caput mansum aspicit vel aspicere videtur, totum et abintegrum dono sancta Fide, in tale racione, quamdiu vivent, teneant et post discesum suum sancta Fide remaneat, et concensum omnique anno III denarios ; et habet in se fines : de uno latus terra sancti Stephani, de alio latus terra Avane, de tercio latus terra Geraldo, de quarto latus via puplica; quantum intra istas fines continet totum et abintegrum dono sancta Fide.

Facta donatione ista in mense madio, sub Rodberto rege. — S. Gauzfredo qui carta donatione ista scribere vel adfirmare rogavit. S. Geraldo, Raterio. — Ademarus scripsit.

355. DE CASTLARO.

1032-1060, avril.

Ego, in Dei nomen, Gisla abbatissa cedo et dono sancti Salvatoris et sanctæ Fidis de Conchas mansum meum de Castlaro qui mihi per conquistum de alode sancti Salvatoris obvenit; et ipse mansus est in comitatu Ruthenico, in vicaria Goliniacense. Quantum ad ipsum mansum aspicit vel aspicere videtur totum ex integrum dono sancti Salvatoris et sancte Fidis et monachis ibidem Deo famulantibus, pro anima mea et animabus parentum meorum. Et si ullus abba aut rector monasterii de comunia ejecerit, veniat Hugo nepus meus aut unus de plus propinquis meis et donet sancte Fidis XII denarios et teneat ipsum alodem.

Facta carta ista prima die mensus aprilii, regnante rege Heenrico. — S. Gislane qui cartam istam scribere rogavit. — Et ipse mansus habet censum VIIII denarios.

356. DE TANAVELLA.

1060-1108, juillet.

Ego Rodbertus et fratres mei Odilo et Willelmus et Bertrandus et Stephanus et sorores nostræ donamus et vendimus omne honorem quem dedit pater noster Rodbertus sancti Salvatoris de Conchas et sancte Fidei virginis, et abbati Odolrico et monachis præsentibus et futuris ipsius loci, hoc est quantum in Tanavella visus fuit habere justo vel injuste; et per hoc accepit pater noster de abbate Odolrico et de Ademaro priore et de monachis c quinquaginta solidos de Pogesos et unum mulum. Similiter per c quinquaginta de Pogesos et donamus in Ladguado duos mansos ad alodum; et donamus in ipso Ladguado, de viginti mansos et de quatuor apendarias de una queque mansione que in ipso alode factæ fuerint, unum denarium et sepulturam et proferta ad altare et babtisterium et justiciam ad presbyterum, ut sicut solet respondere ad ecclesiam de Avalogulo, ita respondeat ad æcclesiam de Tanavella. Et donamus in Cantbonneto duos mansos ad alodo, et donant ibi monachi decem solidos de Pogesos. Et damus in Avalojolo unum pratum in Ramegesco, et ille qui pratum tenuerit dabit pro herba octo sestarios de mel; et in Cervaria et in Bretes III mansos et V apendarias ad alodum et usum et consuetum, et unam de istas appendarias rediment ipsi monachi viginti solidos de Pogesos. Hoc totum quod scriptum est donavit pater noster Rodbertus de Castello, pro anima sua et parentum nostrorum, et fecerunt illum monachum et sepelierunt eum. Nos vero, sicut pater noster donavit, similiter cedimus et donanus et firmamus, ita ut ab hoc die hoc supra scriptio firma et stabilis omni tempore permaneat.

Hec carta scripta est in mense julio, feria sexta, regnante Franchorum rege Phylippo.

357. DE CARANCIAGO.

901, mai.

Locum sacrum sancte Dei æcclesiæ qui est situs super alveum Dordonis, et est fundatus in honore domini nostri Jhesu Christi seu sancte Mariæ virginis et sancti Petri principis apostolorum necnon et clavigeri, ubi sanctus Vincentius et sancta Fides tumulati consistunt. Quamobrem ego enim, in Dei nomen, Avierna femina et filius meus Bernardus et filius meus Aimo pariterque cedimus ad prephato monasterio cujus vocabulum est Conchas, ubi Arlaldus alba preesse videtur cum cuncta congregatione ibidem Deo famulantibus, cedimus res nostras que nobis per conquistum, justissime obvenit, hoc est in pago Ruthenico, in vicaria Dunense, in villa quæ vocatur Caranciago, hoc est unus mansus Favo Fonte ubi Deusdet visus est manere, cum vineis, cum pratis, cum terras cultas et incultas vel omnibus ajacenciis suis vel quantum cumque ad ipso manso aspicit vel aspicere videtur, totum et abintegrum, excepto uno aripendo de vinea, cedimus ad ipsos Deo servientes, pro animas nostras et pro anima Odolrico; ita ut post hanc diem neque ad nos neque ad ullus de heredibus nostris nec ulla admissa persona nec oposita ipsa donatione que ad ipsa casa Dei cedimus abstrahere vel minuare voluerit omnino non possit, et quiquid hoc facere presumpserit componat ad ipso rectore seu ad ipsos Deo servientes de ipsa casa Dei qui eo tempore preesse videtur tantum et alium tantum quantum ipse mansus superius nominatus eo tempore melioratus valere potuerit in duplum sit rediturus, et quod petit non vindicet, sed presens cessio ista inviolabilem omnique tempore optineat firmitatibus.

Facta carta cessione ista die veneris, in mense madio, anno tercio regnante Karolo rege. — S. Avierna qui carta ista scribere vel adfirmare rogavit. S. Arnaldo, Ablono, Bernono Umberto, Willelmo, Rainono. — In Dei nomine Adalgerius scripsit.

358. VINEA JOANNENCA.
Av. 1031-1065.

Ego Petrus et Frotardus frater meus guirpimus et donamus sancto Salvatori et sancte Fidi de Conchis et Odolrico abbate et monachis qui sunt et que ibi erunt illum quartum de vineas Durantum Guitardum, et illo vinea Joannenca que Judeanus abet in pignora pro III solidis, et quartum de vineas de Aurnant, et quartum de clauso de Ortalos, et stadga de Solario, et quinta appendaria de Podio ubi est ortus et pratum.

359. DE GUARCAG.
Av. 1031-1065.

Ego Odolricus abba et Hictor monachus dedimus vigaria de Podio et celleraria de annona et de vino, excepto furto et bauzia, Petroni et Frotardo, vidente Bernardo preposito et Geraldo Deusdet et Aimerico decano et Ademaro monacho.

360. DE MOTEILZ.
Av. 1031-1065.

In conscribendis donationibus hic ordo servandus est, ut prius nominetur nomen donatoris, deinde res que donantur. Quamobrem ego Rostannus dono sancto Salvatori de Conchas et sancte Fidei et abbati Odolrico et monachis illum meum mansum de Monteilz, cum censu : ad festivitatem sancti Martini sex denarios, et ad kalendas quatuor panes et duos sestarios de civada et II capones et quartum in dominio. Et est iste mansus supra scriptus in comitatu Uzechio in parrochia sancti Andree.

S. Rostanno, Bernardo, Petroni Bernardo.

361. DE BROGME.
Av. 1031-1065.

Ego Austorgius de Maurserias dono sancto Salvatori et sancte Fidis de Conchas illum mansum meum de Brogme qui appellatur Majaneg et abbati O. et monachis ibidem Deo servientibus totum et abintegrum. Et ego Deusdet frater suus similiter cedo et dono, pro remedium anime meæ et parentum meorum, ita ut ab hac die nulli meorum liceat aliquid quere.

362. DE TERONDELLOS.
XI° siècle.

In conscribendis autem donationibus que donavit Rigualdus, pro sepultura per fratres suos per Hictore clerici et Frotardo, illo alode que est in pago Ruthenico, in vicaria Ferraries, uno manso que dicitur Terondellos, quantum ad illo manso aspicit vel aspicere videtur totum et abintegrum dono, per fratres meos per sepultura, a sancto Salvatore et a sancta Fide ; et illo caput manso quæ est in villa que dicitur Majurago, quantum ad illo caput manso aspicit vel aspicere videtur totum et abintegrum illum decimum et ipsa sepultura. Et si est ullus homo aut ulla femina qui carta donatione ista contradicere voluerit, cum Datant et Abiron et cum Juda traditorem in infernum permaneat.

363. DE PINETO.
XI° siècle.

Sacro sancta æcclesia quæ est constructa in honore XII apostolorum et beate Fidis virginis atque martiris. Dono vobis ego

Rodberta uno manso, pro anima mea, in episcopatu Arverniæ, in villa que dicitur Pineto, in tali conventione quamdiu vivo xii denarios infra annum reddo, et post abitum meum carta ista firma sit, et qui contradicere voluerit post mortem meam cum Datan et Habiron in profundum infernum permaneat.

S. Robberta qui carta ista scribere rogavit et manus suas firmavit.

364. DE CORDECIAS.

xi⁰ siècle.

Ego Rigualdus Ermenrigus cedo vel dono illo alode meo de Cordecias, hoc est unus mansus, sancti Salvatoris et sancte Fide, ubi Rodbertus Guislandus visus est manere, cum terras cultas et incultas; in tali vero racione ut, quamdiu ego vivo, teneam ipsum alodem et omnibus annis vitæ meæ ego Rigualdus dabo unum denarium aureum, et post mortem meam iste mansus supra scriptus sancte Fide remaneat. Si autem frater meus aut filius meus de uxore ipsum alodem tenere voluerit aut nepus meus filius de fratre meo sive de sorore mea, donet sancti Salvatoris et sancte Fide sexaginta solidos de Pogesos et teneat ipsum alodem. Et si sexaginta solidos unus de isto sancte Fide pro isto manso dare voluerit, teneat sancta Fides ipsum alodem, sine ullo contradicente in omnibus sane. Et istam cartam ego Rigualdus post mortem meam laxabo a Francherio presbytero, ut reddat eam ad ipsos monachos sanctæ Fidæ; et si illam ad eos non reddiderit, flat excomunicatus de Patrem et Filium et Spiritum Sanctum et de ipsa sancta Fide.

365.

985, février.

Locum sacrum sancte Dei æcclesiæ qui est situs in pago Rutenico super alveum Dordonis, et est fundatus in honore domini nostri Jhesu Christi pseu sanctæ Mariæ virginis et sancti Petri principis apostolorum, hubi sanctus Vincencius et sancta Fides tumulati consistunt. Ego enim, in Dei nomen, Girardus cedo vel dono illa vinea quæ comparavit de Adraldo; et habet ipsa vinea fines : de uno latus vinea Bernardo, de alio latus vinea ad ipso Gairardo ; totum et abintegrum cedo vel dono ad ipsa casa Dei jam supradicta vel ejusdem rectores, ut post hunc diem teneatis, possideatis, faciatis quicquid facere volueritis, sine ullo contradicente in omnibus sane. Si quis ego, inmutata voluntate mea, aut ullus de heredibus vel propinquis meis aut ulla amissa persona qui contra carta donatione ista ire aut agere vel inquietare voluerit, hoc eis non liceat facere, sed faciunt quod lex est.

Facta carta donationem istam die jovis, in mense febroario, anno XXXI regnante Lothario rege. — S. Gairardo et uxore sua Aldeburgis qui carta donatione ista scribere vel adfirmare rogaverunt. S. Gauzfredo, Austrino, Deusdet, Stephano, Aldeberto. — Benedictus scripsit.

366. IN PALLAIREDDO, IN GERMULIO.

XI° siècle.

Ego enim, in Dei nomen, Austrinus dono sancta Fide et sancti Salvatoris in Pallaireddo unum mansum ubi Durantus visus est manere, alium mansum in Germulio ubi manere visa est mulier vidua cum filios suos, et illa medietate de illo alode de Ruo, et alia medietate de Bago, et illa medietate de illum alodem de Cannas, et illum mansum de Pers ubi manere visus est Salomon, et illum mansum de Najaz, et illas commandas quæ Austrinus tenet de sancti Salvatoris et de sancta Fide ; jam nullus suus consanguineus non antparet eas. Aliam suam honorem laxabit Deusdet ad filium Frotardum de Conchas et Austrinum filium Austrini que illam honorem, si de illum evenerit dividant per medium ; et si hoc nullus de istos de Deusdet et de Austrinum amparaverint, de totam honorem que Austrinus laxavit eis jam nullam rem non habuissent.

367. DELLA OLA.

Fin du XI° siècle.

Breve de illo alode quo dedit Guido de Culeto sancti Salvatoris et sancte Fidis et Willelmus Belzhomo, illos mansos della Ola ad alode; et inter ambos dederunt tres solidos omnique anno et unum receptum, et in tale convenientia quæ, se unus vendere aut inpignorare voluerint ab illos seniores de Conchas, o fecissent, et de illis unus mortuus fuerit que a sancti Salvatoris et sancta Fide remansissent.

368. DE LAUNBET[1].
Av. 1031-1065.

Ego Amelius, ad exitum vite veniens, me monachum, pro peccatis meis indulgentia, a monachis sancte Fidis impetravi fieri ; et dedi mansum meum Launbet totum et abintegro sancto Salvatori et sancte Fidi, abbati Odolrico et monachis in perpetuum habendum, et posthac tribus filiis meis Hugoni videlicet et Jordano et Gerberto feci eum mansum derelinquere et donare sine ullo retentu. Post non multum vero temporis, hi tres filii supradicti Amelii, Deo mentientes, datum a patre mansum et ab eisdem sibi vindicarunt ; quod ego Bernardus monachus audiens, mansum injustum ablatum ab eis recuperavi, et propter hoc illis tribus solum unum prandium promisit semel donare in anno.

S. Pontii monachi, Petri monachi, Rigualdi, Geraldi presbyteri.

369. A LAS PLANAS
xi° siècle.

Ego Pontius Bernardus, Petrus et Bertrandus et mater nostra Amalsendis donamus sancto Salvatori de Conchis et sancte Fidis unum mansum ad alodem in civitate Nemauso, in loco quo dicitur a las Planas quem tenet Bertrandus, et reddet censum iiii quatuor denarios et obolum unum et quartum. Et donamus similiter vineam in terminio de villa de Consta badens allas Paradilas quam plantavit Laurentius et dabit pro illa medietatem.

370. DE CAIROLS.
Fin du xi° siècle.

Breve memoratorio quod Odalrigo fieri jussit. In primis laxo

---

1. En marge on lit, écrit par une main du xii° siècle : *Bonava*.

sancti Salvatoris et sancta Fide illo manso meo de Cairols ubi Bernardus stat, et alio manso ubi Aigus visus fuit mare, et illo bosco de Pradel ; et in ipso loco, laxo Bernardo clerico uno manso ubi Gualtorius manet; et in ipso loco, laxo Stephano huno manso ubi Rambertus manet ; et illo alode meo de Cairols, cum vineis, cum pratis, cum terras cultas et incultas, excepto illo alode meo que hic super nominatus est, et illo alode meo de bosco de Alsono, cum quantum aspicit, totum et abintegrum Bernardo clerico laxo. Et illo manso meo in parrochia de Vaurilias ubi Aldefredus manet Bernardo clerico laxo, et illo manso meo de Bosco Betone totum et abintegrum Stephano laxo. Et illo alode meo de Pozolo totum et abintegrum ad ipsum Stephanum laxo. Et illo alode meo bosco de Planeza Hictore avunculo meo laxo. Et illo alode meo que laxabo Bernardo, post obitum suum, Stephano remaneat. Et illo alode meo quæ Stephano laxo, si infantem legitimum non habuerit, post obitum suum, Bernardo remaneat. Et illo alode meo quæ Bernardo et Stephano laxo, si Stephano infantem legitimum non habuerit, post obitum illorum, sancto Salvatoris et sancta Fide remaneat, excepto illo alode meo de Bosco Betono, et illo alode meo de Pozols quæ laxo, post obitum illorum, sancta Maria de Ruthenis, si Stephanus infantem legitimum non habuerit.

371. DE ROCHOLES.

1060-1108.

Ugo de Moret filius Bernardi, pro anima sua et pro animabus patris et matris sue, dedit sancto Salvatori et sancte Fidi de Conchis et abbati Stephano et senioribus ejusdem loci tam presentibus quam futuris illum mansum de Rocholes ad alodum et fevum et quantum juste vel injuste ibi visus est habere. Et iste mansus prœnominatus donat quartum et censum : ad kalendas scilicet unum receptum cum v caballariis et in crastinum gentarium et v denariis et uno pane de segel et una gallina et duos sestarios de civata, et in mense madio unum multonem cum ausso et unum agnum, et per messes alium receptum cum v caballariis sine civata, sed tantum garbas de civata dentur caballis et v denariis et unum panem et quatuor gallos et per taverna quatuor sestarios de segel, et quando evenerit vesticionem de hominibus illis qui mansum tenuerint. Hoc donum fecit postea Austrinus frater ejus, in presentia domni Begonis abbatis et Ademaris sacristæ et Bonefaci monachi et vicarioli ejusdem mansi et ipsorum hominum qui eodem manso laborabant.

Et fecit scribere Austrinus censum in presentiæ eorum, videntibus Duranti et Petri et Deusdet Austorgi scriptoribus, regnante Philippo rege. — S. Austrini.

372. IN ESCOLTO.
Fin du xi° siècle.

In comitates de Basado, in Escolto: duos mansos, et debet per censum duos multones et quatuor panes et quatuor sestarios de civata et quartum. In Bordelesi: mansum unum, cum quartum, et debet censum quatuor denarios. et est in Castello Vetulo; unum mansum in Bairag, et alium in Gopino. In Peiregorg: castello de Graniolo, debet per censum v solidos denarium; in Guardona I mansum; sancti Cipriani I mansum; a Colnat II mansos; in Landa I mansum. In Aginno: ecclesia de Calia; et ecclesia de Monte Aguzor[1] illa medietate; et uno manso in Forcas; et duos mansos in Esses; et una medietate de uno manso de Pestiliago cum quartum et II denarios. In Caturcino: illas tres partes de ecclesia de Lararias et duos mansos et VI denarios pro uno porco et quartum; in Fraisenedda alium mansum, et debet quartum et VI denarios; in Capo Germano unum mansum cum quarto et unum multonem; in Orced II mansos cum quartum, et unusquisque debet unum multonem et I sestarium de civada et I sestarium de segel; in Tredlone unum mansum, et est in pignora; in Peirod, in unum mansum habemus censum II gallinas et duos sestarios de civada.

373. IN MAISERAS ET ATANS.
Fin du xi° siècle.

Donatione que fecit Hugo de Balnes et uxor sua Angiards

---

1. En face de ces mots, en marge, on a écrit au xii° siècle en lettres rouges : *ecclesia de Calia et de Monte Aguzar*.

sancti Salvatori et sancte Fidei de duos mansos. Unus mansus est in Maiseiras et ubi Arambertus visus est manere; et alius mansus in comitatu Amahos, in villa Atans, ubi Adalbertus visus est manere. Ambos duos istos mansos ego Hugo dono sancto Salvatoris et sancta Fide, pro tale amore ut Deus omnipotens et beatissima sancta Fides donet michi infantem legitimum de uxore mea Angiards.

374. DE VALLERIS.
Commencement du xi° siècle.

Locum secrum sancta Dei ecclesia qui est constructus in honore domini nostri Jhesu Christi et sancti Salvatoris vel sancti Petri, in loco que vocatur Conchas, ubi sancta Fides vel sanctus Vincencius quiescunt. Venit homo nomen Raimundus et uxor sua Alberada, donant ad ipso loco jam supra dicto aliquid de rebus proprietatis suæ qui eis per eruginem parentorum obvenit, et hoc est caput mansus in Valleris, in parrochia sancti Disderii, cum sua parte de prato de Fonte Regalo, ubi visus est Rodgerius manere; et post hunc diem habeatis, teneatis in comunia, in omnibus sane sine ullo contradicente. Si quis nos, inmutates voluntates nostras, aut ullus de heredibus vel propinquis nostris vel ullus homo per ullo quoque injenio qui contra carta donatione ista ulla calumpnia jenerare prœsumpserit, hoc ei non liceat facere, sed faciat sicut lex est.

Facta carta donatione ista scribere vel adfirmare rogaverunt. — S. Bladino, Stephano, Giraldo, Aimo. — Saluster rogatus scripsit.

375. DE MOLLETI.
Fin du xi° siècle.

Ego Berengerius Oddo de Castanerius et uxor mea Galengardis et infantes sui donant unum mansum sancte Fidei in parrochia sancti Michaelis que nominant Molleti, in comitatu Vallespir; per dimidium modium de vini donat I modium de anno de sigile et III pecias de carne et VIII panes et V eminas de civada; et istum mansum dedit ad alodum. Et si nullus abbas nec nullus monachus non dabit a nullus homo a fevum et si hoc faciet, ad propinquis suis retornabit.

376. DE MALBOSC.
Fin du xi° siècle.

Ego Umbertus de Bello Castello et uxor mea Ricardis donamus sancto Salvatoris et sancte Fidei de Conchas illum mansum de Malbosc ad alode et quantum pertinet ad ipsum mansum.

377. DE MARTONAG.
1060-1107, octobre.

Ego Hugo de Sumannaz et uxor mea Adalendis et infantes mei Petrus, Willelmus, Pontius, Wido, Geraldus, dono domino Deo et sancte Fidei de Conchis unam peciam terræ, sicut terminatum habemus, totum et abintegrum, in episcopatu Uzecie, in villa Martonnag; terra vero ista vocatur Gigondaz.

Facta carta ista in mense octobris, regnante Phylippo Francorum rege. — S. Hugonis, Poncii sacerdotis, Geraldi, Willelmi. — Pontius scripsit.

378. DE MAZEIRRANGAS.
xi° siècle.

Locum sacrum sancta Dei ecclesia qui est constructus super alveum Dordonis in honore domini nostri Jhesu Christi et sancti Salvatoris, ubi sancta Fides quiescit. Laxavit Godlia unum mansum ad ipsa casa Dei, pro anima sua; et est ipsa alodus in pago Ruthenico, in vicaria Serniacenso, in loco que vocatur Mazeirrangas; quantum ibi visa fuerit habere, totum et abintegrum donat domino Deo et sancta Fide, et post hunc diem sit ad ipsum monasterium quæ vocitatur Conchas, sine ullo contradicente in omnibus sane. Si quis Guirardus et filius ejus Petrus et Rigualdus, inmutatas voluntates suas, aut ullus de heredibus eorum qui contra carta donatione ista ulla calumnia jeneraro presumpserit, hoc eis non liceat facere.

379.
xi° siècle.

Donatione Arnaldi clerici super ...cia de vinea quæ donavit sancti Salvatoris et sanctæ Fidei.

380. [IN ALBENATIO.]
xi° siècle.

Donatione Frodberti de vinea que est in Albenatio que donavit sancti Salvatoris et sancte Fidei.

381. [IN ROVORED.]
xi° siècle.

Donatione Disderio de Rovored de vinea quæ est in Rovored que donavit sancto Salvatoris et sanctæ Fidei.

382. ALLAS LANDAS.
Fin du xi° siècle.

Ego Willelmus de sancti Mercurii dedi unum mansum sancti Salvatoris et sancte Fidis que nominatur a las Laudas ; et est in parrochia sancti Mercurii.

383. DE LEMPDE.
Fin du xi° siècle.

Ego Poncius de Riberia dono illum meum alodum quem habeo in villa que vocatur Lempde, in vicaria sancti Privati, que vocatur Campoclauso, hoc est tres fossariatas de vinea. Fines concludit in se : ex una parte Willelmi, ex alia parte Petri Geraldi.

384. DE BROGME.
997-1030, octobre.

Locum sacrum sancte Dei æcclesiæ qui est consecratus in honore domini nostri Jhesu Christi et sancti Salvatoris Conchas monasterii, ubi sancta Fides tumulata consistit. Ego enim, in Dei nomen, Agnes dono illo meo manso de Brogme ubi Stephanus visus est manere ; quantum ad ipsum mansum aspicit vel aspicere videtur, totum et abintegrum dono sancti Salvatoris et sancta Fide, pro anima mea et anima viro meo Girberto ; et si ullus homo est qui tollere voluerit de comunia, veniat unus de filiis meis et donet una candela de duodecim denarios sancti Salvatoris et sancta Fide et teneat ipsum mansum ; et fiat ipsa donatio in omnibus sane.

Facta carta donatione ista in mense octuber, regnante Robberto rege. — S. Agne qui carta donatione ista scribere vel adfirmare rogavit. S. Bernardo de Jove, Willelmo, Girardo.

385. DE OLLAZ.
997-1031, juillet.

Locum sacrum sancta Dei ecclesia qui est constructus in honore domini nostri Jhesu Christi et sancti Salvatoris Conchas monasterii, ubi sancta Fides vel sanctus Vincencius tumulati consistunt. Venit predictus vir nomine Oddo et uxor sua nomine Adalsaz, donat aliquis de rebus proprietatis suæ ad locum destinatum qui nobis per conquistum obvenit, hoc est unus mansus in Ollaz ubi Gauzfredus visus est manere, cum pratis, cum bosco, cum exitum, cum campis, pascuis, cum quantum ad ipsum mansum aspicit vel aspicere videtur, totum et abintegrum dono ad ipsa casa Dei jam supradicta; ut post hunc diem quicquid voluerit eum donare vel abstraere de hunc locum non liceat ei facere, set si quis donaverit eum, veniat unus de infantibus meis et donet una candela de sex denarios et donet eam sancti Salvatoris. Si quis nos, inmutatas voluntates nostras, aut ullus de heredibus vel propinquis nostris aut ulla amissa persona qui contra carta donatione ista ulla calumpnia generare voluerit, hoc eis non liceat facere, sed faciat sicut lex est.

Facta carta donatione ista sub die lunis, in mense julio, regnante domino nostro Jhesu Christo et Rodberto rege. — S. Oddono et uxore sua Adalsaz qui carta donatione ista scribere vel adfirmare rogaverunt. S. Folcono, Matfredo, Giraldo, Rainaldo, Ingelberto. — Salustrius scripsit.

386. DE TREULONE.
Fin du xi⁰ siècle.

De obedientia que fuit Deusdet in comitatu Arvernico : in Treulono I mansum quæ Petrus tenet, cum quartum et censum; et ad Cambonem tres sestariadas de terra. In Caturcino, in Orced II mansos que Jhoannes et Stephanus Faber tenet, cum quartum et censum per duos multones XII denarios, per II porcos similiter, et ad kalendas III denarios, et de civada II sestarios, et gallinas II; et in Goellas quartam partem de una appenda; et in Campo Germano I mansum; et in Lausclada I mansum; et alla Frasenedda I mansum que Gauzfredus tenet cum quartum et censum VI denarios; et ecclesia dell Ararias cum duos mansos et una vinea. In Petragorice, a la Landa I mansum; a Sancti Cipriani una peciola de terra, et donat IIII gallos et quartum; a Brefanio I mansum; a Collad II mansos; et castellum de Graniol; et alium de Esticiago, et duas partes de uno manso quæ Andreas tenet, cum quartum et censum XII denarios; et in Vedelmes, a Genzago I manso; et in Buirago I manso; et in monte Aliado unam peciolam de terra; a Cortez tres denariadas de vinea per medietate que Grimaldus tenet. In comitatum de Basades, ecclesia de Escolt, cum duos mansos, cum quartum et censum, II multones et octo panes et octo conchas de civada. Et in comitatu de Bordeles, I manso a Castello Vetulo. Et in comitates Agennes, contra Eises II mansos; et medietate de ecclesia in Monte Aguzor et I manso; et ecclesia de Callia, et II mansos et unum tenet Stephanus, illum quem tenet Calsani; et octo denariadas de vinea in Dominico; et de una vinea de Corbiago, de censum II denarios et una apendaria a Tresforas. — Hoc sunt XX et II mansos et duo castelli et IIII ecclesias.

387. DELLA GUIRANDA.

996-1030, décembre.

Locum sacrum sancta Dei æcclesia que est consecratus in honore domini nostri Jhesu Christi et sancti Salvatoris et sancte Fide, Conchas monasterii. Ego enim, in Dei nomen, Gauzfredus cedo vel dono sancti Salvatoris et sancte Fide illo alode meo illo caput manso de illa Guiranda, cum bosco, cum terras cultas et incultas. Et in alio loco, in illos Caironos, dono similiter sancti Salvatoris et sancte Fide illo alode meo, hoc sunt vineas, quantum ego in ipso loco visus sum habere vel possidere, et habet ipso alodus in so fines: de duo latus terra Frotardo et sancti Amancii, et de torcio latus vinea Guitardo, et de quarto latus terminum ; quantum infra ista fines concluditur totum et abintegrum sancti Salvatoris et sancta Fide ego Gauzfredus dono et relinquo ad alodo, pro anima mea et patris mei et matris et fratrum meorum et sororum. Et si ullus homo istum alodem supra scriptum de comunia tollere voluerit, veniant consobrini mei Ebalus et Willelmus, et ponant super altare sancti Salvatoris ad Conchas quinque denarios et teneant ipsum alodem.

Facta carta donatione ista in mense decembrio, feria VI, regnante Rodberto rege. — S. Gauzfredo qui carta donatione ista scribere vel affirmare rogavit. S. Ebali, Willelmi, Gilaberti, alii Gilaberti, Rainoni. — Oddo monachus scripsit.

388. ILLA GARRIGA.
Vers 1012, avril.

Domino magnifico Airado abbate emptore. Ego enim Agena femina, juxta textum venditionis constat me vos vendidisse, quod ita et vendidi, hoc est alodus meus in illa Garriga unum aripendum de vinea ; et habet fines : de uno latus strata puplica, et de totas alias partes terra sancti Salvatoris et sanctæ Fidæ. Quantum inter istas fines aspicit vel aspicere videtur, totum et abintegrum vendo sancti Salvatoris et sanctæ Fide et domni Airadi abbate cum cuncta congregacione sancti Salvatoris et sancta Fide, et per hanc carta manibus vobis trado ; unde accepi de vos precium, sicut inter me et vos bene complacuit, hoc sunt solidi XII de Lemovicanos, et de ipso precio retro me nichil remansit indebitum ; ita ut ab hac die habeatis, teneatis, possideatis et quicquid facere volueritis licentiam habeatis ad faciendum. Si quis ego, inmutata voluntate mea, aut ullus de heredibus vel propinquis meis aut ulla amissa persona ulla calumpnia jenerare voluerit, hoc ei non liceat facere, sed insuper conponat tantum et alium tantum quantum ipse alodus valere potuerit in duplum sit redditurus, et quod petit non vindicet, sed presens carta vendicio ista firma et stabilis permaneat cum stibulatione subnixa.

Facta carta vendicio ista sub die marci in mense aprilio, regnante Rodberto rege. — S. Agena qui carta donatione ista scribere vel adfirmare rogavit. S. Rainaldo, Deusdet sacerdote, Wuillelmo Hugono.

389.

1065, novembre.

In Dei nomine. Ego Bernardus Willelmus donator sum ad domum sancte Fidei cenobii, cujus corpus est in ipso monasterio in Concas. Per hanc mee donationis scripturam dono ibi modiatam unam vinearum cum ipsam terram, et in alio loco pecias duas de vineis cum terris, ibi sunt edificantis meum proprium, advenit michi per comparacionem sive per qualicunque voces. Est denique predicta omnia in Minorisæ comitatu, in campo Bagies, in loco vocitato ad ipso Collo de Excollatis. Sunt namque affrotaciones de jam dictis vineis cum terris : a parte vero oriente in vineis cum terris sancti Benedicti cenobii, a meridie in vineis cannonice sanctæ Mariæ civis Minorise, ab occiduo atque a circio in vineis de Reimundus Suniarii sacerdoti sive in vineis de me donatore vel in ipso Collo de Excollatis. Quantum iste affrontaciones circumeunt vel ambiunt, sic dono ibi ad domum sanctæ Fidei prefate super nominatas vineas cum terras ab omni integritate, cum ingressibus et exitibus earum, propter Deum et remedium anime meæ, ad suum proprium alodum. Et est manifestum quod, si ego donator aut alia qualibet persona hominis tam majoris ordine quam minoris vel utrisque feminio sexu istam cartam donationem inquietare voluerit, ad nihilum deveniat ejus presumpcio, sed componat ibi ad prescripte sancti Fidei induplum cum omnes ejus immeliorationes, et deincebs istam cartam donationem firma et inconvulsa persistat nunc et in evum.

Facta est donatio hec pridie nonarum novembris, anno VI Franchorum regis Philippi. — S. Bermundus Willelmi ego qui hanc donationem fecit scribere et manu mea proprie libenter firmavit firmarique eam rogo. S. Mironus Alarici, Bernardus Berengarii. — Miro levita scripsit.

390. DE LICIONICAS.

Vers 1012, décembre.

Domino magnifico Airado abbate emptore cum cuncta congregatione sancti Salvatoris et sanctæ Fide. Ego enim, in Dei nomen, Bernardus venditor, juxta textum vendicionis constat me vobis vendidisse, quod ita et vendidi, tradidisse, quod ita et tradidi, hoc est alodus meus que est in pago Ruthenico, in vicaria Serniacense, in loco quæ vocatur Licionicas; et habet ipse alodus in se fines : de uno latus terra Bladino, et de alio latus terra sancta Fide, et de tercio latus et de quarto latus terra ad ipsa sancta Fide. Quantum infra istas fines concluditur, totum et abintegrum vobis vendo, et accepi de vos precium, sicut inter me et vos bene complacuit, hoc sunt solidi quindecim de Lemoticanos, et de ipso precio retro vos nichil remansit indebitum ; et post hunc diem teneatis, possideatis istum alodem suprascriptum et quicquid facere volueritis faciatis de eo in omnibus sane. Si quis ego, inmutata voluntate mea, aut ullus de heredibus vel propinquis meis aut ulla amissa persona qui contra hanc carta vendicione ista ulla calumpnia jenerare voluerit, hoc ei non liceat facere, sed faciat quod lex est.

Facta carta vendicione ista in mense decimbri, feria vi, regnante Rodberto rege. — S. Bernardo qui carta venditione ista scribere rogavit vel firmare. S. Bladino, Bernardo, alio Bernardo, Deusdet. — Oddo scripsit.

391. DE ROCOLAS.

918, juillet.

Locum sacrum sanctæ Dei æcclesiæ qui est situs in pago Ruthenico, super alveum Dordonis, et est fundatus in honore domini nostri Jhesu Christi et sancte Mariæ necnon et sancti Petri clavigeri, ubi sanctus Vincencius et sancta Fides tumulati consistunt, cujus vocabulum est Conchas, ubi Rodulfus abba præesse videtur cum cuncta congregatione ibidem Deo famulantes. Quamobrem ego enim, in Dei nomen, Bernardus cedo vel dono ad ipsa jamdicta casa Dei vel ad ipso rectore seu ad ipsos Deo servientes cessumque in perpetuum esse volo, hoc est in pago Arvernico in aro que vocatur Rocolas, hoc est vinea mea quæ dicitur Darna qui michi justissime per conquistum obvenit. Et habet ipsa vinea fines vel confrontaciones : de superiore fronte strata puplica, de uno latus vinea Santini et Eliani et Matfredi, de alio latus vinea Bernardo, de subteriore terra sancti Salvatoris. Quantum infra istas fines concludit, totum et abintegrum cedo ad ipsa jamdicta casa Dei, pro anime mee remedium vel pro anime jenitoris mei Gariberti, ut Deus omnipotens veniam nobis ad judicium concedere dignetur. Eodem vero racione cedo cessione ista ut quandiu ego vivo, usum et fructum michi reservo, et post obitum meum ad ipsa casa Dei remaneat, sine ullo contradicente in omnibus sane. Si quis ego, inmutata voluntate mea, aut ullus heres meus vel propinquus qui contra hanc carta cessione ista ire aut ulla calumpnia generare prœsumpserit, nullatenus vindicet, sed insuper conponat partibus sancti Salvatoris tantum et alium tantum quantum ipsa vinea eo temporæ meliorata valere potuerit in duplum sit redditurus, et quod petit non vindicet, sed presens cessio ista inviolabilem obtineat firmitatem.

Facta carta cessione ista die lunis, in mense julio, anno xx regnante Karlo rege. — S. Bernardo qui cessione ista fieri vel adfirmare rogavit. S. Siguino, Leutardo, Eliane, Arluino, Udalrigo Austrino, Aimerigo. — Adraldus scripsit [1].

392. DE VILARO.

1065-1087.

Ego Otto Matfredus et uxor mea et filii mei damus et confirmamus sancto Salvatori et sanctæ Fidi de Conchis et abbati Stephano et monachis qui nunc sunt et futuri sunt mansum de Vilaro totum et abintegro, sicut pater meus dedit illum sancto Sepulcro. Et idcirco ut totus esse in dominio, pro partibus quas ibi habebant Durontus Raimundus et Bernardus frater ejus et Amelius Mancipium et uxor sua et Amelius filius ejus, dedit illis mansum de Batsac.

S. Attone Matfredi et uxore sua et filiis suis. S. Geraldo Ameli. Facta donatione ista in presentia Petri monachi et Bernardi monachi et Petri Begoni, et Rigualdi Hermengaudi.

---

1. A la suite, se trouve le commencement d'une charte intitulée *de Mauronio*. Après la première ligne : « *locum sacrum sancta Dei ecclesiæ qui est situs in pago Ruthenico in...* » le copiste s'est arrêté. Dans la place blanche, on a plus tard inséré une pièce qui est reproduite plus bas.

393. [INTER AQUAM CARPDILLAM ET RIVUM THESCON.]

Fin du xi° siècle.

Ego Guisla et filii mei Raimundus et Willelmus damus sancto Salvatori et sancte Fide de Conchis, abbati et monachis mansum et totum honorem qui est inter aquam Carpdillam et rivum Thescon, et si extra istas fines habet aliquid de hoc manso, damus similiter totum et abintegrum, alodem et fevum et vicariam et vesticionem in dominico. Hoc totum datum habemus pro redeptione animarum nostrarum et cunctis consanguinis nostris; et insuper accepimus x solidos de Pontio monacho et Bernardo monacho.

Durantus Raimundus et uxor sua dederunt plevum istius honoris sancto Salvatori et sancti Fidi; et inde acceperunt septem solidis de supradictis monachis.

394. DE MOLENDINO PISCINO.

Vers 1019.

Ego enim, in Dei nomen, Hicterius filius Stephani et Cristine vendo sancto Salvatoris et sancte Fidis vicaria de villa que dicitur Molendino Piscino; et aprehendo precium solidos centum sexaginta de abbate Adalgerio; et si ego Hicterius in villa Molendino Pizino ullum malum usum mittebam aut ullam malam tultam faciebam aut ego aut ullus homo per me, excepto recepto aut decem solidos per receptum et opera ad castellum de Aurosa, dono in pignora sancto Salvatori et sancte Fidi illum meum decimum de villa de Olliado, in talia ratione ut, si ego infra quadraginta dies, postquam abbas me commonuerit per se aut per suum missum, emendatum non habuero ad ipsos clamatores sine forcia, teneat ipse abbas et monachi sancte Fidis suprascriptum decimum, tamdiu usque ego emendatum habeam aut ipsi monachi de ipsum decimum benevalentem emendam aprehensam habeant; et ego ipse Hicterius, post mortem meam aut si me monachum misero, dono sancto Salvatori, et sancte Fidi, pro anima mea, ipsum meum supra scriptum decimum de Olliado; et accipio ab ipso abbate Adalgerio centum solidos de Pogesos. Et post mortem meam, si ullus homo est aut femina qui ipsam vigariam de Molendino Pizino ad monachos forciet aut tollat, dono in pignora sancto Salvatori et sancte Fidei illos x et viii solidos de Olliado qui sunt per carrigium de vino, in tali convenientia ut ipsos denarios per carrigium ipsi monachi tamdiu teneant usque ipsam vicariam quietam et stabilem habeant.

S. Hicterii qui carta ista scribere rogavit. S. Stephani, Rodberti, Johanni, Petroni, Rodberti Stephani. — Rodbertus scripsit.

395. DE CASALIS.
1004, 26 septembre.

Dum in presenti vita et adhuc in isto sæculo sumus, cogitare debemus unusquisque de eterna retributione ut, quando ad diem judicii venerimus, audire possimus, sicut Dominus in evangelio dicit : « Venite, benedicti patris mei, percipite regnum quod vobis paratum est ab origine mundi. » Igitur ego Rostagnus dono de hereditate mea, qui michi ex projenie parentorum meorum legibus obvenit, ad cenobio sancta Fide in Conchas, et est autem ipsa res in comitatu Aptense subtus castro quæ vocant Auribello, in villa que nominant Casalis, hoc est mansum unum hubi habitat Gausaldus. Ipsum mansum, cum vineis et campis et pratis et ortis et exigis et cum omnibus apenniciis ejus, dono ad ipsum cenobium supra scriptum vel ad dominum abbatem nomine... vel ad ipsum priorem nomine... vel ad ipsos monachos qui ibidem Deo servituri sint aut successores eorum, pro remedium et liberacionem de genitori meo nomine Bermundo et de genetrice mea nomen Folcrada que fuerunt condam, ut Deus omnipotens per intercessionem sanctorum ipsorum et orationes monachorum absolvere dignetur peccata eorum. Sane si quis nos vel heredes nostri aut ullus homo vel subrogata persona qui contra carta ista elemosinaria ire aut agere vel contrariare voluerit, maledictionem habeant, sicut Datan et Abiron qui terra vivos obsorbuit, et flant anatematizati et in infernum inferiori *projecti*, et post hoc carta elemosinaria ista firma et stabilis permaneat omnique tempore.

Facta carta elemosinaria ista vi kalendas septembris, anno xii regnante Rodulfo rege Alamandorum sive Provincie. — S. Rostagnus, qui carta elemosinaria ista scribere fecit et testes firmare rogavit, manu sua firmat. Rostagnus firmat. Adalaicis firmat. Rodulfus firmat. — Warnerius presbiter scripsit et firmat.

396. DE LAURANGU.

1065-1087, février.

In nomine sancte et individue Trinitatis. Ego Rodbertus filius Rodberti Isalgari et Stephanie dono sancto Salvatori de Conchis et sancte Fidi virginis et martiris fevum et vindemiam mei mansi de Bacallaria qui est in villa Deuslet, et quartam partem decimi de villa quæ dicitur Jarri, et totum meum drictum quem habeo in villa de Laurangues, et meum pratum de Cros, et unum mansum de Freig Bez, et vi appendarias in villa de Bacza, et totum meum drictum quem habeo in villa de Ribetas; totum quantum habeo et aliqua persona de me tenet dono sancto Salvatori et sancte Fidi et abbati Stephano et monachis sanctæ Fidis presentibus et futuris, pro remedio animarum patris et matris meæ; et facio me monachum in predicto loco. Si vero huic donationi aliqua persona in aliqua re contraria extitit, non habeat potestatem, victus hac auctoritate karte et firmatoribus his idoneis subtus scriptis.

S. Eustorgii, Bernardi de Avalogiolo, Rotberti de Castello, Giraldi Guinaberti, Ademari Franconis. — Scripta est hoc donatio in mense febroario, rege regnante Phylippo. — Poncius monachus scripsit.

397. DE BRAISIA.

Av. 996-1001, mars.

Domino magnifico Girberto abbate emptore. Ego enim, in Dei nomen, Hugo venditor, juxta textum venditionis constat me tibi vendidisse, quod ita et vendidi, hoc sunt vineas in uno loco denariadas XIII quæ Girberga facit, et in alio loco denariatas VI que ipsa Girberga facit, et in ipso loco denariadas V que Girbertus facit, et in alio loco una pecia de terra. Et est ipse locus in pago Ruthenico, in vicaria Arisdense, in villa que dicitur Braisia; hoc est alodus meus qui mihi per eruginem parentorum obvenit; et habet ipse alodus in se fines de totas partes terra Hugone ad ipso venditore et a Guidone fratre suo. Quantum infra istas fines concluditur, totum et abintegrum vendo sancti Salvatoris et sanctæ Fide et a domno Girberto abbate; et accepi de vos precium, sicut inter me et vos bene complacuit, hoc sunt solidi C et X de Lemovicanos, et de ipso precio retro vos nichil remansit indebitum; et post hunc diem habeatis, teneatis, possideatis, quicquid facere volueritis faciatis in omnibus sane. Si quis ego, inmutata voluntate mea, aut ullus de heredibus vel propinquis meis aut ulla amissa persona qui contra carta vendicione ista ulla calumpnia jenerare voluerit, hoc ei non liceat facere, sed faciat sicut lex est.

Facta carta vendicione ista in mense marcio, sub die sabbato, regnante Rodberto rege. — S. Hugone qui carta vendicione ista scribere vel adfirmare rogavit. S. Guidone, alio Guidone, Geraldo, Hugone Hictore. — Oddo rogitus scripsit.

398. DE GOPINO.

996-1030, 1ᵉʳ novembre.

Locum sacrum sancte Dei æcclesiæ que est consecratus in honore domini nostri Jhesu Christi et sancti Salvatoris, Conchas monasterii, ubi sancta Fides tumulata consistit. Ego igitur, in Dei nomine, Maria et filius meus Raimundus cedimus et donamus sancti Salvatoris et sancte Fide illo alode nostro quæ nobis per eruginem parentorum obvenit, hoc est unus mansus ubi Stephanus visus est manere, totum et abintegrum, cum vineas, cum terras cultas et incultas; et habet ipse alodus in se fines de totas partes terra ad ipsos donatores; quantum infra istas fines concluditur, totum donamus sancto Salvatoris et sancta Fide; et est ipse mansus in villa que vocatur Gopino, in vicaria Centoranga. In tale racione donamus sancti Salvatoris et sancta Fide isto alode ut nullus homo de comunia tollat; et si tollere voluerit aut abba aut ullus homo, hoc ei non liceat facere; et si fecerit, habeat partem cum Dathan et Habiron et cum Juda traditore in sæcula sæculorum.

Facta carta donatione ista kalendas novembris, feria v, regnante Rodberto rege. — S. Marie et filio suo Reimundo qui carta donatione ista scribere vel adfirmare rogaverunt. S. Frotardo, Willelmo, Guarsia, Auriolo, Arsimansio, Raimundo, Alamando, Aichel, Willelmo.

399. DELZ ENFRUNOS.
1060-1065, mai.

In conscribendis donationibus hic ordo servandus est ut prius nominetur nomen donatoris, deinde res que donantur. Idcirco ego Frotardus de Cornutio, ob redemptionem anime mee et parentorum meorum et propter vite eterne premium percipiendum, dono sancto Salvatori de Conchas et sanctæ Fidei et abbati Odolrico et monachis ibidem Deo servientibus illum meum alodum de illa villa delz Enfrunos, et illam apendariam de illas Menuddas et aliam appendariam de Mal Pajol, et aliam apendariam de Negra Bolseira, et aliam apendariam in ipsa villa delz Enfrunos, et istas apendarias in dominio. Et donat ista villa octo porcos, unumquemque de duodecim denarios Raimundencos, et quinque solidos et octo denarios de ipsa moneta et quatuor modios de civada, et donat unum receptum cum quindecim caballarios, et donat similiter novem gallinas et unam spatulam, et donat de unamquamque cabanam duos fromaticos. Et dono similiter illas mansiones de æcclesia de Boxia, et curtes quas Ugbertus tenet. Et est iste supra scriptus alodus in comitatu Ruthenico, in parrochia sancti Martini de Canals. Totum istum supra scriptum alodum dono ego Frotardus ad prædictum locum et monachis, in tali convenientia ut, si ullus abbas aut monachus de illo monasterio de comunia tollere voluerit, veniat unus de plus propinquis parentibus meis et faciat tenere monachus in dominio.

S. Frotardi, Bernardi Deusdet, Frotardi Bernardi, Ugberti, Deusdet, Raimundi de Monte Paone, Emmenoni de Cabreira, Willelmi filius ejus.

Facta carta ista in mense maio, feria VII, regnante Pylippo rege Frachorum. — Bego scripsit.

400. DE BRUGARIA.
XI° siècle.

Locum sacrum sancte Dei ecclesiæ qui est consecratus in honore domini nostri Jhesu Christi, ubi sancta Fides et sanctus Vincentius tumulati consistunt. Ego enim, in Dei nomen, Ingelgardis dono sancto Salvatoris de Conchas et sancta Fide illo meo manso de illa Brugaria quæ est juxta Longa Lassa, in vicaria Rodtiniacense, ubi Aichredus visus fuit manere. Et habet mansus censum talem : quatuor denarios ad messiones et receptum et quatuor denarios pro karrigio, et per oblias ad kalendas III et duos sestarios de civada et gallinas et I agnum et quartum. Et in tale racione ego dono, si abbates illius loci aut ullus homo de comunia tulerint, veniat Riosendis filia Ingelgardis aut infantes sui et donent XII denarios super altare sancti Salvatoris et teneant ipsum mansum. Ista omnia superius nominata dono sancto Salvatoris et sancta Fide et ad monacos ejusdem loci, pro anima mea totum et abintegrum et pro patre meo et matre mea, sine ullo contradicente.

S. Ingelgarda qui ista laxa fecit. S. Aldoino, Aiquilmo. — Guilaberto presbytero auctore.

401. DE FABREGAS.
1032-1060, mars.

In conscribendis donationibus hic ordo servandus est, ut prius nominetur nomen donatoris, deinde cui donatur, postmodum res quæ donantur. Ob hoc igitur, in Dei nomen, ego Umbertus dono sancto Salvatori et sanctæ Fidi de Conchis illum mansum de Fabregas ubi Bernardus visus est manere, totum et abintegrum, sicut ego illic habere video; et habet censum ad kalendas duos solidos de curtos et duas gallinas et duos sestarios de civada, et in madio unum multonem; et in augusto duos solidos de curtos et unum porcum. Et in ipso loco, dono alium mansum qui vocatur Abbadia ubi Andreas visus est manere; et habet simile censum; ad kalendas duos solidos et duas gallinas et duos sestarios de civada, et in augusto duos solidos, porcum vero et multonem qui supra scripti sunt ambo debent equaliter dare. Hoc totum quod supra scriptum est dono sancto Salvatori et sanctæ Fidi de Conchis cum ipsa vestizone, pro anima mea et pro anima patris mei Frotardi et matris meæ Adalgis et pro animabus parentum meorum, in tali convenientia ut, quamdiu ego Umbertus vixero, ipse teneam, et post mortem meam, monachi ipsum alodem stabilem habeant in comunia, et sepeliant me et filios meos Odolricum et Jeraldum; et si homines nostri nos ad ipsum jamdictum monasterium non apportaverint, non erit monachis culpa, teneant similiter ipsum alodem in comunia, in tali convenientia ut, si homo de comunia monachorum Conchas tulerit, veniant plus propinqui mei parente, et faciant illis tenere in comunia, et si non potuerint sibi retineant.

Facta carta donatione ista in mense martio, feria tercia, regnante domino nostro Jhesu Christo sub cujus potestate regnum Franchorum rex Ehenricus gubernat. — S. Umberti qui cartam istam scribere vel adfirmare rogavit. S. Odolrici et Geraldi filiorum ejus, Geraldi, Bernardi, Frotardi, Begoni. — Bertrandus monachus scripsit[1].

402.

Av. 996-1001, mai.

Domino magnifico Girberto abbate emptore. Ego enim, in Dei nomine, Grimardus presbyter et Deusdet frater meus venditores, juxta textum vendicionis constat nos vendidissemus, quod ita et vendimus, tradidissemus, quod ita et tradimus, hoc est unus pratus noster cum vernaria, quæ nobis per origine parentorum obvenit; et habet ipse pratus vel ipsa vernaria fines in se de uno latus gutta decurrente, et de alio latus terra Grimaldo. Quantum ad ipso prato vel ad ipsa vernia aspicit vel aspicere

---

1. Après le n° 401 est annoncée sous le titre : « de Uchello » une charte qui n'a pas été copiée. On a mis plus tard, au XII° siècle, à la place préparée pour elle une pièce concernant « Marcllag, » qu'on trouvera plus bas.

videtur totum et abintegrum vendimus sancto Salvatori et sancte Fidæ et domni Girberti abbati cum cuncta congregatione sancti Salvatoris et sancta Fide, ut per hanc cartam manibus vobis tradimus; unde accepimus de vos precium, sicut inter nos et vos bene complacuit, hoc est una sella nova de Lemovicas, et de ipso precio retro nos nichil remansit indebito; ita ut ab hac die habeatis, teneatis, possideatis et quicquid facere volueritis licentiam habeatis ad faciendum in omnibus sane. Si quis nos, inmutatas voluntates nostras, aut ullus de heredibus vel propinquis meis aut ulla amissa persona ulla calumpnia jenerare voluerit, hoc ei non liceat facere, sed faciat quod lex est.

Facta carta vendicione ista sub die sabbato, in mense madio, regnante Rodberto rege. — S. Grimaldo et Deusdet qui carta vendicione ista scribere vel adfirmare rogaverunt. S. Austrino, Abono, Aganone, Aimone, Deusdet. — Salustrius rogatus scripsit.

403. DELLA GARRIGA.
996-1030, décembre.

Locum sacrum sancto Dei ecclesie que est constructus in honore domini nostri Jhesu Christi et sancti Salvatoris, ubi sancta Fides tumulata consistit. Quamobrem ego, in Dei nomen Bernardus cedo vel dono sancti Salvatoris et sancta Fide illo alode meo de illa Garriga, cum vineas et illo manso in ipso loco ubi Dominicus visus est manere. Et habet in se fines : de uno latus rivo decurrente, de alio latus terra Raingardis, de tercio latus terra Austrino, de quarto latus terra Bernardo ad ipso donatore. Quantum infra istas fines concluditur, totum et abintegrum dono ego Bernardus sancti Salvatoris et sancta Fide post mortem meam, totum et abintegrum istum alodem supra scriptum dono sancto Salvatoris et sancta Fide, pro anima mea et pro anima de patre meo et de matre mea et de uxore mea et de filios meos et de filias meas. Si quis ego, inmutata voluntate mea, aut ullus de heredibus vel propinquis meis qui contra hanc carta donatione ista ulla calumpnia generare voluerit, hoc ei non liceat facere, sed faciat quod lex est.

Facta carta donatione ista, in mense decembris, feria quinta, regnante Rodberto rege. — S. Bernardo qui carta donatione ista scribere vel adfirmare rogavit. S. Frotardo, Austrino, Frotardo, Austrino, alio Austrino. — Oddo rogatus scripsit.

404. DE GRAISAGO.

1065-1087.

Ego Hector presbyter dono domino Deo et sancto Salvatori et sancte Fidi de Concis et abbati Stephano et monachis qui ibi sunt et futuri sunt illum meum mansum de Graisago quem Bernardus Arnaldus tenet totum et abintegrum. Et dat censum sex denarios ad messiones, et sex ad kalendas, et I agnum in madio, et quartum in dominio, et receptum cum tribus ominibus ad messiones, et ad kalendas similiter et vestizonem. Et dono similiter illum boscum della Fagia, et pratum, et unam apendariam in Sorb, et duas vineas in eodem loco que donant quartum et duos denarios et duas denariatas de pane. Hoc totum supra scriptum dono sanctæ Fidi pro anima mea et pro anima fratris mei Umberti. Quod si aliquis ex parentibus meis hanc donationem voluerit infringere ex supradictis rebus a Conchensi monasterio abstulerit, hoc ei non liceat facere, sed sit exheredatus et alienatus ex omni honore meo.

S. Hectoris presbyteri.

405. DE BAGO.

959, mars.

In Dei nomine. Placuit atque convenit inter virum venerabile domno Stephano episcopo et Begono seu Huggono abbate vel cuncta congregatione monachorum ejus Conchas monasterio ut ad alios homines his nominibus Gauzfredo et Gariberga et Ingelberto, ut eis aliquis pro prestariam concedere debemus, quod ita et fecimus, hoc est plantata quod ipsi homines plantaverunt vel edificaverunt vel quod in antea plantare vel edificare potuerint in loco que vocatur Bago et de ipsa plantata eis amplius nichil requirimus diebus vite illorum nisi quartum et decimum fideliter persolvant. Et si ipse abba aut ullus rector æcclesiæ se de hanc prestariam abstraere voluerit, hoc eis non liceat facere, sed faciat sicut lex est.

Facta prestaria ista die marcio, in die¹ marcio, anno quinto quod Lotarius rex cepit regnare. — Stephanus episcopus et Bego et Hugo abba hanc prestariam recognoverunt. S. Bertrando decano, Grimardo, Giraldo, Gimundo, Abono, Tetberto, Benedicto puero. — Rodbertus scripsit.

406. DE MALA CALMO.
937-954, janvier.

Locum sacrum sancta Dei æcclesia qui est constructus in honore domini nostri Jhesu Christi et sancti Salvatoris seu genitricis ejus et sancti Petri clavigeri, ubi sanctus Vincentius et sancta Fides conditi sunt, super alveum Dordonis, in loco quem vocatur Conchas. Ego enim, in Dei nomen, Bego et Austorgius cedimus vel donamus illo manso et illo caput manso de Mala Calmo, pro anima Lautardo et sancti Salvatoris et sancta Fide; quantum nos ibi visi sumus habere vel possidere, totum et abintegrum cedimus vel donamus sancti Salvatoris et sancta Fide, pro anima de patre nostro Lautardo, ut post hunc diem habeatis in comunia. Et si ullus homo tollere voluerit de comunia, veniat Bego et frater suus, donet xii denarios sancti Salvatoris et sancta Fide et recipiant ipso alode in omnibus sane. Si quis ego, inmutata voluntate mea, aut ullus de heredibus vel propinquis meis aut ulla amissa persona qui contra carta donatione ista ulla calumpnia jenerare presumpserit, hoc ei non liceat facere, sed faciat quod lex est.

Facta carta donatione ista sub die marci, in menso januario, regnante Lodovico rege. — S. Begono qui carta donatione ista scribere vel adfirmare rogavit. S. Begono, Austorgio, Rodberto, Frotardo.

407. DE ILLO BAGO.
937-993.

In conscribendis donationibus hic ordo servandus est ut prius

---

1. *Die* probablement pour *mense*.

nominetur nomen donatoris, deinde cui donatur, postmodum cui donantur. Ab hoc igitur ego enim, in Dei nomen, Gonbertus cedo vel dono sancti Salvatoris de Conchas aliquis de alode meo quæ conquistavit de Rigualdo; et est ipse alodus in pago Ruthenico, in vicaria de Nova Vila, in loco que dicitur illo Bago. Quantum ibi habeo, cum mansiones, cum vineas, cum terras, cum trolio, quantum de Rodberto de Balbo conquistavit, totum dono ad illa ecclesia sancti Salvatoris de Conchas, pro anima mea et pro penitencia mea, in ea racione, dum ego vivo, usum et fructum michi reservo, et post obitum meum ad ipsa ecclesia sancti Salvatoris remaneat in stipendia monachorum, sine ullo contradicente sane. Si quis ego, inmutata more vel voluntate mea, aut ullus de heredibus vel propinquis meis vel qualiscumque homo qui hoc infringere voluerit, hoc ei non liceat, sed quod lex est coactus exolvat ex vestra peticio non habeat effectum, sed presens carta vendicio ista firma et stabilis permaneat omni tempore.

Facta carta auctoritate ista sub die feria II, anno Deo regnante et rege sperante. — S. Gonberto qui hoc scribere vel adfirmare rogavit. — Geraldus scripsit.

408. DE LICIONICAS.

Vers 1012, décembre.

Domino magnifico Airado abbate emptore cum cuncta congregatione sancti Salvatoris et sancta Fidei. Ego enim, in Dei nomen, Bladinus venditor, juxta textum vendicionis constat me vobis vendidisse, quod ita et vendidi, tradidisse quod ita et tradidi, hoc est alodus meus que michi per conquistum justissimum obvenit, hoc est unus mansus, cum vineas, cum boscos, cum terras cultas et incultas, ubi Bernardus visus est manere; et est ipse alodus in pago Ruthenico, in vicaria Serniacense, in loco quæ dicitur Licionicas; et habet ipse alodus in se fines et confrontationes de totas partes terra sancti Salvatoris et sancte Fidei. Quantum infra istas fines concluditur, totum et abintegrum sancti Salvatoris et sanctæ Fidei vendo et dono, et post hunc diem vos monachi habeatis, teneatis, possideatis et quicquid facere volueritis faciatis in omnibus sane. Si quis ego, inmutata voluntate mea, aut ullus de heredibus vel propinquis meis qui contra hanc cartam vendicione vel donatione ista...

... in mense decimbri, feria VII, sub Rodberto rege regnante. — S. Bladino qui carta vendicione vel donatione ista scribere vel adfirmare rogavit. S. Bernardo, alio Bernardo, Deusdet, alio Bernardo, alio Deusdet. — Donadeus scripsit.

409. DE ANCLES.

899, septembre.

Locum sacrum sancta Dei æcclesiæ qui est constructus in honore domini nostri Jhesu Christi et sancti Salvatoris seu genitricis ejus et sancti Petri clavigeri, hubi sanctus Vincentius et sancta Fides gloriosissime conditi sunt, super alveum Dordonis, in loco qui vocatur Conchas. Venerunt elemosinarii Hugoni, Arnaldi, Bladinus, Remigius, Abbo, et donaverunt unum mansum sancti Salvatoris et sancta Fidæ, pro anima Hugono; et est ipse mansus in pago Rutenico, in vicaria Dunense, in villa quæ dicitur Ancles. Quantum ad ipso manso aspicit vel aspicere videtur, totum et abintegrum dono sancti Salvatoris vel sancta Fide, in tali vero racione quæ monachi teneant ipsum mansum. Sane si quis ego, inmutata voluntate mea, aut ullus de heredibus vel propinquis meis aut ulla amissa persona qui contra donatione ista ulla calumpnia jenerare voluerit, hoc eis non liceat facere, sed faciunt quod lex est.

Facta carta donatione ista sub die marcis, in mense septembrio, anno I regnante Karole rege. — S. Arnoldo et Bladino et Regio et Abbono qui carta donatione ista scribere vel adfirmare rogaverunt. S. Hictori, Guilaberti, Adalgeri, Hugoni, alii Hugoni. — Benedictus scripsit.

410. DE PECELIAGO.

1032-1060, février.

Ego Bertrandus vocatus Bonusparus cedo vel dono illo alode meo de Pecelliago, hoc est unus mansus ubi Jhoannes visus est manere, sancti Salvatoris Conchas monasterii, ubi sancta Fides tumulata consistit; et ad ipsos monachos ibidem Deo servientes, cum pratos, cum boscos, cum terras cultas et incultas et cum toto censo, hoc sunt duas vaccas et unus multonus et IIII sestarias de civada. Istum alodem supra scriptum totum et abintegrum ego Bertrandus Bonusparus dono sancto Salvatoris et sancte Fide, in tale racione ut ipsi monachi teneant in comunia, et Geraldus monacus de Vernias in obedientia. Et si ullus abba aut ullus homo de comunia tulerit, veniat unus de propinquis parentibus meis et ponat super altare sancti Salvatoris denarios VI et teneat ipsum alodem.

Facta carta donatione ista in mense febroario, feria VI, regnante Ehenrico rege. — S. Bertrando Bonoparo qui carta donatione ista scribere vel adfirmare rogavit. S. Deusdet, Aldeberto, Rigualdo. — Oddo monachus scripsit.

411. [DE OVILI[1].]

996-1031.

Locum sacrum sanctæ Dei æcclesiæ qui est constructus in honore domini nostri Jhesu Christi et sancti Salvatoris, ubi sancta Fides tumulata consistit, Conchas monasterii. Quamobrem ego, in Dei nomen, Alfarigus clericus cedo vel dono illa vinea que est in comitatu Narbonense in terminio de villa Ovilis, in loco quæ dicitur ad ipso Aquale, et est una modiada de vinea; et habet in se fines : de parte altane in vinea de Segario vel de heredes suos, de meridie in vinea sancti Pauli confessoris, de circi in vinea Ermenricus vel suis heredes, de aquilone in vinea Aurucione presbyter vel heredes suos; et in alio loco, in ipsa villa, in Frambas Rocas, cedo vel dono mansione una sancti Salvatoris et sanctæ Fidis, sine ullo contradicente. Et in antea ista carta donatione firmis et stabilis permaneat omni quo tempore; et si ullus homo est qui contra donatione ista ulla calumpnia jenera voluerit, hoc ei non liceat facere, sed faciat quod lex est.

1. En marge, une main postérieure a écrit : « De Ovelano ».

Facta carta donatione ista feria IIII, sub Rotberto rege regnante. — S. Alfarigus clericus qui carta donatione ista scribere vel adfirmare rogavit. S. Sugnarius, Rigualdus presbyter, Attone. — Et ego Sugnarius qui ista carta firmavi et uxor mea Senanda cedimus vel donamus sancti Salvatoris et sancta Fide I quartariata de vinea in loco qui vocatur a Munt Carle. — Donadeus scripsit.

412.

1008, janvier.

Domino magnifico domino Deo et sancti Salvatoris et sancta Fide emptore et ipsos monachos. Ego enim, in Dei nomen, Ictor et uxor sua venditores, juxta textum vendicionis constat nobis vendo, quod ita et vendo, trado, quod ita et trado, hoc est alodus meus unus boscus cum ipsa terra; et est ille boscus cum manso ubi Aldebrandus mansit, quantum ad ipso manso aspicit vel aspicere videtur, quistum vel adquirendum est, totum et abintegrum vobis cedo vel vendo; unde accepi de vos precio de presente, sicut inter nos et vos benet complacuit atque convenit, hoc sunt in argento aut inter res conpreciatas valentes solidos L, et de ipso precio retro nos non remansit indebitum, et pro ipso precio manibus vobis trado habendi, donandi et faciendi in omnibus quicquid facere volueritis, sine ullo contradicente sane. Si quis nos, emutatas voluntates nostras, aut ullus de heredibus vel propinquis nostris aut ullus homo per ullo quoque injenio aut ulla amissi persona qui contra carta vendicione ista ire aut agere vel inquietare voluerit, nulla tenus vindicet, set insuper conponat tantum et alium tantum quantum eo tempore ipse boscus et ipsa terra melioratus valere poterit in duplum sit vobis redditurus, et quod petit non vindicet, sed presens vendicio ista omnique tempore firma et stabilis permaneat cum stibulatione subnixa.

Facta carta vendicione ista die lunis in mense januario, anno XII regnante Rodberto rege. — S. Hictore et uxore sua qui carta vendicione ista scribere vel adfirmare rogaverunt. S. Hictore, Adalgerio, Aimono, Bladino, Hugono. — Oddo rogatus scripsit.

413. DE CORMOLO.

948, mai.

Locum sacrum sancte Dei æcclesiæ qui est situs in pago Ruthenico super alveum Dordonis et est fundatus in honore domini nostri Jhesu Christi seut gignentis eum parili est consecratus honore necnon et sancti Petri principis apostolorum seut clavigeri, ubi sanctus Vincentius et sancta Fides tumulati esse videntur. Quamobrem ego, in Dei nomen, Asqualdus cedo ad præphato monasterio cujus vocabulum est Conchas, ubi Stephanus abba preesse videtur cum cuncta congregacione ibidem Deo famulantes, cedo res meas quæ michi justissime per conquistum obvenit, et in perpetuum censum permaneat, hoc est unus mansus, et est in pago Ruthenico, in ministerio Balciacense, in loco quæ vocatur Cormolo ubi Jautardus visus est manere; quantum ad ipso manso aspicit vel aspicere videtur, cum terras cultas et incultas, cum pratis, pascuis, vineis, silvis, garricis, aquis aquarum vias decursibus, quistum vel adinquirendum est, totum et abintegrum cedo. Et in tres mansos decimam Miraponchi Pallairenco lecam cedo ad sanctam Fidem martirem ad sacrificium offerendo vel ad luminaria concinanda, pro amore Dei vel pro anime meæ et pro Ermengaudo comite et pro Adalaice et pro Adane vel pro omnibus benefactoribus meis, ut Deus omnipotens veniam istis præstare dignetur; eadem vero racione ut, quamdiu ego vivo, usum et fructum habeam et per singulos annos vestiduram recipiant ad ipsa casa Dei II sestarios de vino, et post obitum meum ad ipsa casa Dei in sagrestania remaneat, sine ullo contradicente sane.

Facta carta cessione ista die lunis, in menso madio, anno XII quod Lodovicus rex cæpit regnare. — S. Asqualdo qui cessione ista scribere vel adfirmare rogavit. S. Bertelmo, Umberto, Ardrado, alio Umberto, Unaldo. — Guido scripsit.

414. LICIONICAS.

Av. 996-1004, mai.

Domino magnifico Girberto abbate emptore vel comparatore.

Ego enim, in Dei nomen, Aimeldis femina cedo vel dono ad ipso monasterio cui vocabulum est Conchas, hoc est tres denariadas de terra; et est ipsa terra in loco quæ vocatur Licionicas; et habet in se fines de totas partes terra sancti Salvatoris et sanctæ Fidæi, quantum infra istas fines aspicit, totum et abintegrum vendo sancti Salvatoris et sanctæ Fidei, et accepi de vo precium, hoc sunt solidi IIII et denari VIIII Ruthenesi. Si quis ego, inmutata voluntate mea, aut ullus de heredes meos aut ulla amissa persona qui contra hanc carta vendicione ista ulla calumpnia jenerare voluerit, hoc ei non liceat facere, sed faciat quod lex est.

Facta carta vendicione ista in mense madi, feria II, regnante Rodberto rege. — S. Aimeldis qui carta vendicione ista scribere vel adfirmare rogavit. S. Bernardo, Gerardo, alio Gerardo, Austrino, Hugoni. — Oddo scripsit.

415. CALMETA.

xe siècle.

Cambiaria illa Calmeta, hoc est una denariata de terra, cum beciaria, que Aimeldis femina scambiavit ab filios suos, et accepit de filios suos pro Calmeta ipsa terra supra scripta.

416. DE ARSIAGO.

xie siècle.

Ego Rigualdus de Arsiago dono sancti Salvatoris et sanctæ Fidis omne meum alode, post morte mea et post morte filiorum meorum, si ipsi sine infantibus morierint, id est de terciam partem de ecclesia de Arsiago medietatem, et terciam partem de phevum presbyterii, et omnes locales de mansionibus ipsius æcclesiæ pertinentibus, et medietatem de albaredas et de vineas quas Rainulfus tenuit, et medietatem de bosco de Riols et de prato et de cambone usque in Dordone, et hoc ubi Gauzfredus visus est manere, et vinea et caput manso que ipse Gauzfredus tenet, et alium caput mansum que Deusdet Aldefredus tenet, et unum clausum que ipse tenet, et alium clausum que Deusdet Gairardus tenet, et caput mansum de Cabazola cum vineas et campos et ortos, et mansum de Costa ubi Deusdet visus est manere cum vineas cum bos, cum terras cultas et incultas, et medietatem de Claunangas cum vineas et boscos et albaredas et campos, et medietate de Vaiseria medietatem de boscos et de vineas et de campos et de albaredas, et cambone de Nugario cum albaredas, et quartum partem de Quiltoc cum vineas et albaredas, et boscos et medietatem de omnibus albaredas que sunt de Bozarel justa Dazan, et medietatem de campum que justa Mainbert, et in ipso loco unum caput mansum in quo Deusdet Barbarels stetit, et medietatem de Frotgaresc ubi Guilabertus stetit, et medietatem de Calmeta de IIII mansos cum vineas et pratos et boscos et albaredas; et in tali convenientia ut, si Petrus et Bernardus filii sui morierint sine filiis de uxore natis et ipsi filii sine aliis, ut fiat hæc domini nostri Salvatoris et sanctæ Fidis pro anima ejus, ita ut Hector monachus filius suus in sua vita obedientiam teneat, et ita sane ut, si aliquis abbas aut decanus aut ullus homo inpignorare aut a comunia tollere voluerit, veniat aliquis de plus propinquis ejus et donet XII denarios super altare et fiat suum totum.

417. DE TORTOREL.

Av. 1096-1104, octobre.

Domino magnifico Girberto abbatæ vel cuncta congregationem monachorum Conchas monasterii emptores. Nos enim, in Dei nomine, Bernardus et uxor mea Abba et Girbertus et Atto et Rigualdus et Bernardus constat nobis vobis vendidissemus, quod ita et fecimus, hoc est alodus noster duos mansos, cum vineas, cum terras cultas et incultas qui nobis per eruginem parentorum obvenit; et est ipsa alodus in pago Caturnicense, in loco que dicitur Tortorel. Quantum in ipso loco visi sumus habere vel possidere, totum et abintegrum vendimus sancti Salvatoris et sancta Fide vel cuncta congregacione Conchas monasterii; unde et nos accepimus de vos precium, sicut inter nos et vos bene complacuit atque convenit, hoc est in argento solidi CXX de Lemoticanos; pro isto precio vel pro ista carta de manus nostras in manus vestras tradimus atque transfundimus, ut post hunc diem habeatis, teneatis, possideatis et faciatis exinde quicquid facere volueritis in omnibus sane. Si quis nos, inmutatas voluntates nostras, aut ullus de heredibus vel propinquis nostris qui contra vendicione ista aut agere vel quietare voluerit, faciat exinde quod lex est.

Facta carta vendicione ista sub die lunis, in mense octubrio, regnate Rodberto rege. — S. Bernardo et uxore sua Abba et Girberto et Atto et Rigualdo et Bernardo qui carta vendicione ista scribere vel adfirmare rogaverunt. S. Stephano, Rigualdo, Geraldo, alio Stephano, Gauzberto. — Saluster rogatus scripsit.

418. DE CORBINS.

xi° siècle.

Ego, in Dei nomine, Ebrardus et uxor mea Ava cedimus et donamus sancti Salvatoris et sanctæ Fidæ illo alode nostro in Corbins, hoc est una vinea, cum mansione et cum una sestairada de terra; et quamdiu ego Ebrardus vivo, teneam et in vita mea omnibus annis pro vestidura dono denarios quatuor sancti Salvatoris et sanctæ Fidæ aut quatuor denariadas de cera, et post mortem meam sancti Salvatoris et sancta Fide remaneat, et fiat in ipsa mea guarda ipse alodus.

419. DE CROMARIGO.

997-1030, août.

Locum sacrum sancte Dei æcclesiæ que est constructus in honore domini nostri Jhesu Christi et sancti Salvatoris, Conchas monasterii, ubi sancta Fides et sanctus Vincentius tumulati consistunt. Quamobrem ego enim, in Dei nomine, Geraldus presbyter cedo vel dono sancti Salvatoris et sancta Fidæ illo alode meo de Cromarigo que dedit mihi pater meus, hoc sunt tres maculatas de vinea, cum albaros; et abet ipse alodus in se fines : de uno latus vineas Bello Homine, de alio latus vineas Isarno, de tercio latus strata puplica. Quantum infra istas fines aspicit vel aspicere videtur, totum dono sancto Salvatoris et sancte Fidi, pro amore Domini et sancto Sepulchro. Si quis ego, inmutata voluntate mea, aut ullus de heredibus vel propinquis meis qui contra hanc carta donatione ista ulla calumpnia jenerare voluerit, hoc ei non liceat facere, sed faciat quod lex est.

Facta carta donatione ista in mense augusto, feria III, regnante Rodberto rege. — S. Geraldo qui carta donatione ista scribere vel adfirmare rogavit. S. Rotlando, Aldeburga, Hugono, Rodgerio, Aimono, Deusdet. — Oddo scripsit.

420. DE POZOLS.

Vers 1012, avril.

Domino magnifico Airado abbatæ emptore. Ego enim, in Dei nomen, Bernardus venditor, juxta textum venditionis constat me tibi vendidisse in opus sancti Salvatoris et sancte Fidei, quod ita et vendidi, tradidisse quod ita et tradidi, hoc est alodus meus quæ michi per eruginem parentorum justissime obvenit, cum vineas, cum boscos, cum terras cultas et incultas; et est ipse alodus in Pozols, et habet in se fines : de uno latus terra ad ipso venditore, de alio latus aqua decurrente, de tercio vero latus terra sancti Salvatoris et sancte Fidei. Quantum infra istas fines aspicit vel aspicere videtur, totum tibi vendo, Airadus, in opus sancti Salvatoris et sancte Fidei ; et accepi de te precium, sicut inter me et te bene complacuit, hoc est in argento solidos viginti. Si quis ego, inmutata voluntate mea, aut ullus de heredibus vel propinquis meis qui contra hanc carta vendicione ista ulla calumpnia jenerare voluerit, hoc ei non liceat facere, sed faciat quod lex est.

Facta carta vendicione ista feria III, in mense aprili, regnante Rodberto rege. — S. Bernardo qui carta vendicione ista scribere vel adfirmare rogavit. S. Bego, Jorio, Rainoni, Guitbaldi. — Oddo scripsit, sit.

421. DE SCABRINIO.

Vers 1007, mars.

Lex legum sancxit auctoritas ut quicquid de res suas in altare jus personis transferre voluerit licentiam habeat ad faciændum.

Quamobrem ego enim, in Dei nomine, Geraldus et uxor sua Raingardis concambiacionem facimus de rebus nostris cum alicos homines, videlicet cum Begoni episcopo, cum Arlaldo abbate et cum Matfredo et cum rectores sancti Salvatoris Conchas; dedit igitur Geraldus sancti Salvatoris Conchas manso uno in Scabrinio ubi Constancius visus est manere, cum omni integritate ; in tali racione ut unusquisque de suum scambium faciat quicquid facere voluerit, sane, sine ullo contradicente. Si quis ex hoc concambiacione extraere se voluerit, hoc ei non liceat facere, sed carta ista firma et stabilis permaneat.

Facta carta scambiaria ista in mense martio, sub feria III, regnante domino Deo nostro Jhesu Christo. — S. Begoni episcopo, Arlaldo abbate, Matfredo, Geraldo decano, Gerberto monacho, Rodberto monacho.

422. DE DIUZIONE.

964, avril.

Locum sacrum sancta Dei ecclesie qui est constructus in honore domini nostri Jhesu Christi et sancti Salvatoris, hubi beata Fides et sanctus Vincentius tumulati consistunt, in loco que vocatur Concas. Venit jam predictus Bernardus et donat aliquis de res proprietatis suæ, hoc est alodus unus caput mansus qui mihi per eruginem parentorum obvenit, cum mansione et curte, cum verdiario et orto, cum exeo et regresso, cum duos aripendos de vinea cedo vel dono ad ipsa casa Dei jam supradicta, pro anima mea et pro anima Girberti avunculi mei ; et est ipse alodus in pago Ruthenico, in vicaria Montiniacense, in loco que vocatur Diuzione ; et habet in se fines : de uno latus terra ad ipso donatore, de secundo terra Rigualdo, de duos alios latus terra Rulendis. Quantum ab istas fines concluditur, totum et abintegrum cedo vel dono ad ipsa casa Dei jamdicta, in ea vero racione ut, quamdiu ipse Bernardus vivit, teneat et per singulos annos donet vestidura huno semodio de vino, et post obitum meum ad ipsa casa Dei remaneat jam supradicta, sine ullo contradicente in omnibus sano. Si quis ego, inmutata voluntate mea, aut ullus de heredibus vel propinquis meis aut ullus homo per ullo quoque injenio qui contra carta venditione ista ulla calumpnia jenerare voluerit, hoc ei non liceat facere, sed faciat quod lex est.

Facta carta donatione ista in mense aprilis, anno x regnante Lothario rege. — S. Bernardo qui carta donatione ista scribe vel adfirmare rogavit. S. Sigerio, Aldegerio, Abbonio, Rigualdo. — Rodbertus scripsit.

423. DE ALBINIAGO.
975, septembre.

Locum sacrum sancta Dei ecclesia qui est constructa super alveum Dordonis cujus vocabulum est Conchas, ubi sancta Fides vel sanctus Vincentius tumulati consistunt. Venerunt Iscafredus, Hictor, Willelmus, Adalgerius, Guinarandus, Stephanus presbyter, elemosinari Hictoriane ad locum suprascriptum, donaverunt pro anima ejus hunum mansum; et est ipse mansus in aice Roceznacense, in loco que vocatur Albiniago, ubi Richirandus visus est manere; et habet ipse alodus fines vel confrontationes : de tres partes terra Umberto, de quarto latus terra Raingardis. Quantum ad ipsum mansum aspicit, totum et abintegrum donamus ad ipsa casa Dei, pro anima ejus, sine ullo contradicente in omnibus sane. Si quis nos, inmutatas voluntates nostras, aut ullus de heredibus vel propinquis nostris aut ulla amissa persona qui contra carta donatione ista ulla calumpnia jenerare præsumpserit, hoc ei non liceat facere, sed faciat sicut lex est.

Facta carta donatione ista sub die jovis, in mense septimbrio, anno XXI regnante Lotario rege. — S. Hictorii, Iscafredo, Willelmo, Adalgerio, Guinarando, Stephano qui carta donatione ista scribere vel adfirmare rogaverunt. S. Umberto, Addraldo, Hictorii Regibaldo, Bladino. — In Dei nomine, Rodbertus scripsit.

424. DE SERRA.
962, septembre.

Locum sacrum sanctæ Dei ecclesiæ qui est constructus in honore Domini nostri et sancti Salvatoris Conchas monasterii, hubi sanctus Vincentius et sancta Fides tumulati consistunt. Venit jam predictus vir nomine Archimbaldus, donat pro anima sua ad ipsa casa Dei jam supradicta hunum caput mansum, cum vineas et bosco, cum curtes et orto, cum exeo et regresso; et est ipse alodus in pago Ruthenico, in vicaria Montiniacense, que vocatur Serra, et venit mihi per conquistum ipse alodus; et habet fines ipse alodus : de superiore latus strata puplica, et de alio latus terra Guitberto, de supteriore latus rivo decurrente, de quarto vero latus vinea Guidburgis. Quantum ab istas fines concluditur, totum et abintegrum dono pro anima mea ad ipsa casa Dei; et in ipso caput manso visus est manere Gauzbertus; et post hunc diem quicquid facere voluerint rectores loci illius licentiam habeant ad faciendum. Sane si quis ego, inmutata voluntate mea, vel unus de heredibus vel propinquis meis aut ulla amissa persona qui contra carta donatione ista ulla calumpmnia jenerare voluerit, hoc ei non liceat facere, sed faciat quod lex est.

Facta carta donatione ista sub die jovis, in mense septimbrio, anno VIII regnante Lothario rege. — S. Archimbaldo qui carta donatione ista scribere vel adfirmare rogavit. S. Huggono, Deusdedit, Bonifacio, Frodlendis Guitburgis, Rigualdo, Geraldo. — Rodbertus scripsit.

425. [DE PENDENTE PEDICULO.]
XI° siècle.

Ego Geraldus dono sancto Salvatori et sancta Fide una denariata de vinea et quartum de uno caput manso de alode meo, in vita mea; et est ipse alodus in Pendente Pediculo; et post mortem meam aliam medietatem ex vinea supra dicta et censum de isto caput manso suprascripto, pro anima mea et pro anima genitoris mei et genitricis meæ. Et si homo alicam calumpniam contra istam cartam generare voluerit, hoc ei non liceat facere, sed habeat partem cum Datan et Abiron in infernum.

426. DE GARDIA.
XI° siècle.

In nomine domini nostri Jhesu Christi et in honore sanctæ

Fidæ. Ego enim, in Dei nomine, Odilus et uxor sua nomine Rigilde donatores donamus nos pariter ad ipsa sancta Fide pecia una de vinea ad alodem; et est ipsa vinea in comitatu Uxetico, vicaria Sedeninca, terminio de villa que nominant Quarises in ipsa villa vel in sua terminia, et in loco que nominant Gardia tibi dono Odilus ipsum quartum que de ipsa vinea exire a fidelicitate sancta Fide et de suis habitatoribus quæ a sancta Fide obsequium super altare suum faciunt, et nullus homo nec femina quam ipsa vinea ullumque tempus teneam ipsam cartam ut sancta Fide fideliter faciant.

427. DE TAULOMO.

964, juin.

Locum sacrum sancta Dei æcclesiæ qui est constructus super alveum Dordonis in honore domini nostri Jhesu Christi et sancti Salvatoris, ubi sancta Fides vel sanctus Vincentius tumulati requiescunt vel alii sancti Dei. Venit jam supradictus vir nomine Gauzbertus, donavit illo manso de Taulomo ubi Folcherius visus fuit manere ad ipsa casa Dei jam supradicta, cum quantum ad ipsum mansum aspicit vel aspicere videtur, quistum vel adinquirendum est, pro anima sua vel pro anima genitori sui Guitberti ; in ea vero racione ut Gauzbertus, quamdiu vivit, teneat, et post obitum suum, ad ipsa casa Dei jam supradicta remaneat, sine ullo contradicente in omnibus sane. Si quis ego, inmutata voluntate mea, aut ullus de heredibus vel propinquis meis aut ulla amissa persona qui contra carta donatione ista ulla calumpnia jenerare voluerit, hoc ei non liceat facere, sed faciat quod lex est, cum stibulatione subnixa.

Facta carta donatione ista, sub die lunis, in mense junio, anno x regnate Lotario rege. — S. Gauzberto qui carta donatione ista scribere vel adfirmare rogavit. S. Riculfo, Guitberto, Aldegerio, Guilaberto, Guirardo. — Rodbertus scripsit.

428. DE CAUSERIA.

Av. 1031-1065.

Ego Aimo de Combrosa dono domino Deo et sancte Fidei de

Conchas et abbati Odolrico et ad monachos qui sunt et futuri sunt illum meum mansum de Causeria ad alodum, et est ipse mansus in vicaria Luganiensis, habet autem censum : IIII sestarios de sigile et I multonem et I agnum et I porcum de VI denariis et II spatulas et II sestarios de civada et II gallinas et II panes et in augusto XII et ad kalendas XII et IIII denarios per carrigio et IIII restoliencos; et medietatem de meo manso de Vilaro, et habet censum : II sestarios de frumento et medietatem de uno multone et de uno agno et medietatem de uno porco de VI denariis et I spatulam et I sestarium de civada et I gallinam et I panem et VI ad messes et VI ad kalendas et II de carrigio et II restoliencos. Hoc totum et abintegrum dono domino Deo et sanctæ Fidei cum boscos et pratos et albaredos ad alodum.

S. Aimonis, Hectori, Pontii, Ademaro, alio Hectori.

429. DE RAINALDESCO.
997-1030, 1er août.

Locum sacrum sancte Dei æcclesiæ qui est consecratus in honore domini nostri Jhesu Christi et sancti Salvatoris Conchas monasterii, ubi sancta Fides tumulata consistit. Ego enim, in Dei nomine, Bonusparus de Rainaldesco filius Aldegerio cedo vel dono illo alode meo de Rainaldesco, hoc est unus mansus ubi Adalardus visus fuit manere, quantum infra ipsum mansum aspicit, totum et abintegrum dono sancti Salvatoris et sancte Fide; et habet ipse alodus in se fines de totas partes terra ad ipso donatore ; et in ipso loco, de alios tres mansos que ipse Bonusparus habet, omnibus annis, sit receptum pro vestidura in opus sancta Fide de uno queque denarii IIII, hoc sunt de tres mansos XII denarii. Si quis ego, inmutata voluntate mea, aut ullus de heredibus vel propinquis meis qui contra hanc carta donatio ista ulla calumpnia generare voluerit, hoc ei non liceat facere, sed faciat quod lex est.

Facta carta donatione ista in kalendas augusti, regnante Rodberte rege. — S. Bonoparo qui carta donatione ista scribere vel adfirmare rogavit. S. Dagberto, Adraldo, Gualterio, Guigoni. — Oddo scripsit.

430. DE PLANCA.
1061-1108, mai.

Loco sacro qui est consecratus in honore domini nostri Jhesu Christi necnon et sancte Fidis aliorumque sanctorum. Ego Huga et filii mei Hugo et Willelmus et Petrus et Rotlandus et Raimundus, pro redio animarum nostrarum et parentum nostrorum, cedimus et donamus sancto Salvatoris de Conchas et sanctæ Fidei virginis et loco de Bello Monte id est Plancas unum mansum in Casellas qui est in parrochia de Anglaris quem Deusdet Calvetus visus est manere; et in parrochia de Campolivado donamus alium mansum in illa Vernia. Hoc totum domus ad alodem sancto Salvatori de Conchas et sancta Fidei et sanctæ Mario de Bello Monte, sine ullo contradicente; et hoc in tali convenientia ut, si ullus abbas de comunia monachorum tulerit, veniat unus de plus propinquis nostris et faciat recuperare in loco usque tercio, et si amplius tultum fuerit, sibi retineat.

Facta carta ista est in mense madio, feria III, regnante Phylippo rege. — S. Huga et filiorum ejus qui hanc cartam scribere rogaverunt. S. Berengerio Guidone, Guidoni Arnaldo, Petro de Moreto, Petro Rosato. — Raino monachus scripsit[1].

431. [DE COMITATU WAPICENSI.]
918, 31 octobre.

Dicendum est enim ut unumquemque hominem de res suas faciat quicquid facere voluerit. Ego igitur, in Dei nomen, Raimbertus et uxor sua Girberga, pro remedium anime meæ, ut dominus noster Jhesus Christus filius Dei in presenti seculo et in futuro michi misericordiam prestare dignetur, dono ad eccclesiam sancta Fides de Conchas, pro luminaria vel sacrificium offerendo sive in elemosina ad eisdem monachis qui in ecclesia cotidie divinum misterium proficiunt, vine mea in comitatu Wapicense, una

---

1. Ici, dans le cartulaire, se lit le titre : *De Campantago*. La charte qui le suivait a été grattée et remplacée par une autre, publiée plus loin.

semodiata in territorio de Remodo de Castro que nominant Gargaia; et habet fines vel terminationes de uno latus via puplica, et de alio latus rivulo torrente. Et ipsa vinea ibi donet ad monasterium sancta Fides quæ nominant Conchas, eadem vero ratione ut, dum ego vixero, usum et fructum possideam et unumquemque annum ad ipsum monasterium sestarios viii de vino persoltam; post obitum vero meum, monachi qui in æcclesia divinum misterium peregerint ea teneant et possideant, nullo homine contradicente. Si quis autem hanc donationem, quam ego pro remedium anime meæ ad supradicta æcclesia conscriberæ vel adfirmare rogavit, futuris temporibus inquietare vel inrumpere voluerit, hoc consequimini ne valeat, sed supradicta ecclesia quibus injustis litere intulerit componat tantum et alium tantum, et insuper sit eterna maledictione dampnatus et excomunicatus et a consortio sanctorum ejectus, et hæc eadem donatio perpetua maneat ad sancta Fide.

Acto Vapricense, anno dominice incarnationis, i indictione, ii kalendas novimbris, regnante Rodulfo rege in Gallis. — S. Raimbertus et de suis pater Aldoardus et de suis mulier Laugarda et de suis projeniis que de illos jerminavit. S. Domnus Rostagnus firmavit, Pontius, Arfredus, alius Pontius, Adimarus. — Ademarus scripsit.

432.

934 ou 935.

Locum sacrum sancte Dei æcclesiæ qui est situs in pago Ruthenico super alveum Dordonis, et est fundatus in honore domini nostri Jhesu Christi seu sanctæ Marie virginis et sancti Petri principis apostolorum necnon et clavigeri, ubi sanctus Vincentius et sancta Fides tumulati consistunt. Quamobrem ego, in Dei nomine, Niguarius monachus cedo ad prephato monasterio cujus vocabulum est Conchas, ubi Jhoannes abba preesse videtur cum cuncta congregatione ibidem Deo famulantes, cedo res meas quæ mihi justissime debitum est et in perpetuum cessum permaneat, hoc est mansus meus qui mihi justissime ex parentorum obvenit, ubi Ingelgarius visus est manere, cum curte et orto, cum exeo et regresso, cum terras cultas et incultas, cum pratis, pascuis vel cum omnibus ajacenciis suis vel quantumcumque hodie ad ipsum mansum aspicit vel aspicere videtur vel quantumcumque in ipso loco visus sum habere vel possidere, quistum vel adinquirendum est, totum et abintegrum cedo ad ipsa *casa Dei* jamdicta vel ad ipso rectore seu ad ipsos Deo servientes, pro anime mee remedium et pro anima jenitore meo Adalgrimo et jenitrice mea Teudlinde nec non et pro anima fratris mei Benjamin, ut Deus omnipotens veniam nobis ad judicium concedere dignetur; eadem vero racione ut, quamdiu ego vivo, usum et fructum michi reservo, post quoque obitum meum ad fratrem meum Benjamin remaneat, et post quoque obitum nostrorum amborum ad unum nostrum amicum quem nos melius elegerimus remaneat, et post illius obitum ad ipsa jamdicta casa Dei vel ad ipso abbate seu ad ipsos Deo servientes remaneat, sine ullo contradicente sane. Si quis ego, inmutata voluntate mea, aut ullus heres meus vel propincus aut ulla amissa vel subrogata persona qui contra hanc carta donatione ista ire aut ulla calumpnia jenerare voluerit, nullatenus vindicet, sed insuper componat ad ipsa jam dicta casa Dei vel ad ipso rectore seu ad ipsos Deo servientes tantum et alium tantum quantum ipse mansus eo tempore melioratus valere potuerit in duplum sit redditurus et quod petit non vindicet, sed presens cessio ista inviolabilem obtineat firmitatem.

Facta carta cessione ista die jovis, in mense..., anno vi regnante Rodulfo rege. — S. Niguario qui carta cessione ista scribere vel adfirmare rogavit. S. Bernardo, Garifredo, alio Bernardo, Adalgrimo.

433. DE MASCLO.

996-1030, octobre.

Locum sacrum sanctæ Dei ecclesia qui est constructus in honore domini nostri Jhesu Christi et sancti Salvatoris, Conchas monasterii, ubi sancta Fides tumulata consistit. Vos enim, in Dei nomine, Petrus et Deusdet et Matfredus cedimus et donamus sancti Salvatoris et sancta Fide in comunia illo alode nostro uno manso in Masclo ubi Benedictus manet, et habet fines : de uno latus terra sancti Amancii, de alio latus terra Rictori, de tercio latus rivo decurrente, de quarto latus terra Richardis; et in alio loco, in Serla, uno demedio manso ubi Girberga visa est manere; et in alio loco, in Serla, illa terra que Bernardus tenet, et habet fines : de uno latus terra sancti Salvatoris, de alio latus terra sancti Saturnini, de tercio latus strata puplica, de quarto latus rivo decurrente, quantum infra istas fines concluditur, totum et abintegrum donamus sancti Salvatoris et sanctæ Fide pro fratre nostro Abbono. Et in alio loco, uno manso in Auna ubi Benedictus visus est manere, post mortem Aviernane donat ipsa Avierna et Petrus, Deusde et Matfredus sancti Salvatoris et sanctæ Fidæ; et habet et ipse mansus fines : de uno latus terra ad ipsos donatores et terra Bernardo, de alio latus strata puplica, de tercio latus terra ad ipsos donatores et terra Bernardo, de quarto latus rivo decurrente; quantum infra istas fines concluditur, totum donamus sancti Salvatoris et sancta Fide pro Abono, et quamdiu Avierna vivit, donet unoquoque anno sancto Salvatoris et sancta Fide tres denarios pro vesticione.

Facta carta ista donatione in mense octubri, sub die jovis, sub Rotberto rege regnante. — S. Aviernæ et Petrono et Deusdet et Matfredo qui carta ista scribere vel adfirmare rogaverunt. S. Bernardo, Deusdet, alio Bernardo, Hugono, Seguino. — Oddo rogatus scripsit.

434. DE CROSO.

964, mars.

Locum sacrum sanctæ Dei æcclesiæ qui est constructus super alveum Dordonis, in honore domini nostri Jhesu Christi et sancti Salvatoris, ubi sanctus Vincentius et sancta Fides tumulati consistunt. Ego enim, in Dei nomine, Bernardus laxo ad ipsa casa Dei jam supradicta aliquis de rebus proprietatis meæ, quatuor mansos et uno caput manso qui mihi per conquistum obvenerunt, et est ipse alodus in pago Ruthenico, in vicaria Brogmacense, in villa quæ vocatur Croso; et in ipsos mansos visi sunt manere Ragalredus et Avitus et Bertinus et Atbertus et Adalaldus; et quantum ibi visus sum habere vel possidere, quistum vel quicquid adinquirendum est, totum et ab integro cedo ad ipsa casa Dei jam supradicta, in tali racione ut, quamdiu Bergaudus vivit, teneat in obedientia et fructum in comunia recipiat, ut post hunc diem habitatores et Deo servitores teneant, possideant, quicquid facere voluerint faciant, sine ullo contradicente in omnibus sane. Si quis ego inmutata voluntate mea, vel ullus de heredibus et propinquis meis aut ulla amissa persona aut ullus homo per ullo quoque injenio qui contra carta donatione ista ulla calumpnia jenerare voluerit, hoc ei non liceat facere, sed faciat quod lex est.

Facta carta donatione ista sub die marcis, feria III, in mense januario, anno X regnante Lothario rege. — S. Geraldo qui carta donatione ista scribere vel adfirmare rogavit. S. Cautardane, Aikardo, Sigerio, Umberto, Guilaberto, Deusdet. — Rodbertus scripsit.

435. DE URSARIAS.

XI° siècle.

Ego Poncius Lautaldus et uxor mea Poncia damus sancto Salvatori et sanctæ Fide de Conchas illum mansum nostrum de Ursarias ubi Bernardus Dodolenus visus manere; et habet censum : unum sestarium de sigile et XVIII denarios et multonem cum auso et agnum et receptum cum IIII militibus et per sauma XVIII denarios et quartum de lino; et est ipse mansus in comitatu Gabilonense; in tali convenientia ut, in vita nostra, XII denarii sanctæ Fidi dentur, et post mortem uxoris meæ, sanctæ Fidi abintegro remaneat.

S. Poncioni et uxori suæ qui carta ista scribere rogaverunt. S. Stephano, Gaucelmo, Willelmo filio meo.

436. DE SEGONZIAGO.

956, février.

Locum sacrum sanctæ Dei ecclesiæ qui est situs in pago Ruthenico super alveum Dordonis, et est fundatus in honore domini nostri Jhesu Christi pseu sanctæ Marie virginis et sancti Petri principis apostolorum necnon et clavigeri, ubi sanctus Vincentius et sancta Fides tumulati esse videntur. Ego enim, in Dei nomine Hictor, cedo vel dono ad prephato monasterio cujus vocabulum est Conchas, ubi Stephanus abba præeesse videtur cum cuncta congregatione ibidem Deo famulantes, hoc est terra qui mihi per conquistum justissime obvenit; et est ipsa terra in pago Ruthenico, in ministerio Montiniecense, in aro cujus vocabulum est Segonziago, et habet ipsa terra fines vel confrontaciones : de superiore fronte terra de manso de Monte Redundo, de alio latus terra de manso Raganardo, de alios duos latus terra que fuit Aicmari. Quantum infra istas fines concluditur, totum et abintegrum cedo vel dono ad ipsa casa Dei jamdicta vel ad ipso rectore pseu ad ipsos ibidem Deo famulantes pro anime meæ remedium, ut Deus omnipotens veniam mihi ad judicium concedere dignetur, cedo cessione ista ad ipsa casa Dei vel ad ipsos Deo servientes. In ea vero racione hoc facio, quamdiu Guitbertus monachus et Gauzfredus vivunt, illi teneant sine ullo contradicente, et post obitum illorum, ad ipsa jamdicta casa Dei pseu sancta Fide remaneat in sacrestia, pro animas nostras remedium ; ita post hodiernum diem neque nos neque ullus de heredibus nostris nec ulla oposita vel admissa persona ipsa donatione quæ ad ipsa casa Dei cedimus abstraere vel minuare voluerit, omnino non poscit, et qui hoc facere presumpserit componat ad ipso rectore pseu ad ipsos Deo servientes de ipsa casa Dei qui eo tempore preesse videntur tantum et alium tantum quantum ipsas res vel ipsa terra meliorata valere potuerit in duplum sit redditurus et hoc petit non vindicet, sed presens cessio ista omnique tempore obtineat firmitatem cum stibulatione subnixa.

Facta carta cessione ista die lunis, in mense febroario, anno II quod Lotarius rex cepit regnare. — S. Hictore qui carta cessione ista scribere vel adfirmare rogavit. S. Austrino, Bernardo, Guitbaldo, Bernone, Aldegario. — Teutbertus me scripsit.

437. ITEM DE SEGONZIAGO ET DE VINEA.
xi° siècle.

Breve memoratorio que Odda fieri jussit. In primis laxo sancti Salvatoris et sancta Fidæ et ad illos monachos qui regula sancti

Benedicti tenunt vel tenuerunt illos duos meos mansos quæ dicuntur de Vinea ubi Guirbernus visus est manere, cum boscos, cum vineas, cum pratos, cum albaredas, cum molinos, cum terras cultas et incultas, totum et abintegrum laxo sancti Salvatoris et sancta Fide, pro anima mea, in tale racione ut, si ullus abba est aut ullus episcopus aut ullus homo qui de communia tollere voluerit, veniat qualiscumque de filios meos aut ullus de propinquis meis et donent sancti Salvatoris et sancta Fide solidos quinque et teneant ipsum alodem.

S. Oddane qui brevem istum scribere vel adfirmare rogavit. S. Frotardo marito meo, Hugono, Deusdet, Frotardo, Girberto, Bernardo, Arnulpho. — Saluster scripsit.

438. DE BONI MONTE.
Av. 996-1004, février.

Domino magnifico Girberto abbate emptore. Ego enim, in Dei nomine, Frotardus et uxor sua Odda venditores, juxta textum vendicionis constat nos tibi vendidissemus, quod ita et vendidimus, tradidissemus, quod ita et tradidimus, hoc est alodus noster illa medietate de Boni Monte cum vineas, cum mansiones, cum terras cultas et incultas; et habet fines : de uno latus rivum aquarum, et de alio latus terra Frotardi et Austrini, et de alios duos latus terra sancti Salvatori et sancte Fidei. Infra istas fines quantum infra istas fines, quantum ad illum alodem aspicit vel aspicere videtur, illa medietate totum et abintegrum vendimus tibi et per hanc carta manibus vobis tradimus; unde accepimus precium de vos, sicut inter nos et vos bene conplacuit, hoc sunt solidi xv Lemoticanos et xviii et dimidius sunt Pogesi, et de ipso precio retro nos nichil remansit indebitum; ita ut ab hanc diem habeatis, teneatis et possideatis ad faciendum sane. Si quis nobis, inmutata voluntate nostra, aut ullus de heredibus vel propinquis nostris aut ulla emissa persona aut calumpnia jenerare voluerit, hoc ei non liceat facere, sed faciat quod lex est.

Facta venditio ista in mense febroario, feria iiii, sub Rodberto rege regnante. S. Frotardo et uxore sua Odda qui carta venditione ista scribere vel adfirmare rogaverunt. S. Bernardo, Austrino, Aganoni, Begoni. — Donadeus scripsit.

439. DE SERLA.
996-1031.

Breve memoriale de illo avero de Bonimunto que laxavit Hugo filius Ariberto; et aprehensi illa apendaria de Serla in escamge a feu in vita sua et de filium suum, sancti Salvatori remaneat; et placitavi Arm ndus et Bartolomeus sacerdos et Seguinus de Sentres et Bernardus Altornus, regnante Rodberto rege.

440. DE ESDOLOMADDA.
Seconde moitié du xi° siècle.

Ego Willelmus Garsias de Godol dono sancto Salvatori de Conchas et sancte Fidei totum honorem meum et uxor mea Guila similiter et corpus nostrum et substantiam nostram, et mittimus nos in comanda et in guarda Deo et sancte Fidi; et donamus sancto Salvatori et sancte Fidi illum alodem nostrum in villa que dicitur Esdolomadda totum et abintegrum, et donamus in ipsa villa unum hominem sancto Salvatori et sancte Fidi et par censum quem illo homo dat, donamus sancte Fidi quinque manconos per singulos annos.

S. Willelmi Garsiæ et uxor ejus Guile. S. Bonifilii Arnaldi, Raimundi Anerii, Mironis Raimundi.

441. DE UXELLO.
Fin du xi° siècle.

Breve de illo placito quem Odalricus fecit cum preposito Stephano et Austorgo fratre suo et cum Bernardo Feval de Vallelas. Per porcos et per multones de Uxello xx et vi dedit ad illos cclxx solidos de Pogesos denarios, et aput Mironem de la Gavosa de uno manso dedit ad illum xx solidos Pogesos, et ad Stephano filio Wigone donat in pignore pro vindemia l solidos de Lemovicanos, et sunt isti de ista pignora sancti Antonini, et per pignora de ecclesia de cimiterium de ipso Uxello donat ad Stephano filio Francone c solidos in pig.....[1]

---

[1] Le cartulaire proprement dit finit ici. On a joint, à une époque très-ancienne, au milieu du xii° siècle probablement, quelques cahiers au manuscrit. Ces cahiers, d'écritures fort diverses, contiennent les chartes qui suivent.

442. [DE GOLINIACO.]

1061-1065, avril.

..... Idcirco ego Girbertus archidiaconus, pro meis commissis peccatis, dono domino Deo et sanctæ Fidei de Conchas et abbati Odolrico hac monachis in eodem loco degentibus tam præsentibus quem adfuturis medietatem æcclesiæ de Goliniaco ad alodum, cum vicariis et sacerdote et fevalis, sicut de me tenent ; et tres mansos in Valleta, cum quarto et decimo et censu in dominio, et exeunt tres porci, unus de xii denariis et alius de vi denariis aliusque similiter duosque multones, et ad kalendas duas scapulas, ii sextarios de civada, ii panes cum receptis; et clausum de Magno Loco in dominio. Si autem ullus abbas aut rector monasterii de monasterio ejecerit, veniet unus de propinquis meis faciatque in monasterio supra dictum alodum tenere usque ter; quod si postea de monasterio ablatus fuerit, veniat meus propinquus detque v solidos super altare sancti Salvatoris et teneat.

Et ut ratio firma sit, facta karta hujus donationis tempori Philippi regis, sub die sabbato, in mense aprili. — S. Girberti qui kartam istam scribere rogavit, Stephanus, Bertrandus, Deusdet.

443. DE SALVETATE APUD CABALITANUM.

Probablement 1105, 23 mars.

Ego Aldebertus gratia dei Mimatensis episcopus, pro salute animæ meæ et pro animabus omnium parentorum meorum, dono sancto Salvatoris de Conchis et gloriosæ martiri Fidi et abbati Begoni et monachis presentibus et futuris in predicto monasterio Deo servientibus aliquid de rebus proprietatis meæ, illud videlicet quod est de alodio patrimonii mei, hoc sunt duo mansi cum omnibus ad se pertinentibus; unus dicitur mansus Bosonis et alter vocatur Petra Fissa. Dono etiam totum quod in istis mansis vel circa ipsos mansos supra nominati monachi sanctæ Fidis de meis fevalibus adquirere poterint. Dono etiam ibi ecclesiasticum et omnia quæ ad ecclesiam pertinent. Hec omnia suprascripta dono ex integro sancti Salvatori et sanctæ Fidi, ita ut ab hac die meus vicarius aut serviens nichil ibi requirat aut retineat, sed jam dicti monachi sanctæ Fidis quiete et libere habeant et possideant sine ullo contradicente. Est autem iste supra scriptus alodius in episcopatu Mimatense in parrochia ecclesiæ meæ de Primsoiol.

Scripta karta ista x kalendas aprilis feria IIII, regnante Phylippo rege Francorum. — Signum domni Aldeberti episcopi qui hoc donum fecit et firmare rogavit. S. Willelmi præpositi. S. Rotberti capellani. S. Bernardi Bonipari. S. Willelmi Ronnati. — Durantus scripsit.

444. DE ÆCCLESIA MALÆ VILLAE.
1087-1108.

In Dei nomine. Ego Raino Odolricus de Mala Villa, pro redemptione animæ meæ et pro anima patris mei et omnium parentum meorum, dono sancto Salvatori et sanctæ Fidi gloriosæ virgini de Conchis et domno Begoni abbati et monachis præsentibus et futuris in prædicto monasterio Deo servientibus æcclesiam meam parrœchialem sancti Petri de Mala Villa ad alodium et ad fevum, cum omnibus æcclesiasticis rebus ad se pertinentibus. Dono etiam et confirmo tam predictam æcclesiam quam ætiam totum æcclesiasticum honorem qui ad senioratum de Mala Villa pertinet, tali scilicet modo ut, exceptis predictis monachis sanctæ Fidis, in toto æcclesiastico honore qui ad senioratum de Mala Villa pertinet nullus monachus neque clericus habeat licentiam aliquid adquirere. Quod si ultra hanc donationem et convenientiam aliquis homo facere voluerit, sciat se maximam injuriam Deo facere et sanctæ Fidi cujus rectum et justiciam vult injuste usurpare.

S. Duranti presbyteri. S. Petri Arnaldi monachi.

Ego Raimundus Odolricus hæc omnia supra scripta dono similiter sancto Salvatori et sanctæ Fidi, sicut dedit Raino frater meus, et ego Hugo de Roca dono similiter.

445. DE CAVANNIC.
1086, juillet.

In nomine Domini Ego Wido comes de Saltia gratia Dei, una cum consilio R. Linguonensium episcopi et clericorum ejus nec non et consilio nobilium virorum meorum, pro salute animæ meæ et omnium parentum meorum, dono locum illum qui dicitur Cavanni ad alodium, cum omnibus appenditiis, cum terris cultis et desertis, cum silvis et pratis, sancto Salvatori et sanctæ Fidi de Conchas et abbati Stephano et monachis presentibus et futuris de Conchas. Et habet terminum istud alodium usque Allais[1] de Homine Mortuo, et alius terminus est usque ad illam villam que dicitur Curtils, et alter terminus usque ad illum locum qui dicitur Longa Prata. Quiquid infra hos terminos visus sum habere vel quiquid laboraverint alieni homines qui ibi pro amore sancte Fidis habitare voluerint vel mei servi vel mei homines, terciam partem et decimum et omne servitium quod mihi debuerant facere, totum dono et derelinquo sancto Salvatori et sanctæ Fidi de Conchas, sicut superius scriptum est. Similiter dono alium locum qui dicitur Goies sancto Salvatori et sancte Fidi de Conchas et predicto abbati suisque successoribus, cum omnibus appenditiis, cum terris ad me pertinentibus cultis et desertis, pratis, silvis, et terciam partem decimi que pertinet ad me et omne servitium meorum hominum qui infra hos terminos habitaverint vel laboraverint; et nihil ad meum opus retineo, sed totum hoc, pro peccatis meis, dono sanctæ Fidi et habitatoribus de Conchas.

Facta carta ista anno ab incarnatione Domini millesimo octuagesimo sexto, in mense julio, indicione nona, feria vii, regnante Phylippo Francorum rege. — S. Gwidoni comitis qui cartam istam scribere vel affirmare rogavit. S. Stephani. S. Rainoni. S. Poncii. S. Galterii Olarii.

446. DE CHAVANENC.
Vers 1086.

R. Dei misericordia Linguonensis æcclesiæ presbyter religioso

---

1. Il faut peut-être lire *allam de Homine Mortuo*. *Alla* signifie *modus agri, campus*.

sanctæ Fidi abbati dilectiones in Domino. Quum, frater karissime, ordini nostro congruit viros seculares in eo quod necessarium est animæ karitative redarguere et ad ea quæ salutis suæ conveniunt in quantum valemus reducere, dignum duximus, si quid boni, Deo donante, faciunt, non tantum laudare sed de bene actis Deo gratias agendo congratulari et confirmare. Nos igitur elemosinam illam quam domnus Guido de Granceia in comitatu de Saltio æcclesiæ vestræ contulit, cum de nostro existat beneficio, consilio et consensu æcclesiæ Linguonensis, laudamus et litteris istis assensum testantibus corroboramus.

S. Amalrichi decani, Hugonis archidiaconi, Guirardi de Granceio. S. Rainerii de Notiantio. Stephano attestante archidiacono.

447. [DE CAVANNI.]

Vers 1086.

Domno et patri suo S. abbati frater W. devotas in Christo orationes. Testis mihi est Deus cui servio quod sine intermissione memoriam vestri facio semper in meis orationibus. Desidero enim videre vos quum sepe proposui venire et prohibitus sum usque adhuc, ut aliquam per vos habeam consolationem quia tribulationes et tristiciæ super habundaverunt mihi, ut vix alicui patefacere queo. Nunc vero abbas Gerontius et abba Rodulfus invitant me ad suorum obedientiam aliquando blandiciis aliquando terroribus, nec sic valent vincere. Modo autem super hac re consulite salubriter et remanda sagaciter per Nivilonem sive per istum in capite jejunium quid agere debeam. Valete. Salutat vos domnus Wido comes cum suis, et donat monasterio sancti Salvatoris locum qui dicitur Cavanni cum suis appenditiis et alium locum similiter qui dicitur Goges cum suis appenditiis, et cum viderit aliquem a vobis missum donationem faciet kartulo coram episcopo et principibus terre.

448. DE SENGLANDA.

Av. 1031-1065.

In nomine Domini. Ego Raimundus et frater meus Hugo donamus illum nostrum mansum de Senglanda alodum et fevum et medietatem de decimo totum in dominio sancto Salvatori et sancte Fidis et abati Odolricho propter sepulturam nostram; et donat censsum II multones cum aussos et IIII^x denarios in augusto, et II solidos a kalendas.

449. DEL BOSC.

Av. 1031-1065.

Ego Arnaldus d'Abirag dono illos meos manssos lo Bosc el Martinex alodum et fevum sancto Salvatori et sancte Fidis et abbati Odolrico, propter animam meam, et fatio ibi me monacum, et propter animam huxoris mee et propter sepulturam nostram.

S. Hectoris monachi. S. Deusde. S. Hector.

450. ITEM.

1065-1087.

Ego Petrus Arnaldus dono unum meum manssum el Bosc in quo visus est manere Fretbertus, pro anima mea et pro sepultura mea, domino Deo et sancte Fidis et abbati Stephano.

S. Begoni. S. Hectori monachi. S. Deusde. S. Hugoni.

451. DEL POJETUM.

1065-1087.

In nomine domini nostri Jhesu Christi. Ego Stephana huxor Frotardi de Conchis dono sancto Salvatori et sancte Fidis et abbati Stephano illum meum mansum del Pojetum, qui est e parroxia de Galganio, ubi visa est manere Marta, ad alode pro sepultura mea. Et donat censum : I multonem et I agnum et XII denarios en augusto, et XII a kalendas.

S. Frotardi. S. Ademari. S. Hugoni.

452. DE FIRMINO.

Av. 1031-1065.

Brevem de laxa quam fecit Hector de Audiz sanctæ Fidi. Inprimis laxo æcclesiam de Firmino, hoc quod ego ibi habeo et homo de me, et mansum de Prunosa, et illum mansum quem Gaucelmus tenet, et vineas et terram que Augerius tenet de Roca, et mansum de Ermainal, et duos mansos de Blanzac, et hic ipsum mansum de Merdelac, et comandam de manso quem Guodinus tenet, et comandam de Geraldo de Serra, et comandam de Bonimunt, et comandam del Vilar, et comandam de Segonzac, et mansum de Solavila, et mansum de Graisac, et commandam de Cormol, et comandam de Valiaverna, et laxo medietatem de bosco de Bornonesca, et totas comandas quas ego Hector habeo in alode sanctæ Fidis. Hoc totum suprascriptum ego Hector de Audiz dono domino Deo et sancto Salvatori de Conchas et sanctæ Fidi et Odolrico abbati et monachis qui modo sunt et venturi sunt in perpetuam. Quod si aliquis nepos meus aut propincus meus hanc elemosinam infrancxerit, non habeat partem in tota hereditate mea.

453.

Vers 1120.

Notum sit omnibus tam presentibus quam futuris quod dominus Petrus Pampilonensis episcopus, volens proficisci Jherosolimam, ccc Moabitinos comisit B. Conchensi abbati. Major vero pars comissa est R. de Monte Jurato cuidam fratri, postea, veris indiciis, Moabitinos recuperavit. Raimundus autem pro salvetate fratri suo nomine W. partem sibi comissam comendavi, sed minime recuperavit. Quapropter dominus episcopus a domino papa Pascali utrosque excomunicare fecit. Verum et R. de monasterio exiit nec est reversus donec, per fideles quosdam amicos redditis inde xii unciis, ab eodem domino episcopo est absolutus. Hac de re in concilio Tolosano dominus W. successor ejus super abbatem questus est, et discussa causa nil culpe super ipso remansit. Postremo prefatus abbas, Pampilonam ad consecracionem veniens, iterum a domino presule S. et canonicis interpellatus est. Qui, reddita de singulis ratione, recognoverunt nil culpe super abbate remansisse, sed super ipsum qui fraudulenter detinet aurum. Hoc ideo memorie traditur ut in posterum prenominatus abbas innocens cognoscatur qui præ ceteris sui ordinis S. Pampilonensis ecclesie extat fidelis.

Hujus diffinitionis testes sunt : S. Pampilonensis episcopus cujus hoc signum †, et S. prior ejusdem ecclesie, Stephanus archidiaconus, B. operarius, Austorgius, W. La Censis, Rigaldus, Christophorus, W. de Gusquiza, Donatus elemosinarius, et omnes alii istorum inteporanei, postremo vero frater Aimericus.

454. DE TOLOSANA DIOCESI.

xie-xii^o siècle.

Ecclesia beate Fidis de Tufac. Eclesia de Pardinas. Eclesia de Laudel. Eclesia de Clairac. Eclesia de Teuls. Eclesia de sancto Vincentio de Salat. Eclesia de Bernet. Eclesia de Quolas. Eclesia de Belveder. Eclesia de Julaic. Eclesia de sancta Columba. Eclesia de Pino. Eclesia de Cotaquava. Eclesia de Peirairol e des Salvetat. Eclesia de Cassegalater. Eclesia de sancto Marcialo. Eclesia de Cepet. Eclesia de Muntagut. Eclesia d'Erguol. Eclesia de Serraco. Eclesia de Rosolangas. Eclesia de Borno. Eclesia de Bondiguos. Eclesia de Tauriac. Eclesia de Juleto. Eclesia d'Agutnac [1].

455. DE MASCLE.

1060-1065, juin.

Loco sacro sancte Dei æcclesie Conchacensis monasterii qui est situs in pago Rutenico super alveum Dordonis, et est consecratus in honore domini et salvatoris nostri Dei, in quo beatissima virgo et martyr Fides requiescit. Idcirco ego Nichilfora et uxor mea Berengeria et infantes nostri cedimus et donamus villam nostram de Mascle sancto Salvatori et sancte Fidei de Conchas et abbati Odolrico et monachis ejusdem loci ; et est ipsa villa in pago Rutenico, in vicaria Laiciacensis ; donamus etiam hanc supradictam villam ad alode, pro animas nostras et parentum nostrorum et pro anima Hugonis comitis, hoc sunt x et vii mansi ; et donat unusquisque ii sestarios de frumento. Et hoc

---

1. Une main postérieure a ajouté : « *de Afrain, de Mirapels, ecclesia de Castelmauro.* » Au commencement du feuillet suivant, se lisent ces mots, qui ne se rattachent à rien : « *agnum el IIII denarios a mes.* »

dono in tali convenientia ut, si ullus homo de communia monachorum tulerit, veniat unus de plus propinquis meis et ponat quinque solidos Raimundencos super altare sancti Salvatoris de Conchas et teneat sibi; et si ego monacus esse voluero in Conchas, recipiant me cum hoc quod ego plus voluero adcrescere; et cum ego aut uxor mea mortui fuerimus, sepeliant nos ad ecclesiam sancte Fidei que vocatur Tribonum. Est enim hoc villa jamdicta in pignora per octuaginta solidos de Raimundencos, et redimant illum monachi, et habeant medietatem in dominio et nos similiter medietatem retinebimus. Donamus etiam convenientias quas habemus in ipsa villa de omnes homines, qui non possunt vendere vel inpignorare nisi nobis, ut monachi de Conchas habeant sibi istas conveniencias.

Facta carta in mense junio, feria II, regnante Philippo rege.

456. DE OBEDIENCIA DE TREBONS.

XI°-XII° siècle.

De novem mansos et novem appendarias. Et exeunt : v modii rasi de tritico et quatuordecim, porcos et sunt x unusquisque de octo denarios et quatuor sunt de duodecim denarios, et debent x moltones et x agnos, et debent III solidos de carregio et v solidos de vacaygue et a senaygue et II solidos et VIII denarios in ipse tritico.

457. DE BAINADES.

XI°-XII° siècle.

En Cereis, I mansum, et donat censum IIII denarios et I gallina et quartum; en eis Cereis, I apendaria, et donat censum VIII denarios et II gallinas et II sestarios de civada; en eis Cereis, I capmas, et donat censum I denarium et I sestarium de civada. De Iga, I apendaria, et donat censum III denarios et I gallina et I sestarium de civada. De Broza, I mansum, et donat censum XI denarios a kalendas et v denarios a meisuns et quartum et decimum. In Favent, I capmas, et donat censum VI denarios et I sestarium de vino et I porcum de IIII denariis et II sestarios de civada et quartum; in ipso Favento, 1 apendaria, et donat censum IIII denarios et II sestarios de civada et quartum. De Poiet, I mansum, et donat censum VIII denarios et II gallinas et I sestarium de civada et I moltonem et I agno. De la Cumba, I mansum, et donat censum IIII denarios et I moltonem et I agnum. Del Born, I mansum, et donat censum IIII denarios et I moltonem et I agnum. Girfres, I sestarium. Garner, I sestarium. De Bramaric, II sestarios. Del Poiet, I sestarium. Giral Peire, I sestarium. Del Cassan, I sestarium. Della Verna, I sestarium. Deusdet de Beissas, I mina. Del Peiro, I sestarium. De Broza, I sestarium. De Teirangas, I sestarium. Del Poissu, I sestarium. De Casellas, I sestarium. Del Erin, II sestarios. Giral del Peiru, I sestarium. De Meianas Maisons, I mansum, et exit censum I moltonem et I agnum et I porcum de VI denariis et II sestarios de sigile rasos et decimum de tercia parte de medietate. En Sumus, I mansum, et exit censum I moltonem et I agnum et I porcum de VI denariis. En Cazas, I capmas, et exit censum IIII denarios et quartum. Et tercia pars de ecclesia de Rossino. I capmas en Lastapias, et donat censum X denarios a kalendas et III denarios a messionem et quartum. Et II mansos en Cavailac, et donat censum unusquisque unum moltonem et I agnum et quatuor a meisos. Et II apendarias, I el Born, alia e Lascura, et inter ambas donat censum I moltonem et I agnum et IIII denarios per messionem.

458. CAVANNI.
Vers 1086.

In nomine Domini. Ego W. comes de Falcio Grandei, una cum consilio Linguonencium episcopi et clericorum ejus, pro salute anime mee et antecessores meos, dono locum illum qui dicitur Cavanni ad alodium, cum terris ad me pertinentibus cultis et desertis, cum silvis et pratis que hodie in dominio habeo, et nichil ad meum opus retineo, sed totum hoc pro salute anime mee et antecessores meos dono sancto Salvatori et sancte Fidis de Conchis et abbati Stephano et monachis præsentibus et futuris.

S. Widoni comitis. S. Stephani abbati. S. Rainoni. S. Poncii. S. Adalardi. S. Galterici. S. Albal...ci.

459. [DE PODIO.]
1027-1108.

Ego Willelmus de Monte Mirato totum illud quod querebam et amparabam in manso de Podio qui est in aice Montiniacense, totum guirpisco et derelinquo sancto Salvatori et sanctæ Fidi et Begoni abbati de Conchis et monachis qui ibi sunt et futuri sunt, et promitto ut nunquam amplius ibi aliquid requiram neque homo neque femina per me.

S. Willelmi qui hanc guerpicionem fecit. S. Raimundi Gerberti.

460. DE MOLINI PISCINI.
823.

Inclitus atque triumphator in solio sancto elevatus Lodohicus divina ordinante gratia imperator augustus, cum ipse potens Aquis placui in aula regalia omnia universaque lustraret et cunctorum audiendi causas peragraret rectaque judicia terminos poneret ad ejus regni consistendi forcia cuncta occurrerent, ibique veniens ex regione Aquitanie Anastasius abba ex monasterio Conchas loci sancti Salvatoris, petens et postulans quæ necessitate cenobii ad aures clementiæ nobilissimi regis, ut aliqua causa quæ juxta cellula sancti Salvatoris in pago Avernis est, in loco que dicitur Molini Piscini, mansellos illos qui sunt in ipsa valle de ratione sanctæ Mariæ Laudunense que Bertrandus dominicus vassus per regia potestate vel gubernatore sanctæ Mariæ in beneficio habebat; unde ipse dominus imperator peticionis ipsius abbati audiri non rennuit, sed in omnibus, sicut sua fuit peticio, excambiandi ita promisit ut fieret, et missum venerabilem virum Stabilem episcopum dedit ut inter Anastasium abbatem et Bertrannum concambiare et confirmare debuisset, quod ita et fecit. Dedit prius Bertrannus, jubente domino imperatore una cum ipso supra scripto missos, ipsos mansos in Molini Piscini de ratione sanctæ Mariæ partibus sancti Salvatoris Anastasio abbate per illa confinia : per roca Cervaria seu et per roca qui est super illa carraria et inde per fonte Castellana et per roca que dicitur Dolivas usque ad Ellenionem et per Ellenionem usque ad illa roca Cervaria cum ipso molinario; et hæc omnia intra ista debonatione cum ceteris et ... pratis, silvis et pascuis, omnia et ex omnibus, totum et abintegrum cum omni supraposito, ipse Bertrannus cum ipso misso de partibus domini regis ipsius Anastasio abbate partibus ejusdem sancti Salvatoris Conchas monasterii tradiderunt vel consignaverunt. Et contra dedit Anastasius abba de ratione monasterii in ipso pago Arvernis partibus sanctæ Marie Laudunensi et Bertranno misso sanctæ Mariæ in villa Sonate vineas et terras hoc quod Lecdbertus presbiter concessit et nos in ipso die visi fuimus possidere ab integrum; et in alio loco, in villa Anticiaco, vineas duas que Sigibertus presbyter concessit; et in alio loco, in villa Perariense, vinea quem Bego presbyter concessit, et alia quæ Abolenus concessit, et alia vinea quem Vitalis concessit; et in valle Ambianensi vineola una que Amalfredus abbas concessit. Hæc omnia superius conscripta ipse Anastasius abbas æcclesiæ sanctæ Mariæ Laudunense cum omni integritate Bertranno tradidit vel consignavit. Sic inter se dominus et piissimus rex confirmare et ordinare decrevit ut stabilem inviolabilem sine ullo inpedimento obtineant firmitatem.

Facta concambiaria ista in mense septimbri et anno decimo regni Lodohici gloriosissimi regis. — Stabilis indignus episcopus jubente domino Lodohici imperatoris signavit.

461. DE PRADAS.
1032-1059, octobre.

Locum sacrum qui est consecratus in honore domini nostri Jhesu Christi, ubi sancta Fides et sanctus Vincencius cumulati consistunt. Ego enim, in Dei nomine, Stephanus et uxor mea Ricardis et nepotes mei Berengarius, Hugo, Petrus et Oddo cedimus et donamus sancti Salvatoris de Concas et sancta Fide ad alodem illam æcclesiam nostram de Pradas quæ vocatur antiqua, cum mercatum et cum illos campos æcclesiasticos quos Nizecius visus est tenere, et cum pratos et ortos et illa medietate de totum fevum que Rainoldus presbyter tenet et serviet ad nos, hoc est sepulturam et babtisterium et penitenciam et offerencium. Omnia hæc suprascripta donamus, post mortem Rainaldum presbiterum, sancti Salvatori et sancta Fides de Conchis et ad monachos ejusdem loci, pro animabus nostris et parentum nostrorum, in tali conveniencia ut, si ullus rector monasterii de communia monacorum tulerit, veniat unus de propinquis nostris et donet sancti Salvatori v solidos et abeat sibi, in tali conveniencia ut tres vices post hec ipsum alodem reddat, et si amplius tultum fuerit, sibi quietum teneat.

Facta carta ista in mense octobrio, sub die mercoris, regnante Heenrico rege. — S. Stephano et uxor sua Ricardis et Berengario et Ugoni et Petroni et Oddo qui carta ista scribere vel firmare rogaverunt. S. Raimundi. S. Bernardo. S. Bertrando. S. Petroni. S. Berengario.

462. ÆCCLESIAM DE NOVA VILLA.
1061-1108, juillet.

Ego Poncius filius Deusdet et uxor mea Guideneldis et infantes nostri donamus sancto Salvatori de Conchas et sanctæ Fidei virgini, pro animas nostras et parentum nostrorum, illam meam æcclesiam de Nova Villa cum ipso alode, sicut termini signati sunt cum crucibus, hoc sunt terras et ortos cum pratis et omnes mansiones quæ in ipsa villa factæ fuerint et justitiam et vicariam de ipso loco et totum censum et sepulturam et offerentiam et phevum presbiteri, in tali convenientia ut de omnibus hominibus qui de sua parrochia fuerint habeant duas partes sepulturæ filii Poncii, et de illis qui deforis parrochia venerint, tota sepultura sit sanctæ Fidei et ad monachos; et dono ad ipsos monachos receptum de presbitero cum decem caballarios ad kalendas, et accipiat sacerdos phevum de æcclesia de manu abbatis, sicut inter se concordaverint; et dono illum boscum de Gipoloncello, sicut termini ostendunt, quos Geraldus presbiter monstravit; et dono similiter illum gurgum qui est subtus æcclesia sancti Johannis. Hoc dono et cedo et dimitto in hora mortis meæ, pro anima mea et parentum meorum et pro sepultura mea, ut post hac die monachi de Conchas habeant, teneant et possideant sine ullo contradicente, in tali conveniencia ut, si ullus abbas aut rector monasterii de Conchas de communia monachorum injuste tulerit, veniat unus de propinquis consanguineis meis et donet sex denarios super altare sancte Fidei et teneat hoc quod tultum fuerit.

Facta carta in mense julio, feria v, regnante Philippo rege Francorum. — S. Poncii qui cartam istam scribere et firmare rogavit. S. Begonis. S. Deusdet. S. Poncii. S. Petri. S. Bernardi. S. Deusdet Hectoris. S. Ugonis. S. Petri. S. Deusde. — Ugo scripsit.

463. ITEM DE NOVA VILLA.

1087-1108, mai.

Ego Deusdet filius Poncii dono sancto Salvatori de Conchis et sancte Fidi et abbati Begoni et monachis, pro redemptione anime mee et omnium parentum meorum, illam meam æcclesiam de Nova Villa cum ipso alode, sicut termini signati sunt cum crucibus, hoc sunt terras et ortos cum pratis et omnes mansiones quæ in ipsa villa facta fuerint et justiciam et vicariam de ipso loco et totum censum et sepulturam et offerentiam et phevum presbiterale; et dono illum boscum de Gipoloncello, sicut termini ostendunt, et gurgum qui est subtus æcclesiam sancti Johannis. Hoc totum supra scriptum ego Deusdet de Combred filius Poncii dono et dimitto et nullum censum neque servicium ibi retineo, sed post hanc diem monachi de Conchas habeant, teneant et possideant integerrime sino ullo contradicente.

Scripta carta ista in mense madio, feria vi, regnante Philippo rege Francorum. — Signum : Deusdet qui cartam istam firmare rogavit. S. Hectoris de Auzidz. S. Ademari de Noacella. S. Geraldi Petri de Argiag. — Petrus scripsit.

464. DE BORNO.

1096-1105, septembre.

In nomine sancto et individue Trinitatis. Ego Hato Hisnardus dono domino Deo et sancto Salvatori de Conchis et beate Fidi compram que ego feci de Matthæo Geraldo et Pontio de Ceped de alodio de Borno per opus sancte Fidis ego retinuit, et sicut ego retinui in opus sancte Fidis ita donamus ego et Geraldus de Ceped totum et abintegrum domino Deo et sanco Salvatori et beate Fidi et abbati Begoni et monachis qui nunc sunt et venturi sunt in perpetuum possidendum, una cum consensu et consilio Isarni Tolosensis episcopi et Bertrando comitis ejusdem civitatis. Et si aliquis heredum nostrorum han donationem infringere voluerit,, hoc non valeat facere, set insuper omnipotentis Dei incurrat et sit anatema cum Juda traditore, sitque privatus et exeredatus de omni honore nostro.

Facta donatio ista in mense septimbrio, feria vii, regnante Philipo rege. — Signum Isarni episcopi. Sig†num Bertrandi comitis. S. Hatonis. S. Ademaro de Varenas. S. Ponczio Ramo. Signum Ato Johanni. S. Petri Faber, et Martini, et Bernardi Amelii.

465. DE MONTE SANCTO JOHANNI.

1087-1105, mal.

In nomine sancte et individue Trinitatis. Ego Oddo et Bernardus et Willelmus et Poncius filii Raimundo Oddo et uxor ejus Lucia et nepotes eorum Raimundus et Bertrandus damus domino Deo et sancto Salvatori de Conchis et beatæ Fidis æcclesiam nostram quæ olim constructa fuit in alodio nostro de Monte Sancto Johanni que modo reedificatur a monachis Conchacensibus in honore sancti Johannis et sancte Fidis virginis martyris : de fonte Granario per convallem fluvii usque ad crucem que est ad Capud de Duusso, et de illa cruce usque in alia que est juxta via publica et usque marticam Stephano Canallario et usque in ecclesiastico et descendit usque in fluvio que supra scripsimus. Similiter etiam donamus porcis monachorum pascua in silvis nostris. Ecclesiam supra scriptam vel alodium totum et integrum, sicut nos habemus et possidemus, damus domino Deo et sancto Salvatori et beate Fidi et abbati Begoni et monachis qui nunc sunt et venturi sunt in perpetuum possidendam, una cum consensu et consilio Ysarni Tolosensis episcopi et Bertrando comitis ejusdem civitatis. Et si aliquis heredum nostrorum hanc donationem infrangere voluerit, hoc non valeat facere, set insuper omnipotentis Dei iram incurrat et sit anathema cum Juda traditore sitque privatus et exeredatus de omni honore nostro.

Facta donatio ista in mense maio, feria v, regnante Philippo rege. — Signum Ysarni episcopi. Signum Bertrandi comitis. Signum Oddo et fratres ejus et mater eorum et nepotes eorum.

466. BARBASTA.

1100-1104.

Preceptum domini nostri Jhesu Christi Nazareni est : date et dabitur vobis, date bona vestra terrestria ut mereamini adquirere bona celestia. Hoc Domini precepto ductus, ego Petrus Dei gratia rex Aragonensium et Pampilonensium, pro salute et remedio anime meæ et bone memorie patris mei regis Sancii et matris mee ceterorumque parentum meorum necnon pro in colomitate et augmentatione regni nostri tociusque nostre posteritatis, dono et concedo sancto Salvatori et sancte Fidi gloriose virgini de Conchis et abbati Begoni monachisque tam presentibus quam futuris ejusdem loci majorem et meliorem unam mezchitam que sit in Barbastro ad construendum ibi monasterium, excepta illa de sede episcopali. Dono etiam ad presens illam almuniam del Bentepiello cum omnibus terminis et adjacentiis suis, sicut habebat et possidebat die qua ego cepi fabricare illum meum castellum.

467. DE ECCLESIA TAGANAMENT.

1099, octobre.

In nomine sanctæ et individuæ Trinitatis. Ego Fulco Dei gratia Barchinonensis episcopus et vicecomes Gardone, pro remedio anime mee patris matrisque nec non Hermensendis vice comitisse cognate meæ atque Bernardi Amati vice comitis nepotis mei fratrumque suorum ceterorumque parentum meorum tam vivorum quam defunctorum, dono Deo et sanctæ Fidi de Conchis necnon Begoni abbati monachisque tam præsentibus quam futuris ejusdem loci ecclesiam meam de castro quod vocatur Taganament, eo quod ad presens per simoniam male erat ordinata, que mihi contigit tum pro hereditate parentum meorum, tum pro clericatu quam gratias Deo assumpsi. Hoc autem facio cum omnibus terminis suis et ecclesiasticis rebus ad se jure pertinentibus quas umquam habuit ipsa ecclesia vel habere debet aut in futurum Deo auctore adquisierit, quatenus sub prioratu semper abbatis sanctæ Fidis fiat ibi habitacio monachorum secundum possibilitatem loci, qui pro me et pro omni progenie mea implorent jugiter misericordiam Domini. Sit itaque hoc donum manendo sic perpetua stabilitate firmum ut numquam aliis in posterum de progenie nostra hoc donum infringat vel conturbet, sed semper Deo et sanctæ Fidi omnes successores nostræ prosapiæ tenere et possidere quiete faciant, quatenus partem in regno celorum habeant. Si quis vero hujus nostræ donationis in futurum tenere violator extiterit et admonitus emendare contempserit, se incurrere iram Dei et innodandum vinculis perpetui anathematis sine dubio noverit. Est autem hec ecclesia in episcopatu Ausonensi sursum in cacumine predicti castri posita in confinibus Barchinone et ipsius Ausone nec non fere et Gerunde.

Facta donatione ista apud Gardonam, in ecclesia sancti Vincentii in presentia domni Poncii Rotensis episcopi atque Bonifacii sanctæ Fidis monachi qui hoc donum acquisierunt et acceperunt coram priore et canonicis ejusdem loci, anno ab incarnatione Domini millesimo xc viiii, regnante Philippo rege Francorum, mense octobri, feria v, in crastinum post festivitatem sanctæ Fidis. — S. Fulconis episcopi qui hanc donacionem fecit. S. Poncii episcopi et Bonaficii monachi. S. Petri abbatis Agarensis. S. Geraldi prioris. S. Bertrandi et Willelmi canonicorum. — Ego Bernardus Toletane sedis archiepiscopus et sanctæ romane ecclesiæ legatus hanc cartam donationis confirmo.

468.

xie-xiie siècle.

In Christi nomine. Ego Hector de Monte Mirato dono sancto Salvatori necnon et sanctæ Fidi de Conchis in mansum de Cruce, ubi Stephanus visus est manere, iiii sestarios de segel et viii guarbas et I guallinam et terciam partem de vesticione, et in alium mansum de Perols similiter IIII sestarios de segel et VIII guarbas et I guallinam et terciam partem de vesticione, et medietatem decimi de Felli, et terram dal Persi, et III porcos in Landa et casalem quod est juxta caminatam, pro me et filio meo Guarino. Quod si aliquis ex parentibus meis aliquam injuriam fecerit, maledictus et excommunicatus sit et non habeat partem in hereditatem meam.

469. ÆCCLESIAM DE PRIS.
1100.

In nomine Domini nostri Jhesu Christi. Ego Petrus Virgilius et frater meus Raimundus donamus sancto Salvatori et sanctæ Fidei de Conchis et abbati Begoni et monachis presentibus et futuris de Conchis æcclesiam sancti Martini quæ dicitur Priscus, fevum presbiterale et decimum quod pertinet ad ecclesiam, sicut ego et frater meus demonstravimus abbati et monachis; donamus similiter mansum de Roqueta, excepto beneficio de vineis, et de ipsis vineis quartum et decimum donamus, et mansum della Vila ubi Ængelbertus visus est manere donamus similiter; et mansum de Cairode ubi Guitbertus visus est manere similiter donamus, excepta conveniencia de censo alodario; et donamus similiter illas terras æcclesiasticas quas presbiter tenuit de me et de meis fratribus; et donamus similiter loguales juxta æcclesiam ubi mansiones et claustrum monachi faciant. Hanc donationem facimus pro redemptione animæ patris nostri et matris nostræ et omnium parentum nostrorum, et pro hac donatione accepimus ab abbate et monachis quadringentos solidos Mercoriensis monete; et fecerunt nobis convenienciam abbas et monachi ut istum honorem non possint vendere neque inpignorare nisi michi et fratri meo et filiis ejus.

Scripta carta ista anno ab incarnatione Domini millesimo centesimo, feria VII, regnante Philippo rege Francorum. — Signum Petri Virgilii et fratris ejus qui hanc donationem fecerunt. S. Virgilii nepotis eorum. S. Gerberti vice comitis. S. Bernardi. S. Bertrandi. S. Raimundi Willelmi. S. Bernardi Malas Herbas.

470. DE COLUMBERS.

1101.

Adgia comitissa Willelmi regis Anglorum et Matildis regine filia omnibus Dei fidelibus in Christo salutem. Anno ab incarnacione Domini M c primo, dissensio, que inter Resbacenses et sanctæ Fidis Conchensis æcclesie monachos, pro æcclesia Columbariensi diu fuerat ventilata, ad unguem, divina gratia adjutrice, perducta est. Universis itaque Christi sanctæque et matris æcclesiæ filiis et dissensionem et dissensionis originem tractatus subsequens intimabit. Teobaldus comes, Odonis comitis filius, prefatam Columbariensem æcclesiam æcclesie sanctæ Fidis Conchensis, divina gratia inspirante, concessit; ad cujus concessionis confirmationem calicem argenteum per quem donum quod Conchensi æcclesiæ fecerat confirmaret proprios nuncios destinavit. Volens etiam memoratus comes donum quod fecerat inconcussum et irrefragabile permanere, Concensem æcclesiam devotus visitans, et propria sua persone presencia et cifo aureo per quem donum Columbariensis æcclesie quod absens Concensi concesserat testaretur, suorum multis presentibus et hujus doni testimonium perhibentibus et ipsius Conchensis cenobii multis tam monachis quam alterius professionis astantibus, secundo se fecisse testatus est. Mirandum valde et a constanciæ racione vehementer extraneum, predictus comes reversus ad propria, mutato animo, mutavit et donum; æcclesiam Columbariensem quam premissis inditiis Conchensi æcclesie dederat, ira rationem suffocante, subtraxit. Hanc ergo Resbacensis æcclesiæ monachi, non, ut dicitur, absque heresis simoniacæ contagio nec per hostium sed ascendendo potius, annuente prenominato comite, subintrarent. Quid plura, hoc pacto Concenses monachi sic suæ æcclesiæ sibique concessam argumentis prenotatis ecclesiam perdiderunt, quam, quod dictum nefas est, Resbacenses modis quos prescripsimus acceperunt. Diu itaque Concensibus monachis reclamantibus et Resbacencibus in hujusce modi usurpatione manentibus, res est in plerisque conciliis et apud Lugdunensem archiepiscopum Romane sedis legatum aliquandiu ventilata, sed tamen, vivente Teobaldo comite, nullatenus diffinita. Pluribus quoque annorum decursibus post Teobaldi comitis obitum, sub domino meo Henrico ejus successore et filio et me ejus uxore Adela comitissa, Willelmi regis Anglorum et Matildis regine filia, res extitit indiscussa. Eo itaque anno quo predictus dominus meus comes Henricus, iturum se Jerosolimam, adjunctis cum plurimis episcopis, Laudunensi, Suessioni, Parisiensi, comitibus quoque et nonullis baronibus, decrevisset, mihi injunxit ut inter Concenses et Resbacenses monachos causam tractari preciperem et eorum dissensioni supremam manum inponerem. Statuto ergo die, abbas Resbacensis cum suis monachis ac conplicibus et ille frater Arnaldus nomine, quem Concensis æcclesia miserat ante me in causam, vocati conveniunt, episcopis Waltero scilicet Meldensi et Milone Trecensi Arnulfo quoque Latiniaci abbati præsentibus, ex Arnaldi reclamatione et Resbacensium narratione, a memoratis episcopis et abbate meisque et ipsorum episcoporum clericis est extorta sentencia. Que ante me perlata et in medium constituta, abbatem Resbacensem et ejus monachos injuste Columbariensem æcclesiam tenuisse et reos invasionis inconcussa veritate convincit, sicque Concensibus monachis æcclesiam Columbariensem judicii vigore et canonica auctoritate restituit, v itaque kalendas februarii, ante me taliter data sentencia Resbacenses expulit et Conchenses in jus proprium introduxit. Ut autem et hujus negocii modis quos prædiximus diffiniti memoria stabilis valeat permanere, tam eorum qui audiere quam eorum qui dedere sentenciam nomina esse subnectenda decrevimus : Galterius Meldensis episcopus, Milo Trecensis episcopus, Arnulfus abbas Latiniaci, Guicerius prior Coxiaci, Mannasses archidiaconus, Raginaldus comitisse capellanus, Raginaldus filius Milonis de Braio, Oddo precentor Trecensis æcclesiæ, Ansellus, et hii Trecenses, Meldenses duo clerici, Walterus et Gislebertus, Durantus quoque et Rogerius Adele comitisse clerici, et Bernardus et presbyter, et hii omnes clerici ; barones : Hugo Flavus, Gualcerius de Feritate, Albertus de Monte Mauri, Arnerius Maingot, Hugo de Dangione, Rodbertus de Turri filius Agenonis, Oddo de Darnestallo, et Bartolomeus, Albertus de Latiniaco, Guandelbertus de Trecis, Teolfus de Chastello Teodorici, Adam de Cruce, Gervasius de Monte sanctæ Mariæ, milites ; Burdinus de Allurre, et Heldierus frater ejus, Hugo panetarius et Goisbertus frater ejus, Petrus de Latiniaco, Lambertus Columbariensis prepositus, Berneredus frater abbatis Resbacensis, Berneredus de Monte Englealdi, Rosco decanus, Gallerius telonearius, Radulfus cellerarius, Radulfus filius Albuini, Gelaldus de Turri, servientes dominæ, Walterius de Castriduno, Serlo, Rollandus, Henricus hostiarius, multi quoque alii tam militum quam aliorum quos enumerare perlongum est.

Signum Adele comitisse. Signum filii ejus Tedbaldi. — Rotgerius, clericus regis Anglorum, scripsit cartam istam.

Ego igitur Radulfus filius Alboini castri Colummari et uxor mea concedo domino Deo et beatissimæ Fidi virgini Concensi et abbati Begoni et congregationi ejus mansum Ledbergine, et totam terram quæ sita est supra viam novi molendini quæ mihi videtur habere, et de molendino novo totam rentam que ab eo exit a die festivitatis beati Andreæ usque ad nativitatem, tam pisces quam alias res et duo aripenda pratorum et dimidium in campo Bardulfi.

471. DE DECIMO IN EREMO QUAM DEDIT STEPHANA DE SAUNAS.

1065-1087.

Ego Stephana de Sainas et filius meus Rigaldus donamus domino Deo et sancto Salvatori et sanctæ Fidi et abbati Stephano et monachis tam præsentibus quam futuris illam partem nostram de decimo quam habemus in Eremo propter indumentum et sepulturam.

Signum Rigaldi capellani. Signum Petri Rosati. Signum Deusde de Coderg. — Raino prior scripsit.

472. RONSASVALZ.

1100-1114.

In nomine sanctæ et individuæ Trinitatis. Ego Sancius comes de Erro, pro salute et redempcione animæ meæ, patris et matris et uxoris meæ et omnium parentum meorum, dono Deo et sancte

Fidi gloriose virgini de Conchis ecclesiam et elemosinariam de Ronzasvalz et furnum et molendinum, et illam meam hereditatem totam quam habeo in Murello, et illam similiter quam habeo in Waldo cum omnibus terminis et adjacenciis suis, et illam meam vineam de Janeriz. Dono etiam ibi ad servicium monachorum et pauperum duos covillos de vaccas. Et post mortem meam dono et ab integro totam ipsam villam de Ronzasvalz Deo et sancte Fidi cum omnibus terminis et adjacenciis suis, pro redemptione animæ meæ et omnium parentorum meorum. Hoc autem facio cum auctoritate domni Petri Pampilonensis episcopi et clericorum suorum, in presencia domni Poncii Barbastrensis episcopi qui hoc a. 'ptavit ad opus sancte Fidis et monachorum et pauperum.

Signum domni Sancii comitis qui hanc cartam fieri jussit. S. domni Poncii episcopi.

473. DE LICAIRACH.
1087-1107.

In nomine Domini. Ego Raimundus quem vocant Ferrachan et uxor mea Garsendis et filius noster Petrus atque consobrini mei Guillelmus, Ademarus, Bernardus, Petrus, nos omnes simul in unum, derelinquimus Deo et sanctæ Fidi atque illius domno abbati Bego, ad monachis illis presentibus et futuris ipsam æcclesiam de Lichairaco et ipsam æcclesiam de Casals, hoc est ipsum preveiril cum medietate de decimis et ipsas totas primicias atque ipsa cymiteria et ipsas oblationes et terras atque vineas quæ de ipsius preveirils sunt. In alia vero medietatem de decimis guarpimus atque derelinquimus tres partes Deo et sanctæ Fidi; quartam vero partem de ista medietate retinemus. Similiter quoque in ipsa villa de Lichairaco et in suos terminos et in ipsa villa de Chasals atque in suos terminos de ipso honore, quem ibi Petrus Aimonis filiusque ejus Poncius, sanctæ Fidis monachus, habuerunt et tenuerunt de alodio ac de fevo, retinemus nos prescripti guarpitores ipsam quartam partem, ego etiam partem Petrus Raimundi et ego Ademarus atque Guillelmus et Bernardus retinemus duas partes in ipsa quarta parte de servicio presbyterali, ego vero Ferrachan relinquo sanctæ Fidi ipsam meam partem de servicio presbyteri. Similiter nos jam dicti guarpitores retinemus quartam partem de ipsis justiciis et placitis quæ ibi advenient et exibunt, exceptis ipsis meis hominibus; set et ipsi mei homines quicquam mali sanctæ Fidi et suis hominibus fecerint unde justicia exeat, habeat sancta Fides et sui monachi partem de ipsa sicut et de ceteris hominibus honoris jam dicti. Sicut superius scriptum est, sic laudamus atque firmamus Deo et beate Fidi suisque monachis, sine ulla deceptione et sine fraude, sicque ista karta firma et stabilis permaneat omni tempore.

Que facta est xi kalendas julii, vii feria, regnante Philippo. — S. Ferrachan et uxoris meæ atque filii nostri Petri et meorum consobrinorum præscriptorum qui sic istam cartam firmavimus. S. Willelmi Poncii Carcasone vicarii. S. Udalgerii de Cavanaco. S. Raimundi Arnaldi de Cavanaco. — Osmundus scripsit hoc die annoque premisso, jussu Ferrachan presente, in ecclesia sancti Michaelis Carcasone.

474. [DE ECCLESIA SANCTI CYPRIANI.]

1065-1087, janvier.

In nomine domini nostri Jhesu Christi. Ego Bernardus Iratus et uxor mea Gibilina et omnes filii nostri, recognoscentes drictum quem habebat sanctus Salvator et sancta Fides de Conchis in æcclesia sancti Cipriani, dimittimus et donamus quicquid habemus vel aliquis homo vel femina habet de nobis in ipsa æcclesia sancti Cyriani et sancti Johannis et sancti Amancii vel in æcclesiastico honore. Hoc totum donamus sancto Salvatori et sancte Fidi et abbati Stephano et monachis de Conchis tam presentibus quam futuris. Si vero, inmutata voluntate, nos aut aliqui parentum nostrorum hoc donum usurpare aut calumpniare presumpserimus, nulla sit licencia, set insuper quod lex jubet faciamus et honorem monachis sancte Fidis, sicut supra scriptum est, quiete tenere faciamus.

Scripta carta ista in mense januario, feria iii, regnante Philippo rege Francorum. — S. Bernardi. Sg. Deusdet. Signum Huguonis. S. Hectoris. S. Deusdet.

475. DE BAINS.

1105.

In nomine sanctæ et individuæ Trinitatis. Ego Poncius vice comes et uxor mea Elisabeth et Armannus meus filius, cum consilio et auctoritate domni Poncii episcopi et Poncii Mauricii abbatis, pro redemptione meæ animæ et parentum meorum, dono ecclesiam de Bains cum sepultura et decima et offerentiam sancto Salvatori et sancte Fidei et domino abbati Begoni atque monachis Deo servientibus in monasterio Conquas presentibus et futuris; ideo ut si omnipotens Deus et sancta Fides michi vel filiis meis voluntatem efficiendi monachum dederit, abbas et monachi qui tunc ibi erunt me vel filios meos cum melioratione quam eis vellem facere accipere debent.

Facta carta ista anno millesimo centesimo quinto ab incarnatione Domini, in mense decembri, feria VI, luna XXVIII, regnante Philippo rege Francorum. — S. Willelmi delz Tornz. S. Petri Radulfi. S. Petri Petuna. S. Adalardi. S. Geraldi sacriste. — Geraldus scripsit in Podio sanctæ Mariæ.

476. [DE ECCLESIA DE SANCTO FELICE.]

1087-1107, juillet.

Ego Hector de Panato et uxor mea Eustorgia et filii mei Geraldus et Walterius donamus sancto Salvatori et sancte Fidei de Conchis et abbati Begoni et monachis præsentibus et futuris de Conchis quartam partem de ecclesia de sancto Felice, de fevo presbiterali de hoc quod unquam aliquis presbyter visus est tenere, sine ulla retensione. Hoc totum, sicut superius scriptum est, firmamus et donamus sancto Salvatori et sancte Fidei et abbati Begoni et monachis de Conchis.

Scripta carta ista mense julio, die dominico, regnante Filipo rege Francorum. — S. Hectoris de Panato. S. Geraldi Rodoardi. S. Bernardi Duusdet. S. Nodembel. S. Bernardi de Cerveira.

477. [DE CONCHIS.]

xi°-xii° siècle.

In Dei nomine. Ego Hector et Willelmus et alii fratres nostri cum matre nostra Aldenois damus Deo et sanctæ Fidi et abbati B. monachisque tam presentibus quam futuris illam nostram domum de Conchas, cum omni pertinentia sua, tali modo ut Raimundus frater noster flat monachus, pro salute animæ patris nostri et omnium parentum nostrorum.

S. Hugoni de Conchis. S. Bertrandi Ricardi. S. Johannis prioris. S. Geraldi sacriste. S. Petri cellarii.

478.

xi°-xii° siècle.

Breve de comunia sancti Salvatoris de Concas. In primis in Campanico, mansos xii cum ipsas apendarias. A Galiaco, iii. A Meliaco, v. A Longo Capo, iii. Ad Alboscarios, i. A Falgarias, i. Ad Ogis, iii. A Vernedo, iiii. A Sancto Marcello, iii. A Nocio, iiii cum ipsas vineas vel cum boscos. A Mejana Serra, mansos iii cum ipsas vineas. A Pomario, iii cum vineas et cum boscos. A Velavia, vi cum vineas et cum boscos et cum apendarias dominicas. Mansos duos ad illo Porto. Prato uno in Taulam. A Glariosa, iiii cum vineas. Caput mansio in Solergas cum ipsas vineas. Vinobre de Fracxinnas. Pistoria a Campo Audulfo cum caput mansio et cum ipsas plantadas. Illa Cabrilxe tota cum ipsas vineas. Caput mansios alla Roca cum ipsas vineas. Caput mansio a Castello Merlo cum ipsas vineas. Caput mansio Ingelfredo cum ipsas vineas. Caput mansio Aldefredo cum ipsas vineas. Burgo de Concas cum ipso mercado vel cum ipsas vineas quantum ibi aspicit. Sanias, mansos iii cum vineas vel quantum ibi aspicit. Illo manso de Serniaco que Adalgarius tenet cum ipsas vineas; caput mansio in ipso loco que Geraldus tenet cum ipsas vineas. In Campaniaco, mansos ii cum vineas vel cum boscos vel quantum ibi aspicit. Casmaro, manso i cum vineas vel cum boscos. Vennago, mansos iiii quantum ibi aspicit. Cabri Spina, mansos ii cum vineas vel cum boscos que Geraldus tenet. Al Ugo, caput manso I. A Selgas, mansos III cum ipsas vineas. A Glaciago, mansos x cum vineas vel cum boscos quantum ibi aspicit. A Monte Retundo, caput mansio cum ipsas vineas. A Faisago, alio cum ipsas vineas. In Daviangas, caput mansios II cum ipsas vineas. A la Brocia, manso I. A Pudicio, manso cum vineas. A Palladredo, I cum vinea. In Grande Sania, cum ipsas vineas. A la Sera, I cum ipsas vineas. In Rotinacense, mansos xx cum caput mansos vel cum boscos quantum ibi aspicit. In Selvaniaco, mansos VII quantum ibi aspicit. In Condadeso, ecclesia Quarciangas *cum mansos* XIIII, *cum vineas* quantum ibi aspicit. A Bellomonte, æcclesia cum mansos XIIII vel cum bacallarias. En Corezia, mansos VII quantum ibi aspicit. A Dadiliago, mansos II. A Claviangas, manso I que Geraldus tenet, manso I que Bernardus ibi dimisit filius Rainaldo, mansos II que Bernardus tenet que prepositus illi donavit, mansos II que Lautardus ibi dimisit. Clauxnago cum ecclesia vel quantum Agelenus dimisit sancti Salvatoris vel sancta Fide a Concas. Færrarias totas, quantum ibi aspicit, exceptis hoc que Ugoni donavit. Cella de Pris, quantum ibi aspicit que communia fuit. Cella de Molino Peezinio, quantum ibi aspicit. Villa de Oliado, quantum ibi aspicit. Petra Ficata, quantum ibi aspicit. Barro et Barreto, quantum ibi aspicit ad porta pauperore mansos XI et dimidio cum ipsas vineas et caput mansio uno cum ipso prato. In Taulam, ad portam seniorem mansos VIIII cum vineas vel quantum ibi aspicit.

479. SANCTUS CHRISTOFORUS ET SANCTUS MAURICIUS DE YBIA.

Vers 1106.

In nomine sanctæ et individuæ Trinitatis. Ego Leodgarius, æcclesiæ Vivariensis servus, et totus ejusdem æcclesiæ canonicorum conventus donamus æcclesiam sancti Cristofori et sancti Mauricii Begoni abbati sancti Salvatoris et sanctæ Fidis de Conchis et fratribus inibi Deo servientibus tam præsentibus quam futuris ut habeant et perpetuo libere possideant. Et ut hoc donum firmum maneat, testes subscribere curavimus, hoc scilicet : Giraldus de Grana, Gencionem, Dalmacium, Poncium Dalm..., hi quatuor predicti sunt canonici; hi vero sequentes laici : Willelmus Aldegerius et Armannus filius ejus, Aldegerius Petrus, Guillelmus Granetus. Si quis hanc donationem infringere presumpserit, non consequatur quod temptaverit iramque Dei incurrat omnipotentis, anathema factus maranata, nisi ad dignam veniat satisfactionem, amen.

480. DE ALANS.

XI°-XII° siècle.

Breve quod fecit facere Deda, pro anima sua et parentum suorum. Laxat ecclesia de Alans, cum ipso ecclesiastico manso et mediam curtem de Alans, cum boscos, cum vineas, cum pratis et medium fevum quem tenent infantes Saxeti de Aldegarii; in tali vero racione, si infantem legitimum de uxore non abuerint; et medium mansum quem Aimericus tenet a fevo et vineam que pertinet ad mansum. Hæc omnia suprascripta laxat sancte Fidi de Concas, pro amore Dei et omnibus sanctis et pro anima Stephano patre suo, Ricardis matris sue et pro anima Amelio et Bernardo et Rodberto et Matfredo filio suo et pro animabus infantum suorum. Si quis tollere voluerit ad sanctos quibus illa laxat in ira Dei incurrat.

Istud breve fuit factum in mense septembris. — S. Bernardo. S. Rotbert. S. Geraldo.

481. DE MARE STANGNO.

1108.

In Dei nomine. Ego Gaucelmus et fratres mei Arnaldus Catiarmati, Achelmus Willelmi, Gonbaldus quoque Rotberti, coram principibus castri nostri, ducti amore Dei et precibus domni Galterii, donamus sancto Salvatori et beatæ Fidi gloriosæ virgini de Conchis atque Begoni abbati monachisque ejusdem loci tam presentibus quam futuris, pro redemptione etiam animarum nostrarum et omnium parentum nostrorum, illum locum qui vocatur Mansirot situm inter mare et stagnum, quantum ad nos pertinet et generationem nostram, integre et ingenue in perpetuum possidendum. Hoc autem facimus ad salvetatem et monasterium sub honore Dei et beatæ Fidis ibi construendum et ad cunillos etiam per forestem nutriendos, sicuti cruces inposite designant per circuitum. Extra quoque hunc terminum damus prædicto loco omnem terram arabilem que in tota illa foreste inveniri bona et poterit ad laborandum et cetera que inde necessaria fuerint ad usus fratrum ibi Deo servientium, concedentes etiam pascua porcorum ingenue et vaccas a paduir per forestem tam in estate quam in hieme. De venis quoque piscatoriis, cum facte fuerint, ingenue concedimus terciam partem ad ipsam beatæ Fidis salvetatem quam secundum loci situm placuit appellari Marestagnum. Post discessum vero domni Galterii, prior prefati loci de ipsa beatæ Fidis congreggatione, vir religiosus et timens Deum eligatur, nec facile aliquando dejiciatur, nisi forte, quod absit, viciosus repertus fuerit, et sic clarescentibus culpis ejecto, alius qui dignus sit subrogetur.

Ego gratia Dei A. Burdegalensis archiepiscopus cum consilio et auctoritate clericorum meorum supradictum omnem donationem laudo et confirmo et in quantum pertinet ad ipsam beatæ Fidis salvetatem, salva reverentia nostræ sedis, concedo ingenue omne jus et debitum ecclesiasticum perpetuo inibi conservandum.

Ego W. dux Aquitaniæ, ductus precibus domni P. venerabilis Pampilonensis episcopi seu domni Galterii servi Dei, hanc cartam donationis laudo et confirmo et quicquid deinceps ab aliquo in terra mea ad ipsam beatæ Fidis salvetatem datum fuerit ingenue concedo, dono securitatem semper et ingenuitatem per totam terram meam coram principibus patriæ rebus omnibus que ad ipsam jam prenominatam salvetatem pertinent.

Facta carta donationis anno ab incarnatione domini MCVIII, in festivitate beati Andreæ, coram principibus patriæ, regnante Philippo rege Francorum, ac domno P. episcopo præsidente Pampilonensi æcclesiæ et Conchensi monasterio, domno Begone abbate. — S. domni A. archiepiscopi. S. W. ducis et comitis. S. Hugonis de Laziniano. S. Arnaldi de Blancafort. S. W. Furt. S. Aimerici de Burg. S. Conbaldi archidiaconi. Fortis Gaucelmi archipresbyteri inter alios laudavit. S. Gaucelmi et fratrum ejus de Lasparra. S. Gonbaldi Rotberti. S. W. Helle. S. W. prepositi.

S. Rotlandi et fratrum ejus de Castello Novo. S. Guitardi de Burg. S. Petri de Burdegala. — Bonefacius, beate Fidis monachus, hanc donationis scripturam dictando subscripsit.

482. DE PLANCAS.

1110.

Cognitum sit omnibus tam presentibus quam futuris quod dominus Lido de Andoca, offerens Deo et beatæ Fidi de Conchis unicum filium suum nomine Petrum, postea per Dei gratiam factum Pampilonensem episcopum, insuper etiam cum uxore sua domna Stephana monasticum suscipiens habitum, dedit sancto Salvatori et sancte Fid. gloriosæ virgini locum et ecclesiam de Plancas ad alodium, pro remedio animæ suæ et omnium parentum suorum in perpetuum possidendum. Quapropter ego Raimundus filius Vidiani, qui sum de pertinentia ipsius, dono Deo et sancte Fidi ecclesiam de Fornils cum fevo presbyterali et cum tota mea parte de decimis que ego tenebam in dominio, exceptis fevalibus. Hoc autem facio pro salute animæ meæ et omnium parentum meorum et pro amore senioris mei domni Petri Pampilonensis episcopi; et pro hac donatione debeo suscipi et procurari sine ulla occasione cum uxore mea et in morte et in vita in ipso loco de Plancas. Et hoc donum facio in manu domni Bonefacii abbatis coram Deo et omnibus fratribus.

S. Domni Petri Pampilonensis episcopi. S. Domni Amblardi monachi. S. Willelmi. S. Guidonis nepotis episcopi. S. Petri Hugonis. S. Raimundi Froterii. — Facta carta anno ab incarnatione Domini M C X, regnante Ludovico rege Francorum.

483. DE CAVANNICH.

XIIe siècle.

Notum sit præsentibus et futuris quod ego R. de Verri, cum consilio et assensu uxoris meæ et filii mei Milonis, in præsentia domni J. abbatis Conchensis, pro salute anime mee et parentum meorum, dono et concedo in elemosina unum de tribus receptis quos habebam in domo de Chavannich pro decima carruce ipsius domus cum tribus militibus et infra non amplius. Relinquo et decimatorem quem pro voluntate mea ponebam in decima de Chavannich et de Rore, et concedo ut ipse prior ponat decimatorem quem voluerit, sed non ponat aliquem hominem comitis; et tantum terre juxta ecclesiam de Rore ut prior domum et orreum et curtim possit edificare. Hujus rei testes sunt: Eblo prior de la Cestat et G. frater ejus et P. Calbini capellanus ipsius abbatis, D. prior, P. de Castellet, Hugo de Turci, Odo capellanus, Gillabertus Molineirus, Constantius Major, P. de Inter Aquis.

484. [DE VIRIDI FONTE ET VAVA.]
Vers 1090.

Notum sit omnibus fidelibus quia Hosfridus de Bello Monte cum uxore sua Gertrude et duobus filiis Hugone et Fulcone et fratre nomine Savaricus dederunt sancte Fidi, pro remedio animarum suarum et pro requie animarum militum suorum Girberti atque Gimoni interfectorum, locum qui Virida Fons dicitur, sicut aqua dividit que usque ad aliam aquam decurrit et a semitam que pertingit usque ad viam puplicam usque ad aquam superius praedictam; et insuper dedit silvam nomine Vavan ad edificia propria nobis et nostris sine empcione; et in Vava sit medietatem que sibi habere videtur quousque melioracionem loci videat in melius proficere necnon ubicumque pastionem porcorum scilicet in Vavasitexto et in aliis ubicumque sua potestas videtur percurrere. Et hoc datum est in manibus fratrum Arnaldi monachi atque Geraldi conversi qui levaciones facit choram his testibus: Milone, Ansirici, Wolterius, Girardo, Rodulfo, Himberto, Widoni, Gausfrido. Custodes autem harum silvarum dederant Deo et sanctae Fidi Rotbertus et Umbertus quod ad illos videbantur pertinere, videntibus et audientibus Rodulfo, Willelmo, Rodulfo filio Salva, Arberto filio Arberto, Girberto Berroers. Si quis autem de hoc dato quod datum est choram testibus praenominatis aliquid voluerit demere, heternas penas luat cum Juda proditore neque cum electis in regno annumerare Dei valeat.

Acta scedula hec Flaviniaco monasterio, regnante Rainaldo

abbate anno III, Begone autem abbate sancte Fidis regnante anno III et IIII menses.

485. DE COLUMBERS.

1107.

In nomine sancte et individuæ Trinitatis. Ego Adela comitissa Willelmi regis Anglorum et Matildis regine filia, pro salute domini mei comitis Heenrici et pro redemptione animæ meæ filiorum que meorum simulque supradictorum genitorum vel omnium parentum meorum, post illam confirmationem et restitutionem quam, plurimorum nobilium judicio et audientia, monachis sanctæ Fidis de Columbariensi ecclesiæ feci, benignissimo nutu Dei placuit mihi et filiis meis ipsam ecclesiam aliquantulum de nostris communibus beneficiis amplificare, quatenus monachi presentes vel succedentes servicium Dei et sanctæ Fidis dominæ suæ ibidem valeant sine gravi penuria perficere; in primis ut, si quis nostrorum hominum miles, burgensis, servus, liber vel rusticus ex propriis possessionibus honorem scilicet, pecuniam vel aliud aliquid quod ad dominatum nostrum pertinet eis pro karitate largiri decreverit, liberam ex nostra parte licentiam habeant donandi et monachi recipiendi. Concedo etiam monachis sanctæ Fidis carrucam nostram integre, sicuti ab antecessoribus nostris possessa est, apud Bussiacum, cum omnibus terris et pratis que ad ipsam carrucam pertinent et horreum ante ecclesiam et domum quæ ad levam ipsius horrei sita est et molendinum qui est supra villam, cum omni parrochia et usuariis ad ipsum pertinentibus, sicuti a comitissa Adela cum omnibus aliis supradictis possessum est; dono etiam illos VII hospites cum omni consuetudine in eadem villa et XL solidos omni anno. Concedo et moncellum in quo æcclesia sancte Fidis posita est monachis, cum omnibus reditibus suis, villicationem, scilicet dominationem, censum et hospites et ex integro omnem consuetudinem quam ibi solebamus habere. Super hec omnia illud quod capellani mei in æcclesia sancti Dionisii solent accipere totum ab integro ad victum illorum committo, theloneum similiter omne quod in festivitate sancti Dionisii in mercato vel in omni castro exierit ad opus illorum confirmo. Et apud Laniacum dono etiam eisdem monachis tres aripennos obtime vineæ et domum meam, sicut abeo et possideo, cum omni integritate sui. Et illud terre paululum quod est in clivo itinerum quo pergitur Cantumerlo, ubi horreum illorum constructum est, simili modo cedo eis, et piscariam molini ante portam castri. Hoc totum donum, sicut suprascriptum est, ego et filius meus comes Teobaldus, in presentia domni Bonefacii Conchensis abbatis et fratrum ejusdem loci et manu nostra corroborando super altare ponimus.

Anno ab incarnatione Domini millesimo centesimo VII scripta est carta hec, jubente me Adela comitissa et jubente filio meo Teobaldo, III nonas mensis julii, feria VI, regnante Philippo rege. —Auctores hujus carte sunt omnes quorum inferius nomina posita sunt. Signum Adele comitisse. Signum Teobaldi comitis. S. Hugo Mansellus et Petrus Fugafamem. S. Rainaldi de Altamaresca, Borrellus Blesensis, Hildigerius de Aliorra, Paganus hostiarius de Thalamo, Durantus presbyter. S. Rotgerius cancellarius qui sigillavit cartulam, Rainaldus capellanus. S. Hugoni Flavi. S. Bernardi. S. Rodulfi Pungentis.

486. [DE COLUMBERS.]
Vers 1108.

In Dei nomine. Ego Adela Blesensis comitissa cum Teobaldo comite et aliis filiis meis dono Deo et sancte Fidi de Conchis et abbati Bonefacio monachisque tam præsentibus quam futuris ejusdem loci quoddam nostrum alodium quod est in terra de Sanz cum fevalibus nostris, Gerardo videlicet et Rotberto de Turre et filiis eorum qui hanc eamdem terram quam de nobis tenentes, ducti amore Dei et nostro, beatæ Fidi concesserunt. Ab aliis vero minoribus fevalibus qui de istis tenebant hanc eamdem terram precio duodecim librarum ad opus beatæ Fidis conquesivimus, quorum hec sunt nomina : Ebrardus, Malus Vicinus, Jugo frater ejus, Hugo de Carreira, Bernaredus domine Mohaldis filius et soror ejus Dedelma, Agono et Rotgerius filius Lamberti, Constancius et filii ejus. Illam vero aliam terram et boscum quod vocatur Tremlet, secundum quod ipsi monachi ab ipsis fevalibus precio conquisierunt, cum omni consuetudine que ad nos pertinet similiter beate Fidi concedimus; quorum fevalium nomina hec sunt : Bernardus et Alburgis uxor ejus, Gualterius et Arosius frater ejus, Uldegarius, Vetula, Hugo de Chausi, Constancius et filii ejus.

S. Adela comitissæ. S. Teobaldi comitis. S. Gerardi de Turre. S. Erberti Columbariensis præpositi. S. Bernerii de Monte Engleedis.—Facta carta ista regnante Ludovico rege Francorum.

487. [DE COLUMBERS.]
Vers 1108.

In Dei nomine. Ego Gerardus de Turre, pro salute et redemptione animæ meæ et patris mei Gerardi atque matris meæ Adalais, cum consilio et voluntate uxoris meæ Amilinæ et filiorum meorum, dono Deo et sanctæ Fidi gloriosæ virgini et martiri de Conchis necnon Bonefacio abbati monachisque tam præsentibus quam futuris ejusdem loci illum meum jardinum, id est viridarium, totum ab integro quod est situm juxta ipsum monasterium beatæ Fidis Columbariensis in perpetuum habendum et possidendum ad usum monachorum ibi Deo servientium. Hoc autem facio ductus amore Dei et beatæ Fidis atque precibus domine meæ Adelæ comitisse.

S. Gerardi et filii ejus Simonis qui fecerunt hanc donationem. S. Adele comitissæ. S. domni Teotbaldi comitis filii ejus. S. Barnererii. S. Radulfi. S. Arberti præpositi. — Facta quarta ista regnante Ludovico rege Francorum.

488. CHAVANIC.
1110.

In Dei nomine ego Ligiardis comitissa, secundum priorem donationem mariti mei Domni Widonis comitis de Salcio, cum filio meo Eblone, dono sancto Salvatori et sancte Fidi de Conchis atque domno Bonefacio abbati monachisque tam presentibus quam futuris ejusdem loci illum nostrum alodium quod dicitur Cavanicus quod ad me pertinet de hereditate parentum meorum, cum omnibus possessionibus et terminis de parrochia de Goes, cum terris cultis et incultis, cum silvis, pratis, aquis et piscatoriis que prius in dominio habebamus, et nichil ad opus nostrum reservamus, set totum Deo et sancte Fidi concedimus, sicut ad nos pertinet, pro salute animarum nostrarum et omnium parentum nostrorum. Hoc totum libere et ingenue sit semper deinceps in perpetuum sub potestate et ordinatione abbatis et monachorum sancte Fidis. Isti sunt termini de Cavanico et Gois : del gado de Tremoil sicut vallis ascendit usque Alzoil ubi quatuor termini de bosco feriunt et inde usque ad Lava et ad Goes et deinde usque ad terram Pertusadam et usque ad combam del Soil, de parte vero vallis ab inferiori capite de campo sancti Stephani usque ad vadum de Tremoil. Piscaria et equalitas vallis et justicia, quantum ad nos pertinet, sit in dominio monachis sanctæ Fidis, sicut supra nominatum est.

S. Ligiardis comitisse et Eblonis comitis qui hanc cartam scribere jusserunt. S. Teicelini Sauri. S. Rotberti. S. Alberici et filii ejus Lamberti. S. Galterii de Fontanis. — Facta carta ista regnante Ludovico rege Francorum, anno ab incarnatione Domini M C X.

489. [CHAVANIC.]
Vers 1110.

Ego Oddo de Ventos dono Deo et sancte Fidi et abbati Bonefacio illum mansum meum qui est juxta atrium de Goes pro salute animæ meæ et omnium parentorum meorum.

S. Otberti monachi. S. Galterii de Fontanis.

Decima de termino Cortils et de Roire pertinet ad parrochiam de Goes.

490. [CHAVANIC.]
Vers 1110.

Ego Maifredus cum filio meo Poncio dono Deo et sanctæ Fidi æcclesiam antiquam modo desertam de Goes cum toto atrio qui est in circuitu, pro redemptione animæ meæ et omnium parentum meorum in presencia domni Bonefacii abbatis.

S. Otberti monachi. S. Geraldi monachi. S. Alberici et filii ejus Lamberti.

491. [DE BROGME[1].]

Après 1132.

Breve quod fecit fieri Hugo comes Rutene civitatis de placito quod fecit fieri inter Hectorem de Castello Novo priorem de Aurlaguet et S. vicarium de Brogme quod tale fuit : ut ascensuaret prior III mansos de fevo et de alodio et pro velle et voluntate sua de villa de Brogme; et de istis III debuit habere pecuniam de uno quoque modio S. vel unum sextarium et hoc est in electionem prioris, et de omnibus decimis unde S. est vicarius abeat ipse x sextarium et prior novem, et propter hoc debet ei congregare omne granum suum in cellario monachorum fideliter, omnis lana alba et omnes agni præter unus qui est de vicario, et denarii sunt priori, lana nigra est vicario et pro ea debet abere lectos priori et sociis suis et saccos ad portandum frumentum Conchis, et si hoc non fecit, in lana nigra rectum non habebit; domum que est juxta æcclesiam et cellarium que est inferius monachorum ita debet construere et servare ut prior possit ibi manere et abbas, cum venerit, per honorem; pratum dominicale non amplius seminare debet, set inde debet fenum et erbam dare; et in ista vicaria mulier non debet creditari; nec debet abere nisi unum vicarium, pro isto honore debet servare priori de receptis et de suo servicio, cum venerit Brogme. Istud placitum firmavit et juravit super IIII evangelia in manu Hugonis comitis quod teneat et non infringat, quod si infringerit, ad amonicionem abbatis vel prioris debet redire in ostatgue in claustro Conchis vel ubi ammonuerit eum, et inde non debet exire absque licentia abbatis vel prioris et quod abeat emendatum.

S. Hugonis comitis. S. Petri de Panat. S. Aldeberto de Stagno. S. R. de Solatgue. S. G. de Crosapeira. S. Hector de Montalt. S. Bernardi presbyteri. S. P. presbyteri. S. B. de Brogme.

1. On lit en marge du numéro 491 ce fragment : Prior de Orla... emet Brocme... egers debet... alberc ab Ires... mos, et quando... abit suos orberes... gers debet habere .. ners.

S. D. Catet. — Hector monachus scripsit, dictante Hugoni comitæ; hujus placiti est auctor et fidejussor Hugo comes.

492. [DE ILLA BECEIRA.]
1087-1107.

Ego Hector Bernardus dono sancto Salvatori et sancte Fidei de Conchis et domno abbati Begoni et monachis præsentibus et futuris de Conchis totum decimum de illis mansis de la Beceira integerrime de carne, de lana, de annona et de omnibus rebus, et cum isto honore offero filium meum Bernardum sancto Salvatori et sancte Fidei de Conchis.

S. Hectoris Bernardi. S. Poncii Petri. S. Rainonis. S. Joannis prioris. — Bernardus scripsit.

493. DE LODEVA.
Après 1108.

In Dei nomine. Ego Petrus Lutevensis episcopus cum consilio clericorum meorum dono et laudo Deo et sancte Fidis de Conchis atque Bonefatio abbati ejusdem loci monachisque tam præsentibus quam futuris illas domos et curtes cum omnibus pertinentiis suis que Bertrandus cantor scolarum dedit prius sanctæ Fidi, pro redemtione anime sue, cum consilio domni Bernardi antecessoris mei episcopi et clericorum suorum; et ego Amalricus cum filiis meis Alafredo et Petro totum illut quod abeo vel visus sum habere in prædictas domos et curtes et pertinentiis per episcopum Lutevense, cum consilio ejusdem, dono sancto Salvatori et sancte Fidi de Conchis, tali modo ut fiam inde monachus sive in morte sive in vita ad salutem anime meæ; hunc totum honorem suprascriptum dono ego predictus episcopus Deo et sanctæ Fidi ad fevum libere et ingenue pro redemtione animo meæ.

S. abbatis Augerii sancti Salvatoris. S. Petri archidiaconi. S. Ricardi archidiaconi. S. Frotardi sacriste. S. Petri Fulconis et ceterorum. — Facta quarta ista regnante Lodovico rege Francorum.

494.

xii° siècle.

Pignoras quas fecit Gamerius monacus. Ego Huczenz de Redunda dono in pignora in manso Gaucelmeng in vicaria et in decimo Garmerii monachi per unum modium sigile et per xii solidos de quintinex et totum drictum quod habeo in manso, cum consilio fratris mei Hugoni. — Alia pignora. Ego Huczenz similiter dono in pignora in mea parte de vicaria iiii sestarios sigile et viiii sestarios viiii per x et viiii solidos de corz et unum modium sigile et iiii sestarios. Et si Hector filius meus sine infantes legitimos morierit, sancto Salvatori remaneat sancte Fidi.

Signum Huczenz. S. Hugoni Airal. S. Bernardi Hirati. S. Hector Amblardi. S. Arnaldi Martini. S. Deusde Bernardi.

495. [DELLA PLANIA.]

Après 1103.

In Dei nomine. Ego Hugo de Molsedone dono Deo et sanctæ Fidi de Conchas et abbati Bonefacio, cum consilio Petri fratris mei et matris meæ Adalgius, illum meum boscum della Plania et capud mansum qui ibi est totum et ab integro in manu ipsius abbatis et omnium parentum meorum.

Signum Petri de Molsedo et matris ejus Adalgius qui hanc donationem simul firmaverunt et fecerunt. Signum Deusdet Rigal. S. Bernardi de Per... Levada. S. Bernardi Tundud. — Facta carta ista regnante Ludovico rege.

496.

1072-1087, 25 juin.

... in loco quem vocant terminio del Malols de Pontio Radumo, et Arnaldus Rotbertus et frater suus Guillelmus una mugada in ipso loco quem vocant Cumpradit et uno aripento de vinea, et Raimundus Arnaldus et frater suus Isarnus una muga de terra al Cumpradit et unum aripentum de vinea el Traverser, et p..cto que Pontius Radumus et infantes sui Arnaldus et Amelius et Guillelmus, et Arnaldus Rotbertus et infantes sui, et Guillelmus Rotbertus et infantes sui, et Isarnus Arnaldus et infantes sui, et Petrus Oliba et Guillelmus nepos suus, et p..cto que vos omnes ne flat amici et fideles ad Deum et sanctum Salvatorem et sanctam Fidem virginem, et propriament abbas Stephanus et toti monachi de monasterio sanctæ Fidis sic vobis dono et laudo que Deus de totis beneficiis que dicta erunt et faiz in monasterio sanctæ Fidis in oraciones et in missas propriament bonam partem habeatis et omnes parentes vestri vivi et mortui in secula seculorum, amen. Et qui istam cartam disrumpere voluerit anathema sit. Ego vero Isarnus Dei gracia Tolosanus episcopus hanc donacionem facio laudo et confirmo cum consilio clericorum meorum pro amore Dei et sancte Fidis et pro salute animæ meæ.

Signum Isarni æpiscopi. S. Arnaldi præpositi. S. Gerardi. S. Radulfi et Petri monacorum. — Facta carta regnante Philippo rege Francorum. — Guillelmus levita scripsit sub die feria VI, VII kalendas julii.

497. [DE TAUREHAM.]
Après 1107.

Quadragesimali tempore, ebdomada secunda, feria VI, venit comes Galterus, cognomento Gifardus, Conchas ad sanctam Fidem et mater ejus Agnes, ibique in præsentia domni Bonefacii abbatis et omnium fratrum, pro salute sua patrumque suorum et omnium parentum, dederunt omnem decimam suam quam habebant apud Thaureham ut fratres de Horsam qui sunt monachi sanctæ Fidis illam teneant et inde abbati respondeant. Testes sunt : Antelmus de Pothuilla, Rogerus de sancto Laurentio, Thebaldus de Espolvilla, Rotbertus del Bec, Gislebertus de Pothuilla, Eustachius de Grandivilla, Rogerus de Berrevilla, Willelmo de Nova Villa, Engelrannus de Belnai, Odo de Trobetvilla, Eustachius de Chrichetoth, Rotbertus et Bencio capellani, item Rotbertus de Granevilla, Malgerus et alii clientes, Frahissendis de Granevilla mater Eustachii, Beatrix uxor Thebaldi, item Beatrix et ceteri, et omnes sunt testes hujus rei, et ejusdem monasterii confratres.

498. [DE ALTO BRACO.]

Après 1108.

In nomine domini nostri Jhesu Christi. Ego Adalardus, pro salute animæ meæ, dono et laudo et confirmo sancto Salvatori et sanctæ Fidi de Conchas illud hospitale de Alto braco cum omnibus ad se pertinentibus, et hoc facio in præsentia domni Bonefacii abbatis et monachorum in capitulo, et hoc tali modo ut post mortem meam, istud hospitale cum omni honore quem ego ibi adquisivi abbas sanctæ Fidis et monachi retineant ad Dei servicium et pauperum et pro remedio anime mee faciant quod facere debent pro monacho suo. Pro recognitione vero istius facti dono quotannis unam libram de cera ad altare sanctæ Fidis; et suscipio de manu abbatis illum mansum de Malasanna ad salvetatem sanctæ Fidis ibi faciendam.

S. domni Adalardi qui hanc cartam scribere jussit. S. Bonefacii abbatis. S. Johannis prioris. S. Geraldi sacriste. — Facta carta feria v, regnante Ludovico rege Francorum.

499. [DE CLAUNIAG.]

xiie siècle.

Breve memoratorio, hoc est donum quod fecit Bernardus de Clauniag Deo et sancto Salvatori et saucte Fidei et monachis qui sunt et fuerint Conchis. Illum sirventatge de illam decimacionem de Clauniag dedit pignus pro centum solidis de illa meliore moneta quod tunc currerit in isto comitatu quando redemptum fuerit pignus, iiii sestairadas de terra al Pradal et i denariatam de vinea in Tentedon in dominio donat sancto Salvatori et sancte Fidi.

500. [DE CLAUNIACO.]

1087-1107, août.

In Dei nomine. Ego Deusdet Terundellus reddo et commendo Petrum filium meum Deo et sancte Fidi et Petro Arnaldo monacho, ut teneat et nutriat illum usque ad decem annos, et propter hoc sestarium unum qui exit mihi de uno quoque modio quem monachus sancte Fidis habuerit de quinque condaminis de Clauniacho dono et laxo sancte Fidi et monachis ejus usque ad decem annos, et post decem annos de duobus contaminis quas monachus sancte Fidis elegerit dono sancte Fidi et abbati Begoni et monachis tam præsentibus quam futuris illum unum sextarium qui exiebat mihi de uno quoque modio, in tali conveniencia ut monachus qui tenuerit Clauniacum prædictum filium teneat in domo sua, ut illi semper serviat sicut homo proprius suus; et si vitalis fuerit, faciat illum ordinare ad presbyterum, et quando voluerit, faciat illum monachare in monasterio. Quod si post decem annos filius meus monachis sancte Fidis noluerit servire et habitare cum illis, nichilominus ille unus meus sextarius remaneat monachis sanctæ Fidis. Si vero infra predictos decem annos qui accipiunt terminum in missa sancti Juliani filius meus mortuus fuerit, meus sextarius qui exit mihi de unoquoque modio de una contamina quam monachus elegerit remaneat semper sancte Fidi in dominio.

Facta carta mense augusto, feria II, regnante Philippo rege Francorum. — S. Deusdet Bernardi. S. Petri Bernardi. S. Deusdet Oddonis. S. Stephani filii Johannis.

501. DE LIQUAIRAC.
1065, 12 février.

In nomine domini nostri Jhesu Christi. Ego Ponz Ceba do lo meu alo ad Salvatoris et ad sancta Fides de Conchas et ad Stephanus abbas et monachis præsentibus et venturis ecclesiam quæ vocatur sancta Columba de Liquanrac cum decimis et primiciis et honorem sacerdotalem, sicut et ecclesie pertinet similiter æcclesia sancti Stephani de Casals cum suis decimis et primiciis et honorem sacerdotalem, sicut et ecclesie pertinet, similiter æcclesia sancti Stephani de Casals cum suis decimis et primiciis et honorem sacerdotalem d'aquestas ecclesias suprascriptas. Poncius Isarni de Villa Furans et Raimundus filius ejus tenet la medietatem de decimis et honore sacerdotal a feu de la eclesia de Liquairac; B. Oddo de Cavannac tenet la medietatem del decime, et Pons

Raimunz de æcclesia de Casals tenet la medietem del decime, et Utalguers Aicfre tenet los agrarios de Casals e de Liquairac et las vinnocolias quæ Vidals de Vila Vincens que tenia a feu, Austenfranc Cavannac lo feu que ten en Casals ni om ni femna te per lui, Peire Eble lo feu de Vila Peira qu'el i te ni om te per lui, Aigulf et Ramun et Petre et filiis ejus l'alo de Vila Eldriz que ten de Peiro Aimo, l'alo que aun et Peirre filii ejus que habent e Vila Vilor, hoc est ecclesia sancti Martini, et l'alo que atac e Vilavilor, ego Poncius Ceba doni aquez alos super scriptos a sancto Salvatori et sanctæ Fidis, pro remedio animarum patris mei et parentum meorum et pro peccatis meis, et ego Poncius sit conversus sanctæ Fidis, et isti omnes superscripti servant a sancte Fidis et suis monachis; et de ecclesia de Liquairac dono vIII, de allasea[1] de sancto Nazarii de Carcassona similiter et ecclesie de Casals vIII denarios per unum annum.

Facta ista carta donacionis anno millesimo ab incarnacione Cristi LX et v, regnante Philipo rege, II idus februarii. — S. Poncii Ceba. S. Utalguero Aicfre de Casals. S. Raimun Ponz de Vila Furas. S. Raimun Arnal de Liquairac. — Petri qui istam cartam donacionis cum litteris suprascriptis et rasis rogatus sub die et anno quo supra.

502. DE CASTELLETO.
1097-1106.

In nomine sancte et individue Trinitatis totum sit omnibus sanctæ Dei æcclesiæ filiis præsentibus et futuris quod ego Hugo Dei gratia Lugdunensis archiepiscopus dono Deo et sancte Fidis de Conchis, Begoni abbati et successoribus ejus et fratribus monasterii ipsius æcclesiam sancte Fidei de Castelleto et æcclesiam sancti Victoris cum apenditiis suis, quam præphata æcclesia dividit Liger fluvius, sub annuali censu octo solidorum quorum medietas solvetur in festivitate sancti Martini, medietas vero in purificatione sancte Mariæ, retentis sinodo et paratis, secundum morem aliarum æcclesiarum, et obedientia exibenda tam nobis et successoribus nostris quam et archipresbiteris nostris. Facta

---

1. Pour *ecclesia*.

est donatio hæc Lugduni in domo nostra episcopali, consilio canonicorum nostrorum Bladini decani, Arberti archidiaconi, Guerini capellani nostri. Et ut hec donatio firma permaneat, sigillo proprio subter firmavimus, et testibus corroborandam tradimus.

S. Bladini. S. Arberti. S. Gerini Calvi. S. Gerini capellani nostri. S. Rostanni Serlot. S. Fulcherii. S. Geraldi. S. Pontii.
— Ego Ugo ad vicem cancellarii scripsi et subscripsi.

503. [DE ECCLESIA SANCTI PETRI MALONENSIS.]
1120, 11 juillet.

Incipit carta donationis quam domnus Bermondus Pelec et uxor sua nomine Agnes fecerunt domino Deo et sanctæ Fidis de Conchas et aliorum sanctorum qui ibidem honorifice condiuntur; alodem de æcclesia sancti Petri Malonensis, pro redemptione animarum suarum vel parentum suorum; et quantum ibi acaptaverit ad serviendum Deo et sancte Fidis et sancti Petri de feudis vel de feudalibus totum concedo et laudo domino Deo et sanctæ Fidis sanctisque supradictis. Hujus donationis atque concessionnis sunt veridissimi testes Guiraldus Vedenobrensis et Gaufridus sancti Boniti et Raimundus Arnaldus Castelli novi et Jordanus frater ejus.

Hec carta fuit facta apud Aleste in mense julio, feria VII, luna III, regnante Lodoyco rege, anno ab incarnatione domini M. C. XX. — Jordanus scripsit.

504. [DE ECCLESIA DEL PI.]
XIe-XIIe siècle.

Arcmandus del Pi dedit Deo et sancto Salvatori et sanctæ Fidi suam partem ecclesiæ del Pi quam ipse habuit aut suum genus, teste Gauzfredo de Ruina et Willelmo de Barannas et Elia Morret et Julia de Ruga cum omnibus parrochianis. Et hoc donum fecit cum consilio Bernardi Gaucelmi archidiaconi et cum jusjurando.

505. [DE HONORIBUS SANCTI TEODORITI DE MALON.]
XIIe siècle.

Carta commemorativa honorum sancti Teodoriti de Malon. In villa que dicitur Favontianegues, duas appendarias. In villa sancti Johannis de Mairogel, quartam partem unius mansi. In parrochia sancti Andreæ Trans Rocam, duas appendarias. In villa sancti Johannis de Sisivo, unum mansum. In villa sancti Juliani de Cassannaz, unam peciam de vinea. In villa sancti Privati de Alsono, unam appendariam et unam præterea petiam de terra quam tenet Petrus Stephani Arnematis, unum agnum aut XII deuarios. In villa de Martonnaco unam preciam de terra. In parrochia sancti Privati de Alsono, in villa quam vocant Bexanenegues, unam peciam de vinea. In Argonio, duas pecias de terra, unam quam donavit Geraldus Begonis, alteram Geraldus Willelmi. In parrochia sancti Privati de Campo Clauso, duas vineas, alteram tenet Geraldus Bernardi, alteram Petrus Rostagni. Ad Rocam Confimos, unum mansum. A Trazanegues, I peciam de terra. Ad Calmbella, I mansum. Ad Pojetum sub Banna, I peciam de terra. In parrochia sancti Martini de Cozri, ad Valletam, I mansum. Ibidem prope Adrancum, duas pecias de vinea. Ad Plandolas, I peciam de vinea. Ad Leviniacum, unam peciam de vinea. Ad Borgoden, medium mansum. Ad Pugnos, I appendariam. Ad Caucen, XII denarios. Ad Genollac, VI denarios. Petrus Odilonis.

506. [DE CASTELLETO.]

1121-1125.

Notum sit omnibus præsentibus et futuris quod Hugo Talabaz et Fulcrendis soror mea et Bovo et Pontius Berardus nepotes mei damus Deo ac sanctæ Fidi, pro remedio animarum nostrarum et parentum nostrorum, quicquid soliti sumus habere in ecclesia sancti Victoris et in omnibus appendiciis ejus. Hanc donationem fecimus in manu Gauzberti prioris de Castelleto et factam sub jurejurando confirmavimus super altare sancti Victoris, tali modo ne amodo aliquam ibi injuriam ultra XII denariorum valentiam faciamus. Quod si fecerimus, statim ut per eum vel per monacos successores ejus amoniti fuerimus, in ipsa villa sancti Victoris in ejus captione veniamus et inde non exeamus donec

1. Suit la copie d'une charte identiquement semblable au n° 505.

injuriam, prout valuerit, restituamus. Similiter donationem ego Galdemarus Bermundus de parte mea fatio sub eodem jusjurando. Ego quoque Galdemarus Carpinellus eamdem donationem de parte mea facio firmatam supradicto jusjurando. Ego etiam Johannes Carpinellus, recognoscens jus ac justitiam sanctæ Fidis per diffinitionem domini Humbaldi archiepiscopi et domini Gaucerandi Lingonensis episcopi et domini Berardi Matisconensis episcopi et domini Jossaldi Cabillonensis episcopi et Hugonis Belliloci abbatis et ceterorum qui ibi affuerunt, dono ac dimitto Deo ac sancte Fidi eamdem ecclesiam sicut avunculus meus Andreas prius eam dederat, et totum ab integro quicquid ibi hactenus quesieram, ut ita monachi sanctæ Fidis presentes ac futuri eam in pace amodo sine aliqua mea et meorum contradictione perpetuo teneant. Quam donationem coram testibus factam supradicto jusjurando fideliter confirmavi.

S. Trutberti cantoris. S. Willelmi Bernonis. S. Comarci. S. Ranconis de Roianis. S. Pontii de Faia. S. Willelmi de Furano. S. Asterii Arte Mala.

507.
1087-1107.

Pignora quam fecit Ugo Berenguarius Gaucelmo monacho et abbati Conchensi Begoni per cccc solidos et xxii solidos a termino sancti Andreæ usque ad decem annos; denarii vero de pignora sint Mergorienses, si denarii fuerint deteriores, sicut alia pignora debent placitari, ita et ista placitentur. De hoc pignore debet esse garenz Hugo Belengarius, et est fiducia Hugo de Morelo et Bernardus et Rigaldus de Moret et Arnaldus de Girunda et Deude Petrus et filius ejus et omnes isti auctores. Idem Gaucelmus monachus impignoravit fevum et vicariam de manso de Canolio de Sicart de Goliniaco lxxx solidos Melgorienses.

508. [DE ECCLESIA SANCTI CYPRIANI.]
1085-1087, mars.

In nomine Domini. Ego Campio filius Ademari dono sancto

Salvatori et sanctæ Fidi et abbati Stephano et monachis de Conchis tam præsentibus quam futuris illam meam partem de fevo ecclesiastico quam habebam in æcclesia sancti Cypriani vel aliquis homo habet de me; et accepi ab abbate et monachis precium quantum inter nos concordavimus, et de precio illo nichil remansit indebitum. Quod si aliquis ex projenie mea hoc donum calumpniare vel infringere voluerit, non liceat ei facere, et sit maledictus cum Datan et Abiron in infernum.

S. Hugonis. S. Rigaldi. S. Frotardi. S. Bernardi. — Scripta carta ista mense marcio, feria IIII, regnante Phylippo rege. — Ademarus scripsit.

509. [DE ECCLESIA SANCTI CYPRIANI.]
1065-1087.

In nomine Domini. Ego Deusdet Lupus et filii mei et Bernardus nepus meus et fratres ejus illum fevum ecclesiasticum de sancto Cipriano quem habebamus de Campione et de Bernardo Irato et uxore ejus et de Bernardo Rigaldo et uxore ejus donamus sancto Salvatori et sancte Fidi et abbati Stephano et monachis sancte Fidis tam præsentibus quam futuris totum et abintegrum. Et debet abbas monachare Deusdet filium meum et Deusdet filium meum.

S. Bernardi. S. Deusdet. S. Frotardi.

510. [DE ECCLESIA SANCTI CYPRIANI.]
1087-1107.

Ego Campio et Hugo Guirbertus cognatus meus donamus sancto Salvatori et sancte Fidi et abbati Begoni et Iberoni priori et Hugoni monacho totum ecclesiasticum honorem quem habebamus in ecclesia sancti Cipriani et ortos et terra et apendarias et airais et omnia quecumque habebamus in omni parrochia, nisi decimum et pratum cum quadraginta solidis quos nobis dederunt.

S. Hu de Cass. S. Willelmi. S. Rigaldi de Meanag. S. Frotardi de Concas.

511. [DE DURANTESC.]

1087-1107.

Ego Huga uxor Hugonis Umberti et filii mei Raimundus et Poncius et frater meus Petrus Grimaldus donamus sancto Salvatori et sancte Fidi et abbati Begoni et monachis, cum puero Petro quem monacum fieri volumus, illum mansum de Durantesc qui est in parrochia de Suiri, qui dat censum unum multonem et unum agnum et unam fogazan et duos gallos et II sestarios frumenti.

512. [DE RINIACO.]

Après 1007.

Ego Bernardus Martinus et Bernardus filius meus donamus Deo et sanctæ Fidi et abbati Bonefacio et monachis et sancto Petro de Riniaco dreturam meam in stagno et in molinis et apendariam, ut melius pater meus et mater mea abuit. Et si ullus homo de meo genere hoc amparaverit, anathema sit et abeat partem cum Datan et Abiron in infernum.

S. Bernardi et filii ejus qui hoc donum fecerunt. S. Grimundi. — S. Garini qui cartam scripsit.

513. [DE ANDOERCS.]

Fin du XIe siècle.

Notum sit omnibus quod... ecclesie de Perarolio dedit mulum Tholosano episcopo, pro cujus precio constrictus tradidit mansum d'Andoercs et totum quod ibi monachi habebant cum consilio eorumdem fratrum in pignore G... do Nigrario et filiis ejus usque ad decem annos pro LXX solidis Mergoriensibus vel Caturcensibus in valencia, hac convenientia ut, si quisquam propter monachos in ipso manso eidem Geraldo tortum fecerit, ante duos menses qui monachos amonuerit reddant ei denarios suos. Quod si..., debent et deincebs dampnum quod inde ei evenerit emendare. Et de ista causa fuerunt auctores et fidantiæ inter illos

Hector de Audito et Geraldus de Bello Castello, et hoc debent facere laudare Umberto nepoti Geraldi de Belcastel cum a Jherosolimis redierit.

S. Raimund sacriste. S. Gauzberti. S. Petri cellerarii. S. Guarini.

514. [DE MONTELLZ.]
Fin du xie siècle.

Ego Guillelmus Arnaldus dono et laxo sancto Salvatori et sancte Fidis receptum meum quem habebam in manso de Montellz et accipio pro hoc c solidos a Bertrando Ademaro quos defero in Jherusalem. Ego igitur et omnes fratres mei donavimus hunc receptum. Auctores sunt de hoc Poncius Guillelmus et Stephanus Aldebertus et Deusdet Aiguilus et Bertrandus Ademarus monachus.

515. [DE MADEIRIS.]
1087-1107.

Ego Ricarda filia Hectoris Salustri dono domino Deo et sancto Salvatori et sanctæ Fidi de Conchis et abbati Begoni et monachis in Madeiras medium mansum ubi est pereira, pro remedio anime mee et pro sepultura, cum consilio sororum mearum videlicet Stephane et Petronille.

S. Bernardi de Coderco viri mei. Signum Deusdet. S. Berengari. S. Odolrici monachi. S. Bernardi de G....

516 [DE BONFORO[1].]
1087-1107.

Notum sit omnibus hominibus quod Rodbertus Gualterii filius dono sancto Salvatori et beatissime Fidi et abbati Begoni et monachis præsentibus et sequturis de Conchis ecclesiam nostram que vocatur Bonforno pro redemptione anime mee parentumque nostrorum; ipsi monachi sancte Fidis dederunt mihi... societatem et confraternitatem suam et fecerunt partici... suorum quatenus

---

1. Cette charte est à moitié effacée.

de oracionibus et meritis... sancta Fides in præsenti seculo ab omni[1]...

517.

xi-xii° siècle.

Ego Bernardus Arnalsz habeo in illa vinea que tenet Rotbertus Faber una coissa de vaca o vi denarios omni anno, et habeo conveniencia in ista vinea ut nullus homo vel femina non potest illa vendere vel inpignorare absque meo consilio; et habeo in illa vinea que tenet Petrus del Figuer quarto et decimo et iiii denarios omni anno; et in illa vinea que tenet Petrus Mainnas habeo quarto et decimo et iiii denarios omni anno; et habeo in illas terras Guirard Brondel quarto et decimo et i agnus; et habeo in illa vinea et in illa terra dal Soler que tenet Rigualdus capellanus una coissa de vaca o x denarios; ista honore doned Bernardz Arnalsz a Bernardz de Laumerio cum filia sua Uga; et ego Ugua dono ista honore domino Deo et beate Fidis, quando de me advenerit, aut L solidos, si Bernardus voluerit eam redimere ad opus nostris infantibus; et si de infantibus nostris advenerit ut non habuissent infantibus de uxores nec filio non habuissent infantibus de viro, dono et laudo ista honore suprascripta domino Deo et beate Fidis absque ulla calumnia.

S. Bernardi de Laumer. S. Petri Oddoni. S. Rigualdi capellani.

Et ego Bernardus Arnaldus donum hoc et testamentum filiæ meæ, si de ipsa evenerit et infantes ejus, facio et laudo sancto Salvatori et sancte Fidi pro salute animæ nostræ.

518. [DE SALA.]

xi-xii° siècle.

Vicariam quam habet Raimundus de Sala in hac villa. In honore de Cumba Negra unum sestarium de vini et unum arberg

---

1. A la suite du n° 516 est copiée une charte plus effacée encore et presque illisible. On ne distingue guère que les mots suivants : « Notum sit omnibus... abbas dedi episcopo prelibato ecclesie... dedi mansum... totum quod ibi habebamus Geraldo... » En rapprochant ce début des premières lignes du n° 513, on est porté à croire que les deux pièces ont le même objet.

cum tribus ominibus. In honore de Airal Cateht similiter. In honore de Deusde Papet similiter. In honore de Beferm similiter. In honore Bocardenca similiter. Similiter de Bename. In honore de la Cabrilzo habent inter cellerarium et ipsum Raimundum unam eminam de vino et duas dinairadas de pan. In cumbis neque in plantariis non habet ipse Raimundus nullam vicariam[1]. Ella honor dels Lombet atretant. Ella Stans et ellas vineas al Malpas altretant.

519. [DE RODEHAM.]
1121-1135.

Henricus rex Anglorum Ebrardo Norwicensi episcopo et vicario et omnibus baronibus et fidelibus suis de Northpholc et de Suthfolc salutem. Sciatis me concessisse Deo et sanctæ Fidi et monachis de Conchis æcclesias et terras et decimas quas Rotbertus filius Walteri eis dedit et concessit, sicut prædicti Roberti carta testatur, et nominatim terram de Rodeham, quam Sibilla, uxor præfati Rodberti, dedit, concessu Rotberti viri sui et Rogerii filii sui; et volo et præcipio firmiter ut bene et in pace et quiete et honorifice et libere teneant, cum saca et soca et tol et teain et infanguene theof et omnibus consuetudinibus suis, sicut unquam prædictus Rotbertus melius et quietius et onorificencius tenuit. Testes: Rotberto episcopo Castrensi, Rainius cancellario et Stephano comite Montonii, et Radulphi Basseto et Henrico de Ria et Gislerblundo, apud West Monasterium.

520. [DE HORSAM.]
1108-1119, 2 février.

Henricus rex Anglorum Herberto episcopo de Norwic et Willelmo Big... et omnibus baronibus Francis et Anglis de Nortpholc et de Suthpholc salutem. Sciatis me concessisse Deo et sanctæ Fidi de Horsam et monachis ejusdem loci ut habeant feriam quoquo anno, videlicet trium dierum in vigilia festi et in secunda die festi, cum omnibus illis consuetudinibus quas feria

---

1. Les mots qui suivent ont été ajoutés après coup.

debet habere et pacem habeant venientes ad feriam et redeuntes, et nullus eis injuriam faciat. Testis : Rogerio episcopo Saresbie apud Sanctum Eadmundum in purificatione sanctæ Mariæ.

Henricus rex Anglorum hanc cartam donationis confirmavit in Normannia in foreste supra Bonam Villam, in manu domni Bonifacii Conchensis abbatis coram multis principibus suis.

521. [DE HORSEAN.]
1094-1119.

Notum sit omnibus successoribus meis quod ego Herbertus Norwicensis episcopus in æcclesia de Horsean, quam consecravi in honore Dei et sanctæ Mariæ et sancte Fidis, hanc misericordiam feci penitentibus : singulis annis quicumque penitens ad eandem æcclesiam venerit in festivitate Virginis XL dies penitenciæ suæ, auctoritate nostri officii, remittimus ei. Hanc indulgentiam facimus penitentibus et confitentibus et cessantibus a peccato, pro amore Dei et sanctæ Mariæ virginis et sanctæ Fidis.

522. [DE HORSAM.]
Après 1121.

Ebrardus dei gratia Norwicensis episcopus dilecto in Christo fratri Bonifacio venerabili Conchensi abbati salutem et benedictionem. Manifestum nobis satis est quod beatæ memoriæ Herbertus Norwicensis episcopus, antecessor noster, ecclesiam de Horsam cum suis pertinenciis et cetera, quæ Rotbertus filius Walteri, cum astipulatione domini Henrici regis Anglorum et Stephani comitis ejusdem regis nepotis, pro redemptione animæ suæ, Deo et sancte Fidi Conchensi concessit, ipse auctoritate sua confirmavit et pro mercede sua cunctis fidelibus illuc ad festum martirii beatæ Fidis concurrentibus et oblationem suam ibi facientibus de penitenciis sibi injunctis et dies condonavit et auctoritate sua corroboravit. Nos igitur, pro amore ejusdem sancte virginis et propria vestra instanti petitione, omnem supradictam donationem ad honorem Dei et profectum vestri monasterii concedimus et perpetuo confirmamus, adicientes ut quicunque Dei fideles ad festum illationis beatæ Fidis, quod celebratur feria v infra octabas paschæ usque ad aliam feriam v idus usque ad octabas ejusdem festi, illuc concurrerint et de bonis suis illic helemosinas fecerint, remedium et indulgentiam de acceptis penitenciis xxiiii dies habeant. Hoc vero consilio fratrum nostrorum et archidiaconorum fecimus, ut Deus per meritum ejusdem gloriose martiris dignetur nobis semper esse propicius. Hujus concessionis testes sunt : Ingulfus prior, Rogerus et Willelmo archidiaconi, Willelmus Turbo et cœteri fratres.

523. [DE TARAVELLA.]

1039.

In Christi nomine Rodbertus Rotenensis comes, cum dilecta matre nomine Philippia, quamdam æcclesiam quatuor mansorum fundo præditam, que sita est in comitatu Arvernico, in villa quæ nuncupatur Taravella, cum omnibus utilitatibus vel apendiciis suis, sancto Salvatori et beate Fidi gloriose virgini de Conchis damus et concedimus, ubi Odolricus abba præesse videtur, tali videlicet ratione ut, quamdiu in hac carne vixerimus, oratio pro nostra salute ibi agatur, et post obitum nostrum memoria nostri perpetuo habeatur. Pro defensione vero hujus elemosine nostre, consilio egimus ut Geraldus de Rosiaco, qui juxta subditione nostra assistit, per manum abbatis et monachorum saucte Fidis in unaquaque apprehensione unum solummodo denarium habeat, quamdiu in servitio et fidelitate eorum permanserit. Ad hoc autem donum confirmandum conscribi fecimus hanc testificationis cartulam, ut nulla posteritas generationis nostræ aliquam donationem vel hereditatem ulterius in supra dicta villa possideat. Quod si quis, quod absit, hoc infringere et inquietare in futurum temptaverit, omnis catholicus fidelis pro salute animæ suæ interdicat, ne illud membrum diaboli hoc nefandum scelus perpetrare presumat.

Texta est ergo hæc donationis carta anno Dominice incarnacionis millesimo L viiii in prefata vero æcclesia. — Nil omnino aliud æcclesia G. de Rosiaco retinet nisi babtisterium et sepulturam exceptis de pauperibus et familia monachorum. — Signum :

Rotberti atque Phylipie matris ejus qui istam donationem fieri jusserunt et firmaverunt et testes firmare fecerunt. Signum Stephani episcopi. Signum domni Rotberti abbatis Case Dei.

524. [DE ABELIAC.]
Seconde moitié du xii⁕ siècle.

Raimundus vicecomes de Torenna, pro anima sua et pro animabus parentum suorum, dedit in helemosina sancto Salvatori de Conchis et sancte Fidi et monachis tres bordarias in Abeliac de fevo et alode, sicuti ipse habuit et possedit, ad luminaria monasterii facienda, et consensit servientem Durantum della Sala ut unoquoque anno reddat censum.

525. [DE MOLENDINO PIZINO.]
xii⁕ siècle.

Notum sit omnibus quod ego Arcmandus de Faidi et Giraldus frater meus donamus et concedimus Deo et sanctæ Fidi de Conchis et priori Molendini Pizini Hectori ii solidos ad luminaria ecclesiæ, ella teguda que delz tenia Petrus Bellaro; et ego ipse Arcmandus dono Deo et sancte Fidis vineam que dicitur Restollenchas qu'erra mia en domini ab l'apartenda de Tremoledo, pro anima patris et matris meæ et omnium parentum meorum; et propter hoc accepi ab eodem priore xxx solidos.

S. Jhoan de Vellonciras e Bertram Esteve.

Iterum notum sit omnibus quod ego Hector Castri Novi accepi in pignore ab eodem Arcmando et Giraldo de Faidi hoc totum quod habebant in villa Molendini Pizini scilicet medietatem prati, et en Bocart i emina de civada et iiii denarios, et in orto Petri Martini alteram eminam de civada, propter unam marcam argenti; et hoc pignus debet prior retinere per tres annos, et postea est tempus redimendi a kalendas usque in pascha.

S. Bertrandi Iterii. S. Petri Rotberti, Rotbert Dartos. Petri de sancto Florio. S. Geraldi et Arcmandi de Faudi. — Hoc totum factum fuit in die festivitatis sanctæ Fidis.

Petrus et Stephanus et Poncius de Aurosa diviserunt unum sestarium de seguel el sirventatgue de Guirald della Rocheta ell'apendaria del Lac.

S. Petri Rotberti, B. Esteve, Rotbertus de Fellinas.

Medietatem decime de villa quæ dicitur de Hervedia in parrochia de æcclesia de Ussel in quatuor mansibus totum de omnibus quantum debet exire ego Geraldus de Ribas et Petrus frater meus et mater mea donamus Deo et sanctæ Fidi et priori Molendini Pizini Hectori, pro anima patris mei et omnium parentum meorum ; et propter hoc accepi xxv solidos de ipso priore.

S. Giral de Ribas, Petri, G. de Ribas. S. Petri vicarii, Duran vicarius. S. Rotbert de Fellinas, Giral Calveirus, B. Esteve.

Albois de Aurosa Deo et sanctæ Fidi et priori Molendini Pizini pro anima sua centum solidos quos habebat in pignore ella terra della Cortada.

S. Petri Rotberti, Ademari priori, Petri Bellaro.

Li maire delz Airaz de Taravella dedit i sestarium de seguel pro anima sua et fuit monachus.

S. Giral Calveirus, Rotbertus de Fellinas, B. Esteve.

Arcmandus de Faidi et Giraldus frater ejus dederunt in pignore Rotberto Amirat d'Aurosa Hectori priori Molendini Pizini tot aquo que delz tenia cominalment : el campo de Burdulia que ten Guillentz Brus, el campo de Roca Britdoira que ten Ponz Parlencs, ella vinna que ten Bernarz della Roca, propter i marcham argenti, et hoc debet tenere per duos annos ; et est tempus redimendi de kalendis usque a pentecostem.

S. Arcmandi et G. de Faidi. S. Petri Rodberti. S. Hugoni de Castello Novo. S. Petri Martini. S. Stephani de Salvaniac. S. B. de Altairac.

Propter hoc dedit concambium Armandus fratri suo Giraldo ell Upsalt. Autor... Reveire de Maziac et Esteve Franco.

527. DE GOLINIACO.

1097, 5 janvier.

Ego Ricardus vice comes et uxor mea Adalaiz donamus sancto Salvatori et sanctæ Fidi de Conchis et donno abbati Begoni et monachis præsentibus et futuris de Conchis illam medietatem æcclesiæ nostræ de Goliniaco, sicut melius donavit archidiaconus de Inter Aquis prædicto monasterio aliam medietatem, vel sicut melius habuit Hector de Mirabello de patre meo Berengario; hoc est medietatem de sepultura et de decima quæ pertinet ad fevum presbiterale et medietatem de omnibus mansionibus quæ factæ fuerint in villa de Goliniaco in fevo presbyterali. Hoc totum dono ego Ricardus, pro salute animæ meæ, et uxor mea Adalaiz prædicta monasterio et habitatoribus ejus. Et si quis vellet istud donum destruere quod ego facio, non habeat potestatem talia facere, sed sit maledictus et habeat partem cum Datan et Abiron in inferno, amen.

Anno ab incarnatione Domini millesimo monagesimo vi, indictione iiii, luna xv, facta est hæc carta voluntate et auctoritate prædicti Ricardi et uxoris ejus, feria ii in vigilia epiphaniæ, regnante Philippo rege Francorum. — S. Ricardi et uxoris ejus Adalaiz qui istud donum fecerit. S. Rigaldi. S. Hugonis Odolrici. S. Deusdet Hectoris. S. Duranti fratris ejus. S. Frotardi Deusdet. S. Bernardi de Rossin. — Johannes monacus scripsit.

528.

xiie siècle.

Breu de las gallinas. Lo mas dellas Broas v, ella bordaria, i, ellas capmas iii al unam et ii all' altre. El mas del Cauze, v. El mas de Creissag v. El mas de Pugrastel v, et el capmas iii. El mas della Gascaria v. El mas de Chaubran v, et ell altre Chaubran v. Lo mas della Garrizola v. Et aquel delz Rainalz v. El mas Alhejesenc v. El capmas Rainal della Careira iii. Lo capmas quel home del Bosc tegro iii. L'apendaria Corseira i. L'apendaria del Coderc i. Et aquella dell' Om i. L'apendaria qu'es laz la maiso Guiral dellas Boigas i, e v mas en Cadirag.

En Uqueg v. En dos mas en Espellac x, et en doas apendarias
ii gallinas.

529.

xiii siècle.

Breve de obedientia Hugonis monachi. In æcclesia de Bornazel, ii mansiones cum curte et pratum quod vocatur domergal abbati et monachis in dominio; et juxta æcclesiam, viii mansos, et unus est de elemosina, alius de vicariis, et debent unum receptum abbati, et alii debent unusquisque moltonem et porcum et receptum et quartum et quartam partem decimarum et in augusto xx denarios et duos sextarios de civada, et unusquisque mansus debet quinque gallinas et x ova. Et mansus qui vocatur Albiges, de comanda, i porcum et ii denarios de pane et iiii sestarios de vino et iiii sestarios de civada et i sestarium ordei et l'apendaria Corseira in dominio. Et in Quadairagco, v mansos, et unusquisque debet moltonem et porcum et receptum et quartum et quartam partem decimarum, et unusquisque debet v gallinas et x ova et in augusto xx denarios et ii sextarios de civada; et in ipso loco, iiii appendarias, et una dat iiii sestarios frumenti, et alia iii sestarios frumenti, et alia ii sestarios frumenti et i sestarium de civada; et aliam de Ulmo iiii denarios in augusto et quartum et iiii denarios in kalendas, et unaqueque debet i gallinam. Et in Bosco, iii mansos, et unusquisque debet moltonem et quartum et vestizo et xx denarios in augusto. Et mansus de Merdallag debet moltonem et vestizo e quarreg et alium censum per alo, iiii sestarios de sigile et iiii de avena et boscum in dominio, et fevum et vicariam debet homo habere de manu abbatis et monachi. Et hoc totum fuit datum pro Raimundo de Monte Mirato. Et elz Cabrellis, ii mansos, et dant moltones et censum et quartum. Et es Senglanda, ii mansos, et debent ii moltones et xiii denarios a messiones et ii solidos a kalendas et quartum et medietatem omnium decimarum. Et en Crespiag, iiii mansos, et debet unusquisque moltonem et porcum et receptum et quartum et quartam partem decimarum et in augusto xx denarios et ii sestarios de civada, et unusquisque debet quinque gallinas et x ova. Et capud mansus de Poig Rastel, i moltonem et receptum et xx denarios et quartum et quartam partem decimi et III gallinas al unam et II al altre et boscum et terras quas dedit Bernardus Frotardus. Et in Espellac, II mansos, et dant moltones et porcos et receptos et quartum et quartam partem decimarum et in augusto XL denarios et IIII sestarios de civada, et unusquisque debet V gallinas et X ova. Mansus de Canta Lopa dat I moltonem et XII denarios a messiones et III per carrez et XII a kalendas, et quartum et vicariam. Mansus del Pojet dat moltonem et agnum et XII denarios ad messiones et XII a kalendas et II sestarios de frumento. Et in ipso Æspelliaco, II appendarias de fevo et de alodo. Et unusquisque mansus de Bornazelles debet III solidos de vestizo et III de civada, et tercia pars est vicariis. Alla Gresa, unus mansus et alius dimidius, et dant censum et quartum et XII denarios et duos sestarios de civada. Mansus de Causeira dat moltonem et agnum et IIII sestarios de sigile et IIII de civada et XII denarios ad kalendas et XII ad messiones. Alla Roca, quartum et decimum de vineas et de terras et II sestarios de civada et III denarios. Mansus della Pez debet II solidos et IIII sestarios de gile in augusto.

530. [DE CADAIRACO.]
1087-1107.

Ego Bernardus Deusdet dono sancto Salvatori et sanctæ Fidi et Begoni abbati de Conchis et omni congregationi tam præsentibus quam succedentibus illum meum cabmansum de Cadairaco in quo Bernardus Odilo visus est manere totum ab integro fevum et alodum.

Hec carta est facta feria II, mense marcio, regnante Philippo rege. — Signum Bernardi Deusdet qui hoc donum. S. Hugoni Deusdet. S. Petri Deusdet fratrum ipsius. S. Johannis presbyteri.

El cabmas de las Broas atretant per totas res con aquel de Pog Rastel; in Quadeirac I cabmas, et dat quartum el quart X et III guallinas.

531.
1189, 17 septembre.

Ego B. abbas donei las maisos que foro de Vedia a Peiro Deusde Atrasaih per XXX e III marcs d'argent, los XVIII marcs i avia per pignora Bernarz Sojornat, elz xnn aic eu e dig l'en esser guirens de toz homes, et en Gauczelms abbas ab lo cosseil del capitol don' ello eissament. D'aquest don e d'aqest autorgament es autre P. capellas et Ug sos fraire, enz Deusdet del Gua, enz W. de Telled.

Facta carta in mense septimbri, sub die sabbato et luna IIII, regnante Philippo rege, anno ab incarnatione Domini millesimo cxxxvIIII[1]. — Geraldus capellanus scripsit.

532.
xii° siècle.

Ego Vedianus dedi Deo et sancte Fidi domum meam quam habebam in mercato, pro redemptione anime mee et anime patris mei et matris mee, et ut reciperent me in monasterio et darent michi habitum monachi. Et ego Petrus de Marcols et uxor mea dedimus similiter si quid juris habebamus in eadem domo, et habuimus a monachis hac de causa xxx solidos. Et ego Ugo Rosselz et uxor mea similiter dedimus si quid juris habebamus in eadem domo, et habuimus xxx solidos hac de causa ab ipsis monachis. Et hoc donum fuit factum Bernardo abbati. Testes : Hector de Audiz, Vedianus monachus, Willelmus de Teleito, Deusde del Gua.

533. DE HONORE SANCTI MAMETIS.
xii° siècle.

Breve de illo honore quem Stephanus del Mas et Bernardus habent de S. Fide. Hoc est : lo feus de ecclesia S. Mameti, et el Mont lo detme de IIII mansos ed una appendaria, et a la Bezeira lo desme d'un mas, et a Mesermont lo desme d'un mas, et en Viol lo desme d'un mas, et a Forces lo desme d'un mas, el mas de Montraissan e la vestizon, el mas de Rossin e la vestizo, el mas dal Orador e la vestizon, el mas de Costa Rossa e la vestizon, et el mas dal Poig I francesq de seguel et altre de civada et I agnel et III diners e la vestizon, el mas del Termen atretant et

---

1. Charte partic. — Le copiste a oublié le chiffre L après C. Les indications du jour et de la lune se rapportent à l'année 1189.

una condamina e la vestizon, et el mas de la Borgada las duas partz et la vestizon, el mas de Castanner lo detme, e tres bordarias en la villa de S. Mamet e la vestizon, el detme d'un mas a las Casellas, e la meitad del detme de tres mas de Mala Languas.

534. ANDOERCS.
xii° siècle.

Noverint præsentes et futuri quod Azemarus sacrista, volontate et consensu eorum de Broa, redemit decimam mansi de Andoercx que erat in pignora pro L solidis Caturcensibus, et insuper dedit eis X solidos ejusdem monete, et promisit se in fine unum eorum monachum, tali convenientia ut ipsa decima remaneret in monasterio in perpetuum.

535. [DE ECCLESIA DE ASELLAC.]
xii° siècle.

Breu del do que Raimuz Bernarz de la Peniza fecit Deo et sancto Salvatori et sancte Fidi et abbati B. et monachis de Conchis præsentibus et futuris. La æcclesia d'Asellac et totum quicquid ibi pertinet scilicet ecclesie ita dedit et laudavit ut melius ibse abuit.

S. Stephano de Monte Pesato et Arnal de Roset et Arnal de Guarnel et Albiro[1].

536. [DE ECCLESIA DE NOVA VILA.]
Après 1108, juillet.

In Dei nomine. Ego Aldoinus de Parisio et uxor mea Lucia damus Deo et sanctæ Fidi de Conchis atque Bonifacio abbati monachisque tam præsentibus quam futuris ejusdem loci ecclesiam de Nova Villa et mansum ecclesiasticum in dominio et medietatem decime de tota parrochia et aliam medietatem in convenienciam et totum quod ad ipsam ecclesiam pertinet. Similiter

---

1. Uno main postérieure a ajouté : « Autre Raimonz qu'el do fez e Deodatus Avitus monacus que o pres. »

damus turrile quod est inter salam et ecclesiam cum exitu camere post furnum et hortum quem tenuit Aimericus Barranus et custodiam de boscho in circuitu et el prat inter Vaurum et castellum. Hoc autem donum facimus pro salute animarum nostrarum et omnium parentum nostrorum.

S. Aldoini et uxoris ejus qui hanc cartam jusserunt fieri. S. Guirmundi monachi. S. B. abbatis. S. B. d'Albaroca. S. F. de Bel Castel. S. de Marcel. S. Hugo de La Roca. S. M. de Paris. S. D. de Sancto Jurio. — Facta carta regnante Ludovico rege Francorum, mense julio.

537.

xiie siècle.

Breu del mel sanctæ Fidis. Li mas de Bramaric, ii sestiers. Lo mas Garnairencs, i sestier. Lo mas Guilfre, i sestier. Lo mas del Erm, i sestier. Lo mas della Faurga, i sestier. Lo mas de Casellas, i sestier. Lo mas del Casal, i sestier. Lo mas del Forn, i sestier. Lo mas della Verna, i sestier. Lo mas del Cassan, i sestier. Lo mas del Troil, i sestier. Li mas del Poi, ii sestiers. Lo mas della Broza, i sestier. Lo mas del Castanner, i sestier. El capmas de Terondelz, i emina. El capmas dellas Ginnosias, i emina.

538. [DE ECCLESIA DE AFRAGNIO SIVE VAURO.]

1060-1065, novembre.

A primo nempe exordio catholice Christi ecclesie de propriis facultatibus ac donationibus ditantur et personam donatoris deinde res que donantur oportet subtitulari. Idcirco ego Willelmus et frater meus Petrus et filii nostri Raimondus et Hisarnus et Guilabertus et Bernardus et Petrus et Ugo cedimus et donamus sancto Salvatori de Conchas et sancte Fidi et abbati Odolrico et monachis ejusdem loci tam præsentibus quam futuris illam nostram ecclesiam quæ vocatur Afragnio sive Vauro, que olim consecrata est in honore sancti Christofori, cum toto alode quæ ad ipsam ecclesiam pertinet. Est ipsa enim ecclesia in pago Tolosano. Istam ecclesiam supra scriptam, sicut jam dictum est, pro salute animæ nostræ et omnium parentum nostrorum, et cum consilio Willelmi comitis et domni Duranti episcopi Tolosensis et consilio nostrorum militum Bernardi Malamusca et Bernardi Gamalberti et filiorum ejus Petri Bernardi et Poncii Berengarii et Atonis Geraldi, cedimus et donamus prædicto monasterio de Conchas et monachis ejusdem loci, sine ullo contradicente. Et facimus convenientiam abbati Odolrico de Conchas ut in alodio de castello de Vauro alicui sancto non donemus licentiam faciendi salvetatem nisi prædicto abbati Odolrico et monachis de Conchas. Laudamus et confirmamus donationem quam faciunt milites nostri de corporibus suis et de uxoribus suis et de filiis suis et de omni progenie sua ut in alio loco non sepeliantur nisi in prædicta salvetate propter amore sanctæ Fidis.

Facta carta ista in mense novimbrio, feria v, regnante Philipo Francorum rege. — S. Willelmus et Petrus frater ejus qui cartam istam scribere vel firmare rogaverunt. — Ego Ato Geraldus et Berengarius et Willelmus Bernardus et Bernardus Malamosca et Bernardus Gamalbertus donamus et laudamus istum alodem suprascriptum. — Johannes monachus scripsit.

Ego Willelmus et uxor mea Berta et filii nostri Raimondus et Isarnus et Guilabertus et Bernardus et Petrus et Hugo donamus et absolvimus filios et filias Grimaldi sancto Salvatori de Conchas et sanctæ Fidi et abbati Odolrico et monachis de Conchas bona fide.

539. DE CHAVANNICH.

1163-1179.

Ego Galterius Dei gratia Lingonensis episcopus omnibus in posterum. Convenerunt in presentia nostra abbas sancte Fidis Isarnus dictus cum quibusdam fratribus suis et Guido comes Salionis et ejus frater Ebalus super dubitacionem cujusdam controversie quæ inter eos versabatur de potestate ville dicte Chavannich. Cognoverunt itaque in audientia nostra prefati viri Guido et Ebalus quot in villa Chavannich nichil haberent, præter magnam justiciam et majorem ville et hominem quemdam alium Guidonem dictum et familia ejusdem et mansum unum majoris ipsius et liberam villæ custodiam; non nisi hec omnia prædicti fratres sancte Fidis dictos viros habere in villa illa cognoverunt, sed tamen mansum majoris dicebant eos ibi habere ut ibidem reciperentur in hospicio et non alibi si forte in villam venirent. Consilium tamen fuit prædictorum fratrum ut ad tempus sustinerent præfatum Ebalum qui rem tenebat quam præscripsimus in villa illa tenere, sub hac condicione quod quandocumque fratres reclamare voluerint idem Ebalus vel qui pro eo rem tenuerit ejus super hoc justicie stabit. Juravit sepe dictus Ebalus quod nulla alia nisi præscripta a villa ibi exigeret neque extorqueret neque talliam, nec aliam exactionem, neque procurationem, neque hospitalitatem qui vulgo dicitur albergarta. Protaxatus vero comes spopondit se facturum bona fide justiciam de fratre suo Ebalo, si qua alia quamque ipsi cognoverint a villa dicta extorqueret. Ut autem hoc firmiori muniretur stabilitate per manum nostram factum est et auctoritate firmatum. Hujus rei testes sunt Gerardus Lingonensis archidiaconus, Radulfus, Matheus Benignus, canonichi, Philipus abbas Sancti Benigni, Paganus, Olevarus, milites.

540. [DE CONTENZOSA.]
Vers 1060.

Noscant presentes et futuri quod ego Berengarius de Coderco et filii mei Raimundus, Pontius, Bernardus Willelmus donamus Deo et beate Fidi et abbati Odolrico alodium de manso illo qui dicitur Contenzosa et quicquid poteramus querere in illo vel alius aliquis per nos, ut monachi beatæ Fidis habeant et sine omni calumnia in perpetuum teneant. Et nos omnes prædicti filii ejus promittimus et etiam jurejurando affirmamus ne unquam amplius aliquid ibi requiramus vel aliquis alius per nos. Hujus doni testes sunt: Berengarius Raimundi, Rigaldus de Coderco, Petrus, Oddo, Raimundus Oddo, Bernardus Bego.

Ego Bertrandus scripsit.

541. [DE SANCTO CYPRIANO.]
Vers 1170.

Breve quod fecit facere Petrus de Ariac et infantes ejus Petrus et Hugo. Donamus Deo et sancto Salvatori et monachis ejus tam præsentibus quam futuris pro redemptione animarum nostrarum nostram partem decime sicut Duzus descendit usque in Dordonem, et a Dordone qualem cumque partem habemus, et hoc est a Duzone in ultra et a Dordone in ultra. Preterea quando hoc donum fuit factum, Gaucelmus abbas redemit hanc ipsam partem decimæ tres marchas argenti.

S. Hectoris vicarii. S. Hugonis Cendra. S. Petri de Cumba Mellesca. S. Deusde Petri de Argac. S. Deusde Benedicti. S. Petri Deusde de Conchis. S. Deusde del Ga. S. Willelmi de Tellet. — S. Girberti qui hanc cartam scripsit.

542. [DE JOANENC.]
Fin du xii° siècle.

Notum sit omnibus hominibus quod, temporibus domini G. abbatis, Bego de Conchis, prior Pomarii, ante presenciam ipsius abbatis, dedit fratri suo F. de Conchis mansum Joanenc de summa quod erat in dominium sancte Fidis pro medietate decime quam habebat in manso hospitalis et in ipso hospitale. Quod si aliquis hoc donum tollere voluerit, sit cum Datan et Abiron in infernum, amen.

543. [DE SANCTO CYPRIANO.]
Vers 1170.

Ego Petrus de Ariac et mei infantes alteram nostram partem decime sicut Duzus descendit usque in Dordonem davas sanctum Ciprianum impignoramus Gaucelmo abbati et monachis sancte Fidis quinque marchas argenti, terminum in ramis palmarum.

S. Hectoris vicarii. S. Hugonis Sendra. S. Petri Hugonis de Cumba Mellesca. S. Deusde Petri de Arriac. S. Deusde Benedicti. S. Petri Deusde de Conchis. S. Deusde del Ga. S. Willelmi de Tellet. — S. Girberti qui hanc cartam scripsit.

Ego Petrus et mei infantes debeamus esse de hoc honore defensores boni contra omnes homines.

544. [DE PRADIS.]
1103-1111.

In Dei nomine. Ego Hector et Ponzcius de Cambolaz et ego Gago et ego Raimondus qui vocatur Falcus, d'aquesta hora adenant, ella vila de Pradis, home ni femena des las crodes en inz non i prendrem nilli ferrem, nilli auceirem, ni son aver nolli tolrem, ni far nollo farem, ni de foras las croz home ni femena que della vila sia estadoris, se per forfaitura que faitans agues, non o faziam et aquo no faram tro all' abat et al prior quella vila tenria, clamat o acsem una vice vel duas, e se elz redderzer non o fazio que non pressem sobre nostre dreig, e senesciament o efrangriam fers xiiii dias, ab somoniment dell abat o de so messatgue, o del mongue que la vila tenria o de so messatgue, o emendaram; aissi o tenrem et o atendrem per fe e senes engans per es sainz evangelis. Autores: Ademarus Rutenensis episcopus et Odolricus archidiaconus et Guilelmus.

S. Azemarus d'Auriac. S. Gag de Peira Bruna. S. Folquems de Segur. S. Bernardus qui vocatur Grecus. S. Bernarz Guiralz de las Salas. S. Bernarz de Cannet. S. Deusde de Cannet e Peire della Vallada. S. Rairalz lo monges, et altre molt que o viro e que o audiro. — Regnante Ludovico rege.

545. [DE ECCLESIA DE SALANAC.]
1087-1107.

Ego Petrus et Guido et Bernardus fratres mei de castello d'Amiz damus Deo et sancte Fidi et abbati Begoni et Bertrando Ademaro et monachis tam præsentibus quam futuris ecclesie sancte Fidis Conchensis hoc totum quod abebamus de vicecomite de Cartlat in ecclesia de Salanac, scilicet totum fevum presbiterale et decimas et proferencium, pro salute animarum nostrarum et omnium parentum nostrorum. Quod si aliquis parentorum nostrorum hoc donum tollere voluerit, sit exereditatus de terra nostra et pereat cum Datan et Abiron in infernum, amen. Et ego Petrus, si quis de parentibus calumniaverit, dono el mas de Serra et el mas de Tresagas, et ego Guido dono ellas decimas de Casanas et de Jou et de Prebilangas; hoc totum damus ses totas altras retegudas.

S. Petri et Guidonis et Bernardi qui hoc donum fecerunt. S. Guillelmi de Gabriac et Rigal Sairebrec et Peiro Gasco qui hoc audierunt.

546.
Après 1107.

Breve della honor dell abbadia quem fecit scribere Bonefacius abbas et Hugo de Combret lo mongue, del plait quem fecit cum vicariis per autorici et per laudament del abbad Bego et de Bernard veguer e de Guirmum lo morgue, de duas maisos que son laz la gleisa, ella cort el prat domergal all abad en domini ; el veguer devun alier[1] talem censum in uno quoque manso d'aquesta honor : elz mas vestiz lo terz della vestizo, el terz dellas justizias et arberg a IIII homes manjar e disnar a kalendas o IIII deners, et a meissos a II homes fogaeza e vin et ova et fromatgue o II deners per menester et manjar e disnar ad unum hominem, all'arberg meissoneig del morgue, o II panes a kalendas per istum arberg, tals quals lo vilas fara en sa maiso de froment o de seguel, o II diners et I sester de froment alla mensura a qual lo quartz sera levaz del sol, e III deners, el quart dellas geissas caninas ; et delz mas Erms debet habere monacus los patz en domini o IIII deners per carreig et I molto ; e czo deu esser en causit del morgue ; et usquegs mas debet III solidos de vestizo et III sesters de civada, e de czo es lo terz als veguers. Dell' apendaria quel Corsers tenet et d'aquella de Guiral Aldeguer et de alias que sun en esta honor, debet habere monachus lo quart el ces ella vestizo ; el veguer debet abere los ortals elz pradals, e devun far lavorar atretant del quarttal don lo morgues habeat quart e so ces. Lo mas della Casa ell'apendaria de la Czolleira au a feu dell'abad e devun esser sei ome, e devon arberg omnique an tal qual volra et al morgue so servizi. De totas las apendarias e de totas las terras que sunt in isto honore, excepto manso del feu et apendaria et III apendarias que sunt de vicariis, de ecclesias quartz et ces et vestizos all' abad en domini, fors lo terz del veguers. De tota esta honor debent esse garde abbatis et monachi ; quod si aliquid perderent per lor mala garda, debent emendare et debent dreit fermar abbati et monacho quantaz vez o volran per lo justizia, et debent far salvum sacramentum abbati que per fe e per belmenun, et d'aquesta

1. Pour *aver* sans doute.

honor debent venire a laudament de Peiro della Czolleira per laudamentum abbatis et monachi et de so cossel. Istam cartam confirmavit abbas Bonifacius et Bego et Hugo de Combret, Bernardus vicarius, Guirmundus monachus.

547[1]. CASTEL MAURO.
1106, octobre.

In nomine sancte et individue Trinitatis. Ego Amelius Tolosane urbis episcopus, cum consilio dominis Castri Mauronis scilicet Bernardi de Quintil et Jordanis fratris ejus et Vitalis et Gauzberti et Peregrini, nos omnes insimul damus domino Deo et sancti Salvatori de Conchis et Begoni abbati et monachis præsentibus et futuris Deo servientibus illum montem in quo hedificatur ecclesia in honore Deo et sancte Fidis, sicut fontes decurrunt per circuitum per concava loci et sicut mons dividitur per cruces quas manibus nostris posuimus. Et ibi constituimus salvaterram in honore Dei et beate Fidis, tali pactu ut nullus miles neque cliens neque joculator habeat ibi domum ad habitandum, omnisque census et omnes fiducie et omnes redditus et leide macellorum et salis et omnes donationes sint monachis in perpetuum, sicut monachi melius habuerunt in villa de Cassagalater. Et si aliquis homo vel femina habuerit feodum in villa illa de monachis et voluerit vendere vel dare vel inpignorare alicui homini, faciat cum consilio prioris; et si voluerit facere sine consilio prioris, revertentur ecclesie. Et si aliquis homo est in villa illa qui haberet possessiones terrarum vel vinearum vel ortorum vel domorum et in morte sua non haberet filios vel filias legitimos ex uxore sua vel recesserit a villa illa, omnes possessiones supradicte revertentur in dominio ecclesie de salvateria illa. Monachi habeant clibanum suum in quo omnes decocant panem suum. Hoc totum damus et concedimus sicut supra scriptum est, et manus nostras ponimus super sancta evangelia ut hoc teneamus et tenere faciamus et possidere sancte ecclesie Conchensi et B. abbati et monachis presentibus et futuris ut ibi sem-

---

1. Les numéros 547 à 556 sont écrits sur les feuillets de garde, en tête du volume.

per sit habitatio eorum secundum possibilitatem nostram, et ut monachi pro nobis et pro omni projenie nostra implorent jugiter misericordiam Domini. Hoc itaque donum in tali convenientia datum est ut, si ullus abbas de hoc a fevum donaverit, propinqui nostri in monasterio usque tercio recuperare faciant. Et hoc donum manendo tali stabilitate firmamus in posterum quod aliquis de propinquis nostris non infringat vel conturbet, sed semper Deo et sancte Fidi istud donum superius scriptum ratum et inconvulsum et illesum per omnia conservetur. Si vero, inmutata voluntate, nos aut aliqui parentum nostrorum hoc donum usurpare aut calumpniare præsumpserimus, nulla sit licentia; sed insuper quod lex jubet faciamus et honorem monachis sancte Fidis sicut supra scriptum est quiete tenere faciamus.

Anno ab incarnatione Domini M C XI[1], regnante Philipo rege Francorum, mense octobris, feria III. — S. Amelii episcopi, et Bernardi de Quintil, et Jordanis, et Vitalis, et Gauzberti, et Poncii, — et Geraldi monachi qui hanc cartam scripsit.

548. BELMONT.

XII° siècle.

In Bel Mont et in honore ipsius, XII mansos, videlicet : II mansos de Faurgas, et mansum del Olm, et mansum de la Serra, et mansum da Poh Calvell, et mansum dal Boac, et mansum dal Amarvidia, et mansum dal Nogueir, et mansum de la Bonafossia, et mansum dal Toron, et mansum dals Barssos, et mansum dels Lemotgas.

549. [DE POMAREDA ET DE CASTLAR.]

1087-1107.

Ego Bernardus Bego et Petrus et Hector et Bernardus et Jubelinus et Deusdet et Willelmus filii mei donamus sancto Salvatori et sancte Fidei de Conchis et Begoni abbati et monachis præsentibus et futuris quartam partem decimi de Pomareda pro salute

---

1. Dans la date, x est sans doute pour v.

anime mee, et propter istum honorem facio me monachum; et similiter donamus totam illam decimam quam habet Geraldus de Castaliaco in pignora per xii solidos Podienses in toto illo vinobre de Castlar del laus e della foillada et de toz los frauz.

S. Rostanni. S. Bermundi. S. Willelmi. S. Petri de Cerveira et fratrum suorum, hoc est Hectoris et Bernardi, Jubelini, Deusdet et Willelmi.

550. [DE VENTIARO.]
xi° siècle.

In Dei nomine. Radulfus Plaissars cum filiis meis Lauoderio, Ismidone, Bermundo Cota Vaira dono Deo et sanctæ Fidi de Conchis in castro de Ventairo unum nostrum hominem Umbertum nomine cum omni pertinentia sua, pro redemtione anime mee et omnium parentum meorum. Quod si quis de posteritate nostra hoc donum infregerit vel deminuerit, disperdat illum Deus de terra viventium et sit cum Datan et Abiron in infernum, amen.

S. Lauderii. S. Ismidonis. S. Bermun Cota Vaira. S. Umberti cum filio suo Geraldo. — Est autem locus iste in episcopatu Gapecensi in Romano itinere.—S. Petri Geraldi. S. Umberti filii ejus.

551. [DE ECCLESIA DE MALA VILA.]
xii° siècle.

Ego Hugo della Rocca dono sancto Salvatori et sancte Fidi de Conchis et monachis lo mas de Castan, el desme de Mauront el desme de ecclesia de Mala Vila, ella capella similiter, pro sepultura mea et redeptione anime mee et ut cantentur mihi mille misse in monasterio sancte Fidis, ubi tumulatus quiesco.

552. VERNIOLS.
xii° siècle.

Guirbertus de Vilscamps et Ugo frater ejus dant Deo et sancte Fidi xii denarios in manso de Verniols, ut Deus auxilietur eis, amore beate Fidis, in presenti vita et in futura; et debent reddi in festivitate beati Andree.

553. TANGIT PRIORATUM DE CALMO.

1031-1060.

In nomine Domini. Ego Rigualdus de Mirmonte et Stephanus frater meus donamus sancto Salvatori et sancte Fidis de Conchis et abbati Odolrico et monachis ibi Christo servientibus et avunculo nostro Abboni illos IIII mansos ad fevum et alodium ubi villa constructa est de Bella Calme, sicut nos melius habuimus et tenuimus, hoc totum donamus sancto Salvatori et sancte Fidis de Conchis, pro salute animarum nostrarum et omnium parentum nostrorum. Et ego Stephana cum consilio mariti mei Rigualdi del Belteiresco dono medietatem de his duobus mansis, scilicet fevum sancto Salvatori et sancte Fidis de Conchis, set retineo VI solidos pro recepto et VIIII denarios ad kalendas et alios novem ad meissones et unum multonem et medietatem quarti de supra dictis mansis. Ego vero Geraldus Aquilo dono vicariam sancto Salvatori et sancte Fidis de Conchis cum retinencia de quatuor sestariis annonæ et V casales.

S. Ugonem Gardoacum. S. Petrum archipresbyterum. S. Otonem lo Campanegscum. S. Rigualdum capellanum de Conchis.— Facta quarta ista regnante Heenrico rege Francorum.

554. [DE LA CALM.]

XIIe siècle.

Noscant præsentes et futuri quod ego Iterius de Mirmunt, pro salute anime mee et paræntumque meorum dimito in pace cartam partem de l'arberhc quam habebam in ecclesia sancte Fidis de la Caml. Similiter dimitto c, solidos quos habeo in parte fratris mei D. Hoc fuit factum in presentia V. abbatis. Hujus rei testes sunt : P. d'Aurico, E. prior, D. sacrista, G. Olrich, B. del Ga, G. archipresbiter, et G. de Mirmont qui tunc temporis erat prior prænominate domus de La Calmz.

555.

XIIe siècle.

Censsus panis. De Campanhac e l'Ospitals et Sanhs Felihs

cxii sestier. De Palaiz cxii. De Marcilhac xl e iiii. De Sainhc Satorni xl. D'Espairac v et emina. De Pomeir v et emina. De la Capela xx e ii. De Mala Vila xii. Da Fermi xii. Da Levinhac xii. Das Savinhac x. Da Cobizo viii. Da Persa xii. Da Pradas v et emina. Da Monbazencs iiii. Da Viviers ii. De la capela de Cabanas ii. D'Aurlhaguet xi. Ecclesia de Bars debet facere mensem marcium integre. Eclesia de Sanhas et sancti Cipriani et Novavila debent facere mensem augustum integre.

556. [DE ECCLESIA SANCTI SATURNINI.]
1099-1107, mars.

In nomine Domini nostri Jhesu Christi. Ego Bego de Calmonte et uxor mea Florentia et filii nostri Gauzfredus et Stephane et Willelmus donamus sancto Salvatori et sanctæ Fidei de Conchis et domno Begoni abbatis et monachis præsentibus atque futuris de Conchis illam nostram ecclesiam que vocatur sanctus Saturninus cum capello de castello de Roca que pertinet ad eandem ecclesia pro salute animæ nostre et omnium parentum nostrorum. Si quis ex eredibus nostris contra hanc donacionem ullam calumpniam generare voluerit, sit exeredatus de omni honore nostro et maledictus et excommunicatus et habeat partem cum Datan et Abiron in infernum, amen.

Scripta carta ista in mense marcio, feria v, regnante Philippo rege Francorum. — S. Begonis de Calmonte et filiorum ejus qui hoc donum fecerunt. S. Bermon de Veireiras. S. Ugonis Willelmus. S. Isimbardi. — Ego Ademarus Rutenensium episcopus cum consilio clericorum meorum hoc donum laudo et confirmo. Ego Odalricus archidiaconus confirmo et laudo. Ego Odalrichus archipresbiter laudo.

557[1]. [DE PONTE.]
1218, mai.

In nomine Domini. Anno ab incarnacione Domini m cc xviii

---

1. Le numéro 557 est écrit dans la marge du deuxième feuillet, qui contient le commencement du numéro 1 du cartulaire.

mense maii. Notum sit omnibus hominibus quod ego Pontius de Veteri Via positus in gravi egritudine, bona tamen memoria, dono et reddo animam et corpus meum Deo et sancte Fidi, et dono et concedo, relinquo et lego Deo et sancte Fidi et W. abbati et conventui de Conchis, pro remissione omnium peccatorum meorum, totum mansum de Ponte cum omnibus pertinenciis quas Durantus de Ponte et Deodatus cognatus ipsius de me tenent cum omni jure et actione quam ibi habeo vel habere debeo vel aliquis pro me, videlicet census, usaticos, servicia, forcias, pro quibus omnibus D. de Ponte et D. cognatus suus dant mihi quolibet anno LX solidos Ruthenenses; de quibus habeat abbas XX solidos, et ad luminaria ecclesie sint alii XX, conventui XV, camerario V solidos; et reddo corpus meum pro monacho in manus W. abbatis de Conchis. Testes... de la Glandeira, D. de Romaniac. Va...illac, — et Alexander qui jussu supradictorum omnium hoc scripsit.

558[1]. [DE ECCLESIA DE PALACIO.]

1225, 7 janvier.

Honorius episcopus, servus servorum Dei, dilectis filiis abbati et conventui monasterii sancte Fidis Conchacensis salutem et apostolicam benedictionem. Solliciti ne vestra ecclesia de Palacio, post decessum Tebaldi clerici, nepotis dilecti filii magistri Obizionis, subdiaconi et notarii nostri, cui eam contulit venerabilis frater noster C. Portuensis episcopus, dum in partibus illis legationis officio fungeretur, per apostolicam sedem alii conferatur extraneo ac deinde alii, prout aliquando fieri consuevit, et sic a vobis fiat quodammodo aliena, supplicavistis ut super hoc paterna providere sollicitudine dignaremur, nos igitur, vestris precibus benignum impercientes assensum, vobis auctoritate apostolica indulgemus ut, præfato clerico decedente, ecclesia ipsa ad donacionem vestram libere devolvatur. Nulli ergo omnino hominum liceat hanc paginam nostre concessionis infringere vel ei ausu temerario contraire. Si quis autem hoc atemptare presumserit,

1. Le numéro 558 est en marge de la charte intitulée De Palacio, n° 20.

indignationem omnipotentis Dei et beatorum Petri et Pauli apostolorum ejus se noverit incursurum.

Datum Laterani, septimo idus januarii, pontificatus nostri anno nono.

559[1]. DE PORTU DE BLADENET.

1183, 9 avril.

Notum sit præsentibus et futuris quod Durantus Hectoris, in extremis positus, dedit sancto Salvatori et sancte Fidi et monhacis Conchensibus præsentibus et futuris et famulis eorum undecumque venientibus et euntibus in sua parte portus de Bladenet transvectionem sine precio. Et hoc concessit uxor ejus B. et filius ejus V. fratres vero ejus Raimundus et Berengarius, in sua parte, prædicti portus concesserunt similiter eisdem monhacis et eorum famulis transvectionem sine precio. Hector quoque Bernardi et Bernardus Hectoris, si quid habebant vel ad eos aliquo modo provenire poterant, totum eodem monasterio concesserunt Deo et beate Fidi et monachis prædictis et eorum famulis. Et hi omnes supradicti juraverunt as prædictas donationes et concessiones jam dicti portus se sine omni violatione hac violentia observaturos. Et his omnibus militibus supradictis concesserunt domnus G. abbas et conventus et promiserunt habitum religionis illis in extremis positis se daturos. Quod si superni tenerent, deberent de suis rebus dare Deo et beate Fidi quod gratum sit et acceptabile. Sub eodem sacramento promiserunt et jam dicti milites quod, si aliquid illorum a predictis monachis vel eorum famulis aliquid extorqueret pro transvectione, de propriis rebus eis redderent.

Facta donatione ista anno ab incarnatione M C LXXXIII in sabbato pascali. — Hujus donationis testes sunt... B. prior Pomarii, Poncius Alb..., et Galterius, et Oliverius, et D. presbyter d'Espairac, et V. de la Ginesta, et D. presbyter de Pom..., et V. Faraldi, et Guido de P... Montis Arnaldi.

---

1. Le numéro 559 a été intercalé entre les numéros 75 et 76.

560[1]. MALAVILLA.

1099-1144.

Ego Ill... et Ill... ad honorem Dei et sanctæ Dei genitricis ejus Mariæ et beati Petri apostolorum principis, commonente et suadente domino Adimaro Ruthenensi episcopo, cum consilio militum de castro Male Villæ, pro redemptione animæ meæ et parentum meorum, promitto domino Deo et beato Petro quod ad dampnum alicujus xxx æcclesiasticos passus circa hanc æcclesiam beati Petri non infringam neque aliqua persona per meam voluntatem; et si aliqua persona infringerit, cum illa pacem et amiciciam quoadusque emendet non habebo; et hanc promissionem meam super hoc altare propria manu jurejurando firmo. Et mansum del Castan et terras de Vernouil quas in partem suam Raines de Belveder habebat, sicut ipse Raines Deo et beato Petro manumisit in morte sua, ego Stephanus de Malavilla et Hugo de illa Rocha ipsi æcclesiæ beati Petri, pro amore Dei et animarum nostrarum remedio, liberum omnino et quietum dimisimus.

561. CEPED.

Après 1112, 25 mars.

In nomine domini nostri Jhesu Christi. Ego Petrus de Sancto Ciricio et fratres mei Bernardus et Willelmus conveniemus nos ut essemus monachi ad sanctam Fidem. Primitus ego Petrus de Sancto Cirico laudavi me monacum facere, qui dedi honorem quem habebam in parrochia sancte Marie de Cepet, totam et integram quem possidebamus cum essemus fratres, dono ego ad sanctam Fidem et a domno abbate Bonifacio et a domnis monachis qui ibi sunt nec futuri erunt. Adjacencia ejus honoris est que dicitur a molino Jordanis usque in Cabdiner, et in alia parte de Brugeiras usque in villa que dicitur Sancta Cruce. Et si Ber-

---

1. Le parchemin a été lavé et gratté entre les numéros 84 et 85 et les numéros 560 et 561 ont été intercalés.

nardus vel tantum Villelmus volunt esse monachi, cum honore que supra perlata est et cum alia magis pecunia facere debent. Istum prædictum honorem dedit Petrus et Villelmus et Bernardus franca, sine ulla reteguda, exceptis his verbis ut essent monachi cum magis dent pecuniam.

Facta carta viii kalendas aprili, feria iii, regnante Lodoico rege Francorum, Ildefosso comite Tolose, Amelio episcopo sedem episcopalem. — Et nos testes : Pontius, Raimundus, Pontius Berengarius, Arnaldus Raimundus, Pontius Ademari, Pontius de Velaiga, Calvet Rotbert, Bernardus de Albaroca, Arnaldus monachus, qui viderunt et testes sunt.

562[1]. [DE ECCLESIA DE FLANIACO.]
xii° siècle.

Ego Hector Rigaldus laxo Deo et sancte Fidi et monachis de Conchis pro azima mea illum meum pratum de æcclesia de Flaniaco, qui est in pignora pro iiii solidis; et do dimidium decimum de Planeza quem videor partire cum Frotardo Rosat, ut habeant semper, et rogent Deum per me. Si vero unquam illi dimiserunt, filii mei Aimericus et fratres ejus aut propinqui mei ponant iiii denarios super altare sancti Salvatoris et possideant.

S. Aimerici. S. Raimundi. S. Guillelmi.

563[2]. [DE ECCLESIA DE SANCTA JOLETO.]
xii° siècle.

In onore domini Jhesu Christi.., et mulier sua, et Bernardus Ugo cum filii sui donamus ecclesiam que vocatur sancta Joleto, lo mas ecclesiasticus et decimum totum et abintegrum; donamus similiter el mas de la Crux sex dineirs, magenco iii et careio iii; ell' apendaria de Connago sex diners de censu donavit Petrus Raimundus; el mas del Bosco sex diners, iii de magenco et iii de careio, donavit similiter Raimundus Revellus; illos pratos de la Effermaria donavit Bernardus Hugo; similiter Petrus Rai-

---

1. Intercalé entre les numéros 94 et 95.
2. En marge du numéro 106 et rogné par la reliure.

mundus donavit lo mas del Cassanno, post mortem suam, in conveniencia ut sepeliant illum. Ista honore donaverunt et istam ecclesiam et airalos et vinataria, in conveniencia que sit formida ecclesia in servicio Dei. Est auctor Garmerius, et Ugo... ebreuna, Petrus, Iscafredus[1].

564[2].
xiiᵉ siècle.

[Ce]nsus panatarie monasterii Conchensis sive pensiones. [Pri]or de Perza et de Campaniaco, vi*xx* et xii sestarios. [Pri]or Sancti Saturnini, xl sestarios. [Prio]r de Orliagueto, xi sestarios. [Pri]or de Marciliaco, xliv sestarios. [Pri]or de Novavila, x sestarios. [Pr]ior de Femino, xii sestarios. Prior de Clauniaco, xii sestarios. Prior de Proenqueriis, v sestarios mina. Prior de Pratis, v sestarios mina. [Pri]or de Viviers, iv sestarios. [Pri]or de la Besa, ii sestarios. [Pri]or de Flaniaco, xiv sestarios. [Pri]or sancti Marcelli, v sestarios. Prior d'Espairac, v sestarios mina. Locus de Marinescas, vi sestarios mensura Ville Nove. Prior de Brommaco, ii sestarios pro capella sanh Sainsars. Li bogier de Monbaperenx, iii sestarios, non debet portare. Prior de Bromo, o sestarios.

565[3]. DE LECHAIRAG.
1087-1107, novembre.

In nomine Domini. Ego Ermengardis visce comitissa filia Rangardis donator sum domino Deo et sancte Fidis illa alberga et illa esplecta que habeo in ipsa villa que vocatur Licairag, totum et abintegrum, propter anime mee et per emendacionem de peccatis meis et pro remedium animas patri meo et matre mea et pro remedium anime seniore meo Raimundo et pro salvatione filio meo Bernardo Atto et pro remedium anime parentorum meorum, ista honore suprascripta dono domino Deo et sancte Fidis de

---

1. Une main postérieure a ajouté : *el mas de Fenassac similiter*.
2. En marge du numéro 144 et rogné par la reliure; écriture du xviᵉ siècle.
3. Intercalé entre les numéros 391 et 392.

Conchis et domno abbati Begoni et omni congregacione fratrum qui ibi sunt nec in antea advenerunt, et per istam convenienciam quia nec ego nec ulla potestas que ibi sit nec in antea adveniat in commitatu Karchasona nec ullus homo per illos non possit ullam rem adquirere.

Facta carta et donacio ista sub die feria II, in mense novembri. — S. Ermengardis qui ista carta scribere fecit et firmare rogavit. — Regnante Philippo rege. — Teste Petro monacho. — S. Petro Arnal. S. Petro Ricart. S. Bernat Atto. S. Willelmi Poncii. S. Petro Rainun. S. Fulc. S. Ragal. — Stephanus presbiter rogatus scripsit die et anno quod supra.

566[1]. DE MARCILAG.

XII° siècle.

Lo judizi que det Oalricus l'archidiagues e Peire de Cormol e Peire Escafres entre Bernart lo morgue da Tresbos elz veguers da Marcilag. Ricarz li comtessa dedit domino Deo et sanctæ Fidis novem mansos, et VIII apendarias; et illi de Marcilag anparabant III mansos per alodem d'aquesta laisa, e dizo que teguz los au ses anparament il ellor paire et idsi autori, eisque Ector de Vivers lo morgues los anparec a lor paire; e aquel qu'aizo laudero demandero lor cal autorici n'avio d'aquestz mases, et il didsero que Bernart lo morgues lor tolc lor cartas dellor arca; e laudet om a Bernart lo mongue qu'en ditses zo ch'en zabia e que fedes jurar asso messatgue que no sia se mentitus ne perjuratz, que plus nos sapia d'aiso, e con o aura fait qu'en sia creduz essoz altre autorici, non auquel laiso acquest anparament a Deu et a sancta Fidis, ella perdoa que faza ella messio que il emendo del ferir e dell'evaziment que il ne feiro que illo aderguo, per laudament del bisthe, ella vegairia que i demando devol far saber que a dreig l'a i aia, e el deu la lor laisar zo que non es o servit del judizi an aquesta carta sia pel reconoisement del archidiage o de Peiro Escafre o de Peiro de Cormol. Ad aquest plaig esco bonas sis dregudas, cant aiso er fait pel reconossement del morgue.

---

1. Intercalé entre les numéros 401 et 402.

567[1]. [DE GRAISAGO.]

xiie siècle.

Bernardus Odo donavit in Graisago inferiori unam mediam appendariam et medium quartum et tres medallas de censu. Auctores sunt Bernardus et Rigaldus de Moreto et Guido de Patiato.

568. [DELLA FABREGA.]

xiie siècle.

Petrus Odo donavit ella Fabrega tres eminatas de terra et unum agnum de censu. Auctores Ademarus de Noacella et Petrus della Roca. Bernardus de Moreto a fidancia et Rigualdus.

569[2]. [DE TRELES.]

Après 1107.

In nomine Domini. Notum sit tam præsentibus quam futuris quod Bonifacius abbas Conchensis venit ad donum A. de Bresonz, cum esset positus in egritudine, et dedit ei filium suum nomine Eliam in monachum, et si de ipso evenerit, illum qui nasciturus est de uxore sua, si masculus fuerit, vel unum de aliis, si in voluntate ei evenerit. Propter hoc etiam ego A. dono sancto Salvatori et sanctæ Fidi de Conchis, in villa de Treles, cc solidos Melgorienses quos habebam in pignora de ipso abbate et insuper cc xxx solidos Podienses, sicut habebant in pignora de Petro Arcmando et filiis suis et fratre ejus S.; et cum capella ibi iniciata fuerit, uxor mea et filii mei dent ibi quotannis xxx solidos Podienses, donec sit consummata ipsa capella, et medietatem decimi quod habebam de ipso P. Arcmando. Hoc autem totum

---

1. Les numéros 567 et 568 sont écrits au bas d'un feuillet dans le voisinage des numéros 401, auquel se rapporte 568, et 404, qui concerne la même localité que 567.
2. Intercalé entre les numéros 430 et 431. Le parchemin a été lavé et gratté.

facio pro salute animæ meæ et omnium parentum meorum. Et cum infans intraverit monasterium, habeat totum fornimentum suum et unam bonam mulam cum alio bono causimento suo quod facere voluerit.

S. Austorgii et uxoris et filiorum ejus. S. Amblardi. S. G. Jorquet. — S. Begonis qui hanc cartam scripsit

---

SUPPLÉMENT[1].

570.

1099, 4 mai.

Urbanus episcopus servus servorum Dei dilecto filio Begoni abbati monasterii sancte Fidis Conchensis ejusque successoribus regulariter substituendis in perpetuum. Ad hoc nos disponente Domino in apostolice sedis servicium promotos, agnoscimus ut ejus filiis auxilium implorantibus efficaciter subvenire et ei obedientes tueri ac protegere, pro ut Dominus dederit, debeamus. Unde oportet nos venerabilibus locis manum protectionis extendere et servorum Dei quieti atentius providere. Igitur tam pro beate virginis Fidis devotione que in tuo requiescere dicitur monasterio quam pro tue dilectionis peticione, ipsum Conchense cenobium, cui disponente Domino presides, apostolice sedis gremio confovendum excipimus. Per presentis igitur privilegii paginam apostolica auctoritate sancimus ut quecunque hodie idem cenobium, vel ex apostolice sedis concessione vel ex bone memorie regum Pipini, Karoli et Ludovici munificentia possidet, sive in futurum concessione pontificum vel liberalitate principum vel oblacione fidelium juste atque canonice poterit adipisci, firma

1. Le supplément qui suit est formé 1° de chartes existant en original aux archives de l'Aveyron (n°˙ 570, 571, 572, 573, 574, 575), — 2° de copies extraites du tome 143 de la collection Doat conservée à la Bibliothèque nationale (n°˙ 576, 577, 578, 579).

tibi tuisque successoribus et illibata permaneant. Decrevimus ergo ut nulli ommino hominum liceat idem monasterium temere perturbare, aut ejus possessiones auferre, vel ablatas tenere, vel injuste datas suis usibus vendicare, minuere, vel temerariis vexationibus fatigare; sed omnia integra conserventur eorum pro quorum sustentatione et gubernatione concessa sunt usibus omnimodis profutura. Obeunte te nunc ejus loci abbate vel tuorum quolibet successorum, nu'lus ibi qualibet surreptionis astucia seu violentia preponatur, nisi quem fratres communi consensu vel fratrum pars consilii sanioris, secundum Dei timorem et beati Benedicti regulam, elegerint. Electus autem a sue diocesis episcopo consecretur, siquidem gratiam atque communionem apostolice sedis habuerit, et si eamdem ordinationem gratis ac sine pravitate voluerit exibere. Alioquin liceat ei vel ad apostolicam sedem recurrere vel catolicum quem maluerit adire antistitem qui nostra fultus auctoritate quod postulatur indulgeat. Idipsum etiam de altarium sive basilicarum consecratione et monachorum qui ad sacros fuerint ordines promovendi ordinatione concedimus. Ad hec adjicimus ut nulli episcoporum facultas sit, sine Romani pontificis licentia, locum vestrum vel monachos interdiccioni vel excommunicationi subicere, nec pro communis diocesis excommunicatione locus ipse excommunicationi vel interdictioni subjaceat. Laicos seu clericos seculares ad conversionem suscipere nullius episcopi vel prepositi contradictio vos inhibeat. Sepulturam quoque ejusdem loci ommino liberam esse decernimus, ut eorum qui illic sepelliri deliberaverint devotioni et extreme voluntati, nisi forte excommunicati sint, nullus obsistat. Porro illam indignam consuetudinem ne ulterius fieri debeat interdicimus, id est ne sanctorum ejusdem monasterii reliquie ad publicos conventus, extra voluntatem fratrum inibi Deo servientium, deferantur. De cella beati Petri que Claravallis dicitur, quam ex jure et concessione sedis apostolice possidetis, manconem aureum per annos singulos Lateranensi palatio persolvetis. Siquis igitur eis crastinum archiepiscopus aut episcopus, imperator aut rex, princeps aut dux, comes, vicecomes, judex, aut ecclesiastica secularisve persona, hanc nostre constitutionis paginam sciens, contra eam temere venire temptaverit, secundo terciove commonita, si non satisfactione congrua emendaverit, potestatis honorisque sui dignitate careat reumque se divino judicio existere de perpetrata iniquitate cognoscat, et à sacratissimo corpore ac sanguine Dei et domini redemptoris nostri Jhesu Christi aliena flat, atque in extremo examine districte ulcioni subjaceat ; cunctis autem eidem loco justa servantibus sit pax domini nostri Jhesu Christi, quatenus et hic fructum bone actionis percipiant et apud districtum judicem premia æterne pacis inveniant, amen.

Scriptum per manum Petri notarii regionarii et scriniarii sacri palatii. Bene valete. — *Dans le champ d'un cercle* : Sanctus Petrus. Sanctus Paulus. Urbanus papa II ; *et en légende à l'entour du cercle* : Benedictus Deus et pater domini nostri Jhesu Christi. — Datum Rome apud beatum Petrum per manum Johannis sancte Romane ecclesie diaconus cardinalis, IIII nona maii, indictione VII, incarnationis Dominice anno MXCIX, pontificatus autem domini Urbani secundi pape XII.

571. DE REGNACO.

1051, 6 avril.

Jhesu Christi domini nostri in nomine a quo, per quem et in quo fiunt, subsistunt consistuntque reguntur quoque ac disponuntur omnia. Incipit series olografi quod facit Alcherius, vir nobilitate procipuus, ut apostolus præcipit Paulus : omnia quæcunque facitis, sive in verbo sive in opere, omnia in nomine Domini facite. Notum ergo sit omnibus hominibus quod ego Alcherius, quamvis peccator et indignus, non tamen pietate et misericordia Christi difisus, ob peccatorum meorum remissionem et genitoris mei Comarchi pariterque genitricis Trudgardis seu fratrum meorum adipiscendam commissorum delictorum indulgentiam, post mei corporis dissolucionem, relinquo simul et dono ad altare sancte Dei genitricis Mariæ Rutenensis sedis seniorisque æcclesiæ aliquid de alodio meo, quamdam scilicet æcclesiam sancti Petri in comitatu Rutenensi quæ vocatur Regnacus, quam jure hereditario hactenus possideo cum omnibus quæ ad eandem æcclesiam pertinent et pertinere debent, tali modo talique tenore ut nullus episcopus nec ulla potestas sed neque aliquis homo vel femina donare alicui possit aliquid de hoc predicto alodio neque per alodium neque per fevum, nisi quantum ad presens donatum est. Quod si fecerint, veniant filii Ricardi vice comitis et filii Abonis, nepotes mei, et ponant super altare sanctæ Mariæ prefate sedis viginti solidos Rutenensis monete, et habeant ipsam æcclesiam cum omnibus quæ sunt ejusdem æcclesiæ. Denique ego Alcherius hœc omnia ideo dono pariter et concedo predicto sedis altari, ut pontifex ejusdem æclesiæ, me defuncto, donet Lutevensi episcopo pro offerendo sacrificio laudis Deo decem solidos propter remedium anime mea et absolutionem meorum peccatorum, insuper et kanonicis ipsius sedis sancti Genesie Lutevensis donet septuaginta solidos Raimondenses in comunia, quin etiam mouachis altaris sancte Fidis qui est situm in eadem villa donet xx solidos similis monete; horum autem denariorum numerus concluditur in centum solidis optimis Raimundensibus.

Facta carta hujus donatione viii idus aprilis, anno mli ab incarnatione Domini, regnante Aianrico rege. — S. Alcherii qui hanc conscriptionem fieri jussit firmarique rogavit. S. Gauzfredi. S. Bernardi. S. Ugonis. — Geraldus scripsit.

572. DE PERSA.
1060.

In Christi nomine. Anno ab incarnatione Domini millesimo lx, ditione xii[1], regnante Philippo Francorum rege, domnus Hugo Calmontensis cum uxore sua Fide ac filio Begone, consilio Rotberti comitis Ruthenensium et auctoritate Petri episcopi, monasterium quod dicitur Persa concessit Deo Salvatorique sancto ac beatissime Fidi et abbati Odolrico, monachisque omnibus de Conchis. Hoc autem concessit libera donatione et quantum ad ipsum locum pertinere videtur et omne alodium cujus fevum a fevalibus per monachos adquireretur. Constituit denique ac sub sacramento firmavit ut in jam dicto loco de Persa ullus ex suis heredibus non habeant servicium nec aliquod mandamentum, set sit semper in libera potestate monachorum. Sub hac autem tam

---

1. Il faudrait : indictione XIII.

libera concessione donavit ad ipsum locum mansum de Bagos cum omnibus que ad ipsum mansum pertinent. Simili modo donavit in Valcergua in Fabrigas mansum de Fonte, medietatem de quarto et censum : unum moltonem, et unum porcum de XVI et XXII dinariis, et II sestarios de civada, et III membres de porco, et I sestarium de ordi. Donavit denique perpetualiter medietatem teloneo salis de ponte Spelei. Similiter in burgo vetulo de Persia debebantur per censum de unaqueque appendaria unum mugilum et IIII sestarios de vino de quibus dedit medietatem monachis de Persia. Donavit etiam alodium suum de Peiras Bezas cum omnibus que ad ipsum pertinent. Facta autem hac concessione, fevales de Persia, seniores videlicet de Planias, Bernardus de Planias et Willelmus de Planias et alii fratres qui de seniore Calmontensi tenebant libere fevum de Persia absque ulla retinentia, donaverunt sancte Fidi et monachis de Conchis quicquid exigebant in ecclesia, hoc est Bernardus et Willelmus Planienses quod accipiebant ex medietate fevi presbiterali totum guirpiverunt ; et Bernardus de Planias pro hac guirpitione accepit a domno Odolrico abbate C solidos curtos, et uxor ejus A. x. Willelmus vero de Planias suam partem jam impignoraverat, et tamen pro velle quod voluit ut redimeretur a monachis, accepit habitum monachalem apud Conchas, et ita suam partem integre guerpivit tam de fevo presbyterali quam etiam de omnibus que juste et injuste possidebat apud Persiam, et nichil omnino ibi retinuit. Similiter domnus Johannes de Roqua et Petrus Serrazinus aliam medietatem fevi presbyterali et medietatem decimi de Persia partim vendiderunt et partim monachis de Conchis donaverunt, et nichil omnino retinuerunt. Hanc donationem de loco de Persia ita fecerunt, sicut super scriptum est, domnus Hugo Calmontensis et uxor ejus Fides et domnus Bego eorum filius, quorum Persia erat alodium, et fevales Bernardus et Willelmus de Planias, et Johannes de Roqua et Petrus Serrazinus. Sic totum sine enguanno Deo et sancte Fidi de Conchis donaverunt, et quod ab ipsorum generatione ex hoc dono nichil infringeretur juraverunt. Filii horum non solum hoc tenuerunt et etiam hoc tenendo de suis bonis.... adcreverunt. Gaucelmus de Roqua, filius Johannis supradicti de Roqua, pro salute anime sue factus monachus de Persia, donavit sine tota retinentia pratum illum de fonte de Persia sicut remdalis claudit et mansiones et ortum et viam que ab ipso contineptur. Similiter donavit ipse Gaucelmus de la Roqua sancte Fidi vineam del Fraise alodium et fevum sine retinencia. Domnus Bernardus de Planias cum uxore sua Aldiardi et filiis Petro et Bernardo et Rigualdo et Raimundo sancte Fdi donavit illam partem quam habebat Willelmus de Planias in parochia de Persia, hoc est tres modios vini et x et octo denarios Raimundencos et II sestarios de civada et medietatem illius terre della Roqueta. Hoc donavit sicut possidebat ipse et filius ejus, excepto boscum, pro filio suo Hugone facto monacho ex infirmitate apud Persiam. Ex hoc dono sunt testes : Hugo B. et Deusdet B. et Geraldus B., Rainaldus Serrazinus, filius Petri Serrazini supradicti, cum consilio fratrum suorum Petroni, Bernardi, Raimundi, illum suum pratum de fonte de Persia totum integrum et mansiones et ortos et duos denarios de censu et aliud totum sicut remdalis claudit et ipsum remdalem et totum quod habebat juste et injuste Deo et sancte Fidi et monachis donavit. Donavit similiter ipse Rainaldus et ejus fratres sancte Fidi et suis monachis illam terram ultra ripam Oltis, et quantum semper opus fuerit ad ariball. Donavit ipsemet mansiones de cimiterio et illas de Stori et totum integre quod in Persia habebat sine tota retinencia. Donavit etiam ipsemet suam partem dellas beceiras totum quod habebat juste et injuste. Donavit ipsemet suam partem de fevo que Bernardus Malivernatus dedit sancto Ylariano. Pro hac donatione qua super est scripta quam fecit Rainaldus et fratres ejus sante Fidi et sancto Hylariano et monachis de Conchis, donavit ei Deusdet prior et monachi septuaginta solidos Podienses. Hoc donum fecit Rainaldus cum consilio fratrum suorum Petroni, Bernardi, Raimundi, in audiencia Begonis de Calmonte et Bernardi de Planias et Poncii Airaldi et Stephani de Rutenis et Petri Malcorti, qui ex hoc dono sunt testes. De ipso Rainaldo Serrazino et de fratribus suis habent monachi de Persia pignora in prato de Cros triginta solidos Raimundencos, et hoc tali convenientia ut non auferatur de manibus monachorum et mittatur in alia ; et ex hac pignora est in fidantia Bego de Calmonte et Petrus Serrazinus. Testes Hugo de Roqua et Fides Begonis mater.

573.

Vers 1160.

Conoguda causa sia a toz los homes que aquesta carta ligerau que l'abas Isarns avia a pennura las doas parz de la leida da Concas per VIIII marcs d'arjent; li una parz apartenia am B. Frotart, et avia la a pennora per IIII marcs d'argent, e l'altra parz apartenia als effanz Aimeric del Erm, et avia la a pennura per V marcs d'arjent. Enz G. Ortolas quera convenenser d'aquesta honor, acordet se am B. Frotart et am Guillelm de Conchas que erom batlie dels effans Aimeric del Erm, e redemet la de l'abat. Aquesta carta laudet et autorguet B. Frotarz, ens Guillems de Conchas an G. Ortola et assa molier et assos effanz et a toz aquels homes que per lor pro ho demandario; e fero il flansa que guirent l'en fosso de toz homes tro VIIII marcs d'arjent l'en aia hom reduz, ens Uc de Conchas, ens Guaris Ucguers feiro e flansa eisament per la guirentia.

S. Lobreir, en Ponson Odo, en P. Guirart, en P. de Goliniach, en Ra. Maestra, en P. Odo, en Uguo Faral.

574. DELLAS ENGELARDIAS.

1179.

Notum sit omnibus præsentibus et futuris hoc scriptum legentibus et audientibus quod ego Hu. Dei gratia Ruthenæ episcopus dedi et concessi G. abbati Conchensi et monachis presentibus et futuris hospitale quod est in strata publica euntibus ad sanctam Mariam Roche Amatoris, et est situm in manso dellas Engelardias et quidquid ad ipsum hospitale pertinet; concedente hoc et in manu nostra abrenunciante juri quo eum possidebat G. de la Besza capellanus, et de manu dicti abbatis in præsentia nostra dictum hospitalem suscipiente, in cujus manu hobedientiam promisit, nos jubente, prenominato abbati et successoribus ejus, et illorum nomine et titulo quamdiu bene rexerit possidente. Hujus donationis et concessionis testes sunt: A. archidiaconus, G. archipresbyter Conchensis, Raymundus Guillelmi archipresbiter de

Crujols, P. Guillermus de Lapanosa, R. cellerarius Conchensis, Sicardus de Blancafort, Berardus, G. Aviti, S. operarius.

Hoc autem factum est anno incarnationis Dominicæ millesimo centesimo septuagesimo nono.

575. DE SCHELESTAT.
1095, 23 juillet.

In nomine sancta et individue Trinitatis, Ottone Argentinensi, divina favente clementia, episcopo. Bona inchoare et inchoata nec segniter consummare et ab hoc effectu non deficere, sicut apud homines honestum et memorabile notatur, ita apud Deum dignum esse et acceptabile non dubitatur. Hoc ego peccator Otto Argentinensis ecclesiæ, Dei gratia, episcopus et fratres mei, dux scilicet Suetiæ Fridericus, Ledeuvicus et Galtharius, non absurde attendentes quod mater nostra ad honorem Dominici Sepulcri in Schelestat et sanctæ Fidei benigne incepit, hoc nos maternæ voluntatis hæredes, ut prædii ad effectum perducere ea quam dicemus ratione prout potuimus, Deo auxiliante, conati sumus. Matre enim nostra fratreque nostro Conrado in Christo defunctis, nos quatuor qui tunc vita comite, Dei gratia, remansimus, pari consensu communique voto convenimus, et matris nostræ propositum effectualiter adimplere considerata diligencia. Deliberavimus ergo prædium quod in Scelestat villa, in pago Alsatiæ et in comitatu Beirricheim, hæreditario jure possedimus sanctæ Fidei principaliter abbatique Conchacensis cænobii obedientiæ libera manu tradidimus, legali astipulatione confirmavimus, cum mancipiis utriusque sexus sua conditione designatis deditæ quo servituti attitulatis, et cum ejusdem prædii terminis certis limitibus superius et inferius, et ad utrasque plagas exitibus et reditibus, viis et inviis certissime denotatis, cum terris etiam cultis et incultis, vineis et vinetis, rivis, aquis aquarumque decursibus, pratis, pascuis, piscinis, silvis silvarumque usibus, venatoriisque stationibus et nemoribus fiscalibus, et forum legitimum cum theloniis, et tabernariis, et cum cœteris omnibus eidem allodio antiquissima traditione subjacentibus. Ad hoc ergo ut hæc omnia ab adversariorum invasione secura permaneant, prædicti advocationem prædii ex fratribus nostris, quoadusque supersit, semper majori natu concessimus, et per eorum obitum præfati abbatis libero arbitrio ea lege addiximus vel cui velit potestative committat. Dedimus autem idem prædium ea ratione ut præfatus abbas Conchacensis cœnobii suique successores deinceps liberam potestatem habeant commutandi et præcariandi vel quidquid ad utilitatem ecclesiæ placuerit inde faciendi. Insuper eamdem ecclesiam ejusque atrium cum omnibus ad eam pertinentibus ab episcopalis cæteroque servitutis jugo perpetualiter absolvimus, hujusque absolutionis libertatem sub beati Petri apostoli omniumque sanctorum auctoritate et nostra ita confirmavimus ut ab omni hostium incursione sit secura. Et quicumque sive ex eadem villa sive ex totius episcopatus parrochia illic sepulturam petierit, libere accipiat et nullus sacerdotum contradicere præsumat.

Signum Ottonis Argentinensis episcopi. S. Friderici ducis. S. Lodauvici. S. Galtarii. S. Anshelmi. S. Hessonis. S. Conradi. S. Heinrici. S. Bertholsi. S. Luitolsi. S. Otonis. S. Heremanni. — Manno Argentinensis notarius scripsi et subscripsi et recognovi. — Data est decima kalendas augusti, ... sexagesimo septimo, anno Dominicæ incarnationis millesimo .... quinto, indictione tertia, anno ordinationis domini Ottonis Argentinensis episcopi nono, regnante Henricho quarto Romano imperatore augusto.

576. DE GALITON.

1082-1094.

In Dei nomine. Ego Sancius, gratia Dei rex Aragonensium et Pampilonensium, pro remedio et salute animæ meæ et omnium parentum meorum, dono sancto Salvatori et sanctæ Fidi de Conchis illum palatium meum de Galiton, sicut hodie teneo et possideo integerrime, cum omnibus terris et vineis suis, pascuis, silvis, hortis, nemoribus, exitibus per circuitum et regressibus, et cætera, consuetudine quod palatium debet habere regis. Insuper etiam freti consilio et authoritate domini Petri venerabilis Pampilonensis episcopi, constituimus ut parrochialis ecclesia ipsius villæ inibi commutetur et decentius construatur;

ad quam decimæ et primiciæ cum redditibus suis et cæteris ecclesiasticis debitis deinceps omnino persolvatur, quathenus beatæ Fidis monachi seu clerici, ab omnium inquietatione remoti, liberius et tranquillius inibi Deo servientes maneant et pro nobis jugiter Dei misericordiam deprecentur.

577. DE CAPARROS, MURELLO COMITIS, GARRITONIO ET BARCIAGUA.

1092.

Notum sit omnibus tam præsentibus quam futuris quod ego Petrus gratia Dei Pampilonensis episcopus, cum consensu canonicorum nostrorum, jussi hoc scriptum fieri de ecclesiis quæ vocantur Caparros et Murellus Comitis, Garritonium et Barciagua diocesis Pampilonensis, quas, cum consilio dompni Sancii, regis Aragonensium et Pampilonensium, concessi ac concedo et laudavi et laudo et firmiter donavi et dono sancto Salvatori et sanctæ Fidi de Conchis et monachis suis tam præsentibus quam futuris, ut semper habeant ipsas et possideant absque ulla inquietudine. Quartam partem vero decimarum quæ erat juris episcopalis et omnem rationem quam habet vel in antea habuit cum cunctis decimis ac primiciis, et alia cuncta jura episcopalia et cum omnibus quæ ad ipsas ecclesias pertinent vel pertinuerint dedi dono prædictis monachis sanctæ Fidis. Si quis autem hoc scriptum destruere temptaverit, sciat se periculum animæ sua incurrere.

Datum Pampilonis, sub sigillo meo et capituli Pampilonensis, anno Domini millesimo nonagesimo secundo. — Signum Petri episcopi qui istam cartam fieri jussit. S. archidiachoni Arnaldi. S. archidiachoni Petri.

578. DE GARITOAIN.

1076-1080.

In nomine triplo, simplo, divino, qui est Pater, Filius et Spiritus Sanctus. Magnus quidem est titulus ingenuationis in quo nemo potest malignorum varietates disrumpere, nec acta largitatis incurrere, et ut donatori vigor crescat amoris et quod pro nostra voluntate offertur habere debeat acta firmitudinis. Ob id ego Sancius Dei gratia rex, nulla me cogente necessitate, nec ullum casum formidante, sed amoris causa, interea mihi evenit voluntas ut faciam hanc cartam ingenuationis de illa villa quæ est in territorio Pampilonensi et secundum vocabulo offertur id est Garitoain; et de ista hora in antea sic jura nostra expulsa et confirmata ut fiat ingenua perpetuo, et in omnia sæcula habitura. Si quis ergo, quod fieri minime credo, filii mei vel propinqui aut ex progenie nostra, seu etiam quilibet homo qui talia commiserit, a corpore Domini separatus fiat et per sæcula cuncta permaneat anathematizatus, et cum Datan et Abiron quos terra vivos absorbuit habeat portionem, et cum Juda traditore in inferno inferiori; et hæc scriptura ingenuationis habeat plenam et perpetuam firmitatem.

Facta carta in Ora millesimo septuagesimo [1], regnans serenissimus supradictus rex gratia Dei in Pampilonia, in Aragone, in Suprarbi, in Ripacorza, in Gasconia et in cuncta castella, imperante Dei gratia. — Et ego supradictus Sancius, gratia Dei rex, una pariter cum conjuge mea, domina Momadona regina, et fiat ingenuo Garritoan, dominator Gasseu [2] Cideritz de tota causa, sive de illo pasto, sive de illo fossato, sive de amidolba [3], et non habeat ullum pastum non ingenuo, non portero, nisi una delcata et galeta non de carne, nec ullam causam non habeat portionem Lopesanz dominator Garitoan. Teste Sancio Cideritz teste. Et fiat ingenuo Garitoain non per aliam causam sed pro amore Dei perpetuo et in omnia sæcula habitura, amen. — Pax vobis. Belasco, ex palatio regis, per jussionem domini nostri hoc feci et scripsi. Vivat in Christo, amen.

Ego quoque Garsia Pampilonensis rex hanc cartam confirmo et corroboro et hoc signum † facio.

---

1. Le copiste a oublié ici un chiffre après *septuagesimo*, le commencement du règne de Sanche ne date que de 1076.
2. Une autre copie dit *Gassea*.
3. Ce même duplicata porte *amidaba*.

579[1].

Vers 1105.

In Christi nomine. Ego Poncius vicecomes et uxor mea et filius meus Arcmandus, ducti amore Dei et beate Fidis et pro redemptione animarum nostrarum, donamus Deo et beate Fidi et monachis suis omne decimum nostrum de cellario de Embaisso, hoc est de annona de vino et de carne kalendaria. Similiter ego Willelmus de Torns dono Deo et beate Fidi unum semodium vini.

580[2].

819. 8 avril.

In nomine domini Dei et salvatoris nostri Jhesu Christi. Ludovicus, divina ordinante providencia imperator augustus, multis fidelium nostrorum et precipue his qui in occiduas partes sunt constituti nosse credimus qualiter vir religiosus Dado quondam nomine, qui nostris temporibus religione et sanctitate divina sibi adminiculante gratia emicuit, dum quietem adpeteret et vaccando videre vellet quam suavis est Dominus, quoddam locellum in pago Rotinico super rivulum Dordunum, cujus vocabulum est Conchas, inveniens huic negotio aptum, quo in loco nonnulli christiani, propter metum Sarracenorum qui illam terram pene totam devastarunt et in heremum redigerunt dudum confugientes, permodicum construxerunt oratorium, ipse adsumpto labore propriis manibus eumdem locum juxta vires mundare atque stirpare curavit, et ut aptus ejus quieti foret operam dedit. Sed, non post multos dies, vir religiosus Medraldus nomine eumdem locum simul cum memorato Dadone ad habitandum elegit, et quum famam bone opinionis vera religio illarum apud convicinos sparserat, nonnulli postponentes seculum quietam nichilo-

---

1. Cette charte est tirée du cartulaire de Conques. Elle a été oubliée. Sa place était après le n° 492.
2. Les n°˙ 580 et 581 ne sont pas inédits. Le premier a été publié dans le *Gallia Christiana*, t. I, p. 236, et dans les *Mémoires pour servir à l'histoire du Rouergue*, t. III, p. 151 ; le second a été publié seulement dans ce dernier ouvrage, t. III, p. 153.

minus quam ipsi degebant appetere vitam conati sunt, et eorum religiosis exemplis imitatores fieri cupientes eorum se magisterio subdidere. At dum paulatim ipsa congregatio cresceret, æcclesiam ibidem in honore domini et salvatoris nostri Jhesu Christi construxerunt, et ut Dado, juxta divinitus sibi conlatum desiderium, remotiorem adhuc locum qui dicitur Grandevabrum, sicut et fecit, peteret, et ut Medraldus abba fieret, et ut ipsa congregatio regularis juxta quod eis facultas et intellectus a Domino tribuebatur existeret, communi voluntate actum est. His vero ita patratis, contigit eamdem congregationem in nostra proprie speciali defensione atque tuitione devenire. Nam nos, ut pleniter sub regula sancti Benedicti Domino militarent, et per bonorum monachorum consultum et per nostram creberrime admonicionem, seu etiam eumden locum sedule frequentando, efficere, Deo opitulante studuimus et ad proprias eorum necessitates fulciendas de rebus nostris quiddam ibidem delegavimus : æcclesiam videlicet de Cerniangis, et ecclesiam que nominatur Campus Hiacus, et ecclesiam sancti Christofori in Montiniaco constructam, cum omni integritate eorum ; simili modo et ecclesiam de Garcangas cum curte de Gamaleria, iterum aliam ecclesiam ad Portum Acri sub honore sancti Saturnini constructam cum omnibus appendiciis earum. Nec non similiter contulimus ibidem ecclesiam sancti Salvatoris in Cicerniaco, et alias duas ecclesias in Burnacello, et alteram in Rucenniaco, cum omnibus adjacenciis earum, aliam quoque ecclesiam in Ruhilia cum omni integritate sua, equo quidem tenore et Selvaniacum et omnia que ibidem delegata sunt. Per nostram auctoritatem, sub inmunitatis tuitione, pleniter consistere fecimus ut videlicet omni tempore memoratum monasterium, cum eadem congregatione et cum predicto loco qui vocatur Grande Vabrum, in quo memoratus Dado exoptatam sibi quietem tenuit et vivendi finem fecit, cum omnibus rebus sibi juste pertinentibus, sive que in presenti tempore possidet sive que in antea Dominus ibidem augeri voluerit, cum his omnibus predictus locus qui dicitur Conchas, sub speciali nostra videlicet et filiorum vel successorum, Deo annuente, temperatura, inviolabiliter consistat, ut eadem congregatio, quiete semper imperiali et regali defensione tuta, absque cujuslibet impedimento propositum suum,

Deo opem ferente, indefesse valeat observare, et pro nobis vel pro communi imperii nostri stabilitate Dominum exorare. Hec vero auctoritas, ut ab omnibus nostra esse credatur, manus nostre signaculis subter eam roborare et de anulo nostro sigillare fecimus.

Signum[1] Lhudovici serenissimi imperatoris. Durandus diaconus ad vicem Helisacharis recognovit. — Data VI idus apriles anno VI Christo propicio imperii domni Lhudovici excellentissimi augusti, indictione XII. Actum Aquisgrani palacio regio, in Dei nomine feliciter.

581.

838, 23 août.

Pippinus, gratia preordinante divinæ majestatis, Aquitanorum rex. Igitur si erga loca divino cultui mancipata regali more beneficia largimur, oportuna id nobis procul dubio ad animæ nostræ salutem et regni nostri stabilitatem proficere minime dubitamus. Itaque notum sit omnibus sanctæ Dei ecclesiæ et nostris, presentibus scilicet et futuris, qualiter olim vir venerabilis Dado quendam locum qui dicitur Concas, desertum atque a Sarracenis depopulatum, in pago Rotinico per licentiam Giberti quondam comitis de ratione fisci regis accepit, et monasterium vel cetera ædificia fundamentis construxit, atque monachorum turmam sub cultu religionis ibidem congregavit, et divina miserante clementia, per nonnullas nobiles personas ipse locus rebus et mancipiis est ditatus, ubi nunc vir venerabilis Helias, auctore Deo, abba preesse dinoscitur. Nos vero predictum monasterium cum omnibus rebus et mancipiis ad se juste et legaliter adtinentibus per nostram auctoritatem sub nostra defensione constituimus ac retinemus. Sed ne in futuro aliquod scandalum inter rectores prefati monasterii et comites illius provinciæ, eo quod prius per licentiam ipsius comitis idem monasterium fundatum est, possit oriri, placuit nobis omnem dominationem et potestatem comitis a predicto auferre monasterio, et sub nostra successorumque nostrorum,

---

1. Monogramme : Lhudovicus.

regum videlicet Aquitanorum, plenissime tuitione atque defensione constituere, et omnes res que ibidem, temporibus antecessorum nostrorum vel nostro, tradite et condonate fuerunt, per hanc nostræ auctoritatis preceptionem perpetualiter ad possidendum confirmare. Et ideo hos nostros regales apices circa ipsum monasterium ejusque congregationem fieri jussimus, per quos specialiter decernimus atque jubemus ut nullus comes, aut quislibet ex ministris ejus, nec alia quelibet extranea persona, in predicto monasterio aut rebus vel mancipiis ad se legaliter pertinentibus aliquam dominationem aut potestatem exercere pressummat, nec ullam injustam calumniam aut infestationem vel contrarietatem facere, nec paratas, aut paraveredos, vel etiam freda, aut..., aut rotaticum, aut teloneum aut alias redibitiones ingere audeat, sed liceat memorato Helias abbati suisque successoribus res et mancipia predicti monasterii, cum omnibus sibi subjectis et rebus vel hominibus ad se legaliter aspicientibus vel pertinentibus, sub nostra tuitione atque defensione, remota totius juditiariæ potestatis inquietudine quieto ordine possidere et nostro successorumque nostrorum fideliter parere imperio. Confirmamus etiam eidem monasterio, per hanc nostram auctoritatem, res quas quidam homo Lautarius videlicet et uxor sua Petronilla, in domni et genitoris nostri et nostra suaque elemosina, eidem contullerunt monasterio, de quibus, sicut idem abba asserit, per pravorum hominum fraudes strumenta chartarum abstracta sunt, ... vel abhinc in futurum, sic ipse res a rectoribus ipsius monasterii teneantur et defendantur, sicuti per eadem strumenta, si perdita non fuissent, legibus defendi poterint in jure. Similiter etiam confirmamus ibidem monasterium quod dicitur Jonante, quod nuperrime ad idem monasterium, cum omnibus rebus et mancipiis ad se pertinentibus vel aspicientibus, solempi donatione contulimus. Necnon similiter confirmamus villa nostram que dicitur Fiscellum, et mansi in villa Ambariaco, seu et ecclesia que dicitur Sancta Columba, una cum foreste nostra que nominatur Panderemia, parimodo alia villa que vocatur Galliacus cum mancipiis et omnibus abpenditiis suis. Concedimus vero similiter alias villas nostras Bornago et Cutiago, nec non et Buliago, cum omnibus abpenditiis eorum, similiter et ecclesia que nominatur Columbangas, cum quibusdam duabus ecclesiis quæ dicuntur sanctus Stephanus et sanctus Lupus, una cum mansello qui dicitur Mons Serenus, cum omni integritate. Equo quidem tenore et eodem in pago villam Flaginiacum, cum tribus quondam ecclesiis quarum una sub honore sancti Johannis, altera sub honore sacri Martini constat, vel etiam mansum qui dicitur Alonzinas, cum omni scilicet integritate, quas quidem ecclesias vel mansum cum Witbaldo comite, nostra auctoritate, commutaverunt, et mansum vel vinea quod Faraldus episcopus condonavit, cum omnibus adjacentiis eorum, et in dictione prefati monasterii Concas ejusque rectorum, absque alicujus contrarietate aut infestatione, perpetim permaneant, et nullam deinceps calumniam aut aliquod impedimentum a quoquam de prephato monasterio Jonantæ, neque de rebus a Lautario et uxore sua Petronilla ibidem conlatis, neque de reliquis possessionibus suis, quas moderno tempore juste et legaliter, in quibuslibet paginis et territoriis, quieto ordine predictum tenet vel possidet monasterium, sive quod in antea, divine largiente gratia, ibidem conlatum fuerit, sed habiturum .... penitus pertimescat; sed per hanc nostræ auctoritatis confirmationem, perpetuo, firmiter et quiete, rectores et ministri supranominati monasterii teneant atque possideant et quidquid, ob utilitatem et necessitatem ejusdem monasterii et congregationis ibidem Deo famulantis, disponere et ordinare voluerint, libero in omnibus perfruantur arbitrio faciendi; et quicquid de rebus et mancipiis prephati monasterii jus fisci exigere poterat totum nos, in ælemosina nostra, eidem concessimus monasterio, ut perpertuis temporibus in alimonia pauperum et stipendia monachorum ibidem Deo militantium proficiat in aucmentis. Volumus quidem ut, quia ipsum monasterium in nostro proprio constat constructum et nostra auctoritate est factum, a nullo quolibet, nostris et nec futuris temporibus, tortus advocatis ejusdem monasterii ullo modo requiratur. Interea Nostræ Serenitati placuit ut, quia idem monasterium in arduis atque asperrimis nec non augustissimis locis est constitutum, ita ut pro sua angustia plurimorum obsit habitationi, et pro asperitate victualia prohibet illuc deferri, ut in loco cujus vocabulum est Figiacus, quem tamen abhinc Novas Concas nobis vocari placuit, monasterium construatur, quatenus ab angustia et penuria portandorum alimoniorum idem locus sublevatus, liberius atque delectabilius ibidem habitantes Deo servire possint, et pro nostri stabilitate regni promtius divina misericordia deprecari; ita tamen ut priori monasterio Concas dignitas prioratus atque antiquitatis reverentia reservetur, et abbatis providentia sit ut tot fratres ibidem maneant quot isdem locus absque ulla dificultate sustinere videatur. Decernimus etiam ut fratres ex monasterio Jonante, quod nuper Concas monasterio per nostræ preceptionis auctoritatem contulimus, illuc, id est ad Novas Concas conveniant, quatenus ibidem cum fratribus reliquis de Concas Deo famulentur; et quandoquidem, divina vocatione, supradictus abba vel successor ejus de hac luce migraverint, quamdiu ipsi monachi inter se tales invenire poterint, qui eos secundum regulam sancti Benedicti regere voluerint, per hanc nostram auctoritatem et consensum, licentiam habeant eligendi abbatem, qualiter melius delectet eis pro nobis et conjuge proleque nostra atque stabilitate totius imperii adtentius Domini misericordiam exorare. Et ut hæc auctoritas nostris futurisque temporibus, Domino protegente, videatur inconvulsa manere, et a fidelibus sanctæ Dei ecclesiæ et nostris verius certius credatur et diligentius conservetur, manu propria subter firmavimus et anuli nostri impressione sigillari jussimus.

Signum Pippini [1] precellentissimi regis. Albericus clericus ad vicem Isaac recognovit. — Data .x. kalendas semtembres indictione I anno xxv imperii Ludogvici Cæsaris Augusti et regni nostri xx. Actum in Guanapii foreste, in Dei nomine, feliciter, amen.

1. Monogramme : Pippinus.

INDEX CHRONOLOGIQUE

DES DOCUMENTS.

N° d'ordre	Date		N° des chartes
1	801	février	1
2	819	8 avril	580
3	823	septembre	460
4	838	23 août	581
5	852	mars	212
6	878	21 juillet	153
7	883	30 juillet	4
8	887	mai	108
9	899	septembre	409
10	900	mars	251
11	900	avril	161
12	901	mai	357
13	902	mai	352
14	902	juin	24
15	903	janvier	112
16	903	janvier	177
17	903	mai	343
18	904	octobre	116
19	906	mars	321
20	908	juillet	124
21	908	juillet	128
22	910	16 mars	7
23	910	septembre	144
24	911	mars	107
25	914	juin	220
26	914		222
27	916	février	262
28	vers 917		22
29	918	juillet	230
30	918	juillet	391
31	919	avril	322
32	923	novembre	121
33	924	février	92
34	924	mars	5
35	927	octobre	231
36	928	octobre	143
37	928	31 octobre	431
38	930	22 avril	291
39	930	avril	6
40	932	juin	208
41	vers 932		115
42	id.		319
43	933	décembre	91
44	933	décembre	157
45	934	2 janvier	155
46	933 ou 934	octobre	185

CARTULAIRE

N° d'ordre	Date	N° des chartes	N° d'ordre	Date	N° des chartes
47	934 ou 935	432	93	966 novembre	330
48	935 février	200	94	968 mai	288
49	933-937	306	95	969	210
50	937 avril	182	96	955-985	189
51	942 février	145	97	id.	227
52	942 février	246	98	id.	228
53	943 novembre	113	99	id.	308
54	944 juin	235	100	id.	35
55	945 septembre	114	101	id.	36
56	945 novembre	110	102	id.	101
57	937-954	406	103	id.	341
58	946 avril	186	104	970 février	342
59	948 janvier	29	105	974 janvier	223
60	948 mai	413	106	974 mars	297
61	950 novembre	216	107	974 octobre	250
62	946-961	47	108	974	156
63	956 février	25	109	975 septembre	423
64	956 février	436	110	976 août	21
65	955-958	117	111	976 octobre	274
66	957 août	100	112	980 février	152
67	958 février	293	113	981 août	211
68	958 septembre	292	114	avant 984	184
69	959 mars	405	115	984 août	88
70	959 mai	109	116	984 août	111
71	960 août	218	117	984 août	123
72	960	323	118	984 octobre	259
73	961 1 février	89	119	984 octobre	332
74	961 mars	232	120	985 février	365
75	955-985	303	121	avant 990	48
76	961 juin	340	122	id.	126
77	961 octobre	105	123	id.	169
78	962 juin	85	124	id.	170
79	962 juillet	243	125	id.	192
80	x° siècle	480	126	id.	248
81	962 août	302	127	id.	407
82	962 septembre	424	128	id.	90
83	963 mars	151	129	id.	93
84	964 mars	434	130	id.	146
85	964 avril	103	131	id.	206
86	964 avril	193	132	vers 991	338
87	964 avril	422	133	990-996	294
88	964 juin	198	134	fin du x° siècle	328
89	964 juin	427	135	id.	415
90	964 novembre	226	136	id.	268
91	965 juin	162	137	1001 février	257
92	966 janvier	132	138	1002 mars	314

N° d'ordre	Date	N° des chartes	N° d'ordre	Date	N° des chartes
139	1002 avril	125	184	vers 1007	163
140	1003 25 septembre	326	185	996-1030	255
141	997-1004	40	186	vers 1007	237
142	id.	41	187	id.	325
143	id.	384	188	1008 janvier	412
144	id.	95	189	vers 1010	286
145	id.	96	190	vers 1012	101
146	id.	98	191	id.	97
147	id.	99	192	id.	160
148	id.	104	193	id.	178
149	id.	106	194	id.	205
150	id.	122	195	id.	224
151	id.	127	196	id.	238
152	id.	141	197	id.	249
153	id.	148	198	id.	253
154	id.	149	199	id.	337
155	id.	150	200	id.	339
156	id.	158	201	id.	388
157	id.	438	202	id.	390
158	id.	168	203	id.	420
159	id.	175	204	id.	318
160	id.	179	205	id.	408
161	id.	199	206	id.	244
162	id.	201	207	1013 28 août	18
163	id.	207	208	vers 1019	80
164	id.	258	209	id.	181
165	id.	260	210	id.	209
166	id.	316	211	id.	394
167	id.	317	212	après 1019	374
168	id.	331	213	xi° siècle	261
169	id.	333	214	id.	270
170	id.	336	215	id.	363
171	id.	342	216	id.	437
172	id.	397	217	996-1031	28
173	id.	402	218	id.	30
174	id.	414	219	id.	34
175	id.	417	220	id.	73
176	id.	154	221	id.	119
177	xi° siècle	245	222	id.	135
178	id.	298	223	id.	136
179	1004 août	313	224	id.	138
180	1004 26 septembre	395	225	id.	139
181	998-1010	17	226	id.	142
182	id.	65	227	id.	164
183	vers 1007	421	228	id.	167

N° d'ordre	Date	N° des chartes	N° d'ordre	Date	N° des chartes
229	996-1031	247	274	xi° siècle	131
230	id.	165	275	1031-1060	27
231	id.	166	276	id.	94
232	id.	172	277	id.	130
233	id.	247	278	id.	183
234	id.	171	279	id.	219
235	id.	173	280	id.	225
236	id.	174	281	id.	273
237	id.	180	282	id.	276
238	id.	197	283	id.	287
239	id.	300	284	id.	315
240	id.	202	285	id.	334
241	id.	214	286	id.	355
242	id.	229	287	id.	401
243	id.	236	288	id.	410
244	id.	263	289	id.	461
245	id.	264	290	id.	10
246	id.	265	291	id.	11
247	id.	269	292	id.	12
248	id.	254	293	id.	553
249	id.	296	294	1031-1065	26
250	id.	304	295	id.	31
251	id.	335	296	id.	39
252	id.	353	297	id.	69
253	997-1031	354	298	id.	70
254	id.	385	299	id.	79
255	id.	387	300	id.	82
256	id.	398	301	id.	83
257	id.	403	302	id.	120
258	id.	411	303	id.	133
259	id.	419	304	id.	147
260	id.	215	305	id.	176
261	id.	429	306	id.	188
262	id.	433	307	id.	278
263	id.	439	308	id.	299
264	vers 1025	81	309	id.	309
265	xi° siècle	190	310	id.	346
266	id.	191	311	id.	351
267	peu avant 1031	285	312	id.	358
268	id.	441	313	id.	359
269	1010-1053	233	314	id.	279
270	997-1031	196	315	id.	360
271	1010-1053	23	316	id.	361
272	xi° siècle	366	317	id.	368
273	1031-1060	32	318	id.	428

DE CONQUES. 449

N° d'ordre	Date	N° des chartes	N° d'ordre	Date	N° des chartes
319	1031-1065	448	364	xi° siècle	281
320	id.	449	365	id.	282
321	id.	452	366	id.	283
322	xi° siècle.	129	367	id.	320
323	1051 janvier	8	368	id.	550
324	1032-1060	9	369	id.	290
325	1051 6 avril	571	370	id.	301
326	vers 1055	76	371	id.	362
327	id.	77	372	id.	364
328	1058	46	373	id.	416
329	1059	523	374	1065 12 février	501
330	1060 17 novembre	15	375	1065 novembre	389
331	1060	572	376	vers 1065	430
332	vers 1060	540	377	id.	350
333	1062	14	378	vers 1070	74
334	vers 1062	203	379	1075 4 mai	221
335	1060-1065	2	380	1075	78
336	id.	3	381	1076	53
337	id.	13	382	vers 1076	50
338	id.	37	383	1065-1087	16
339	id.	38	384	id.	42
340	id.	43	385	id.	49
341	id.	57	386	id.	66
342	id.	60	387	id.	137
343	id.	62	388	id.	204
344	id.	63	389	id.	240
345	id.	68	390	id.	295
346	id.	256	391	id.	195
347	id.	267	392	id.	396
348	id.	280	393	id.	404
349	id.	376	394	id.	450
350	id.	44	395	id.	451
351	id.	284	396	id.	471
352	id.	356	397	id.	474
353	id.	399	398	id.	508
354	id.	442	399	id.	509
355	id.	455	400	1078 27 juin	20
356	id.	538	401	1065-1087	19
357	xi° siècle	213	402	1076-1080	578
358	id.	234	403	1074-1081	54
359	id.	239	404	1074-1085	55
360	id.	241	405	1072-1087	496
361	id.	347	406	1073-1087	64
362	id.	378	407	id.	75
363	id.	400	408	1074-1087	52

N° d'ordre	Date	N° des chartes	N° d'ordre	Date	N° des chartes
409	1081 9 février	45	454	XIᵉ siècle	379
410	1083 février	58	455	id.	380
411	1083 novembre	59	456	id.	381
412	vers 1083	393	457	id.	392
413	id.	277	458	id.	383
414	id.	329	459	id.	418
415	id.	392	460	id.	425
416	1086 mai	72	461	id.	426
417	1086 juillet	445	462	id.	440
418	vers 1086	458	463	id.	477
419	id.	446	464	id.	513
420	id.	447	465	id.	514
421	XIᵉ siècle	51	466	id.	524
422	id.	67	467	id.	386
423	id.	71	468	id.	33
424	id.	87	469	id.	56
425	id.	118	470	id.	242
426	id.	134	471	id.	377
427	id.	140	472	vers 1087	61
428	id.	159	473	id.	84
429	id.	187	474	id.	86
430	id.	194	475	vers 1190	484
431	id.	252	476	1092	577
432	id.	266	477	vers 1092	576
433	id.	271	478	1095 1ᵉʳ août	575
434	id.	272	479	1097 5 janvier	527
435	id.	275	480	1099 mai	570
436	id.	289	481	1099 octobre	467
437	id.	305	482	id.	444
438	id.	307	483	id	459
439	id.	310	484	id.	463
440	id.	311	485	1061-1108	462
441	id.	312	486	1087-1107	473
442	id.	327	487	id.	476
443	id.	344	488	id.	492
444	id.	345	489	id.	500
445	id.	348	490	id.	507
446	id.	349	491	id.	510
447	id.	435	492	id.	511
448	id.	367	493	id.	515
449	id.	369	494	id.	516
450	id.	370	495	id.	530
451	id.	372	496	id.	545
452	id.	373	497	id.	549
453	id.	375	498	id.	565

DE CONQUES.

N° d'ordre	Date	N° des chartes	N° d'ordre	Date	N° des chartes
499	1087-1107	371	540	après 1132	491
500	id.	525	541	avant 1139	532
501	1087-1105	465	542	1139 17 septembre	531
502	1096-1105	464	543	xii° siècle	535
503	1097-1106	502	544	1099-1144	560
504	1099-1107	556	545	xii° siècle	551
505	1100	469	546	id.	468
506	1101	470	547	id.	494
507	1100-1104	472	548	id.	504
508	id.	466	549	id.	517
509	1105 23 mars	443	550	id.	534
510	1105 décembre	475	551	id.	552
511	vers 1105	579	552	id.	562
512	vers 1106	479	553	id.	566
513	1106 octobre	547	554	id.	567
514	vers 1107	481	555	id.	568
515	1107 juillet	485	556	id.	454
516	1110	488	557	id.	456
517	id.	482	558	id.	457
518	vers 1110	487	559	id.	478
519	id	486	560	id.	505
520	id.	536	561	id.	518
521	id.	489	562	id.	533
522	id.	490	563	id.	548
523	après 1112	561	564	id.	564
524	vers 1115	493	565	vers 1160	573
525	id.	495	566	1163-1179	539
526	id.	497	567	xii° siècle	483
527	id.	498	568	1179	574
528	id.	512	569	1183 9 avril	559
529	id.	546	570	xii° siècle	543
530	id.	569	571	id.	541
531	1094-1119	529	572	id.	542
532	1108-1119	520	573	id.	554
533	id.	529	574	id.	499
534	1120 11 juillet	503	575	id.	566
535	vers 1120	453	576	id.	555
536	1121-1125	506	577	id.	528
537	1108-1137	544	578	id.	537
538	1121-1135	519	579	1218	557
539	après 1121	522	580	1225	558

TABLE DE CONCORDANCE

ENTRE LES NUMÉROS DES CHARTES DANS LE CARTULAIRE ET LES NUMÉROS D'ORDRE DANS L'INDEX CHRONOLOGIQUE.

N° des chartes	N° d'ordre	N° des chartes	N° d'ordre	N° des chartes	N° d'ordre
1	1	29	59	57	341
2	335	30	218	58	410
3	336	31	295	59	411
4	7	32	273	60	342
5	34	33	468	61	472
6	39	34	219	62	343
7	22	35	100	63	344
8	323	36	101	64	406
9	324	37	338	65	182
10	290	38	339	66	386
11	291	39	296	67	422
12	292	40	141	68	345
13	337	41	142	69	297
14	333	42	384	70	298
15	330	43	340	71	423
16	383	44	350	72	416
17	181	45	409	73	220
18	207	46	328	74	378
19	401	47	62	75	407
20	400	48	121	76	326
21	110	49	385	77	327
22	28	50	382	78	380
23	271	51	421	79	299
24	14	52	408	80	208
25	63	53	381	81	264
26	294	54	403	82	300
27	275	55	404	83	301
28	217	56	469	84	473

N° des chartes	N° d'ordre	N° des chartes	N° d'ordre	N° des chartes	N° d'ordre
85	78	138	224	191	266
86	474	139	225	192	125
87	424	140	427	193	86
88	115	141	152	194	430
89	73	142	226	195	391
90	128	143	36	196	270
91	43	144	23	197	238
92	33	145	51	198	88
93	129	146	130	199	161
94	276	147	304	200	48
95	144	148	153	201	162
96	145	149	154	202	240
97	191	150	155	203	234
98	146	151	83	204	388
99	147	152	112	205	194
100	66	153	6	206	131
101	190	154	176	207	163
102	189	155	45	208	40
103	85	156	108	209	210
104	148	157	44	210	25
105	77	158	156	211	113
106	149	159	428	212	5
107	24	160	192	213	357
108	8	161	11	214	241
109	70	162	91	215	260
110	56	163	184	216	61
111	116	164	227	217	233
112	15	165	230	218	71
113	53	166	231	219	279
114	55	167	228	220	25
115	41	168	168	221	379
116	18	169	123	222	26
117	65	170	124	223	105
118	425	171	234	224	195
119	221	172	232	225	280
120	302	173	235	226	90
121	32	174	236	227	97
122	150	175	159	228	98
123	117	176	304	229	242
124	20	177	16	230	29
125	139	178	193	231	35
126	122	179	160	232	74
127	151	180	237	233	269
128	21	181	209	234	358
129	322	182	50	235	54
130	277	183	278	236	243
131	274	184	114	237	186
132	92	185	46	238	196
133	303	186	58	239	359
134	426	187	429	240	389
135	222	188	306	241	360
136	223	189	96	242	470
137	387	190	265	243	79

N° des chartes	N° d'ordre	N° des chartes	N° d'ordre	N° des chartes	N° d'ordre
244	206	297	106	350	377
245	177	298	178	351	311
246	52	299	368	352	13
247	229	300	239	353	252
248	126	301	370	354	253
249	197	302	81	355	286
250	107	303	75	356	352
251	10	304	250	357	12
252	431	305	437	358	312
253	198	306	49	359	313
254	248	307	438	360	315
255	185	308	99	361	316
256	346	309	309	362	371
257	137	310	439	363	215
258	164	311	440	364	372
259	118	312	441	365	120
260	165	313	179	366	272
261	213	314	138	367	448
262	27	315	284	368	317
263	244	316	166	369	449
264	245	317	167	370	450
265	246	318	204	371	499
266	432	319	42	372	451
267	347	320	367	373	452
268	136	321	19	374	212
269	247	322	31	375	453
270	214	323	72	376	349
271	433	324	104	377	471
272	434	325	187	378	362
273	281	326	140	379	454
274	111	327	442	380	455
275	435	328	134	381	456
276	282	329	414	382	457
277	413	330	93	383	458
278	307	331	168	384	143
279	314	332	119	385	254
280	348	333	169	386	467
281	364	334	285	387	255
282	365	335	251	388	201
283	366	336	170	389	375
284	351	337	199	390	202
285	267	338	132	391	30
286	189	339	200	392	415
287	283	340	76	393	412
288	94	341	103	394	211
289	436	342	171	395	180
290	369	343	17	396	392
291	38	344	443	397	172
292	68	345	444	398	266
293	67	346	310	399	353
294	133	347	361	400	363
295	390	348	445	401	287
296	249	349	446	402	173

DE CONQUES.

N° des chartes	N° d'ordre	N° des chartes	N° d'ordre	N° des chartes	N° d'ordre
403	257	456	557	509	399
404	393	457	558	510	491
405	69	458	418	511	492
406	57	459	483	512	528
407	127	460	3	513	464
408	205	461	289	514	465
409	9	462	485	515	493
410	288	463	484	516	494
411	258	464	502	517	549
412	188	465	501	518	561
413	60	466	508	519	538
414	174	467	481	520	532
415	135	468	546	521	533
416	373	469	505	522	539
417	175	470	506	523	329
418	459	471	396	524	466
419	259	472	507	525	500
420	203	473	486	526	manque
421	183	474	397	527	479
422	87	475	510	528	577
423	109	476	487	529	533
424	82	477	463	530	495
425	460	478	559	531	542
426	461	479	512	532	541
427	89	480	80	533	562
428	318	481	514	534	550
429	261	482	517	535	543
430	376	483	567	536	520
431	37	484	475	537	578
432	47	485	515	538	356
433	262	486	519	539	566
434	84	487	518	540	332
435	447	488	516	541	571
436	64	489	521	542	572
437	216	490	522	543	570
438	157	491	540	544	537
439	263	492	488	545	496
440	462	493	524	546	529
441	268	494	547	547	513
442	354	495	525	548	563
443	509	496	405	549	497
444	482	497	526	550	368
445	417	498	527	551	545
446	419	499	574	552	551
447	420	500	489	553	293
448	319	501	374	554	573
449	320	502	503	555	576
450	394	503	534	556	504
451	395	504	548	557	579
452	321	505	560	558	580
453	535	506	536	559	569
454	556	507	490	560	544
455	355	508	398	561	523

N° des chartes	N° d'ordre	N° des chartes	N° d'ordre	N° des chartes	N° d'ordre
562	552	569	530	576	477
563	553	570	480	577	476
564	564	571	325	578	403
565	498	572	331	579	511
566	575	573	565	580	2
567	554	574	568	581	4
568	555	575	478		

TABLE GÉNÉRALE[1].

A.

A., archidiaconus Ruthenensis, 404.
A., archiepiscopus Burdegalensis. *Arnaud II Géraud de Cabenac*, 349.
A., archipresbyter Conchensis, 405.
A. de Bresonz, donator, 397; *voy.* Austorgius.
A., uxor Bernardi de Planias, 402.
Abadie (l'), *commune d'Escandolières; voy.* Abbadia.
Abaltrudis, uxor Bernardi, 6.
Abba, uxor Bernardi, 307, 308.
Abbadia (illa), lxij, 5, *L'Abadie*.
Abbé de Conques, ij, iij, xxvij, xxviij, xxix, xxxix, 399.
Abbo, avunculus Rigualdi de Mirmunte, 389.
— elemosinarius Hugonis, 302.
— elemosinarius Umberti, 28.
— filius Bernoni, donator, 178, 179.
— frater Alcherii de Mellanca, 3, 401.
— nepos Benjamin, monachi, donator, 159, 191.
— scriptor, 231.
Abbo, Abbonis, Abbonius, Abo, *nom cité*, 39, 40, 104, 107, 113, 115, 117, 126, 135, 141, 142, 143, 144, 154, 156, 179, 185, 200, 207, 216, 233, 237, 258, 275, 298, 300, 311, 318; *voy.* Siguinus.
Abeliac, xciij, 373, *Billac*.
Abirag, 327, *? environs de Mouret ; voy.* Arnaldus.
Abiron, 31, 40, 47, 51, 70, 75, 109, 110, 146, 156, 157. 178, 204, 213, 216, 250, 261, 265, 276, 277, 292, 295, 312, 366, 375, 383, 384, 388, 390, 408.
Abolenus, venditor, 116, 117.
Abolenus, *nom cité*, 113, 333.
Acapio, 143.
Accapito, 179.
Achelmus Willelmi, frater Gaucelmi de Lasparra, donator, 348, 349.

---

1. Le lecteur est averti que les mots *nom cité*, placés après un nom de personne, indiquent qu'il ne s'agit pas d'un seul individu, mais que le nom propre se trouve cité aux pages mentionnées.
Toutes les fois qu'après un nom de *commune* le département ou le pays n'est pas rappelé entre parenthèses, la localité qu'il désigne est située dans le département de l'Aveyron. Pour savoir dans quelle commune se trouvent les écarts, il faut se reporter au nom français de ces derniers.

Achiramnus, 3.
Acoculo ; *voy.* Coculo.
Acteracense ministerium, xc, 8, *? dans l'Artense.*
Ada, 305.
— uxor Willelmi, 98, 99.
Adabrandus, 119.
Adalais, Adalaïz, mater Gerardi de Turre, 354.
— uxor Aldoini, 110, 111.
— uxor Amblardi, 226.
— uxor Bernardi, 253.
— uxor Richardi, 375, *vicomtesse de Carlat et de Lodève, comtesse de Rodez.*
— vidua Stephani, donatrix, 183, 184.
— *nom cité,* 166, 293, 305.
Adalaldus, 318.
Adalardus, donator, 360.
— pater Gairaldi, 28.
— filius Adalgerii, 124, 125.
— *nom cité,* 131, 139, 175, 314, 331, 345.
Adalberga, mater Umberti, donatrix, 148.
Adalbertus, canonicus Carcassonensis, 73.
— elemosinarius Hodimbelli, 84.
— filius Willelmi de illa Rocha, 153.
— *nom cité,* 139, 282.
Adalburgis, uxor Poncii Willelmi, 62.
Adalcrimus, pater Deusdet, 112.
Adaldus, Adraldus, vir Injelbergæ, donator, 142.
Adalenda, Adalendis, uxor Hugonis de Sumannaz, 283.
— uxor Odilonis, 114, 126.
Adalgarius, Adalgerius, Adalgerus, Adelgerius, *nom cité,* 115, 130, 137, 142, 154, 159, 160, 162, 176, 186, 188, 205, 220, 233, 302, 304, 316.
Adalgarius sive Jorius, filius Senegundis, 7.
Adalgerius, *doyen, puis abbé de Conques et de Figeac,* xvj, xix, xlij, 77, 156, 177, 203.
— elemosinarius Hectorianæ, 311.
— monachus, scriptor, 162.
— pater Geraldi, 124, 125.
— scriptor, 64, 114, 209, 213, 247, 275.

Adalgis, uxor Frotardi de Bello Castello, 297.
— venditrix, 154.
Adalgrimus, pater Niwarii, monachi, 129, 317.
— vir Raggardis, donator, 101, 102, 129, 130, 158, 159, 160, 162, 205, 206, 244.
— *nom cité,* 32, 137, 138, 169, 184, 188, 265, 288.
Adalguis, mater Hugonis et Petri de Molsedone, 358.
— uxor Hictoris, 190.
Adalierus, 143.
Adalradus, Adalrandus, *nom cité,* 172, 195, 235, 240 ; *voy.* Adraldus.
Adalsaz, 124.
— uxor Oddonis, 126, 285.
Adaltrudis, uxor Hugonis, 150.
Adam de Cruce, baro, miles, 341.
Adaolfus ; *voy.* Deusdet.
Addo, donator, 223.
— vir Guidburgis, venditor, 90, 91.
Addraldus ; *voy.* Adraldus.
Addy, comm. de Marcillac ; voy. Avidda.
Adela, comitissa Blesensis, donatrix, cxiv, 340, 341, 342, 352, 353, 354, *fille de Guillaume Ier, roi d'Angleterre, femme d'Etienne ou Henri, comte de Blois.*
Ademarus de Molsedone, donator, 75, 76.
— de Noacella, 335, 397.
— de Sablonag, 52, 54.
— Deusdet, donator, 79.
— de Varenas, 336.
— consobrinus Raimundi Ferrachan, donator, 343.
— episcopus Rutenensis, 384, 390, 393.
— Franconis, 293.
— frater Petri Bernardi, donator, 76.
— monachus, 36, 70, 71, 226, 275.
— monachus, scriptor, 223.
— pater Campioni, 365.
— prior Molendini Pisini, 41, 45, 273, 374.
— sacrista, 281.
— scriptor, 185, 273, 316.
Ademarus, *nom cité,* 13, 162, 264, 314, 316, 327 ; *voy.* Arnaldus, Bertrandus, Pontius.

Adembellus, pater Rainoni, 83; voy. Hodimbellus.
Adgia; voy. Adela.
Adimarus; voy. Ademarus.
Adisasgo, 81, ? lieu voisin de Claunhac.
Adjutores, adjutorium, 19, 21, 25, 27.
Adraldus, abbé, pour Madraldus, xxxix.
— abbas, 228, 229, de S. Géraud d'Aurillac, manque au catalogue du Gallia Christiana.
— donator, 157.
— ou Adalradus, elemosinarius Adalgrimi, 184.
— monachus, 99.
— puer, postea portarius, xlj, 153, 154, 243.
— scriptor, 10, 186, 290.
— vestiarius, 154.
— vir Unildæ, 106.
Adraldus, nom cité, 28, 106, 157, 179, 234, 243, 277, 311, 314.
Adrancum, 364, ? aux environs de Malons.
Adreldus, 142.
Advocatio monasterii, 413; — prædii, 405.
Ængelbertus, 339.
Affranchissement de serfs, 172.
Afragnium sive Vaurum, civ, cvij, 60, 61, 329, 380, *Lavaur*.
Afrain; voy. Afragnium.
Aganus, venditor, 96; voy. Agenus.
Aganus, Aganoni, *nom cité*, 91, 92, 93, 104, 134, 140, 170, 298, 321, 341; voy. Agenus.
Agarensis, 328, *Ager*.
Agathensis, *Agde*, xiv, c; voy. Bermundus.
Agde (Hérault); voy. Agathensis.
Agelenus, 347.
Agen, Agenais (Lot-et-Garonne); voy. Agennensis.
Agena, venditrix, 287.
Agennensis, Agennes, Agenno, Aginno, ix, xv, xcv, xcvj, xcvij, 33, 48, 52, 282, 286, *Agen*.
Agenus, Aganone, filius Raingardis, 249.
— venditor, 132.
Ager (Catalogne); voy. Agarensis.
Aggena, Aggenane, 190.

Agilenus, donator, 31.
Aginno; voy. Agennensis.
Agnac, comm. de Flagnac; voy. Ainago.
Agnes, 239.
— donatrix, 284, 285.
— mater Galterii Gifardi, comitis, 359.
— uxor Bermondi Pelec, 363.
— uxor Girberti, vicecomitis, 43, 44, 284.
Agnus, 25, 26, 27, 29, 81, 118, 162, 163, 182, 201, 211, 212, 222, 228, 244, 270, 296, 314, 319, 327, 329, 330, 331, 356, 364, 367, 369, 377, 378.
Ago, Agono, 353.
Agol, 239, ? *dans le Barrez*.
Agrarium, 72, 362.
Agrès, Agrez, lx, lxxj, 230, *Agrès, comm. de S. Parthem*.
Agritis, 240, *mas d'Agrès (carte de Cassini) aux environs de Montsalès*.
Aguiranda, 82; voy. Guiranda.
Agutnac, civ, 239, *peut-être Aguts*.
Aguts (Haute-Garonne); voy. Agutnac.
Aianricus; voy. Henricus.
Aicardus de Cormol, 166, 236.
Aicardus, filius Gauzbergæ, 247.
— frater Begonis, 143.
— monachus, 172.
— nepos Rigualdi, 232, *paraît le même que* Airadus.
Aicardus, *nom cité*, 166, 180.
Aicart; voy. Willelmus.
Aice, xxxv, xxxvj, xxxvij, xxxix, 5, 6, 9, 85, 86, 87, 99, 188, 208, 223, 252, 254, 311, 332.
Aicelena, 251.
Aicfre de Casals; voy. Utalguers.
Aicfredus, *nom cité*, 7, 8, 296; voy. Bernardus.
Aichel, 295.
Aicheldis, uxor Stephani, 150, 174.
Aichilenus, filius Hectoris, 110, 111.
Aicildis; voy. Aicheldis.
Aicio, filius Rigualdi, donator, 49, 50.
Aicmarus, 320.
Aiga, Aiganæ, uxor Matfredi, 237.
— uxor Remigii, 206.
— uxor Sigualdi, 99, 100.

Aigbrandus, 115.
Aigfredus, *nom cité*, 21, 101, 113, 116, 117, 163.
Aiglenda, uxor Austorgii, 197, 198.
Aigmarus, *nom cité*, 162, 184.
Aigo, 186.
Aigofredus, 195.
Aiguilus ; *voy*. Deusdet.
Aigulf, 362.
Aigus, 280.
Aikardus, 319.
Aimardus, frater Grimardi, venditor, 177.
— pater Gualdradæ, 153.
Aimaricus, 136.
Aimeldis, 306.
Aimenradus, *nom cité*, 93, 94, 97.
Aimeradus, 96.
Aimerichus, abbas Sancti Johannis, 68.
Aimerichus, Aimericus, Aimerigus, Aimiricus, *nom cité*, 69, 221, 239, 290, 348, 394.
Aimericus Barranus, 380.
Aimericus de Burg, 349.
— de Cano, pour decano, 226.
— decanus, 11, 77, 226, 275.
— del Erm, 404.
— filius Hectoris Rigaldi, 394.
— monachus, 329.
— Montis Revelli, 54.
Aimerudis, uxor Hœctoris, 158.
— vel Ermerugis, uxor Stephani, 13, 14.
Aimerugis, uxor Hectoris, 180.
Aimiricus ; *voy*. Aimericus.
Aimo de Combrosa, donator, 313, 314.
— filius Aviernæ, 274.
— frater Bligerii, donator, 204.
Aimo, Aimoni, Aimus, *nom cité*, 72, 88, 91, 93, 106, 115, 132, 133, 204, 230, 246, 260, 282, 298, 304, 309, 343; *voy*. Peiro.
Aimoinus, donator, 44.
Aimoni, mansus, 37, *?dans l'A- veyron*.
Aimus ; *voy*. Aimo.
Ainago, lx, 238, *Agnac; voy*. Asnago.
Ainardus, 180.
— canonicus Biterrensis, scriptor, 24.
— de Cunco, donator, 68.

— de Peirola, 224.
— scriptor, 163.
Ainer Sancius, 51 ; *voy*. Aner.
Aiquelm Aner, 51.
Aiquilmus, 296.
Airadus, *doyen, puis abbé*, xlij, 94, 140, 154, 174, 199, 203, 210, 254, 262, 263, 264, 287, 288, 301, 309.
— vel Aradus, filius Guidonis, 168, 238, 239.
— frater Girberti, donator, 155.
— monachus, 3.
Airadus, *nom cité*, 38, 93, 95, 130, 144, 168, 180, 182, 186, 198, 206, 256.
Airal, Airali, Airaz, 374, 395; *voy. Du Cange*.
Airal Cateht, 370.
— *voy*. Hugo.
Airaldus, *abbé*, xl ; *voy*. Arlaldus I.
— scriptor, 195.
— *voy*. Pontius.
Airardus, *abbé de Figeac*, xliij.
Airradus ; *voy*. Airadus.
Aiteldis, uxor Petri Bernardi, 76.
Ajalbertus, 211.
Akapitus, donator, 141, 142.
Alafredus, filius Amalrici, 357.
Alagnon, affluent de l'Allier ; voy. Ellenionem.
Alais (Gard); voy. Aleste.
Alamancia, xcvij, 245, *Alemans*.
Alamandus, 295.
Alanis, Alans, lxix, lxxj, 240, 348, *Alaux*.
Alaricus ; *voy*. Mironus.
Alaux, comm. de Coubisou ; voy. Alanis.
Alb...; *voy*. Poncius.
Albal..cus, 331.
Albaroca, *Auberoque; voy*. B.
Albas Petras, liv. 197, *Albespeyres*.
Albejesenc, *mas*, 375, *?dans l'A- veyron*.
Albenatio, 284, *? Aubinhac, dans l'Aveyron*.
Alberada, uxor Raimundi, 282.
Albericus, clericus, 414.
— pater Lamberti, 355, 356.
Alberga, Albergata, 382, 395; *voy*. Arberg.
Albertus de Latiniaco, baro, miles, 341.
— de Monte Mauri, idem, 341.

Albespeyres, comm. de Saint-Félix-de Lunel; voy. Albas Petras.
Albi (Tarn), Albiensis, *Albigeois*, xv, cij, ciij, 56.
Albiges, 376, *? envir. d'Estaing*.
Albinhac, comm. de Brommat, Albiniaco, Albiniago, lxxviij, lxxix, 39, 40.
Albiniago, 311, *Aubinhac*.
Albiro, testis, 379.
Albodenus; voy. Abolenus *et* Alboynus.
Alboinus; voy. Albuinus.
Albois de Aurosa, donator, 374.
Alboscarios, 346, *Les Albusquiès*.
Alboynus, 17, 18, 19, 20, 21, *fils d'Harold II, roi d'Angleterre*.
Albuinus, *nom cité*, 216, 342.
Alburgis, 354.
Albusquiès (les), comm. de Golinhac; voy. Alboscarios.
Alcaga, 88, *environs de Firmy*.
Alcharius, bonus homo, 23.
Alcherius de Mellanca, donator, 3, 400, 401.
Aldabertus; voy. Raimun.
Aldebaldus Arlandus, 254.
Aldebaldus, *nom cité*, 13, 43, 217.
Aldebertius, 70.
Aldebertus de Malvas, 21.
— de Stagno, 356.
— episcopus Mimatensis, donator, 323, 324, *Aldebert II de Peyre*.
— filius Aldeberti et Godalbergæ, 192.
— frater Aldeberti, 221.
— Sarracinus, 162.
— vir Godalbergæ, donator, 191.
Aldebertus, *nom cité*, 78, 134, 139, 142, 175, 185, 188, 189, 219, 268, 278, 303; voy. Bernardus, Stephanus.
Aldebrandus, Aldebranus, *nom cité*, 220, 268, 304.
Aldeburga, 309.
Aldeburgis, uxor Gairardi vel Girardi, 278.
— uxor Hugonis, 111, 112.
Aldefonsus, rex, 68, *Alphonse VI, roi de Léon*.
Aldefredis, homo monasterii Conchensis, 242; voy. Eldefredus.
Aldefredo, mansus, 346, *? environs de Conques*.

Aldefredus, sacerdos, donator, 206, 207.
— vir Gauzbergæ, venditor, 261.
— *nom cité*, 141, 280; voy. Deusdet.
Aldegarda vel Aldiardis, mater Deusdet et Uxendis, venditrix, 93, 94, 95, 96, 97.
Aldegardis, uxor Radulphi, donatrix, 192, 193.
Aldegarius, Aldegerius, *nom cité*, 32, 34, 169, 179, 189, 193, 233, 238, 266, 311, 314, 320, 348; voy. Saxetus, Willelmus.
Aldegerius de Raineldesco, 313.
— pater Petri, donator, 245.
— Petrus, 348.
Aldeguer; voy. Guiral.
Aldejerius, 147.
Aldenois, donatrix, 347.
Aldiardis; voy. Aldegarda.
Aldiardis, donatrix, 262, 263.
— uxor Dalmacii, 270, 271.
— uxor Deusdet, 89, 90.
— uxor Raiemundi, 15, 16.
Aldigrimus, donator, 184.
Aldoardus, 255, 256.
— de Parisio, donator, 379, 380.
— pater Raimberti, 316.
Aldoinus, filius Hæctoris, 110, 111.
— filius Senegundis, 134.
— *nom cité*, 160, 296.
Aldricus, monachus, 234.
Aldrigus, *nom cité*, 85, 162.
Alduinus, 43.
— frater Agileni, donator, 31, 32.
Alemans, comm. de Penne (Lot-et-Garonne); voy. Alamancia.
Aleste, 363, *Alais*.
Alexander, 391.
Alexander II, papa, 19.
Alexandre V, pape, lxviij.
Alfarigus, clericus, donator, 303, 304.
Aligardis, uxor Remigii, 110, 111.
Allingardis, soror Ricardis, 30.
Aliorra, *les Aljards*; voy. Hildigerius.
Aliz, rivus, 10, *à Salles-la-Source*.
Aljards (les), comm. de Saint-Denis-lès-Rebais (Seine-et-Marne).
Allats ou Allam de Homino Mortuo, 326, *? la aie de l'Homme-Mort, territoire de Sainte-Foi du Val de Suzon*.

Almeradus, 227.
— pater Bernardi, 22.
Almont, com.; voy. Altomonte.
Alnaddo, lxviij, 219, *Annat.*
Alneir, 144, *? envir. d'Almont.*
Alodus, *opposé à fief,* 245, 257, 291, 324, 326, 327, 329, 350, 356, 373, 401, 402, 403, 405; — cum fevalibus, 353; — alodarius census, 201, 339.
Alonzinas, vij, lix, lx, 413, *près de Flagnac.*
Alpes (Basses-), cx.
Alpes (Hautes-), xiv, cix, cx.
Alphonse, comte de Poitiers, xcvj.
Alrance, affluent du Tarn, voy. Alsanzca.
Alrance, commune, lxxxiv.
Alsace, voy. Alsatia.
Alsanzca, fluvius, lxxxiv, 16, *Alrance.*
Alsatia, xv, cxiv, 405, *Alsace.*
Alsono, boscus, 280, *près de l'Alsou, rivière, affluent de l'Aveyron.*
Alsono, 364; *voy.* S. Privatus.
Alta Becia, in vicaria Dunense vel Serniacense, lxj, 112, 215, 258, *? sur la rive gauche du Dourdou, canton de Conques ou d'Aubin.*
Altairac, *Alteyrac; voy.* B.
Altajone, 122, *Aulajon.*
Altamaresca, voy. Rainaldus.
Altare, 52, 65, 66, 70, 77, 85, 86, 87, 89, 109, 117, 118, 123, 125, 131, 147, 150, 164, 172, 182, 184, 185, 188, 196, 222, 225, 234, 248, 257, 271, 273, 287, 296, 307, 323, 330, 335, 353, 360, 364, 393, 394, 401.
Alta Serra, 34, *N.-D. de Haute-Serre.*
Alteaga, 239, *? envir. de Firmy.*
Alteriaco, lxj, 228, *Alteyrac.*
Alterius, elemosinarius Aldigrimi, 184.
Alteyrac, près Montmurat (Lot); voy. Altairac et Alteriaco.
Altis Arboribus, lxxij, 30, *Les Arbres.*
Alto Braco, lxxxij, lxxxiij, 360, *Aubrac.*
Altomonte, lvj, lx, lxxj, lxxij, lxxxv, lxxxvj, 27, 28, 171, 237, 238, *Almont.*

Altomonte, 37, *? in pago Arvernico.*
Altornus vel Altronus; *voy.* Bernardus.
Alturre; *voy.* Burdinus.
Alvena, uxor Haroldi regis, 19.
Alvenico; *voy.* Arvernico.
Alzernes, comm. de Marcillac, lix, lxxij.
Alzes, lix, *Alzernes ?*
Alzoil, 355, *territoire du Val de Suzon.*
Alzonne (Aude), cj.
Amadeus, 239.
Amahos, cviij, 282, *peut-être pays d'Amoux en Comminges; voy.* Expilly — *voy. Amaux plus bas.*
Amalfredus, abbas?, 333.
— *nom cité,* 138, 195, 272.
Amalrichus, decanus Lingonensis, 326.
Amalricus, donator, 357.
Amalsendis, donatrix, 279.
Amalvinus, decanus, 243.
— donator, 65.
— nepos Gauzberti, 61, 62.
— pater Rainaldi, 232.
— *voy.* Deusdet.
Amancius *pour* Amancuus.
Amancus, archidiaconus Agenensis, 52.
Amancuus, donator, xxxiv, 51.
Amarvidia, 387, *? dépendance de N.-D. des Planques.*
Amarzed, 118, *? envir. d'Estaing.*
Amatus; *voy.* Bernardus.
Amaury, seigneur de Séverac-le-Château, ¹xvj.
Amaux, comté, en Franche-Comté, cviij.
Ambariacus, lxviij, 412, *Ambeyrac.*
Ambertus, 162.
Ambcyrac, comm. d'Entraygues, vij; *voy.* Ambariacus.
Ambianensis vallis, lxxxviij, 333, *vallée de Lembron, Saint-Germain-Lembron.*
Amblard, châtelain de Castelpers, lxxx.
Amblardus, abbas Brantosmi, 17, 18.
— avunculus Odilonis, 126.
— monachus, 350.
— nepos Didonis de Andoca, 57.

— pater Bernardi, venditor, 246, 260.
— sive Jorius, 7.
— vir Adalaiz, 226.
— vir Ingelbergæ, venditor, 241.
— *nom cité*, 16, 34, 164, 168, 238, 398 ; *voy.* Hector.
Amelesca, 32, *Millac.*
Ameliavense, Ameliavum, vj, xxxv, lxxvij, lxxxj, lxxxvij, c, 21, *Millau.*
Amelius Antoni, 118.
— Baldini, donator, 58.
— canonicus Carcassonensis, 73.
— frater Rodgerii, donator, 71, 72, 73.
— episcopus Tolosanus, donator, 386, 387, 394, *Amelius Raimond du Puy.*
— filius Amelii Mancipii, 225, 290.
— Mancipii, donator, 58, 225, 257, 290.
— pater Hugonis, donator, 279.
— pater Raimundi, donator, 245.
— vicarius, 137.
— *nom cité*. 100, 156, 257, 348, 359 ; *voy.* Bernardus, Geraldus,
Amelz, lxxxiij ; *voy.* Bernardus, Rigualdus, *Mels.*
Amidaba, amidolba, 408.
Amiliavense ; *voy.* Ameliavense.
Amilina, uxor Gerardi de Turre, 354.
Amilius, 43.
Amirat ; *voy.* Robertus.
Amiz, 384, *Mels.*
Amoux, en Comminges, cvilj.
Amplardus ; *voy.* Amblardus.
Amplardus Contoris, 47.
Anastasius, abbas, xxxix, 332, 333.
Anathema, 44, 52, 57, 65, 75, 337, 338, 359, — maranata, 348 ; *voy.* Excommunication.
Ancellus Trecensis, 341.
Ancilla, 69, 172.
Ancles, lx, 302, *Les Angles.*
Andadense terra, 2, *? envir. de Saint-Martin-du-Larzac.*
Andaliaco, Andaliago, Andialiago, lxxj, 37, 163, *? territoire de Conques.*
Andate, 2, *? envir. de Saint-Martin-du-Larzac.*

Andoca, ciij, cvilj, 57, 350. *Audouque.*
Andoerchs, Andoercs, Andoercx, lxij, 5, 367, 379, *? environs de Belcastel.*
Andraldus, *nom cité*, 223, 253.
Andreas, frater Bernardi sacerdotis, venditor, 115, 116.
Andreas, Andreus, *nom cité*, 108, 198, 286, 297, 365.
Anduze (Gard), c.
Aner Sancii, 51.
Aner, Anerius ; *voy.* Aiquelm, Raimundus.
Anestasia, 214.
Anestasius, donator, 250, 251.
Angers, xij.
Angiards, uxor Hugonis de Balnes, 281, 282.
Anglaris, lv, 253, *Anglars, comm. de Senergues.*
— 315, *Anglars, comm. de Rignac.*
Anglars, comm., lxiij, 103.
Anglars ; *voy.* Anglaris, Angles.
Angles, 21, *Anglars, comm. de Pont-de-Salars.*
Angles (les), comm. de Flagnac ; *voy.* Ancles.
Angleterre, ij, xv, cxiij, cxv.
Angli, 17, 19, 352, 370.
Animalia, 270.
Anjalbertus, 253.
Anna, 51.
Annat, comm. d'Estaing ; *voy.* Alnaddo.
Annemasse (Haute-Savoie), cxiv.
Anniversaires, xxix.
Annona, 4, 62, 81, 82, 134, 192, 226, 245, 256, 271, 275, 357, 389, 409.
Anserannus, 5.
Anshelmus, 406.
Ansiricus, 351.
Antelmus de Pothuilla, 359.
Anticiaco, lxxxviij, 333, *Anzat-le-Luat.*
Antonius ; *voy.* Amelius.
Anzat-le-Luat (Puy-de-Dôme) ; *voy.* Anticiaco.
Apôtres (tombeau des), xxxj ; *voy.* Roma.
Apprehensiones, 26, 270.
Apt (Vaucluse) ; *voy.* Aptense.
Aptense, cx, 292.
Aqua fregia vel frigida, lvij, 144,

29

145, 146, 206, ? environs d'Almont.
Aquensis, xv, xcvij, 123, Dax (Landes).
Aquilo; voy. Geraldus.
Aquis, Aquis Grani, 332, 411, Aix-la-Chapelle (Allemagne).
Aquitaine, Aquitani, Aquitania, v, lxxxix, 3, 332, 349, 411, 412.
Ara, 150; voy. altare; — pour arum, 100.
Aradus, filius Guidonis, 238, 239.
— voy. Airadus, Arradus.
Aragon, Aragona, Aragonensis, xv, xxx, cxvj, cxvij, cxviij, 68, 337, 406, 407.
Arambertus, 282.
Arausicum, Arausia, 255, 256, Orange.
Arbaldus; voy. Arlaldus II, abbas.
Arberch, arberg, 82, 369, 385, 389; voy. alberga.
Arbertus, 222.
— archidiaconus Lugdunensis, 363.
— canonicus Carcassonensis, 73.
— filius Arberti, 351.
— pater prædicti, 351.
— præpositus, 354.
Arbor Sancti Juliani, mansus, 47, dépendance de Valuéjols.
Arbres (les), comm. d'Asprières; voy. Altis Arboribus.
Arcambaldus, 76.
Arcambaldus vel Archimbaldus, donator, 120, 121.
Archantrudes, uxor Jaudoini, 170.
Archembaldus, 62.
Archas, lxxxj, 21, Arques.
Archibaldus, 110.
Archibertus, 188.
Archimbaldus, donator, 312.
— nom cité, 208, 255, 256.
Architectes moines, xxxiv.
Arcimbaldus, 265.
Arcmandus de Faidi vel Faudi, donator, 373, 374.
— del Pi, donator, 362.
— filius Poncii, vicecomitis, 409.
— voy. Petrus.
Ardèche, xcviij, xcix.
Ardengius, 102.
Ardengus, nom cité, 189, 237.
Ardenna, lxxxv, 230, Ardenne, comm. de La Capelle-Balaguier.
Ardingus, donator, 185, 186.
Ardradus, 305.

Ardrarius, 69.
Arentruda, uxor Anastasii, 250.
Arfredus, 316.
Argac; voy. Deusde, Arjac.
Argentella, 70.
Argentinensis, cxiv, cxv, 405, 406, Strasbourg.
Argentum, 48, 50, 105, 113, 116, 142, 177, 189, 210, 304, 307, 373, 374, 377, 383, 404, 405.
Argiac; voy. Geraldus, Arjac.
Argofredus, abbas, xix, xxxix,
Argonio, 364, ? dépendance de Malons.
Ariball, 403, sans doute pour hairbannum; voy. Du Cange.
Aribertus, filius Hugonis, 140.
— donator, 272.
— mancipium, 2.
— pater Hugonis, 322.
— scriptor, 169.
— nom cité, 44, 88, 163, 272.
Arimandus, filius Poncii, 109.
Arimundus, pater Ragamberti, 268.
Aripentum, 72, 81, 90, 91, 94, 104, 111, 112, 115, 131, 138, 143, 148, 151, 190, 204, 235, 246, 248, 260, 262, 274, 287, 342, 353, 368.
Arisdensis; voy. Arisitum.
Arisitum, xxxv, xcix, 223, 294, archiprêtré du Vigan (Gard).
Ariviscus, monachus, ix, xv.
Arjac, Arjacensis, xxxv, lij, lix, 230, 382, 383; voy. Petrus; Arjac, comm. de Saint-Cyprien; voy. Arsiaco.
Arlabertus, 5.
Arlaldus I, vel Airaldus, abbas, xl, 30, 103, 209, 274.
— II, abbas, xlj, 148, 263.
— III, abbas, xlij, 143, 228, 229, 254, 310.
— nom cité, 131, 258.
Arlan, 235.
Arlandus, frater Arleni, 108.
— venditor, 213, 214.
— vir Godalbergæ, venditor, 133, 134.
— nom cité, 90, 96, 103, 149, 159, 198, 208, 272; voy. Aldebaldus.
Arlenus, frater Arlandi, donator, 108.
— nom cité, 35, 113, 212.
Arluinus, 290.

Armandus Castanus, 270.
— del Pi, 363.
Armannus, 348.
— 345, *fils de Pons, vicomte de Polignac.*
— *nom cité,* 122, 140, 322; *voy.* Frotardus.
Arnal, 227; *voy.* Petrus.
— de Guarnel, 379.
— de Roset, 379.
— de S. Fronti, 109.
Arnaldus Ademarus, 81.
— archidiaconus Pampilonensis, 407.
— Bernardus, 51; — 57; — alius 57; — 67.
— canonicus Carcassonensis, 73.
— Catiarmati, frater Gaucelmi de Lasparra, donator, 348, 349.
— clericus, donator, 283.
— d'Abirag, donator, 327.
— de Blancafort, 349.
— de Girunda, 365.
— donator, 255, 256.
— elemosinarius Hugonis, 302.
— filius Ainardi de Cuneo, donator, 66.
— id. Austrini de Conchis, donator, 37.
— id. Hescafridi, donator, 59.
— frater Bernardi Oddonis, donator, 269.
— id. Willelmi Grimoardi, donator, 54.
— Martini, 358.
— monachus, 394.
— id., 341, 342, 351.
— præpositus, 359.
— Raimundus, 394.
— Rodoardus, donator, 173.
— Rotbertus, donator, 358, 359.
— scriptor, 193.
— Vicarii, donator, 54.
— vir Stephanæ, venditor, 193.
— Willelmus de castello Barossa, donator, 66.
— *nom cité,* 21, 34, 64, 70, 83, 85, 113, 115, 126, 151, 198, 221, 240, 275, 359; *voy.* Austendus, Bernardus, Bonifacius, Guido, Guillelmus, Hictor, Isarnus, Petrus, Raimundus, Stephanus.
Arnals (les), métairie à Ste-Foi de Licatrac; voy. Casalis.
Arnalsz; *voy.* Bernardus.

Arnematis; *voy.* Petrus.
Arnerius Maingot, baro; miles, 341.
Arnoldus, 260.
Arnulfus, abbas Latiniaci, 341.
— monachus, 60.
— *nom cité,* 56, 202, 214, 321.
Arnveirencca, 41, ? *envir. d'Orlhaguet.*
Arosius, 354.
Arpajon (Cantal), Arpajonensis, xxxviij, lxj, lxxxviij, 9.
Arques, comm.; voy. Archas.
Arradus, 136; *voy.* Airadus.
Arreriis (ell), xc, 49, 50, 281, 285.
Aurière, voy. Larrarias.
Arriac, *voy. Arjac.*
Arseny, 67.
Arsiaco, 234, 306. *Arjac.*
Arsiago, *Arjac; voy.* Rigualdus.
Arsias Auriolus, donator, 67.
Arsimansius, 295.
Arsinde, comtesse de Toulouse, xiv.
Arte Mala, *voy.* Asterius.
Artense, pays d'Auvergne sur les confins du Cantal, de la Corrèze et du Puy-de-Dôme, voy. Artintia.
Artintia, xc, 8. *Artense.*
Artmandus, 101.
Arum, 5, 9, 35, 100, 103, 119, 128, 130, 160, 289, 320; *voy.* ara.
Arvernensis, Arvernia, Arvernicus, x, xxxvj, xxxvij, lxxx, xcij, 8, 9, 37, 48, 49, 76, 153, 216, 224, 266, 272, 277, 285, 289, 332, 333, 372; *voy. Auvergne.*
Arvieu, comm., lxxv.
Asellac, xcv, 379, ? *environs de Montpezat (Quercy).*
Asinus, 69, 159.
Asnago, 120, 121. *Agnac, voy.* Ainago.
Asperarias, lxxj, lxxij, lxxxij, 257, 258. *Asprières.*
Aspreddo, boscus, 123, ? *nord de l'Aveyron.*
Asprières, comm., voy. Asperarias.
Asqualdus, donator, 305.
Astarius, adolescens, monachus, præpositus, donator, xlj, 85, 86, 87, 139, 154, 243.
— *nom cité,* 139, 234.
Asterius, 260.
— Arto Mala, 365.

— clericus, scriptor, 99.
Atago, 177.
Atans, in comitatu Amahos?, cviij, 281.
Atbertus, 318.
Atrasaih, voy. Peiro.
Atrium, 355, 406.
Attoers, 242, ? voisin du Payssi.
Atto, filius Hugonis, donator, 59, 60.
— Geraldus, donator, 61, 381.
— Jhoannis, 60, 336.
— Matfredus, donator, 58, 59, 257, 290.
— Raimundus, donator, 70, 71.
— Saisset, Saixeti, Saxeti, donator, 58, 59, 225, 257.
— nom cité, 304, 307, 308; voy. Bernardus, Raimundus.
Aubaine (droit d'), 173.
Aubcroque, com. de Ladinhac (Cantal), voy. Bernard.
Aubin, com., vj, lvj, lvij, lxxj, lxxij.
Aubinhac, com. d'Anglars, lxiij; voy. Albenatio et Albiniago.
Aubrac, com. de S. Chély, voy. Alto Braco.
Aucaliago, voy. Hictor, ? envir. d'Entraygues.
Audaldus, monachus, vlij.
Audbertus de Gravison, 268.
— levita, 34, 35.
Aude, xcviij, cj.
Audgerius, 56.
— monachus, scriptor, 164, 182.
Audito, Audiz, voy. Hector, Auzits.
Audouque (Tarn), voy. Andoca.
Augbertus, 32.
Augherius, 328.
— abbas S. Salvatoris, 357.
— de Gorzon, 54.
— monachus, scriptor, 30.
— senior, 55.
— voy. Autgerius.
Augiols, com. de Grandvabre, voy. Aujols.
Augustus, août, 81, 82, 196, 211, 290, 297, 314, 327, 376, 377.
Aujols, xlix, 200, 201. Augiols.
Auliade, com. de Massiac (Cantal), voy. Oliado.
Auna, lix, 262, 318. Aynes.
Aureliacensis, Aureliaco, xxxv, xxxix, lxxix, 40, 41, 42, 356, 380, 395. Orlhaguet, voy. Aureliageto.
Aureliaco, lxxxiij, lxxxix, xcij, 50, 226. Aurillac.
Aureliageto, Orlhaguet, voy. Aureliacensis.
Aures, lxxv.
Auriac, voy. Azemarus. Auriac, comm.
Aurias Cumbas, lxvij, lxviij, 174. La combe d'Auribal, lieu dit dans le canton de Marcillac.
Auria Valle, 123. St-Geours d'Auribat.
Auribeau (Vaucluse), v. Auribello.
Auribello, cx, 292. Auribeau.
Aurico, voy. P., ? envir. de La Calm.
Aurières, com. de Saint-Santin de Maurs (Cantal), voy. Arreriis.
Aurignac, com. de Montaigu de Quercy, xciv.
Aurillac (Cantal), voy. Aureliaco.
Auriolus, 295; voy. Arsias, Bernardus.
Aurlaguet, Aurlhaguet; voy. Aureliacensis.
Aurnant, 225, 275, ? territoire de Conques.
Aurosa, lxxxvlij, xcij, 291; voy. Albois, Petrus, Poncius, Rotbertus Amirat, Stephanus, Aurouze.
Aurouze, com. de Molompise (Cantal), voy. Aurosa.
Aurucio, presbyter, 303.
Aurum, 3, 18, 27, 44, 48, 65, 69, 74, 87, 113, 117, 160, 174, 177, 187, 188, 210, 225, 255, 257, 271, 277, 399.
Ausa, aussa, ausus, aussus, toison, 131, 148, 214, 250, 319, 327.
Ausbertus, 93.
Ausedda, 25, 26, 27; voy. ausa.
Aussa, aussus, voy. ausa.
Ausono, Ausonensis, cxvj, 338. Vich d'Osona.
Austendus Arnaldi, 75.
Austenfranc Cavannac, 362.
Austorgius, donator, 398; voy. A. de Bresonz.
— vel Eustorgius de Marcennago, donator, 77, 78, 79.
— de Maurserias, donator, 276.
— filius Amblardi, 226.

— filius Lautardi, donator, 300.
— frater Stephani, præpositi de Bresohs, 322; voy. Eustorgius.
— vir Aiglendæ, donator, 197, 198.
Austorgius, Austorgus, nom cité, 10, 116, 143, 329; voy. Deusdet.
Austria, donatrix, 52.
Austrinus, 207.
— de Castello, 204.
— de Conchis, filius Gaucelmi, vir Aviernæ, donator, lxxxv, 29, 30, 37, 38, 167, 278.
— de Moret, Moreto, Mouret, donator, xlviij, 236, 281.
— de Siligas, emptor, 176.
— donator, 167.
— emptor, 116.
— filius Austrini, 278.
— id. Bernardi, 190.
— id. Isalgaro, 125.
— id. Segbaldi, 186.
— id. Stephani, donator, 183, 184.
— monachus, 154.
— nepos Frotardi, 232, 239.
— pater Austrini, 278.
— vir Rehengardis, donator, 121, 122.
— nom cité, 32, 85, 95, 104, 107, 140, 152, 165, 166, 189, 190, 191, 203, 204, 207, 220, 237, 249, 263, 278, 298, 299, 306, 321; voy. Udalrigus.
Autajon, com. de Beaulieu (Ardèche), voy. Altajone.
Autbertesco, 88, ? envir. de Firmy.
Autbertus, puer, 243.
— nom cité, 107, 162, 197, 203.
Autgerius, venditor, 103, 104.
— nom cité, 202, 247.
Autrey (Haute-Saône), forêt, cxlj.
Auvergne, j, xj, xiv, xxv, xxxiij, lxxxiij, lxxxiv, lxxxvij, lxxxviij, xc; voy. Arvernensis.
Auzago, voy. Avizago.
Auzidz, voy. Hector, Auzits.
Auzits, com., vj, lxiij, lxvj, lxxxvj, lxxxvij; voy. Audito, Auzidz.
Ava, uxor Ebrardi, 308.
— id. Joril, 39, 40.
— vel Hava, uxor Umberti, 203.
— vidua Deusdet, donatrix, 236, 237.
— nom cité, 101, 273.
Avalena, xcilj, ? en Limousin.

Avalogiolo, Avalojulo, xc, xcj, 45, 46, 47, 274; voy. Bernardus. Valuéjols.
Avanus, nom cité, 130, 205.
Avario, fluvius, 12. Aveyron.
Avena, cxiij, 33, 118, 376.
Aveyron, département, xlvj-lxxxvij, ciij, — rivière, voy. Avario.
Avidda, lxiv, 164. Addy.
Avierna, donatrix, 318, peut-être mère de Petrus Deusdet et Matfredus.
— mater Bernardi et Aimonis, donatrix, 274, 275.
— mater Raimundi, donatrix, 229, 230.
— uxor Austrini, 37.
— uxor Odalrici, 135.
Avignon (Vaucluse), voy. S. Stephanus, Avinione.
Avinione, cix, 268, Avignon.
Avitus, 318.
— voy. Deodatus.
Avizago, 164. Izagues, voy. Isagas.
Aynes, com. de Noailhac, v. Auna.
Ayrald, abbé de Figeac, xvij, xviij, xix; v. Airardus.
Ayssènes, com. du Truel, xxxvij.
Azemarus d'Auriac, 384.
— sacrista, 379.

B.

B. abbas, 346, Begon III ou Boniface.
— abbas, 377, 379, probab. Bernard.
— abbas, 328, Boniface.
— d'Albaroca, 380.
— d'Altairac, 374.
— de Brogme, 356.
— del Ga, 389; voy. Gua.
— Frotart, 404.
— Geraldus, 404.
— Hugo, 404.
— Oddo de Cavaunac, 361.
— operarius Pampilononsis, 329.
— prior Pomarii, 392.
— uxor Duranti Hectoris, 392.
Babtisterium; voy. baptisterium.
Bac (le), comm. d'Aubin, de Firmy, Grandvabre ou Saint-Parthem; voy. el Bag, illo Bago.
Bacallaria, 293, dépendance de Valuéjols.
Bach ou Bax, comm. d'Espalion; voy. Bagos.

Bacza, xcj, 293, *Brajeac.*
Badlia ; *voy.* Bailia.
Bag (el), lviij, lxxij, lxxxv, xlix, 29, 171, 172, *Le Bac, comm. de Grandvabre.*
Bagies, campus, 288, *? à Minorque.*
Bago (illo), 240, 278, 299, *Le Bac, comm. d'Aubin ou de Grandvabre.*
— 240, 300, 301, *Le Bac, comm. de Firmy.*
Bagos, 402, *Bach ou Bax, comm. d'Espalion.*
Bainades?, locus, 330.
Bailia, 165, 232.
Bains, xcviij, 345, *Bains (Haute-Loire).*
Bairag, 281, *Berrac.*
Baisiago ; *voy.* Bassiago.
Baladitiago ; *voy.* Bassiago.
Balbo? ; *voy.* Robertus.
Balaguier, comm., lxxxv.
Balciac, Balciacense, Balciaco, xxxv, lxiv, lxv, 79, 151, 193, 194, 195, 305, *Balzac.*
Baldinus ; *voy.* Amelius.
Balnes?, cviij; *voy.* Hugo.
Balle Vilaro, Balvinlar, lxv, lxxxvj, 37, 157, *peut-être Bouviala.*
Balzac ; voy. Balciac.
Bancarello, 239, *Le Bancarel, comm. du Veyrac.*
— (illo), xcix, 122, *prob. Le Bancarel-sous-Autajon (Ardèche).*
Bane, comm. de Portes (Gard).
Banna, 364, *Bane.*
Baptisterium, xxx, 4, 14, 15, 33, 45, 65, 274, 333, 372.
Baramcas? ; *voy.* Willelmus.
Barbarels, *voy.* Deusdet.
Barbastra, Barbastrensis, Barbastro, xv, cxvj, cxviij, 343, *Barbastro (Aragon).*
Barbe et tonsure (office de la), xxix.
Barcelone (Espagne), voy. Barchinone.
Barchinone, Barchinonensis, cxvij, 337, 338, *Barcelone.*
Barclaga, Barciagua, cxvj, cxvij, *? Espagne.*
Barde (la) ; voy. Barta, comm. de Sainte-Foi-la-Grande (Gironde).
Bargas, lxxiv, 168, 238, *Barrugues.*
Barnardus ; *voy.* Bernardus.
Earnererius, 354.

Barones, 341, 370.
Barranus, *voy.* Aimericus.
Barrensis, Barres, xxxv, lxxx, 212, 214, 251, 252, *Barrez.*
Barreto, 347, *envir. de Molompise.*
Barrez, xxxv, *pays du Rouergue, canton de Mur-de-Barrez ; voy.* Barrensis.
Barriac, comm. de Bozouls, voy. Baisiago, Baladitiago, Bassiago et Berriaco.
Barro, 243, 347, *envir. de Molompise.*
Barrugues, comm. du Cayrol, voy. Bargas.
Bars, lxxviij, lxxix, 239, 390, *Bars, comm. de La Croix.*
Barssos (els), 387, *peut-être Marssal, marqué sur la carte de Cassini dans la comm. de Tanus.*
Barta, xcvj, *La Barde ; voy.* Falco.
Bartholomeus, sacerdos, 140, 322.
Bartolomeus de Darnestallo, baro, miles, 341.
Basades, Basado, Basatensis, xxxiv, civ, 51, 281, 286, *Bazas.*
Basenus, levita, monachus, 154.
Basseto, *voy.* Radulphus.
Bassiago, lj, lxxiv, 6, 162, 163, 186, *Barriac.*
Bassiège (Haute-Garonne), cv.
La Bastide de Sainte-Foi sur la Dordogne, xcv, xcvj.
La Bastide du Vert (Lot), xciij.
La Bastide-en-Vallespir, canton d'Arles (Pyrénées-Orientales), voy. S. Michel Molleti.
La Bastide-l'Évêque, com., lxxvij, lxxxvij.
Bardels, comm. de Muret, lxvij.
Batsac, 290, *envir. de Bournazel.*
Batudo, xciv, 221, *Le Batut, comm. de Saint-Félix (Lot).*
Bausonenca, 122, *Saint-Genest de Bauzon.*
Bautone, xiv, lxxxiv, 135, 136, *Bauton, comm. de Sévérac-le-Château.*
Bauzia, 226, 275 ; *voy. Du Cange.*
Bazadois, *Bazas (Gironde) ; voy.* Basades.
Beatrix, *nom cité*, 223, 359.
— uxor Thebaldi de Espolvilla, 359.
Beaulieu, abbaye en Limousin, voy. Belliloci.

Beaumont - sur - Vingeanne (Côte-d'Or), voy. Bello Monte.
Beaunay (Seine-Inférieure), voy. Belnai.
Beaupuy de Rouaix (Haute-Garonne), cvj.
Beauvais (Tarn), voy. Belveder.
Bec, voy. Rotbertus, Le Bec de Mortagne (Seine-Inférieure).
Becaria, Beceria, lxxiv, 191, La Bessière, comm. de Gabriac ou de Rodelle.
Beceira, Beceria, voy. Beciaria.
Beceiras, 403, *dépendance de Perses*.
Becia, Bezcia, lxxxiv, 15, 16, La Besse, comm. de Villefranche de Panat.
— lvj, lviij, 28, 29, La Bessenoit.
— lx, 179, 180, La Besse, comm. de Saint-Parthem.
Beciaria (illa), lv, 36, La Bessière, comm. de Senergues.
— 90, le même que le précédent, ou La Bessayrie.
— 37, 163, ?pres Cabessière.
— lvij, 262, 357, La Bessière, comm. de Cransac.
Bédène, pays du Rouergue, canton de Saint-Amans-des-Cots, xxxv, xxxix ; voy. Béthonice.
Bedled, Betledo, lxj, 154, in vicaria Dunense.
Bédrunes, comm. de Belcastel; voy. Vedruna.
Beferm, 370, *territoire de Saint-Cyprien*.
Begeatrudis, 88.
Bego I, abbas, xxxix, 135, 136, 179.
— II, abbas, episcopus, xxviij, xlj, xlij, 63, 83, 112, 155, 162, 195, 196, 233, 240, 254, 255, 265, 299, 300, 310.
— III, abbas, xv, xvij, xviij, xix, xxiv, xxxiij, xliv, xlviij, 60, 79, 80, 281, 323, 324, 332, 335, 336, 337, 339, 342, 343, 345, 347, 348, 352, 357, 361, 362, 365, 366, 367, 368, 375, 377, 384, 385, 386, 387, 390, 396, 398.
— cellerarius, 154.
— de Calmont, xvij.
— de Calmonto, 390.
— de Combred, Cumbreto, 27, 270.
— de Conchas, 27.
— de Conchis, prior Pomarii, 383.
— donator, 218.
— filius Ardingi, 186.
— filius Bernardi de Moreto, 238.
— filius Hugonis Calmontensis, 401, 402, 403.
— filius Lautardi, 300.
— frater Deusdet, Hugonis, etc., donator, 143, 144.
— frater Frotardi de Castro Castlucio, donator, 117, 118.
— frater Garmerii, donator, 211.
— monachus, 25, 270.
— monachus, scriptor, 44, 60, 89.
— presbyter, 333.
— puer, 243.
— scriptor, 60, 71, 230, 296, 398.
— testis, 162, *le même que* Bego II, abbas.
Bego, nom cité, 99, 117, 125, 140, 150, 158, 159, 170, 171, 172, 176, 182, 208, 256, 265, 297, 309, 321, 327, 335 ; voy. Bernardus, Geraldus, Petrus.
Begoinus, 262.
Beirricheim, 405, Bergheim.
Beissas, *peut-être* Besses ; voy. Deusdet.
Belasco, 408, Belascoain (Navarre).
Belbèze (Haute-Garonne), civ.
Belcastel, com., voy. F.
Bélinay, comm. de Paulhac (Cantal), voy. Belliagiano.
Bella Calme, voy. Calmo.
Bellaro, voy. Petrus.
Belliagiano, xcj, 46, Bélinay.
Belli Campi, 64, *voisin du Fauga*.
Belliendis, uxor Odolrici, 223.
Belliloci, xcix, 365, Beaulieu, abbaye en Limousin.
Belloc, comm. de Golinhac, voy. Magno Loco.
Bello Castello, voy. Geraldus, Umbertus.
Bello Forte, près Montmurat (Lot), voy. Petrus.
Bello loco (gutta de), *affluent de la Cizeira, environs de Villeneuve-lès-Cugneaux*.
Bello monte, Beaumont-sur-Vingeanne, cxij, voy. Hosfridus.
Bello monte, id est Plancas, 56, 82, 315, 347, 387, Notre-Dame-des-Planques.

Belluciana, 158.
Bellus, voy. Poncius.
Belmont, voy. Notre-Dame-des-Planques.
Bellus homo, 182, 278, 308; voy. Belz homo.
Belnai, Beaunay, voy. Engelrannus.
Belon, 72, ? envir. de Sainte-Foi de Licairac.
Belteiresco, ? confins de l'Aveyron et de l'Auvergne, lxxxiij; voy. Rigualdus.
Belveder, civ, 329, Beauvais (Tarn) ou Belbèze (Haute-Garonne).
Belveder, l'un des Bellevue du canton d'Aubin, civ; voy. Raines.
Belz homo, voy. Willelmus.
Bename, 370.
— cellerarius, 243.
Bencio, capellanus, 359.
Benedicti (S.) regula, iv, xxix, 1, 12, 16, 399, 410, 414.
Bénédictins, cxx.
Benedictus, homo Addoni, 223.
— monachus S. Mariæ Crassæ, 71.
— puer, 300.
— scriptor, 11, 83, 85, 103, 104, 107, 115, 120, 131, 135, 142, 148, 149, 175, 177, 179, 208, 215, 237, 246, 260, 268, 272, 278, 302.
— nom cité, 31, 64, 91, 95, 198, 317.
Beneficium, beneficiare, beneficiarius, 32, 35, 262, 332, 339, — dans le sens d'actes méritoires, 359.
Benignus, voy. Matheus.
Benjamin, 64.
— monachus, donator, 137, 138, 158, 159, 160, 161, 233, 317.
Benna ?, voy. Sicfredus.
Benoit, voy. Benedictus.
Benoît VI, pape, xvj.
— XII, pape, xcvj.
Bentepielio (el), 337.
Berardus, 405.
— voy. Pontius.
Bercan, comm. de Noailhac, voy. Vercalmo.
Berengarius de Coderco, donator, 382.
— filius Oddoni, 222.
— frater Duranti Hectoris, donator, 392.

— nepos Stephani, donator, 13, 14, 15, 333, 334.
— 375, Bérenger II, vicomte de Millau, de Gévaudan, de Carlat et de Lodève.
— Raimundi, 382.
— vice comes, 12, de Narbonne.
— voy. Berengerius.
Berengeria, uxor Nichilfora, 329.
Berengerius Oddo de Castanerius, donator, 282.
— de Panado, 20.
— frater Stephani, 13.
— Guido, 315.
— vir Stephanæ, donator, 12, 13.
Berengerius, Berengarius, Berenguarius, nom cité, 7, 14, 15, 368; voy. Bernardus, Hugo.
Berengers, 61, 381, voy. Poncius Berengarius.
Bergaudus, nom cité, 233, 319.
Bergheim, Alsace, voy. Beirrichelm.
Bergonius, presbyter, donator, 67.
Bermon de Veireiras, 390.
Bermondus Pelec, donator.
Bermun Cotavaira, filius Radulfi Plaissari, 388.
Bermundus Agathensis, 26.
— Froterii, 404.
— pater Petri Bermundi, 26.
— pater Rostagni, 292.
— nom cité, 21, 388; voy. Ademarus, Petrus.
Bernard, voy. Bernardus.
Bernard, écolâtre d'Angers, xij, xiij.
— Borrel, 187.
— d'Auberoque, donateur, lxxiij.
— de Montpezat, xcv.
— fils de Bernard d'Auberoque, lxxiij.
— fils d'Hector de Panat, lv.
— Raimon, 187.
Bernardus, abbas, xlv, 378.
— Alefredus, donator, 32.
— Aldeberti, canonicus Carcassonensis, 73.
— Altornus ou Altronus, 140, 322.
— Amelii, canonicus Carcassonensis, 73.
— Amelius, donator, 63, 336.
— archidiaconus, 12.
— archiepiscopus Toletanæ sedis, legatus Romanæ ecclesiæ, 338.
— Arnaldi, 59.

Bernardus, id., 236.
— Arnaldus, Arnalz, pater Uguæ, donator, 299, 369.
— Atto, donator, 58, 395, 396, *premier vicomte de Carcassonne, vicomte d'Albi*, etc.
— Aurioli, 81.
— Bego, frater Petri de Cerveira, donator, 387.
— Begoni, 212, 382.
— Berengerii, 21, — 63.
— Bonipari, 324.
— Bonius, 121.
— clericus, 280.
— comes, donator, xj, 136. *Bernard II Plantevelue, marquis de Gothie et comte d'Auvergne.*
— consobrinus Raimundi Ferrachau, 343.
— de Albaroca, 79, 394.
— de Amelz, donator, 42.
— de Avalojulo, 293.
— de Bello Castello, donator, 4, 5.
— de Cannet, 384.
— de Cerveira, 345.
— de Clauniag, donator, 360.
— de Coderco, filius Rigualdi, 201, 226, 368.
— de Cruce, 32.
— de Fontiano, 73.
— de G..., 368.
— de illa Garriga, 204, 240.
— de Jove, 285.
— de Laumer, Laumiero, donator, 369.
— de Malverio, 10.
— de Monte Alto, donator, 242.
— de Moret, 238, 280.
— de Moret, 365, 397.
— de Muro, 44.
— de Najago, 199.
— de Oneddo, 149.
— de Per... Levada, 358.
— de Planias, donator, 402, 403.
— de Quintil, dominus Castri Mauronis, donator, 385, 387.
— della Roca, 374.
— de Roca, 32.
— de Roca, gener Remigii de Monte Lauduno, donator, 251.
— de Rossin, 375.
— de Sancto Felicio, 81.
— Deusdet, donator, 295, 345, 377.
— Dodolenus, 270, 319.

— donator, 5, 6.
— id., 70, 71.
— id., 76.
— id., 298, 299.
— id., 318.
— episcopus Aquensis, 123, *Bernard I de Mugron.*
— episcopus Lutevensis, 357, *Bernard III de Provenchères.*
— episcopus Matisconensis, 365, *ou Bérard.*
— Feval de Vallelas, 322.
— filius Almerado, 22.
— id. Amblardi, venditor, 246.
— id. Austrini de Conchis, donator, 37.
— id. Avierno, donator, 274.
— id. Bernardi Begonis, fratris Petri de Cerveira, donator, 387, 388.
— id. Bernardi Martini, donator, 367.
— id. Dadonis, 98.
— id. Deusdet, donator, 247.
— id. Faraldi, 88.
— id. Fredoloni, 252.
— id. Frodoloni, donator, 59.
— id. Gerberti I vel Gariberti, donator, 8, 9, 10, 43, 289, 290, *vicomte de Carlat.*
— id. Gauzberti, donator, 61 ; — 33, 34.
— id. Hectoris Bernardi, 357.
— id. Hectoris et Aimerugis, 180, 181.
— id. Hescafridi, donator, 59.
— id. Laigardis, donator, 79, 123, 124.
— id. Odalrici, donator, 135.
— Petri Rosati, 201.
— id. Petri Serrazini, donator, 403.
— id. Poncii, donator, 151.
— id. Raimundi Oddonis, 336.
— id. Raingardis, venditor, 132, 133.
— id. Richeldis, donator, 62.
— id. Rigualdi de Arsiago, donator, 5, 79, 150, 236, 307, 366.
— id. Senegundis, 7.
— id. Stephani, donator, 183, 184.
— id. Willelmi, donator, 61.
— frater Arleni, donator, 108.
— id. Duranti Raimundi, 290.
— id. Girberti, donator, 155.

Bernardus frater Gauberti de Castello Novo, 269.
— id. Petri de Castello d'Amiz, donator, 384.
— id. Petri de Sancto Ciricio, donator, 393, 394.
— id. Rigualdi Hermengandi, donator, 58.
— id. Willelmi, donator, 59.
— id. Willelmi, donator, 220.
— Flodaldus, 89.
— Frotardi, 38 ; — 165, 377.
— Gamalberti, donator, 381.
— Gaucelmi, archidiaconi, 313.
— Gauzbertus, donator, 62.
— Geraldus, 218.
— Grecus, 384.
— Grimaldus, 32.
— Hectoris, 392.
— Hirati, v. Irati.
— Hugo vel Ugo, donator, 394.
— Irati, donator, 344, 358, 366.
— Malamosca vel Malamusca, miles, donator, 61, 381.
— Malas Herbas, 339.
— Malivernatus, 403.
— Martinus, donator, 367.
— marchio, 23, *Bernard d'Anduse*, voy. Dom Vaissète.
— monachus, 25, 290, 291.
— id., 227.
— id., 279.
— nepos Deusdet Lupi, 366.
— id. Gauzberti, donator, 61.
— id. Girberti, donator, 310, 311.
— id. Rignaldi de Arsiago, donator, 150.
— Oddo, frater Arnaldi, donator, 269.
— Odilo, 377.
— Odo, donator, 397.
— pater Bonefacii, 232.
— id. Deusdet, 152.
— id. Frotardi, 190.
— id. Poncii, 59.
— Poncius, faber, 72, 73.
— presbyter, 341 ; — 356.
— prepositus, 226 ; — 275.
— Raimundi, filius Raimundi de Villa Fluirans, 74, 75.
— Raini, donator, 57, 58.
— Ramnulfi, 75.
— Rigualdi, filius Rigualdi de Arsiago, 5, 79, 236, 366.
— Roselli, 58.

— sacerdos, venditor, 115, 116, 137, 215.
— scriptor, 113, 207, 357.
— Stephanus, 79, 124.
— Tundud, 358.
— Vaisselleder, donator, 268.
— venditor, 91, 94, 95.
— id., 199, 200.
— id., 250, 309.
— id., 289.
— id., 307, 308.
— vicarius, 385, 386.
— vicecomes, 239, *Bernard II, vicomte de Carlat et Lodève.*
— vir Abbæ, venditor, 307.
— id. Adalaizcis, 253.
— id. Ermengardæ, donator, 43.
— id. Gislæ, donator, 58, 224.
— id. Ingelbergæ, venditor, 107, 108.
— id. Riclendis, venditor, 230, 231.
— Willelmi, donator, 269.
— Willelmi vel Bermundi, 288.
— Willelmi, filius Berengarii de Coderco, 382.
Bernardus, *nom cité,* 8, 10, 11, 14, 15, 22, 24, 28, 34, 38, 39, 40, 43, 50, 56, 60, 61, 67, 78, 79, 80, 83, 85, 88, 89, 90, 91, 94, 96, 97, 98, 103, 105, 108, 111, 112, 113, 117, 121, 122, 124, 126, 127, 128, 130, 132, 133, 134, 136, 138, 140, 141, 143, 147, 148, 150, 155, 156, 158, 162, 163, 164, 166, 168, 169, 170, 176, 177, 200, 202, 203, 204, 205, 206, 208, 209, 216, 217, 218, 221, 223, 230, 231, 234, 235, 237, 239, 244, 246, 248, 249, 254, 259, 260, 261, 262, 263, 266, 268, 269, 272, 276, 278, 280, 289, 296, 297, 301, 302, 306, 317, 318, 320, 321, 334, 335, 339, 347, 348, 353, 354, 366, 378, 380, 381, 401. *Voy.* Arnaldus, Deusdet, Frotardus, Geraldus, Hector, Otto, Petrus, Poncius, Raimundus, Willelmus.

Bernaredus, filius Mohaldis, 353.
Bernart, morgue de Tresbos, 396.
Bernarz, *voy.* Raimuz.
— della Roca, 374.
— Guiralz de Las Salas, 384.

Bernarz Sojornat, 374.
Bernat, *voy.* Bernardus.
Berneradus, 99.
Berneredus, 342.
Berneredus vel Bernerius de Monte Englealdi, 342, 354.
Bernet, 329, *Le Vernet.*
Berno, monachus et levita, 154.
— pater Abbonis, 178.
— *nom cité,* 130, 206, 275, 320; *voy.* Willelmus.
Bernoinis, uxor Ajalberti, 211.
Berrac (Gers), voy. Bairag.
Berrevilla, *Berville, voy.* Rogerus.
Berriaco, 167, 238, 239, *Barriac.*
Bersoaizis, uxor Doitrandi, 109.
Berta, 381.
Berta, *espagnol,* viij.
Berta, comitissa Rutenensis, 12, 18, 19, *comtesse de Rouergue, femme de Robert d'Auvergne.*
— uxor Willelmi, donatrix, 61.
Bertalaicus, 100.
Bertefredus, 3.
Berteldis, comitissa, 22, *femme de Raymond II, comte de Rouergue.*
— uxor Poncii, donatrix, 38, 39, 151.
Bertelmus, *nom cité,* 188, 305.
Berterannus, 3.
Bertgaudus, 159.
— sacrestanus, 162.
Berthols, com. de Noailhac, voy. Vertols.
Bertholsus, 406.
Bertilla, uxor Gariberti, 9.
Bertinus, 318.
Bertlandus, *nom cité,* 100, 159.
Bertram Esteve, 373, 374.
Bertrandus Ademarus, 384.
— Ademarus, monachus, 368.
— Bonusparus, donator, 302, 303.
— canonicus, 338.
— cantor scholarum Lutevensis, donator, 357.
— comes Tolosensis civitatis, 336, 337.
— decanus, 300.
— filius Amalsendis, donator, 279.
— filius Rodberti de Castello, donator, 227, 228, 273.
— Iteril, 373.
— Longus, 46.
— monachus, 25.
— monachus, filius Dalmacii, 270.

— monachus, scriptor, 16, 41, 271, 297.
— nepos Raimundi, Oddonis, 336.
— presbyter, 164.
— prior de Campaniago, 162.
— Ricardi, 346.
— scriptor, 382.
— vel Bertrannus, vassus dominicus, xxv, 332, 333.
— *nom cité,* 14, 15, 41, 46, 279, 323, 334, 339, *voy.* Geraldus.
Bertrannus, clericus, 216.
— filius Willelmi Miscemalum, donator, 50.
Berville (Seine - Inférieure), voy. Berrevilla.
Besa (la), 395, *La Besse, com. de Villefranche-de-Panat.*
Besalu (Espagne), comté, cix.
Besome, pays en Périgord, voy. Bicelmensis.
Bessayrie (la), com. de Noailhac, voy. Illa Beciaria.
Besse (la), com. de Saint-Parthens, voy. Becia; — *com. de Villefranche-de-Panat, voy.* Besa.
Bessenoits (la), com. de Firmy, voy. Becia.
Bessenoitz (? Auvergne), lxxxvij, lxxxviij.
Besses, com. de Cassagnes-Comtaux, voy. Beissas.
Bessière (la), com. de Cransac, Golinhac, Rodelle, Senergues; voy. Becaria, Beceira, Beciaria, Betia.
Besumba, lxxxj, 164, *Bezombe.*
Besza, *voy.* G., *La Besse?*
Bethonice, Betonensis, xxxv, 37, 164, *pays de Bédène.*
Betia in Goliniacensi, lxx, 182, *La Bessière, com. de Golinhac.*
Betonensis, *voy.* Bethonice.
Beus, com. de Bains (Haute-Loire), voy. Embaisso.
Bex (le), com. de Grandvabre, lxxj.
Bexanenegues.
Bezaria (illa), 159, *l'un des La Bessière du canton de Rignac.*
— 175, *dépendance de* Pallaired.
Bezcia, *voy.* Becia.
Bezeira (la), 378, *dépendance de S. Mamet.*
— *voy.* Beciaria.
Béziers (Hérault), xxvij, c, cj, *voy.* Biterrensis.

Bezombe, com. de Campouriés, voy.
Besumba.
Bicalmensis pagus, lxiv, 18, *pays
de Besome.*
Big..., *voy.* Willelmus.
Billac (Corrèze), voy. Abeliac.
Biterrensis, Biterris, 23, 25, 26,
voy. monnaie.
Blacaria (illa), lxxxv, 229, 237, *La
Capelle-Balaguier.*
Bladenet, 392, *Blanadet.*
Bladinus, decanus Lugdunensis,
363.
— elemosinarius Hugonis, 302.
— venditor, 301, 302.
— *nom cité*, 136, 142, 143, 282,
289, 304, 311.
Blanadet, com. de Vieillevie (Cantal), voy. Bladenet.
Blancafort, *voy.* Arnaldus, *Blanquefort.*
— ? *voy.* Sicardus.
Blandin, abbé, xxxix.
Blandinus, 200.
Blanquefort (Gironde), voy. Blancafort.
Blauzac, lxxij, lxxxvij, 328, *Blauzac, com. de Clairvaux.*
Blé, cxx.
Blesensis, *voy.* Borellus, *Blois.*
Bligerius, frater Aimonis, donator, 204.
Blois (Loir-et-Cher), xv, cxij, *voy.*
Blesensis.
Blos Monte, lxxviij, 36, 80, *? env.
de Pomiés.*
Boac (el), 387, *peut-être Le Bosc,
indiqué sur la carte de Cassini,
près de Cabanès.*
Bobo, 3.
Boca Moza, 32.
Bocardenca, 370, *envir. de Saint-Cyprien.*
Bocart, 373, *? envir. de Molompise.*
Boccona, silva, 80, *territoire de
Villeneuve-les-Cugnaux.*
Bogier, 395, *bouvier.*
Boigas (las), 375, *Les Rouyes.*
Boisola (la), 239, *? dans le Barrez.*
Boissy-le-Châtel (Seine-et-Marne), voy. Bussiacum.
Bolzols, lxxiv, 245, *Bozouls.*
Bonafossia (la), 385, *? dépend. de
N.-D. des Planques.*
Bonafossus, *nom cité*, 39, 53.

Bonava, ? 279.
Bona Valle, xxvij, lxiv, lxv, lxxij,
lxxxvij, 16, 19, 173, 399, *Clairvaux.*
Bona Villa in Normannia, 371,
Bonneville-sur-Touque.
Bondigoux, Bondiguos, civ, 329,
(*Haute-Garonne*).
Bonefacius, Bonifacius, abbas,
xliv, xlv, 281, 328, 338, 350,
353, 354, 357, 359, 360, 371, 379,
380, 385, 386, 393, 397, 404.
— filius Bernardi, 232.
— filius Stephani de Vigorone,
120.
— monachus, 281, 338, *voy.* Bonefacius, abbas.
— monachus, scriptor, 350, *voy.*
Bonefacius, abbas.
— scriptor, 110.
— senior, 55.
Bonefacius, Bonefatius, Bonifacius, *nom cité*, 8, 22, 83, 103,
113, 138, 163, 312.
Bonetenco ou Bonetesco, 147, *Les
Boutets.*
Bonforno, cxv, 368, *pour* Horsam.
Boni homines, xxv, xxviij, 22,
165, 234.
Bonimont, lv, lvj, lxxxvj, lxxxvij,
30, 139, 141, 321, 322, 328, *peut-être Calmont, com. de Noailhac.*
Bonjus, *voy.* Bernardus, Ingelbertus.
Bonna, *? voy.* Matfredus.
Bonneval, voy. Clairvaux.
— *abbaye, com. du Cayrol*, lxv.
*Bonneville-sur-Touque (Calvados),
voy.* Bona Villa.
Bonus filius, 43.
— Arnaldi, 322.
— filius Guarangardis, 166.
Bonus homo, 11.
Bonuspar, filius Aimonis, donator, 44.
— de Raineldesco, donator, 314.
— *voy.* Bernardus, Bertrandus.
Bordeaux, Bordelais, xv, xcv, *voy.*
Bordeles, Burdegala.
Bordeles, Bordelesi, 281, 286, *Bordelais.*
Bordes (les), com. de Senergues,
lxxj.
Borgada (la), 379, *? dépendance de
Saint-Mamet.*

Borie (la), com. *de Muret*, lxvij.
Borgoden, 364, ? *dép. de Malons.*
Born (*Haute-Garonne*), voy. Borno.
Born (el), 333, ? *l'un des Born de l'Aveyron.*
Bornago, 412, *Bournac.*
Bornazel, Bornazelles, 376, 377, *Bournazel.*
Borno, civ, cv, 59, 329, 335, 336, *Le Born (Haute-Garonne).*
Bornonesca, 328, *Bournhounesque.*
Borranio, lvij, 184, *Bourran.*
Borrel, voy. Bernard.
Borrellus Blesensis, 353.
Bos, 67, *ce qu'il peut labourer en un jour.*
Bosc (le), voy. Boac, Bosc, Bosco.
Bosc (el) lxvj, lxviij, 160, 327, 375, 376, *Le Bosc, com. de Nauviale.*
Boscairon, cix, 271, *Buscaros.*
Boschet, 21, *Le Bousquet*, com. de *Saint-Léons.*
Bosco, voy. el Bosc.
Bosco, 394, *Le Bosc de Peyrassié, com. de Réquista.*
Bosco Betone, 280, ? *voisin de Vaureilles.*
Boscum (illum), 190, *n'est pas un nom de lieu.*
Boso, donator, 76.
— filius Ainer Sancii, 52.
— filius Grimardi, 177.
Bosonis mansus, xcix, 323, *Malbouzon.*
Bosquet, 44, *Le Bousquet*, com. de *Drommat.*
Botongle, 37, *Boutoncles.*
Bouillac, vj, lxxij, voy. Buliago.
Bouissou (le), com. *de Saint-Félix de Lunel*, liv.
Bourg (Gironde), voy. Burg.
Bourgogne, xv, cxj, voy. Robertus, episcopus.
Bournac, commune de Foissac, vj, lxxij.
Bournazel, vj, lxj, lxlij, lxxij, voy. Bornazel, Burnacello.
Bournhounesque, com. de Nauviale, voy. Bornonesca.
Bourran, comm. de Decazeville, voy. Borranio.
Bourrel, com. de Cassagnes-Comtaux, lxxij.
Bousquet (le), voy. Boschet, Bosquet.

Boutels (les), com. *de Muret*, voy. Bonetenco.
Boutoncles, com. *d'Enguialès*, voy. Botongle.
Bouviala, com. *de Clairvaux*, voy. Ballevillaro.
Bouyssols, com. *d'Entraygues*, voy. Boziolo.
Bovo, donator, 364.
Boxia (illa), xcix, 223, 295, *La Boysse d'Avèze.*
Boygues (les), com. *de Decazeville*, voy. Las Boigas.
Boysse d'Avèze (la) (Gard), voy. Boxia.
Bozarel, 307, ? *envir. de Saint-Cyprien.*
Boziolo, lxviij, 271, *Bouyssols.*
Bozouls, com.; voy. Bolzols.
Brachiata, 72, 73.
Braigs, xcvj, 52, voy. Pinolium.
Braio, voy. Milo, *Brie-Comte-Robert.*
Braisia, lxxx, 293, 294, *Bré.*
Brajcac, com. *de Valuéjols*, voy. Bacza.
Bramaric, 331, 380, *Bramarigues, com. d'Aubin ou de Marcillac.*
Bramarigas, 82, *dépend. de* Monte Aldone.
Brancolus, villa, 7, ? *envir. de Livinhac-le-Haut.*
Brantosmi, 17, *Brantôme en Périgord.*
Braxis, xcvj, voy. Braigs.
Bré, com. *de Veyreau*, voy. Braisia.
Bresanio, 286, ? *en Périgord.*
Brès (Tarn), ciij.
Bresonz, lxxxviij, xcj, 228, *Brezons.*
Bretas vel Bretes, 45, 274, ? *envir. de Valuéjols.*
Breucasser, lxv, ? *envir. de Clairvaux.*
Brezons (Cantal), com., voy. Bresonz.
Brie-Comte-Robert (Seine-et-Marne), voy. Braio.
Broa, 379, *Labro*, com. *de Prévinquières.*
Broas, 375, 377, *Labro*, com. *de Muret.*
Brobtaato, 39, 318, *Brommal*, voy. Brogmacense.

Broca, xciv, 254, *? envir. de Mont Lauzun (Tarn-et-Garonne).*
Broceta, lxxxix, 226, *Broussette.*
Brocia (illa), *voy.* illa Brucia.
Brocmo, *voy.* Brogmo.
Brogmacense, *voy.* Brobtaato.
Brogmad, Brogmado, xxxv, lxxviij, lxxix, 39, 44, 318, 395, *Brommat, voy.* Brobtaato.
Brogmeto, 239, *? dans le Barres.*
Brogmo, lxxix, 42, 43, 212, 276, 284, 356, 395, *Bromme, voy.* B.
Brommat, com., *voy.* Brobtaato, Brogmacense, Brogmad.
Bromme, com. *de Mur-de-Barres, voy.* Brogmo.
Brondel, *voy.* Guirard.
Brousse (la), voy. la Broza, Brucia.
Broussette, com. de Reilhac (Cantal), voy. Broceta.
Broussiés, com. de Brommat, voy. Bruisago.
Broye-les-Loups (Haute-Saône), cxlj.
Broza (la), xlix, 330, 331, 380, *La Brousse, com. de Conques.*
Brucia, xc, 9, *la Brousse, com. de Sansac (Cantal).*
— 100, 347, *La Brousse, com. de Conques.*
Brudjouls, com. de Clairvaux, voy. Varojol.
Bruelleric (la), com. de Conques, voy. Brugairolas.
Brugairolas, 88, *La Bruelleric.*
Brugaria (illa), lxv, 296, *La Burguière.*
Brugeiras, 393, *? envir. de Cépet.*
Bruisago, *voy.* Geraldus, *Broussiés.*
Bruno Issarto, 30, *territoire des Arbres.*
Brus, *voy.* Guillentz.
Bruscensis, *Brusques,* com., xxxvij.
Bufamo, 81, *Buffan.*
Buffan (le), com. de Quins, voy. Bufamo.
Buirago, 286, *? Puy-Randon, Puy-Rajou (Dordogne).*
Buliogo, 412, *Bouillac.*
Burdegala, *voy.* Petrus de, Burdegalensis, 349, *Bordeaux.*
Burdinus de Alturre, 341.
Burdulia, 374, *envir. de Molompise (Cantal).*

Burg, vcy. Aimericus, Guitardus, *Bourg (Gironde).*
Burgensis, 252.
Burguière (la), com. de Clairvaux, voy. Brugaria.
Burgus, 16, 19.
Burnacello, 410, *Bournazel.*
Buscaros (Pyrénées-Orientales), voy. Boscairon.
Bussiacum, 352, *Boissy-le-Châtel.*
Buxadese, 2, *? envir. de Saint-Martin-du-Larzac.*

C.

C. episcopus Portuensis, 391, *Porto-Ercole e Santa Rufina.*
Cabacianus, *voy.* Hictor.
Cabalitanum, *voy.* Gabalitanum.
Caballarius, 20, 29, 181, 201, 211, 216, 280, 295, 334.
Caballus, 280; — ferradus, 167, *voy.* equus.
Cabanas, 390, *Cabanes, com. de Labastide-l'Évêque.*
Cabassoles, com. de Saint-Cyprien, Cabazola.
Cabazola, lij, 307, *Cabassoles.*
Cabdenago, xxxv, *voy.* Girbertus, Capdenac.
Cabdiner, 393, *? envir. de Cépet.*
Caborouoco, lieu planté de vignes à Pomiès, voy. Roca cava.
Cabessière, com. de Conques, xlviij, *voy.* Cava Beciaria.
Cabillonensis, 365, *Châlons-sur-Saône.*
Cabniacense, xxxv, 31, *voy.* Capdenago.
Cabreira, *voy.* Emmeno; *il y a dans l'Aveyron un Cabrière et deux Cabrières, lequel?*
Cabrellis (elz), 376, *Cabrilles.*
Cabrespines, com. de Coubisou.
Cabrilles, com. de Salvagnac Saint-Loup, voy. Cabrellis.
Cabrilxe, Cabrilzo, 346, 370, *? env. de Saint-Cyprien.*
Cabri Spina, 346, *Cabrespines.*
Cabrol (lc), com. d'Escandolières, lxxij.
Cabtinacensis, xxxv, 219, v. Cabdenago.
Cadairaco, Cadeiraco, lxvij, 170, 375, 376, 377, *Cadeyrac, com. de Salles-la-Source.*

Cadinario, lxxxij, 35, *? environs de Candadense.*
Cadirag, 375, *Cadeyrac,* voy. Cadairaco.
Cadix (Tarn), voy. La Serra.
Cadoleno, 122.
Cahors (Lot), xxvij, xlviij, xcv; voy. Caturcensis.
Cairode, 339, *? env. de Ségur.*
Cairols, Cairolos, lxxiv, 114, 115, *le Cayrou, com. de Sonnac.*
— 279, 280, *le Cayrou, com. de ...urcilles.*
(... ...los), 286, *? près de Gui-*
C. ...., Cajarco, v. Odolricus.
Caiomus, capellanus J. abbatis Conchensis, 351.
Calendæ, 41, 42, 181, 182, 226.
Calix, 340, *signe de donation,* voy. cyphus.
Callia, 50, 51, 281, 286, *Ste-Foi des Cailles.*
Calm, lix, 211, *Lacan, com. de Firmy.*
Calm, Calmz, Caml (la), v. Calmo.
Calmbella, 364, *? dép. de Malons.*
Calmelio Caldo, xcij, 1 2, *? confins de l'Auvergne et du Rouergue.*
Calmeta, xcj, 46, *La Chaumette.*
Calmeta lviij, lxvij, 150, 306, 307, *La Calmette, com. de Firmy.*
Calmo, lxxxiij, 389, *Lacalm.*
Calmont, com. de Noailhac, voy. Bonimont.
Calmont-de-Plancage, com., lxxv.
Calmont d'Olt, com. d'Espalion, voy. Calmonte.
Calmonto, Calmontensis, xvij, xxvj, lxxxiv, lxxxix, 239, 401, 402, *Calmont d'Olt,* voy. Bego, Hugo, Petrus, Stephanus Calvomontensis.
Calsanus, 286.
Calsto, 163.
Calveirus, voy. Giral.
Calvet Rotbert, 391.
Calvetus, voy. Deusdet.
Calvolo, 1, 90, *? envir. d'Aubin.*
Calvomontensis, 6, 37, *Calmont d'Olt,* voy. Calmonte.
Camarasa, 186, *Oamarus ou Hamarus.*
Camarensis, xxxvij, *Camarès ou Hamarus.*

Camarès, voy. Camarensis.
Cambolaz, lxxxj, voy. Hector, Poncius, *Camboulas.*
Cambonem, xcviij, 285, *Le Chambon.*
Camboneto, 45, *? env. de Valuéjols,* voy. Cantboneto.
Camboulas, com. de Pont-de-Salars, voy. Cambolaz.
Camerarius, 391.
Caminata domus, 44, *presbytère.*
Campagnac, voy. Campaniago et Campanico.
Campanegscum, voy. Otto.
Campanhac, voy. Campaniago.
Campaniago, liv, lxxv, lxxvj, 162, 395, *Campagnac, com.*
Campanico, 346, 389, *Campagnac, com. d'Espeyrac.*
Campio, 264.
— filius Ademari, donator, 365, 366.
Campo Audulfo, 346, *? dans le Rouergue.*
Campo Bardulfo, 342, *Champ Bardin.*
Campo Clauso, voy. S. Privatus.
Campo Germano, 281, 286, *? env. d'Aurière.*
Campolivado, clij, 315, *Compolibat.*
Campouricz, com. de Saint-Amans, voy. Quamprius.
Campuac, com., vj, voy. Campus Hiacus.
Campus Hiacus, lxviij, 410, *Campuac.*
Canallarius, voy. Stephanus.
Canals, 295, *Les Canals, com. de Cornus.*
Canavilicnso, *?* xxxv.
Canbe, 81, 163, 181.
Candadense, xxxvj, lxxxij, 35, 347, *Candadès ou Candas, com. de Montjaux.*
Candela, 115, 125, 209, 272, 284, 285.
Canet (le), voy. Cannet et Canneto.
Cannas, lxxxiv, 180, 181, *Lacan, com. d'Alrance.*
— lxxxvj, 118, 278, *Les Cans, com. de Vérières.*
Cannet, voy. Bernarz, *Le Canet, cant. de Pont-de-Salars.*

Canneto, xcv, 54, *Le Canet (Dordogne)*.
Cannolio, lxx, 365, ? *environs de Golinhac.*
Cans (les), com. de Vérières, voy. Cannas.
Canseries, voy. Causeiria.
Cantal, vj, xiij, lxxxiij, lxxxviij, xc, xcij.
Canta Lopa, Cantaluppa, lxxvj, 123, 377, *Cantaloube, com. de Prades d'Aubrac.*
Cantagrel, Cantagrelo, lxx, 261, 262, *com. d'Espeyrac.*
Cantboneto, 274, voy. Camboneto.
Cantumerlo, 353, *Chantemerle.*
Canuas, voy. Cannas.
Caparros, cxvj, cxvij, cxviij, 407, *Caparroso (Navarre).*
Capcrivelz, voy. Deusdet.
Capdenac (Lot), xxij, xxxvij, voy. Cabdenago, Cabniacense, Cabtinacense, Captinacense.
Capela, 390, *La Capelle, com. de Conques.*
Capela, lxxviij, 390, *La Capelle Bleys.*
Capella *(construction),* 397.
Capellani, 352.
La Capelle, voy. Capella, S. Stephanus.
La Capelle Balaguier, com., voy. Blacaria.
La Capelle Bleys, com., voy. Capela.
La Capelle Parcel, com. d'Alrance, voy. Sarcelz.
Capo, 276.
Captinacensis, voy. Capdenago.
Captio, 19, 364.
Capud de Dunsso, 336, *voisin de Monto S. Johanni.*
Caramans (Haute-Garonne), civ, cv.
Caranciago, lvij, 274, *Cransac.*
Carcassonno, xxvij, cij, civ, 73, 74, 75, 344, 362, voy. Oxiacensis, *Carcassonne (Aude).*
Carcennago, xcv, xcvj, 55, 202, *Carsac,* voy. Garzago.
Cardil, ruisseau (Aude), voy. Carpdillam.
Cardona (Catalogne), voy. Gardona.
Careio, voy. Carrigium.

Careira (la), 375, *l'un des Carrière des env. de Conques.*
Caritates, 186.
Carladense, xxxvj, xxxvij, xxxviij, lxxx, lxxxviij, xc, xcij, 89, 266, 384, *Carlades, Carlat.*
Carloman, roi, lxxxiv, lxxxv.
Carnale, 65.
Caro, 42, 81, 82, 121, 244, 282, 357, 408, 409.
Carolus, *Charlemagne,* empereur, ij, iij, iv, v, vj, xix, xx.
— *Charles le Chauve,* iv, v, xx.
— *Charles le Gros,* xj, lxxxiv.
— *Charles le Simple,* xx, xl, 7, 11, 31, 87, 99, 104, 107, 111, 113, 117, 128, 129, 142, 153, 186, 188, 194, 195, 209, 217, 232, 243, 252, 253, 268, 271, 275, 290, 302.
Carpdillam aquam, cij, 291, *Cardil.*
Carpinellus, voy. Galdemarus, Johannes.
Garregium, carroig, voy. Carrigium.
Carreira, voy. Hugo, et Careira.
Carrez, voy. Carrigium.
Carrière (la), com. de Mouret, voy. Croza Carraria.
Carrière (la), com. de Saint-Cyprien, lxxj.
Carrigium, 292, 314, 330, 376, 377, 385, 394.
Carsac, com. de Villefranche-de-Longchapt (Dordogne), voy. Carcennago.
Carta donationis legenda in capitulo, 87, 188.
Carruca, 350, 352.
Carteira, 41.
Casa (la), 385, *La Case.*
Casa Dei, 373, *La Chaise-Dieu.*
Casal Montferrat, xvj, cxv, *Italie.*
Casal (el), lix, 210, 211, 360, *Le Casal, comm. de Firmy.*
Casalis, Casalo, Casals, cij, 73, 74, 343, 361, 362, *Les Arnals.*
Casalis, clx, 292, *Le Castellet, près d'Auribeau.*
Casanas, 384, *Cassagnes, com. de Brommat.*
Case (la), com. de Nauviale, voy. Casa.
Casellas, 315, *n'est pas un nom de lieu.*

Casellas (las), 379, *dépendance de Saint-Mamet.*
— 331, 380, *Les Caselles.*
Casmar, lxiv, lxvj, 98, 196, 346, *Raymard.*
Cassa Galater, 329, 386, *voy.* Cassaniœ Galterii.
Cassagnes, voy. Casanas, Cassagalater, Cassaniœ Galterii, Cassanias.
Cassagnes-Begonhès, com., lxxv.
Cassagnes-Comtaux, com., *voy.* Cassanias.
Cassan (le), voy. Cassan, Cassano, Castan.
Cassan (el), 331, 380, *Le Cassan, com. de Clairvaux.*
Cassanardus, 165, 207 ; — 177.
Cassanias, Cassanienses, lxlij, lxiv, lxxij, 17, 18, 19, 20. *Cassagnes-Comtaux, voy.* Hu et Hugo.
Cassaniœ Galterii, civ, cv, cvj, cvij, 61, 62, *Cassagnes près Toulouse, voy.* Cassa Galater.
Cassaniouze (Cantal), xclj.
Cassano (el), 395, *Le Cassan, com. de Vabre, cant.-de Rieupeyroux.*
Casse (el), cvij, *voy.* Radulphus, *Le Casse (Haute-Garonne).*
Casse Galater, *voy.* Cassa Galater.
Cassemare, *voy.* Casmar.
Cassis, 18.
Cassojol, lxxvj, 222, *Cassutjouls.*
Cassutjouls, com., *voy.* Cassojol.
Castaillac, com. de Golinhac, voy. Castaliaco.
Castaliaco, Castaliago, 182, *Castaillac, voy.* Geraldus.
Castan, lxxvij, lxxvilj, 388, 393, *Le Cassan, com. de Privezac.*
Castanerias, *Castanyers*, cix, *voy.* Oddo.
Castanie (la), voy. Castaniaro.
Castaniaro, lvij, lxx, 145, 146, 155, 380, *La Castanie, com. de Ginouillac.*
Castanio, xciij, 75, 76, *Chastang.*
Castanner, 379, *dépend. de Saint-Mamet.*
— *voy.* Castaniaro.
Castanus, *voy.* Armandus.
Castanyers, com. de Prunct-et-Bellpuig (Pyrénées-Orientales), voy. Castanerias.
Castellana fons, 332, *? envir. de Molompise.*

Castellet (le), *près d'Auribeau (Vaucluse), voy.* Casalis.
— *voy.* P., *peut-être Le Châtelet.*
Castelleto, cx, 362, 363, 364, *Le Châtelet.*
Castello, *? voy.* Austrinus.
Castello, xc, xcj, *voy.* Rotbertus, *Chastel sur Murat.*
Castello Barossa, cvj, *voy.* Arnaldus, Willelmus, *?pays toulousain.*
Castellum, 19, 20, 256, 281, 286, 291, 337, 380, 381, 384, 390, 402,
— incastellare, 1.
Castelmauro, civ, cv, cvij, 329, 386, *Castelmauron(Haute-Marne).*
Castello Merlo, 346, *? Rouergue.*
Castello Novo, *Castelnau de Mandailles,* xcij, *voy.* Hector, Hugo.
— *Castelnau (Gard), voy.* Raimundus Arnaldus.
— *dans le Médoc? voy.* Rotlandus.
— *en Quercy? voy.* Gauzbertus.
Castello Pelagrua, *Pellegrue, voy.* Ebrardus.
Castello Vetulo, 281, 286, *Castelvieil.*
Castelnau, *voy.* Castello Novo.
Castelnau-de-Pégayrolles, comm., lxxxij.
Castelpers, com. de Saint-Just, lxxx.
Castelvieil (Lot-et-Garonne), voy. Castello Vetulo.
Casternago, 239, *? dans le Barrez.*
Castlaro, 144, 145, 146, 206, *n'est pas un nom de lieu.*
Castlaro, lxiij, lxxxv, 30, 39, 83, 127, *Le Caylaret, com. de Saint-Christophe.*
Castlaro, lxx, 273, 387, *? envir. d'Espeyrac ou de Golinhac.*
Castlo, *abbé de Figeac,* xvj, xix.
Castlucio, *voy.* Castro Castlucio.
Castrensis episcopus, 370.
Castres (Tarn), viij, ix.
Castrias, 21, *Castries, com. de S. Léons.*
Castriduno, *voy.* Walterius, *Châteaudun.*
Castro Castlucio, xcij, *voy.* Frotardus, *Caylus, confins de l'Auvergne.*
Castrum, 17, 18, 50, 60, 66, 186, 222, 292, 337, 338, 342, 348, 352, 353, 388, 393.
Castrum Mauronis, *voy.* Castelmauro.

31

Castri novi, voy. Hector, Castel-
nau-de-Mandailles.
Catalogne (Espagne), cxvij.
Catcht, voy. Airal.
Catet, voy. D...
Catherine, reine de Navarre, cxviij.
Cati Armati, voy. Arnaldus.
Catlatense, voy. Carlatense.
Catulense, xxxvj, xcij, Caylus
(Tarn-et-Garonne).
Caturcenses, 367, 379, Cahors, voy.
monnaie.
Caturcinus, xcv, 33, 109, 193, 229,
269, 281, 285, 305, Cahors.
Caucen, 364, ?dép. de Malons.
Causeira, lxv, 313, 314, 377, Cau-
series, près de Clairvaux, carte
de Cassini.
Caussonnel (le), com. de Rignac,
lxxij.
Cautarda, 319.
Cautela, donatrix, 180.
Cauze (el), 375, l'un des Ca e,
voisins de Conques.
Cava Beciaria, lxxj, 163, Cabes-
sière.
Cavagnolo, xvj, cxix, cxx, Italie,
diocèse de Casal-Montferrat.
Cavailac, 331, Cavalac.
Cavalac, com. de Florentin, voy.
Cavailac.
Cavanac (Aude), Cavanaco, Cava-
nags, 75, voy. Cavannac et
Raimundus Arnaldi, Udalge-
rius.
Cavannac, voy. Austenfranc, B.
Oddo, Cavanac.
Cavanni, Cavannicum, xcj, xcij,
325, 326, 331, 350, 351, 354, 355,
381, Sainte-Foi, autrefois Chevi-
gny, com. du Val-de-Suzon.
Caylaret (le), com. de Saint-Chris-
tophe, voy. Castlaro (le mot Saint-
Christophe a été oublié, p. lxiv,
avant le Caylaret).
Caylus (Tarn-et-Garonne), voy. Ca-
tulense.
Cay ou (le), com. de Bournazel,
lxxij.
— com. de Flavin, lxxvij.
— com. de Sonnac, lxxiv.
— com. de Vaureilles, lxxviij, voy.
Cairols.
Cazal (le), com. de Firmy, voy.
Casal.

Cazas, 331, l'un des Caze ou Cases
de l'Aveyron ?
Caze (la), com. de Nouviale, lxxij.
Cazelles (les), com. de Grandvabre,
voy. Casellas.
Ceba, voy. Ponz.
Célian (Aude), voy. Ciliano.
Cellerarius, xxvij, xxix, 33, 226,
275, 356, 370, 405, 409.
Cellis, voy. Poncius, Hérault?
Cellula, 66, 332.
Cendra, voy. Hugo.
Cenrau, com. de Saint-Julien-d'Empare, voy. Centrama.
Censis (la), voy. W.
Census, xxvij, lxxj, cxlij, 12, 18,
33, 41, 42, 56, 65, 71, 77, 79, 81,
82, 89, 99, 109, 117, 118, 121,
131, 157, 163, 181, 182, 199, 201,
222, 224, 226, 227, 243, 244, 245,
252, 269, 271, 273, 276, 279, 280,
281, 285, 286, 296, 297, 299, 303,
314, 319, 322, 323, 327, 330, 331,
334, 335, 352, 356, 362, 367, 373,
376, 385, 386, 389, 391, 395, 397,
402, 403.
Centerama, lxlij, 126, 127, Centrès,
com. d'Auzits.
Centorenga, cvilj, 294, Saint-Orens.
Centrama, lxxiij, 247, Cenrau.
Centrès, com., lxxx, voy. Centera-
ma, Sentres.
Centullo, 72, territ. de Sainte-Foi
de Licairac.
Ceparleira (la), 21, ?entre Pont-de-
Salars et Millau.
Ceped, Cepedo, civ, cv, cvj, 62,
63, 329, 393, voy. Geraldus,
Pontius.
Cépet (Haute-Garonne), voy. Ceped.
Cera, 9, 35, 73, 126, 150, 157, 167,
181, 223, 252, 308, 360.
Cerca, 161.
Cerdagne, viij.
Cereis, lxxiij, 330, Cericysses.
Ceresin, fons, 10, ? à Salles la
Source.
Cerous, mesure, 163.
Cericysses, com. de Loupiac, voy.
Cereis.
Cerles, com. de Firmy, voy. Serla.
Cernacense, voy. Serniacense.
Cerniaugis, liv, 410, Senergues.
Cervaireta, 45, Serrcyrette.
Cervaria, xcix, 322, château de

Serviès, détruit, com. de Saint-Julien-du-Tournel (Lozère).
Cervaria, 274, Servières.
Cervaria roca, 332, 333, ? envir. de Molompise.
Cerveira, xcix, voy. Bernardus, Petrus, Serviès.
Cestat (la), abbas de —, 351?
Cevenna, xcix, 222, Cévennes.
Césens (Cantal), lxxxviij.
Chaise-Dieu (la) (Haute-Loire), voy. Casa Dei.
Chalon-sur-Saône (Saône-et-Loire), voy. Cabillonensis.
Chamble (Loire), cx.
Chambon (le) (Haute-Loire), voy. Cambonem.
Champagne, xv, cxij, cxiv.
Champ Bardin, com. de Saint-Barthélemy (Seine-et-Marne), voy. Campo Bardulfi.
Chantemerle, com. de Maisoncelles (Seine-et-Marne), voy. Cantumerlo.
Chapitre séculier de Conques, 11.
Charles, voy. Carolus.
Chartres, xij.
Chastang (Corrèze), voy. Castanio.
Chastello Theodorici, Château-Thierry; voy. Theolfus.
Chastel-sur-Murat (Cantal), voy. Castello.
Château de Conques, lxxij.
Châteaudun (Eure-et-Loir), voy. Castriduno.
Château-Thierry, voy. Chastello Theodorici.
Châteaux-forts, xxxix.
Châtelet (le), com. de Chamble (Loire), voy. Castelleto.
Châtellenies dépendant de Conques, iiij, liv, lv, lvj.
Chaubran, 375, Le Mas de Chabbert.
Chaumette, com. de Paulhac (Cantal), voy. Calmeta.
Chausi, voy. Hugo, ?Choisy.
Chavanene, Chavanie, Chavannich, voy. Cavanni.
Cheir, Cher (el), xcj, 223, 224, ? voisin de Tournemire (Cantal).
Chevigny, voy. Cavanni.
Chiadgerius, voy. Hugo.
Chrichetoth, Criquetot-sur-Longueville, voy. Eustachius.

Christophorus, 329.
Chusclan (Gard), l.
Ciceralacum, xxxix, 410, pays des Ers (canton d'Estaing).
Ciciago, lvj, lxiv, 83, 84, ? envir. de Conques.
Cideritz, voy. Gasseu.
Ciliano, clij, 269, Célian.
Cimiterium, xxx, 16, 25, 26, 52, 70, 74, 322, 344, 403.
Civada, 37, 41, 42, 77, 81, 82, 118, 121, 123, 163, 181, 182, 196, 199, 211, 224, 226, 227, 243, 244, 261, 276, 279, 280, 281, 282, 286, 295, 296, 297, 303, 314, 323, 373, 376, 377, 378, 385, 402, 403.
Civitas, 1, 23, 336, 356.
Cizeira, Cizeria, 80, affluent de la Saudrume (Haute-Garonne).
Clairac, voy. Claracum.
Clairvaux, com., voy. Bona Valle, Clara Vallis.
Clarac, Claracum, civ, cvj, 66 (Haute-Garonne).
Claravallis, voy. Bona Valle.
Claugianicas, xlix, 127, 128, 129, 130, 168, 169, La Roque, com. de Grandvabre.
Clauginiaco, lxxij, lxxiij, 31, 32, 81, 82, Claunhac.
Claunangas, 307, ? envir. de Saint-Cyprien.
Claunhac, com. de Salles-Courbatiès, voy. Clauginiaco.
Clauniag, Clauniago, voy. Clauginiaco, Bernardus.
Claustrum (construction), 339.
Claviangas, 347, ? Aveyron.
Clericiana, uxor Rigualdi, 50.
Clermont-Ferrand (Puy-de-Dôme), vj, ix, xvij, xviij, xxviij, xxxij, xlj, xlij, xliv, lxxxviij, lxxxix.
Clibanus, 386.
Cloître, xxxiij, xxxiv, voy. Claustrum.
Cluniacense, Cluny, xvij, xviij, xl.
Coberturas, cvj, 66, ancien nom de Clarac.
Cobizo, lxviij, lxix, lxxj, lxxvj, 390, Coubisou.
Coculo Monte, xcvij, 227, Cocumont (Gironde).
Cocumont, voy. Coculo Monte.
Coderc, Coderco, Coderg, 223, 375, voy. Berengarius, Deusde, Ri-

galdus, *l'un des Couderc des environs de Conques*, com. de Fla-gnac ou de Grandvabre.
Colla, Collad, 281, 286 (*Dordogne*).
Colnat, *voy.* Colla.
Collo de Excollatis, 288, ? *Minorque.*
Colon, xxvj.
Columbangas, lxxiij, lxxiv, 412, *Les Combalous.*
Columbariensis, Columbers, Colummari, cxij, cxiij, cxiv, 340, 341, 342, 352, 354, *Coulommiers en Brie.*
Comarchus, pater Alcherii de Mellanca, 400.
Comarcus, 305.
Combalous (les), com. *de Salvagnac, Saint-Loup*, vij, *voy.* Columbangus.
Combariacus, lxiv, 18, ? *lieu du Périgord.*
Combariclara, 72, *dép. de Sainte-Foi-de-Licairac.*
Combe d'Auribal (la), voy. Aurias Cumbas.
Combetas, 21, *Les Combettes*, com. *du Vibal.*
Combe Vigane, com. *de Saint-Julien d'Empare*, voy. Cumba Vigana.
Combred, Combret, j, lxij, 5, *voy.* Bego, Deusdet, Hugo, Combret.
Combrens, com. *de Firmy*, *voy.* Cumbres.
Combret, com. *de Nauviale*, voy. Combred.
Combrosa, *voy.* Aimo.
Combrouse, com. *de Colombiès*, xxv, xxvj, xxviij.
Comes, comitissa, 24, 47, 48, 49, 60, 71, 305, 325, 331, 337, 340, 341, 342, 351, 352, 353, 354, 356, 359, 370, 372, 381, 382, 394, 396, 411, 412, 413.
Comitatus, xxv, xxvj, 19, 48, 65, 80, 113, 116, 122, 196, 207, 209, 216, 222, 250, 255, 266, 268, 269, 270, 271, 273, 276, 281, 282, 285, 286, 288, 292, 295, 303, 313, 315, 319, 326, 372, 396, 400, 405.
Comitissa, *voy.* Comes.
Commanda, commenda, commendaticum, 12, 29, 30, 37, 57, 70, 69, 118, 190, 278, 322, 328, 376.
Comminges, voy. Conveniense.

Communia monachorum, **xxix**, 7, 12, 14, 15, 16, 22, 30, 31, 33, 34, 38, 39, 51, 78, 80, 84, 85, 87, 88, 89, 107, 109, 115, 117, 118, 121, 123, 124, 125, 131, 134, 136, 145, 146, 147, 150, 162, 164, 167, 172, 175, 181, 184, 185, 199, 211, 218, 219, 222, 223, 226, 227, 229, 244, 245, 247, 248, 266, 273, 284, 295, 296, 297, 301, 303, 307, 315, 317, 319, 321, 330, 334, 335, 346, 413, *voy. Mense conventuelle.*
Communia canonicorum S. Genesii Lutevensis, 401.
Companius, 232.
Compolibat, com., *voy.* Campolivado.
Comtat-Venaissin, xix.
Comte, comté, voy. Comes, comitatus.
Conhaldus, archidiaconus Burdegalensis, 349.
Concas, burgus, 346, *Conques.*
Concha (illa), lxxiij, 143, 144, *La Conque.*
Concha, *mesure*, 286.
Conchas, Conchie, *voy.* Austrinus, Bego, Deusdet, Frotardus, Guillelmus, Hugo.
Condadense, *voy.* Candadense.
Condades, Condado, lxix, 199, 211, *Condat.*
Condadense, *voy.* Candadense.
Condado, *voy.* Condades.
Condat, com. *d'Enguialès*, voy. Condades.
Confraternitas, 368.
Connac, Connago, 934, com. *de Réquista.*
Conque (la), com. *de Pruines*, voy. Illa Concha.
Conques, cant., com., lviij, lxxj, lxxxvj.
Conradus, 165, 20?.
— 405.
— frater Friderici, Suetiæ ducis, 405.
Consta (illa), *voy.* Costa.
Constabadens, 279, *Saint-André de Costabalenc.*
Constanclus, Constantius, *nom cité*, 252, 310, 353.
Constantius major, 351.
Construction, voy. capella, claustrum, couvent, ecclesia, man-

siones, monasterium, portus, villa.
Consuetudines, cxiij, 26, 44, 63, 352, 354, 370.
Contencions, xlix, 201, 382, *Countensou.*
Contenzosa, *voy.* Contencions.
Contor, *voy.* Amplardus.
Conveniense, 66, *Comminges.*
Convenientia, 32, 330, 339, 369, 379.
Corbaricius, 6, *? envir. de Saint-Cyprien.*
Corbiago, 286, *Courbiac.*
Corbiliaco, 39, *? Rouergue.*
Corbins, lxxxj, 308, *Courbines.*
Corcy (*Aisne*), *voy.* Coxiaci.
Cordecias, lxxxix, 279, *Cordesses, com. de Neuve-Eglise (Cantal).*
Corezia, 347, *voy.* Correza.
Cormières, com. de Ville-la-Grand (Haute-Savoie), voy. Cornerias.
Cormol, Cormolo, lxvij, lxxxvij, 305, 328, *voy.* Aicardus, Peire, *Cormouls, com. de Salles-la-Source.*
Cornerias, cxiv, 231, *Cormières.*
Corn, Corno, xciv, 254 (*Lot*).
Cornus, com., Cornutio, lxxxvij, *voy.* Frotardus.
Cornutus, *voy.* Robertus.
Correza, 81 ? *voy.* Corezia.
Corrèze, lxxxvij, xc, xciij.
Corseira, 375, *La Coursière.*
Corsers, 385.
Corta Coxa, cij, 59, *Mas-des-Cours.*
Cortada, 374, *envir. de Molompise.*
Cortez, locus, 286.
Cortils, 355, *dép. de Sainte-Foi du Val-de-Suzon.*
Corz, *voy.* curtus.
Costa (illa), 1, lviij, lxiv, 95, 196, 208, 209, 210. *La Coste, com. de Firmy.*
Costa (illa), lxxj, 307, *La Coste, com. de Nauviale.*
Costa Roia, *La Coste Rouge, com. d'Escandolières, toy.* Deasdet.
Costa Rossa, 378, *Coste Rousse, com. de Saint-Mamet.*
Costavulus, 171.
Cotaquava, civ, 329, *Sarrecave (Haute-Garonne).*
Gota Veira, *voy. Dermun.*
Côte-d'Or, esj.

Coubisou, *com., voy.* Cobizo.
Coudere (le), com. de Foissac, lxxiij.
Couzilles (Haute-Garonne), voy. Quoliæ.
Coulet (le), com. de La Salvetat, voy. Culeto.
Coulommiers-en-Brie (Seine-et-Marne), voy. Columbariensis.
Countensou, *com. de Grandvabre, voy.* Contencions.
Courbiac, com. de Villeneuve-sur-Lot (Lot-et-Garonne), voy. Corbiago.
Courbines, com. de Prades-Ségur, voy. Corbins.
Coursière (la), com. d'Estaing, voy. Corseira.
Courzergues, com., lxxvj.
Couvent, xxxiv, *voy.* monasterium.
Convertoirade (la), com., lxxxvij.
Covillus de vacca, 343.
Coxia, *voy.* Vacca.
Coxiaci, 341, *Corcy.*
Cozri, 364, *? dép. de Mulons.*
Cransac, com., voy. Caranciago.
Crassiazo, Creissag, 263, 375, *? territoire de Conques.*
Creissels, *com., voy.* Crescellense.
Crenau, *affluent du Dourdou,* j, *voy.* Cronauro.
Crescellense, 2, *Creissels.*
Crespiac, Crespiag, lxxiv, 185, 376, *com. de Bozouls.*
Crevant (*Puy-de-Dôme*), *voy. Louis.*
Criquetot-sur-Longueville (*Seine-Inférieure*), *voy.* Chrichetoth.
Crispiacus, *voy.* Crespiac.
Cristina, uxor Stephani, 291.
Cristoforus, 148.
Crodes, *voy.* Cruces.
Croisades, xxxj.
Cromarigo, lxx, 308, *? envir. de Golinhac.*
Cronauro, aqua, 10, *Crenau.*
Cros (le)? lxxj.
Cros (le), Croso, lxxix, 318, *com. de Taussac.*
Cros, pratum, 293, *dép. de Vaincjols.*
Cros, pratum, 403, *territ. de Perses.*
Crosa Carria, Crossa Carraria, lxvij, 246, 247, *La Carrière, com. de Mouret.*
Crosapeira, *La Crouparie, com. d'Alrance, vey.* G.

Croux de Peyre (la), com. de Sainte-Julietts, *voy.* La Cruz.
Cruce? *voy.* Adam.
— *voy.* Bernardus, *? dans l'Aveyron*.
— 338, *la Croix ou La Croux, le plus rapproché de Livinhac-le-haut*.
Cruces, 71, 72, 334, 335, 336, 349, 384, 386.
Crutjouls, com., *voy.* Crujols.
Crujols, 405, *Crutjouls*.
Cruz (la), 394, *La Croux de Peyre*.
Culeto, *Le Coulet*, *voy.* Guido.
Cumba (la)? 331.
Cumba Mellesca? *voy.* Petrus.
Cumba Negra, 369, *? envir de Saint-Cyprien*.
Cumbas (las)?, 82.
Cumba Vigana, 219, *La Combe Vigane*.
Cumbres, lviij, 175, 176, *Combrens*.
Cumbreto, *Combret*, *voy.* Bego.
Cumpradit, cviij, 358, *? pays toulousain*.
Cuneo (illo), *pays toulousain*, cvij, 62, *voy.* Ainardus.
Cunilli, *lapins*, 349.
Curiensis, xxxvij, *envir. de Vabres*.
Currelis, *? Italie, diocèse de Forli*, cxix.
Curtils, 325, *Curtil-sur-Seine (Côte-d'Or)*.
Curtus solidus, 296, 358, 402.
Cussac, *voy.* Cutiago, Faurgas.
Custodia boschi, villæ, 380, 382.
Cutiago, vij, lxvj, 412, *Cussac, com. de Pruines*.
Cyphus, 340, *signe de donation*, *voy.* calix.
Czoliciria (la), 385, *voy.* Peiro.

D.

D. Catet, 357.
— de Romaniac, 391.
— de S. Jurio, 380.
— fratris Iterii de Mirmont, 389.
— Mancip, lxxj, *seigneur de Bournazel*.
— presbyter de Espairac, 392.
— presbyter de Pomario, 392.
— prior, 354.
— sacrista, 389.
Daco, 210.
Dadila, *donateur*, vj.
Dadiliago, 347, *Dardilhac*.
Dado, abbas, iij, iv, vj, xx, xxxix, 409, 410, 411.
— pater Willelmi, 98.
— *nom cité*, 6, 136.
Dagbertus, 314.
Dagminianis, xcv, 109, *? Quercy*.
Dalmacius, canonicus Vivariensis, 347.
— donator, 270, 271.
Dangione, *? voy.* Hugo.
Dardilhac, com. de Salles-Courbatiés, *voy.* Dadiliago.
Darna vinea, lxxxviij, xc, 9, 289, *aux Recoules-Basses*.
Darnestallo, *voy.* Oddo, Bartolomeus, *Darnetal (Seine-Inférieure)*.
Dartos, *voy.* Rotbert.
Datan, 31, 40, 47, 51, 70, 75, 109, 110, 146, 156, 157, 178, 204, 213, 216, 250, 261, 265, 276, 277, 292, 295, 312, 366, 375, 383, 384, 388, 390, 408.
Daumengue, com. de Clairvaux, *voy.* Dominico.
Dauphiné, cx.
Daviangas, 347, *? Rouergue*.
Dax (Landes), *voy.* Aquensis.
Dazan, iij, 307, *la Daze, affluent de la Louche*.
Decaseville, com., lvij, lxj.
Decima, decimatio, decimum, lxxj, lxxviij, xcvj, 16, 18, 20, 33, 38, 44, 46, 47, 51, 52, 56, 57, 58, 60, 62, 63, 65, 66, 67, 68, 70, 72, 73, 74, 79, 89, 121, 162, 270, 276, 291, 292, 299, 325, 327, 330, 331, 339, 342, 344, 345, 350, 351, 355, 356, 357, 361, 362, 366, 369, 370, 374, 375, 376, 377, 378, 379, 383, 384, 387, 394, 402, 407, 409;
— decimarius, decimator, 52, 351.
Deda, donatrix, 348.
Dedelma, 353.
Defensor honoris, 383.
Delcata, 408.
Denairada, denariata, 1, 32, 35, 42, 50, 82, 93, 97, 121, 126, 137, 141, 146, 151, 156, 164, 167, 178, 181, 184, 200, 206, 219, 223, 229, 261, 267, 271, 286, 294, 299, 306, 308, 360, 370.

Déodat de Mirabel, donateur, lij.
Deodatus, 136
Deodatus Avitus, monachus, 379.
— cognatus Duranti do Ponte, 391.
Deodo, 10.
Desiderius, 195.
Deus, Deo regnante, 110, 126, 131, 148, 149, 165, 208, 246, 301, 310.
Deusdedit, venditor, 208.
— *nom cité*, 83, 113, 232, 268, 312.
Deusdet Adaolfi, 27.
— Aiguilus, 368.
— Aldefredus, 306.
— Amalvinus, 57.
— Austorgi, scriptor, 281.
— B., 403.
— Barbarels, 307.
— Benedicti, 383.
— Bernardi, 358, 361.
— Calvetus, 315.
— Capcrivelz, 238.
— de Beissas, 331.
— do Cannet, 384.
— de Coderg, 312.
— de Combred, filius Poncii, donator, 335.
— de Combred, pater Poncii, 335.
— de Costa Roia, 79.
— del Ga, del Gua, 378, 383.
— de Pana, Panad, Pauado, Panat, 5, 19, 20, 30, 173.
— do Vigorono, 278.
— Dominici, presbyter, 59.
— vel Deusdedit, donator, 102, 103.
— donator, 105, 106.
— id., 180, 181.
— id., 223.
— filius Adalcrimi vel Adalgrimi et Raggardis, donator, 112, 244.
— id. Aldegardæ, venditor, 89, 90, 93, 94, 95, 96, 97.
— id. Amancii, 51.
— id. Aviernæ, donator, 317, 318.
— id. Bernardi, 152.
— id. Bernardi, 361.
— id. Bernardi Begonis, donator, 387, 388.
— id. Bernardi de Coderco, donator, 226.
— id. Daconis, 210.
— id. Deusdet Lupus, 366.
— id. Faraldi, donator, 88.
— id. Geraldi de Bruisago, 212.
— id. Gerberti Rigualdi, 42.
— id. Ingelberti Bonius, donator, 261.
— id. Oddoini, 221.
— id. Odolrici, donator, 222, 223.
— id. Radulfi, donator, 192, 193.
— id. Rainaldi, venditor, 137, 143.
— id. Stephani, donator, 183, 184.
— id. Sulpicii, 216.
— frater Austorgii de Maurserias, donator, 276.
— frater Begonis, donator, 143.
— frater Geraldi de Turlanda, donator, 42.
— frater Grimardi, sacerdotis, venditor, 297, 298.
— Gairardus, 306, 307.
— Guidonis, 246.
— Guirberti, 57.
— Hectoris, 173, 335, 375.
— Lupus, donator, 366.
— monachus, xxxiv, 51, *architecte*.
— monachus, scriptor, 19.
— Oddonis, 361.
— Papet, 370.
— pater Geraldi de Bruisago, 212.
— Petri de Aryac, vel Arriac, 383.
— Petrus, filius Arnaldi de Girunda, 365.
— presbyter Albiensis, donator, 56.
— prior de Perza, 403.
— Rigal, 358.
— sacerdos, donator, 90, 92, 98, 215, 259, 287.
— sacerdos, donator, 43, 44.
— sacerdos, sacrista ecclesiæ Ruthenensis, 3, 4.
— scriptor, 126, 264.
— Terundellus, donator, 360.
— vir Avæ, 236.
— vir Hæcteriæ, 247.
— *nom cité*, 28, 30, 43, 44, 89, 90, 91, 92, 93, 94, 95, 96, 98, 104, 108, 111, 112, 117, 120, 132, 133, 134, 137, 143, 144, 147, 157, 168, 162, 165, 167, 171, 172, 178, 182, 183, 185, 190, 198, 200, 216, 220, 223, 229, 230, 239, 241, 246, 247, 248, 249, 259, 262, 263, 264, 268, 274, 278, 289, 295, 298, 302, 303, 307, 309, 319, 321, 323, 327, 334, 335, 344, 368; voy. Ademarus,

Bernardus, Frotardus, Geraldus, Hugo, Peiro, Petrus.
Deusdet, villa, xcj, 293, *? dép. de Valuéjols*.
Dexter, 255, *mesure*.
Diabolus, 11, 49, 166.
Didimus, decanus, custos ecclesiæ, 153.
— filius Segbaldi, 186.
Dido, 164.
— de Andoca, donator, 57, 350, 404, *père de Pierre, évêque de Pampelune*.
Dîme, voy. decima.
Diocesis, 329, 408.
Directum, 20, 186, 293.
Disderius de Rovored, donator, 284.
Diuzione, lij, 160, 207, 235, 310, 383, *Douzou*.
Divisio, voy. Diuzione.
Dodcldis, 262.
Dodo de Samathan, donator, 64, 65, 71, 81.
Dodolenus, *nom cité*, 32, 93, voy. Stephanus.
Dodrannus, 102.
Doitrandus, donator, 109.
— *nom cité*, 79, 124, 181, 200.
Dolivas, roca, 333, *? territoire de Molompise*.
Domariesco, 81, *La Domerguie, com. d'Aubin*.
Domergal, voy. Dominicus, dominicalis.
Dominatio, dominatus, 352, *seigneurie*.
Dominica, 221.
— uxor Leutadi, 104, 105.
Dominico, lxv, 159, *Daumenque*.
Dominico, 286, *Dominipech*.
Dominicus, dominicalis, dominicarius, mansus, casa, *etc*., xxv, 1, 5, 6, 13, 25, 26, 119, 127, 149, 158, 161, 163, 185, 239, 356, 376, 385.
Dominicus, *nom cité*, 79, 83, 233, 298 ; voy. Deusdet.
Dominipech, com. de S. Salvi (Lot-et-Garonne), voy. Dominico.
Donadeus, scriptor, 106.
— id., 140, 147, 178, 210, 242, 302, 304, 321.
— *nom cité*, 82, 112, 159, 198, 269.
Donationes, 386, *droit sur les donations*.

Donatus, elemosinarius, 329.
— Orombelli, 81.
— prior S. Mariæ Crassæ, 71.
Dordo, fluvius, j, 5, 8, 15, 28, 29, 43, 63, 306, 383, *Dourdou, affluent du Lot*.
Dordogne, *département*, lxxxvij, xcvj.
Dordonia, j, 53, *Dordogne, rivière*.
Dotrandus, 179.
Dourbie, rivière, lxxxvij.
Dourdou, voy. Dordo.
Douzou, affluent du Dourdou, voy. Diuzione, Duzus.
Doyen, xxvij.
Drictum, voy. Directum.
Droitandus, donator, 60.
Droits divers, *redevances*, voy. agnus, agrarium, altare, amidolba, animalia, annona, apprehensiones, arberg, *aubaine*, avena, baptisterium, bauzia, canbe, capo, captio, carnale, caro, carrigium, carruca, cassis, cera, cimiterium, civada, commanda, covillus, coxia, decima, delcata, dexter, directum, domus, donationes, equus, espadla, esplecta, exactio, fœnum, fogaza, fornaticum, forum, fossatum, fredum, fromaticum, frumentum, furnum, furtum, gaddium, galeta, gallina, gallus, garba, geissa, gentarium, granum, guarda, herba, hordeum, hospicium, injuste, justicia, lana, ledda, lintea, linus, lorica, macellus, mali usus, mel, membrum, molto, mudda, mulus, oblatio, obliencus, offerentia, opera, ova, panata, panis, parata, paraveredi, pastus, perna, piscis, placitum, pœnitentia, pons, porcus, portus, prælium, prandium, primiciæ, proferentia, proferta, quartum, receptum, redditus, renta, sal, salina, sallinaria navis, sauma, scapulus, scarimentum, senaygue, sepultura, servicium, sigile, trolium, tulta, usaticos, usuaria, usus, vacaygue, vacca, vendemia, vesticio, *viguerie féodale*, vlagencus, vinataria, vinobre, vinum.
Drôme, cix, cx.

Drot, xcvij, 52, *Drot, rivière.*
Ducione, Duizione, Duizon, *voy.* Diuzione.
Dunensis, xxxvj, xxxviij, lviij, lix, lxj, 28, 93, 94, 95, 97, 115, 121, 124, 133, 135, 142, 143, 154, 176, 178, 179, 180, 184, 190, 196, 203, 209, 215, 220, 236, 258, 262, 263, 264, 274, 302, *Lo Dunet.*
Dunet (le), com. de Viviès, voy. Dunensis.
Duningas, 195, *? envir. de Conques.*
Duran, vicarius, 374.
Durand, évêque de Toulouse, xxxiv, *voy.* Durantus, episcopus.
Durandus, 256.
— ad vicem cancellarii, 411.
— scriptor, *voy.* Durantus.
— Raimundi, fevalis Attonis Matfredi, 257.
Durannus, scriptor, 51, 52, 54, 55, 166, 236, 257.
Duranta, 266.
Durantesc, mansus, lxvij, 367, *Le Mas près Souyri.*
Durantus, clericus Adelæ comitissæ, 341.
— della Sala, serviens Raimundi vicecomitis de Torenna, 373.
— de Ponte, 391.
— episcopus Tolosensis, 381.
— frater Deusdet Hectoris, 375.
— Girardus, 225.
— Guitardus, 275.
— Hectoris, donator, 392.
— levita, scriptor, 47, 51.
— Petitus, 21.
— presbyter, 324.
— id., 353.
— Raimundi, donator, 58, [225, 290, 291.
— scriptor, 27, 65, 70, 174, 281, 324.
— *nom cité,* 70, 172, 173, 278.
Durtrandus, 60.
Duzus, Duzonis, *voy.* Diuzione.

E.

E., prior, 389.
Ebale, vicomte de Turenne, voy. Ebbalus.
Ebalus, consobrinus Gauzfredi, donator, 287.

— frater Guidonis comitis de Saltio, donator, 381, 382.
Ebbalus, vicecomes de Torenna, donator, xciij, 76.
Eblo, Ebio, *voy.* Peire, Petrus, Poncius.
Eblo, comes, 354, 355, *de Saulx-Tavannes.*
— prior de La Cestat?, 351.
— sacerdos, donator, 200, 202.
Ebo, 82.
— filius Radulfi, donator, 69.
Ebrardus de Castello Pelagrua, donator, 55, 56, 202.
— d'Espainols, 52.
— episcopus Norwicensis, 370, 371.
— vir Avanæ, donator, 308.
— *nom cité,* 78, 103, 156, 186, 233, 353.
Ebrarius, 194.
Ebrinus, *voy.* Guitardus.
Ecclesia, *acquisition,* 56; — *construction,* xxxiv, 51, 53, 64, 69, 71, 336, 386, 406; — *dédicace,* 21, 69, 123; — *desserte,* 393; — *droit d'asile,* 393; partes de ecclesia, 77.
Ecclesiasticus campus, forum, honor, *etc.,* xxx, 13, 14, 15, 32, 45, 63, 65, 72, 74, 174, 227, 323, 324, 333, 336, 338, 339, 344, 348, 349, 366, 379, 394, 407.
Ector de Vivers, 396.
— filius Odalrici, 135.
— *voy.* Hector.
Effermaria (la), 394, *dép. de S. Juliette.*
Eglise abbatiale, lj.
Ehenricus, 38.
— *voy.* Henricus.
Eises, *voy.* Esses.
Eldebertus, 185.
— homo abbatiæ, 153, 242.
Eldefredus, id., 153, 242; *voy.* Aldefredis.
Eldegardis, *voy.* Eldigardis.
Eldianus, 98.
Eldigardis, uxor Hœctoris, donatrix, 110.
Eldradus, 180.
Eldricus, puer, 243.
Elemosina, elemosinaria, 343, 376.
Elias, 9, 289, 290.
— avunculus Ardingi, 186.

32

— filius Austorgii de Bresonz, 397.
— Morret, 363.
Elie, abbé, voy. Helias.
Elisabeth, uxor Poncii, vicecomitis, 345.
Elisagar, 120.
Eliseus, 184.
Ellenionem, 332, *Alagnon, affluent de l'Allier.*
Elneir, Elner, 145, 146, 206, *? territoire* d'Aqua frigidi.
Elsevus, 151.
Embaisso, xcviij, 409, *Beus.*
Emenda, 271, 291.
Emina, 4, 42, 226, 243, 284, 379, 373, 380, 390.
Eminada, eminata, 42, 397.
Emmeno de Cabreira, 295.
Emo, 216.
Empereur d'Allemagne, cxvIij.
Enfants donnés, xxx, 229, 350, 357, 360, 361, 367.
Enfrunos (elz), lxxxvij, 295, *Les Enfruts, com. de La Couvertoirade.*
Engantis, uxor Nifredi, 209, 210.
Engelardias (las), 404, *La Gaillourdie.*
Engelrannus de Belnai, 359.
Enguialès, lxix, lxxxvj.
Ennecones, voy. Fortunius.
Entraygues, com., vij, lxix, *voy.* Inter Aquis.
Episcopalia jura, xxvIij, 406, 407.
Episcopatus, 51, 277, 283, 324, 338, 388; episcopatus parrochia. 406.
Episcopus, cxiv.
Epouville (Seine-Inférieure), voy. Espolvilla.
Equus, 18, 20.
Eralius, præpositus, 153.
— presbyter, 129, 130, 205, 206, 234.
— *nom cité,* 10, 136, 161.
Eralleccum, 42, *territoire d'Orthaguet.*
Erbertus, præpositus Columbariensis, 354.
Erguol, civ, 329, *Orguciel.*
Erin (el), Erins, *pour* Erm, *L'Herm,* voy. Aimeric, Heremus.
Ermainal, Ermanialdi, lxxxvij, 117, 328, *envir. de Firmy.*
Ermengarda, Ermengardis, filia Grimardi, venditrix, 177.

— uxor Bernardi, 43.
— uxor Faraldi, 106.
— uxor Poncii, 109.
— vicecomitissa, donatrix, 395, 396, *femme de Raimond Bernard, vicomte d'Albi et de Nîmes.*
Ermengaud, comte d'Urgel, donateur, cxix.
Ermengaudus, comes, 305, *de Rouergue.*
— *nom cité,* 24, 233, *voy.* Rigualdus.
Ermenricus, Ermenrigus, *nom cité,* 155, 186, 303, *voy.* Rigualdus.
Ermerardus, 106.
Ermerugis, 13, 14, *voy.* Aimerudis.
Ermitos, 7, *L'Hermie.*
Ermos (illos), lxxx, 216, 217, *?en Cartadez.*
Erro (*Navarre*), xv, cxvij, 342.
Ers, xxxix, lxix, *pays dans le canton d'Estaing, voy.* Cicerniacum.
Escabrins, *com. de Lacalm,* voy. Scabrinio.
Escafredus, *nom cité,* 135, 258.
Escafres, *voy.* Peire.
Escandolière, com., lxij, lxiij, lxxj.
Esclavage, xxv, xxvj. *voy.* servus.
Escolt, xcvij, civ, 51, 281, 286, *Lesclotte.*
Esdolomadda, villa, cviij, 322, *? région des Pyrénées.*
Esimbertus, 108.
Espadla, voy. Espalla.
Espagne, ij, xv, cxvj, cxviij,
Espainols, *?dans le Bordelais, voy.* Ebrardus.
Espalion, ville, xxvj, *voy.* Spelei.
Espalla, 182, 186, 256, *voy.* scapulus.
Espariago, liv, lxiv, lxx, lxxxvj, 118, 390, 392, 395, *Espeyrac.*
Espeillac, Espellac, Æspelliaco, 376, 377, *com. de Roussennac.*
Espeirato, 42, *?territ. d'Orthaguet.*
Espeyrac, com., voy. Espariago.
Espinasse (Cantal), lxxxiij.
Esplecta, 395.
Espolvilla, *Epouville, voy.* Theobaldus.
Essendolutio, 239, *? pays de Barrez.*
Esses, 281, 286, *voy. Bysses.*
Estaing, com., xl, lxviij, *voy.* Estanieto, Stanlo.

Estanieto, lxviij, 206, 207, *voy. Estaing.*
Esteve Franco, 374.
— *voy.* Bertram.
Esticiago, 286, *voy. Estissac.*
Estissac (Dordogne), voy. Esticiago.
Estrun, 239, *? pays de Barrez.*
Eulense, 103, *envir. de S. Cyprien, voy.* Julense *et* Vilense.
Etienne, abbé, ? xxxix, *voy.* Stephanus.
Etienne, évêque de Clermont, voy. Polignac, xlj.
Etienne II, pape, xxij.
Etienne Rostaing, donateur, lxxxix.
Eudes, abbé, xlv.
Eulense, liij.
Eustachius de Crichetoth, 359.
— de Grandivilla, 359.
Eustorgia, uxor Hectoris de Panato, 345.
Eustorgius de Marcennago, donator, 77, 78, 79, *voy.* Austorgius.
Eustorgius, frater præpositi de Bresonz, donator, 228, 332.
— *nom cité,* 77, 293, *voy.* Raimundus.
Exactio, 382.
Excommunicatio, 11, 12, 21, 24, 31, 40, 69, 70, 75, 80, 87, 88, 109, 110, 115, 156, 178, 188, 193, 204, 213, 216, 235, 237, 245, 250, 251, 255, 261, 265, 276, 277, 292, 296, 312, 316, 336, 339, 348, 351, 366, 375, 383, 388, 390, 392, 400, 408.
Eysses, com. de Villeneuve-sur-Lot (Lot-et-Garonne), voy. Esses.

F.

F. de Belcastel, 380.
— de Conchis, 383.
Faber Petri 336.
— *voy.* Rotbertus, 369.
Fabrega (la), lxxx, 397, *voy. La Fabric.*
Fabregas, 5, 296, *voy. Les Fabrics.*
Fabrica (illa), 191, *? envir. de Rodelle.*
Fabric (la), com. de S. Just, voy. Fabrega.
Fabrics (les), com. de Rignac, voy. Fabregas.
Fabrigas, lxij, 402, *? dép. de Perses.*
Fabrique, xxix.

Facienda terræ, 53.
Fœrrarias, *voy.* Ferrarias.
Fage (la), com. de Mouret, voy. Fagia.
Fagia (la), lxvij, lxviij, 299, *La Fage.*
Fagia, lx, 210, *La Faux.*
Faia, *La Faye (Loire), voy.* Pontius.
Faidi. *Faydit,* xcj, *voy.* Armandus, Giraldus.
Faisag, Faisago, Faisiaco, lxvj, 85, 87, 160, 234, 347, *? voisin du Bosc, com. de Nauviale.*
Falcho, *voy.* Falco.
Falcio *pour* Salcio.
Falco de Barta, donator, 52, 53, 54.
Falcus, *voy.* Raimondus.
Falgairolas, lxxvj, 222, *Falgayrolles.*
Falgaria, civ, cv, cvj, 64, *Le Fauga.*
Falgarias, lxxij, 346, *Falguières.*
Falgayrolles, com. de La Guiole, voy. Falgairolas.
Falguières, com. de S. Cyprien, voy. Falgarias.
Fanes, 68, *? Navarre.*
Faral, *voy.* Uguo.
Fareldus, donator, 76.
— episcopus, 413.
— pater Deusdet, 88.
— *nom cité,* 139, 157, *voy.* V...
Farranicensis, *voy.* Ferraria.
Farinarium, 8, 30, 119, 254.
Farugas, 82, *Les Fargues, com. de Loupiac ou de Viviez, voy.* Faurga.
Fasiaco, Fassiago, *voy.* Faisiaco.
Faudi, *voy.* Faidi.
Fauga (le), (Haute-Garonne), voy. Falgaria.
Faurga (la), 380, *voy.* Farugas.
Faurgas, 261, *? territ. de Salvagnac S. Loup.*
— 387, *dép. de N.-D. des Planques.*
Fauroux (Tarn-et-Garonne), xcv.
Faux (la), com. de S. Parthem, voy. Fagia.
Favent, Favento, 330, 331, *? territ. de Cassagnes-Comtaux.*
Faventianegues, 363, *? dép. de Malons.*
Favo Fonte, 274, *? territoire de Cransac.*
Faydit, com. de Chanet (Cantal).

Feirracense, voy. Ferrarias.
Felizinio, *Felzins, près Capdenac (Lot)*, xciv, voy. Petrus.
Felli, 339, ?envir. *de Livinhac-le-Haut.*
Fellinas vel Fillinas, voy. Rotbertus.
Femino, voy. Firmino.
Fenassac, 395, *com. de Cabanès.*
Fenolieddo, cix, 209, *Fenouillède-en-Roussillon.*
Feraldus, donator, 106.
Feria, 370, 371.
Feritate, *La Ferté-sous-Jouarre?* voy. Gualcerius.
Fermi, voy. Firmino.
Fermiers, xxvj.
Ferrachan, voy. Raimundus.
Ferrairensis, voy. Ferrarias.
Ferrairie (la), com. de Conques, voy. Ferrarias.
Ferranicensis, Ferraricensis, Ferrariensis, Ferraries, voy. Ferrarias.
Ferrarias, xxxviij, lix, 43, 79, 99, 139, 184, 216, 257, 265, 347, *La Ferrairie.*
Ferrayrès, com. de Decazeville, voy. Ferreiras.
Ferreiras, 81, *Ferrayrès.*
Ferriacensis, voy. Ferrarias.
Feu, feudalis, feusalis, feudum, feum, feusum, feuvum, voy. fevalis, fovum.
Feval, voy. Bernardus.
Fevalis, fevoalis, 12, 18, 19, 20, 41, 77, 225, 257, 270, 323, 324, 350, 353, 354, 363, 401, 402, 404.
Fovum, xxxj, 4, 13, 15, 29, 30, 32, 36, 37, 41, 42, 44, 50, 52, 54, 55, 57, 58, 59, 62, 66, 70, 125, 131, 162, 199, 225, 232, 238, 239, 240, 243, 245, 257, 265, 280, 282, 291, 293, 306, 322, 324, 326, 327, 333, 334, 335, 339, 345, 348, 350, 356, 357, 365, 366, 373, 375, 376, 377, 378, 384, 385, 387, 389, 401, 402, 403, 404.
Fiaco, voy. Figiaci.
Fidelis, 370.
Fidelitas, 25, 27.
Fides (sancta), cxj, — festum illationis, 371, — *malédiction de Ste Foi,* 213, 251, 277.
Fides, comitissa, 12, *femme de Hugues, comte de Rouergue.*
Fides, uxor Hugonis de Calmonte, 78, 401, 402.
Fiduciæ, 386.
Figairolos, lxxxij, 35, *Pégayrolles, disparu, sur le territoire de Castelnau de Pégayrolles.*
Figayresc, com. de Marcillac, voy. Figuer.
Figeac (Lot), vij, xiv, xvj, xvij, xviij, xix, xx, xxj, xxij, xxiij, xxxix, xliij, xciv, voy. Figiaci.
Figiaci, 54, 229, 413, *Figeac.*
Figuer (el), voy. Petrus, *Figairesc.*
Fillinas, ?*Auvergne,* lxxxix, voy. Girbertus.
Filsac, vij, lxxiij, *com. de S. Julien d'Empare,* voy. Fiscellum.
Firmino, xiv, l, lv, lvj, lviij, lxi, lxxj, lxxij, lxxxv, lxxxvj, lxxxvij, 327, 390, 395, *Firmy.*
Firmy, com., voy. Fermi, Firmino.
Fiscellum, vij, lxxiij, 412, *Filsac.*
Fiscus, xxv, 63, 113, 117, 195, 405, 411, 413.
Flaginiacum, 137, 394, 395, 413, *Flagnac.*
Flagnac, com., vij, xxxvj, lvj, lviij, lix, lxxvj, voy. Flaginiacum, Flaidnago, Flaniaco.
Flaidnago, voy. Flaginiacum.
Flamidiana, 200.
Flaniaco, voy. Flaginiacum.
Flaujac, com. de Firmy, voy. Flaviaco.
Flaviaco, Flaviago, 220, *Flaujac.*
Flavigny (Côte-d'Or), voy. Flaviniacum.
Flavin, com., lxxvij, lxxxj.
Flaviniacum, cxij, 351, *Flavigny.*
Flavus, voy. Hugo.
Flodaldus, *nom cité,* 112, 149, 167, 246, voy. Barnardus.
Floirac, com. d'Onet-le-Château, lxxiv, voy. Floriaco.
Florencia vel Florentia, uxor Begonis de Calmonte, 390.
— uxor Falchonis de Barta, 52, 53.
— uxor Guigonis Guarini, 244.
Florensac (Gard), cj.
Florentin, com., lxxxij.
Floriaco, Floriago, 167, 238, *Floirac.*
Fluirans, voy. Villa Fluirans.
Fœnum, 356.

TABLE GÉNÉRALE. 461

Fogaza, 82, 367, 385.
Foi (ste), voy. Fides.
Foissac, Foissago, vj, lxxij, 223, com.
Folcherius, 313.
Folco, nom cité, 122, 285.
Folcrada, uxor Bermundi, 292.
— uxor Warmarii, 7.
Folcusius, 267.
Fol Issarto, 243, 244, Polissal.
Folquems de Ségur, 384.
Folradus, 147.
Fon (la), com. de S. Santin, lxxj.
Fonsange (la) à Perses, voy. Fonte.
Fontaine, com. de Magnien (Côte-d'Or), voy. Fontanis.
Fontanedo, 120, Fontaynou.
Fontanilias, lxxj, 218, 219, Fonteilles.
Fontanis, voy. Galterius.
Fontaynou, com. d'Aubin, lvij, voy. Fontanedo.
Fonte, 402, 403, La Fonsange.
Fonte Fregia, Fonte Frigida, 88, 121, ? terril. de La Guarrigue, com. de Firmy.
Fonteilles, com. de Golignac, voy. Fontanillas, Fontelias.
Fonte in Cevenna, xcix, 222, ? territ. de S. Julien du Tournel.
Fontelias, rivus, 182, Fontcilles.
Fonte Regalo, 282, ? territoire de Valterils.
Fontiano (Aude?), voy. Bernardus.
Fontlabour, com. d'Albi (Tarn), cilj.
Foramun, testis, 224.
Forcas, 281, Fourques.
Forces, 378, Fournès.
Forcia, 291, 391.
Forfactum, 75.
Forfactura, 21.
Forcs, xcviij, cx.
Foris, 4, 15, 24, 25, 62, 64, 67, 334.
Forli (Italic), cxix.
Forn (el), 380, Le Four.
Fornaticum, 25, 26.
Fornils, cilj, 350, N.-D. de Fournials.
Fortis Gaucelmi, archipresbyter, 349.
Fortunio Ennecones, 68.
— Sanz, 68.
Fortus, 67.
Forum, 405.

Fossariata, mesure, 284.
Fossatus, 408.
Four (le), com. de Salles-la-Source ou de Livinhac-le-Haut, voy. Forn.
Fournès, com. de S. Mamet (Cantal), voy. Forces.
Fournials, com. de Tanus (Tarn), voy. Fornils.
Fourques (Lot-et-Garonne), voy. Forcas.
Foveas (illus), 257, voisin. de Ste Marie de Gardie.
Fracxinnas, voy. Fraxinias.
Frahissendis de Granevilla, 359.
Fraise (el), 403, Le Fraysse.
Fraisenedda, 281, 286, ? envir. d'Aurières.
Frambas Rocas, 303, ? près d'Ouveilhan.
Francavilla, cxiij, Francheville.
Francelia, lxxxij, 35, in Condadense.
Francescus, francesq, 77, 378, mesure.
Francesca (illa), 146, ? voisin. de La Castanie.
Franche-Comté, cvlij.
Francherius, presbyter, 277.
Francheville (Seine-et-Marne), voy. Francavilla.
Franci barones, 370.
Franco, pater Stephani, 322.
— nom cité, 50, 251, voy. Ademarus, Esteve.
Francs, v, xxv.
Frasenedda, voy. Fraisenedda.
Fraternitas, 227.
Frauces in bosco, 251, voy. Du Cange au mot fraustum.
Frautialdus, 224.
Fraxinias, 232, 233, Frayssinhes.
Fraxinum, lxxxiv, 180, Frayssinous.
Fraysse (la), com. de Gabriac, voy. Fraise.
Fraysse (le) (Cantal), xcij.
Frayssinhes, com. de Grandvabre, xlix, lj, voy. Fraxinias.
Frayssinous, com. d'Alrance, voy. Fraxinum
Fredgisus, 162.
Fredigus, 100.
Fredolo, xl, 6, 7, abbé de Vabres.
— pater Bernardi.

— 170.
Fredum, 412.
Freig Bez, xcj, 292, *Fripez.*
Fretbertus, 327.
Fridericus, Suetiæ dux, 405, 406, *Frédéric de Hohenstaufen.*
Frigidio Montilio, 124, *Fromentel.*
Fripez, com. de Valuéjols (Cantal), voy. Freig Bez.
Frodbertus, donator, 284.
Froderannus, mancipium, 2.
Frodolo, pater Bernardi, 59.
Fromatgue, fromaticum, 295, 385.
Fromentel, com. d'Aubin, lvij, voy. Frigido Montilio.
Frons, com. de Thérondels, lxxx.
Frontinies, Frontinio, 21, *? entre Pont-de-Salars et Millau.*
Frontis, 152, 251, 252, 266, *Frons.*
Frotardus, abbas S. Poncii, 26.
— Armandus, 57.
— clericus, donator, 79, 80.
— de Bello Castello, nepos Geraldi, donator, 4, 5.
— de Castro Castlucio, donator, 117.
— de Conchas, donator, lxxxvj, 122, 231, 239, 278, 327, 366.
— de Cornutio, donator, 295.
— Deusdet, 375.
— elemosinarius Umberti, 28.
— filius Bernardi, 190.
— filius Bernardi et Aviernæ, donator, 135.
— frater Hugonis, donator, 89.
— frater Petri, donator, 225, 226, 275.
— frater Rigualdi, 276.
— pater Umberti de Bello Castello, 297.
— Rosat, 394.
— sacrista, 357.
— vir Oddæ, donator, 139, 140, 169, 321.
— *nom cité,* 30, 38, 95, 118, 121, 122, 125, 132, 135, 140, 144, 152, 157, 158, 164, 167, 170, 176, 197, 198, 249, 286, 295, 297, 299, 300, 321, 366; voy. Bernardus.
Frotarius, abbas, xl, 99.
Frotart, voy. B.
Froterius, *nom cité,* 16, 57, 240, voy. Bermundus, Raimundus.
Frotgarese, 307, *? envir. de Saint-Cyprien.*

Frumentum, 81, 82, 120, 162, 324, 329, 356, 367, 373, 385.
Fugafamem, voy. Petrus.
Fulbert, évêque de Chartres, xij, xiij.
Fulc, 396.
Fulcherius, *nom cité,* 51, 363.
Fulco, donator, 52.
— episcopus Barchinonensis, vicecomes Gardonæ, donator, 337, 338.
— filius Hosfridi de Bello Monte, donator, 351.
— miles, 71.
— voy. Petrus.
Fulcoinus, 100.
Fulcrendis, donatrix, 364.
Fulcuinus, 170.
Fumoso, 37, *? dépend. de l'Eglise de Roussi.*
Furano, *Furun, rivière à Saint-Etienne (Loire),* voy. Willelmus.
Furnum, 25, 26, 27, 32, 44, 343, voy. clibanus, fornaticum.
Furtum, 226, 275.

G.

G., 351.
— abbas, 383, 392, Gaucelmus.
— abbas, 404, Gualbertus.
— archipresbyter, 389.
— Aviti, 405.
— de Crosapeira, 356.
— de La Besza, capellanus hospitalis dellas Engelardias, 404.
— de Mirmont, prior de La Calmz, 389.
— de Ribas, femina, 374.
— donator, 123.
— Jorquet, 398.
— Olrich, 389.
— Ortolus, 404.
Ga (el), *Le Gua,* voy. B. Deusde, lxxxj, xcviij, xcix.
Gabalitanum, 222, 270, 319, 323, *Gévaudan.*
Gabilonensis, voy. Gabalitanum.
Gabriac, com. de S^e Geneviève, voy. Guillelmus.
Gabriac, com., lxxiv, lxxvj.
Gaidium, 4, 53, 173.
Gag de Peira Bruna, 381.
Gaglaco pour Gallaco.
Gago, donator, 383.

TABLE GÉNÉRALE. 463

Gailhac, com. du Neyrac, vij, lxix.
Gaillac, com. de Bosouls, lxxiv.
Gaillourdie (la), lxxiv, com. de Sonnac, voy. Engelardias.
Gairaldus, donator, 28.
— mancipium, 2.
— 31, voy. Poncius.
Gairao, 185.
Gairardus, emptor, 195.
— monachus, sacerdos, 129, 130.
— nom cité, 6, 100, 130, 148, 162, 186, 195, 206, 234, voy. Deusdet.
— voy. Girardus.
Gairoardus, venditor, 147.
Galatea Quercu, cvij, 65, Cassagnes, près Toulouse, voy. Cassaniæ Galterii.
Galdemarus Bermundus, 365.
— Carpinellus, 365.
Galengardis, uxor Berengerii Oddonis de Castaneriis, 282.
Galeta, 408.
Galfredus, 185.
Galgan, com., voy. Galganio.
Galganio, lxj, lxxvij, lxxvij, lxxxvj, 327, Galgan.
Galiaco, 191, 346, Gaillac.
Galiton, cxvij, 406, ? en Navarre.
Gallerius, teloncarius, 342.
Galliacus, 412, Gailhac.
Galliæ, 19.
Gallina, 77, 81, 82, 118, 123, 163, 181, 190, 222, 224, 243, 280, 281, 266, 295, 296, 297, 314, 330, 331, 339, 375, 376, 377.
Gallus, 82, 281, 286, 367.
Galo, 217.
Galtarius, 94.
Galtericus, 331.
Galterius de Fontanis, 355.
— episcopus Lingonensis, 381, Gautier de Bourgogne.
— filius Raingardis, venditor, 151.
— Olarii, 325.
— prior de Marestagno, 388, 389.
— senior, 55.
— vir Mariæ, donator.
— nom cité, 88, 91, 392.
Galterus Gifardus, comes de Longavilla, donator, xv, 359.
Galtharius, frater Friderici, ducis Suetie, 405, 406, Walter de Hohenstaufen.
Galusc (la), com. de Valucjols (Cantal), voy. Gavosa.

Gamalbertus, voy. Bernardus.
Gamaleria, lvij, 410, Gamele.
Gamarus, voy. Hamarus.
Gamèle, com. d'Aubin, vj, voy. Gamaleria.
Gamerius, monachus, 358.
Gap (Hautes-Alpes), Gapecensis, xiv, cx, 388, voy. Vapricense, Wapricensi.
Garabotesca, 261, ? territ. de Salvagnac- ur-Loup.
Garba, 162, 222, 280, 338, 339.
Garbdilia, rivus, 58, 225, Cardil (Aude).
Garbdis, Garbdo, cij, 57, 224, 225, 257, Gardie.
Garcangas, lvij, 225, 226, 275, 410, Le Puech, voy. Guarcag.
Gard, xcviij, xcix.
Gardia, c, 312, La Gardie.
Gardie (Aude), voy. Garbdis.
Gardie (la), com. de Rousson (Gard), voy. Gardia.
Garde, xxvj.
Gardien de l'église, xxvij.
Gardo, voy. Willelmus.
Gardoacus, voy. Ugo.
Gardona, cxvij, 337, 338, Cardona (Catalogne).
Gardona, Gardone (Dordogne), voy. Guardona et Geraldus.
Gargaia, xiv, cx, 316, Jarjayes.
Garibaldus, scriptor, 113, 117.
Gariberga, 299.
Garibernus, monachus, 454.
— nom cité, 183, 185.
Garibertus, pater Bernardi, 9, 290, vicomte de Carlat.
— presbyter, 180.
— nom cité, 95, 183, 220.
Garifolla, donatrix, 227, 228.
Garifredus, nom cité, 128, 144, 145, 146, 206, 317.
Garinus, scriptor, 367.
Garitoain, Garitoan, Garitoang, cxvj, cxvij, cxviij, 68, 407, 408, Garituain (Navarre).
Garmerius, donator, 211.
— 395.
— voy. Gamerius.
Garmundus, voy. Willelmus.
Garnairencs, 380, Le Gramairenq.
Garnarius, 139.
Garner, 331.
Garnerius, 224.

— fevoalis, 19.
— filius Giroardi, donator, 127.
Garonna, fluvius, 64, *Garonne.*
Garonne (Haute), xcviij, cv.
Garriga (ilia), lviij, 121, 122, 210, 211, 232, *voy.* Bernardus, *La Garrigue*, com. *de Firmy.*
— lxvj, 111, 151, 234, 235, 249, 256, 287, 298, *La Garriguette.*
— xcij, 117, *La Garrigue, en Carlades, carte de Cassini.*
— lxxxj, 13, *La Garrigue,* com. *de Flavin.*
Garrigue (la), com. *de Clairvaux,* lxv.
— com. *de Senergues,* lv.
— *voy.* Garriga.
Garrigues (les), com. *de S. Just,* lxxij.
Garrigues, com. *de S. Chapt (Gard), voy.* Quarises.
Garriguette (la), com. *de Pruines, voy.* Garriga.
Garrissous, com. *de Réquista, voy.* Garrizola.
Garritonio, *voy.* Garitoain.
Garrizola (la), 375, ? *Garrissous.*
Garsendis, *voy.* Garsindis.
Garsias de Orgils, scriptor, 81.
— episcopus in Jaka, 68.
— presbyter, donator, 67.
— rex Pampilonensis, 408.
— *voy.* Willelmus.
Garsindis, 23, 24, comtesse de *Béziers, femme en premières noces de Raimond, comte de Carcassonne, en deuxièmes de Bernard d'Anduse, marquis.*
— uxor Amelii Mancipii, 58.
— uxor Raimundi Ferrachan, 343.
Garsyas, *voy.* Garsias.
Garzag, Garzago, 54, 55, *Carsac.*
Gascaria (la), 375, *La Gascarie,* com. *de Rodez.*
Gasco, *voy.* Peiro.
Gascogne, xcv.
Gasconia, 408, *Biscaye.*
Gasseu Cideritz, dominator Garitoan, 408.
Gauhertus, 131.
Gaucefredus, 128.
Gaucelin, abbé, xlv.
Gaucelmeng, lij, 358, *envir. de S. Cyprien.*
Gaucelmus, abbas, xlv, 378, 382, *voy.* G.

— de Lasparra, donator, 348, 349.
— de Roqua, 402, 403.
— frater Grimardi, venditor, 177.
— monacus, 365.
— scriptor, 223.
— *nom cité,* 118, 241, 319, 328, *voy.* Bernardus, Fortis, Stephanus.
Gaucerandus, episcopus Lingonensis, 365.
Gauczemls, abbas, *voy.* Gaucelmus.
Gaufridus S[i] Boniti, 363.
Gaugolengas, in Dunense, lxj, 196.
Gaulterius, 244.
Gaurazes, *voy.* Raimundus.
Gausaldus, 292.
Gauzberga, donatrix, 172.
— mater Aicardi, donatrix, 247.
— uxor Aldefredi, 261.
Gauzbertus clericus, levita, diaconus, 90, 91, 92, 96, 98, 164, 216, 258, 259.
— de Castello Novo, 269.
— dominus de Castro Mauronis, donator, 386, 387.
— donator, 61, 62.
— id., 313.
— filius Gauzberti, donator, 33, 34.
— monachus, 104.
— pater Gauzberti, 33.
— pater Guarnerii, venditor, 261.
— prior de Castelleto.
— vir Udalgardis, 252.
— *nom cité,* 34, 94, 97, 108, 134, 164, 177, 220, 259, 308, 312, 368, *voy.* Bernardus, Petrus.
Gauzfredus de Monte Arnal, 166, 236.
— de Ruina, 363.
— donator, 129, 130, 205.
— id., 272, 273.
— id., 286, 287.
— filius Arnaldi de Cuneo, donator, 66.
— filius Begonis de Calmonte, donator, 390.
— presbyter, 234.
— Raterius, 82.
— venditor, 149.
— *nom cité,* 34, 83, 85, 105, 108, 113, 116, 120, 127, 137, 138, 139, 144, 148, 157, 160, 166, 169, 189, 192, 198, 241, 244, 250, 256, 265, 268, 272, 278, 285, 286, 299, 306, 320, 401.

TABLE GÉNÉRALE.

Gauzfridus, 351.
Gavalitano, voy. Gabalitanum.
Gavarra (illa), lxxxv, 165, *La Gayrie.*
Gavilans, 69, *? diocèse de S. Paul Trois-Châteaux.*
Gavosa (la), *La Galuze, voy.* Miro.
Gayrie (la), com. *de Villeneuve, voy.* Gavarra.
Geiraldus, 205.
Geissæ caninæ, 385, *vesces de mauvaise qualité.*
Gelaldus de Turri, 342.
Gelrandencca, 41, *? territ. d'Orthaguel.*
Genavensis, voy. *Genève.*
Gencio, canonicus Vivariensis, 347.
Genesius, donator, 101.
Genesius, ~n cité, 113, 117, 135, 165, 19., 207, 238, 240.
Genesta, 21, *La Gineste, com. de S. Bauzély ou de Ségur.*
Genève (Suisse), Genevensis, cxiv, 231.
Génolhac (Gard), voy. Genollac.
Genoliaco, 137, 141, 142, 143, 178, *Ginouillac.*
Genollac, 364, *Génolhac.*
Gentarius, 280, *peut-être oie mâle.*
Gensac (Gironde), voy. Genzago.
Genzago, 286, *Gensac.*
Geraldus, abbas, xlv.
Geraldus Amelius, donator, 58, 59, 257, 290.
— Aquilo, donator, 389.
— archipresbyter Petragoricensis, 54.
— B., 403.
— Begonis, 364.
— Bernardi, 364.
— Bertranduc, 118.
— capellanus, scriptor, 378.
— conversus, 354.
— de Bello Castello, avunculus Umberti, 308.
— de Bello Castello, donator, 4, 5.
— de Bello Castello, filius Umberti, donator, 4, 5, 297.
— de Bruisago, 212.
— decanus, 310.
— de Castaliaco, 388.
— de Ceped, donator, 62, 335.
— do Gardena, 54.
— de Monte Mirato, donator, 222.
— de Muro, 44.

— de Panado, 20.
— de Ribas, donator, 374.
— de Rosiaco, 372.
— de Serra, 328.
— de Turlanda, donator, 40, 41, 42.
— Deusdet, 226, 275.
— donator, 63, 64.
— id., 84, 85.
— id., 254, 255.
— id., 312.
— episcopus Tricastinensis, donator, 69, 70, *Géraud I.*
— filius Adalgerii, venditor, 124, 125.
— id. Gauzberti, donator, 64.
— id. Girberti, vicecomiti, 43, *de Carlat.*
— id. Hectoris, donator, 158.
— id. Hectoris de Panato, donator, 345.
— id. Hugonis de Sumannaz, donator, 283.
— id. Rainaldi, donator, 137.
— id. Raingardis, 230.
— id. Solempniæ, donator, 60.
— id. Umberti, 388.
— frater Bernardi Gauzberti, donator, 62.
— id. Guirberti, sacerdotis, 239.
— id. Hugonis, sacerdotis, donator, 36.
— Guinaberti, 47, 293.
— Jatberti, donator, 58.
— Matthæus, 335.
— Moichetus, 81.
— monachus, 81.
— id., 356.
— id. de Vernias, 303.
— id. scriptor, 34, 62, 227.
— id. scriptor, 67, 387.
— nepos Gauzberti, donator, 61.
— Nigrarius, 367.
— pater Gislandiæ, donator, 164, 165.
— id. Hictoris, venditor, 156.
— id. Hictoris et Rigualdi, 218, 219.
— Petri de Argiag, 335.
— presbyter, 243, 279.
— id., 334.
— prior, 338.
— Rodoardi, 345.
— Ropedadges, donator, 54.
— Rosselli, archidiaconus Petragoricensis, 55.

— sacerdos de Castaliago, donator, lxx, 182, 308, 309.
— sacrista, 345, 346, 360.
— scriptor, 223, 401.
— id., 251, 301.
— id., 345.
— servus, 173.
— Tafinerus, 239.
— Trencardus, 37.
— Willelmi, 364.
— vir Gillæ, 83, *voy.* Girardus vel Grimardus, vir Goilanæ.
— vir Oddæ, donator, 197.
— vir Stephanæ, donator, 131.
— *nom cité*, 22, 30, 32, 38, 39, 46, 61, 63, 69, 77, 96, 126, 134, 137, 147, 149, 155, 162, 167, 173, 221, 224, 229, 230, 273, 294, 297, 308, 310, 312, 319, 346, 347, 348, 363, *voy.* Atto, Bernardus, Petrus.
Gerardus, archidiaconus Lingonensis, 382.
— de Turre, donator, cxiv, 353, 354.
— pater Gerardi de Turre, 354.
— *nom cité*, 252, 306, 359, *voy.* Geraldus.
Géraud (S.) d'Aurillac, xix, xl.
— lxx, *voy.* Geraldus sacerdos.
— xxvij, *voy.* Geraldus, servus.
Geravus, scriptor, 248.
Gerbert Richard, donateur, xlviij.
Gerbertus, 77.
— *voy.* Girbertus.
— archidiaconus Ruthenensis, 4.
— filius Amelii, 279.
— id. Austorgii de Marcennago, donator, 77, 78.
— frater Hugonis Hildegerii, 173.
— Id. Petri, xxvj, 172, 173.
— monachus, 310.
— Rignaldus, fidelis Bernardi de Amelz, 42.
— vicecomes, 339, *vicomte de Millau, Gévaudan, Carlat.*
— *voy.* Raimundus.
Gerinus, *voy.* Guerinus.
Germanensis, *pour* Serniacensis, xxxvij.
Germolio, Germulio, lxxxv, 29, 35, 166, 240, 278, *Girmou.*
Gercardus, 8.
Gerontius, abbas, 326, *de S. Bénigne de Dijon.*
Gers, cv, cvij.

Gersilva, 239, ? *dans le Barres.*
Gertrudis, uxor Hosfridi de Bello monte, 351.
Gerunde, 338, *Girone.*
Gervasius de Monte S. Mariæ, baro, miles, 341.
Gévaudan, voy. Gabalitanum.
Gibert, abbé, xxxix.
Gibertus, comes Ruthenensis, 411.
Gibilina, uxor Bernardi Irati, 344, 366.
Gicon, *com. de Chusclan (Gard)*, *voy.* Gigondaz.
Gifardus, *voy.* Galterus.
Gigondaz, c, 283, *Gicon.*
Gilabertus Molineirus, 351.
— *nom cité*, 35, 219, 287.
Gilla, *voy.* Goilla.
Gimo, 351.
Gimundus, scriptor, 138, 232.
— *nom cité*, 233, 300.
Ginesta (la), *La Gineste, com. de Grandvabre, voy.* V.
Ginnosias (las), 380, *peut-être La Gineste* ; *voy.* Ginesta.
Ginouillac, *com. d'Aumont*, lvj, lx, *voy.* Genoliaco.
Gipoloncello, 334, 335, *Gipoulou.*
Gipoulou, *com. de Mouret, voy.* Gipoloncello.
Giral Calveirus, 374.
Giraldus de Faidi vel Faudi, 373, 374.
— de Grana, canonicus Vivariensis, 347.
— frater Girberti, donator, 155.
— sacerdos, donator, 168, 169.
— scriptor, 233.
— venditor, 266, 267.
— *nom cité*, 10, 30, 39, 80, 84, 88, 93, 97, 102, 103, 104, 105, 106, 107, 113, 148, 189, 196, 198, 210, 233, 240, 266, 282, 285, 300.
— *voy.* Geraldus, Girardus.
Giral Peire, 331.
Girardus vel Gairardus, vir Aldeburgis, donator, 277, 278.
— vel Grimardus, vir Goilanæ, 112, 113.
— *nom cité*, 210, 240, 260, 266, 285, 351, *voy.* Durantus.
— *voy.* Gerardus.
Girberta, soror vel uxor Ariberti, donatrix, 272.
— uxor Raimberti, 315.

— *nom cité*, 266, 294.
Girbernus, *nom cité*, 155, 233.
Girbert, chevalier, seigneur de Capdenac, xlij.
Girbertus, abbas, xlij, 6, 43, 89, 90, 91, 92, 96, 97, 111, 114, 115, 118, 126, 132, 139, 147, 152, 155, 169, 171, 175, 176, 213, 215, 217, 248, 249, 258, 260, 261, 262, 266, 267, 293, 294, 297, 298, 305, 321.
— archidiaconus, donator, 323.
— avunculus Bernardi, donator, 310.
— Berroers, 351.
— de Cabdenago, 33.
— de Fillinas, 78, 79.
— de Vig, 44, 166, 236.
— filius Girberti I, vice comitis, 43, 284, *Girbert II, vicomte de Carlat*.
— frater Giraldi Bernardi, donator, 155, 156.
— monachus, 250, *peut-être le même que l'abbé*.
— monachus, 197.
— presbyter, 188, 238.
— scriptor, 98, 246.
— id. 383.
— I, vicecomes, 43, *de Carlat*.
— *nom cité*, 10, 59, 84, 114, 163, 166, 167, 203, 208, 213, 217, 307, 308, 321, 351.
Girfredus, 139.
Girfres, 331.
Girmou, com. de Firmy, voy. Germollo.
Giroardus, 127.
Gironde, com. de Grandvabre, voy. Girunda.
Gironde, département, lxxxvij, xcvj.
Girone (Catalogne), voy. Gerunde.
Girunda, *Gironde*, voy. Arnaldus.
Gisaltrudis, uxor Adalardi, 28.
— uxor Adalgeril, 124, 125.
Gisla, 143.
— abbatissa, donatrix, 273.
— uxor Bernardi, 58, 224, 225, 294.
Gislandus, 232.
— filius Geraldi, 164, 165.
Gislebert, abbé de Castres, vlij.
Gislebertus, clericus Meldensis, 311.
— de Potinailla, 359.
Gislerblundus, 370.

Glaciago, 347, *Glassac*.
Glairouse, com. de Grandvabre, voy. Glariosa.
Glandeira (la), 391, *Glandières, com. de Monipeyroux*.
Glariosa, 346, *Glairouse*.
Glassac, com. de Cassagnes-Comtaux, voy. Glaciago.
Glaujanicas, voy. Claujanicas.
Gleisatgues (lo), 82, *Gleyse, com. d'Asprières*.
Glénat, com. (Cantal), lxxxviij, xc.
Godail (el), 81, *Le Goudal*.
Godalberga, 91.
— uxor Aldeberti, 191, 192.
— uxor Arlandi, 133, 134.
Godalbertus, 195.
Godbrandus, 215.
Godinesca, 41, ? *terrii. d'Orlhaguet*.
Godlia, 117.
— donatrix, 283.
— uxor Deusdedit, 208.
Godol ?, cvlij, voy. Willelmus.
Godrannus, 194.
Goellas, 286, ? *confins du Quercy et de l'Auvergne*.
Goes, Goges, Goies, Gois, cxj, cxij, 325, 326, 355, *Goix*.
Goiglo, 235.
Goila, Goilla, uxor Geraldi, 83.
— uxor Girardi, 112, 113.
Goisbertus, 342.
Goix, lieu dit de la com. du Val-de-Suzon, voy. Goos.
Golfaldus, donator, 216.
Golignac, com. d'Enguialès, voy. Goliniacense.
Goliniacense, Goliniach, Goliniaco, xxxvj, lxix, lxx, 182, 273, 323, 375, voy. P., Sicart.
Golz, 77, *dép. de S. Mamet*.
Gonbaldus Rotberti, donator, 348, 349.
— voy. Willelmus.
Gonberga, 262.
Gonbertus, donator, 58.
— id., 301.
— monachus, 106.
— *nom cité*, 35, 83, 103, 113, 186.
Gonbrandus, 245.
Gondolnus, 85.
Gondonnarus, voy. Petrus.
Goudrada, uxor Segbaldi, 186.
Gontardus, monachus, 151.
— monachus, scriptor, 100.

— nom cité, 128, 129, 180.
Gopino, 281, 294, *Saint-Martin-de-Goine.*
Gorceso, 254, *Gorses.*
Gordado, 39, *Gourdat.*
Gorses (*Lot*), voy. Gorceso.
Gorsson, Gorzon, *? envir. de Saint-Philippe d'Aiguille (Gironde),* voy. Augerius.
Gosbertus, filius Willelmi Miscemalum, 50.
— presbyter, 58.
Gotbrandus, 239.
Gotefredus, 120.
Gothia, xvj, lxxxv, 25, *Gothie, marquisat.*
Goudal (le), com. de Vaureilles, voy. Godail.
Gourdat, com. de Drommat, voy. Gordado.
Gozla, 207.
Gradales, cxix.
Grafia, xxxv, 31.
Grainville-sur-Ry (Seine-Inférieure), voy. Grandivilla.
Graisaco, Graisago, lxvij, lxviij, 299, 328, 397, *? près Sorp.*
Graisago, 143, *? près Claunhac.*
Gramairencq, com. de Rignac, voy. Garnairencs.
Grana ?, voy. Giraldus.
Granari (el), Granario (illo), lxj, lxxj, 179, 218, 219, 236, 267, *Granier.*
Granario, fons, 336, *? territ. de Monte S. Johanni.*
Grancela, Graucelo, *Grancey-le-Château (Côte-d'Or),* cxj, voy. Guido, Guirardus.
Grandel, *pour* Grancel.
Grande Sania, 112, 347, *Grandsagne.*
Grande Serra, lj, 161, *? près Saint-Cyprien.*
Grande Vabrio, Vabrum, xlvj, xlix, lj, lxxij, 159, 410, *Grandvabre.*
Grandivilla, *Grainville-sur-Ry,* voy. Eustachius.
Gransagne, com. de Nauviale, voy. Grande Sania.
Grandvabre, com., voy. Grande Vabrio.
Granel, com. de Vazerac (Tarn-et-Garonne), voy. Guarnel.
Granetus, voy. Guillelmus.

Granier, *com. de Vivies,* voy. Granari.
Granigusas, xc, 9, *? en Carlades.*
Graniolo, 281, 286, *Grignols.*
Granum, 356.
Graveson (Bouches-du-Rhône), Gravison, voy. Audbertus.
Grecus, voy. Bernardus.
Gregorius VII, papa, xvij, xviij, xliij, xliv, 52, 54, 55.
Gresa, 145, 377, *La Grèze.*
Gressa, vj, *peut-être le même que* Gresa.
Grèze (la), com. d'Almont, v. Gresa.
Grignols (Dordogne), voy. Graniolo.
Grimaldus, filius Solempniæ, donator, 60.
— sacerdos, venditor, 90, 97, 98, 216, 297, 298.
— nom cité, 61, 92, 93, 134, 286, 381 ; voy. Bernardus, Petrus.
Grimardus, filius Grimardi, 177.
— filius Rigualdi, donator, 49, 50.
— pater Grimardi, 177.
— præpositus, 35, 105, 162, 243.
— puer, *le même que* præpositus.
— vir Rodbergæ, 177, 178.
— nom cité, 31, 50, 109, 233, 300.
— voy. Giraldus, Grimaldus.
Grimoardus, 266.
— de Pigon, 52, 54.
— voy. Willelmus.
Grimundus, 367.
Grinbertus, 165.
Gruos (illos), 39, *? voisin. de la Trueyre.*
Gua (le), com. d'Aubin, voy. Ga.
Guadburgis, uxor Austrini de Silligas, 176.
Guadium, voy. Gaddium.
Guago, donator, 16.
Gualbertus, abbas, voy. G.
Gualcaro, abbas ?, 23.
Gualcerius de Feritate, baro, miles, 311.
Gualbert, abbé, xlv.
Gualdrada, uxor Willelmi de illa Rocha, 153.
Gualtadus, *nom cité,* 102, 234, 244, 254.
Gualtarius, voy. Gualterius.
Gualterius, filius Raingardis, 132, 133, 189, 190.
— pater Rotberti, 368.

— 91, 169, 227, 232, 268, 272, 280, 312, 354.
— *voy.* Galterius.
Guanapii foreste, 414.
Guandalfredus, 232.
Guandelbertus de Trecis, baro, miles, 341.
Guarangardis, donatrix, 165.
Guarcag, *voy.* Garcangas.
Guarda, 12, 165, 308, 322, 385.
Guardona, 281, *voy.* Gardona.
Guarinus, filius Hectoris de Montemirato, 339.
— *nom cité*, 167, 180, 238, 368; *voy.* Guigo.
Guaris Ucguers, 404.
Guarmerius, 221.
Guarmerius, homo Addonis, 223.
Guarnarius, venditor, 176, 177.
Guarnel, *Granel*, xcv, *voy.* Arnal.
Guarnarius, *voy.* Guarnerius.
Guarnerius de Lopianis, 22.
— sevoalis seniorum de Cassaniis, 19.
— filius Gauzberti, 261.
— scriptor, 255.
— *nom cité*, 10, 126, 128, 147, 159, 180, 183, 232, 253, 267; *voy.* Poncius.
— *voy.* Garnerius.
Guarsias, 295.
Guarsindis, comitissa Biterrensis, 23, 24, *femme en premières noces de Raymond, comte de Carcassonne, et en deuxièmes de Bernard d'Anduse, marquis.*
Guarzanguas, lxxxij, 34, 35, *voy.* Quarciangas, ? *Pégayrolles (Cassini),* com. *de Castelnau de Pégayrolles.*
Guerinus, capellanus Hugonis, archiepiscopi Lugdunensis, 363.
Gueris, donator, 241, 242.
Guibert, abbé, xl.
Guibertus, 180.
Guicardus, venditor, 177.
Guicerius, prior Coxlaci, 341.
Guidburgis, uxor Addonis, 90, 91.
— *voy.* Frodlendis.
Guideneldis, uxor Poncii de Combret, 334.
Gui de Seveyrac, liv.
Guido, comes Salcionis Grancei, 326, 381, *Gui de Grancey, comte de Saulx-Tavannes.*

— Arnaldus, 315.
— de Culeto, donator, 278.
— de Granceia, *voy.* Guido comes.
— de P... (Patiato), 392, 397.
— donator, 245, 246.
— frater Petri de Castello d'Amiz, donator, 384.
— frater Rigualdi, 238, 239.
— homo comitis Salcionis, 381.
— nepos Petri, de Andoca, 350.
— sacerdos, venditor, 93, 94, 95, 96.
— scriptor, 305.
— *nom cité*, 35, 64, 80, 95, 114, 162, 175, 191, 213, 215, 262, 294, *voy.* Berengerius, Deusdet.
Guigo, 314.
— Guarinus, donator, 244.
Guila, 322.
Guilabertus, filius Willelmi, donator, 61.
— filius Remigii, 206.
— presbyter scriptor, 296.
— *nom cité*, 109, 113, 117, 126, 123, 302, 307, 313, 319, 380, 381.
Guiffre (lo mas), 380, ? *Rouergue.*
Guillaume, abbé, xliij.
— id., xlv.
— id., cxviij.
— id., lxix.
— *chevalier, seigneur de Capdenac,* xxij.
— *évêque de Norwick,* cxvj.
— *voy.* Nachard.
Guillelm de Conchas, 404.
Guillelmus Arnaldus, venditor, 368.
— consobrinus Raimundi Ferrachan, donator, 343.
— de Gabriac, 384.
— dux Aquitanorum, xl.
— frater Arnaldi Rotberti, donator, 358.
— frater Rigualdi, 168, 239.
— Granetus, 348.
— levita, scriptor, 359.
— nepos Petri Olibæ, 359.
— Rotbertus, 359.
— *nom cité*, 384, 394; *voy.* Poncius, Raymundus.
— *voy.* Willelmus.
Guillentz Brus, 374.
Guillermus, *voy.* P.
Guinabertus, *voy.* Geraldus.
Guinarandus, 179.
— elemosinarius Hectorianæ, 311.

Guiole (la), com., lxxvj, *voy.*
  Gleyola.
Guiradus, 99.
Guiral Aldeguer, 385.
Guirald della Rocheta, 374.
Guiral dellas Boigas, 375.
Guiraldus Vedenobrensis, 363.
Guiranda (illa), xciv, 286, *Guirande, près Figeac* (Lot).
Guirard Brondel, 369.
Guirardus de Granceio, 326.
Guirardus, pater Petri, donator, 283.
Guirardus, *nom cité*, 103, 128, 159, 343.
Guirart, *voy.* P.
Guirbernus, 321.
Guirbertus, 165.
— de Vilscamps, donator, 388.
— monachus, sacerdos, 205, *voy.* Girbertus.
— *voy.* Deusdet, Hugo.
Guirfredus, donator, 16.
Guirimbertus, 207.
Guirmondus, Guirmun, monachus, 380, 385, 386.
Guisla, 230.
Guislandus, *voy.* Rodbertus.
Guitardus Ebrini, donator, 58.
— filius Adalgerii, 124, 125.
— Lupi, 26.
— *nom. cité*, 72, 80, 125, 159, 207, 240, 286, *voy.* Durantus.
Guitbaldenc, lxxj, *? environs de Conques*.
Guitbaldus, custos ecclesiæ, 154, 243.
— donator, 271.
— *nom cité*, 125, 162, 214, 217, 249, 259, 309, 320.
— *voy.* Witbaldus.
Guitbertenc, lxxj, *? environs de Conques*.
Guitbertus, sacerdos, donator, 119, 120, 241, 243 ?, 265, 266, 320.
— sacerdos, 238, 239.
— scriptor, 183, 198.
— *nom cité*, 101, 102, 162, 312, 313, 339.
Guitburgis, *voy.* Frodiendis.
Guitfredus, *nom cité*, 130, 206.
Guitmarus, monáchus, 213.
Gulfedeus, 3.
Guna, 117.
Guntaldus, 170.

Guodinus, 328.
Guisquiza, *voy.* W.
Guyenne, xcv.
Guttalada, 239, *? dans le Barres*.
Gymundus, scriptor, 86.

H.

Habiron, *voy.* Abiron.
Habit monacal, xxx.
Hæcteria, uxor Deusdet, 247.
Hæctor, *voy.* Hector.
Hamarus, com. de Flavin, xxxvij, lxxxj, *voy.* Camarasa.
Harold, roi d'Angleterre, xxxj.
Hato Hisnardus, donator, 335, 336.
Hava, *voy.* Ava.
Hector Amblard, 248.
— Amblardi, 358.
— Arnaldus, 264.
— Bernardus, donator, 357, 392 ?.
— Cabacianus, 124.
— Castri Novi, 373, *voy.* Hector de Castello Novo.
— clericus, frater Rigualdi, 276.
— cloricus, scriptor, xlj, 243.
— de Aucaliago, 38.
— de Audito, Audiz, Auzidz, donator, 117, 327, 328, 335, 368, 378.
— de Cambolaz, donator, 383.
— de Castello Novo, 356, *voy.* Hector Castri Novi.
— de Mirabello, 375.
— de Montalt, 356.
— de Monte Mirato, donator, 338.
— de Panato, donator, liv, lv, lxv, 20, 345.
— donator, 117.
— id., 209.
— id., 218, 219.
— id., 263, 264.
— id., 320.
— elemosinarius Hectorianæ, 311.
— filius Aldenois, donator, 346.
— filius Berardi Begonis, donator, 387, 388.
— filius Deusdet, donator, 247, 248.
— filius Geraldi, 218, 219.
— filius Geraldi, venditor, 156.
— filius Gozlanæ, 207.
— filius Huczenz de Redonda, 358.
— filius Remigii, 206.
— filius Ricardis, 31.

— filius Umberti, 181.
— filius Umberti Petroni, 219.
— frater Guilemni, donator, 115.
— frater Rigualdi, 191.
— levita, 114.
— monachus, 275.
— monachus, filius Rigualdi de Arsiago, 46, 79, 225, 307, 327.
— monachus, scriptor, 78, 79.
— monachus, scriptor, 357.
— nepos Rigualdi, 191.
— pater Frotardi, clerici, 258.
— pater Ricardis, 31.
— pater Riguaidi, 190.
— presbyter, 115.
— presbyter, donator, 299.
— *prêtre, frère de* Humbert Sigerius, lxviij.
— prior Molendini Pizini, 373, 374.
— Regibaldi, 311.
— Rigaldus, donator, 394.
— Salustri, 368.
— scriptor, 128, 188.
— venditor, 203, 204, 304.
— vicarius, 383.
— vir Aimerudis, 158.
— vir Aimerugis, 180.
— vir Eldegardis, 110.
— vir Marianæ, donator, 131.
— *nom cité*, 5, 8, 28, 32, 36, 40, 102, 114, 131, 137, 142, 152, 162, 164, 165, 171, 176, 181, 190, 213, 221, 232, 234, 259, 262, 264, 280, 302, 304, 318, 327, 344 ; *voy.* Bernardus, Deusdet, Hugo.
Heinricus, 406.
Helderius, 341.
Helias, abbas, xvj, xxxix, xcv, 411, 412.
— pater Dodonis de Samathan, 54.
— *nom cité*, 41, 64.
Hélic, fils de Hugues du Périé, lxxij.
Helisachar, cancellarius, 411.
Henri le Large, comte de Champagne, cxiv.
Henricus comes, cxiij, 311, 352, *Henri ou Etienne, comte de Blois.*
— de Ria, 370.
— hostlarius, 312.
— IV, imperator romanus, 54, 406.
— I, rex Anglorum, xliv, xlv, 370, 371.
— I, rex Francorum, xv, xvj, xxxiij, xxxv, xliij, 12, 13, 14, 15, 34, 49, 78, 89, 118, 158, 185, 191,
224, 230, 248, 261, 273, 297, 303, 334, 389, 401.
Her, 224, *? envir. de Tournemire (Cantal).*
Hérault, xcviij, c.
Herba, 274, 356.
Herbertus, episcopus Norwicensis, 370, 371.
Heremannus, 406.
Heremus, lij, liv, 82, 89, 159, 331, 342, 381, 385, *L'Herm.*
Herm (l'), com. de S. Cyprien, voy. Heremus.
Hermengarda, uxor Bernardi comitis, 136, *femme de Bernard II Plantevelue, comte d'Auvergne, marquis de Gothie.*
Hermengarda, vicecomitissa Biterrensis, 26.
Hermengaudus Raimundi, 74, 75.
— *voy.* Rigualdus.
Hermensendis, vicecomitissa Gardonæ, 337.
Hermie (l'), com. de S. Santin, voy. Ermitos.
Heroldus, rex Anglorum, 19, *voy.* Harold.
Herpez, 75, *Saint-Laurent-d'Herpez (Aude).*
Hervedia, 374, *? environs d'Ussel (Cantal).*
Hescafredus, 5.
Hescafridus, pater Arnaldi, 59.
Hesso, 406.
Hicterius, donator, 291, 292.
Hictoriana, 311.
Hildegerius, *voy.* Hugo.
Hildigerius de Aliorra, 353.
Himbertus, 351.
Hiratus, *voy.* Bernardus.
Hisarnus, 380, 381.
Hisnardus, *voy.* Hatto.
Hodda, uxor Bernonis, 178.
Hodilo, filius Aldeberti, 192.
Hodimbellus, donator, 83, 84.
Hohenstaufen, cxv.
Hols, 229, *Ols.*
Hom (l'), com. d'Almont, voy. Ulmo.
Homino Mortuo, 325, *lieu dit au Val de Suzon.*
Homo, 4, 13, 14, 24, 25, 26, 27, 66, 78, 163, 207, 223, 233, 242, 252, 270, 281, 297, 299, 322, 325, 330, 334, 344, 351, 352, 361, 370, 381, 385, 388 ; *voy.* nobilis.

Homs (les), com. de *S. Christophe*, voy. Olmos.
Homps, com. *de Leuc (Aude)*, voy. Ulmeiras.
Honor, 10, 19, 21, 25, 26, 27, 36, 42, 44, 45, 57, 58, 63, 68, 69, 71, 72, 165, 166, 227, 278, 339, 344, 352, 356, 357, 360, 361, 363, 366, 369, 370, 383, 385, 386, 388, 394, 395.
Honorius III, papa, xxiv, xlvij, 391.
Hôpital (l'), com. *de S. Santin*, voy. Hospitalis.
Hordeum, 376, 402.
Horreum, 351, 352, 353.
Horsean, voy. Horsham.
Horsham, cxv, 359, 370, 371, *comté de Norfolk (Angleterre)*.
Hosfridus de Bellomonte, donator, 351.
Hospes, cxiij.
Hospitale, 360, 404.
Hospitalis, lxiij, 383, 389, *L'Hôpital*.
Hospites, 352.
Hôtes (maison des), xxix.
Hu de Cass., voy. Hugo de Cassanias.
Hu, episcopus Ruthenensis, 404, *Hugues de Rodez*.
Huart, 68, *Huarte (il existe en Navarre deux villages de ce nom)*.
Hucbal ? lxxij.
Huczenz de Redunda, 358.
Huga, mater Hugonis, donatrix, 315.
— uxor Bernardi de Laumerio, 369.
— uxor Ugonis Umberti, 367.
Hugbaldus, *nom cité*, 35, 136.
Hugbertus, scriptor, 137.
Hugo, abbas, xxviij, xlj, xlv, lxxj, 79, 83, 100, 112, 119, 142, 165, 168, 178, 189, 191, 195, 196, 203, 208, 214, 230, 233, 240, 244, 253, 254, 257, 265, 299, 300.
— abbas Belliloci, 365.
— Airal, 358.
— archidiaconi Lingonensis, 326.
— archiepiscopus Lugdunensis, donator, 362, *Hugues I de Bourgogne*.
— avunculus Umberti, donator, 148.
— B., 403.

— Belengarius vel Berenguarius, 365.
— Cendra vel Sendra, 383.
— Cassaniensis, voy. Hugo de Cassanias.
— Chiadgerii, 60.
— comes Rutenæ civitatis, 356, 357, *comte de Rodez*.
— comes Rutenensium, donator, 11, 12, 30, 196, 329, *comte de Rouergue*.
— de Balnes, donator, 281, 282.
— de Bello Castello, 4.
— de Calmonte, vir Fidei, xvij, 78, 401, 402.
— de Calmonte, vir Ingelbergæ, 78.
— de Carreira, 353.
— de Cassanias, 18, 19, 20, 236, 366.
— de Castello Novo, 374.
— de Chausi, 354.
— de Combret, monachus, 385, 386.
— de Conchas, 30, 36.
— de Conchis, 346.
— de Dangione, baro, miles, 341.
— de Laziniano, 349.
— de Molsedone, donator, 358.
— de Moret, 280, 365.
— de Panado, 20.
— de Roca vel de illa Rocha, 324, 380, 388, 393.
— de Roqua, 403.
— de Sumannaz, donator, 283.
— de Torcy, 351.
— Deusdet, donator, 223, 377.
— de Vilaris, 109.
— donator, 100.
— id., 196, 197.
— id., 206.
— id., 219, 220.
— id., 302.
— Faral, 404.
— filius Aldeberti, 192.
— id. Amelii, 279.
— id. Ariberti, donator, 140, 322.
— id. Austrini, venditor, 121, 151.
— id. Hæctoris, 158.
— id. Hosfridi de Bellomonte, donator, 351.
— id. Hugo, donator, 315.
— id. Jatbaldi, 206.
— id. Petri de Arjac, donator, 382.
— id. Petri, præpositi, donator, 61.
— id. Raingardis, venditor, 132, 133, 189, 190.

— id. Remigii, donator, 144, 145, 146, 147, 206.
— Flavus, baro, miles, 341, 353.
— frater Begonis, 143.
— id. Frotardi, donator, 89.
— id. Fulconis, donator, 52.
— id. Gislanæ, 225.
— id. Guirberti de Vilscamps, donator, 388.
— id. Huczenz de Redunda, 358.
— id. Petri Arnaldi, donator, 219, 220.
— id. Raimundi, donator, 327.
— Gardoacus, 389.
— Guirbertus, donator, 366.
— Hictor, 294.
— Hildegerii, 173.
— Mancellus, 353.
— monachus, 19.
— id. 154.
— id. 366.
— id. 376.
— nepos Gislæ, abbatissæ, 273.
— nepos Stephani, donator, 13, 14, 15, 333, 334.
— Odolrici, 375.
— panetarius, 342.
— pater Attonis, 59.
— Rainoni, 210.
— rex, *Hugues Capet*, xlj, xlij, 235, 264.
— Rosselz, donator, 378.
— sacerdos, donator, 36.
— scriptor, 5, 335.
— id., ad vicem cancellarii Lugdunensis, 363.
— Talabaz, donator, 364.
— Umberti, 367.
— venditor, 171.
— id., 293, 294.
— vicecomes, donator, 21, *vicomte de Millau, fils de Richard II.*
— vir Adaltrudis, donator, 150.
— vir Aldeburgis, venditor, 111, 112.
— Willelmus, 390.
— ... ebreuna, 395.
— *nom cité*, 13, 16, 38, 41, 77, 78, 79, 90, 96, 101, 108, 124, 127, 144, 146, 154, 156, 157, 164, 166, 167, 171, 174, 175, 176, 181, 185, 201, 209, 222, 223, 230, 232, 237, 238, 244, 246, 247, 253, 255, 260, 266, 273, 279, 302, 304, 306, 309, 312, 318, 321, 326, 328, 335, 344,

346, 347, 366, 380, 381, 401; *voy.* Bernardus, Petrus, Raimundus, Willelmus.
Hugues (S.), abbé de Cluny, xvij.
Hugues de Labro, donateur, lxxviij.
— de Merle, lix.
Humbaldus, archiepiscopus Lugdunensis, 365.
— Humbertus Adalgerius, donator, lxxj.
— Sigerius, donator, lxviij.
Hysarnus *ou* Isarnus, filius Willelmi, donator, 61.

I.

I., abbas, *voy.* Isarns.
Ibero, prior, 366.
Ictor, *voy.* Hector.
Ido, donator, 200, 201, 202.
Idocius, villa, 7, *? à Livinhac-le-Haut.*
Iga, 330, *Igue*, com. de Naussac.
Ignobilis, 17.
Ildefossus, comes Tolosæ, 394, *Alphonse Jourdain.*
Ildegarda, xxvij, 173, *serve affranchie.*
Impers, com. de Vérières, voy. Pers.
Indrandus, 202.
Indulgences, 371, 372.
Infernus, 47, 70, 156, 178.
Infirmerie, xxix.
Ingelbaldus, 151.
Ingelberga, 266.
— xxvij, 173, *serve affranchie.*
— uxor Bernardi, venditor, 107, 108.
— uxor Hugonis de Calmonte, 78.
Ingelbertus Bonius, donator, 261.
— Unrandus, 200.
— *nom cité*, 96, 144, 145, 151, 159, 188, 202, 244, 285, 299.
Ingeliredus, mansus ?, 346.
Ingelgardis, donatrix, 296.
Ingelgarius, *nom cité*, 161, 316.
Ingelradus, donator, 183.
— *nom cité*, 159, 185.
Ingenuatio, 407, 408, *affranchissement.*
Ingilbaldus, 195.
Ingilberga, uxor Amblardi, 244.
Ingilbertus, 6.
Ingilolmus, 6.
Ingilgadus, 234.

Ingulfus, prior, 372.
Injelberga, uxor Adaldi, 142.
Injelvinus, 161.
Injoclradus, 259.
Injustitia, xxvj, 65, 162, 173, 280, 402.
Innocent IV, pape, xxix.
Innocent VIII, pape, cxj.
Insulanus, *voy.* Julianus.
Inter Aquis, 375 ; *voy.* P., *Entraygues.*
Iratus, *voy.* Bernardus.
Iranensis, abbas ?, 68.
Isaac, cancellarius, 414.
Isagas, lxxxj, 164, *Izagues.*
Isalgadus, 266.
Isalgarus, pater Austrini, 125.
— vir Ricardis, 31.
— *nom cité,* 126, 165, 191, 207, 240, *voy.* Rodbertus.
Isambertus, sacerdos, 34, 35.
Isarnus, abbas, xlv, 350, 384, 404.
— Arnaldus, donator, 358, 359.
— donator, 74.
— episcopus Tolosanus, xxxiv, 60, 63, 71, 336, 337, 359.
— frater Poncii Bernardi, donator, 71, 72.
— *nom cité,* 143, 176, 209, 264, 308 ; *voy.* Poncius.
Iscafredus, 395.
— elemosinarius Hictorianæ, 311.
— id. Umberti, 28.
Isembertus, 186.
Isimbardus, 390.
Isimberga, 204.
Isle (l'), *Vaucluse, voy.* Julanius.
Ismido, donator, 388.
Issoire (Cantal), lxxxviij.
Italie, ij, cxix.
Iterius de Mirmunt, donator, 389.
— *voy.* Bertrandus.
Iturbide, cxviij.
Izagues, com. de Montézic, voy.
Avizago, Isagas.

J.

Jacob, 69.
Jadgerius, 193.
Jaca (Aragon), Jaka, 68.
Jalous (le), *com. de Gabriac, voy.* Jamlucias.
Jamlucias, Jam Lucis, lxxvj, 177, *Lo Jalous.*

Janariz, *village de la vallée de Lisoain (Navarre).* Janeriz, 343.
Jarjayes (Hautes-Alpes), xiv, *voy.* Gargaia.
Jarri, xcj, 293, *com. de Paulhac (Cantal).*
Jatbaldus, 206.
Jatbertus, *nom cité,* 134, 268.
Jaudo, 170.
— id., vir Archantrudis, 170.
Jaudoinus, donator, 108.
Jautardus, 305.
Jean (S.) l'évangéliste, cxj.
Jean, cardinal du titre de Sainte-Croix, lxix.
— *XXII, pape,* lxx.
— *XXIII, pape,* lxix.
Jenesius, 177.
— filius Akapiti, donator, 141, 142.
Jenoliaco vel Jenoliago, *voy.* Genoliaco.
Jeraldus, *voy.* Geraldus.
Jermolio, *voy.* Germolio.
Jérusalem, xlij, 328.
Jesus Christus regnans, 49, 171, 176, 297.
Jherosolima, *voy. Jérusalem.*
Jhoan, *voy.* Joannes.
Joanenc, lxiij, 383, *Lo Jouanenq.*
Joannes, *voy.* Johannes.
Joculator, 386.
Johannenca vinea, 225, 275, *? territoire de Conques.*
Johannes, abbas, xl, 1, 85, 86, 159, 160, 242, 243, 316.
— Carpinellus, 365.
— de Noeiz, 121.
— de Roqua, donator, 402.
— de Turlanda, donator, 42.
— de Velloneiras, 373.
— diaconus, cardinalis Romanæ ecclesiæ, 400.
— donator, 175.
— frater Girardi, sacerdotis, 169.
— Moltonus, 268.
— monachus, scriptor, 56, 202, 375.
— id., id., 78, 269, 381.
— pater Stephani, 361.
— præpositus, 187.
— presbyter, 377.
— prior, 316, 357, 360.
— scriptor, 57.
— id., 184.
— *nom cité,* 123, 175, 177, 211,

218, 222, 223, 224, 242, 285, 292, *voy*. Atto, Ramundus.
Jols, 77, *Gioux de Mamou*.
Jonante, vij, 412, 413, 414, *voisin de Figeac (Lot)*.
Joncels *(Hérault)*, xliij.
Jordanis molinum, 393, *territ. de Cépet (Haute-Garonne)*.
Jordanus, 363.
— de Panat, monachus, 5.
— de Quintil, dominus Castri Mauronis, donator, 386, 387.
— filius Amelii, 279.
— scriptor, 363.
— sive Adalgarius, filius Jorii sive Amblardi, 7.
Jorius sive Amblardus, vir Senegundis, 7.
— presbyter, 212, 213.
— vir Avanæ, 39, 40.
— vir Lauteldis, venditor, 140.
— *nom cité*, 193, 214, 249, 250, 253, 262, 309.
Jorniante, cix, 209, *Sournia*.
Jorquet, *voy*. G.
Jos, *com. de Pont-de-Salars*, *voy*. Joz.
Josep, 215.
— filius Hæctoris, 110, 111.
Josepo, 138.
Josfredus, 261.
Jossaldus, episcopus Cabillonensis, 365.
Josum, 44, *? voisin. de Brommat*.
Jou, 384, *Juòu*.
Jou-de-Monjou (Cantal), voy. Jove.
Jouaneng (le), *com. de Cassagnes-Comtaux*, voy. Joanenc.
Jove, *Jou de Monjou*, *voy*. Bernardus.
Joz, 21, *Jos*.
Jubelinus, donator, 387, 388.
Judas Scarioth, 11, 24, 44, 47, 51, 65, 75, 87, 110, 146, 156, 178, 188, 216, 276, 295, 336, 337, 351, 408.
Judeanus, 275.
Judicium, 234, 396.
Juduanus, 225.
Jugo, testis, 353.
Jul (Tarn), civ.
Julaic, civ, 329, *? ancien diocèse de Toulouse*.
Julanius, *peut-être pour* Insulanus, cix, 268, *L'Isle (Vaucluse)*.

Julense, lIij, 103.
Juleto, civ, 329, *? ancien diocèse de Toulouse*.
Julia de Ruga, 363.
Juliani, mansus, 174, *? voisin. de Clairvaux*.
Julianus, *voy*. Poncius, 72.
Julianus (S.), S Juliani festivitas, missa, 204, 224, 256, 364, *terme de paiement*.
Junan, testis, 217.
Juncaretis, civ, *? ancien diocèse de Toulouse*.
Juou, com. de Thérondels, voy. Jou.
Justicia, xxv, xxviij, 4, 24, 26, 33, 45, 51, 53, 62, 64, 67, 71, 274, 335, 344, 355, 381, 385.
Juvencius, *voy*. Stephanus.
Juvigny (Haute-Savoie), cxiv.

K.

Kaifas, 51.
Kalenda, 81, 82, 118, 163, 197, 201, 211, 276, 280, 286, 296, 297, 299, 314, 323, 327, 330, 331, 334, 373, 374, 376, 377, 385, 389, 409, *terme de paiement*.
Kamnulphus, 4.
Karchosona, 396, *voy*. Carcassona.
Karissima, filia Hodimbelli, 84.
Karitas, 29.
Karlomannus, rex, xj, 6.
Karolus magnus, 398.
Karolus, rex Francorum et Longobardorum, 136.
Karolus IV, *Charles le Simple*, voy. Carolus.
Karrigium, 296, voy. Carrigium.
Kaymard, com. de Pruines, voy. Casmar.
Klodohic, rex Aquitanorum, 3, voy. Louis le Débonnaire.

L.

Labro, com. de Prévinquières, voy. Broa.
— *de Lugan*, voy. *Hugues*.
— *de Murel*, voy. Broas.
Lao (le), com. de Massiac (Cantal), voy. Laco.

La Calm, voy. Bella Calme, Calmo.
Lacan, com. de Firmy, voy. Calm.
— d'Alrance, voy. Cannas.
Laco, 243, 374, *Le Lac*.
Lacroix, com., lxxix.
Lacunas, villa, xciv, 193, ? *Quercy*.
Ladguado, xc, xcj, 45, 273, *Laga ou Latgua*.
Laga, com. de Tanavelle (Cantal), voy. Ladguado.
Lagny (Seine-et-Marne), voy. Latiniacum.
Laiciacensis, xxxvj, lxxvj, lxxvij, 36, 329, *Laissac*.
Laigardis, 123.
Lairag ?, 82.
Lairicii, xcj, 46, *Leirisse*, com. de Pierrefort.
Laissac, voy. Laiciacensis.
Lambertus, filius Alberici, 355, 356.
— præpositus Columbariensis, 342.
Lambrandus, 171.
Lambron, vallée, dans le canton de S. Germain-Lambron (Puy-de-Dôme), voy. Ambianensi.
Lana, 65, 244, 356, 357.
Lanbertus, 353.
Lanciarias (illas), rivus, 182, voisin. de La Bessière, com. de Golinhac.
Landa (illa), 158, 159, 161, *La Lande*, com. de Saint-Cyprien.
Landa (la), lj, 281, 286, *La Lande*, en *Périgord*.
Landa, lx, 339, *La Lande*, com. de Livinhac-le-Haut.
Landas (las), xcvj, 281, ? *paroisse de Saint-Marcorg*.
Landes, département, lxxxvij.
Landrigus, 193.
Langres, voy. Lingonensis.
Languarda, uxor Raimundi, 34.
Laniacum, 353, voy. Latiniacum, *Lagny*.
Languedoc, xxx, xcviij.
Janues, ? *pays toulousain*, v. Oddo.
Laon (Aisne), vj, xxv, voy. Laudunenso.
Lapanosa, lxxxv, *Lapanouse*, voy. S. Guillermus.
Larrarias, voy. Arrarias, 264, 286, *Aurières (Cantal)*.
Larta, xcvij, 122, 123, *Larté (Basses-Pyrénées)*.

Larzac, xxxv.
Lasparra, xcvij, *Lesparre (Gironde)*, voy. Gaucelmus.
Lastapias, 331, *La Tapie*.
Latacia, j, xljx, 100, *Louche*.
Lateranense, Laterani, 392, 399, *Latran*.
Latgerius, 209.
Latgua, Latguada, voy. *Laga*, Ladguado.
Latiniacum, voy. Albertus et Laniacum.
Latran à Rome, voy. Lateranense.
Laubarède, com. de Firmy ou Viviès, lxj.
Lauconis rivus, 257, *Lauquet*.
Laudel, cv, cvij, 66, 67, 329, ? *ancien diocèse de Toulouse*.
Lauderius, 388.
Laudunensis, vj, xxv, lxxxviij, 232, 333, 345, *Laon (Aisne)*.
Laugarda, uxor Aldoardi, 316.
Lauiredus, 268.
Laumer, Laumerio, *Laumières*, voy. Bernardus.
Laumières, com. de Roussennac, voy. Laumerio.
Launbet, xcij, 279, voy. Lycubet.
Lauquet, ruisseau (Aude), voy. Lauconis.
Laurangu, vel Laurangues, 293, ? *dép. de Valudjols*.
Laurentius, 279.
Lausclada, 286, ? *Quercy*.
Laustardus, 159.
Lautaldus, voy. Poncius.
Lautardus, abbas, voy. Leutardus.
— 347.
— filius Segbaldi, 186.
— pater Regoini, 300.
— *nom cité*, 208, 223, 255, 347.
Lautarius, 100.
— donator, 412, 413.
Lauteldis, uxor Jorii, 140, 141.
Lautelmus, 107.
Lautgado, voy. Ladguado.
Lava, 355, ? *territoire du Val-de-Suzon*.
Lavac..., civ, ? *anc. diocèse de Toulouse*.
Lavaur (Tarn), voy. Afragnio, Vauro.
Lavennæ, cxiij, *pour avenæ*.
Lavodorius, voy. Lauderius.
Laziniano, *Lusignan*, voy. Hugo.

TABLE GÉNÉRALE. 477

Laborerio, 149, *La Borie*, près *d'Onet-le-Château.*
Lectum, 356.
Ledberginæ, 342, *Sᵉ Aubierge.*
Ledda, 21, 386, 404, *péage.*
Ledeuvicus, 405, 406, *Ludwig de Hohenstaufen.*
Ledoinus, 159.
Legatus Romanæ ecclesiæ, xxix, 338, 340, 391.
Leirisse, com. *de Pierrefort (Cantal)*, voy. Lairicii.
Lembron, voy. Ambianensis.
Lemençon, com. *d'Aguessac*, voy. Lymancionensis.
Lemotgas (els), 387, *dép. de N.-D. des Planques.*
Lemoticanos, voy. *monnaie.*
Lemovicas, 298, *Limoges.*
Lempde, c, 284, *Lende.*
Lende, com. *de Saint-Privat de Champclos (Gard)*, voy. Lempde.
Leodbertus, presbyter, 333.
Leodegarius, 70.
— episcopus Vivariensis, donator, 347.
Leotardus, 136.
Lérida (Espagne), xv.
Lesclottes, com. *(Lot-et-Garonne)*, voy. Escolt.
Lescura, lxvij, 11, 331, *Lescure*, com. *du canton de La Salvetat.*
Lesparre (Gironde), voy. Lasparra.
Lestrade, com. *de Golinhac*, voy. Strata.
Lestrap, com. *de Maleville*, voy. Strata.
Leuc (Aude), Leuch, cij, 75.
Leudgardis, 178.
Leudgarius, 177.
— scriptor, 253.
Leutadus, donator, 1, 3.
Leutardus, 290.
— abbas, xvj, xvij, xix, xlij, xliij, 77.
— frater Frotardi, 232.
— vir Dominicæ, 104, 105.
Leutfredus, 5.
Leviniacum, 364, *dép. de Malons.*
Leviniago, lvj, lx, lxxij, 6, 390, *Livinhac-le-Haut.*
Lex romana, xxv, 2, 10, 12.
Leyssac (Dordogne), voy. Liciago.
Liber, libre, xxv, xxvj, 352.
Libra argenti, auri, 3, 27, 41, 50, 65, 73, 74, 87, 113, 117, 160, 174, 177, 188, 225, 252, 253, 255, 257, 360.
Licairac, com. *de Leuc (Aude)*, voy. Lichairaco.
Lichairaco, Lichairago, cij, civ, 71, 72, *Licairac.*
Liciago, *Lissac ou Leyssac*, xcvj, voy. Willelmus.
Licionicas, in Serniacense, xxxvij, lvj, lxxxvj, 30, 148, 149, 231, 246, 260, 288, 289, 301, 305, 306.
Licongas, voy. Licionicas.
Liger, fluvius, 362, *Loire.*
Ligiardis, comitissa, 354, 355, *veuve de Gui de Grancey, comte de Saulx-Tavannes.*
Limania, 168, 238.
Limio, lvij, 144, 146, 180, 190, 206, *ruisseau de Planèse, affluent du Lot.*
Limoges, xxvij, xciij, voy. Lemoticanos, Lemovicas.
Limon, moulin, voy. Limio.
Limousin, xv, lxv, xciij.
Linares, *Linars*, com. *du Truel*, xxxvj.
Lingonensis, cxj, 325, 326, 331, 365, 381, 382, *Langres.*
Linteum, 210.
Linus, 65, 219, 270.
Lissac (Dordogne), xcvj.
Lissalinie, com. *de Saint-Félix de Lunel*, lvj.
Lissorgues, com. *de Noaillac*, lvj.
Livinhac-le-Haut, com., voy. Leviniago.
Lizonicas, voy. Licionicas.
Lobaria, 59, ? *territ. du Born.*
Lobreir, voy. S.
Lodève (Hérault), voy. Lutevensis.
Lodlandus, 233.
Lodoicus, imperator, voy. *Louis le Débonnaire.*
Lodoicus, Lodovicus, rex, voy. *Louis.*
Loire, fleuve, voy. Liger.
Loire, départ., cix, cx.
Loire (Haute-), xcviij.
Lombet, 370, ? *env. de S. Cyprien.*
Lombez (Gers), voy. Lumbers.
Lombregot, com. *de Villeneuve*, voy. Lubregad.
Londres (Angleterre), voy. Lundona.

Longa Lassa, 296, *affluent du Crénau à Clairvaux.*
Longa Prata, 325, *? territ. du Val-de-Suzon.*
Longeiras, 72, *? territ. de Licairac.*
Longueviale, com. de Senergues, liv.
Longueville (Seine-Inférieure), xv, cxv.
Longus, *voy.* Bertrandus, Petrus.
Longus Campus, 118, 346, *entre Espeyrac et Saint-Félix de Lunel.*
Lonnico, in alce Calvomontense, lj, 6.
Lopegarzez, 68.
Lopesanz, dominator Garitoan, 408.
Lopiani, Lopianis, *Loupian (Hérault), voy.* Guarnerius, Lupiano.
Lorica, 18, 20.
Lot, j, vj, xxvj, xxxvij, lxxxvj, lxxxvij, xcj, xciij.
Lot-et-Garonne, lxxxvij, xcvij, civ.
Lotharius, imperator, 180.
Lotharius, rex, 28, 32, 40, 80, 83, 84, 93, 94, 95, 97, 101, 103, 108, 113, 120, 135, 138, 142, 163, 165, 169, 179, 184, 189, 191, 192, 193, 196, 203, 208, 215, 223, 231, 233, 234, 237, 240, 241, 244, 253, 254, 258, 260, 266, 276, 300, 311, 312, 313, 319, 320.
Louche, affluent du Dourdou, voy. Latacia.
Louis le Débonnaire, iij, iv, v, vj, xx, xxxiv, 3, 332, 333, 398, 409, 411, 414.
Louis IV, roi, 35, 102, 106, 130, 157, 161, 183, 198, 206, 300, 305.
Louis VI, roi, xlv, 350, 354, 355, 357, 358, 360, 363, 380, 384, 394.
Louis de Crevant, abbé, cxj.
Loupiac, com., vj, lxxiij, lxxxij.
Loupian (Hérault), c.
Lozère, lxxvj, xcviij.
Lubia, rivus, 163, *affluent de la Louche.*
Lubregad, lxxxv, 165, *Lombregot.*
Lucia, uxor Aldoini de Parisio, 379, 380.
— vidua Raimundi Oddonis, donatrix, 336.
Ludogvicus, *voy. Louis le Débonnaire.*
Luganensis, xxxvij, *voy.* Luganiensis.

Lugan, com., *voy.* Luganiensis.
Luganiensis, xxxvj, xxxvij, lxxvij, 314, *Lugan.*
Lugdunensis, Lugdunum, cx, 340, 362, 363, 365, *Lyon.*
Luitholsus, 406.
Lumbers, civ, 65, *Lombez.*
Luminaria, xxix, 29, 86, 87, 101, 188, 217, 271, 305, 315, 373, 391.
Lundena, 19, *Londres.*
Lunel, com., xlvj, liv.
Lupiano, 22, 268, *voy.* Lopiani, *Loupian.*
Lupus, testis, 64.
— *voy.* Deusdet, Guitardus.
Lusignan (Lot-et-Garonne), voy. Laziniano.
Lutevensis, cj, 3, 357, 401, *Lodève.*
Lyeubet, xcij, *? territoire de Senezergues.*
Lymancionensis, xxxvj, *Lemençon.*
Lyon (Rhône), voy. Lugdunensis.

M.

M. de Paris, 380.
Macellus, 386.
Maclagaldus, 232, 239.
Mâcon (Saône-et-Loire), voy. Matisconensis.
Maculata, 308, *mesure agraire.*
Madius, 182, 196, 296, 299, *terme de paiement.*
Madeiras, Madeiris, lv, 368, *Madrières.*
Madeleine (la), com. de Villemur (Haute-Garonne), civ.
Madraldus, abbas, 1, 3, 409, 410.
Madrières, com. de Senergues, voy. Madeiris.
Madrinago, lxxv, 125, *Mayrinhac.*
Maestra, *voy.* Ra.
Maganfredus, 253.
— elemosinarius Hodimbelli, 84.
Magenco, *en lisant* viagenco, *on pourrait considérer ce mot comme l'équivalent de* viaticum.
Maguelonne (Hérault), xxvij, *voy.* Melgorienses.
Magesc (Landes), voy. Mageshe.
Mageshe, 123, *Magesc.*
Magno Loco, lxx, 323, *Belloc.*
Malfredus, *voy.* Matfredus.

TABLE GÉNÉRALE. 479

Mainberto, lxvij, 149, 150, 183, 184, 307, *Mas-Berthès.*
Maingot, *voy.* Arnerius.
Mainnas, *voy.* Petrus.
Mairogel (S. Johannes de), 364, *Saint-Jean-de-Maruéjols.*
Maiseras, cviij, 281, 282, *? pays d'Amoux en Comminges.*
Maismago, lxxv, 185, *Maymac.*
Maisneirs, cxiv, 231, *Meinier.*
Majaneg, lxxix, 276, *? territ. de Brommes.*
Majentia, uxor Raimundi Gaurazes, 62.
Majorac, com. de Pruines, voy. Majoriaco.
Majoriaco, lxvij, 138, 139, 276, *Majorac.*
Major, 374, 381, 382, *maire.*
Mala Calmo, lxxv, 300, *Malecan.*
Mala Languas, 379, *? dép. de S. Mamet.*
Malamosca, *voy.* Bernardus.
Mala Padella, 107, *Mas-de-Padelle.*
Malasanna, lxxiij, 360, *Malesagne.*
Malas Herbas, *voy.* Raimundus.
Mala Villa, lxxvij, lxxviij, 324, 388, 390, 393, *voy.* Raino, Stephanus, *Malcville.*
Malbosc, com. do Villecomtal, lxix, 226, 283.
Malbouzon, com. de Prinsuéjouls (Lozère), voy. Mansus Bosonis.
Malcortus, *voy.* Petrus.
Malecan, com. de Calmont, voy. Mala Calmo.
Mater Xatart, voy. Castangers.
Malesagne, com. des Ternes (Cantal), voy. Malasanna.
Malcville, com., voy. Mala Villa.
Malgerus, 359.
Malivernatus, 403.
Mallevantia, 53.
Malols de Pontio Radumo?, cviij, 358.
Malon, Malonensis, c, 363, *Malons (Gard).*
Mal Pajol, 295, *? voisin. de* Las Menudas.
Malpas (le), com. de Nauviale, 370.
Malus Vicinus, 353.
Malvas, *Malviés, com. de Saint-Serer, voy.* Aldebertus.
Malvorio, *Malviés, com. de Marcillac, voy.* Bernardus.

Malviés, *voy.* Malvas, Malvorio.
Manada, 181, *mesure.*
Mancip, *voy.* D.
Mancipi, *voy.* Amelius.
Mancipium, 2, 405, 411, 412, 413.
Manco, Mancusus, *voy.* Marca.
Mandamentum, 401.
Manluces ?, 81.
Mannasses, archidiaconus Trecensis, 341.
Manno, notarius Argentinensis, 406.
Manse, xxvj.
Mansellus, *voy.* Hugo.
Mansirot, xcv, xcvij, 348, 349, *voy.* Marestagnum.
Manso, *envir. de S. Mamet,* xc, *voy.* Stephanus.
Mansus Bosonis, xcviij, 323, *Malbouzon.*
Mansus major, 47, *? dép. de Valuéjols.*
Manus, 4, 21, 25, 26, 27, 78, 334, 353, 358, 360, 376, 405.
Maraggardis, *voy.* Raggardis.
Marca, 18, 32, 166, 187, 373, 374, 377, 383, 399, 404.
Marcangas, 81, *Marcenac.*
Marcel, 380.
Marcellus, 251.
Marcenac, *com. de Livinhac-le-Haut, voy.* Marcangas.
Marcenat (Cantal), voy. Marcennago.
Marcennago, *Marcenat,* lx, lxxxix, *voy.* Eustorgius.
Marcilag, j, lxiv, lxviij, lix, lxxij, lxxiij, lxxv, 297, 390, 395, 396, *Marcillac, cant. de Rodez.*
Marcilhaco, *voy.* Marcilag.
Marciliacus, lxxix, 212, *Marcillac, com. de Mur-de-Barres.*
Marcillac, voy. Marcilag, Marcilacus.
Marcolès (Cantal), xclj.
Marcols, *Marcous, voy.* Petrus.
Marcous, com. de Conques, voy. Marcole.
Marestagnum, *Marestang (Médoc), disparu, voy.* Mansirot.
Marfons, com. de Polminhac (Cantal), voy. Maurifontes.
Maria (S.), reliquiæ, 1, — purificatio, *terme de paiement,* 362, —*excommunication,* 87, 188, 213.

Maria, donatrix, 269, 270.
— id., 294, 295.
— uxor Galterii, 138.
— uxor Hectoris, 131.
Marie, veuve d'Henri, comte de Champagne, cxlv.
Marin (S.), *martyr*, viij.
Marinescus, 395, *Marinesques*.
Marinesques, com. de Naussac, voy. Marinescus.
Marinus, 251.
Marius (S.), xlij.
Marta, *nom cité*, 84, 325.
Martarie (la), com. de S. Cyprien, voy. Martres.
Martica, terminus, 336.
Martina, 183.
— soror Bernardi, sacerdotis, venditrix, 115, 116.
Martinesque (la), com. de Mouret, voy. Martinex.
Martinex (lo), lxviij, lxxj, 327, *La Martinesque*.
Martinus (S.), *festivitas, terme de paiement*, 276, 362.
Martinus, filius Jaudoni, 170.
— *nom cité*, 43, 161, 223, 242, 336; *voy.* Arnaldus, Bernardus, Petrus.
Martonag, Martonnaco, c, 282, 364, *? voisin. du Garn (Gard)*.
Martres (illos), 34, *La Martarie*.
Marze, abbas ?, 68.
Mas, *voy.* Manso.
Mas (le), com. de S. Cyprien, lxxij.
Mas (le), près Souyri, com. de Salles-la-Source, voy. Durautesc.
Masada, 221, *mesure agraire*.
Mas-Berthés, com. de Pruines, voy. Mainberto.
Mascle, lxxvij, 329, 330, *? envir. de Trébosc*.
Mascles, com. de Firmy, voy. Masclo.
Masclo, lix, 317, *Mascles*.
Mas d'Agrès, com. de Montsalès, voy. Agritis.
Mas de Chabbert, com. de Salles-Courbatiés, voy. Chaubran.
Mas-de-Padelle, com. d'Auzits, voy. Mala Padella.
Mas des Cours (Aude), voy. Corta Coxa.
Mas de Vilars (Aude), voy. Vilars.
Mas Grenier (Tarn-et-Garonne), clv.

Mas Johanne della Vernia ? 239.
Massiac (Cantal), voy. Maziac.
Matfredus, *voy.* Matfredus, clericus.
— clericus, donator, 214, 215, 259, 260, 266.
— de Bonna, 199.
— episcopus Biterrensis, *Matfroi II*, 22, *Matfroi III*, 26.
— filius Aviernæ, donator, 317, 318.
— id. Dedæ, 348.
— pater Pontii, 355.
— vir Aiganæ, 238.
— *nom cité*, 9, 215, 285, 289, 310, *voy.* Atto vel Otto.
Matilda, regina Anglorum, 340, 341, 352.
Matisconensis, 365, *Mâcon*.
Matthæus Benignus, canonicus Lingonensis, 382.
— Geraldus, 335.
Maurazils, lvj, 108, 109, *? La Maurélie*.
Maurélie (la), com. de Conques, voy. Maurazils.
Maures, xv.
Mauriac, Mauriacense, com. de S. Léons, xxvj.
Mauricius, *voy.* Poncius.
Maurin, lxxj, *? dans l'Aveyron*.
Maurinus, *voy.* Stephanus.
Maurifontes, xc, 9, *Marfons*.
Mauron, *com. de Maleville*, Mauronensis, Mauronto, xxxvj, lxxviij, 79, 258, 290, 388.
Maurserias, *? en Carladez, voy.* Austorgius
Maymac, com. de Rodelle, voy. Maismago.
Mayrinhac, com. de Rodelle, voy. Madrinago.
Mazac, Mazago, com. d'Almont ou de S. Parthem, lvj, 245.
Mazeirrangas, Mazerag, lvj, 82, 283, *Mazerac*.
Mazerac, com. d'Almont, v. Mazeirrangas.
Mazerac, com. de Senergues, lxxj.
Mazerias, lxxviij, 80, *Mazières, com. de La Capelle Bleys*.
Maziac, *Massiac*, xcij, *voy.* Reveiro.
Mazières (les), com. de La Capelle Bleys, voy. Mazerias.
Mazières (les), com. de S. Félix de Lunel, liv.

Meanag, rois. de *Conques*, voy. Rigaldus.
Meaux (*Seine-et-Marne*), voy. Meldensis.
Medacula, *monnaie*, 173.
Medalata, medaliada, medaliata, *mesure agraire*, 32, 143, 146, 206, 229, 271.
Medalla, *monnaie*, 41, 397.
Médoc (*Gironde*), xcvij.
Medraldus, voy. Madraldus.
Meilhac, com. de S. *Félix de Lunel*, voy. Meliaco.
Meinier *ou* Meynier, canton de Genève (*Suisse*), voy. Maisniers.
Meiso, meissaneig, meisuns, voy. messis.
Mejana Serra, lxviij, 346, *Méjane Serre*.
Mejanas Mansiones, 37, 331, *? dép. de l'église de Roussi*.
Mejaneg, 276, *? rois. de Bromme*.
Méjane Serre, près S. *Georges, com. d'Entraygues*, voy. Mejana Serra.
Mel, cxx, 66, 274, 380.
Mélagues, *com.*, voy. Meilanca.
Meldensis, cxij, 341, *Meaux*.
Melgoriensis, 339, 365, 397, *Maguelonne*.
Meliaco, Meliago, lxxxvj, 118, 346, *Meilhac*.
Mellanca, *Mélagues*, voy. Alcherius.
Mels, com. de S^e *Geneviève*, voy. Amelz, Amiz.
Membrum, 41, 42.
Menagia, 239, *peut-être Manezio, indiqué auprès de Licucamps (Cantal) par la carte de Cassini*.
Mende (*Lozère*), voy. Mimatensis.
Mense abbatiale, ij, x, xix, lj, lv, lxviij, lxix, lxxix.
— *conventuelle* : ij, xxix, cxx, 7, 12, 14, 15, 16, 22, 30, 31, 33, 34, 38, 39, 78, 123, 124, 125.
— *épiscopale*, cxx.
Messe, xxix, voy. Sacrificium.
Mensura Villæ Novæ, 395.
Menuddas (illas), lxxxvij, 295, *Las Menudas, com. de Cornus*.
Mercadieram fontem, 257, *? Aude*.
Mercator, 21.
Mercatum, 14, 15, 19, 20, 21, 33, 53, 66, 333, 346, 352, 378.
Mercoriolo, 7, *? territ. de Livinhac-le-Haut*.

Mercoriensis, voy. Melgoriensis.
Merdallag, Merdelac, 328, 376, *? territ. de Firmy*.
Merdolone rivo, 2, *? territ. de Saint-Martin-du-Larzac*.
Merle, *com. de Flagnac,* voy. Hugues.
Merledo, lj, 34, 182, *Merlet, com. de Noailhac*.
Mesermont, 378, *Meyremont*.
Mespolarios, lx, 135, *Mespoulès*.
— lxxviij, 134, *Mespoulières*.
Mespoulès, com. *de Livinhac-le-Haut*, voy. Mespolarios.
Mespoulières, com. *de Valzergues*, voy. Mespolarios.
Messis, messio, 41, 42, 118, 182, 201, 296, 299, 314, 329, 330, 331, 377, 385, 389, *terme de paiement*.
Mesures, xxvij, voy. aripentum, bos, brachiata, carruca, carteira, denariata, emina, fossariata, francescus, maculata, manada, masada, medalata, mensura, mina, modiada, modium, muga, papada, quartale, quartariata, semodiata, semodium, sestariata, sestarius, solidata, tascha, tonna.
Mesyoleso, 7, *? territ. de Livinhac-le-Haut*.
Meyremont, *com. de S. Mamet (Cantal)*, voy. Mesermont.
Mezchita, mezquita, 337, *mosquée*.
Mèze (*Hérault*), c.
Miermont, com. *d'Espinasse (Cantal)*, voy. Mirmunt.
Miles, 18, 25, 27, 65, 270, 319, 351, 352, 381, 386, 392, 393.
Millac, com. *de Villeneuve*, voy. Amolesca.
Millau, vj, xxxv, voy. Ameliavensis.
Milo, 351.
— de Bralo, 341.
— episcopus Trecensis, 341, *Philippe ou Milon II de Pons*.
— filius R. de Verrey, 350.
Mimatensis, xcvilj, 323, 324, *Mende*.
Mina, 331, 395, *mesure*.
Ministerium, xxxv, xxxvj, xxxvij, xxxviij, xxxix, 8, 9, 35, 37, 93, 102, 104, 107, 110, 113, 116, 127, 130, 153, 159, 160, 168, 183, 185,

194, 195, 197, 205, 208, 217, 241, 242, 265, 305, 320.
Minorisæ, xv, cxix, 288, *Minorque*.
Mir, *voy*. Poncius.
Mirabel, Mirabello, *com. d'Enguialès*, *voy*. Deodat, Hector.
Mirapeis, cv, 329, *Mirepoix*.
Miraponchi, 305, ? *voisin. de Cormouls*.
Mirepoix (*Haute-Garonne*), *voy*. Mirapeis.
Mirmonte, Mirmunt, *Miermont*, lxxxiij, *voy*. G., Iterius, Rigualdus.
Miro de la Gavosa, 322.
Miro, levita, scriptor, 288.
Miro Raimundi, 322.
Mironus Alarici, 288.
Miscemalum, *voy*. Willelmus.
Missa, 9, 86, 219, 388, *voy*. sacrificium.
Missus dominicus, xxv, 332, 333.
Moabitini, *voy. Monnaie*.
Mobilier (*préposé au*), xxix, *voy*. camerarius.
Modiada, 268, 288, 303.
Modium, 78, 81, 82, 99, 137, 159, 163, 174, 181, 227, 230, 244, 245, 296, 330, 356, 358, 361, 403.
Modrando, rivus, 148, ? *environs de Firmy ou de S. Cyprien*.
Mohaldis, 353.
Moichetus, *voy*. Geraldus.
Molœzes, 21, ? *entre Pont-de-Salars et Millau*.
Molarias, lxiij, 114, 212, 213, *Les Molières*.
Molendinum, 10, 26, 38, 57, 145, 146, 151, 167, 250, 321, 333, 342, 343, 393.
Molendinum Pisinum, vj, xiij, lxxxvij, lxxxviij, lxxxix, xcj, xcij, 243, 291, 292, 332, 347, 373, 374, *Molompisc*.
Molières (les), *com. d'Escandolières*, *voy*. Molarias.
Molinas, xciij, xciv, 198, *La Mouline*.
Molinum, *voy*. Molendinum.
Molineirus, *voy*. Gilabertus.
Molleti, 282, *La Bastide*.
Molompisc (*Cantal*), *voy*. Molendinum Pisinum.
Molsedono, xciij, ? *Corrèze*, *voy*. Ademarus, Hugo, Petrus.

Molto, *mouton*, 29, 37, 41, 42, 81, 117, 121, 163, 174, 196, 212, 222, 224, 226, 228, 244, 256, 270, 271, 281, 296, 297, 303, 314, 319, 322, 323, 327, 330, 331, 367, 376, 377, 385, 389, 402.
Molto, *voy*. Johannes.
Nomadona regina, uxor Sancii, 408.
Monachus, *prise d'habit, dot, mobilier*, lxxxix, 4, 6, 36, 42, 45, 46, 47, 51, 53, 120, 156, 227, 270, 274, 279, 293, 327, 330, 345, 346, 350, 360, 362, 366, 367, 374, 378, 379, 388, 391, 393, 394, 398, 402, 403.
Monasterium, 16, 17, 19, 20, 338, 349, 387.
Monastère de Conques (*construction*), xliij, xliv.
Monbaperenx, 395, ? *en Carlades*.
Monbazencs, lxxvij, 390, *Montbazens*.
Mondouzil (*Haute-Garonne*), cvj.
Monediers, disparu, com. de Granvabre, xlvj.
Moneta, *baronale*, 164; publica, 74; melior quæ cucurrerit, 360.
Monnaie, xxvij, solidi, denarii — Biterrenses (*Béziers*), 26; — Carcassonæ (*Carcassonne*), 74, 75; — Caturcenses (*Cahors*), 367, 379; — Lemotgani, Lemoticani, Lemovicani, de Lemovicas (*Limoges*), 77, 89, 91, 92, 97, 111, 114, 116, 118, 124, 132, 137, 140, 174, 190, 196, 239, 248, 249, 256, 259, 287, 289, 294, 307, 321, 377, 389; — Melgorienses (*Maguelonne*), 339, 365, 367, 397; — Moabitini (*monnaie espagnole*), 328; — Otonenci (*Othon*), 256; — Podienses, de Podio, Pogesi, Pojesi (*Le Puy*), 41, 42, 92, 96, 114, 140, 212, 222, 239, 243, 273, 274, 277, 321, 322, 388, 397, 403; — Raimondenses, Raimundenci(*Toulouse*), 3, 212, 222, 295, 330, 401, 403; — Rodenesi, Ruthenenses (*Rodez*), 13, 90, 117, 174, 199, 203, 207, 210, 223, 248, 260, 262, 264, 306, 391, 401; — *voy*. corti solidi, libra, marca, novi solidi, oblienci, quintinenci, uncia, veteres solidi.

TABLE GÉNÉRALE.   483

Monredon, com. *de Nauviale*, voy. Monte Redundo.
Mons, voy. Monte.
Mons serenus, 413, ? *territ. de Salvagnac-Saint-Loup.*
Mont (lo), 378, *Le Mont, com. de S. Mamet.*
Montagnac, commune de Privezac, lxxviij.
Montagrier (Dordogne), xcv.
Montaguson, com. *de Cours (Lot-et-Garonne)*, voy. Monte Aguzor.
Montaigu de Quercy (Tarn-et-Garonne), xciv.
Montaillac, com. *de Suy-Guillem (Dordogne)*, voy. Monte Aliado.
Montal, com. *d'Arpajon (Cantal)*, voy. Monte Alto.
Montalègre, com. *de Clairvaux*, lxv.
Montalrat, com. *de Centrès*, voy. Monte Airadio.
Montanglaut, com. *de Coulommiers (Seine-et-Marne)*, voy. Montis Englealdi.
Montarnal, com. *de Senergues*, voy. Monte Arnal.
Montauban (Haute-Garonne), civ.
Montarraut (Haute-Garonne), voy. Monte Roaldo.
Montbazens, com., voy. Monbazencs.
Montbrison, voy. Monte Brusone.
Monte Aguzor, 281, 286, *Montaguson.*
— Airadio, lxxx, 217, *Montalrat.*
— Aldone, xciv, 82, 83, *Montaudon (carte de Cassini), territ. de Montfermier (Tarn-et-Garonne).*
— Aliado, 286, *Montaillac.*
— Alto, lxxxviij, *Montal*, voy. Bernardus, Hector.
— Arnal, Arnaldi, lxj, 392, voy. Gauzfredus.
— Boario, xcvij, 51, 52, ? *voisin. de S. Macaire.*
— Brusone, in comitatu in Sestergo ?, cxx, 251.
— Caprario, 159, 191, ? *envir. de Rodelle.*
— Englealdi, *Montanglaut*, voy. Berneredus vel Bernerius.
— Ermeneldo, 34, voy. Ermainal.
— Gomaldo, lxv, 193, 194, *Montalègre ou Montfranc*, com. *de Clairvaux.*

Montégut (Haute-Garonne), voy. Muntagut.
Monteilz, Noteilz, c, 275, 278, 368, *Monteils (Gard).*
Monteilz, cij, 58, *Montels.*
Monte Jurato, voy. R.
— Larte, voy. Larte.
— Lauduno, *Mont Lauzun*, xciv, voy. Remigius.
— Lobono, 229, *Monloubou (carte de Cassini), entre Rouane et Arpajon (Cantal).*
— Montels, *territ. du Mas-des-Cours*, voy. Monteilz.
— Mauri ? voy. Albertus.
— Mejano, xc, 8, ? *dans l'Artense.*
— Miralio ?, xxxvj.
— Mirato, *Montmurat*, xcv, voy. Geraldus, Hector, Raymondus, Willelmus.
— Paone, *Montpaon*, voy. Raimundus.
— Pascentio, 43, ? *vois. de Bromme.*
— Pesato, *Montpesat*, xciv, xcv, voy. Stephanus.
— Redundo vel Retundo, lxvj, 85, 234, 320, 347, *Monredon.*
— Revelli, *Montravel*, voy. Aimericus.
— Rixano, lxxxix, 77, 378, *Montreisse.*
— Roaldo, civ, *Montarraut.*
— S° Johanni, cv, cvj, 336, *Saint-Jean-de-l'Union.*
— S. Mariæ, voy. Gervasius.
Montel (le), com. *d'Aubin*, lxxj.
Montézic, com., lxxxj, lxxxij.
Montfermier, com. *(Tarn-et-Garonne)*, xciv.
Montfranc (le), com. *de Clairvaux*, lxv.
Montignac, com. *de Conques*, voy. Montiniacense.
Montiniacense, Montiniacum, vj, xxxvj, xxxviij, xlviij, liv, lix, 5, 85, 86, 98, 101, 102, 104, 105, 128, 130, 159, 160, 161, 168, 183, 188, 189, 197, 205, 214, 254, 265, 310, 312, 320, 332.
Montjaux, com., lxxxij.
Mont Lauzun (Lot), voy. Monte Lauduno.
Montloubou, voy. Monte Lobono.
Montmurat (Lot), voy. Monte Mirato.

Montonii, *pour* Moritonii.
Montpaon, *com.*, *voy.* Monte Paone.
Montpesat *(Tarn-et-Garonne)*, *voy.* Monte Pesato.
Montrabe, *com. (Haute-Garonne)*, cvj.
Montraissan, *voy.* Monte Rixano.
Montrandus, 254.
Montravel *Dordogne)*, *voy.* Monte Revelli.
Montreissé, *com. de S. Mamet (Cantal)*, *voy.* Monte Rixano.
Montrozier, *com.*, lxxv.
Montsalès, *com.*, lxiv.
Montsalvy *(Cantal)*, lxiv, lxxxjx.
Montubig, 82, *? pays toulousain.*
Monvila, cij, 67, *Saint-Martin-le-Vieil.*
Moreir, campus, 72, *? à Licairac.*
Moret, *Mouret*, lxv, lxxj, lxxij, *voy.* Austrinus, *Begon III*, Bernardus, Petrus, Rigualdus, Ugo.
Morrei, *voy.* Elias.
Mosqeto, 41, *? territ. d'Orthaguet.*
Mossed, Mosseto, Mossito, lxv, 113, 116, *Mousset.*
Motigas, lxxxv, 229, 237, *? voisin. de Cajarc (Lot).*
Mouline *(la)*, *m. de La Bastide-du-Vert (Lot)*, *voy.* Molinas.
Mouret, *com.*, *voy.* Moret.
Mousset, *com. de Mouret*, *voy.* Mossed.
Muda, mudda, 16, 38, *changement.*
Muga, mugada, 358, *mesure.*
Mugilum, 402, *muid.*
Mula, mulus, xxx, 18, 20, 53, 45, 227, 367, 398.
Muntagut, cv, 329, *Montégut.*
Munt Carle, 304, *? à Ouveilhan (Aude).*
Muracione, lx, 115, 141, *Mural.*
Mural, *com. de S. Parthem*, *voy.* Muraciono.
Mur-de-Barrez, *voy.* Muro.
Murello, 343, *Murillo.*
Murello comitis, cxvj, cxvij, cxviij, 343, 407, *Murillo el Cuende.*
Muret, *com.*, lxvij, lxxj.
Muret, *ville (Haute-Garonne)*, cvij.
Murillo, *voisin. de Lizoain (Navarre)*, *voy.* Murello.
Murillo el Cuende *(Navarre)*, *voy.* Murillo comitis.
Murmonte, *voy.* Mirmonte.

Muro in Barrez, xxxv, lxxviij, lxxx, 214, 259, *voy.* Bernardus, *Mur-de-Barres.*

N.

Nachard *(Guillaume)*, *prieur de S. Foi de Chevigny*, cx].
Nagera, episcopatus, 68, *? en Navarre.*
Najac, *com.*, xxxvij.
Najacio, Najago, lxxxvj, 37, 118, 278, *voy.* Bernardus, *Najas.*
Najas, *com. d'Espalion*, *voy.* Najacio.
Nant, *com.*, Nantensis, xxxvij.
Narbonne *(Aude)*, Narbonnensis, xv, 269, 303.
Nativitas Domini, 256, 342, *terme de paiement.*
Naucelle, *voy.* Noacella.
Naurac, *hôpital disparu sur le territoire de Conques*, xlvj.
Nauviale, *voy.* Novavilla.
Navarre, xv, xxx, xxxiv, cxix.
Necterio Vilaro, lxx, 155, *? nord du canton d'Aubin.*
Nedresolutio, 88, *? vois. de Firmy.*
Negra Boiseira, 295, *voisin. de Las Menudas.*
Negrin, *com. d'Aubin*, *voy.* Nigrinio.
Neiracense, vij, xxxvj, lxix, 101, *Le Neyrac.*
Nemauso, xviij, xliv, xcix, 279, *Nîmes.*
Nepos, *abbé*, xlij.
Nersolio, 88, *? voisin. de Firmy.*
Neuvéglise *(Cantal)*, lxxxix.
Neuville, *com. de Bailleul (Seine-Inférieure)*, *voy.* Novavilla.
Neyrac *(le)*, *com.*, *voy.* Neiracense.
Nichilfora, donator, 329.
Nicholaus II, papa, 21.
Nifredus, donator, 209, 210.
Nigrarius, *voy.* Geraldus.
Nigrinio, lvij, 203, *Negrin*, *com. d'Aubin.*
Niguarius, monachus, sagrestanus, filius Adalgrimi, donator, 27, 28, 128, 129, 137, 138, 154, 232, 243, 316, 317.
Nîmes *(Gard)*, *voy.* Nemauso.
Nivilo, 326.
Nizecius, 333.

Nizezius, frator Stephani, 13.
— vir Stephanæ, donator, 207, 208, 235, 256.
— nom cité, 13, 14, 15, 210.
Noacella, *Naucelle*, com., voy. Ademarus.
Noailhac, com., l, lvj, lix, lxv, lxxx, lxxxvj.
Noatagio, 7, 112, *? à Livinhac-le-Haut*.
Nobilis, nobilitas, 10, 11, 17, 18, 26, 64, 65, 79, 166, 325, 352, 400, 411.
Nociolo, 37, *? voisin. d'Entraygues*.
Nocium, lxxxv, 29, 37, *Noux, com. d'Almont*.
Nodembel, testis, 345.
Noeiz, *? envir. de Conques*, voy. Johannes.
Nogareda, 33, *? près Montaudon*.
Nogario, 307, *? envir. de Saint-Cyprien*.
Nogent (Côte-d'Or), voy. Notiantio.
Nogueir, 387, *? dép. de N.-D. des Planques*.
Noicium, voy. Nocium.
Norbertus, 239.
— presbyter, venditor, 195.
Norfolk (Angleterre), voy. Northpholc.
Normandie, Normands, Normannia, xv, cxv, 371.
Northpholc, xv, cxv, 370, *Norfolk*.
Norwicensis, civ, cvj, 370, 371, *Norwick*.
Notiantio, *Nogent*, voy. Rainerius.
Notre-Dame d'Aures, lxxv.
— *de Balzac*, lxiv.
— *de La Bastide de S° Foi*, xcv.
— *de Belmont*, ciij.
— *de La Capelle-Farcel*, lxxxiv.
— *du Chambon*, xcviij.
— *de Conques (château et ville)*, xlvj, xlvij, xlviij, xlix.
— *de Pontiabour*, ciij.
— *de Fournials, com. de Tanus (Tarn)*, voy. Fornils.
— *de Grandvabre*, xlvj.
— *de Haute-Serre, com. d'Anzits*, voy. Altaserra, lxiij.
— *de Laon*, lxxxviij.
— *de Laudel*, cvij.
— *de Larac...*, civ.
— *des Planques*, voy. Plancae.

Notre-Dame de Rodez, lxxxij.
— *patronne de Conques*, xj, 85.
Nouviale, com. de Valuéjols (Cantal), voy. Novavilla.
Noux, com. d'Almont, voy. Nocium.
Novas Concas, vij, 413, 414, *Figeac*.
Novavilla, j, xxxvj, lj, lxij, lxiv, lxvj, lxx, lxxij, lxxxvij, cxvij, 301, 334, 335, 379, 390, 395, *Nauviale*.
Novavilla, *Neuville*, voy. Willelmus.
Novavilla, xcj, 46, *Nouviale*.
Novi solidi, 132.

O.

Oalrichus, *pour* Odalrichus.
Obediencialis, 65.
Obedientia, 307, 319, 330, 362, 376, 405.
Obizio, subdiaconus, notarius papæ, 394.
Oblatio, 44, 45, 47, 70, 343.
Oblia, oblienci, 181, 296.
Oda, voy. Odda.
Odalgadis, Odalgudis, venditrix, 189, 241.
Odalricus, Odalrigus, voy. Odolricus.
Odalrigesco, 146, *? territ. de La Castanie*.
Odda, mater Regemundi, donatrix, 252, 253.
— uxor Frotardi, 139, 140, 169, 320, 321.
— id. Geraldi, 197.
— id. Gueris, 241, 242.
— id. Rigualdi, 196.
— *nom cité*, 147, 172, 219, 262, 320, 321.
Oddo, capellanus, 351.
— comes, 340, *Eudes II, comte de Blois et de Champagne*.
— *de Darnestallo*, baro, miles, 341.
— *de Lanues*, 65.
— *de Soler*, 65.
— *de Trobet villa*, 359.
— *de Ventos*, donator, 355.
— elemosinarius Aldigrimi, 181.
— filius Oddonis, donator, 125.
— filius Raimundi Oddonis, donator, 336, 337.

Oddo, frater Stephani, 13.
— monachus, 32.
— monachus scriptor, 22, 34, 43, 69, 91, 92, 93, 168, 202, 211, 219, 228, 256, 260, 287, 303. *Cf.* Oddo scriptor.
— nepos Stephani, 13, 14, 15, 333, 334.
— pater Berengarii, 222.
— pater Oddonis, 125, 126, 285.
— precentor Trecensis ecclesiæ, 341.
— rex, 100.
— scriptor, 36, 88, 95, 109, 116, 127, 133, 137, 143, 152, 156, 164, 167, 170, 176, 198, 214, 248, 259, 267, 289, 294, 299, 304, 306, 309, 314, 318, *contemporain* d'Oddo, monachus, scriptor.
Oddo, *nom cité*, 13, 79, 118, 128, 131, 147, 164, 203, 285, 382, *voy.* B., Berengerius, Bernardus, Deusdet, Petrus, Ponson, Raimundus.
Oddoinus, vir Viernæ, donator, 220, 221.
Odembellus, frater Rajeni, donator, 163, 164.
Odilo, archidiaconus, 4.
— filius Rodberti de Castello, donator, 227, 228, 273.
— nepos Amblardi, 126.
— pater Petroni, 34.
— presbyter, 212, 213.
— vir Adalendis, venditor, 114, 126.
— vir Rigildis, donator, 313.
— *nom cité*, 28, 34, 46, 108, 219, *voy.* Bernardus, Petrus.
Odilus, *voy.* Odilo.
Odimbellus, *nom cité*, 84, 158.
Odo, *voy.* Oddo.
Odoinus, 221.
— frater Garmeri, donator, 211.
Odolric de Maleville, abbé, xlij, xliij.
Odolric II, abbé, xvij, xxxiij, xlij, xliij. *Cf.* Odolricus, abbas.
Odolricus, abbas, lxxj, 4, 11, 13, 16, 18, 32, 36, 37, 41, 42, 45, 46, 48, 57, 59, 61, 62, 66, 76, 78, 79, 109, 120, 131, 153, 162, 212, 219, 221, 224, 225, 228, 238, 244, 247, 261, 268, 270, 273, 275, 276, 279, 295, 314, 323, 327, 328, 329, 372, 380, 381, 389, 401, 402.

Odolricus, archidiaconus Ruthenensis, 384, 390, 396.
— archipresbyter, 390.
— de Bello Castello, donator, 4, 5, 297.
— de Cajarco, 229, 230.
— donator, 279.
— elemosinarius Umberti, 28.
— filius Amancui, 51.
— id. Godranni, donator, 194.
— id. Hœctoris, 158.
— id. Radulfi, 192, 193.
— frater Ramonis, 230.
— monachus, 368.
— id. architecta, xxxiv, 51.
— id. scriptor, 38.
— Roilius vel Ruilio, 154, 204.
— venditor, 175, 176.
— vir Aviernæ, donator, 135.
— id. Belliendis, 222.
— *nom cité*, 21, 31, 32, 115, 135, 145, 146, 207, 214, 227, 230, 231, 258, 279, 322, *voy.* Hugo, Raimundus, Raino.
Offerenda, xxx, 15, 59, 67, 74, 333, 334, 335, 345.
Office, officiers de l'abbaye, xxvij, 243.
Ogis, 346, *? Aveyron*.
Ola (la), xlviij, 278, *L'Oule*.
Olarius, *voy.* Galterius.
Olevarus, miles, 382.
Oliado, *voy.* Olliado.
Oliba, 186.
— filius Nifredi, donator, 209, 210.
— *voy.* Petrus.
Oliverius, 392.
Ollas, lxxxij, 285, *Les Oules*.
Olliado, lxxxviij, 243, 291, 292, 347, *Auliade*.
Olm (l'), 387, *L'Ormc*.
Olmos, lxxxvj, 232, *Les Homs*.
Olric, abbé, xlv.
Olrich, *voy.* G.
Ols et Rinhodes, com., *voy.* Hols.
Oltis, *Lot*, 37, 38, 403.
Oneddo, *Onet-le-Château*, *voy.* Bernardus.
Onet-le-Château, com., lxviij, lxxiv.
Om (el), 375, *L'Hom*.
Ondes (les), château, com. de Salles-la-Source, *voy.* Super Undas.
Opera, 81, 82, 118, 163, 291, *corvée*.

Operarius Ruthenensis, 405.
Opus S. Fidei, S. Mariæ, S. Petri, 85, 336.
Ora, 408, *Oro*.
Oracione, lxxxv, 106, *? Aveyron*.
Orador (el), 378, *dép. de S. Mamet*.
Orange *(Vaucluse)*, xiv, cx, *voy*. Arausicus.
Oratio, 359, 369, 372.
Orced, 281, 285, *? envir. d'Aurières*.
Orcières, *com. de Saint-Julien du Tournel (Lozère), voy*. Ursarias.
Orcival, *voy*. Urcivallis.
Ordo major, minor, 288.
Orgils, *? voisin. de Villeneuve-les-Cugneaux, voy*. Garsias.
Orgueil *(Tarn-et-Garonne), voy*. Erguol.
Orlhaguet, *com. de S^e Geneviève, voy*. Aureliaco.
Orliagueto, *voy*. Aureliaco.
Orme (l'), *com. de Montirat (Tarn), voy*. el Olm.
Oro, *com. de Estella (Navarre), voy*. Ora.
Orombellus, *voy*. Donatus.
Orsonnette *(Cantal), voy*. Sonate.
Ortalos, xlix, 225, 275, *Ourtoules*.
Orthez *(Basses-Pyrénées)*, xcvij.
Ortolas, *voy*. G.
Osmundus, scriptor, 74, 344.
Ospitals (l'), *voy*. Hospitalis.
Ossez, 118, *?vois. d'Espeyrac*.
Ostatgue in claustro, 356.
Otbertus, monachus, 355, 356.
Oto, Otto Bernardus, 236.
— episcopus Argentinensis, 405, 406, *Othon IV de Hohenstaufen*.
— lo Campanegscus, 389.
— Matfredus, *voy*. Atto.
— *nom cité*, 166, 406.
Ottonenci solidi, 256.
Oule (l'), *com. de Conques, voy*. la Ola.
Oules (les), *com. de Florentin, voy*. Ollaz.
Ourtoules, *com. de Conques, voy*. Ortalos.
Ouveilhan *(Aude), voy*. Ovili.
Ouvreric de l'abbaye, xxix.
Ovelano, *voy*. Ovili.
Ovum, 81, 376, 377.
Ovili, 303, *Ouveilhan*.

Oxiacensis, 67, *Carcassonne*.
Ozliz, cxix, 68, 69, *? en Navarre*.

P.

P. Calbini, capellanus J., abbatis Conchensis, 351.
— capellas, 378.
— d'Aurico, 389.
— de Castellet, 351.
— de Goliniach, 404.
— de Inter aquis, 351.
— episcopus Pampilonensis, *voy*. Petrus de Andoca.
— Guillermus de Lapanosa, 405.
— Guirart, 404.
— Odo, 404.
— presbyter, 356.
Paconiage, *com. de Juvigny (Haute-Savoie), voy*. Pacuniago.
Pacuniago, cxiv, 231, *Paconiago*.
Paganus hostiarius de thalamo, 353, *huissier de la chambre*.
— miles, 382.
Pagus, x, xxxv, xxxvj, xxxvij, xxxix, 1, 5, 8, 9, 11, 12, 15, 16, 18, 29, 30, 31, 33, 35, 36, 37, 39, 42, 49, 55, 60, 61, 63, 66, 67, 76, 79, 85, 86, 93, 94, 95, 97, 100, 101, 102, 103, 104, 105, 107, 109, 111, 115, 119, 124, 125, 126, 127, 128, 129, 130, 135, 137, 138, 139, 141, 142, 143, 148, 149, 153, 157, 159, 160, 161, 163, 168, 170, 174, 176, 178, 179, 183, 184, 185, 188, 189, 190, 191, 192, 194, 195, 197, 202, 203, 205, 208, 210, 212, 214, 215, 220, 223, 229, 230, 231, 233, 235, 236, 237, 241, 246, 248, 250, 254, 256, 257, 258, 260, 261, 262, 263, 265, 266, 269, 272, 274, 276, 379, 289, 294, 301, 302, 305, 307, 310, 312, 318, 320, 329, 332, 333, 380, 405, 409, 411, 412; *voy*. civitas, patria, provincia, urbs.
Pairado, 238, *Peyrat*.
Palaired, lij, lxxxv, 29, 37, 166, 175, 278, 347, *Palayret*.
Palaiz, 390, *Palaiz, com. du Cayrol*.
Palaiz, Palaizo, Palatio, c, cj, 22, 23, 24, 25, 26, 27, 268, 391, *Pallas*.
Palatium regis, 407.

Palayret, com. de S. Cyprien, voy. Palaired.
Pallairedum, *voy.* Palaired.
Pallairenco, 305, *? envir. de Cormouls.*
Pallas, nom d'un ruisseau, voisin. de Mège (Hérault), voy. Palaiz.
Palnensse, Palvense, in Dunense, lviij, 221, 263.
Pampelune (Navarre), Pampilona, Pampilonensis, xv, xxx, ciij, cxvj, cxvij, cxviij, cxix, 328, 337, 343, 349, 350, 406, 407, 408.
Panad, Panaddo, Panado, Panatensis, Panato, lxiv, lxv, 5, 17, 18, 19, 20 ; *voy.* Deusdet, Hector, Petrus, *Panat, com. de Clairvaux.*
Panata, 73.
Panataria, 355.
Panderomia, foreste, vij, 412, *?en Quercy.*
Paneterie, xxix, cxx.
Panis, 41, 42, 65, 69, 81, 82, 118, 121, 123, 182, 211, 246, 276, 280, 281, 282, 286, 299, 314, 323, 370, 376, 385, 389.
Panis, com. de S. Symphorien, voy. Panniclo.
Pannicio, 39, *Panis.*
Panouse (la), voy. Lapanosa.
Papa Romanus, xix, xxvij, xxix, cxviij, 18.
Papada, 81, *mesure.*
Papet, *voy.* Deusde.
Paradilas (las), 279, *Paradis à Courbessac, com. de Nimes (Gard).*
Parata, 362, 412.
Paraveredus, 412.
Pardinas, cv, 329, *? pays toulousain.*
Paris, voy. Parisiensis et Parisio.
Parislago, l, lj, lvij, 146, 155, 157, 158, 206, *Praissac.*
Parisiensis, 341, *Paris (Seine).*
Parisio, *Paris, com. d'Auzits, voy.* Aldoinus.
Parlenes, *voy.* Ponz.
Parra, parragines, lv, 36.
Parrauli, 147.
Parrochia, parrochialis, parrochianus, 4, 13, 14, 16, 55, 58, 70, 163, 173, 174, 222, 257, 261, 276, 282, 295, 315, 324, 327, 334, 352, 364, 366, 367, 374, 379, 393, 403, 406.
Pascal I, pape, xxij.
— *II,* xxxj, xxxij, 328.
Pascha, 224, 256, 373.
Passelac, com. de Florentin, voy. Peceliago.
Passus ecclesiastici, 393.
Pastus, 408.
Patria, 98, 179, 180, *voy.* pagus.
Patronage, xxx, cxiv.
Paulhac (Cantal), lxxxix, xcj.
Paulinha, lxxij.
Pauperes, xxvij, 343, 360, 372, 413.
Pauvreté (vœu de), xxix.
Payssi (le), com. de Livinhac-le-Haut, voy. Persi.
Peceliago, lxxxij, 302, *Passelac.*
Pedreleiras, 88, 95, 121, *près de La Garrigue, com. de Firmy.*
Pégayrolles, voy. Figairolos.
Peira Bruna, *Peyrebrune, voy.* Gag.
Peiras Bezas, 402, *? dép. de Perses.*
Peire della Vallada, 384.
Peiregory, *voy.* Petragorice.
Peirelades, cix, 271, *Pierrelatte.*
Peireleiras, *voy.* Pedreleiras.
Peiriderias, 204, *La Peyrière.*
Peiro, 331, *Le Peyrou.*
Peiro Aimo, 362.
— Deusdo Atrasaih, 377.
— Gasco.
Peirod, 281, *? envir. d'Aurières.*
Peirola, *? en Auvergne, voy.* Arnaldus.
Peirre, *voy.* Petrus.
Peiru (el), *Le Peyrou,* v. Giral.
Pelagrua, *Pellegrue,* xcvj, *voy.* Ebrardus.
Pèlerinages, xxxj, xlij, *voy.* peregrinatio.
Pellegrue (Gironde), voy. Pelagrua.
Pendente Pediculo, lxj, 312, *Penpaou.*
Pénitence, xxx, *voy.* pœnitentia.
Peniza (la), *? voisin. de Montpesat,* xcv, *voy.* Raimunz.
Penna, xcvij, 50, *Penne (Lot-et-Garonne).*
Penpaou, com. de Viviez, voy. Pendente Pediculo.
Pensio, 395.
Pentecostes, 374, *terme de paiement.*

TABLE GÉNÉRALE. 489

Pépin le Bref, roi, v, xix, xx, xxj, xxij, 398.
Pépin II, roi d'Aquitaine, iij, iv, v, vj, vij, xvj, xviij, xix, xx, xxij, xxviij, 411, 414.
Perairols, 64, 367, S° Foi de Peyrolières.
Perariense, lxxxviij, 333, Périers.
— 257, ? à S° Marie de Gardie.
Perario, 42, ? territ. d'Orthaguet.
— voy. Pereiro.
Perarolio, voy. Perairols.
Pereiro (el), 210, 211, La Peyre.
Peregrinatio, 17, 19, 23, 53, 54, 149, 166, 236, 282, 328, 340, 341, 368, 405.
Peregrinus, dominus Castri Mauronis, donator, 386.
Périé (le), env. de Conques, lxxij.
Périers, près Issoire (Puy-de-Dôme), voy. Perariense.
Périgord, Périgueux, voy. Petragorico.
Per... Levada, ? Aveyron, voy. Deusdet.
Perna de porco, 271.
Perols, lx, 339, Pérols, com. de Livinhac-le-Haut.
Perci, voy. Persi.
Pers, lxxxv, 29, 37, 118, 167, 278, Impers.
Persa, lxxv, lxxvj, xcviij, 401, 402, 403, Perses.
Perses, commune d'Espalion, voy. Persa.
Persi, lx, 241, 339, Le Payssi.
Persia, voy. Persa.
Pertusada, 355, ? territ. du Val-de-Suzon.
Perugol, ? Auvergne, voy. Petrus.
Pesse (la), com. d'Entraygues, voy. la Pez.
Pestillago, 281, Pestilliac, com. de Montcabrier (Lot).
Petitus, voy. Durantus.
Petra, lxxv, 162, ? à Campagnac.
Petra Ficata, 243, 317, ? territ. de Molompize.
Petra Fissa, xcix, 323, ? territ. de Prinsudjouls.
Petra Fixa, voy. Petra Ficata.
Petragoricensis, Périgueux, lxv, xcv, 54, 55.
Petrelense, Petrelense, xxxvj, Peyrelcau.

Petronilla, filia Austrini de Conchis, donatrix, 38.
— filia Hectoris Salustri, 368.
— filia Rodberti de Castello, donatrix, 227, 228, 273.
— uxor Aimoini, 44.
— uxor Lautarii, 412, 413.
Petrus (S.), xj, xxxj, 1, 87, 159, 188, 213.
Petrus, abbas Agarensis, 328.
— Aimonis, 343.
— archidiaconus Lutevensis, 357.
— archidiaconus Pampilonensis, 68, 407.
— archipresbyter, 389.
— architecta, xxxiv, 51.
— Arcmandus, 397.
— Arnal, Arnaldi, frater Hugonis, donator, 25, 166, 219, 220, 236, 327, 396.
— Arnaldi, monachus, 324, 360, probab. le même que le précédent.
— Bego, 257, 290.
— Bellaro, 373, 374.
— Bermundus, 24, 25, 26, 27.
— Bernardus, 276.
— id., 361.
— id. filius Bernardi Gamalberti, donator, 381.
— id. vir Aiteldis, donator, 76.
— cellarius, 346, 368.
— consobrinus Raimundi Ferrachan, donator, 343.
— de Andoca, episcopus Pampilonensis, donator, xv, xxx, 68, 328, 343, 350, 404, 406, 407.
— de Arjac, 382, 383.
— de Aurosa, 374.
— de Bello Castello, donator, 4.
— de Bello Forte, 201, 222.
— de Burdegala, 350.
— de Calmonte, donator, 76, 77.
— de Castello d'Amiz, donator, 384.
— de Cerveira, donator, 387, 388.
— de Cormol, 396.
— de Cumba Mellesca, 383.
— de Felizinio, donator, 221.
— de Latiniaco, 312.
— del Figuer, 369.
— della Roca, 397.
— de Marcols, donator, 378.
— de Molscalone, donator, 358.
— de Moroto, 315.
— de Panat, 356.

Petrus de Perugol, donator, 224.
— de Ribae, 374.
— de Sancto Ciriclo, donator, 393, 394.
— de Sancto Florio, 373.
— de Tremolías, 270.
— de Trunnago, 312.
— Deusde de Conchis, 383.
— Deusdet, frater Bernardi Deusdet, 377.
— de Valle Beona, 55.
— de Vig, 44.
— donator, 122.
— id., 185.
— Eble, Eblonis, 75, 362.
— episcopus Ruthenensis, 3, 4, 18, 19, 20, 401, *Pierre Bérenger de Narbonne.*
— episcopus Carcassonæ, 73, 74, *Pierre I.*
— episcopus Lutevensis, donator, 357, *Pierre I Raymond.*
— Escafres, 396.
— faber, 121, 336.
— filius Aldegerii, donator, 245.
— id. Amalrici, donator, 357.
— id. Amalsendis, donator, 279.
— id. Amancui, 51.
— id. Austorgii de Marcennago, donator, 77, 78.
— id. Aviernæ, donator, 317, 318.
— id. Deusdet Terondelli, 360.
— id. Gauzberti, donator, 61.
— id. Guirardi, donator, 283.
— id. Hæctoris, donator, 158.
— id. Hugæ, donator, 315.
— id. Hugonis de Sumannaz, donator, 283.
— id. Odilonis, 34.
— id. Petri de Arjac, donator, 382.
— id. Petri Serrazini, donator, 403.
— id. Poncii, 109.
— id. Raimundi Ferrachan, donator, 343, 344.
— id. Rigualdi de Arsiago, 150, 307.
— id. Willelmi de illa Rocha, 153.
— id. Willelmi et Bertæ, donator, 61.
— frater Begonis, donator, 143.
— id. Frotardi, donator, 225, 226, 275.
— id. Gerberti, xxvj, 172, 173.
— id. Stephani, 13.
— Fugafamem, 353.

Petrus Fulco, donator, 222.
— Fulconis, 357.
— Gauzbertus, donator, 65, 66.
— Geraldi, 25, 27.
— id. 284.
— id. pater Umberti, 388.
— Gondonnari, canonicus Carcassonensis, 73.
— Grimaldus, 367.
— Hugonis, 38.
— id. 350.
— id. de Cumba Meliesca, 383
— Juliani, 72.
— levita, scriptor, 124.
— Longi, 44.
— Mainnas, 369.
— Malcortas, 403.
— Martini, 374.
— monachi, 46, 270, 279.
— id. 290, 396.
— id. 359.
— id., scriptor, 38, 156, 181.
— nepos Didonis de Andoca, 57.
— id. Gauzberti, donator, 61.
— id. Rigualdi, 168, 239.
— id. Stephani, donator, 13, 14, 15, 333, 334.
— notarius regionarius et scrinarius sacri palatii, 400.
— Odilonis, 364.
— Odo, donator, 369, 397.
— Oliba, 359.
— Petuna, 345.
— Poncius, 357.
— præpositus, 61.
— puer, 367.
— Radulfi, 345.
— Raimundus de Sancto Genesio, 66.
— Raimundus, donator, 70, 71.
— id. donator, 394, 395.
— Raimun, 396.
— rex Aragonensium et Pampilonensium, donator, 337, *dom Pedre I.*
— Ricart, 396.
— Rosado, 79.
— Rosanus vel Rosatus, 201, 315, 342.
— Rostagni, 364.
— Rotberti, donator, 373, 374.
— sacrestanus Tricatisnensis, 76.
— scriptor, 75, 362.
— id., 150, 281, 335.
— Serrazinus, donator, 402, 403.

Petrus Stephani Arnematis, 364.
— vicarius, 374.
— Virgilius, donator, 339.
— *nom cité*, 13, 14; 15, 19, 21, 22, 24, 30, 35, 70, 85, 144, 184, 190, 220, 221, 223, 255, 262, 268, 269, 276, 292, 307, 335, 358, 362, 380, 381, 382, 395 ; *voy.* Aldegerius, Deusde, Umbertus.
Petuna, *voy.* Petrus.
Peyrat, com. *de Taussac, voy.* Pairado.
Peyre, com. *de Firmy*, lix, *voy.* Pereiro.
Peyrebrune, com. *d'Alrance, voy.* Peira Bruna.
Peyreleau, com., xxxvj, lxxx, *voy.* Petrelense.
Peyrière (la), com. *d'Auzits, voy.* Peirideriaa.
Peyrolles (Tarn), clij.
Peyssi (le), com. *de Prades, voy.* Poissu.
Pez (la), 377, *La Pesse.*
Phevum, *voy.* fevum.
Philippia, mater Rotberti Rutenensis comitis, 48, 49, 372, 373, veuve *de Guillaume V, comte d'Auvergne.*
Philippus, 173.
— abbas Sancti Benigni, 382.
— I, rex, xlilj, 5, 16, 19, 21, 25, 27, 38, 41, 44, 45, 46, 47, 52, 54, 55, 56, 57, 58, 59, 60, 61, 62, 63, 65, 66, 75, 80, 166, 187, 202, 215, 220, 228, 236, 257, 274, 281, 283, 288, 296, 315, 323, 324, 325, 330, 335, 336, 337, 338, 339, 344, 345, 353, 359, 362, 366, 375, 377, 378, 384, 387, 390, 396, 401.
Phylippia, *voy.* Philippia.
Pi (el), cv, cvj, 329, 363. *Le Pin-Balma.*
Picanolo, lx, 228, *Pigagnol.*
Picon, com. *d'Eynesse (Gironde), voy.* Grimoardus.
Pictavini solidi, 53, *Poitiers.*
Pierre de S. Ange, cardinal, lxix.
Pierrelatte (Pyrénées-Orientales), *voy.* Peirelades.
Pigagnol, com. *de S. Santin, voy.* Picanolo.
Pignus, impignorare, 225, 227, 275, 281, 330, 358, 386, 401.
Pilatus, 51.

Pin-Balma (Haute-Garonne), *voy.* el Pi.
Pinconesca, 79, *? territ. de Balzac.*
Pineto, xcij, 276, 277, *Pinet ? (Puy-de-Dôme).*
Pineuil, voy. S.-*Martin-de-Pineuil.*
Pino, *voy.* el Pi.
Pinolio, *voy.* S.-*Martin-de-Pineuil.*
Pippinus, *voy. Pépin.*
Piscaria, piscatoria, 6, 12, 64, 349, 353, 355.
Piscis, 342.
Pistas, xlvij, 199, *Les Pistes,* com. *de Pruines.*
Pistoria, *voy.* Piscatoria.
Placitum, xxxviij, 23, 24, 25, 26, 27, 36, 53, 71, 344, 356, 357, 384, 385.
Plagnols, com. *de Nauviale, voy.* Planiolas.
Plaid, *roy.* Placitum.
Plaissars, *voy.* Radulfus.
Plana Roca, 37, *? vois. de Roussi.*
Planas (las), xcix, 279, *Les Plans.*
Plancas, clij, 315, 350, *N.-D. des Planques, voy.* Bello Monte.
Plandolas, 364, *Planzoles.*
Planeza, lvj, lvij, lx, 190, 203, 280, 394, *Planèze,* com. *d'Almont.*
Planèze (la), voy. Planicie.
Planèzes, com. *de Mouret,* lxxij.
Planhes (les), com. *de Pruines, voy.* Planias.
Plania (la), xcllj, 358, *? Corrèze.*
Planias, *nom de quartier à Perses,* *voy.* Bernardus.
Planias, lxvij, 247, *Les Planhes.*
Planicie, 216, *La Planèze, plateau entre l'Alagnon et la Trueyre (Cantal).*
Planiolas, lj, 5, *Plagnols.*
Plano Podio, 21, *Planpucch.*
Planos Campos, xxxv, *Plescamps.*
Planpucch, com. *de Ségur, voy.* Plano Podio.
Plans (les), à Nimes (Gard), voy. Planas.
Planzoles, com. *de Concoules (Gard),* *voy.* Plandolas.
Plaux, com. *de Brommat, v.* Pleus.
Plescamps, com. *de Viala-du-Tarn,* *voy.* Planos Campos.
Pleus, 39, *Plaux.*
Pô (Italie), cxix.
Poclolos, *voy.* Puzols.

Podienses, *voy. Monnaie.*
Podii, *voy.* Rotbertus.
Podio S. Mariæ, xxvij, xcviij, 345, *Le Puy, voy. Monnaie.*
Podio, xlviij, 166, 225, 235, 236, 275, 332, 380, *Le Puech, com. de Conques.*
Podio de Garcangas, de Garcuag, vj, xlix, lvij, 226, 275, *Le Puech, com. d'Aubin, voy.* Garcangas.
Podio Guarnal, 21, *? Puech Ventous.*
Podio Palenoso, xcv, xcvj, 54, 55, 202, *? à Carsac.*
Pœnitentia, 4, 14, 15, 173, 333.
Pogesi, *voy. Monnaie.*
Pogeto, lxxvj, 123, 124, 377, *Le Pouget, com. d'Espalion.*
Pog Rastel, *voy.* Poig Rastel.
Poi, *voy.* Podio.
Foig, 378, Puech-Clergue.
Poig, *Poy, voy.* Willelmus.
Poig Rastel, 375, 376, 377, *? en Rouergue.*
Poissu, 331, *Le Peyssi.*
Poh Calvel, 387, *Puy Calvel.*
Poitiers (Haute-Vienne), voy. Pictavius.
Pojesi, *voy. Monnaie.*
Poget, lxxj, 331, *Le Pouget, com. de Pruines ou de S. Cyprien.*
Pojeto, *voy.* Pogeto.
Pojetum, lxxvij, lxxviij, 80, 327, *Le Pouget, com. de Galgan.*
Pojetum sub Banna, 364, *Le Puech, canton des Vans (Ardèche).*
Pojolo, 145, 146, *Le Poujol, com. d'Almont.*
Pojolo Mejano, xcj, 272, *Puech Mège.*
Polignac, xcviij, *voy.* Stephanus episcopus, Poncius vicecomes.
Polissal, com. de S. Félix de Lunel, liv, *voy.* Folissarto.
Polminhac *(Cantal),* xc.
Pomairol, lxxxiv, 78, *Pomayrols.*
Pomareda, lxx, 387, *La Pomarède, com. d'Espeyrac.*
Pomario, xlvij, lv, lxxxvj, 36, 118, 346, 383, 390, 392, *Pomiès.*
Pomayrols, com., voy. Pomairol.
Pomeir, *voy.* Pomario.
Pomiès, com. de Senergues, voy. Pomario.
Pompejac *(Lot-et-Garonne),* ix.

Pontia, uxor Pontii, 319.
Poncius, abbas ?, donator, 163.
— Ademari, 394.
— Airaldi, 403.
— Alb..., 392.
— archidiaconus Tricastinensis, 70.
— Belli, canonicus Carcassonensis, 73.
— Berardus, 364.
— Berengarii, filius Gamalberti, donator, 381.
— Berengarius, 394.
— Bernardi, frater Isarni, donator, 71, 72.
— Bernardus, filius Amalsendis, donator, 279.
— Ceba, donator, 361, 362.
— Dalm..., canonicus Vivariensis, 347.
— de Aurosa, 374.
— de Cambolaz, donator, 383.
— de Cellis, 27.
— de Ceped, 62, 335.
— de Combret, 334, 335.
— de Faia, 365.
— de illa Roca, 151.
— de Riberia, donator, 284.
— de Turlanda, donator, 40, 41.
— de Velaiga, 394.
— de Veteri via, donator, 391.
— Eblonis, 75.
— episcopi Aniciensis, 345, *Pons I de Tournon.*
— episcopi Barbastrensis, 343.
— episcopi Rotensis, 338.
— episcopi Rutenensis, 21, 54, *Pons Etienne.*
— filius Ainardi, 153.
— id. Berengari de Coderco, donator, 382.
— id. Bernardi, 59, 60.
— id. Gairaldi, 63.
— id. Gauzberti, 33, 34.
— id. Hugonis Umberti, donator, 367.
— id. Isarni de Villa Fluirans, donator, 27, 74, 75, 361.
— id. Matfredi, donator, 355.
— id. Petri Aimonis, 343.
— id. Raimundi Oddonis, donator, 332.
— id. Remigii de Monte Lauduno, 251.
— frater Petri Fulconis, donator, 222.

Poncius Guarnerii, 27.
— Guillelmus, 368.
— Isarni de Villa Furans, voy. Poncius filius Isarni.
— Lautaldus, donator, 270, 319.
— Mauricii, abbas ?, 345.
— Mir, canonicus Carcassonensis, 73.
— monachus, 71, 72, 73, 225, 291, 343.
— id., 279.
— monachus et levita, scriptor, 173, 293.
— monachus, sacrista altaris Sanctæ Fidis, 53, 54.
— Petri, 357.
— Radumus, 358, 359.
— Raino, 36, 60.
— Raimuns, 361, 362.
— Ramo, voy. Poncius Raino.
— sacerdos, 283.
— scriptor, 212, 283.
— vicecomes, donator, 345, 409, vicomte de Polignac.
— vir Berteldis, donator, 38, 39, 151.
— vir Ermengardis, donator, 109.
— Willelmus, donator, 62.
— nom cité, 19, 39, 106, 118, 164, 197, 251, 256, 268, 314, 325, 331, 363, 387, 394; voy. Bernardus, Raimun, Raimundus, Willelmus.
Ponczius, voy. Poncius.
Pons, pont, cxiij.
Ponson Odo, 404.
Pont-de-Salars, com., lxxvij, lxxxj, voy. Salars.
Ponte, xcj, 390, 391, Le Pont près Vieillevie (Cantal).
Pont Vilares, 57, Pont de Vilar (Aude).
Ponz, voy. Poncius.
Ponz Parleves, 374.
Porcus, 29, 37, 69, 81, 82, 123, 159, 162, 182, 196, 211, 222, 226, 228, 244, 271, 281, 286, 295, 296, 297, 314, 322, 323, 330, 331, 336, 339, 349, 351, 376, 377, 402.
Port, voy. portus.
Port (le), com. de Vieillevie (Cantal), voy. Portus de Bladenet.
Porta pauperum, 347.
Port d'Agrès, com. de S. Parthem, voy. Portum Acri.

Portero pastus, 408, sans doute redevance à porter, voy. 81, 82, 395.
Portis (la), com. de Livinhac-le-Haut, voy. illo Porto.
Portier de l'abbaye, xxvij, des pauvres, id.
Porto (illo), 7, 346, La Portie.
Porto-Ercole e Santa-Rufina (Italie), voy. Portuensis.
Portuensis, 391, Porto-Ercole.
Portus, xxxiv, 53, 392.
Portus de Bladenet, xcj, 392, Le Port.
Portum Acri, vj, lx, 410, Port-d'Agrès.
Pothuilla, Poville, voy. Antelmus.
Pouget (le), voy. Pogeto, Pojet, Pojetum.
Poujol (le), lvij, voy. Pojolo, Pozolo, Pozols.
Poujol (le), com. de Conques, xlvij, voy. Pozols et Pozolz.
Poujols, voy. Pozolo, Pozols, Pozolz.
Poules, cxx.
Pouxines, commune de Montsalvy, lxxxix.
Pouzet, com. de Villeneuve, voy. Pozatel.
Pozatel, 82, Pouzet.
Poville, com. de Pissy-Poville (Seine-Inférieure), voy. Pothuilla.
Poy, com. de Flaujagues (Gironde), voy. Poig.
Poziolos, voy. Pozols.
Pozolo, 280, Le Poujol, com. de Privezac.
Pozols, lxvij, lxviij, 108, 238, 248, 249, 250, 309, Poujols, com. de Pruines.
Pozols, 213, 214, Le Poujol, com. de Conques.
Pozolz, 140, 141 ? Le Poujol, com. de Conques, ou Poujols, com. de Pruines.
Pradal (el), 360, ? territ. de Claunhac.
Pradas, 13, 14, 15, 333, 383, 384, 390, 395, Prades-Ségur.
Prade (la), com. de S. Félix de Lunel, liv.
Pradelle, com. de Rignac, lxxvllj.
Prades-Ségur, com., voy. Pradas.
Prælium, 4.

Praissac, com. de *Noailhac*, voy. Parisiago.
Prandium, 279.
Prat (le), com. de *Naussac*, lxxj, voy. illo Prato.
Pratis, voy. Pradas.
Prato (illo), 218, *Le Prat*.
Prato melio, lxx, 155, ? *nord du canton d'Aubin*.
Prato Reddundo, Retundo, 144, *bassin du ruisseau de Planèze*.
Prebilangas, 384, *Perbilhergues (Cassini), dans le Carlades, près de Thérondels*.
Precaria, 93, 97, 223, 406.
Presbyter, presbyterale, xxxj, 4, 32, 38, 44, 45, 50, 52, 54, 55, 58, 60, 66, 67, 70, 274, 306, 326, 334, 335, 339, 343, 345, 350, 361, 375, 384, 402, 404.
Pressoiras, lxxj, lxxxvj, 118, *Pressouyres*.
Pressouyres, com. de *Conques*, voy. Pressoiras.
Prestaria, 153, 242, 252.
Preveiril, 74.
Prévinquières, com., voy. Proenqueriis.
Prévôt, xxvij; *prévôté*, cxiv.
Prieurés, ij, xxviij.
Primiciæ, 65, 68, 70, 72, 73, 74, 344, 361, 407.
Primsoiol, xcix, 324, *Prinsuéjols*.
Principes, 17, 348, 349, 371.
Prinsuéjols (Lozère), voy. Primsoiol.
Pris, voy. Priscius.
Prisciculæ, mansus, 2, ? *terril. de S. Martin du Larzac*.
Priscius, Priscus, lxxvij, 1, 2, 339, 347, *S. Martin du Larzac*.
Privezac, com., lxxvij, lxxviij.
Privilèges de l'abbaye, xxviij.
Procuratio, 382.
Proenqueriis, lxxxj, 395, *Prévinquières*.
Proferentia, proferta, 4, 18, 38, 44, 46, 47, 52, 274, 384.
Prolus, villa, 7, ? *à Livinhac-le-Haut*.
Provence, cix.
Provincia, 411.
Pruinensis, *Pruines*, vij, 1, lxiv, lxvj, lxviij, lxxj, lxxxvij, cvj, 328, voy. Stephanus.

Pruines, com., voy. Pruinensis *et* Prunosa.
Prunairolas, 204, ? *voisin. de Planèze*.
Prunosa, *Pruines*, voy. Pruinensis.
Pudicio, 347, *Pudis*.
Pudis, com. de *S. Cyprien*, voy. Pudicio.
Puditio, lxxvij, 35, ? *terril. de Séverac-l'Église*.
Puech (le), voy. Podio, Podio de Garcangas, Pojetum sub Banna.
Puech-Clergue, com. de *S. Mamet (Cantal)*, voy. Poig.
Puech-Mège, com. de *Vieillevie (Cantal)*, voy. Pojolo Mejano.
Puech-Ventous, com. de *Pont de Salars*, voy. Podio Guarnal.
Pugnos, 364, ? *dép. de Malons*.
Pugrastel, voy. Poigrastel.
Pungens, voy. Rodulfus.
Puy-Bégon, com. de *Peyroles (Tarn)*, ciij.
Puy Calvel, com. de *Courris (Tarn)*. voy. Poh Calvel.
Puy (le) (Haute-Loire), voy. Podio S. Mariæ.
Puy-de-Dôme, lxxxvij, xc, xcij.
Puy-la-Roque (Lot), voy. Roca.
Puy-Rajou ou Puy-Raud (Dordogne), voy. Buirago.
Pyrénées, cviij.
— (Basses), xcvij.
— *Orientales*, cix.

Q.

Quadairagco, voy. Cadeiraco.
Quadragesimum, 224.
Qualdebertus, 3.
Quamprius, lxxxj, 176, *Campouriez*.
Quandilo, 3.
Quarciangas, 347, voy. Guarzangas.
Quarises, c, 313, *Garrigues*.
Quart, quartum, quartz, 13, 53, 58, 62, 68, 71, 76, 77, 81, 82, 121, 212, 222, 225, 261, 270, 271, 279, 280, 281, 285, 286, 296, 299, 313, 319, 323, 330, 334, 339, 369, 376, 377, 385, 389, 397, 402.
Quartale, 69, *mesure*.
Quartada, 304, *mesure*.
Quartilangas, 232, ? *environs de Firmy*.

Quercy, j, vij, xiv, xxij, lxxlij, lxxxj, lxxxv, xciv, xcv, *voy.* Caturcensis.
Quilemnus vel Aquilemnus, donator, 115.
Quiltoc, 307, *? env. de S. Cyprien.*
Quinciago, 123, *? dans la vallée du Lot, de Prades d'Aubrac à Espalion.*
Quint, *voy.* Quintinenci.
Quintil, Quintilio, cv, cvij, 62, *voy.* Bernardus, *voisin. de Castelmauron.*
Quintinenci, Quintinex, 225, 358, *quint?*
Quoliæ, civ, cv, cvj, 70, 329, *Coueilles.*

R.

R. cellerarius, 405, *voy.* Radulfus.
— de Monte Jurato, monacho, 328.
— de Solatgue, 356.
— de Verri, 350.
— episcopus Lingonensium, 325, *Robert de Bourgogne.*
— *fils de Hugues du Périé,* lxxij.
Ra. Maestria, 404.
Raciono, lxxxv, 230, *? voisin. de La Capelle-Balaguier.*
Radbaldus, portarius pauperum, 154.
Radramnus, 10.
— levita, 10.
Radulfesco, 145, 146, *territ. de* Castaniaro.
Radulfus Bassetus, 370.
— canonicus Lingonensis, 382.
— cellerarius, 342, *voy.* R.
— del Casse, 66.
— donator, 155.
— filius Alboini, 342.
— filius Rigualdi, donator, 50.
— monachus, 359.
— pater Ebonis, donator, 69.
— Plaissars, donator, 388.
— vir Aldegardis, 192, 193.
— *nom cité,* 93, 97, 233, 256, 354, *voy.* Petrus.
Radulphus, *voy.* Radulfus, Rodulfus.
Radumnus, *voy.* Poncius.
Ragafredus, 318.
Ragal, 396.
Ragambaldus, *nom cité,* 112, 204, 254.

Ragambertus, filius Arimundi, donator, 268.
— homo abbatiæ, 153.
— scriptor, 93, 94, 96, 97, 108.
— vir Senegundis, donator, 264.
— *nom cité,* 114, 165, 177, 207, 213.
Raganardo, 320, *La Renaydière, près S. Christophe (Cassini).*
Ragemundus Frotardus, 201.
— *voy.* Raimundus.
Raggardis, uxor Adalgrimi, 101, 102, 129, 130, 159, 205, 206, 244.
Raginaldus, capellanus comitisse *(de Blois),* 341.
— filius Milonis de Braio, 341.
Raiggardis, *voy.* Raggardis.
Raimbertus, donator, 315, 316.
Raimondenci, Raimondencs, xxvij, *voy. Monnaie.*
Raimond de Velheriis, lxx.
Raimondus, Raimun, *voy.* Raimundus.
Raimundus, 395, *Raimond Bernard, vicomte d'Albi et de Nîmes.*
— Adalbertus de Vilarnal, 271.
— Anerii, 322.
— Arnal de Liqualrac, 362.
— Arnaldus, donator, 358.
— Arnaldus Castelli novi, 363.
— Arnaldi de Cavanaco, 344.
— Attonis, 70.
— Bernardi, 71.
— canonicus Carcassonis, 73.
— comes Ruthenensium, 12, 22, *Raimond III, comte de Rouergue et de Narbonne;* — 25, 26, *Raimond IV de S. Gilles, comte de Rouergue et de Narbonne.*
— de Monte Mirato, 376.
— de Monte Paone, 295.
— de Sala, 369, 370.
— donator, 61.
-- Eustorgius, 174.
— Falcus, donator, 383.
— Ferrachan, donator, 343.
— filius Adalaiz, 166, 236.
— id. Amelii, 245.
— id. Arsiæ Aurioli, donator, 67.
— id. Aviernæ, 229, 230.
— id. Bernardi et Guislæ, donator, 291.
— id. Bernardi Gauzberti, donator, 62, 63.
— id. Gauzberti, donator, 33, 34.
— id. Hugæ, donator, 315.

Raimundus, filius Hugonis Umberti, donator, 367.
— id. Isarni de Villafurans, 361.
— id. Mariæ, donator, 294, 295.
— id. Petri Serrazini, donator, 403.
— id. Poncii de Villa Fluirans, 71, 74, 75, 362.
— id. Raingardis, 230.
— id. Richeldis, donator, 62.
— id. Solempniæ, donator, 60.
— id. Stephani, donator, 183, 184.
— id. Vidiani, donator, 350.
— id. Willelmi, donator, 61.
— frater Geraldi, 63, 64.
— id. Hugonis, donator, 327.
— id. Petri Virgilii, 339.
— Froterii, 350.
— Gaurazes, donator, 62.
— Gerberti, 332.
— Guillelmi, archipresbyteri de Crujols, 404.
— Hugo, donator, 59, 65.
— (vel Raino) Jhoannes, donator, 186.
— nepos Gauzberti, donator, 61.
— id. Raimundi Oddonis, donator, 336.
— Oddo, 382.
— Oddonis, 63, 336.
— Odolricus de Malavilla, 324.
— pater Hugonis Cassaniensis, 20.
— Poncii, *voy.* Raimundus, filius Poncii.
— Raini, donator, 57, 58.
— Revellus, 394.
— sacrista, 368.
— scriptor, 187.
— serviens honoris de Ceped, 63.
— Sicfredi, 75.
— Udalgerii, canonicus Carcassonensis, 73.
— vicecomes de Torenna, donator, 373.
— vir Alberadæ, donator, 282.
— vir Aldiardis, donator, 15, 16.
— vir Languardæ, 34.
— vir Ricardis, 31.
— Willelmi, 338.
— *nom cité*, 5, 10, 14, 15, 36, 70, 110, 141, 165, 178, 218, 227, 239, 252, 253, 260, 269, 282, 295, 326, 334, 346, 379, 380, 381, 394, *voy.* Arnaldus, Atto, Berengarius, Bernardus, Durannus vel Durantus, Hermengaudus, Miro,

Petrus, Poncius, Ricardus, Willelmus.
Raimundus, *voy. Raymond*, Regemundus, Regimundus, Reimundus.
Raimunz, *voy.* Raimundus.
Raina, 88.
Rainal della Carreira, capmas, 375, *? en Rouergue*.
Rainaldesco, *Raynaldés*, *voy.* Bonusparus.
Rainaldus, abbas Flaviniaci, 351.
— capellanus, 353.
— de Alta Maresca, 353.
— donator, 137.
— id. 254.
— filius Amalvini, 232.
— id. Ingelradi, 183.
— presbyter, 15, 333, 334.
— Serrazinus, donator, 403.
— pater Deusdet, venditor, 143.
— vir Rainildis, venditor, 193.
— *nom cité*, cxlij, 6, 34, 35, 82, 112, 116, 149, 168, 175, 182, 195, 198, 234, 238, 247, 261, 285, 287, 347.
Rainalz (capmas delz), 375, *? en Rouergue*.
Rainardus, *nom cité*, 105, 256.
Rainbod, testis, 69.
Rainerius de Notiantio, 326.
Raines de Belveder, 393.
Raingarda, Raingardis, mater Ageni, venditrix, 249.
— mater Galterii, venditrix, 132, 133, 151, 152, 189, 190.
— *nom cité*, 169, 230, 265, 298, 310, 311.
Rainguis, 200.
Rainildis, uxor Rainaldi, 193.
Rainius, cancellarius, 370.
— Raino, Rainus, donator, 150, 151.
— alius, donator, 150, 151.
— donator, 267, 268.
— filius Odimbelli, 83, 84.
— frater Odolrici, 230.
— monachus scriptor, 315.
— Odolricus de Malavilla, donator, 324.
— prior, scriptor, 342.
— scriptor, 251.
— venditor, 248.
— *nom cité*, 16, 31, 92, 102, 106, 113, 117, 128, 131, 148, 149,

158, 160, 175, 179, 188, 195, 196, 208, 209, 213, 214, 219, 229, 241, 250, 262, 275, 287, 309, 325, 331, 357 ; *voy.* Bernardus, Hugo, Petrus, Poncius, Raimundus.

Rainulfus, *nom cité*, 24, 213, 306.

Rairals lo monges, 384.

Raisanges, 42, *? territoire d'Orlhaguet.*

Rajembaldus, prior S. Andreæ, 27.

Rajenaldus Sarracenus, donator, 162.

Rajenus, donator, 163, 164.

Rambertus, 289.

Ramerio, 243, *? à Molompise.*

Ramegesco, Ramigesco, 45, 274, *? à Valuéjols.*

Ramnulfus, pater Rodberti, 210.

— *nom cité*, 5, 43 ; *voy.* Bernardus.

Ramun, *voy.* Raimundus.

Ramundetanus, 57.

Ranavellensis ? xxxvij.

Raoul, voy. Rodulfus.

Ranco de Roianis, 365.

Rangardis *de la Marche, femme de Pierre Raymond, comte de Carcassonne,* 395.

Ranliago, 238, *Raulhac.*

Ratarius, Raterius, *nom cité*, 32, 56, 202, 273, *voy.* Gauzfredus.

Raulhac (Cantal), voy. Ranliago.

Raymond I, comte de Rouergue et marquis de Gothie, xvj, xclv.

— *fils de Bernard de Montpezat,* xciv.

Rayneldès, com. de Mouret, voy. Rainaldesco.

Razengues (Gers), cv.

Rebais (Seine-et-Marne), voy. Resbacenses.

Rebellis, *voy.* Revel.

Receptum, 16, 25, 27, 29, 32, 59, 81, 82, 162, 181, 196, 201, 211, 222, 226, 243, 244, 270, 279, 280, 291, 295, 296, 299, 314, 319, 323, 334, 356, 368, 376, 377, 382, 389.

Recoules-Basses (les), com. de Glenat (Cantal), voy. Rocolas.

Recoulez, com. de Conques, voy. Rocoleso.

Redditus, 386.

Redondette (la), com. de S. Cyprien, voy. Redunda.

Redunda, lij, 187, 188, *voy.* Huczenz, *La Redondette.*

Regemundus, donator, 252.

Regia jura, 408.

Regibaldus, 179.

— elemosinarius Aldigrimi, 184.

— *voy.* Hictor.

Regimundus, abbas S. Salvatoris, 68.

Règle, voy. regula.

Regnaco, Regniago, xxxvj, lxj, lxij, lxxij, 3, 4, 5, 400, *Rignac.*

Regoniensis, xxxvij, *? envir. de Salmiech.*

Regula S. Benedicti, iv, xxix, 1, 12, 130, 320, 410, 414.

Rehengardis, uxor Austrini, 121.

Reilhac (Cantal), voy. Riallag.

Reimundus, 28.

— Sunarii, sacerdotis, 288.

Reliques de Conques, 399.

Remegius, 162.

Remeldis, 2.

Remidius, 183.

Remigius de Monte Lauduno, donator, 251.

— elemosinarius Hugonis, 302.

— filius Hectoris, 110, 111.

— id. Hugonis, 206.

— vir Aiganæ, 206.

Remodo de Castro, 216, *voy.* Jarjayes.

Renta, 342.

Resbacensis, cxij, 340, 341, 342, *Rebais.*

Restolienci, 314, *rapprocher de* restalagium, *voy. Du Cange.*

Restollenchas, 373, *? près Trémoulet.*

Reverie de Marziac, 374.

Revel, 121, *? à La Garrigue, com. de Firmy.*

Revellus, *voy.* Raimundus.

Rhône, cix.

Ria, *Ryes (Calvados), voy.* Henricus.

Riach, com. de Senergues, liv.

Riallag, lxxxiv, 77, *Reilhac.*

Ribagorza (Aragon), voy. Ripacorza.

Ribaria (illa), lviij, 220, *La Rivière, com. de Conques.*

Ribas, Ribes, *près Celles (Cantal),* xcij, *voy.* Geraldus.

Riberia, 123, *Rivière (Landes).*

Riberia, *? dans le Gard, v.* Poncius.

Ribetas, xcj, 293, *? dép. de Valuéjols.*

Ricarda, Ricardis, comitissa, donatrix, 11, 12, 20, 396, *femme de Raymond III, comte de Rouergue, mère de Hugues, comte de Rouergue.*
— donatrix, 30, 31.
— id., 227.
— filia Hectoris Salustri, 368.
— uxor Stephani, 13, 14, 15, 333, 334, 348.
— id. Umberti de Castello, 226.
— *nom cité*, 181, 240, 282, 318.
Ricardus, archidiaconus, 357.
— de Super Undas, 10.
— filius Willelmi, 98.
— Raimundus, 57.
— vicecomes, donator, 375, *vicomte de Carlat et Lodève, premier comte de Rodez.*
— vicecomes, donator, 23, 24, 35, 36, *Richard I, vicomte de Millau.*
— vicecomes, 3, 401, *Richard II, vicomte de Gévaudan et de Narbonne.*
— *nom cité*, 10, 11, 75, 90, 217, 236, *voy.* Bertrandus.
Ricart, *voy.* Petrus.
Richarda, *voy.* Ricarda.
Richarde, femme d'Austrin de Mouret, xlvij.
Richardus, frater Stephani, 13, *voy.* Ricardus.
Richelda, Richeldis, donatrix, 62.
— mater Hugonis Cassaniensis, 20.
— uxor Eustorgii de Marconnago, 77.
— uxor Gairoardi, 147.
Richinardus, 180.
Richirandus, 311.
Riclendis, uxor Bernardi, 330, 331.
Ricuinus, bonus homo, 23.
Riculfus, *nom cité*, 108, 169, 193, 313.
Rieupeyroux, com., lxxxj.
Rixendis, uxor Bernardi Gauzberti, donatrix, 62.
Rigal, *voy.* Deusdet.
Rigal Sairebrec, 384.
Rigaldus, capellanus, 342.
— *voy.* Rigualdus.
Righal, 238.
Rigilda, uxor Odilonis, 313.
Rignac, com., voy. Regnaco, Ruthiniacensis.

Rigualdus, capellanus, 342, 369, 389.
— Cassaniensis, donator, 18, 19, 20.
— de Amelz, donator, 42.
— de Arsiaga, 149, 150.
— de Coderco, 201, 382.
— del Belteiresco, donator, 389.
— de Meanag, 366.
— de Mirmonte, donator, 389.
— de Moret, 365, 397.
— de Tornamira, donator, 224.
— de Turlanda, donator, 41, 42.
— de Ussello, 50.
— de Vig, 44.
— donator, 167, 168, 238, 239.
— Ermengaudi, 58, 59, 225, 257, 290.
— Ermenrigus, donator, 277.
— filius Ainardi, 153.
— id. Geraldi, 218, 219.
— id. Hectoris, donator, 190, 191.
— frater Begonis, 143.
— id. Hictoris, clerici, donator, 276.
— id. Petroni, 219.
— id. Umberti, 204.
— presbyter, 269, 304.
— vir Clericianæ, 50.
— id. Oddanæ, 196.
— *nom cité*, 10, 21, 47, 84, 105, 122, 135, 136, 141, 156, 158, 162, 169, 172, 184, 193, 197, 220, 223, 266, 279, 301, 303, 307, 308, 310, 311, 312, 329, 342, 366, 375; *voy.* Bernardus, Gerbertus, Hector.
Ringarda, *voy.* Raingarda.
Riniaco, *voy.* Regnaco.
Riols, 306, *?envir. d'Arjac.*
Riosendis, 296.
Ripacorza, 408, *Ribagorza.*
Rivière (la), voy. Ribaria.
Rivo pedroso, 191, *?envir. de Rodelle.*
Rixendis, vicecomitissa, 21, *femme de Richard II, vicomte de Gévaudan.*
Roanne (Loire), voy. Roianis.
Roaria, xc, 8, *? dans l'Artense.*
Robert, vicomte d'Auvergne, père d'Etienne I, abbé, xxviij.
Robertus, *voy.* Rodbertus.
Roca (la), 346, 377, *? dans l'Aveyron.*
— xciv, *voy.* Bernardus, *Puy-la-Roque (Lot).*

— xcij, voy. Bernarz, *La Roche, com. de Molompise.*
— lxxxvj, 37, 328, voy. Augerius, *La Roque, com. de Firmy.*
— xlix, 130, 169; voy. Poncius, *La Roque, com. de Grandvabre.* voy. Claugianicas.
— *La Roque, com. de Maleville,* voy. Hugo.
— *La Roque, com. de Rignac,* voy. Petrus.
— xxxvij, lxxv, 390, *La Roque-Valzergues, com. de S. Saturnin.*
— *La Roque. com. de Salles-Courbatiès,* voy. Bernardus.
— *? confins de l'Auvergne,* voy. Willelmus.
Roca Britdoira, 374, *? envir. de Molompise.*
— Cava, 36, *Caborouoco à Pomiès.*
Roc-Amadour (Lot), voy. Rochæ-Amatoris.
Roca Mardune, cx, 256, *? comté de Sisteron.*
Rocam Confinos, 364, *? dép. de Malène.*
Rocca, 1.
Rocenacensis, Roceznacensis, xxxvj, 110, 134, 311, *Roussennac.*
Rocha, voy. Roca.
Rochæ Amatoris, xxxvj, lxxiv, 404.
Rochasmir, campus, 72, *à Licairac.*
Roche (la), voy. Roca, *Guillaume.*
Rochegonde, *près Neuvéglise (Cantal,* voy. Vallelas.
Rocheta, Roqueta, lxxix, 120, *La Roquette, com. de Brommat.*
— lix, lxxxvj, 30, 119, *La Rouquette, com. de Firmy.*
— 21, *La Roquette, com. de Pont-de-Salars.*
— 403, *La Rouquette, com. de Vérières.*
— lxxvij, 339, *La Roquette, com. de Vezins.*
— xcix, 122, *La Rochette, com. de S. André-Lachamp (Ardèche).*
— *La Rochette, près d'Auriac-l'Eglise (Cantal),* voy. Guirald.
Rocholes, voy. Rocoleso.
Rocnacense, voy. Rutenulense.
Rocolas, lxxxviij, xc, 9, 289, *Les Recoules-Basses.*
Rocoleso, lxviij, 163, 280, *Recoules.*

Rodac, filius Gauzberti, 252.
Rodberga, mater Ingelradi, 183.
— uxor Grimardi, 177.
Rodberta, donatrix, 277.
Rodbertus, abbas Casæ Dei, 373.
— Amirat d'Aurosa, 374.
— capellanus, 324.
— id. 359.
— comes Rutenensis, 12, 18, 47, 48, 49, 372, 373, 401, *Robert II d'Auvergne, gendre de Hugues, comte de Rouergue.*
— Cornutus, donator, lxix, 235, 236.
— Dartos, 373.
— de Balbo, 301.
— I de Castello, donator, 44, 45, 46, 227, 273, 274.
— II de Castello, filius Rodberti I, donator, 46, 47, 227, 228, 273, 293.
— de Fellinas, 374.
— de Granevilla, 359.
— del Bec, 359.
— de Turri, baro, miles, civ, 341, 353.
— episcopus Castrensis, 370.
— Faber, 369.
— famulus S. Fidei, 69.
— filius Dalmacii, donator, 270, 271.
— id. Galteri vel Walteri, donator, xv, 368, 370, 371.
— id. Ramnulfi, 210.
— id. Rodberti Isalgari, 293.
— *Fits Walter,* voy. filius Galteri.
— Guislandus, 277.
— Isalgari, 293.
— monachus, 310.
— Podii, 51.
— rex, xij, xiv, xxvj, xxxviij, lxij, lxiij, 24, 34, 36, 39, 43, 44, 64, 69, 76, 79, 90, 91, 92, 93, 95, 109, 112, 122, 124, 125, 126, 127, 132, 133, 134, 137, 140, 141, 143, 144, 147, 151, 152, 154, 155, 156, 157, 167, 168, 169, 172, 174, 178, 182, 190, 193, 198, 200, 202, 204, 207, 210, 211, 213, 214, 215, 218, 219, 221, 228, 229, 237, 242, 246, 247, 248, 249, 250, 256, 259, 261, 262, 263, 264, 267, 272, 285, 287, 289, 294, 298, 302, 304, 306, 308, 309, 314, 318, 321, 322.
— scriptor, 250, 261, 292.

— id. 28, 40, 84, 126, 135, 138, 143, 157, 179, 189, 192, 193, 196, 203, 241, 244, 254, 258, 266, 300, 311, 312, 313, 319.
— id. 80.
— Stephani, 292.
Rodbertus, Rotbertus, *nom cité*, 94, 101, 102, 106, 131, 161, 176, 202, 216, 218, 227, 233, 241, 242, 273, 292, 300, 348, 351, 355; *voy.* Arnaldus, Calvet, Gonbaldus, Petrus.
Rodeham, cxv, 370, *dépendance d'Horsam.*
Rodelle, com., voy. Rutenulense.
Rodenesi, *voy.* Rutenensis.
Rodez, xxvij, xxviij, lxxvij, lxxxij, *voy.* Rutenensis, Rutenicus, Rutenis.
Rodgarius, Rodgerius, filius Grimardi, venditor, 177.
— fra!er Sicfredi, donator, 71, 72, 73.
— xlj, puer, 154, portarius pauperum, 243.
— scriptor, 158.
— *nom cité*, 69, 80, 282, 309; *voy.* Rogerus, Rotgerius.
Rodlandus, Rotlandus, bonus homo, 23.
— de Castello novo, 350.
— donator, 181, 182.
— filius Hugæ, donator, 315.
— scriptor, 101.
— *nom cité*, 24, 27, 200, 309, 342.
Rodlendis, venditrix, 211.
Rodolaigas, cv, cvj, 63, 82, ? *voisin du Fauga.*
Rodoardus, *nom cité*, 19, 163, *voy.* Arnaldus, Geraldus.
Rodtiniacense, *voy.* Rutiniacense.
Rodulfus, abbas, xl, xlj, 8, 10, 11, 86, 87, 98, 110, 127, 128, 153, 185, 187, 188, 194, 216, 251, 252, 289.
— abbas, 326, *de S. Michel de Tonnerre.*
— filius Salvæ, 351.
— Pungentis, 353.
— rex Alamandorum sivæ Provinciæ, 293, *Rodolphe III, roi d'Arles.*
— rex Francorum, 10, 86, 106, 138, 139, 160, 170, 232, 251, 316, 317.

— scriptor, 180.
— *nom cité*, 93, 99, 139, 153, 218, 293, 351.
— *voy.* Radulphus.
Roffiac (Cantal), Roffiaco, *voy.* Rosiaco, Rufiaco, Ruf.
Roga, 37, *La Roque, com. de Firmy.*
Roger, évéque de Norwick, cxvj.
Rogerio, lxx, 155, ? *envir. de Castaniaro.*
Rogerius, clericus Adelæ comitissæ, 341.
— episcopus Saresberiæ, 371.
— filius Rodberti, donator, 370.
Rogerus, archidiaconus, 372.
— de Berrevilla, 359.
— de Sancto Laurentio, 359.
Rogonnago, cv, cvj, 63, ? *vois. de Fauga.*
Roianis, 365, *Roanne (Loire).*
Roilaa, *voy.* Ruilia.
Roire, cxij, 351, 355, *territ. du Val-de-Suzon.*
Rôles, cxx.
Roma, Romanus, xiv, xv, xvij, xxv, xxix, xliij, xcvj, cx, cxviij, 2, 10, 18, 54, 388, 399, 400.
Romagny, com. d'Annemosse (Haute-Savoie), voy. Romanerias.
Romanerias, cxiv, 231, *Romagny.*
Romaniac, com. de La Fouillade ou de Séverac-le-Château, voy. D.
Roncesvalles, Roncevaux (Navarre), voy. Ronsasvalz.
Ronnati, *voy.* Willelmus.
Ronsasvalz, xv, cxvj, cxvij, cxviij, 342, 343.
Ropedadges, *voy.* Geraldus.
Roqua, *Roques, voy.* Gaucelmus, Hugo, Johannes.
Roque (la), voy. Roca.
Roquefort, com., lxxxvij.
Roque-Valzergues (la), com. de S. Saturnin, voy. Roca.
Roques, com. d'Espalion, voy. Roqua.
Roqueta, *voy.* Rocheta.
Roquette (la), voy. Rocheta.
Rore, *voy.* Roire.
Rosadus, *voy.* Petrus.
Rosarias, 159, *Rozières, com. de Noailhac.*
Rosario, 260, 261, ? *territ. de Salvagnac-Saint-Loup.*
Rosat, *voy.* Frotardus.

Rosatus, *voy.* Petrus.
Rosco, decanus, 342.
Rosellus, *voy.* Bernardus.
Roset, *Rouzet,* xcv, *voy.* Arnal.
Roseto, 88, *? voisin. de Firmy.*
Rosiaco, *pour* Rofiaco, *voy.* Geraldus.
Rosino, lxxxix, 77, 78, *? dép. de S. Mamet.*
Rosolengas, cv, 329, *? anc. dioc. de Toulouse.*
Rossellus, *voy.* Geraldus.
Rosselz, *voy.* Ugo.
Rossin, Rossino, lxxxvj, 37, 38, 331, *voy.* Bernardus, *Roussy, com. d'Enguialès.*
Rostagnus, filius Bermundi, donator, 292, 293.
— vel Rostannus, *nom cité,* 316, 388, *voy.* Petrus.
Rostannus, donator, 276.
— Serlot, 363.
Rota (Aragon), voy. Rotensis.
Rotaiz, uxor Vidramni, 113.
Rotbert, Rotbertus, *voy.* Rodbertus.
Rotaticum, 412.
Rotenensis, *voy.* Rutenensis.
Rotensis, 338, *Rota.*
Rotgariue, *voy.* Rodgarius.
Rotgerius, cancellarius, 353.
— clericus regis Anglorum, scriptor, 342.
— filius Lamberti, 353.
— *voy.* Rodgarius.
Rothonica, Rothenis, *voy.* Rutenica.
Rothenulense, *voy.* Rutenudense.
Rotinacensis, *voy.* Rutiniacensis.
Rotinicus, *voy.* Rutenensis.
Rotlandus, *voy.* Rodlandus.
Rotlinacense, *pour* Rutenulense.
Rotrudis, uxor Dadonis, 98.
Rou, *voy.* Ruvo.
Rouergue, j, iij, xiij, xiv, xvj, xxv, xxvj, xxviij, xxxiv, xxxvj, xxxvij, lxxiij, xc, xcij, c, cj, *voy.* Rutenensis, Rutenicus.
Rouquette, voy. Rocheta.
Roussennac, com., voy. Rucenniaco.
Roussi, voy. Rosino.
Roussillon, cix.
Rousson (Gard), c.
Roussy, com. de Conques, voy. Rusino.

— *com: d'Enguialès, voy.* Rossin.
Roux, com. de S. Parthem, voy. Ruvo.
Rouveret, com. de Pomayrols, voy. Rovored.
Rouzet, com. de Fauroux (Tarn-et-Garonne), voy. Roset.
Rovored, *Rouveret,* lxxxiv, 284, *voy.* Disderius.
Roziès, com. de Noailhac, voy. Rosarias.
Ruau, com. de Firmy, voy. Ruvo.
Rucenniaco, vj, xxxvj, lxxviij, 410, *Roussennac.*
Rueyre, com. de Brommat, lxxix.
Ruf, *pour* Rufiaco, *voy.* Stephanus.
Rufiaco, x, lxxxvij, lxxxix, 49, *Roffiac.*
Ruga, *? voisin. du Pin-Balma, voy.* Julius.
Ruhilia, Ruilia, Ruilla, vj, xxxviij, lxiij, lxxxvj, 30, 158, 208, 410, *Rulhe.*
Ruilius, *voy.* Odalrigus.
Ruilla, *voy.* Ruhilia.
Ruina, *? voisin. du Pin-Balma, voy.* Gauzfredus.
Rulendis, 310.
Rulhe, com. d'Auzits, voy. Ruhilia.
Ruo, *voy.* Ruvo.
Rusino, 232, 240, *Roussy.*
Rutellense, *voy.* Rutenulense.
Rutenensis civitas, 1, 16, 356; — comes, comitatus, 11, 19, 25, 113, 116, 166, 196, 207, 240, 273, 295, 372, 410, 401; — ecclesia, 400; — episcopus, 3, 54, 293, 384, 390, 401, 405; *voy.* Rutenicus. *Rouergue, Rodez.*
Rutenicus, pagus, etc., xxxv, xxxvj, xxxvij, lxxx, 1, 5, 8, 11, 12, 15, 16, 29, 30, 31, 33, 35, 36, 37, 39, 42, 43, 49, 63, 76, 79, 85, 86, 93, 94, 95, 97, 98, 100, 101, 102, 103, 104, 105, 107, 110, 111, 115, 116, 124, 125, 126, 127, 128, 129, 130, 133, 135, 136, 137, 138, 139, 141, 142, 143, 148, 149, 150, 154, 157, 159, 160, 161, 163, 164, 168, 170, 174, 176, 178, 179, 180, 183, 184, 185, 188, 189, 190, 191, 192, 194, 195, 197, 203, 205, 207, 208, 209, 210, 211, 212, 214, 215, 217, 220, 230, 233, 235, 236, 237, 241, 246, 248, 250, 254, 256, 257,

258, 260, 261, 262, 263, 265, 274, 276, 283, 289, 294, 301, 302, 305, 310, 312, 318, 320, 329, 409, 411;
— Rutenica patria, 98, 179, 252; *voy.* Rutenensis. *Rouergue.*
Rutenis, 1, 90, 117, 165, 199, 280, 356, 405, *voy.* Stephanus, *Rodez.*
Rutenulensis, Ruthenulense, xxxvj, lxviij, lxxiv, lxxv, 6, 113, 116, 125, 163, 170, 185, 191, 207, 242.
Ruthenensis, Ruthenesus, Rutenicus, Ruthenis, *voy.* Rutenensis.
Ruthiniacense, Rutiniacense, xxxvj, xxxviij, 107, 126, 213, 296, 347, *Rignac.*
Rutulensis, *voy.* Rutenulensis.
Ruvo, lxxxv, 29, 37, 278, *Roux ou Ruau.*
Ryes (Calvados), voy. Ria.

S.

S. abbas, *voy.* Stephanus II.
— episcopus Pampilonensis, 328, 329, *Sanche III.*
— frater Petri Armandi, 397.
— Lobreir, 404.
— operarius, 405.
— prior ecclesiæ Pampilonensis, 329.
— vicarius de Brogme, 356.
Sablonag, *Le Sablona, com. de Sainte-Foi-la-Grande (Gironde), voy.* Ademarus.
Sabonerias, 80. *Sabounères (Haute-Garonne)*
Saddiriaco, 269, *? en Quercy.*
Sacerdos, sacerdotale, cxiv, 41, 42, 72, 79, 323, 361.
Sacrificium, 87, 101, 188, 219, 307, 315.
Sacristain, Sacristia, xxvij, xxix, 54, 99, 217, 305, 320.
Saddiriaco, *?en Quercy,* xcv.
Sadillac en Périgord, xcv.
Sagmarus, *voy.* Petrus.
Sagnes, *com. de S. Cyprien,* Sagniæ, lij, lxxxvij, 5, 30, 316, 390.
Sainas, *Sagnes, voy.* Stephana.
Saints, com. de Coulommiers, voy. Sanz.
Sairebrec, *voy.* Rigal.

Saisetus, 246.
Saisinelius, 177.
Saixetus, *voy.* Atto.
Sal, 53, 386, 402.
Sala, *La Salle,* lij, *voy.* Raimundus.
Salanac, lxxix, 384, *Sinhalac.*
Salars, 21, *Pont-de-Salars.*
Salas, *Les Salles, voy.* Bernarz Guiralz.
Salat, cv, 329, *Salat (Haute-Garonne), cours d'eau.*
Salcio, xv, cxj, cxij, 325, 326, 331, 354, 381, *Saulx-le-Duc.*
Salciono, lxxxvj, 231, 239, *Le Salt.*
Saldrima, 80, *Saudrume, cours d'eau.*
Salensis, xc, 272, *Salins.*
Salexe, lxxxix, 216, *La Salesse, com. de Paulhac (Cantal).*
Saliès (Basses-Pyrénées), voy. Salinis.
Salina, 22, 68; — salinarius, *voy.* Sal.
Salinis, civ, 123, *Saliès.*
Salionis, *voy.* Salcio.
Salins (Cantal), voy. Salensis.
Salis, j, lxvij, lxxxvij, 10, *Salles-la-Source.*
Salisbury (Angleterre), voy. Saresbiæ.
Salle (la), com. de S. Cyprien, voy. Sala.
Salles (les), com. de Lapanouse, voy. Salas.
Salles-Courbatiés, lxxiij.
Salles-Curan, lxxxiv.
Salles-la-Source, com., voy. Salis.
Salmiech, com., xxxvij.
Salomon, *comte de Cerdagne,* viij.
— vicarius de Quintilio, 62.
— *nom cité,* 37, 118, 167, 239, 278, *voy.* Sigerius, Willelmus.
Salt (le), com. de Firmy, voy. Salciono.
Saltia, Saltio, *voy.* Salcio.
Saluster, 40.
— avunculus Salustri monachi, 36.
— monachus, 36.
— monachus, scriptor, 172.
— nepos Salustri, monachi, 36.
— scriptor, 50, 90, 125, 151, 154, 175, 190, 220, 221, 264, 282, 308, 321, *voy.* Hector.
Salustrinus, 266.
Salustrius, 175.

— donator, 175.
— scriptor, 91, 112, 132, 134, 144, 147, 171, 204, 208, 216, 249, 262, 263, 272, 285, 298.
Salustrone, *voy.* Saluster.
Salva, pater Rodulfi, 351.
Salvagnac, voy. Salvaniac.
Salvagnac-Saint-Loup, com., vj, vij, lxxiij, *voy.*
Salvaniac, *Salvagnac*, comm. de Pleaux *(Cantal), voy.* Stephanus.
Salva terra, xxvij, *voy.* Salvetas.
Salvator (S.), xj, 253.
Salvetas, salvetat, *sauveté*, xxvij, 60, 71, 72, 323, 349, 360, 381, 384, 386.
Salvetat (la), civ, cv, 329, *La Salvetat, près Caramans (Haute-Garonne).*
Salvetat (la), com., lxvij.
Salvetate apud Cabalitanum, 323, ce n'est pas un nom de lieu, *voy.* Salvetas.
Salviac (Lot), xciv.
Samatano, *Samathan (Haute-Garonne)*, cvj, cvij, *voy.* Dodo.
Samuel, 183.
— filius Segbaldi, 186.
Sanche, *voy.* Sancius.
Sanciago, lxxxvij, xc, 8, *Sansac de Marmiesse.*
Sanclanis, xcix, 223, *? dans l'archiprêtré du Vigan (Gard).*
Sancius Cideritz, 409.
— comes de Erro, donator, xv, 342, 343.
— episcopus in Nagera, 68.
— nepos Bergonii presbyteri, 67.
— rex, cxvj, 337, 406, 407, 408, *Sanche Ramires, roi d'Aragon et de Navarre.*
— testis, 68.
— *voy.* Aìner.
Sancti (Omnes), 69, *terme de paiement.*
Sanhas, Sanias, *voy.* Sagniæ.
Sanitas impetrata, 227, 270.
Sannas, *voy.* Sagniæ.
Sansac de Marmiesse (Cantal), voy. Sanciago.
Santinus, 289.
Sanz., cxiv, 353, *Saints.*
— *voy.* Fortunius.
Saône (Haute-). cxij.
Saragosse (Espagne), xv.

Sarcelz, lxxxiv, 181, *La Capelle-Farcel.*
Saresbiæ, *pour* Saresberiæ, 371, *Salisbury.*
Sarraceni, *voy. Sarrasins.*
Sarracenus, *voy.* Rajenaldus.
Sarracinus, *voy.* Aldebertus.
Sarrasins, iij, iv, v, xix, xx, 409, 411.
Sarrecave (*Haute - Garonne), voy.* Cotaquava.
Satgario, 64, *? vois. du Fauga.*
Saucarias, 7, *? dép. de Livinhac-le-Haut.*
Saucia, fluvius, 65, *La Sausse.*
Saudrume (la), *cours d'eau (Haute-Garonne), voy.* Saldrima.
Saulx-le-Duc(Côte-d'Or), voy. Salcio.
Saulx-Tavannes, v. Saulx-le-Duc.
Sauma, 244, 270, 319.
Saumanas, *com. du Garn (Gard), voy.* Sumannaz.
Saurus, *voy.* Teicelinus.
Sausse, *riv. (Haute-Garonne), voy.* Saucia.
Sauveté, xxvij, xxxiv, *voy.* Salvetas.
Sauveur (S.), voy. Salvator.
Sauzi, *pour* Sanz, cxiv.
Savaricus, donator, 351.
Savignac, *com. d'Asprières*, Savinhac, lxxij, 390, *voy.* Selvaniaco.
Savoie, cxiv.
Savoie (Haute-), cix, cxiv.
Saxetus, 348.
Scabrinio, lxvij, 309, 310, *Escabrins.*
Scapula, 323.
Scarimentum, 32.
Schelestat, cxiv, cxv, 405 *(Alsace).*
Schirolus, 78.
Scorca, 123, *? dans l'évêché de Dax.*
Sécurité publique, xxv.
Sedeninca, 313, *? dans le canton de S. Chapt (Gard).*
Segarius, 303.
Segbaldus, 186.
Segel, *voy.* Sigile.
Segonzac, *com. de Nauviale,* Segonziago, lxvj, lxxij, lxxxvij, 319, 320, 328.
Seguel, *voy.* Sigile.
Beguinus, 318.
— de Bontres, 140, 322.
Ségur, com., lxxvij, *voy.* Folquems.

Seigneurs, xxvj, xxx, *voy*. Senior.
Seine-et-Marne, cix, cxij, cxiij.
Selgas, 347, *Selgues*, com. de S. Cyprien.
Séligues, com. de Montézic, voy. Siligas.
Sella, 228, 298.
Selvaniaco, 81, 347, 410, *Savignac*.
Selves, com. de Grandvabre, voy. Silva.
Semodiata, 32, 255, 268, 288, 303, 346.
Semodium, 82, 124, 224, 409.
Senanda, uxor Sugnarii, 304.
Senaygue, 330, voy. Ducange au mot synodaticum.
Senegundis, mater Aldoini, donatrix, 134, 135.
— mater Fredolonis, abbatis, donatrix, xl, 6, 7.
— mater Rodulfi, abbatis, donatrix, xl, 10, 11.
— uxor Hictoris, 79, 258.
— uxor Ragamberti, 264.
— uxor Richardi, 23, 24, *femme de Richard I, vicomte de Millau, sœur de Garsinde, vicomtesse de Béziers et d'Agde*.
Senergues, com., vj, xxxvij, xxxviij, xlvj, liv, lv, lix, lxxj, lxxxv, lxxxvj, voy. Cerniangis, Serniacensis, Serniago.
Senezergues (Cantal), xclj.
Senglanda, lxiij, 326, 376, *Singlandes*.
Sénieur, évêque de Saragosse, viij.
Senior, senioratus, 3, 4, 17, 18, 20, 23, 30, 38, 324, 402.
Sentres, lviij, lxxxv, lxxxvj, 29, 38, 88, 132, 133, 169, 189, 190, voy. Bernardus, Seguinus; *Centrès, com. de Firmy*.
Senz, voy. Sanz.
Sepulchrum (S.), *église à Clairvaux*, 19, 20; — *au Mas de Vilar*, 290; — *à Schelestadt*, 405; — *S. Sépulcre à Jérusalem*, 166, 236, 309.
Sepultura, xxx, 4, 13, 14, 15, 18, 20, 32, 33, 38, 42, 44, 45, 46, 47, 59, 65, 66, 67, 88, 124, 173, 197, 220, 235, 236, 238, 274, 276, 297, 327, 330, 333, 334, 335, 346, 368, 372, 375, 381, 388, 395, 399, 405.
Serf. xxv, xxvj, voy. Servus.

Sergenterie, xlviij.
Sérignan (Vaucluse), voy. Sirriano.
Serla, lv, lviij, lix, 140, 220, 318, 322, *Cerles, com. de Firmy*.
Serlo, testis, 342.
Serlot, voy. Rostannus.
Serniaco, voy. Serniacensis.
Serniacensis, xxxvij, xxxviij, liv, lv, lvj, lxj, lxvij, 84, 103, 111, 112, 119, 127, 138, 141, 144, 150, 157, 174, 192, 207, 208, 210, 232, 233, 234, 235, 237, 240, 248, 250, 256, 260, 261, 262, 283, 289, 301, ? *Senergues*.
Serniaco, Serniag, Serniago, liv, lv, lxxxv, 29, 253, 254, 346.
Seroni, 81, *Serons, com. d'Aubin*.
Serra (illa), liij, lxxxv, 30, 101, 102, 103, 104, 105, 165, 189, 197, 204, 205, 237, 241, 265, 311, 312, 317; voy. Geraldus; *La Serre, com. de S. Cyprien*.
Serra, 384, *La Serre, com. de Taussac*.
Serra, 387, *La Serre, com. de Cadix (Tarn)*.
Serraco, civ, cv, 329, *Seyrac*.
Serrazinus, voy. Petrus, Rainaldus.
Serre (la), voy. Serra.
Serviacensis, pour Serniacensis, xxxvij.
Servicium, Servizi, 12, 15, 21, 45, 60, 64, 65, 71, 79, 325, 343, 344, 356, 360, 385, 391, 401.
Serviens, 25, 27, 63, 89, 325, 341, 342, 373.
Servière, com. de Villecomtal, voy. Cervelra.
Servières, com. de Joursac (Cantal), voy. Cervaria.
Serviès, com. de S. Julien du Tournel, voy. Cervaria.
Serveyrette, com. de Brezons, voy. Cervaireta.
Servire, voy. Servicium.
Servus, 8, 64, 69, 172, 352.
Sestairada, sestariada, sestariata, 42, 118, 133, 285, 308, 360.
Sestairone, xiv, cx, cxx, 256, *Sisteron*.
Sestarius, 33, 41, 42, 77, 78, 81, 82, 118, 120, 121, 123, 134, 141, 163, 178, 181, 182, 192, 196, 199, 207, 211, 222, 224, 226, 243, 244,

247, 256, 261, 270, 274, 276, 280, 281, 286, 296, 297, 301, 303, 305, 314, 315, 319, 323, 329, 330, 334, 338, 339, 356, 358, 361, 367, 369, 374, 376, 377, 380, 385, 389, 395, 402, 403.
Sesteirada, *voy.* Sestariata.
Sestergo, cxx, 250, *peut-être pour* Sestairo ?
Sesterius, Sesters, *voy.* Sestarius.
Sevelrago, *voy.* Severiago.
Sévérac, voy. Severiacensis, Severlago.
Severiacensis, xiv, xxxvij, lxiv, lxvj, lxviij, lxx, lxxxiv, 135, 136, 192, *Sévérac-le-Château*, com.
Severiago, lxxvij, 35, *Sévérac-l'Église*, com.
Severiaco, Severlago, lxxiv, 185, *voy. Gui. Séveyrac*, com. *de Rosouls.*
Sextarius, sextiers, *voy.* Sestarius.
Seyrac (Haute-Garonne), voy. Serraco.
Sibilla, uxor Roberti filii Walterii, 370.
Sicardus, bonus homo, 23.
— de Blancafort, 405.
Sicart de Goliniaco, 365.
Siccerius, *voy.* Stephanus.
Sicfredus, 178.
— archidiaconus Carcassonensis, 73, 74.
— de Benna, canonicus Carcassonensis, 73.
— frater Rodgerii, donator, 71, 72, 73.
— *voy.* Raimundus.
Sicharius (S.), innocens, *martyr*, 19, 20, *l'un des patrons de l'église de Clairvaux.*
Sicherius, donator, 58.
— *nom cité*, 135, 191.
Siciago, lvj, *voy.* Liciago.
Sicig. rivulus, 80, *affluent de la Saudrune.*
Sidrannus, 180.
Sigaldus, famulus S. Fidei, 69.
Sigarius, *nom cité*, 120, 169, 179.
Sigbaldus, 232.
Sigbrandus, 102.
Sigerius Salomon, 25, 27.
Sigerius, *nom cité*, 31, 193, 209, 258, 266, 311, 319.

Sigibertus, presbyter, 333.
Sigile, 42, 77, 163, 222, 224, 244, 270, 280, 281, 282, 314, 319, 334, 338, 339, 358, 374, 376, 377, 378, 385.
Sigmarus, monachus, 243.
— scriptor, 217.
Sigoinus, donator, 187, 188.
— *voy.* Siguinus.
Sigualdus, donator, 99, 100.
Siguarius, *voy.* Sigarius.
Siguinus Abo, sacerdos, 129, 130.
— filius Raingardis, venditor, 132, 133, 151, 189, 190.
— *nom cité*, 34, 110, 290.
Siligas, *Séligues, com. de Montézic*, lxxxij, *voy.* Austrinus.
Silva, 147, *Selves.*
Silvaniago, *voy.* Selvaniaco.
Simo de Turre, donator, 354.
Simonia, 338, 340.
Sinay, vallis, cxx, 250, in comitatu in Sestergo.
Singlandes. com. *de Cassagnes-Comtaux, voy.* Senglanda.
Sinhalac, com. *de Mur-de-Barrez*, *voy.* Salanac.
Sinodus, *voy.* Synodus.
Sirriano, cx, 255, *Sérignan.*
Sirventatge, 360, 374.
Sisivo, 364, *S. Jean de Ceirargues (Gard).*
Sisteron (Basses-Alpes), voy. Sestairone.
Sobrarbe (Aragon), voy. Suprarbi.
Soil (el), 355, *? territ. du Val-de-Suzon.*
Soissons (Aisne), voy. Suessioni.
Sojornat, *voy.* Bernarz.
Solario, lxxiv, 219, *La Soularie.*
— xlix, 225, 275, 369, *Le Soulié.*
Solarium, 78, 159.
Solarius, xcv, in vicaria Saddiriaco, 269, *? Quercy.*
Solatgue, *Soulages-Bonneval*, com., *voy.* R.
Solavila, lxxxvij, 328, *Solville.*
Solempnia, donatrix, 60.
Soler, *? pays toulousain, voy.* Oddo.
Soler (el), *Le Soulié, voy.* Solario.
Solergas, 316, *? envir. de Conques.*
Solidata, 23, 150, 184, *mesure.*
Solidi, cxiij.
Solinhac, com. *de S. Cyprien, voy.* Sollinago.

Sollinago, liij, 218, *Solignac.*
Solville, *com. de Labastide-l'Évêque,* voy. Solavilla.
Sonate, lxxxviij, 333, *Orronnette (Cantal).*
Sonnac, *com.,* lxxiv.
Sorb, lxvij, lxviij, lxxj, 299, *Sorp.*
Sorbolo, 191, 192, *voy.* Sorb.
Sordingas, 2, ? *territ. de S. Martin- du-Larzac.*
Sorp, *com. de Pruines,* voy. Sorb, Sorbolo.
Sostum, 123, *Soustons.*
Sotolum, 159, *n'est pas un nom de lieu et a la même signification que* solarius.
Souabe, voy. Suetiæ.
Soularie (la), *com. de Sonnac,* voy. Solario.
Soulié (le), *com. de Conques,* voy. Solario.
Sournia (*Pyrénées-Orientales*), voy. Jorniante.
Soustons (*Landes*), voy. Sostum.
Souyri, *com. de Salles-la-Source,* voy. Suiri.
Soz (las), 30, ? *territ. des Arbres.*
Spatula, 25, 26, 27, 82, 118, 211, 295, 314.
Spaun, ? *pays toulousain,* voy. Willelmus.
Spelci, Speleu, Spelouvo, xxvj, lj, lxxvj, lxxxvj, 123, 402, *Espalion.*
Sponsalicium, 53, 90.
Stabilis, episcopus, 332, 333, *S. Stable, évêque de Clermont.*
Stabilis, monachus, 243.
Stadga, statga, 162, 225, 275, voy. *Du Cange, au mot* scaticum.
Stagnio, Stagno, Stanio, 153, 242, voy. Aldebertus, *Estaing.*
Stans, 370, ? *envir. de S. Cyprien.*
Stephana, 404.
— de Sainas vel Sannas, donatrix, 342.
— filia Hectoris Salustri, 368.
— uxor Arnaldi, 193.
— id. Berengerii, 12, 13.
— id. Frotardi de Conchis, 327.
— id. Geraldi, 131.
— id. Hugonis, 147.
— id. Nizezii, 207. 208, 256.
— id. Rigaldi del Beltciresco, 389.
— *pour* Stephanus, filius Begonis de Calmonte, 390.

Stephania, uxor Rodberti Isalgari, 293.
Stephanus I, abbas, episcopus Arvernensium, ix, x, xxviij, xl, xlj, 35, 49, 79, 83, 101, 112, 119, 129, 158, 159, 160, 161, 162, 165, 168, 178, 195, 196, 203, 205, 233, 240, 243, 253, 254, 257, 265, 299, 300, 305, 320.
— II, abbas, xv, xvij, xviij, xxiv, xliij, 21, 24, 25, 26, 44, 47, 50, 52, 54, 55, 58, 65, 70, 74, 123, 166, 173, 174, 201, 235, 270, 290, 293, 299, 325, 326, 327, 331, 342, 344, 359, 361, 366.
— abbas ?, 23.
— Aldebertus, 368.
— archidiaconus Lingonensis, 326.
— id. Pampilonensis, 329.
— Arnaldus, 242.
— bonus homo, 23.
— cancellarius, 336.
— canonicus Carcassonensis, 73.
— clericus, 216.
— comes, 371.
— comes Montonii *pour* Moritonii, 370.
— de Aurosa, 374.
— de Calmonte, donator, 30, 76, 77.
— de Malavilla, donator, 393.
— del Mas, 378, *fils du suivant.*
— de Manso, 79.
— de Monto Pesato, 379.
— de Ruf, 47.
— de Ruthenis, 403.
— de Salvaniac, 374.
— de Vigorone, donator, 120.
— Dodo, 89.
— donator, 107.
— id. 237.
— episcopi, 373, *Étienne V de Polignac, évêque de Clermont.*
— faber, 285.
— filius Begonis de Calmonte, donator, 390.
— id. Franconis, 322.
— id. Grimardi, venditor, 177.
— id. Johannis, 361.
— id. Rodberti de Castelto, donator, 46, 47, 227, 228, 273.
— id. Senegundis, 7.
— id. Stephani, 183.
— id. Wigonis, 322.
— frater Rignaldi de Mirmonte, donator, 389.

— Gaucelmus, 270.
— Juvencius, 82.
— levita, scriptor, 122.
— Maurinus, donator, 268, 269.
— monachus, 3, 63.
— monachus, scriptor, 25.
— nepos Stephani, viri Richardis, 13.
— pater Stephani, viri Richardis, 13, 14.
— præpositus de Brezons, donator, 228, 322.
— presbyter, 270.
— presbyter, elemosinarius Hictorianæ, 311.
— presbyter, scriptor, 396.
— Pruinensis, monachus, 65.
— scriptor, 206.
— Siccerius, 118.
— vir Adalaicis, 183.
— id. Aicheldis vel Aicildis, 150, 174.
— id. Cristinæ, 291.
— id. Richardis, donator, 13, 14, 15, 333, 334, 348.
— nom cité, 22, 31, 35, 77, 78, 108, 135, 151, 171, 179, 182, 193, 198, 215, 230, 239, 240, 243, 249, 255, 260, 266, 272, 273, 278, 280, 282, 284, 286, 292, 294, 308, 319, 323, 325, 338, voy. Bernardus, Petrus, Rodbertus, Willelmus.
Stori, 103, ? près de Perses.
Strada (illa), 183, Lestrade.
Strasbourg (Alsace), voy. Argentinensis.
Strata (illa), lxxviij, 80, Lestrap.
Submillito, 17.
Suessioni, 344, Soissons.
Suetiæ, cxv, 406, Souabe.
Suffolk (Angleterre), voy. Suthfolc.
Sugnarius, donator, 304.
Suiri, lxvij, 367, Souyri.
Sulpicius, 125.
— donator, 216, 217.
Sumannaz, Saumanas, c, voy. Hugo.
Sumus, locus ?, 331.
Sunarius, voy. Reimundus.
Super Undas, Les Ondes, château, com. de Salles-la-Source, voy. Ricardus.
Suprarbi, 408, Sobrarbe.
Suthfolc, Suthphole, 370, Suffolk.

Symeo, archidiaconus Pampilonensis, 68.
Synodus, 54, 73, 362.

SAINT, E; SANCTUS, A, UM.
Adrianus, ecclesia, lvj, 7, à Livinhac-le-Haut.
Amancius, ecclesia, 41, 42, à Orlhaguet.
— ecclesia, 5, 29, 344, à S. Cyprien.
— monasterium, lxxxij, 131, 165, 286, 318, à Rodez.
Amans, église, lvj, à La Bessenoits.
— de Boisse, lxxxvij.
— des-Cots, xxxv, xxxix, lxxxj, lxxxvj.
André de Costabalenc, xcix, voy. Constabadens.
— de Roque Pertuis (Gard), voy. S. Andreas trans Rocam.
— Lachamp (Ardèche), xcix.
Andreas, prioratus, 27, Béziers.
— ecclesia, civ, 70, à Coeuilles.
— 122, Vivarais.
— parrochia, 276, à Monteils (Gard).
— trans Rocam parrochia, 364, S. André de Roquepertuis.
Anianus, vicaria, xxxvij, ? vallée du Lot.
Antoninus, monasterium, xxxvij, 268, 322, S. Antonin (Tarn-et-Garonne).
Artemia, locus, 82, S° Arthémie, com. de Molières (Tarn-et-Garonne).
Aubierge, com. de Saint-Augustin (Seine-et-Marne), voy. Ledberginœ.
Avitus, vicaria, xciv, 193, S. Avit, com. de Salviac (Lot).
Beauzély, com., lxxxij.
Benedictus, cœnobium, 288, à Minorque.
Benignus, abbatia, cxij, 382, 383, à Dijon (Côte-d'Or).
Bertrand-de-Comminges, civ.
Blaise, prieuré, lxxviij, à Valon.
Bonitus, S. Bonnet (Gard), voy. Gaufridus.
Céré (Lot), voy. Sancta Speria.
Chapelle de Dijon, cxj.
Chapt (Gard), c.
Chély, com., lxxxij.
Christophe, com., lxlij, lxxxv, lxxxvj.

Christophorus, ecclesia, cvij, 61, 381, à *Lavaur.*
— 410, à *Montignac.*
Ciricius, cv, ?*pays toulousain,* voy. Petrus.
Clair de Campouriez, lxxxj.
Columba, ecclesia, 71, 72, 361, à *Licairac.*
— cv, 329, S° *Colombe,* com. de *Basiège* (*Haute-Garonne*).
— vij, 412, S° *Colombe* (*Lot*).
Crux, villa, 393, *voisin. de Cépet* (*Haute-Garonne*).
— 102, *chapelle à Conques.*
Cyprianus, 281, 286, S. *Cyprien* (*Dordogne*).
— xlvj, lj, lxvj, lxxj, lxxij, lxxxv, lxxxvj, 5, 344, 365, 366, 382, 383, 390, voy. Verneducio, S. *Cyprien, com.*
Desiderius, ecclesia, 20, à *Panat.*
Dier, Diery (*Puy-de-Dôme*), voy. Disderius.
Dionisius, ecclesia, 352, à *Coulommiers.*
Disderius, parrochia, xcij, 282, S. *Dier ou S. Diery?*
Eadmundus, 371, S. *Edmund's-bury* (*Suffolk*).
Étienne, voy. Stephanus.
Étienne-de-Brès, com. de *Villeneuve-sur-Vère* (*Tarn*), ciij.
Étienne-de-Villette (*Tarn*), civ.
Felix, xlvj, liv, lxxj, lxxxvj, 345, 389, *Saint-Félix-de-Mazières,* devenu *Saint-Félix-de-Lunel.*
— xiij, com. de *Rodez.*
— (*Lot*), xciv.
— de *Puy-Bégon,* com. de *Peyroles,* ciij.
— de *Veyrac,* cj.
— ?*pays toulousain,* voy. Bernardus.
Fides de *Callia,* 50, S° *Foi-des-Cailles,* com. de *Penne* (*Lot-et-Garonne*).
— de *Castelleto,* 362.
— de *Cavagnolo,* cxix.
— de *Escolt,* 51.
— de *Galatea Quercu,* 65.
— de *Monte S. Johanni,* 336.
— de *Scelestat,* 405.
— de *Tribono,* lxxiv, lxxvij, 330.
— de *Tufac,* 329.
— de *Vinairols,* 53.

Fides de *Visterno,* cxix.
Flour, lxxxviij.
Foi de Bains, xcviij.
— de *Barbastro,* cxvj, cxvij.
— des *Cailles,* xcv, xcvij.
— de *Castelmauron,* civ.
— de *Chastang,* xcij.
— du *Chatelet,* cx.
— de *Chevigny,* cxj, voy. Cavannicum.
— de *Conques,* xxxiij, xxxiv.
— de *Coulommiers,* cxij, cxiv.
— *prieuré à Coussergues,* lxxvj.
— de *Lacalm,* lxxxiij.
— de *Licairac,* cj, civ.
— à *Lodève,* cj.
— de *Pallas,* c.
— de *Peyrolières* (*Haute-Garonne*), civ, cv, cvj, voy. Perairol.
— *près Pineuil,* xcvj.
— de *Prades,* lxxxj.
— de la S° *Chapelle de Dijon,* prébende, cxj.
— de *Schelestadt,* civ, cv.
— de *Seyrac,* civ.
— de *Tufac,* cv.
Foi-la-Grande (*Gironde*), xcvj, voy. Vinairols.
Florius, S. *Flour* (*Cantal*), voy. Petrus.
Fregiulfus, abbatia, 70, S. *Frajou* (*Haute-Garonne*).
Frons, ? *Périgord,* xcv, voy. Arnal.
— *Gaudens,* cv.
Genesius, voy. Petrus.
Genesius Lutevensis, 401.
Genest de Dauzon (*Ardèche*), voy. Bausoneca.
Geneviève, prieuré à Bars, lxxviij.
Geniez, com., lxxxiv.
Geniez des Ers, xxxix.
Georges de Lavencas, com., xxxviij.
Geours d'Auribat(*Landes*), voy. Auria Valle.
Geraldus, monasterium, 226, 267, à *Aurillac.*
Germain-des-Prés, abbaye à Paris, vllj, lx.
Germain-Lembron (*Puy-de-Dôme*), voy. Ambianensis.
Gervais, com. de S. Symphorien, Gervasius, xxxvij, 176.
Hippolyte, com., lxxxvj.
Jean de Ceiragues, voy. Sisivo.
— du *Fauga,* civ.

Jean de Maruéjols (Gard), voy. Mairogel.
— prieuré à La Roque-Valsergues, lxxv.
— de Schelestadt, cxiv.
— de l'Union (Haute-Garonne), cv, cvj.
— le Froid, com. de Mouret, voy. S. Johannes.
— voy. Johannes.
Jeraldus, voy S. Geraldus.
Jhorius, voy. Jorius.
Johannes, abbatia, 68, ? en Navarre.
— vinea, 200, à Augiols.
— de Canneto, xcv, 54.
— ecclesia, lxxij, 31, à Claunhac.
— ecclesia, 413, à Flagnac.
— ecclesia, 76, à S. Mamet-la-Salvetat.
— xciij, xciv, 334, S. Jean-le-Froid.
— de Mairogel, 364, S. Jean-de-Maruéjols.
— de Monteils, 58, Monteils (Aude).
— ecclesia, 334, 335, 336, à Nauviale.
— ecclesia, 344, à S. Cyprien.
— de Sisivo, 364, S. Jean-de-Ceyragues.
Joleto, lxxv, 394, S° Juliette.
Jorius, lxxxvj, 36, 37, 167, voy. D... S. Juéry d'Authun.
Juéry d'Authun, com. de S. Amans, voy. S. Jorius.
Juliani ecclesia, 28, à Almont.
Julianus, 267, S. Julien de Pigagnol.
— de Cassannaz, 364.
Julien de Cassagnes (Gard), voy. Julianus.
— d'Empare, com., vij, lxxiij.
— du Tournel (Lozère), xcix.
Juliette, com. de Cassagnes-Begonhès, voy. Joleto.
Just, com., lxxij, lxxx.
Laurentius, S. Laurent-d'Envermeu (Seine-Inférieure), voy. Rogerus.
Léonard de Monediers, xlvj, voy. Monediers.
Loup, com. de Salvagnac-Saint-Loup, voy. Lupus.
Lupus, lxxiij, lxxiv, 261, 413, S. Loup.
Macharius, xcvij, 52, S. Macaire (Gironde).

Madeleine, église, à Lunel, xlvj.
Mamet-la-Salvetat (Cantal), voy. Mametus.
Mametus, lxxxvij, lxxxix, xc, 76, 78, 378, 379, S. Mamet-la-Salvetat.
Marcel, com. de Conques, Marcellus, xlvj, 346, 395.
Marcial, cv, cvj, cvij, 65, 329, paroisse comprenant les communes de Beaupuy, de Rouais, Montrabe et Mondouze (Haute-Garonne).
Marcorg (Dordogne), voy. Mercurius.
Maria, ecclesia, 30, aux Arbres.
— de Bellomonte, 56, 315, N.-D. des Planques.
— ecclesia, 20, 21, à Clairvaux.
— Crassa, 71, à Carcassonne.
— ecclesia, 69, à Gavilans.
— de Garbdis, cij, 57, 72, 225, 257, S° Marie de Gardie.
— terra, 179, à Granier.
— de Laudel, 67.
— Laudunensis, 332, 333.
— Minorisa, 288.
— de Podio, 345.
— Rochæ Amatoris, 404.
— ecclesia, 3, 165, 280, 400, 401, à Rodez.
— id. S, à Sansac.
— ad Sarcelz, 181.
Martin, prieuré, lxxviij, à Bromme.
— lxxij, à Claunhac.
— de Goine (Gers), cv, cvij, cviij.
— prieuré, lxix, à Golinhac.
— du Larzac, com. de Millau, vj, lxxvij.
— prieuré, lxix, à Nauviale.
— de Pinsuil (Gironde), xcv, xcvj.
— de Prévinquières, lxxxj.
— église, xlvj, à Senergues.
— sous-Vigouroux (Cantal), voy. S. Martinus, monasterium.
— de Viviez, lvj.
— le Vieil, cj, cij.
Martinus, ecclesia, lxxviij, 39, 40, à Albinhac.
— de Braigs, xcvj, 52.
— de Calla, xcvij, 50.
— 295, aux Canals.
— de Cozri, 364.
— ecclesia, lvj, 413, à Flagnac.
— vicaria, xciij, xciv, 198, com. de Labastide (Lot).

— de Pris, *voy.* Priscus.
— ecclesia, 24, 31, *à Salars.*
— monasterium, lxxx, 252, *Saint-Martin-sous-Vigouroux (Cantal).*
— de Vila Vilor, 362.
Maurice *d'Ibie, voy.* Ybia.
Mercurius, *S. Marcorg,* xcvj, *voy.* Willelmus.
Michael Molleti, parrochia, cix, 282, *La Bastide-en-Vallespir.*
Nazarius, ecclesia, 22, 73, 362, *à Carcassonne.*
Orens *(Gers), voy.* Centoranga.
Parthem, *com.,* vj, lvj, lx, lxxj, lxxxv.
Paul-Trois-Châteaux *(Drôme), voy.* Tricastina.
Paulus confessor, 303, *à Ouveilhan.*
— episcopus et confessor Tricastinæ urbis, 69.
Petrus, 226, 229, 267, *à Aurillac.*
— de Carcennago *ou* de Garzag, 55, 202.
— ecclesia, monasterium, lxiv, 16, 17, 18, 19, 20, 173, 174, 399, *à Clairvaux.*
— 238, *patron de Conques.*
— terra, 210, *à La Fage.*
— de Malavilla, 324, 393.
— Malonensis, 363.
— de Quersaco, xcvj.
— de Regnaco, lxj, 5, 367, 400.
— de Roma, 18, 23.
Pierre, *prieuré,* lviij, *à Campuac.*
— de Carsac, xcv, xcvj.
— *prieuré,* lxix, *à Espeyrac.*
— de Tauriac, civ.
Poncius, monasterium, cj, 26, *S. Pons de Tomières.*
Privat *d'Auzon, com. d'Allègre (Gard),* S. Privatus de Alsono, 364.
Privat de Champ-Clos *(Gard),* S. Privatus de Campo Clauso, c, 284, 364.
Rome-de-Tarn, xxxv, lxxxiv.
Sainsars, capella, 395, *chapelle sur la carte de Cassini, près Brommat.*
Santin-de-Maurs *(Cantal),* xc.
Salvator, abbatia, 68, *en Navarre.*
— ecclesia, in Cicerniaco, 410, *à Vérières.*
Santin, *com., voy.* S. Sentinus.
Santinus, vinea, 9, *près Recoules-basses.*

Sentinus, lx, lxxj, 38, *S. Santin.*
Saturnin, *voy.* Saturninus.
Saturninus, lxxv, 390, 395, *S. Saturnin, com.*
— de Avalojulo, 47.
— *prieuré, à Brommat,* lxxviij.
— alodus, lxxviij, 229, 230, *près Cajarc.*
— lvj, *prieuré, à Firmy.*
— ecclesia, 410, *à Port d'Agres.*
— liv, *monastère près Rodez.*
Sauveur des Ers, lxix.
Sauveur de Lodève, 3 *note, erreur pour S. Geniez.*
— de Pallas, c.
Sébastien, lxj, *prieuré à Bournazel.*
Sépulcre de Schelestadt, cxiv.
Sernin, xxxiij, xxxiv, *église à Toulouse.*
Simeo de Currelis vel Turretis, cxix.
Speria, vicaria, xciv, 254, *S. Céré.*
Stephanus, terra, 200, *près d'Augiols.*
Stephanus subtus Avinione, cix, 268, *église disparue, sur l'emplacement du palais des papes.*
Stephanus de Casals, 361.
— campus, 355, *à Sº Foi-de-Chevigny.*
— de Guarzangas, 35.
— ecclesia, lxxxiij, 41, *à Orlhaguet.*
— terra, 273, *près de* Puech Mejas.
— ecclesia, vij, lxxiij, 413, *à Salvagnac-Saint-Loup.*
Tireus, parrochia, xcvij, 245, *voy.* Alamancia.
Védard, lxviij, *prieuré à Coubisou.*
Victor de Currelis vel Turretis, cxix.
Victor-sur-Loire *(Loire),* S. Victor de Castelleto, cx, 362, 364.
Vincentius de Gardona, 338.
— de Salat, cv, 329.

T.

Tabernaria, 405.
Tabula sanctæ Fidis, 51.
Tafnerus, *voy.* Geraldus.
Taganament, cxvj, cxvij, 337, 338, *Tagamanent (Catalogne).*
Talabaz, *voy.* Hugo.
Tallia, 382.
Tanavella, lxxxviij, xc, xcj, xclj,

44, 45, 48, 270, 273, 274, 372, 374, *Tanavelle (Cantal).*
Tantarione, lxxxv, 192, *Tantayrou, com. de Lapanouse.*
Tanus, (Tarn), clij.
Taolam, 240, 346, *voy.* Taulam.
Taravella, *voy.* Tanavella.
Tarenques, com. de S. Parthem, voy. Teirangas.
Taris, uxor Ebraldi de Castello Pelagrua, 55, 202.
Tarn, Tarnis, xv, xcviij, clij, cvij, 1, 2.
Tarn-et-Garonne, xcij, xciv, civ, cv, cvij.
Tascha, tasqua, 256, 271.
Taulam, 347, ? *envir. de Molompise.*
Taulam, xv, lxxj, 240, 346, *voy.* Taolam, Taulomo, *Taulan.*
Taulan, com. de Muret ou de Senergues, ou La Teule, voy. Taulam.
Taulomo, 313, *voy.* Taulam.
Taureham, cxv, 359, *Taverham.*
Tauriaco, civ, cv, cvij, 60, 329, *Tauriac (Tarn-et-Garonne).*
Taussac, com., lxxix.
Taverham, dans le Norfolk (Angleterre), voy. Taureham.
Tebaldus, clericus, 391.
Techbertus, 55.
Tedbaldus, filius Adelæ comitissæ, 342, *Thibaut IV, comte de Blois.*
Teicelinus Sauri, 355.
Telferius, 202.
Teiraugas, 331, *Tarenques.*
Teleito, *Teillet, com. d'Auzits, voy.* Willelmus.
Telhet, paroisse de Rueyre, lxxix.
Telled, *voy.* Teleito.
Teloneum, 352, 402, 405, 412.
Tentejon, 360, ? *territ. de Claunhac.*
Teobaldus, comes, 340, 341, *Thibaut III, comte de Blois.*
— id. 342, 353, 354, *voy.* Tedbaldus.
Teolfus de Castello Teodorici, baro, miles, 341.
Termen (el), 378, *dép. de S. Mamet.*
Termes de paiement, voy. augustus, calendæ, madius, messis, missa S. Fidis, S. Juliani, S. Petri, nativitas Domini, pentecostes, quadragesima, sancti omnes, S. Andreas.
Ternes (les), com. (Cantal), lxxxiij.
Terondellos, Terondelz, 1, 276, 380, *Tirondels.*
Terre sainte, xxxj.
Terundellus, *voy.* Deusdet.
Tesconis rivus, 57, 225, 291, *Tescon (Aude).*
Tetbertus, *voy.* Teutbertus.
Tetgarius, 165.
Teudbal, 242.
Teudbaldus, 218.
Teudburgis, uxor Sulpicii, 216, 217.
Teudgairesco, Teudgariesco, 144, 145, ? *territ.* d'Aqua Frigida.
Teudonus, 86.
Teudricus, 136.
Teulamen, xlix, 99, *La Teulière.*
Teule (la), com. de S. Félix de Lunel, voy. Taulam.
Teulière (la), com. de Conques, voy. Teulamen.
Teulindis, uxor Adalgrimi, 129, 317.
Teuls, cv, 329, *pays toulousain.*
Teutbertus, levita, scriptor, 160.
— presbyter, scriptor, 171, *le même sans doute que le précédent.*
— scriptor, 32, 102, 105, 106, 130, 162, 195, 206, 231, 320.
— nom cité, 101, 183, 197, 300.
Teutgarius, 169.
Thalamus, 353, *voy.* Hostiarius.
Thau, étang (Hérault), c.
Thebaldus de Espolvilla, 359.
Theferius, 56.
Theloneum, *voy.* Teloneum.
Théodebert, roi des Francs, v.
Thibaut IV, comte de Blois, cxlij, cxiv.
Thérondels, com., lxxx.
Tholosa, *voy.* Tolosa.
Thomas (S.), 19, 20, *l'un des patrons de l'église de Clairvaux.*
Tinteynau, *com. de Rignac, voy.* Tintinnario.
Tintinnario, lxxviij, 80, *Tinteynau.*
Tirondels, com. de Grandvabre, voy. Terondellos.
Titbaldus, 51.
Tolède (Espagne), voy. Toletanus.
Toletanus, Toletum, 68, 338, *Tolède.*

Tolosa, Tolosanus, Tolosensis, xiv, xxvij, xxx, xxxij, xxxiv, civ, cv, cvj, cvij, cviij, cxvij, 60, 61, 63, 65, 71, 80, 328, 329, 367, 380, 381, 386, 394, *Toulouse.*
Tonna, 159, 200, 228.
Torenna, xciij, 373, *Turenne.*
Torcy (Côte-d'Or), voy. Turci.
Tornamira, *Tournemire,* xcj, voy. Rigualdus.
Tornis, xc, 272, ? *territ. de Salins.*
Tornz, *com. de Monistrol d'Allier (Haute-Loire),* voy. Willelmus.
Toron (el), 387, *Tourène, moulin sur le Viaur (carte de Cassini), près de Pampelonne (Tarn).*
Torumbertus, advocatus Willelmi Genevensis, 231.
Tortorel, xcv, 82, 307, ? *Quercy.*
Tortum, xxvj, 26.
Toulouse (Haute-Garonne), voy. Tolosa.
Tour (la), com. de Saints (Seine-et-Marne), voy. Turri.
Tournemire (Cantal), voy. Tornamira.
Trabaciago, lxxxij, 100, 101, *Traversac.*
Traversac, com., voy. Trabaciago.
Traverser, 358, ? *pays toulousain.*
Trazanegues, 364, ? *dép. de Malons.*
Trebons, voy. Tribons.
Trébosc, com. de Montrozier, voy. Tribons.
Trecensis, Trecis, Treiaci, cxiij, 341, voy. Guandelbertus, *Troyes.*
Trélans (Lozère), lxxvj, xcviij.
Treles, lxxxvij, 397, *Trélis, com. de Cézens (Cantal).*
Tremlet, cxiv, 353, ? *dép. de Coulommiers.*
Tremoil, 355, *territ. du Val-de-Suzon.*
Tremoledo, 373, *Trémoulet.*
Tremolias, *Trémouilles,* voy. Petronus.
Tremolias, 239, *Trémouiller (Cassini) en Carladez.*
Trémouilles, com., voy. Tremolias.
Trémoulet, com. de Molompise, voy. Tremoledo.
Trencaldus, voy. Geraldus.
Tresagas, 384, ? *en Carladez.*
Tresbos, voy. Tribons.

Trescanes, lxxxij, 35, ? *envir. de Candas.*
Tresferas, 286, ? *dans le comté d'Agen.*
Trésor de Conques, ij.
Treulone, 281, 285.
Tribons, Tribonum, lxxiv, lxxv, lxxvij, 11, 12, 13, 330, 396, *Trébosc.*
Tricastin, Tricastinus, xiv, cx, 69, *Saint-Paul-Trois-Châteaux (Drôme).*
Tricenarium, 4.
Triodoro, aqua, lx, 39, *Trueyre.*
Trioulou (le) (Cantal), voy. Treulone.
Triticum, 226, 227, 330.
Troil (el), 380, *Les Truels.*
Trobet villa, *Trubbeville, fief d'une famille normande célèbre au xii° et xiii° siècle,* voy. Odo.
Troyes (Aube), voy. Trecensis.
Trudgardis, uxor Comarchi, 400.
Truels (les), com. de Clairvaux, voy. el Troil.
Trueyre, affluent du Lot, voy. Triodoro.
Trunnago, ? *en Barrez,* voy. Petrus.
Trutbertus, cantor, 365.
Tufac, cv, 329, ? *pays toulousain.*
Tulta, 12, 291.
Tundud, voy. Bernardus.
Turbide, voy. Iturbide.
Turbo, voy. Willelmus.
Turci, *Torcy,* voy. Hugo.
Turenne (Corrèze), voy. Torenna.
Turlanda, *Turlande, com. de Paulhène (Cantal),* lxxxiij, voy. Deusdet, Geraldus, Johannes, Poncius, Rigualdus, Willelmus.
Turretis, voy. Currelis.
Turri, *La Tour,* voy. Geraldus, Rodbertus.

U.

Uc de Conchas, 404.
Ucguers, voy. Guaris.
Uchello, voy. Ussel.
Udalgardis, uxor Gauzberti, 252.
— uxor Odalrigi, donatrix, 194.
Udalgerius de Cavanaco, 344.
— voy. Raimundus.
Udalrigus Austrinus, 290.

Ug, 378.
Uga, *voy.* Huga.
Ugbertus, *nom cité,* 196, 250, 295.
Ugo, *voy.* Hugo.
Uldegarius, 354.
Ulmeiras, 75, *Les Homs.*
Ulmo, 376, *L'Hom.*
Ulxenda, filia Aldeberti, 192.
Umbertus de Bello Castello, filius Frotardi, 4, 5, 33, 226, 283, 296, 297.
— donator, 28.
— filius Adalbergæ, donator, 148.
— id. Bernardi de Najago, 199.
— id. Petri Geraldi, 388.
— frater Rigualdi, 204.
— homo Radulfi Plaissars, 388.
— nepos Geraldi de Belcastel, 368.
— pater Hectoris, donator, 180, 181.
— Petroni, 219.
— vir Avanæ, donator, 203.
— id. Ricardis, 31.
— *nom cité,* 36, 40, 84, 120, 122, 135, 169, 175, 179, 181, 191, 193, 223, 242, 250, 258, 264, 275, 299, 305, 311, 319, 351, *voy.* Hugo.
Unaldesco, 145, 146, 206, *? territ. du Poujol, com. d'Almont.*
Unaldus, *nom cité,* 115, 305.
Un Castillo (Aragon), voy. Uno Castello.
Uncia, 271, 328.
Undas, *voy.* Desuper Undas.
Unildis, uxor Adraldi, 106.
Uno Castello, *Un Castillo, voy.* Lopegarzez.
Unzandus, serviens honoris de Ceped, 63.
Upsalt (el), 374, *? Cantal.*
Uqueg, 376, *? Aveyron.*
Urbanus II, papa, xviij, xxxiij, 398, 400.
Urbs, 48, 69, 99, 193, *voy.* pagus.
Urcival, Urcivallis, lxiij, 110. *Orcival, près d'Auzits (Cassini).*
Urgel (Espagne), cxix.
Ursarias, xcix, 270, 319, *Orcières.*
Usaticum, 391.
Ussel (Cantal), Ussello, lxxxviij, xcj, xcij, 228, 297, 322, 374, *voy.* Rigualdus.
Usuard, viij.
Usuarium, 352.
Ustorgius, *voy.* Austorgius.

Usus, xxvj, 18, 26, 33, 44, 45, 89, 173, 274, 291.
Utalguers Aicfre de Casal, 362.
Uxello, *voy. Ussel.*
Uxendis, venditrix, 93, 94, 95, 96, 97.
Uxetico, 313, *Uzès (Gard).*
Uzechio, Uzeciæ, 276, 283, *Uzèche, Uzès (Gard).*
Uzès (Gard), voy. Uxeticho *et* Uzechio.

V.

V. abbas, 389.
— de la Ginesta, 392.
— Faraldi, 392.
— filius Duranti Hectoris, donator, 392.
Vabres, com., xxxvij, xl.
Vacaygue, 330, *voy. Du Cange au mot* vaccaticum.
Vacca, 121, 226, 228, 244, 303, 343, 349, 369.
Vaïsa in Barrez, lx, 252, *La Vaysse.*
Vaiselieder, *voy.* Bernardus.
Vaiseria, 307, *La Bessayrie.*
Valayssac, com. de Decazeville, voy. Vassiliago.
Valbéon, com. de Grignals (Dordogne), voy. Valle Beona.
Valcerga, xxxvij, xxxviij, lxxvij, 402, *La Roque-Valzergues, com. de S. Saturnin.*
Val-de-Suzon (le) (Côte-d'Or), cxj, cxlj.
Valette (la), com. de Golinhac, voy. Valleta.
Valtaverna, 328, *?env. de Conques.*
Vallada (la), Valade? (il y en a trois dans l'Aveyron), voy. Peire.
Vallato, 44, *? vois. de Brommat,* pratum de Vallato, *peut-être est-ce* pratum devallato, *entouré de fossés?*
Valle, rivus, 10, *à Salles-la-Source.*
Vallelas, *auj.* Rochegonde, *près Neuvéglise (Cantal), voy.* Bernardus Foval.
Vallenca, 41, *? territ. d'Orlhaguet.*
Valleris, in parrochia S. Desiderii, 282, *? Puy-de-Dôme.*
Vallesorga, *voy.* Valcerga.
Vallespir (Pyrénées-Orientales), clx, 282.

Valleta, lxx, 323, *La Valette.*
Valletam, 364, *? dép. de Malons.*
Vallières (Puy-de-Dôme), xcij, xciij.
Valon, com. *de Lacroix,* lxxvij, lxxix.
Valuéjols (Cantal), voy. Avalogiolo.
Vantoux (Côte-d'Or), voy. Ventos.
Vapricense, *pour* Wapicense.
Vardee, lxvij, 11, *Bardels.*
Varenas, *? pays toulousain, voy.* Ademarus.
Varojol, 173, *Bruéjouls.*
Vaselo, *voy.* Veselo.
Vasseliaco, Vassiliago, lvij, 29, 130, 131, *Valayssac.*
Va... illac, 391 ?
Vassus dominicus, 332.
Vastrie (la) (Cantal), lxxxviij.
Vaucluse, cix.
Vauro, lxxxvj, 37, *Vaurs.*
Vaureilles, com., *voy.* Vaurilias.
Vaurilias, lxxviij, 280, *Vaureilles.*
Vauro sive Afragnio, civ, cvij, 380, 381, *Lavaur.*
Vaurs, *com. de S. Hippolyte, voy.* Vaure.
Vava, Vavasitexto, cxij, 351, *vois. de Verfontaine.*
Vaxietas (illas), lxxiv, 163, *Vayssettes.*
Vaysse (la), com. de Mur-de-Barrez, voy. Vaisa.
Vaysseltes, com. de Bozouls, voy. Vaxietas.
Vazerac (Tarn-et-Garonne), xcv.
Védrilles, com. de Saint-Cyprien, lxxxvj, *voy.* Vidilias.
Vedia, Vedianus, monachus, donator, 377, 378.
Vedelmes, 286, *Vélines, ? en Périgord.*
Vedenobrensis, *voy.* Guiraldus.
Vedruna, lxiv, 196, *Bédrunes, près Belcastel (Cassini).*
Vegaira, veguer, *voy.* viguerie, viguier.
Veillac, com. *de Pont-de-Salars, v.* Vellag.
Veirciras, *Vérières, voy.* Bermon.
Velaiga, *? pays toulousain, voy.* Pontius.
Velavia, xcj, 346, *Viellevie.*
Velay, xcviij.
Velhertis, *voy.* Raimond.
Vellag, 21, *Veillac.*

Velloneiras, *? Auvergne, voy.* Johannes.
Venayrol (le), ruisseau à Sainte-Foi-la-Grande (Gironde), cxvj, *voy.* Vinairols.
Vendemia, 226, 270, 293, 322.
Venerannus, scriptor, 256.
Vennac, com. de Castelnau de Mandailles, Vennago, 346.
Venrannus, 106.
Venriagus, lxxiv, 245, *La Veyrie.*
Ventairo, cx, 388, *Ventérol (Basses-Alpes).*
Ventos, *Vantoux,* cxij, *voy.* Oddo.
Vercalmo, 1, lxxxvj, 30, 89, 90, 91, 92, 93, 94, 95, 97, 204, *Bercan.*
Verceil (Italie), xvj, cxix, cxx.
Verdus (le), com. de S. Cyprien, voy. Verneducio.
Verfontaine, com. de Broyes-les-Loups (Côte-d'Or), voy. Viridifonte.
Verguelle, com. de Prévinquières, voy. Vernia.
Vérières, canton d'Estaing, vj, lxix, lxxxv, lxxxvj.
Vérières, canton de S. Bauzély, voy. Veireiras.
Vermecalme, Vermocalmo, *voy.* Vercalmo.
Verna (la), 331, 380, *La Vernhe.*
Vernedo, *voy.* Verneto.
Verneducio, lj, 5, 158, 159, 160, 161, 233, *Le Verdus.*
Vernet (le), com. de Compolibat, voy. Vernia.
Vernet (le), com. de Nauviale, voy. Verneto.
Vernet (le) (Haute-Garonne), voy. Bernet.
Verneto, lxviij, civ, 108, 346, *Le Vernet.*
Vernhas (le), com. de Campouriez, voy. Verniago.
Vernhe (la), com. de Campouriez, près Isagues, voy. Vernias.
Vernhe (la), com. de Firmy, voy. Verna.
Vernhole (la), com. de La Bastide-l'Évêque, voy. Vernouil.
Vernhols (le), com. d'Almont, voy. Verniols.
Vernia (la), 239, *? près de Raulhac (Cantal).*
Vernia (la), 315, *Le Vernet.*

TABLE GÉNÉRALE.

Verniago, 39, *Lo Vernhas.*
Vernias, lxxxj, 164, 303, *La Vernhe,* com. *de Campouries.*
Verniolas, Verniols, lvij, lxxij, 57, 388, 393, *Le Vernhols.*
Vernouil, lxxvij, 393, *La Vernhols.*
Verrey-sous-Salmaise (Côte-d'Or), Verry, cij, *voy.* R.
Versièges, com. de Cousseryues, voy. Barciangas, lxxvj.
Vertols, l, lj, 158, *Berthols.*
Veselo, lxxj, 156, ? *envir. de Conques.*
Vestiaire, xxvij, xxix.
Vesticio, vestidura, vestire, vestizo, 24, 26, 33, 37, 39, 43, 45, 69, 118, 124, 134, 141, 144, 145, 146, 148, 168, 178, 201, 207, 211, 212, 222, 226, 244, 245, 247, 281, 291, 297, 299, 305, 308, 314, 339, 376, 377, 378, 379, 385.
Veteres solidi, 132.
Veterivia, *Vieillevie, voy.* Pontius.
Vetula, testis, 354.
Vetula, vj, *Vieils.*
Veyrac, com. de Florentin, cj.
Veyreau, lxxx.
Veyrie (la), com. de Rodelle, voy. Venriagus.
Vezins, com., lxxvij.
Viadène, voy. Bédène.
Viagencum, *voy.* magencum.
Viala, ? *(Aveyron),* lxv.
Vialarels, com. de Firmy, voy. Villaro.
Vialaret, ? *(Aveyron),* lxv.
Vialettes (les), com. de Salles-Curan, voy. Vileta.
Vibianus, 404.
Vic (Lot), près Capdenac, voy. Vig.
Vicaire, 138.
Vicairie, xxij, xxxlij, xxxix, 6, 9, 28, 36, 37, 39, 43, 63, 79, 84, 94, 95, 97, 98, 101, 111, 112, 115, 119, 121, 122, 124, 125, 126, 128, 133, 134, 135, 136, 137, 139, 141, 142, 143, 144, 150, 154, 157, 161, 163, 164, 170, 174, 176, 178, 179, 180, 182, 184, 189, 190, 191, 192, 193, 196, 198, 203, 207, 209, 210, 212, 213, 214, 215, 216, 219, 220, 221, 230, 232, 233, 235, 236, 237, 240, 248, 250, 252, 254, 256, 258, 260, 261, 262, 263, 266, 269, 272, 273, 274, 276, 283, 284, 289, 294, 296, 301, 310, 312, 313, 314, 318, 329.
Vicaria, xxxv, xxxvj, xxxvij, xxxviij, xxxix, *voy. Vicairie et Viguerie.*
Vicarialis mansus, 59, 281.
Vicarius, xxv, xxvj, *voy. vicaire et viguier. A la page* 370, vicarius *est pour* vicecomes.
Vicarius, *voy.* Arnaldus.
Vicecomes, vicecomitissa, 24, 43, 239, 337, 339, 345, 370 (vicarius *mis par erreur*), 373, 375, 384, 395.
Vich *d'Osona (Catalogne), voy.* Ausone.
Vidals de Vila Vincens, 362.
Vidditiosa, xc, 9, *Vixouze.*
Vidianus, 350.
Vidilias, liij, 30, 85, 86, 88, 89, 158, *Védeilles.*
Vidramnus, venditor, 113.
Vieillevie (Cantal), voy. Velavia *et* Veterivia.
Viels, *com. de Loupiac, voy.* Vetula.
Vierna, uxor Attonis Matfredi, 58.
Vig, *Vic, voy.* Girbertus.
Vigan (le) (Gard), xxxv, *voy.* Arisitum.
Vignes (les), com. de Villecomtal, voy. Vinea.
Vigorone, *Vigouroux, com. de S. Martin-sous-Vigouroux (Cantal),* lxxx, *voy.* Deusdet, Petrus, Stephanus, Rigualdus.
Viguerie, xxvj, lxxj, 4, 18, 24, 25, 26, 27, 32, 33, 42, 43, 44, 58, 62, 64, 76, 118, 162, 212, 225, 226, 247, 257, 270, 275, 291, 292, 334, 335, 356, 358, 365, 376, 377, 389, 396 ; *femme exclue de l'héritage de la viguerie,* 356.
Viguier, 20, 26, 32, 57, 59, 62, 224, 225, 243, 281, 323, 324, 376, 385, 386, 396.
Vila (ella), lxxvij, 339, *La Ville.*
Vila Eldriz, Vilaldriz, 75, 362, *Villaudry.*
Vila Mauri, 75, *Ville Maury.*
Vilamur, 60, *Villemur.*
Vila Vilor, 362, *S. Martin, com. de Cavanac.*
Vila Peira, 362, ? *env. de Licairac.*
Vilar (el), *voy.* Vilaro.
Vilaris, ? *Quercy, voy.* Hugo.

Vilar-Nadal (*Pyrénées-Orientales*), voy. Vilarnol.
Vilarnol, *Vilar-Nadal*, voy. Raimun Aldabertus.
Vilaro, lix, lxv, lxxxvij, 137, 138, 158, 261, 314, 328, *Vialarels*.
Vilars, 257, 290, *Mas de Villar*.
Vila Vincens, ? près *Licairac*, voy. Vidals.
Vilense, liij, 103, ? environs de Conques.
Vileta, 21, *Les Vialettes*.
Villa, voy. Vila.
Villa, xxv.
Villa Fluirans, Furans, cij, ciij, 74, 75, voy. Poncius Isarni, *Ville Floure*.
Villa Longa, 146, voisin. de La Castanie.
Villanova, cv, cvij, 80, *Villeneuve-les-Cugneaux* (*Haute-Garonne*).
— xxvij, lxxxv, 82, 395, *Villeneuve*, com.
Villa Pincta, cj, cij, 67, *Villepinte*.
Villar, voy. *Mas de Villar*.
Villaudry, com. (*Aude*), voy. Vilaldriz.
Ville (la), com. de *Ségur*, voy. ella Vila.
Villecomtal, com., lix, lxix.
Villefloure, com. (*Aude*), voy. Villa Fluirans.
Villefranche-de-Panat, com., lxxxiv.
Ville-la-Grand (*Haute-Savoie*), cxiv.
Villemaury, com. de *Palaja* (*Aude*), voy. Vila Mauri.
Villemur (*Haute-Garonne*), civ, voy. Vilamur.
Villeneuve, voy. Villanova.
Villeneuve-sur-Vère (*Tarn*), clij.
Villepinte (*Aude*), voy. Villapincta.
Villette (*Tarn*), civ.
Vilscamps, ? vois. d'*Almont*, voy. Guirbertus.
Vinairols, xcvj, 52, *Sainte-Foi-la-Grande*, voy. le Venayrol.
Vinataria, 395.
Vincellis, pour Juncellis, xliij.
Vincent (S.) de *Pompejac*, patron de *Conques*, ix.
Vinea, 320, 321, *Les Vignes*.
Vinea Vetulo, 88, ? envir. de *Védeilles*.
Vinobre, 388.
Vinum, 4, 41, 42, 62, 65, 69, 78, 81, 82, 99, 124, 137, 141, 159, 174, 178, 182, 192, 207, 210, 226, 227, 230, 243, 244, 245, 247, 256, 271, 275, 292, 305, 330, 369, 370, 376, 385, 402, 403, 409.
Viol, 378, ? dép. de *S. Mamet*.
Virgilius, nepos Petri Virgilli, 339, voy. Petrus.
Viridifonte, cxij, 351, *Verfontaine*.
Visterno, com. de *Cavagnolo*, cxix, cxx.
Vitalis, dominus Castri Mauronis, donator, 386, 387.
— nom cité, 180, 333.
Vivarais, Vivariensis, xiv, xcix, 122, 347, *Viviers*.
Viventius, faber, 32.
Vivers, Viviers, lvj, lxj, 390, 395, voy. Ector, *Viviez*.
Viviers (*Ardèche*), voy. Vivarais.
Viviez, com., voy. Vivers.
Vixouze, com. de *Polminhac* (*Cantal*), voy. Vidditiosa.
Volvena, 63, ? vois. du *Fauga*.
Volverandus, bonus homo, 23.
Vone, 106, voy. Oracione.
Voronatense, 2, ? voisin. de *Saint-Martin-du-Larzac*.
Vulpilarias, xciv, 222, ? envir. de *Montmurat* (*Lot*).
Vuorgius, 7, ? à *Livinhac-le-Haut*.

W.

W. 328.
— voy. Wido.
— abbas, 391, peut-être Guillaume, abbé en 1242.
— de Gusquiza, 329.
— dux et comes, 349, Guillaume VII, dit le jeune, duc d'Aquitaine, comte de Poitiers.
— Furt, 349.
— Helie, 349.
— La Censis, 329.
— præpositus, 349.
— prior de Cavanni, 326.
Waldo, 343, ? en *Navarre*.
Walle Beona, 55, *Valbéon*.
Walterius de Castriduno, 342.
— filius Hectoris de Panato, donator, 345.
— nom cité, 242, 351.
Walterus, clericus Meldensis, 341.

TABLE GÉNÉRALE. 547

— episcopus Meldensis, 341, *Gautier II de Chambly.*
— pater Rotberti, 368, 370, 371.
Wapicensis, 315, 316, *Gap.*
Warmarius, 7.
Warnarius, 24.
Warnerius, 256.
— presbyter, scriptor, 293.
Westminster (Angleterre), Westmonasterium, 370.
Widbaldus, *voy.* Guitbaldus.
Widbert, 6.
Widbertus, monachus, 154.
Widmarus, monachus, 154.
— scriptor, 6.
Wido de Granceio, comes de Salcio, donator, 325, 326, 331, 354.
— filius Hugonis de Sumannaz, donator, 283.
— *nom cité,* 151, 354.
Wigo, 322.
Willelm, *voy.* Willelmus.
Willelmenge, 57, *Guilhalmenc.*
Willelmus Aicart, 51.
— Aldegerius, 348.
— archidiaconus, 372.
— Arnaldus, 75.
— id. 224.
— Belzhomo, donator, 278.
— Bernard, castellanus, *châtelain de Hamarus,* 187.
— Bernardi, prior, canonicus Carcassonensis, 73.
— Bernardus, 67.
— Bernardus, donator, 61, 381.
— Bernonis, 365.
— Big... 370.
— canonicus, 338.
— comes, 60, 63, 71, 381, *Guillaume IV, comte de Toulouse.*
— comes, 49, *Guillaume V, comte d'Auvergne.*
— consobrinus Gauzfredi, 287.
— de Barannas, 363.
— de Castello Barossa, donator, 66, *voy.* Arnaldus Willelmus.
— de Furano, 365.
— de Liciago, donator, 55.
— de Montemirato, donator, 332.
— de Novavila, 359.
— de Planias, donator, 402, 403.
— de Poig, 54.
— de illa Rocha, 153.
— de S. Mercurio, 284.
— de Spaun, 65.

— de Teleito, Telled, Tellet, 378, 383.
— delz Tornz, de Torns, 345, 409.
— de Turlanda, donator, 42.
— donator, 61.
— elemosinarius Hictorianæ, 311.
— episcopus Petragoricensis, 54.
— filius Adalaiz, donator, 166, 236.
— id. Ainardi de Cuneo, donator, 67.
— id. Aldenois, donator, 346.
— id. Begonis de Calmonte, donator, 390.
— id. Bernardi, 152.
— id. Bernardi Begonis, donator, 387, 388.
— id. Bernardi et Guislæ, 291.
— id. Bernardi Gauzberti, donator, 62, 63.
— id. Dadonis, donator, 98, 99.
— id. Hugæ, donator, 315.
— id. Hugonis de Sumannaz, donator, 283.
— id. Petri Gauzberti, donator, 65.
— id. Raimundi Oddonis, 336.
— id. Richeldis, donator, 62.
— id. Rodberti I de Castello, donator, 45, 227, 228, 273.
— id. Stephani Gaucelmi, 270.
— id. Willelmi Miscemalum, 50.
— frater Bernardi, donator, 220.
— id. alii Bernardi, donator, 59.
— id. Petri de S. Ciricio, donator, 393, 394.
— Gardonis, 52.
— Garmundi, 65.
— Garsias de Godol, 322.
— Genevensis, donator, 231.
— Gombaldi, donator, 55.
— Grimoardi, donator, 52, 54.
— Hugonis, 287.
— Miscemalum, 50.
— monachus, 29.
— id., 46.
— id., donator, 256.
— Normandus, magister filii Thibaldi comitis, cxiij, *voy. Thibault IV.*
— Poncius, 166, 236.
— id. 396.
— id. vicarius Carcasonæ, 344.
— portarius, 154.
— præpositus, 324.

— Raimundus, donator, 271.
— id., testis, 51.
— Ramundetauus, 57.
— I, rex Anglorum, 340, 352, *Guillaume le Conquérant*.
— Ronnati, 324.
— Salomon, 27.
— serviens honoris de Ceped, 63.
— Stephanus, 66.
— Turbo, monachus, 372.
— venditor, 217, 218.
— vicecomes, 23, *Guillaume, vicomte de Béziers et d'Agde*.
— *nom cité*, 34, 61, 70, 79, 110, 130, 137, 138, 160, 166, 168, 169, 175, 190, 205, 221, 225, 227, 251, 263, 265, 273, 275, 284, 285, 295, 319, 350, 351, 366, 380, 381, 388, *voy.* Achelmus, Bernardus, Bermundus, Geraldus, Hugo, Poncius, Raimundus.

Wintrannus, monachus, 154.
Witbaldus, comes Ruthenensis, 413.
Witbertus, 231.

X.

Xairicus, 72.

Y.

Ybia, xcix, 347, *S. Maurice d'Ibie*.
Ylarianus (S.), 403, *patron de Perses*.
Ymmo, testis, 136.
Ysarnus, 71.
— *voy.* Isarnus.

FIN.

Nogent-le-Rotrou, imprimerie DAUPELEY-GOUVERNEUR.

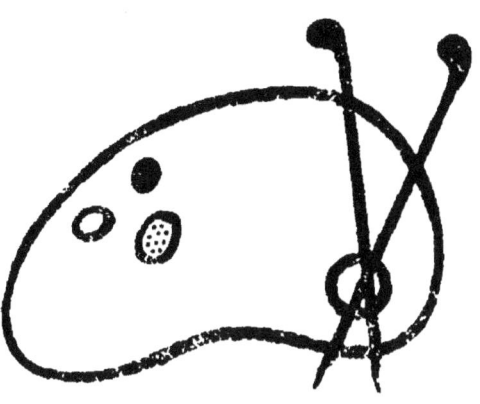

Original en couleur

NF Z 43-120-8

www.ingramcontent.com/pod-product-compliance
Lightning Source LLC
Chambersburg PA
CBHW050129240426
43673CB00043B/1609